Guide
des idées littéraires

Henri Bénac

Edition revue et augmentée par
Brigitte Réauté et Michèle Laskar

ISBN 2-01-010940-6

AVANT-PROPOS

Les auteurs de cette nouvelle édition du *Guide des Idées littéraires* se devaient de rendre tout d'abord hommage à Henri Bénac dont l'œuvre a accompagné de nombreuses générations de lycéens et d'étudiants dans leurs travaux littéraires.

La présente mise à jour a donc été conçue dans le respect de la culture classique et de l'esprit qui caractérisaient la première édition ; on y trouve aussi, désormais, les références de titres et d'auteurs contemporains, et les notions qui reflètent le dernier état des recherches en matière de critique littéraire et d'études stylistiques.

Cet enrichissement réclamé par le temps appelait un effort particulier de rédaction et d'organisation, profitant à l'ensemble du propos. C'est dans ce sens que les abréviations des noms d'auteurs et des titres d'œuvres ont été éliminées. Par ailleurs, le lecteur disposera, s'il en ressent le besoin, avec *le répertoire des œuvres,* d'un outil complet permettant de situer chaque texte dans le temps et dans l'œuvre de l'auteur ; *le répertoire des personnages* offre les mêmes possibilités pour l'ensemble des héros littéraires cités dans ce guide, du très célèbre Julien Sorel au plus mystérieux Balthazar Claës. *Le répertoire des notions,* enfin, complète ces outils de consultation et propose pour les points qui ne sont pas traités en eux-mêmes un renvoi à des articles voisins.

Le *Guide des Idées littéraires* peut donc être utilisé comme un véritable dictionnaire aux entrées multiples, et sa richesse peut nourrir les dissertations et les discussions, proposer au fil de la consultation de nouvelles ouvertures et aider à construire une réflexion dialectique ou à illustrer un thème commun à plusieurs œuvres comme le demandent fréquemment les questions d'ensemble des épreuves orales.
Enfin, ce guide atteindrait son plus bel objectif s'il pouvait donner à tout « curieux de littérature » quelques-unes de ces émotions privilégiées et certains de ces enthousiasmes qui naissent des découvertes de la lecture.

Les auteurs

Nous adressons nos remerciements, pour l'aide qu'ils nous ont apportée, à J. Anis, A. Baratier-Buisson, J.-P. Barnaud, E. Bonvarlet, F. Etcheverry, D. Laskar, H. Lucot et F. de Nadaillac.

Mode d'utilisation

littérature* ou (cf. Littérature) : voir l'article désigné.

(ex. Hugo) : voir l'œuvre de l'auteur cité (caractéristiques générales).

(cf. Hugo, *La Légende des siècles*) : voir l'œuvre citée.

« Booz endormi » : mention d'un poème dont on trouvera les références complètes dans le répertoire des œuvres (auteur, œuvre, date).

(cf. Booz) : mention d'un personnage dont on trouvera les références complètes dans le répertoire des personnages.

ABSURDE

En littérature, il s'agit du sentiment que ressent l'homme confronté au non-sens du monde et de son existence.
Ce courant de pensée a des origines anciennes. Pascal avait déjà évoqué la misère de la condition humaine ; le mal* du siècle romantique était également une forme de l'angoisse* existentielle ; ce malaise devint sujet de réflexion pour deux philosophes : Schopenhauer (1788-1860) et Kierkegaard (cf. *Le Traité du désespoir*), avant de se développer surtout au XXe s., en particulier après la Seconde Guerre mondiale.

TEXTES : **Kafka,** *Le Procès*, 1925 ; *Le Château*, 1926. **Malraux,** *La Condition humaine*, 1933. **Céline,** *Voyage au bout de la nuit*, 1932. **Sartre,** *La Nausée*, 1938. **Camus,** *Le Mythe de Sisyphe*, 1942 ; *L'Etranger*, 1942 ; *Caligula*, 1944. **Ionesco,** *La Cantatrice chauve*, 1950 ; *Amédée*, 1954 ; *Le Roi se meurt*, 1962. **Beckett,** *Malone meurt*, 1952 ; *En attendant Godot*, 1953.

A. Son origine

1. Les causes en sont :
- la monotonie de nos actes, la « nausée » qu'inspire le caractère machinal d'une existence sans but ;
- l'« épaisseur » du monde, c'est-à-dire la « tendre indifférence » de la nature* à notre égard de sorte que l'on s'y sent étranger ;
- notre assujettissement au temps, qui est notre « pire ennemi » puisqu'il limite notre existence ;
- la mort inéluctable, qui donne à notre « aventure » un « côté élémentaire et définitif », « mathématique » ;
- à ces raisons avancées par Camus dans *Le Mythe de Sisyphe*, on peut ajouter la perte de la foi religieuse et la crise des valeurs humanistes (due en particulier au choc de la guerre).

2. Une prise de conscience s'effectue parfois à la faveur de cette lassitude, de cette « nausée » : elle est rare, personnelle et incommunicable. Elle confronte le caractère irrationnel du monde et le désir éperdu de clarté qui existe au plus profond de l'homme. Ce n'est donc pas le monde qui est absurde, mais la coexistence antinomique de l'homme et du monde. Cette prise de conscience permet ainsi de dépasser la « nausée » pour découvrir la valeur profonde de la nature humaine.

B. Les réactions possibles

1. Les attitudes d'évasion sont récusées par Camus :
• le suicide, qui permet de supprimer la conscience ;
• le recours à la foi religieuse ou à des doctrines philosophiques qui divinisent l'irrationnel (ex. Jaspers, Chestov, Kierkegaard).

2. De vraies solutions : « Je tire de l'absurde trois conséquences qui sont ma révolte, ma liberté, ma passion » (Camus). Il s'agit donc, pour « l'homme absurde » :
• de relever le défi en regardant sa propre obscurité, en acceptant ce destin sans se résigner, en remettant le monde en question. Cette révolte donne à la vie son prix et sa grandeur. Elle exalte l'intelligence de l'homme et l'invite à tout épuiser : « dans cette conscience et dans cette révolte au jour le jour, il témoigne de sa seule vérité qui est le défi » ;
• d'éprouver sa propre liberté d'esprit et d'action depuis qu'il s'est affranchi des règles communes, qu'il peut vivre « sans appel » (cf. Caligula, qui tente de « donner des chances à l'impossible ») ;
• de multiplier les passions, d'épuiser les joies de cette terre en cherchant la quantité et la qualité des expériences : « Le présent et la succession des présents devant une âme sans cesse consciente, c'est l'idéal de l'homme absurde. »

C. Le langage de l'absurde

L'absurde est aussi l'absurde de la communication, son échec. Dès lors il peut sembler illusoire de vouloir dire l'absurde : « La tentative de communiquer là où nulle communication n'est possible est une pure singerie, une vulgarité ou une abominable comédie, telle que la folie qui tiendrait conversation avec le mobilier » (Beckett).
La meilleure expression de l'absurde a pu paraître :
• le silence ; ainsi, certaines pièces de Beckett (cf. *Acte sans paroles*) réduisent au mime l'expression dramatique ;
• un langage désarticulé ou désintégré, appauvri, qui n'use plus que de truismes et de clichés (cf. *La Cantatrice chauve*) ;
• au contraire, une prolifération déréglée de mots (cf. *Oh les beaux jours* ; ex. Faulkner, Céline) ;
• ou encore ce style neutre, poussant le « degré zéro » de l'écriture jusqu'à la sécheresse, la monotonie, que l'on constate dans *L'Etranger.*
Il semble cependant que la littérature assume là encore sa fonction cathartique et qu'en créant une distance avec l'absurde, elle nous en distraie.

ACTEUR

A. Les divers acteurs

1. D'après les genres : tragédien, comique ; mime, pantomime ; chanteur ; danseur ; coryphée ; choriste ; acteur de cinéma.

2. D'après les emplois : duègne, ingénue, jeune premier, père noble, soubrette, valet.

3. D'après l'importance : protagoniste, second rôle, confident, comparse.

4. Acteurs célèbres de théâtre et de cinéma : Molière, la Champmeslé, Adrienne Lecouvreur, Lekain, Talma, Mlle Mars, Frédéric Lemaître, Sarah Bernhardt, Jouvet, Dullin, G. Philipe, J.-L. Barrault, M. Renaud, Maria Casarès, M. Bouquet, G. Depardieu, I. Adjani, G. Desarthe...

B. Comment juger un acteur

- Qualités générales : diction ; beauté ou physionomie ; art du grimage, du costume ; mimique, gestes, jeux de scène ; justesse du ton, des émotions.
- Fidélité : au personnage*, aux intentions de l'auteur.
- Invention : la création d'un personnage (cf. E).
- Défauts : emphase ; outrance ; vulgarité ; banalité ; trucs de métier trop apparents ; étalage de sa personnalité aux dépens du personnage ; infidélité, contresens.
- Mauvais acteurs : histrion, cabotin.

C. Les acteurs dans la société

1. Au XVIIe s. : honnis par le clergé et les penseurs chrétiens pour l'immoralité de leur vie et du théâtre ; défendus par Corneille, *L'Illusion comique* ; Scarron, *Le Roman comique* ; Molière, *La Critique de l'Ecole des Femmes*, et par les autres partisans du théâtre.

2. Au XVIIIe s. : Voltaire (cf. *Lettres philosophiques*, XXIII) et Diderot (cf. D) s'intéressent à eux.

3. Depuis le XIXe s., l'acteur, élevé au rang d'artiste*, jouit d'un prestige accru par la diffusion du théâtre*, le développement du cinéma*, de la radio, de la télévision. L'acteur est un visage familier pour les spectateurs et incarne leurs héros favoris, au risque de tomber dans des excès (spots publicitaires, pièces et films faits pour lui) ; il est reconnu comme un créateur en matière d'art (cf. E).

D. Quelques conceptions du métier d'acteur

TEXTES : **Diderot,** *Le Paradoxe sur le comédien,* 1773-1778. **Y. Belaval,** *L'Esthétique sans paradoxe de Diderot,* 1950. **Stanislavski,** *Ma vie dans l'art,* 1924. **L. Jouvet,** *Le Comédien désincarné*, 1954. **B. Brecht,** *Petit organon pour le théâtre,* 1949.

1. « Le paradoxe du comédien » : un acteur est-il grand par sa sensibilité, qui lui fait éprouver toutes les émotions de son personnage, ou par son intelligence, qui lui permet, en demeurant froid, de composer son rôle ?
- En faveur de la sensibilité : coïncidence totale par le cœur avec un personnage dont il éprouve la passion ; puissance pathétique sur le spectateur d'une passion réelle.
- En faveur de l'intelligence : l'acteur sensible ne sera l'homme que d'un ou de quelques rôles ; la vérité de la passion vécue n'est pas la vérité* ni la beauté du théâtre, qui réclament un art conscient (cf. Optique théâtrale) : l'intelligence froide permet à l'acteur de comprendre son personnage, même différent de lui, et de calculer tous les effets nécessaires pour le rendre expressif et beau.
- La question s'élargit à l'art tout entier (cf. Inspiration).

2. Quelques conceptions contemporaines :
- Stanislavski (acteur et metteur en scène de théâtre russe, 1863-1938) s'est attaché à l'étude méthodique des phénomènes psychiques qui accompagnent le jeu de l'acteur. L'acteur doit partir d'exercices physiques, de moyens techniques, de sentiments personnels, puis les intérioriser afin de se recréer une vie intérieure qui corresponde à celle que nécessite le rôle : « Puisque neuf dixièmes du travail de l'acteur consistent à sentir le rôle, à le vivre, et que, ceci fait, la tâche est presque achevée, il est absurde d'abandonner ces neuf dixièmes au hasard. (...) Plus on a de talent, et plus il faut le travailler. »
- Jouvet prône l'effacement de l'homme devant le personnage : « Pour arriver à l'impersonnalité, cette abnégation de soi, cette humilité devant le personnage, cette servitude bien comprise entre le rôle et le public, il faut quitter le « moi ». Ce n'est que dans cette dépossession qu'on se retrouve et qu'on trouve le secret de ce métier. »

• Brecht (auteur et metteur en scène allemand, 1898-1956) préconise la technique de la « distanciation » : l'acteur doit garder une certaine distance avec son personnage, car, en jugeant celui qu'il joue, il entraîne le même réflexe critique chez le spectateur. « Pour produire des effets de distanciation, le comédien doit se garder de tout ce qu'il avait appris pour être en état de causer l'identification du public avec ses compositions. (...) Même lorsqu'il représente des possédés, il ne doit pas faire l'effet lui-même d'être possédé ; sinon, comment les spectateurs pourraient-ils découvrir ce qui possède les possédés ? »

E. Auteur, acteur et personnage

1. L'auteur crée le personnage*, selon son propre univers* et selon les critères de vraisemblance* de son temps. Mais le personnage vit ensuite d'une vie propre (cf. Chef-d'œuvre).

2. L'acteur incarne le personnage et lui donne :
• sa voix, son physique, etc. ;
• une vie correspondant à l'idée qu'il s'en fait : selon les intentions connues de l'auteur ? selon une certaine tradition du théâtre ? selon la vue nouvelle qu'en a son propre temps (ainsi, au XIXe s., Alceste n'est plus ridicule, mais suscite la sympathie par son caractère passionné) ? selon sa propre intuition (en ce sens, l'acteur renouvelle le personnage, il est créateur) ? Il peut choisir un jeu nouveau qui ne heurte pas l'idée que se fait le public de la vraisemblance* historique et générale, des intentions de l'auteur et des traditions, mais il peut aussi créer une interprétation qui suscite des polémiques.

ACTION

Premier sens : la marche des événements dans le récit ou dans le drame : cf. Cinéma, Conte, Epopée, Roman, Théâtre.

A. Etude de l'action

1. Sa nature : est-elle tragique ? comique ? sérieuse (cf. Drame) ? mêlée (cf. Genre) ?

2. Sa progression : après le commencement de l'intrigue (cf. scène d'exposition au théâtre), l'action se développe au cours de divers épisodes (chapitres, actes, journées, tableaux ou scènes) soumis à un certain nombre d'incidents (péripéties, coups de théâtre pouvant provoquer des nœuds de l'action, des crises), pour aboutir à un dénouement (catastrophe, happy end). Cette progression peut être schématisée en cinq étapes (cf. Conte, Roman).
Elle connaît des rythmes variés : elle avance par degrés vers la fin ou au contraire elle est stagnante puis se précipite.

3. Ses qualités :
• simplicité (ex. Racine) ? ou complication (ex. Corneille, Beaumarchais) ? ou complexité (ex. Tchekhov) ?
• respecte-t-elle la règle de l'unité (cf. B) ?
• est-elle soumise aux unités* de temps et de lieu ?
• est-elle influencée par la psychologie des personnages (ex. Racine) ou par des événements extérieurs (ex. Corneille ; drame romantique) ?
• est-elle vraisemblable ? invraisemblable ? naturelle ou soumise au merveilleux* ?
• éléments extérieurs à la progression de l'action. Au théâtre : discours, récits, lyrisme* ; dans le récit : descriptions*, analyse psychologique, lyrisme*, développements didactiques, historiques, moraux, etc.
• rôle dans l'action des confidents*, des monologues*.

B. L'unité d'action

1. Son énoncé : c'est une règle d'Aristote selon laquelle le récit et le drame ne doivent comporter qu'une seule action. Cette règle classique a été respectée par les Romantiques.

2. Ses modifications :
• Corneille essaya de l'élargir par la notion d'unité de péril (cf. *Le Cid, Horace* : la tragédie commence quand le héros affronte un péril et s'achève quand il y a succombé ou échappé ; plusieurs périls peuvent se succéder) ;
• les Romantiques (cf. Hugo, *Préface de Cromwell*) ont parlé d'unité d'intérêt (cf. *Ruy Blas*) : les actions secondaires sont nombreuses mais se rattachent à l'action principale ;
• dans le drame cosmique de Claudel, des actions multiformes illustrent les voies diverses d'une unique Providence (cf. *Le Soulier de Satin*).

Deuxième sens : le fait d'agir, de réaliser sa pensée en actes. Elle s'oppose alors à la pensée*, à la contemplation*, au lyrisme*.

A. Son éloge

1. Elle requiert de nombreuses qualités :
- volonté*, énergie*, courage, enthousiasme*, persévérance ;
- sincérité (les sentiments et les actes correspondent-ils ?) ; humanité* : « Pour faire de grandes choses, il ne faut pas être au-dessus des hommes, il faut être avec eux » (Montesquieu) ;
- jugement, sens des réalités, clairvoyance, intuition.

2. Elle permet à l'individu :
- de s'enrichir et d'enrichir le patrimoine humain (cf. Progrès) ;
- d'échapper à l'ennui (griserie du mouvement, de la lutte, de la conquête ; volupté du jeu, du danger) ;
- de justifier l'existence et la condition humaines face à l'absurde* (cf. *La Peste*) en marquant le monde : les œuvres survivent à leur(s) auteur(s).

B. Sa critique

1. Elle peut être dirigée vers le bien, mais aussi vers le mal : (cf. *L'île du Docteur Moreau*), dangers du fanatisme ; il est donc nécessaire de pratiquer le doute*, l'esprit* critique.

2. Elle ne convient pas à tous : ni aux sages, ni aux contemplatifs.

C. Hommes d'action

1. Quelques noms choisis dans l'histoire ou la littérature : le conquérant : Napoléon ; le bâtisseur : Cyrus Smith ; le pionnier : Suter ; l'industriel (cf. César Birotteau) ; le défenseur des libertés : Voltaire ; le missionnaire : le père Charles de Foucauld ; le révolutionnaire : les héros de Malraux ; l'homme politique : Gandhi ; les êtres volontaires : les héros de Corneille, Balzac (cf. Vautrin, Rastignac), Stendhal (cf. Julien Sorel).

2. Mais, d'une certaine manière, ne peut-on dire que la contemplation prépare aussi à l'action ? ne peut-on considérer l'intellectuel, l'écrivain, comme un homme d'action puisque :
- penser et communiquer sa pensée, c'est agir (cf. Engagement) ; ex. action de Hugo, Malraux, Sartre, Camus ?
- créer une œuvre exige des qualités semblables à celles requises par l'action : ex. Flaubert, Proust, Joyce (cf. Invention) ?.

MOUR

A. Formes diverses de l'amour

• pour Dieu (cf. Religion) ;
• pour les êtres : amour paternel (cf. le vieil Horace ; le père Goriot) ; amour maternel (cf. Andromaque, Julie dans *La Nouvelle Héloïse,* Mme de Rênal) ; amour filial (cf. Rodrigue, Iphigénie, Eugénie Grandet) ; amour fraternel (ex. Molière ; cf. Martin du Gard, *Les Thibault* ; Cocteau, *Les Enfants terribles* ; Tournier, *Les Météores*) ; amitié (ex. Montaigne et La Boétie ; cf. Tarrou et Rieux dans *La Peste*) ; amour entre les sexes (cf. B) ; amour pour l'humanité* ;
• pour les bêtes* ;
• pour les choses : nature*, lieux*, pays natal, patrie (cf. Nation), etc.

B. Amour entre les sexes

Il repose sur :

1. Le désir physique : érotisme (cf. J. Joyce, *Ulysse* ; ex. A. Pieyre de Mandiargues).

2. La « vanité » (Stendhal) : aimer un être qui fait honneur ou conquérir un insensible (cf. Mlle de La Mole et Julien Sorel).

3. Le « goût » (Stendhal) : même conception de la vie (cf. Philinte et Eliante) ; accord des caractères et des cœurs, parfois vices communs (cf. Choderlos de Laclos, *Les Liaisons dangereuses*) ; accord des intelligences ; parfois les deux êtres, très différents, se complètent (ex. Vigny).

4. L'imagination :
• qui désire trouver incarné dans un être un certain idéal : idéal romanesque (amours d'Emma Bovary ; « amour de tête » de Mlle de La Mole pour Julien), idéal de beauté (Swann trouve en Odette une figure picturale) ;
• qui opère une cristallisation, selon Stendhal, laquelle tourne tout à l'avantage de l'être déjà aimé ;
• qui provoque la jalousie, laquelle ranime l'amour (ex. Stendhal, Proust) ;
• selon Proust, désir qu'un être réponde à une idée que nous avons de l'amour, à notre façon personnelle d'aimer : la personne importe peu, l'idée seule compte, s'accroche à un être souvent au hasard (ex. chez Proust, les amours du narrateur et d'Albertine ; cf. aussi Alceste et Célimène).

5. L'admiration* : (cf. C)

6. Le besoin : de compagnie, de communication, de possession, parfois d'asservissement, forme de la volonté de puissance ; les efforts de l'être aimé pour fuir, sauvegarder sa personnalité, ne font qu'accroître l'amour par la jalousie (ex. Proust).

7. La passion, le besoin inexplicable qu'on a d'un être : les Moralistes invoquent les raisons précédentes, mais ou bien elles demeurent insuffisantes, d'où l'idée de l'amour fatal, du coup de foudre (cf. Tristan et Yseult ; Phèdre et Hippolyte ; Manon et Des Grieux, Pelléas et Mélisande) ou bien la passion qui en résulte les dépasse et domine totalement la vie de l'esprit, conduit au don total, ou à la jalousie, voire au crime (cf. *Thérèse Raquin*).

8. A noter aussi les influences sur l'amour :
- du climat et du pays : ex. Montesquieu ; cf. Stendhal, *De l'Amour*, et sa comparaison de l'amour français et italien ; Mérimée, *Carmen* ;
- du moment : idée que l'époque se fait de la femme et de l'amour (cf. érotisme mystique du Moyen Age, amour précieux, passion romantique) ;
- du milieu social (cf. amour précieux et amour bourgeois chez Molière).

C. L'amour est-il un sujet de tragédie ?

1. Le problème se pose dès le XVIIe siècle :
- l'amour ne saurait être la passion principale d'une tragédie : pour ceux qui, comme Corneillle et ses partisans, pensent que, sous certaines formes (tendresse, convenance mondaine ou passion irrationnelle), il dégrade les héros et les grands sujets ; pour les moralistes qui jugent que sa peinture est dangereuse.
- Racine et certains théoriciens objectent que les Français de leur temps s'intéressent aux problèmes de l'amour et que la bienséance* et la vraisemblance* exigent qu'on donne à cette passion une place de choix dans la tragédie, à condition de ne pas choquer la vraisemblance historique et de laisser à l'amour sa force dramatique ; que la peinture de l'amour comme « une faiblesse et non une vertu » peut servir de mise en garde morale (cf. Boileau, *Art poétique*, III ; Racine, Préface de *Phèdre*).

2. Première thèse : l'amour exclu de la tragédie
En laissant de côté le problème moral (cf. Théâtre), on peut remarquer,

en faveur de la thèse de Corneille, que la tendresse peut nuire à l'effet tragique :
• si elle rend le héros historiquement invraisemblable (ex. la galanterie d'Attila) ;
• si elle rapetisse un héros préoccupé de grands intérêts ;
• de même pour l'amour passion : s'il accapare la vie de l'esprit, peut-on concevoir un héros à la fois préoccupé de la gloire et de l'amour (cf. les incohérences d'Hernani, de Ruy Blas) ? En outre, l'amour passion nous paraît inférieur à l'héroïsme, non seulement selon la hiérarchie cartésienne et cornélienne, mais du fait qu'il est plus commun, plus usé par les dramaturges, qu'il tend à une morale moins haute ; enfin, il provoque souvent le lyrisme*, la rêverie*, ce qui affaiblit la puissance dramatique : ex. le drame romantique (cf. Théâtre) ;
• il peut donc paraître incompatible avec la tragédie de l'admiration*, du triomphe de la volonté sur le destin. Corneille réconcilie pourtant amour et tragédie : — par l'amour admiration*, qui consiste à aimer les qualités qui rendent héroïque (cf. Chimène et Rodrigue, Pauline et Polyeucte) ; — en peignant l'héroïsme qui l'emporte sur les désirs, mais accepte l'amour lui-même, mettant ainsi en valeur la volonté et une souffrance qui nous touche ; — en faisant de l'amour la passion unique qui engage librement le héros et lui apporte la gloire (cf. Camille).

3. Seconde thèse : l'amour, sujet de tragédie
On peut alléguer en revanche : la conception romantique ; le caractère sublime de la passion ; l'intérêt du public pour tout ce qui touche à l'amour même simplement lyrique (cf. Hernani, Ruy Blas).
Mais cela ne prouve pas la valeur dramatique* de l'amour : les ressources qu'offre l'amour passion comme ressort tragique sont la pitié par la sympathie qu'il éveille (cf. Junie, Iphigénie, Mithridate) ; la terreur, par sa fatalité, la dégradation du caractère qu'il provoque (cf. Oreste, Phèdre) ; sa puissance dramatique* : jalousie, conquête, conflit, crime ; parfois héroïsme (cf. Britannicus).

D. Amour et comique

1. En jouant sur la psychologie des personnages :
• le dépit amoureux (cf. *Tartuffe,* II, 4) ;
• l'amour hors de propos ou maladroit (cf. M. Jourdain, Harpagon, Arnolphe), voire infâme (cf. Tartuffe) ;
• les caprices de l'amour : contradictions de la passion (cf. Alceste) ; erreurs de l'imagination (cf. Bélise, Don Quichotte) ;

2. Comme ressort de l'intrigue : il permet aux personnages de surmonter les obstacles (cf. *Le Barbier de Séville,* III, 4) ; il les oblige à se cacher (cf. le vaudeville et le théâtre de boulevard) ;

3. Par rapport aux mœurs : conflit entre le sentiment vécu et l'idée qu'on se fait de l'amour à une époque (cf. *Les Femmes savantes*) ;

4. Dans la farce (cf. Comique) : gauloiseries (ex. Rabelais), cocuage (cf. George Dandin).

E. Amour lyrique

1. Lyrisme galant et mondain : la poésie marotique, le sonnet pétrarquiste, le roman précieux ou pastoral développent les thèmes galants (compliments à l'être aimé, tourments de l'amant...) selon une phraséologie raffinée (Carte du Tendre) ; ex. Honoré d'Urfé.

2. La passion inquiète (cf. Lyrisme) : l'amour, mélange de plaisir et de souffrance (ex. Baudelaire), est lié au sentiment de la nature, du temps qui fuit (ex. Ronsard ; lyrisme baroque ; cf. Romantisme).

3. Mystique* : l'amour permet à l'individu de se dépasser : amour chevaleresque, pétrarquisme, élévation vers Dieu (cf. Lamartine, « Isolement », « Immortalité »), vers la beauté : platonisme, Pléiade, Romantisme*, ex. Baudelaire), source d'inspiration (cf. *Les Nuits*).

F. Bienfaits et dangers de l'amour

1. Ses côtés positifs :
- il est un charme de la vie (ex. Ronsard, Prévert) ;
- il préserve l'homme des laideurs du monde (ex. la guerre pour Prévert), le sauve du désespoir (cf. Eluard, *Capitale de la douleur*) ;
- il développe des vertus : dévouement, altruisme, humanité*, héroïsme (ex. Solal dans *Belle du Seigneur*) ;
- il élargit l'esprit : expérience du cœur humain ; un seul être aimé fait connaître toutes les souffrances humaines (cf. Vigny, *La Maison du Berger,* III) ; il développe les qualités d'intuition, l'ingéniosité, l'intelligence (cf. Agnès) ; il fait comprendre l'art (ex. Stendhal, l'amour et la musique) ; il inspire l'écrivain (cf. Romantisme ; ex. Musset).

2. Son aspect négatif : comme D. de Rougemont le remarque (cf. *L'Amour et l'Occident*), « l'amour heureux n'a pas d'histoire dans la littérature occidentale. La grande trouvaille des poètes de l'Europe, ce qui les distingue avant tout dans la littérature mondiale (...) : connaître à

travers la douleur, c'est le secret du mythe de Tristan, l'amour-passion à la fois partagé et combattu, anxieux d'un bonheur qu'il repousse, magnifié par sa catastrophe, l'amour réciproque malheureux. Sans la lutte contre la destinée, cet amour n'intéresserait pas. » C'est pourquoi les écrivains s'attachent à montrer :
• la souffrance de l'amour qui ne peut être partagé (cf. Emma Bovary), qui n'est jamais heureux (ex. Aragon) ;
• la perte du contrôle de soi, physique (ex. Louise Labé) et moral (cf. Phèdre) ;
• la jalousie (cf. supra B 4 et 7) ;
• pour l'artiste, temps perdu à aimer au lieu de créer (cf. « Nuit d'Août »).

ANGOISSE

C'est un état d'oppression et de souffrance morale, accompagné d'un malaise physique plus ou moins prononcé. L'inquiétude et l'anxiété désignent le même état, mais à un moindre degré.

A. Ses causes

Elles peuvent être :

1. Internes : impossibilité de s'accommoder de son état, déséquilibre, sensibilité hypertrophiée (cf. Adrienne Mesurat), crise de la raison (Hermione, Roxane sont conscientes de l'inconséquence de leur passion, mais ne peuvent y résister), de la volonté (Agamemnon hésite sur la conduite à tenir) ;

2. Externes : incertitude sur son propre sort due :
• à l'ignorance des intentions des autres (ex. jalousie*) ;
• au manque de sécurité dans une société imparfaite, un monde troublé ;
• aux menaces de la fatalité : les héros raciniens, même innocents, ne sont jamais paisibles ni heureux (cf. Junie et Britannicus) ni maîtres de leur sort (cf. Andromaque) ;
• à des raisons métaphysiques : l'homme a le sentiment de la précarité de son existence et trouve un refuge en Dieu (ex. Pascal) ou s'interroge sur sa condition (certains écrivains contemporains influencés par Kierkegaard).

B. Son expression littéraire

La littérature est souvent le fruit d'une inquiétude exprimée différemment selon les époques et les auteurs :
- lassitude, dégoût de la société (ex. Rousseau, Mme de Staël ; Romantisme) ; condamnation du monde moderne (ex. Leconte de Lisle, Flaubert ; cf. Symbolisme) ;
- mal* du siècle, aspirations à l'infini*, à l'évasion* (cf. Romantisme) ;
- déséquilibre chez Baudelaire : spleen, ennui, satanisme, révolte ;
- au XXe s., sentiment de l'absurde* chez Camus (cf. *Le Mythe de Sisyphe*) ; drame de la condition humaine (ex. Malraux) ; angoisse devant le sentiment d'exister (cf. *La Nausée*), devant la liberté illimitée et la responsabilité de l'homme (cf. Existentialisme, Désespoir).

C. Ses effets

L'angoisse peut être paralysante, mais elle est aussi :
- le témoignage d'une âme élevée qui ne se satisfait pas de la vie ordinaire et que ne divertissent pas ses vanités : accès au surnaturel*, à l'infini* (ex. Mme de Staël ; cf. Baudelaire, « Les Phares ») ;
- le désir d'agir pour y échapper (cf. Engagement, Humanisme, Révolte) ;
- une source d'inspiration : elle exacerbe la sensibilité*, la souffrance*, trouve son expression dans le lyrisme* ; elle conduit l'artiste à rechercher un monde de la beauté qui le dépasse et le fascine (ex. Baudelaire ; cf. Infini) ou l'évasion ou encore la consolation de l'art (ex. Flaubert, Leconte de Lisle, Mallarmé) ;
- une aide pour la pensée : critique, doute*, mise en question des valeurs actuelles ; d'où progrès*.

ANTITHESE

A. Ses formes

1. **Opposition** entre deux mots, deux expressions, deux idées, deux phrases, deux parties d'un vers, deux parties d'un développement égales ou non (ex. dans les sonnets). « L'antithèse est une opposition de deux vérités qui se donnent du jour l'une à l'autre. » (La Bruyère.)

2. L'antithèse se produit, en principe, dans une même période : les oppositions, en littérature ou en art, entre parties plus vastes s'appellent plutôt contrastes. Ex., chez Hugo, contrastes : — entre situations : tragique, comique (cf. *Ruy Blas*) ; — entre personnages : Valjean et Javert (cf. *Les Misérables*) ; — entre physique et moral : cf. Quasimodo ; — entre deux aspects d'une condition : cf. Hernani, Ruy Blas, Valjean, l'homme qui rit ; — entre passions : cf. Hernani ; — d'une façon plus générale, vision de la réalité sous la forme de deux éléments opposés qu'elle unit : sublime et grotesque, Dieu et Satan, matière et esprit, grandeur et douceur du poète (ex. Skakespeare), misère et grandeur du pauvre (cf. « Le Mendiant »), etc. L'antithèse qui cesse, dès lors, d'être un procédé esthétique exprime une conception du monde.

B. Ses effets

Elle a pour but d'attirer l'attention par la mise en valeur :
• d'une des deux idées, souvent la plus brève et la dernière : ex. la « pointe » finale d'un sonnet ;
• de deux sensations, formes, couleurs, attitudes ;
• de deux idées :
— notation psychologique : joie et tourment de l'amour, raison et passion (ex. les vers-médailles de Corneille, cf. *Le Cid*, III, 6 :
« Nous n'avons qu'un honneur, il est tant de maîtresses !
L'amour n'est qu'un plaisir, l'honneur est un devoir. »)
— vérité morale (ex. dans le parallèle entre deux écrivains comme Racine et Corneille par La Bruyère) ; ce rapprochement paraît souvent artificiel, mais il a le mérite d'être spirituel, étonnant, voire stimulant ;
• d'un symbolisme, parfois, quand le contraste entre deux sensations recouvre une vérité morale (cf. chez Hugo, « Le Mendiant », « Mors »).

C. Ses dangers

Elle peut produire :
• des effets lassants (cf. les poètes pétrarquisants ou précieux) ou trop tranchés, détruisant le rythme poétique qui doit être flou et gris pour certains poètes comme Verlaine ;
• une simplification, un grossissement qui faussent la pensée, lui ôtent toute nuance ;

• un pur verbalisme : le contraste entre deux sensations ne correspond pas nécessairement à l'expression de deux idées. C'est un reproche souvent adressé à Hugo, qui exprime volontiers sa pensée par des antithèses pour ouvrir un monde à l'imagination et pour exprimer son idée sous la forme d'une vision (cf. jugement de Thibaudet).

ARGENT

Sous ce titre, cet article traite de tous les biens de fortune, des conséquences et des comportements qui en découlent : appât du gain, ascension sociale, avarice...
C'est un des thèmes les plus fréquents et les plus anciens de la littérature.

TEXTES : **Montaigne,** *Essais*, III, 6, 1580-1588-1595. **Bossuet,** *Sermon sur le mauvais riche,* 1662. **Molière,** *L'Avare,* 1668 ; *Le Bourgeois gentilhomme,* 1670 ; *Les Fourberies de Scapin,* 1671. **La Bruyère,** « Des biens de fortune » in *Caractères,* 1688-1696. **Regnard,** *Le Légataire universel,* 1708. **Lesage,** *Turcaret,* 1709. **Montesquieu,** *Lettres persanes*, 48, 1721. **Marivaux,** *Le Paysan parvenu,* 1735 ; *Les Fausses Confidences,* 1737. **Rousseau,** *Discours sur les sciences et les arts,* 1750 ; *Emile ou De l'éducation* (chap. IV), 1762. **Voltaire,** *Lettre sur le commerce,* 1734 ; *Candide,* 1759. **Diderot,** *Le Neveu de Rameau,* 1762. **Balzac,** *Gobseck,* 1830 ; *Eugénie Grandet,* 1833 ; *César Birotteau,* 1837. **Flaubert,** *L'Education sentimentale,* 1869. **Céline,** *Voyage au bout de la nuit,* 1932. **Jules Romains,** *Les Hommes de bonne volonté,* 1932-1946. **Malraux,** *La Condition humaine,* 1933. **Aragon,** *Les Cloches de Bâle,* 1934. **Druon,** *Les Grandes Familles,* 1947-1951. **Perec,** *Les Choses,* 1965.

A. Ses pouvoirs

1. Sur le plan social : son rôle éminent apparaît dès Marot, qui multiplie les façons de demander les faveurs pécuniaires du roi.
• avec lucidité et cynisme, des auteurs (ex. Diderot, Balzac) affirment qu'il est la seule certitude en ce monde : « une seule chose matérielle dont la valeur soit assez certaine pour que l'on s'en occupe, c'est l'or » (cf. *Gobseck*) ;

• « L'or contient tout en germe et donne tout en réalité » (cf. *Gobseck*) : non seulement il assure la réussite et l'ascension sociale (et en ce sens, les penseurs du XVIIIe s. encouragent le droit de chacun à rechercher le gain), mais il apporte la considération (« Quoi qu'on fasse, on ne peut se déshonorer quand on est riche », *Le Neveu de Rameau*), l'autorité, les louanges, il permet de régenter les esprits, de diriger l'art... Jusqu'à Chateaubriand, qui écrit dans les *Mémoires d'Outre-tombe* : « Oh ! argent que j'ai tant méprisé et que je ne puis aimer quoi que je fasse, je suis forcé d'avouer pourtant ton mérite : source de la liberté, tu arranges mille choses dans notre existence, où tout est difficile sans toi. Excepté la gloire, que ne peux-tu pas procurer ? Avec toi on est beau, jeune, adoré : on a considération, honneurs, qualités, vertus. Vous me direz qu'avec de l'argent on n'a que l'apparence de tout cela : qu'importe, si je crois vrai ce qui est faux ? »

2. En littérature, il est :
• un ressort essentiel de l'intrigue de la comédie, le moteur de l'action (cf. *Les Fourberies de Scapin, Le Légataire universel, Turcaret* ; cf. « de l'or, de l'or, voilà tout le nerf » dans *Le Barbier de Séville*) ;
• un thème fondateur de l'œuvre : c'est le cas pour Balzac, pour qui la vie moderne était dominée par l'argent et qui le montrait dans son œuvre. La critique marxiste y a vu une évocation de l'essor du capitalisme : « Il faut de l'argent même pour se passer de l'argent ».

B. Sa dénonciation

On dénonce les méfaits de l'argent sur tous les plans.

1. Chez l'individu, il provoque :
• des soucis (cf. La Fontaine, « Le Savetier et le financier ») ;
• des défauts : l'avarice (cf. Harpagon, Grandet ; cf. *Les Paysans*), la vanité (cf. M. Jourdain ; cf. *Le Voyage de M. Perrichon*), l'égoïsme (cf. Giton, Turcaret) ;
• l'hypocrisie et la tromperie de la part de l'entourage (cf. M. Jourdain, Turcaret) ;
• une dégradation du cœur et des sentiments familiaux (cf. *Le Père Goriot, Le Cousin Pons* ; *La Terre* ; *Le Nœud de vipères*). Le bourgeois apparaît le plus souvent, dans la littérature, gâté par son argent.

2. Dans la société, les moralistes ont stigmatisé :
• les abus de fortune qui détournent de la tempérance qui sied à l'honnête homme (cf. La Bruyère : « Il y a des âmes sales, pétries de boue

et d'ordure, éprises du gain et de l'intérêt ») et des valeurs spirituelles (ex. Bossuet) ;
• le règne de l'apparence et des fausses valeurs qu'il instaure (cf. les portraits de Giton et Philémon) ;
• la corruption générale qu'il engendre (ex. Montesquieu, Voltaire, Rousseau, Diderot) ;
• l'injustice et la violence qu'il suscite : le génocide perpétré par appât du gain (ex. Montaigne) ; l'impossibilité pour la bourgeoisie d'atteindre son idéal de justice et de progrès puisqu'elle fonde tous les rapports sur la propriété et l'argent (ex. Diderot, Rousseau) ;
• la ruine des autres valeurs (la ville de Verrières a perdu la notion du beau dans *Le Rouge et le Noir*).

RT

Premier sens (sens primitif du mot latin *ars*) : ensemble de procédés par lesquels l'intelligence humaine atteint un résultat pratique (synonymes : méthode, technique, règles).

A. La technique littéraire

Quand on parle de l'art d'un écrivain, on pense à ses procédés de style* (ex. l'art de Racine) fondés sur les genres*, les règles*, les contraintes*, la langue*, les mots*, le travail*, la versification*, le rythme*...
On oppose souvent ce côté laborieux, technique, à l'inspiration*, au cœur (cf. Chénier : « L'art ne fait que des vers, le cœur seul est poète »).

B. Art et science

1. Ils s'opposent :

• si on prend art au sens de technique, il a des fins pratiques dont ne se soucie pas la science (cf. Technique) ;
• si on prend art au sens de technique littéraire ou de création esthétique : certes, science et art cherchent tous deux une certaine vérité et

ne se contentent pas de reproduire le réel, l'esprit intervient. Mais la science cherche méthodiquement le vrai et tend vers la loi, le général, l'abstrait, tandis que l'art cherche le concret, l'individuel, l'unique et le beau.

2. Ils se rapprochent car :
• la science possède une certaine beauté, une poésie que l'art peut exprimer (cf. Science) ;
• l'art : — a essayé de tout temps d'exposer les conceptions de la science : histoire, physique, psychologie, etc. ; ex. Lucrèce, Voltaire, Chénier, Sully Prudhomme ; — se rapproche, après 1850, de l'histoire en lui empruntant ses méthodes exactes pour reconstituer le passé (cf. Couleur locale, Réalisme, Parnasse ; Flaubert, *Salammbô*) ; — d'une façon plus générale, s'inspire de toutes les sciences pour observer le réel : documentation, enquête dans le roman (cf. Réalisme, Naturalisme ; ex. Flaubert, Goncourt, Zola ; dans la critique* : ex. Sainte-Beuve, Taine) ; — exige de l'écrivain une objectivité, une impersonnalité* semblables à celles du savant ; — est influencé par les sciences biologiques : déterminisme physiologique, zoologie humaine, lois de l'esprit ou des genres, évolution, classement, hérédité (ex. Zola ; cf. Naturalisme, Critique).
Du sens de technique s'est dégagé ensuite le deuxième sens du mot, le plus répandu.

Deuxième sens : activité par laquelle l'homme, pour une fin désintéressée et idéale, reproduit ou stylise ce qui est dans la nature ou même crée ce qui n'y est pas.
L'art, en ce sens, comprend : la littérature*, les arts plastiques, la musique, la danse, le cinéma*, la photographie, la radio, la télévision (cf. Troisième sens). Cette partie, tout en privilégiant la littérature, traite des questions générales que l'on peut se poser sur l'art.

A. Ce qu'exprime l'art

1. Le réel*, la nature* : c'est la conception classique et rationnelle de l'art, héritée d'Aristote et fondée sur l'imitation parfaite de la réalité. L'art consiste à les faire apparaître comme vrais* (cf. Vérité).
Mais tout art est forcément un choix dans le réel (cf. D). Dès lors, divers problèmes se posent :
• que choisira l'art dans le réel* pour le reproduire ? qu'appellera-t-il nature* ? La réponse varie selon les époques et les écoles ;

• comment se fera cette reproduction ? sera-t-elle une exacte copie ou une stylisation ? Sur ce point les attitudes sont aussi très différentes (cf. Idéalisme, Nature, Réalisme, Réel).
• sur quoi reposera finalement l'impression de vérité* que donnera l'œuvre au lecteur ou au spectateur (cf. Universel) ?

2. L'imagination de l'artiste : celle-ci fait incontestablement partie du réel. Cependant elle exprime, dans le réel, ce qui est en dehors de l'artiste et elle ne peut le faire que grâce à une vision qui stylise. Finalement l'art ne nous communique le réel qu'à travers ce qu'on appelle l'univers* de l'artiste. Comment cet univers si particulier paraîtra-t-il vrai à tous les hommes ? (cf. Universel).

3. La beauté : mais, là aussi, de nombreux problèmes se posent. La beauté est-elle la fin suprême de l'art (cf. B), doit-elle être jointe à l'utilité (cf. C) ? Qu'est-ce surtout qu'on entend par beauté ? Quels sont ses rapports avec l'expression de la nature et de l'imagination de l'artiste ? (cf. Beauté).

B. L'art pour l'art

L'art a pour seule fin la beauté et le plaisir sans aucun souci moral : cette idée d'Aristote a particulièrement été reprise par Gautier (cf. Préface de *Mademoiselle de Maupin* et de ses *Poésies* en 1832), Banville, puis le Parnasse* : « Il n'y a de vraiment beau que ce qui ne peut servir à rien ; tout ce qui est utile est laid » (Gautier).

1. Les arguments favorables sont :
• d'un point de vue historique, une réaction nécessaire, au XIXe s., contre l'engagement* romantique qui ne voyait plus, dans la poésie en particulier, qu'un véhicule d'idées morales, politiques ou sociales ;
• l'utile n'est pas forcément beau, le beau n'est pas forcément utile (cf. Beauté) ;
• l'utile est contingent, variable avec le moment alors que l'art se veut éternel ;
• chercher l'utile, c'est flatter le public aux dépens du travail* artistique, qui seul assure la pérennité de l'œuvre.

2. Contre l'art pour l'art, on peut avancer :
• la faible importance de ce courant dans notre littérature (bien que l'idéal du Beau de Mallarmé puisse lui être rattaché) ;
• les raisons qui justifient l'engagement* et l'utilité de l'art (cf. C).

C. Utilité de l'art

1. Pourquoi l'artiste doit-il chercher à être utile ?

• Il est responsable de son temps comme tout homme (cf. Engagement ; Sartre : « Il n'y a d'art que pour et par autrui ») ;
• il doit rendre compte de son génie car : — il voit ce qui échappe aux autres (cf. Poète, Visionnaire) ; — il sent, il pense mieux (cf. Vigny, *La Maison du berger,* II) ; — il est plus efficace ; en effet, par l'art, il donne une forme frappante et durable aux idées informes des hommes ;
• c'est une nécessité pour lui : en se séparant de son temps et des hommes, l'art tombe dans l'artifice, le formalisme (cf. Forme) ; la plastique pure, en surexcitant les facultés esthétiques, est moralement dangereuse : « le goût immodéré de la forme pousse à des désordres monstrueux et inconnus » (Baudelaire) ; au contraire, les génies nourris d'humanité sont grands (ex. Dante, Shakespeare, Molière, Hugo, etc. ; cf. Société).

2. En quoi l'art peut-il être utile ?

• il crée la beauté et, en particulier pour les arts autres que la littérature, procure le plaisir esthétique des sens ;
• pour autrui : — il donne une culture*, il éduque le goût* (cf. Livre, Littérature) ; — il contribue à une formation morale : il développe des qualités (patience, exactitude, soin, perfection...) ; l'esprit apprend à dominer la matière ; il nous fait prendre conscience de nous-mêmes (cf. Art de vivre, Littérature, Révolte, Universel) ; — il permet de réformer la société (cf. Critique sociale, Engagement, Philosophe, Poète) ; — il provoque en chacun de nous une « catharsis », une purification des passions, par la contemplation de la beauté ;
• pour l'artiste lui-même : — il le libère de ses chimères* ; — il traduit son idéal esthétique (ainsi, pour l'idéalisme de George Sand, la mission de l'art est de faire aimer les objets qui retiennent l'attention de l'écrivain) ; — il lui donne un moyen de découvrir l'unité de son être (ex. Proust) ; — il révèle au public sa personnalité, ou l'invite à la chercher, grâce à cette sorte d'absolu que propose le chef-d'œuvre (cf. Proust, *La Prisonnière*, sur la musique de Vinteuil) ;
• il a une valeur métaphysique ; c'est une victoire sur la mort, « un anti-destin » (Malraux). Par l'art on peut reculer les limites de la destinée humaine, le « sentiment inexplicable de ce qui est noble et beau » (Mme de Staël) qu'il suscite nous fait oublier notre condition (cf. Baudelaire : « L'ivresse de l'Art est plus apte que toute autre à voiler les terreurs du gouffre »).

3. Comment être utile ?

• par des écrits qui sont des engagements directs (cf. *Les Provinciales,* les pamphlets de Voltaire, *Les Ïambes* de Chénier, *Les Châtiments*). Mais la liaison étroite de ces œuvres à l'actualité peut les faire vieillir et ne leur laisser qu'un intérêt historique, si elles n'atteignent pas l'universel par une humanité durable et un génie qui les sublime ;

• par des œuvres à thèse (ex. le drame* bourgeois, l'œuvre de Zola). Mais cette orientation s'adapte plus ou moins bien au genre choisi (l'épopée* et le conte* s'y prêtent mieux que le roman* et le théâtre*). De plus, un art exclusivement tourné vers la moralisation fausse la réalité en la simplifiant, de même que la morale, en nous faisant croire que la vertu triomphe toujours ou en ramenant le bien et le mal aux idées grossières du grand public (cf. Beaux sentiments) ;

• en ne visant aucun but immédiat et précis, mais en exprimant toute la réalité (à la différence de l'art pour l'art, qui s'en détourne, et de l'art moral, qui la mutile) et en lui conférant la beauté artistique. Ainsi le lecteur connaîtra le réel, mais : — l'art le dépouille de ce qu'il peut avoir de trop brutal et passionné ; — la contemplation esthétique purifie les passions qui deviennent moins contagieuses, plus universelles, prennent une signification ; — l'art, de plus, nous permet de dépasser les passions, de voir en elles une aspiration à quelque chose de plus éternel et de plus haut (par ex. *Phèdre* offre une peinture de la fureur amoureuse dans sa séduction et ses horreurs, fournit une explication métaphysique et nous purifie : nous contemplons, sans participer, tout en étant touchés) ; cf. *Madame Bovary*, la poésie de Baudelaire, *L'Assommoir*.

4. Quelques nuances :

• on remarquera toutefois : — qu'en peignant toute la réalité sans édicter de préceptes, l'artiste suggère parfois une morale supérieure à celle de son époque, plus accessible aux hommes du futur qu'aux contemporains obnubilés par leur morale conventionnelle ; d'où l'apparente immoralité en leur temps d'œuvres reconnues depuis (cf. les poèmes de Baudelaire, *Madame Bovary, Marion Delorme* ou *Le Roi s'amuse* ; les œuvres de Zola, de Voltaire et même de Racine) ; — que le vice trop bien peint peut avoir un attrait pour les âmes faibles ou témoigner d'une certaine complaisance de l'artiste (ex. Baudelaire) ; — que l'apaisement et la purification des passions n'est pas le but de certains écrivains qui veulent justement provoquer les passions, faire agir le lecteur. Cet art actif choisit souvent dans la réalité, idéalise le bien, noircit le mal, et vaut alors surtout par sa puissance émotive, la suggestion des images, des rythmes, le lyrisme de l'auteur, le sublime de l'idéal ou des personnages qu'il propose (ex. l'épopée*, la satire lyrique ; le drame* romantique : Dante, d'Aubigné, souvent Hugo, parfois Corneille). Cela se produit également pour certaines œuvres picturales (par ex. le *Tres de Mayo* de Goya ou le *Guernica* de Picasso qui veulent faire réagir) ;

• un autre problème est de savoir quelle sorte de morale peut proposer l'art : — pour Gide (cf. *Nouveaux Prétextes*) l'artiste ne doit pas inventer une morale, mais imposer un style aux valeurs admises, ce qui s'oppose à l'art pour l'art qui se détourne de son temps, et à l'art qui nourrit les foules (ex. l'art du XVIe s., le Classicisme*, malgré ses éléments de révolte après La Bruyère) ; — mais il ne règne pas à toutes les époques une homogénéité de pensée, une acceptation par tous d'une certaine conception de la vie ; en outre l'art est le plus souvent révolte*, ou au moins question posée, témoignage d'une inquiétude (cf. Engagement, Philosophe, Romantisme ; ex. Baudelaire, Sartre, Camus).

D. Reproduire le réel ou s'en écarter ?

Ce problème déjà évoqué en A se pose aussi bien pour la littérature que pour les autres arts ; l'art doit-il être une reproduction fidèle ou doit-il nous offrir un monde que nous ne connaissons pas ?

1. L'art est vérité choisie :

• en fait : — l'art ne peut pas reproduire le réel* tout entier (cf. Description) ; — il ne traduit que la perception particulière qu'a chaque artiste de la réalité (ex. la Provence vue par Mistral, Daudet, Colette, Giono ; les paysages des impressionnistes) : « Une œuvre d'art est un coin de la création vu à travers un tempérament » (Zola) ;

• en droit : — le réel est absurde, l'art lui donne un sens en choisissant les sujets, en établissant la composition, en créant les personnages (cf. Mauriac : « [Les personnages] ont toujours une signification, leur destinée comporte une leçon, une morale s'en dégage qui ne se trouve jamais dans une destinée réelle toujours contradictoire et confuse » ; ex. la tragédie* qui transforme un fait divers en fait humain ; cf. Caractéristique, Vérité) ; — le réel est dispersé, l'art concentre (cf. Comédie, Description, Roman, Tragédie, Unité) ; — le réel est sans beauté, l'art l'embellit : par l'idéalisation due aux lois du genre qui impose un choix ;

par le style* ; par l'expression de l'univers* de l'artiste ; par le choix des modèles dans le cas des arts autres que la littérature.
L'art combine donc deux réalités, celle de la nature* et celle du tempérament de l'artiste (cf. Impersonnalité, Subjectivité). Sa stylisation tend à lui donner un sens (moral, métaphysique, religieux, mystique...).
Toutefois, selon l'époque, l'art s'est plus ou moins rapproché du modèle réel sans jamais coïncider avec lui (cf. Réel).

2. L'art doit s'écarter du réel :

• c'est un moyen de dégager son essence (ex. Cubisme) ; d'exprimer l'univers de l'artiste, intraduisible autrement (ex. Surréalisme, Art abstrait) ;

• « le comble de l'art, c'est de faire rêver » (Flaubert). Ce jugement ne s'applique pas seulement aux formes de l'art qui nous détournent de la réalité ordinaire pour entraîner ailleurs notre imagination (cf. Evasion, Exotisme, Rêve, Merveilleux, Fantastique, Féerie, Fantaisie, Conte), il définit tout grand art qui, ne se contentant pas de la reproduction pure et simple de la réalité, nous fournit un aliment spirituel : — en nous faisant penser : problèmes, inquiétude, évocation d'un monde meilleur (cf. C) ; — en éveillant notre imagination* par la vision d'un monde créé (cf. Univers) ou recréé par l'artiste (cf. *Salammbô*) ; par le mystère des personnages ; par la stylisation du réel ; — en touchant notre sensibilité : les personnages de roman* permettent de s'évader, la contemplation esthétique purifie nos passions.

E. Art et vie

1. On oppose l'art à la vie :

• vivre, c'est agir, éprouver ; être artiste, c'est observer, songer (cf. Diderot, *Paradoxe sur le comédien*) ; la vie disperse des forces qui sont perdues pour l'art (le « temps perdu » de Proust) ;

• certaines formes d'art ont méprisé la vie (cf. Art pour l'art, Symbolisme ; ex. Mallarmé) ; ou existent indépendamment de la vie de l'auteur (cf. Impersonnalité) ;

• l'art ne reproduit jamais la réalité de la vie, mais la transforme toujours (cf. D) ou la fausse ;

• certains écrivains ont créé dans leur art ce qu'ils n'ont pas pu être dans la vie (ex. Stendhal, Balzac, Verlaine).

2. Pourtant « on ne peut faire de l'art qu'avec la vie » (Gide) :
• tout grand art veut reproduire la vie et même être encore plus vrai qu'elle (cf. D) ; l'art qui tourne le dos à la vie tend vers la stérilité (cf. C).
• l'artiste vit en son temps et nourrit son œuvre de sa sensibilité* ou de son expérience* (cf. Artiste, Génie) ;
• s'il est devenu écrivain, c'est souvent parce que, vivant plus intensément que les autres, il a mis dans son œuvre sa surabondance de vie (ex. Musset, Hugo, Proust, Montaigne, Balzac, Gide) : en ce sens créer, pour lui c'est vivre ;
• mais peut-on créer en continuant à vivre ? ne faut-il pas méditer son expérience ? (cf. Diderot, *Paradoxe* ; ex. Stendhal, Proust ; Cl. Roy, *Défense de la littérature* : « Il y a cet étonnement devant l'homme qui s'abstrait de la vie pour nous la restituer ; qui dans une réclusion volontaire et quotidienne s'arrache aux êtres et à leur chaleur, au soleil et à son éclat, pour évoquer avec des mots les êtres, le soleil, la nature ») ;
• pour les problèmes concernant les rapports :
— entre l'art et le public, cf. Public et Culture (de masse) ;
— entre l'art et la société, cf. Littérature ;
— entre l'art et la nature, cf. Nature.

Troisième sens (plus restreint) : les techniques qui joignent à la réalisation pratique une recherche esthétique :
• les beaux-arts : arts plastiques (peinture, gravure, dessin ; sculpture, statuaire) ; arts décoratifs ; architecture ;
• la danse, la musique*, le cinéma*, la photographie, la radio, la télévision.

A. Beaux-arts et littérature

Les rapports entre ces différentes formes d'expression se font par l'échange, l'union ou l'interaction :
• les artistes s'inspirent des sujets et thèmes des écrivains ou vice versa (cf. *Dante et Virgile aux Enfers* de Delacroix ; *Ophélia* de Rimbaud) ;
• arts et littérature subissent, chacun de leur côté, la même influence sociale, reflètent un idéal commun (ex. le Baroque*, Poussin et les Classiques, Romantisme*) ;
• artistes et écrivains s'unissent parfois plus étroitement pour faire triompher les mêmes conceptions (ex. les cénacles romantiques) ;

• les arts montrent la voie à la littérature : — en lui inspirant l'idée d'une révolution littéraire (ex. Courbet et les Réalistes) ; — en lui proposant certaines façons de voir le réel ou d'atteindre la beauté (ex. Chénier, Leconte de Lisle et la plastique ; Gautier et les arts décoratifs ; l'Impressionnisme, Goncourt et Proust ; le Cubisme et Reverdy) ; — un écrivain se découvre en analysant les œuvres des artistes (ex. Diderot et Greuze ; Stendhal et la musique italienne ; Baudelaire et Delacroix ; Proust, Elstir et Vinteuil) ;
• la littérature montre la voie aux arts (ex. le Surréalisme*).

B. Valeur des beaux-arts

1. Leur apport :
• outre les avantages attribués à l'art en général (cf. supra), leur « utilité » réside surtout dans la transmutation de la réalité en beauté, plus « efficace » que les intentions morales ou sociales avouées (ex. la peinture de Greuze, les œuvres « militantes » des pays socialistes) ;
• ils nous « interpellent » : la diversité des formes et des cultures (ex. art nègre, art moderne) a parfois une valeur de provocation qui nous oblige à réfléchir sur nos critères esthétiques (cf. Beauté) ;
• ils nous apprennent à nous découvrir : mieux que la littérature, car ils sont moins intellectualisés, ils expriment ce qu'il y a d'unique en nous, notre façon d'éprouver certaines sensations, et, ce faisant, ils atteignent l'absolu de l'art qui est la création d'un univers personnel (cf. Proust et la peinture d'Elstir).

2. Leur portée a été particulièrement soulignée par Malraux (cf. *Les voix du silence, Le Musée imaginaire*) :
• la culture est faite de la connaissance de tous les gestes créateurs humains du passé, de leur assimilation et d'un effort pour les dépasser : « la création est un héritage, non une destruction du passé... pas de style, pas de maître qui ne se dégage de la gangue d'un autre » ;
• l'art échappe à l'histoire, dans la mesure où il la dépasse, la transfigure et la recrée ;
• ce double aspect de création et de communion confère à l'art une valeur métaphysique, celle d'une présence humaine imposée à un univers absurde : « les arts sont les liens qui permettent à l'homme de n'être pas un accident dans l'univers » (cf. Baudelaire, « Les Phares »).

ART DE VIVRE

L'art de vivre implique l'idée de plaisir, de culture*, de beauté* et d'une certaine connaissance* de soi : ex. chez Rabelais (abbaye de Thélème), Montaigne, La Fontaine, Voltaire (« Cultivons notre jardin »), Stendhal, Barrès, Gide (cf. Egotisme).

A. Ses caractéristiques

1. Il cherche un équilibre entre :

• le corps que l'on connaît et que l'on développe harmonieusement ;
• et les facultés intellectuelles enrichies par la culture* (lecture, connaissance de l'art*...), la création (littéraire ou autre), la rêverie*, l'imagination*, la conversation, les loisirs...

2. Il conduit l'homme :

• à modérer les passions qui corrompent et asservissent (cf. Sagesse) ;
• à rechercher le plaisir : — dans une activité libre, désintéressée, parfois modérée, parfois joyeuse de s'exercer énergiquement (ex. Stendhal) ; — dans la fréquentation d'autrui (cf. Amitié, Amour, Société).
Mais l'art de vivre est-il modération, équilibre du cœur (ex. Montaigne, La Fontaine) ? ou engagement total dans les passions (ex. Stendhal) ?

B. Ses capacités et ses limites

1. Il vise à atteindre :

• le bonheur* personnel ;
• une perfection humaine « quasi divine » ;
• une certaine utilité sociale, en évitant l'ambition ou la volonté de puissance, le fanatisme politique ou métaphysique (cf. la fin de *Candide*) et en servant la collectivité par son travail.

2. Mais il est soumis à certaines réserves :

• difficulté de réaliser l'équilibre nécessaire ;
• difficulté d'avoir la liberté de créer (surtout de nos jours, contrainte du travail, du métier, de l'engagement* social) ;
• danger de l'égoïsme : conflit entre plaisir et morale, égoïsme et engagement* dans un idéal (famille, patrie, humanité) ;
• ennui d'un art de vivre trop modéré et réglé pour ceux qui découvrent la beauté de la vie dans l'enthousiasme* du cœur (ex. Romantiques, Stendhal), dans l'énergie* volontaire (ex. Corneille, Balzac, Stendhal, Malraux, Montherlant ; cf. Héros) ou dans la piété (ex. Pascal).

ARTISTE

Celui qui pratique un art : littérature* (cf. Auteur, Poète), beaux-arts, photographie, danse, musique, art dramatique, théâtre, cinéma*, télévision (cf. Acteur).

TEXTES : **Vigny**, *Chatterton,* 1835. **Baudelaire**, *Les Salons*, 1845-1846 ; « L'Albatros » in *Les Fleurs du Mal*, 1857 ; *Oeuvre et vie d'Eugène Delacroix,* 1863. **Huysmans**, *A rebours*, 1884. **Zola**, *L'Oeuvre*, 1886. **Maupassant**, *Fort comme la mort*, 1889. **Delacroix**, *Journal*, 1893. **Elie Faure**, *Histoire de l'art,* 1909-1921. Elstir et Vinteuil in **Proust**, *A la Recherche du Temps perdu,* 1913-1927. **Valéry**, *Eupalinos ou l'architecte*, 1921. **Malraux**, *Les Voix du silence*, 1951.

A. La personnalité de l'artiste

1. Ses légendes : traditionnellement l'artiste est considéré comme un être exceptionnel, au-dessus du vulgaire (cf. Poète), autour duquel s'élaborent :

• une légende noire, qui le montre solitaire et incompris (cf. Claude Lantier), voire maudit, vivant dans la bohème (ex. Rimbaud), la pauvreté et la souffrance (cf. Chatterton ; ex. Van Gogh, Modigliani) ;

• une légende dorée, amplifiée de nos jours par les médias, qui transforme l'artiste en « vedette », en « star ».

2. Ses qualités spécifiques :

• une certaine pureté de cœur (un artiste, c'est « un grand homme dans un grand enfant », dit Hugo) qui le préserve du conformisme, du dessèchement de l'intelligence critique, et lui conserve la capacité de voir (cf. Visionnaire, Univers), de préférer le beau à l'utile (cf. Art, Beauté) ;

• une sensibilité exacerbée et une exaltation qui lui permettent de se passionner pour sa création (cf. Lantier) ;

• une capacité de voir le monde par « d'autres yeux » (cf. Elstir pour Proust), à dérouter l'homme ordinaire et l'obliger à réfléchir (cf. Kama) ;

• la force créatrice de son esprit (cf. Eupalinos) qui lui fait préférer son œuvre aux autres passions humaines (cf. Lantier), qui l'oblige à remettre perpétuellement en question non seulement lui-même (cf. les différentes périodes de Picasso), mais aussi « tout l'univers » (ex. Claudel).

3. Son talent :
partagé entre l'art, la technique d'un ouvrier (cf. Travail) et l'inspiration, son esprit créateur (cf. Delacroix vu par Baudelaire). Si on peut expliquer la nature de son génie* (cf. Critique littéraire), il garde néanmoins une originalité irréductible (cf. Imitation, Univers).

4. Sa discipline :
• il doit consacrer beaucoup d'heures à son travail (heures de répétition des danseurs, des musiciens) ; cf. Lantier devant sa toile ; ex. Flaubert à Croisset, Proust dans sa chambre... ;
• il doit dominer la vie et sa vie pour observer, réfléchir dans la solitude*, calmer ses passions, s'élever du passager à l'éternel (ex. Montaigne dans sa bibliothèque, Musset écrivant *Les Nuits*) ;
• il se dévoue à son œuvre (ex. Balzac, Flaubert, Proust, Joyce).

B. Artiste et société

1. La société entrave le talent de l'artiste :
• par les dangers du vedettariat qui peuvent le rendre vaniteux et futile ;
• en le jugeant selon les goûts du public* auxquels il peut se laisser asservir ;
• en l'engageant dans ses querelles : politique, journalisme (cf. l'engagement* de Sartre, Camus) ;
• en le dispersant dans des œuvres de circonstance ou « alimentaires » (ex. les publicités pour les acteurs*) ;
• en lui imposant l'ordre établi (cf. les « refusés » des Salons au XIXe s., *L'Œuvre*), ce qui tue en lui l'originalité et la révolte* ;
• en lui faisant prendre, au contraire, la révolte ou la bohème pour le vrai talent : l'artiste fait alors de la provocation à l'égard de la société (ex. les écrivains Jean Genet, Céline, les peintres S. Dali, Y. Klein), provocation parfois gratuite.

2. Elle est nécessaire à l'artiste :
• elle lui offre un public* ;
• elle fournit la matière de l'observation : aux peintres Courbet, Monet, aux hyperréalistes ; aux photographes Cartier-Bresson, Doisneau ; aux écrivains La Bruyère, Balzac, Proust, A. Cohen (cf. *Belle du Seigneur*) ;
• elle inspire les sentiments généreux qui font vibrer l'artiste aux grandes causes de l'humanité : cf. le tableau *Guernica* de Picasso.

C. La mission de l'artiste

cf. Art, Littérature, Poète.

AUTEUR

Auteur désigne en principe celui qui a composé un ouvrage sur n'importe quel sujet (paroles de chanson, article, documentaire, roman...).
Ecrivain, qui inclut une notion de style, désignera plus spécifiquement celui qui rédige des ouvrages de littérature. Les différents types d'écrivains : poète*, dramaturge, romancier (cf. infra), conteur (cf. Conte), nouvelliste (cf. Nouvelle), moraliste*, prédicateur (ex. Bossuet), satiriste, journaliste*, critique*, épistolier (cf. Lettre), etc.
Romancier s'emploie exclusivement pour l'auteur de romans, auquel se posent des problèmes spécifiques (cf. C).
En fait, auteur est d'un emploi généralisé et neutre, et c'est sous ce terme que seront traitées dans cet article toutes les questions relatives à ces notions.

A. Différents visages de l'auteur

1. L'auteur vu par la littérature :

TEXTES : Oronte in **Molière,** *Le Misanthrope,* 1666. Trissotin et Vadius in **Molière,** *Les Femmes savantes*, 1672. Cydias in **La Bruyère,** *Caractères*, 1688. Lucien de Rubempré in **Balzac,** *Illusions perdues*, 1837. Bergotte in **Proust,** *A la Recherche du Temps perdu,* 1913-27. Passavant in **Gide,** *Les Faux-Monnayeurs,* 1926.

Dans ces œuvres apparaissent surtout les défauts de la « profession » : vanité, susceptibilité (cf. Cydias « composé de pédant et de précieux »), désir de primer, d'être encensé, vendu et lu, querelles d'auteur (cf. Trissotin, Vadius), beaux esprits (cf. Oronte)...

2. L'homme derrière l'auteur :

• tel que l'auteur le montre : avec un certain nombre de qualités et de défauts (ex. Montaigne, Chateaubriand, ainsi que Diderot se jugeant dans le *Salon* de 1767, ou dans une *Lettre à Sophie Volland* du 10 août 1759) ; en fonction de son projet littéraire, il lui arrive de ne choisir que les qualités et les défauts qui l'arrangent (ex. Rousseau dans *Les Confessions* : sur ce problème, voir Starobinski, *La Transparence et l'Obstacle*), ou encore de donner des détails crus (M. Leiris, *L'Age d'homme*) ;
• tel que l'auteur le cache : il existe en effet une distance irréductible entre le personnage décrit et le personnage réel (ex. le narrateur et

Proust), due à la difficulté d'être objectif quand il s'agit de soi (cf. Sartre, *Les Mots*), mais aussi parce que l'auteur, dans son œuvre, n'est pas sincère afin de plaire, de se rendre intéressant (sentiments faux, procédés de style artificiel chez les Précieux, Chateaubriand...), ou qu'il masque certains aspects de sa vie (cf. Rousseau « dénoncé » par Voltaire) ;
• tel que l'œuvre le trahit : même si l'auteur ne veut pas parler de lui-même, son art le révèle dans sa sensibilité*, sa sincérité*, sa passion, son humanité (ex.Pascal, Hugo...).

B. Problèmes de l'auteur

1. La création littéraire : cf. Inspiration.

2. La place de l'auteur dans la société : n'est-il qu'une sorte d'artisan de la beauté et du plaisir qui doit se cantonner dans son métier ? ou joue-t-il un rôle éducatif et social ? (cf. Art, Engagement, Littérature, Poète).

3. L'auteur et son œuvre : cf. Critique littéraire.

4. Etude et jugement d'un auteur : cf. Critique littéraire et Génie.

C. L'auteur de romans

1. Ses qualités d'écriture et ses limites :
• l'intrigue : richesse d'invention au risque de tomber dans le romanesque* ;
• les personnages : — observation, psychologie, esprit de finesse, pouvoir de se connaître et de pénétrer l'âme des autres (mais voir les critiques du Nouveau Roman en 3) ; — imagination : pouvoir de faire vivre des êtres autres que soi ;
• l'étude de la réalité : sens de l'observation, de l'enquête (cf. Roman) ;
• pouvoir aussi de dépasser cette réalité pour la styliser, en faire un univers* (ex. Balzac, Stendhal, Flaubert, Proust) ;
• art de la description*, du dialogue ;
• attitude particulière face au monde : c'est sa vision que l'auteur traduit (ex. Malraux) sans être capable, parfois, de sortir de lui-même ;
• qualités poétiques au risque d'idéaliser et de s'écarter du réel ;
• pouvoir d'inventer les idées, mais danger de ne montrer que des idées et non des hommes.

2. Auteur, narrateur et personnage ont en principe des identités bien distinctes :
• l'auteur est la personne réelle qui invente l'histoire et lui demeure étrangère ; il a une fonction sociale et extralinguistique ;
• le narrateur a une fonction purement linguistique ; c'est celui qui rapporte l'ensemble des événements contenus dans la fiction ;
• le personnage* est un rôle de cette fiction, défini par un certain nombre d'attitudes (nom, fonction sociale, aspect physique, caractère...).
Il arrive cependant que l'on tente de confondre l'auteur et son personnage (ex. Flaubert déclarant : « Madame Bovary, c'est moi ! »), l'auteur et le narrateur (cf. *Jacques le Fataliste*), les trois (cf. *Les Confessions*) : cf. Autobiographie, Biographie, Personnage, Roman.

3. La position de l'auteur, qui se permet parfois :
• des intrusions avouées (apparition des temps et des pronoms du discours, en particulier le pronom « je », en dehors des dialogues entre personnages : ex. « Jacques toussa un demi-quart d'heure de suite. Son maître tira sa montre et sa tabatière et continua son histoire, que j'interromprai, si cela vous convient » in *Jacques le Fataliste*) ;
• ou plus déguisées (il sait tout sur ses personnages, il fait passer un message...).
C'est contre cette omniprésence et cette omnipotence du romancier que les adeptes du Nouveau Roman (cf. Roman) ont protesté : l'auteur doit s'effacer du récit et se borner à un rôle de narrateur plus ou moins anonyme ; il ne doit pas imposer au roman d'autre sens que celui prêté par chaque lecteur (cf. Sarraute, *L'Ere du soupçon* ; Robbe-Grillet, *Pour un nouveau roman*).

AUTOBIOGRAPHIE

Sous cet article sont regroupés tous les types d'œuvres dans lesquelles un auteur parle de lui-même et de sa vie, quelle que soit la forme que prend cette autobiographie :
• qu'elle soit indirecte (cf. Montaigne, *Essais*, faisant ses confidences à l'occasion d'une méditation philosophique) ;

ou déguisée : l'auteur place ses confidences dans la bouche d'un personnage fictif, qu'il prétend différent de lui (ex. le roman autobiographique : cf. *René, Oberman* ; ou le roman confession : cf. Gide, *L'Immoraliste* ; cf. Roman) ;
• ou reconnue comme telle : l'auteur décide de raconter sa vie (cf. Confession, Journal, Mémoires, Souvenirs) ;
• qu'elle soit plutôt centrée sur l'époque et l'entourage : Mémoires, Souvenirs, Lettres ;
• ou sur l'auteur lui-même : Confession, Journal ;
• qu'elle soit destinée à un public : Confession, Mémoires, Souvenirs ;
• ou écrite a priori pour l'auteur seul : Journal intime.
Ainsi on distingue :
• la Confession : l'auteur raconte sa vie et révèle ses sentiments intimes en avouant ses erreurs mais aussi ses bonnes actions ; il cherche à s'expliquer ou à se justifier devant un public et prétend être d'une totale sincérité : cf. saint Augustin, *Confessions* ; Rousseau, *Confessions* et *Rêveries* ;
• le Journal intime : relation écrite au jour le jour de la vie de son auteur, sans souci de publication, en principe ; ce type d'œuvre se rapproche des Mémoires dans la mesure où il fait plus de part aux événements publics et privés qu'aux sentiments intimes : ex. *Journal* de B. Constant, de Stendhal, des Goncourt, de Delacroix, de Gide, de Kafka, d'Anne Frank ;
• les Mémoires qui relatent par écrit les événements qui se sont passés durant la vie de l'auteur, dans lesquels il a joué un rôle, qui l'ont influencé. Donnant de nombreux détails sur la vie publique, l'auteur veut présenter un témoignage historique : ex. *Commentaires* de Montluc, *Mémoires* de Retz, Saint-Simon, W. Churchill, Ch. de Gaulle, *Mémoires d'Outre-tombe* de Chateaubriand, *Antimémoires* de Malraux ;
• les Souvenirs, qui sont plus fragmentaires, plus personnels, moins dominés par le souci de l'Histoire : cf. Hugo, *Choses vues* ; Stendhal, *Vie de Henry Brulard, Souvenirs d'égotisme*.

A. Ses raisons d'être

L'autobiographie, sous toutes ses formes, repose sur la confidence : pourquoi un auteur éprouve-t-il le besoin d'exprimer son moi* en communiquant à autrui ce qu'il a de plus intime (ses sentiments cachés, des événements personnels, ses idées les plus chères, ses désirs, ses intentions, ses actions secrètes...) ? Les causes en sont :

1. Une extrême sensibilité : l'auteur cherche à l'apaiser en s'exprimant et en appelant le réconfort d'autrui ; ainsi toutes les œuvres de Rousseau manifestent la tentation de l'autobiographie et pour lui l'écriture est une pratique de vie intérieure.

2. Une quête du moi : il s'agit de trouver la permanence du moi à travers les aléas de l'existence, de conserver son passé et tirer dans les souvenirs l'essentiel, de se ressaisir par les commencements (cf. Ph. Lejeune, *Le Pacte autobiographique*). Le but est d'atteindre la « transparence », la communication totale et confiante avec autrui (cf. Starobinski, *La Transparence et l'Obstacle*).

3. Le désir de se justifier : l'aveu lave le mal, permet à l'auteur de se déculpabiliser, d'expliquer au public les vraies raisons de ses actes. Mais, comme le remarque Ph. Lejeune, l'aveu permet aussi de concilier le plaisir de répéter la faute et le respect du code moral.

4. Le plaisir de parler de soi : cf. Egotisme, Moi.

5. Le désir d'instruire autrui : la confidence s'élève à l'universel (ex. l'amour de Lamartine, la douleur de père de Hugo).

B. Son intérêt

1. Un intérêt psychologique : dans ces œuvres où s'exprime une personnalité, nous apprenons à la connaître de façon authentique (mais voir C). Nous découvrons en particulier la genèse de la personnalité de l'écrivain qui nous permet de comprendre son œuvre (cf. Critique littéraire). C'est aussi apprendre à nous connaître nous-même (cf. Connaissance).

2. Un intérêt historique : à travers les mémoires et souvenirs, surtout, nous bénéficions de la peinture d'une époque, d'un milieu, grâce au témoignage d'un homme qui a été mêlé à des événements importants. Il nous donne une explication de la politique, nous révèle des faits secrets, nous dévoile les hommes, plaide pour une idée ou un personnage... ; ce faisant, il a une vue partielle et partiale de l'Histoire*, ce qui invite parfois au regard de l'objectivité historique, à mettre en doute son témoignage (cf. C).

3. Un intérêt moral : l'auteur peut élaborer son expérience pour en tirer une vue générale de l'homme (ex. Montaigne), un art* de vivre (ex. Montaigne, Rousseau) ou l'exemple de ce qu'il ne faut pas faire (cf. *René*). Même à l'état brut, son expérience nous éclaire : sur la formation d'une pensée (ex. Montaigne), d'une sensibilité (ex. Rousseau) ;

sur les réactions humaines, l'influence du milieu* et du moment sur l'individu ; sur la valeur de certaines attitudes : les mensonges de Rousseau nous renseignent sur les rapports de la mémoire et de l'imagination, sur ses chimères*, sur le bonheur de l'illusion.
Cela nous donne le sentiment de l'originalité et de la liberté de chaque être ; d'où intérêt philosophique (cf. la valeur de la littérature de l'aveu pour l'existentialisme) et leçon morale : respect d'autrui, tolérance (cf. Moi, Sincérité).

4. Un intérêt littéraire : d'une part, un intérêt proche de celui des romans*, grâce aux descriptions, à l'intensité dramatique, à l'évocation de personnages ; d'autre part, valeur de la forme : ou bien artistiquement élaborée (ex. Rousseau), ou bien spontanée, libre, image naturelle de la personnalité de l'écrivain, préfiguration et explication de son œuvre d'artiste (ex. Diderot).

C. Problèmes posés par l'autobiographie

1. L'insignifiance de certains détails notés : le lecteur ne comprend plus le choix de l'écrivain.

2. Le mensonge de l'auteur envers autrui : pour se justifier ou se rendre intéressant, il travestit la vérité, lui mêle de la fiction. Dans le cas des Mémoires, il convient de confronter ce document avec d'autres sources afin de vérifier sa crédibilité.

3. La sincérité de l'auteur envers lui-même : par exemple, mensonge et vérité chez Rousseau.

4. La délicatesse de l'entreprise : à cause des défaillances de la mémoire, de la difficulté de se définir par l'écriture, la quête du moi et de la « transparence » mène à une impasse.

5. Quelle image donner ? L'auteur d'une autobiographie souhaite en quelque sorte dresser une statue pour la postérité (c'est en cela d'ailleurs qu'il provoque les problèmes 2 et 3). Cette image figée, « indubitable et définitive » (comme dit A. Robbe-Grillet) ne laisse guère de place aux mouvances, aux incertitudes de l'homme dans la réalité de son évolution. C'est pourquoi on a vu surgir une « nouvelle autobiographie », qui se situe dans la lignée du « Nouveau Roman » et qui laisse la place aux variations et aux hésitations de la personnalité (cf. A. Robbe-Grillet, *Le Miroir qui revient* et *Angélique*).

AVENTURE

A. Récits d'aventures

• Chevaleresques (au Moyen Age : cf. *Le Chevalier à la charrette*), héroïques (le roman précieux : cf. *L'Astrée*).
• Amoureuses et galantes (cf. Brantôme, *Les Dames galantes*, Mlle de Scudéry, *Clélie, histoire romaine*).
• Biographies mouvementées : roman picaresque (cf. *Gil Blas*).
• Crime, vie des hors-la-loi : banditisme, roman noir, roman policier (ex. A. Christie, R. Chandler).
• Drames historiques (cf. Dumas, *Les Trois Mousquetaires*) ou préhistoriques (cf. Rosny aîné, *La Guerre du Feu*).
• Drames politiques, espionnage, conspiration (ex. J. Bruce).
• Mystère et drames des villes (cf. *Les Mystères de Paris*).
• Expéditions chez les « sauvages », dans les pays exotiques (ex. Kipling, F. Cooper).
• Explorations, voyages sur mer (ex. Melville, London), sur terre, au centre de la terre, etc. (ex. J. Verne).
• Voyages ou guerres interplanétaires (ex. Cyrano de Bergerac, Voltaire, Wells) ; romans d'anticipation (ex. I. Asimov).
• Intrusion du fantastique* (ex. Poe, Hoffmann, Lautréamont) : cf. Roman.

B. Intérêt des récits d'aventures

1. Ils visent à distraire et faire plaisir : en montrant les hasards et les dangers du monde, ils stimulent la curiosité, offrent l'évasion à travers les péripéties et rebondissements d'une action trépidante dans des paysages nouveaux (cf. *Candide*), comme le font de nos jours les films d'aventures.

2. Ils informent et éduquent héros et lecteur :
• ils apportent des connaissances historiques, géographiques, scientifiques (lieux, hommes, mœurs*), pratiques (cf. *Robinson Crusoé*) et évoquent d'importants problèmes : colonisation, exploration, guerre, politique, esclavage... ;
• ils forment l'esprit en favorisant l'imagination (parfois à l'excès : cf. *Don Quichotte*), l'ingéniosité, la psychologie et le sens de la vraisemblance ou de la logique (ex. roman policier) ;
• ils édifient moralement le héros : les épreuves qu'il affronte constituent

son « chemin de culture » (cf. *Candide*, romans d'apprentissage) au terme duquel il devient « parfait » selon la morale de l'époque.
Par les valeurs qu'il symbolise, il contribue à l'élévation du lecteur : d'abord par l'amour, la courtoisie, la bienséance (valeur civilisatrice des romans du Moyen Age et du XVIIe s.) ; puis par le goût du risque, de l'entreprise, par le courage et par les qualités de cœur (amitié, générosité, humanité...) ; enfin, particulièrement au XXe s., l'aventurier fascine : — il crée un monde nouveau, accomplit une mission sociale (ex. l'homme blanc de Kipling) ; — il échappe au conformisme social et affirme ses propres valeurs, sa personnalité ; — métaphysiquement, il s'éprouve lui-même, porte à sa perfection la condition humaine, domine la peur, la souffrance, la mort (cf. Malraux, *La Voie royale, Les Conquérants* ; J. Gracq, *Le Rivage des Syrtes*).

3. Ils permettent de s'évader :
• hors d'un cadre contraignant pour l'auteur qui profite d'un prétendu ailleurs pour dénoncer les maux de son pays (ex. le règne du Régent est transposé en Espagne dans *Gil Blas* ; cf. Exotisme) ;
• pour échapper aux conflits de la jeunesse et assouvir une soif d'inconnu (cf. Rimbaud, *Une Saison en enfer* ; Cendrars, *La Prose du Transsibérien* ; Alain-Fournier, *Le Grand Meaulnes* ; cf. C).

C. L'aventure spirituelle

L'esprit, lui aussi, peut se lancer dans une aventure intérieure (cf. Roman), en explorant :
• le rêve* (cf. Surréalisme) ;
• le fantastique* et le surnaturel* (ex. Nodier, Nerval, Villiers de l'Isle-Adam) ;
• un univers visionnaire (cf. Hugo, *La Pente de la rêverie*) ;
• toutes les ressources de l'imagination* (cf. Michaux, *L'Espace du dedans*).

Plaisanterie légère moins poussée que l'ironie* et l'humour, plus superficielle que le comique* ; éléments de fantaisie*. Par exemple : Marot, Scarron (cf. *Le Roman comique*), poètes précieux, La Fontaine, Voltaire (cf. *Lettres, Contes*), Musset, Hugo (cf. Fantaisie), Apollinaire, Prévert.

A. Quelques procédés

• Récit naïf où l'auteur se donne un air doucement ridicule (cf. Marot, *Epître au Roy* « pour avoir été dérobé »).
• Descriptions légèrement burlesques*, ou caricaturales*, ou comiques* (pour La Fontaine, cf. aussi Bêtes).
• Mythologie fantaisiste ou burlesque* (cf. Mythe).
• Commentaires, interventions de l'auteur dans son récit, ironie*, humour.
• Inversions et contrastes, procédés de l'antithèse (opposition, parallélisme, symétrie) : ex. jeu entre « neige » et « feu » dans le « dizain de neige » de Marot ; développements fantasques, rapprochements inattendus, coq-à-l'âne ; parodie.
• Vocalubaire parfois archaïque ou populaire.
• Jeux de mots (ex. « en rithme » et « enrime » dans *Petite Epître au Roy*), création de mots (ex. « rateusement » chez Marot ; « tricolorer », « dreadnoughter » chez Prévert) ou d'expressions insolites, images fantaisistes, dissociation d'expressions usuelles (ex. « Cortège » in Prévert, *Paroles*), répétitions, formation de mots-valises.
• Jeux rythmiques : chez La Fontaine, style naïf ; vers à la façon de Marot ou vers libres ; alternance de vers longs et brefs, effets de coupes, enjambements ; rimes bizarres, inattendues.
• Harmonie imitative, assonances, sonorités cocasses.

B. Buts

• Plaire et amuser en faisant éclater les cadres habituels et en mettant de la fantaisie dans la réalité.
• Dominer une émotion.
• Faire sourire de choses sérieuses afin de persuader l'interlocuteur ou le destinataire ; c'est le cas en particulier du badinage amoureux ou des *Epîtres* adressées au roi par Marot.

BARBARE

Barbare, à l'origine, qualifie tout ce qui est étranger au monde grec. Par extension, ce terme s'applique ensuite à tout ce qui est considéré comme extérieur à la vraie civilisation* ; on lui attribue donc les caractères suivants :

• en morale : absence de politesse ; dureté de cœur (ex. Horace traité de « barbare » par Camille et Curiace) ; brutalité des mœurs : « manger de la chair humaine » et « retomber dans l'état sauvage » pour Robinson Crusoé ; le Moyen Age et l'Orient vus par Hugo ; cf. *Salammbô ; Poèmes barbares* de Leconte de Lisle ;

• en esthétique : absence de sens artistique (ex. le vandalisme) ; imperfection, incorrection, non conformité aux règles d'un art évolué (ex. barbarisme) ; goût de l'étrange, de l'énorme ; rudesse, truculence, couleur*.

Sauvage implique sensiblement les mêmes notions que barbare avec les nuances suivantes :

• en morale : l'assouvissement brutal de passions primitives, comme goût du meurtre, violence, parfois cruauté (ex. le sadisme ; la frénésie romantique ; cf. Hugo, *Bug Jargal, Han d'Islande* ; Lautréamont ; Villiers de l'Isle Adam) ; ou le retour à un état primitif de vie psychique non contenue par la raison (ex. Rimbaud ; cf. Surréalisme).

• en esthétique : en particulier violence et frénésie.

A. Exploitation littéraire

1. Par réaction contre les rigueurs d'une esthétique classique, un besoin de fantaisie se fait jour et les thèmes du barbare et du sauvage vont être exploités comme sources de beauté dès avant l'époque romantique (cf. Diderot, *Essai sur la poésie dramatique*). Ils vont permettre d'échapper :

• au conformisme social qui étouffe l'individualité et ne favorise pas les grandes émotions ;

• au conformisme esthétique qui tend vers l'intellectualisme et tue l'originalité (ex. rhétoriqueurs, précieux, postclassicisme ; cf. Civilisation, Conventions, Préciosité, Règles).

2. Thèmes d'inspiration :

• l'évocation de ces êtres différents, d'une « sauvage simplicité », préfigure le héros romantique (ex. les Barbares décrits par A. Thierry dans l'*Histoire de France*, 1820 ; les Francs dans *Les Martyrs* ; Attila dans

De l'Allemagne) ; le tragique d'une société barbare et sauvage est propice aux émotions violentes et au lyrisme* (ex. révolution et romantisme* ; cf. Souffrance).
• à travers cet exutoire, le poète libère en lui une sensibilité naturelle qu'étouffait la raison : — émotions primitives, désir, honneur, goût du fantastique*, frénésie ; — il s'exprime directement, avec force, originalité ; — il se rénove en libérant son inconscient (cf. Surréalisme) ;
• ce qui se traduit esthétiquement par : — une langue directe et expressive ; — des images violentes et neuves ; — le mouvement et l'énergie du rythme ; — une certaine stylisation ; — le retour à l'art populaire (cf. Peuple) ; la révolte* (cf. Rimbaud, *Une Saison en enfer* ; cf. Romantisme, Surréalisme).
Mais cette voie nouvelle d'inspiration n'a pas connu que la réussite : — dangers d'une liberté excessive ; — danger de tomber dans l'informe et l'énorme.

B. Le « mythe du bon sauvage »

TEXTES : **Montaigne,** *Essais,* « Des cannibales » I, 31, 1560-1595. **D. Defoe,** *Robinson Crusoé*, 1719. **Marivaux,** *La Dispute*, 1744. **Rousseau,** *Discours sur l'origine de l'inégalité parmi les hommes*, 1754. Le Huron in **Voltaire,** *L'Ingénu*, 1767. **Diderot,** *Supplément au voyage de Bougainville*, 1773. **Chateaubriand,** *Atala*, 1801. **J.M.G. Itard,** *Rapport de 1806 sur Victor, l'enfant sauvage*. Gaspard Hauser in **Verlaine,** *Sagesse,* 1881. **Lévi-Strauss,** *Tristes Tropiques*, 1955. **L. Malson,** *Les Enfants sauvages,* 1964. **M. Tournier,** *Vendredi ou les Limbes du Pacifique*, 1967.

1. Historique : ayant pris forme dès le XVIe s., par fusion du thème antique de l'Age d'or et de peintures optimistes de tribus primitives d'Amérique, il se développe surtout au XVIIIe s., époque où les récits de voyages se multiplient.

2. Le « bon sauvage » se caractérise par :
• un « pur instinct de la nature » qui lui fournit son bon sens par rapport aux « folies » des civilisés (ex. Diderot), sa candeur et son innocence (ex. Defoe, Diderot), son don pour le bonheur sans interdits (ex. Marivaux) ;
• sa spontanéité et sa fantaisie (ex. Tournier) ;

3. Ce mythe permet de critiquer la civilisation* (ex. Montaigne, Voltaire) dont les défauts sont dénoncés parfois par le « bon sauvage » lui-même (ex. Diderot). Vu que « chacun appelle barbare ce qui n'est pas de son usage » (Montaigne), le « bon sauvage » apporte une leçon de relativisme en renversant l'ordre des valeurs : ce sont les « civilisés » qui apparaissent « barbares » et méprisables.

BAROQUE

Quelques chefs-d'œuvre de l'art baroque :

• **en architecture :** la colonnade de Saint-Pierre de Rome (œuvre du Bernin), église Saint-Charles-aux-quatre-fontaines à Rome (œuvre de Borromini), château du Belvédère à Vienne (Hildebrandt)...

• **en sculpture :** *La Sainte Thérèse en extase* du Bernin.

• **en peinture :** la fresque du grand plafond du palais Barberini (Rome), œuvre de Pierre de Cortone ; nombreux tableaux de Rubens...

• **en musique :** opéras de Monteverdi, Lully, Rameau...

• **en littérature :** — dans la première partie du XVIIe s., les poésies de Malherbe (*Larmes de saint Pierre*), de d'Aubigné (*Les Tragiques*), de Théophile, de Saint-Amant, les poèmes réalistes de Régnier ; au théâtre, des comédies de Corneille (*Le Menteur, L'Illusion comique*), des tragi-comédies, des comédies-ballets, des pièces à machines ;
— de nos jours, les pièces de Claudel, le théâtre et les films de Cocteau (*Renaud et Armide, Orphée, La Belle et la Bête*).

On pourra consulter *La Littérature de l'âge baroque en France* de J. Rousset.

A. Sa spécialité

Selon certains, le mot « baroque » provient du portugais « barroco », qui désignait à l'origine une perle de forme irrégulière.
Ce mot, réservé d'abord à l'architecture (pour qualifier la liberté des formes et la profusion des ornements des monuments en Italie puis en Europe aux XVIIe et XVIIIe s.), s'est étendu aux autres arts et à la littérature.

Certains critiques y voient même une constante culturelle qui reviendrait tout au long de l'histoire dans de nombreuses civilisations.
En littérature, c'est essentiellement un art du mouvement, de l'instabilité (importance du thème de l'eau, de la fuite du temps, de l'inconstance amoureuse), de la métamorphose (« le monde est un théâtre »), du pathétique.

B. Ses points communs avec d'autres mouvements littéraires

• Avec la préciosité*, il partage : le goût de la surprise ; la subtilité psychologique ; le goût pour les comparaisons, les images*, les métaphores bizarres, érudites, hyperboliques, prolongées et accumulées.
• Comme le classicisme*, il cultive : le goût pour les valeurs théâtrales (cf. aussi Noblesse) ; l'analyse psychologique.
• Comme le romantisme*, il a le goût de la surcharge, de la frénésie, du mystère, de l'horreur (roman noir anglais du XVIIIe s.).

BEAUTE

La beauté est cette perfection qui suscite un plaisir admiratif, soit par sa forme plastique, soit par sa noblesse morale, soit par sa supériorité intellectuelle, soit par sa conformité à ce qu'on espère.
Le beau se distingue du sublime* qui bouleverse par une idée d'infini, de la grâce qui suppose aisance, légèreté, attrait, charme.
Comme objet de réflexion, cette idée est abordée dans des essais.

TEXTES : **Du Bellay,** *Défense et illustration de la langue française,* 1549. **Boileau,** *Art poétique,* 1674. **Mme de Staël,** *De la littérature,* 1800. **Chateaubriand,** *Le Génie du christianisme,* 1802. **Hugo,** *Préface de Cromwell,* 1827. **Baudelaire,** *Curiosités esthétiques,* 1868 ; *Fusées,* 1851. **Breton,** *Premier Manifeste du surréalisme,* 1924.

A. Problèmes que pose la notion de beauté

« Qu'est-ce que le beau ? » est une question difficile qui n'est plus guère abordée aujourd'hui, car elle implique un jugement de goût, donc des jugements de valeur, envers lesquels l'époque actuelle montre beaucoup de réticence. Le néo-positivisme de notre temps (lié à une méfiance anti-humaniste) s'accommode mal d'un dogmatisme subjectif. De ce fait — mais ces questions se sont posées de tout temps — la notion de beauté soulève plusieurs problèmes :

• moralement et esthétiquement, la beauté suppose l'admiration de ce qui paraît parfait. Mais qu'est-ce que la perfection ? Y a-t-il une beauté absolue valable pour tous les temps et pour tous les lieux ? Ou la beauté est-elle relative aux temps et aux lieux ? (cf. B) ;

• Tartuffe est laid moralement, puisqu'il agit mal, et beau esthétiquement. Polyeucte est beau moralement et esthétiquement. Quels sont les rapports, dans l'œuvre d'art, de la beauté morale et de la beauté esthétique ? (cf. C) ;

• la beauté est-elle dans le modèle ou dans l'image qu'on en donne ? Par exemple la description d'un paysage est-elle belle : parce que le paysage est beau ? parce que l'écrivain le décrit parfaitement ? N'y aurait-il, dans l'art, de beauté parfaite que lorsque le modèle serait beau et sa représentation réussie ? ou peut-il y avoir beauté dans la description réussie de la laideur ? (cf. D) ;

• sur quels critères décider de la beauté d'une œuvre littéraire ou d'une œuvre d'art ? (cf. E).

B. Beauté absolue et beauté relative

1. Pour les Classiques, la beauté est absolue :

• la beauté morale est liée à l'essence de l'homme*, pressentie par les Anciens et fermement établie par le christianisme ;

• la beauté esthétique a été sentie par les Anciens et reconnue par toutes les générations qui ont suivi. Il y a donc un beau idéal que l'artiste devra retrouver à travers les accidents de son époque ; il justifie et implique les canons de la beauté, les règles*, la critique* dogmatique. Car le beau doit plaire, et pour l'esprit de l'« honnête homme », l'agréable est convenable (cf. Bienséance) : or le convenable est raisonnable et il n'y a pas plus raisonnable que la nature* (cf. E ; Vrai) qui, elle, est immuable.

2. Les objections apparaissent dès le XVIIIe s. (même si on continue souvent à juger les œuvres à partir d'une idée théorique et abstraite du Beau ; cf. Critique littéraire) :

- Kant (1724-1804) établit que le beau est « ce qui plaît universellement sans concept » ; il dépend du « jugement de goût », c'est-à-dire de l'aptitude à sentir la valeur esthétique d'une œuvre.
- Diderot dans ses *Salons* découvre « la loi fondamentale du Beau réel : la "chose" que l'on prend pour un donné brut, est en réalité un tissu de relations » (J. Chouillet, *L'Esthétique des Lumières*, 1974). Et Voltaire montre la relativité du beau en précisant que « pour un crapaud, c'est sa crapaude qui est belle » ;
- toutefois c'est surtout au XIXe s., avec Hegel (1770-1831) qui montre que la recherche du vrai se substitue à celle du beau dans l'art*, Mme de Staël et Chateaubriand, qu'il est reconnu que le Beau n'est pas universel : la beauté, comme la littérature* et l'art*, dépend de la société* ; c'est, selon Stendhal, ce qui donne le maximum de plaisir aux hommes d'un pays (ou d'un milieu*) à un certain moment ;
- Baudelaire souligne cette alliance de l'éternel et de l'éphémère : « Le beau est fait d'un élément éternel, invariable, dont la quantité est excessivement difficile à déterminer, et d'un élément relatif, circonstanciel, qui sera, si l'on veut, tour à tour ou tout ensemble, l'époque, la mode, la morale, la passion. Sans ce second élément, qui est comme l'enveloppe amusante, titillante, apéritive, du divin gâteau, le premier élément serait indigestible, inappréciable, non adapté et non approprié à la nature humaine » (*Le Peintre de la vie moderne,* 1863) ;
- le XXe s. achève de remettre en cause l'unicité du beau en récusant d'abord l'idée que la raison* peut être le seul juge (cf. Surréalisme), en postulant ensuite qu'il y a partout des choses belles (cf. le Musée imaginaire de Malraux) et que le jugement ne fait que reconnaître l'objectivité du beau. Bien des œuvres aujourd'hui se défendent d'être belles : elles cherchent avant tout à exister, à nous sensibiliser.

3. Les arguments des deux partis :

- l'idée du beau a varié historiquement (elle n'est pas la même dans la littérature antique et dans la nôtre) et géographiquement (elle dépend du milieu* : peut-on comparer l'art grec et l'art nègre ?) ; de plus, même les Classiques se séparent des Anciens par leur conception de la beauté morale (ex. la perfection d'Andromaque, d'Iphigénie, d'après Chateaubriand, *Le Génie du christianisme,* II, II, 8) et esthétique (la tragédie* classique n'est pas la tragédie grecque). Cela justifie le sens de la relativité, la critique explicative (cf. Critique littéraire).

• en revanche, le plaisir que donne une œuvre à son temps n'est pas toujours dû à sa beauté pure : influence de la mode, des milieux* (cf. Goût, Monde, Public) ; en vertu d'une telle conception, toute œuvre représentative de son temps et qui lui a plu serait belle : or Benserade et La Fontaine, *Les Mystères de Paris* et *Les Misérables* n'ont pas une égale beauté (cf. aussi Critique littéraire, Chef-d'œuvre).

4. Une conclusion nuancée :
• même au XIXe s., on n'a pas abandonné l'idée de beauté absolue. Mais on l'a mise au-delà du monde des apparences comme un objet de connaissance mystique* (cf. platonisme de Lamartine, surnature de Baudelaire, symbolisme*). Plus généralement, la beauté ne postule-t-elle pas, sinon l'absolu, du moins l'universel* et le durable ?
• une œuvre vraiment belle ne l'est pas que pour son temps, mais répond (parfois au prix de contresens) à l'idée de la beauté que se fait une autre époque (cf. *Le Misanthrope* ; cf. Chef-d'œuvre) ;
• c'est qu'en réalité une époque n'invente pas totalement ; elle assimile une culture* et va au-delà (cf. Art). La beauté passée ou étrangère la touche dans la mesure où elle la fait sienne avant de créer du nouveau à partir d'elle de sorte que sont liées l'idée de beauté et l'idée de culture*, ainsi que l'idée d'effort pour s'élever au sentiment de la beauté. Une œuvre survit donc si, au-delà des accidents dus à son temps, elle a les qualités qui en font un chef-d'œuvre universel*.

C. Beauté et morale

La tendance a toujours été de donner à la littérature et, plus difficilement à l'art, une portée moralisatrice en liant l'idée du Beau à l'idéal de la Vérité pour illustrer le Bien. Il apparaît alors une idée de la beauté morale, liée à l'héroïsme* et à la grandeur* d'âme, qui suscite elle aussi des problèmes :
• le beau moral peut se confondre avec une idée vulgaire et traditionnelle de la morale (cf. Beaux sentiments) ;
• le beau ne coïncide pas toujours avec le bien : le sentiment de l'honneur de Rodrigue est beau, mais est-il bien de se battre en duel ? C'est que le bien est souvent codifié par une morale précise, et générale, tandis que le beau est tantôt plus relatif dépendant des mœurs, des usages, tantôt plus indéfinissable parce qu'il est lié à l'exaltation des grandes qualités de l'homme, considérées ou bien dans leur action énergique indépendamment du résultat, ou bien comme créatrices de nouvelles

valeurs morales, les anciennes ayant perdu toute beauté à force d'être communes ; c'est en ce sens que Stendhal trouve Molière « immoral » puisqu'il nous conseille d'être comme tout le monde. A la limite, l'aspect esthétique peut l'emporter sur les considérations morales : par exemple on trouvera beau un personnage pour son unité, sa puissance vitale, son énergie surhumaine, même s'il agit mal (cf. Cléopâtre, dans *Rodogune*, le neveu de Rameau, Julien Sorel, certains personnages balzaciens, tel Vautrin). (Sur les diverses conceptions de la beauté morale, cf. Héros, Grandeur d'âme, Energie).

D. Beauté, modèle et œuvre d'art

La beauté du modèle importe-t-elle plus que la reproduction artistique ? Si c'est le cas, il vaut mieux, pour l'artiste, choisir des modèles déjà beaux en eux-mêmes.

1. Les arguments :
• esthétiques : — si le beau idéal existe, il est dans les choses et l'art doit l'y retrouver (cf. Pascal, *Pensées,* frag. 33) ; — l'art doit plaire : il y réussira mieux s'il peint des sujets agréables ;
• moraux : — si l'art* a une fin morale, il l'atteindra mieux en peignant le beau moral ; — si l'art peint le laid moral et peut l'embellir de ses prestiges du point de vue esthétique et en montrer les dangers du point de vue moral, il demeure cependant inférieur à un art qui ajoute à sa propre beauté celle du modèle ; selon Taine, l'œuvre qui représente un héros (Polyeucte) est supérieure à celle qui représente un coquin (Tartuffe). On peut citer à l'appui la lassitude du public pour une littérature peignant la médiocrité, la laideur (cf. Réalisme, Naturalisme), la valeur tonique de Corneille par opposition à Racine (cf. Péguy, *Victor-Marie, comte Hugo*) ou La Bruyère.

2. Les objections :
• esthétiques : — la faiblesse de la conception du beau idéal (cf. B) ; — le fait que l'art plaît grâce à ses prestiges, même en décrivant des modèles laids ou horribles (ex. la tragédie* ; cf. Boileau, *L'Art poétique*, III début ; cf. Tartuffe, Quasimodo, Vautrin, etc.) ;
• morales : les beaux* sentiments ne font pas forcément de la bonne littérature ; l'art est justement moral en ne trichant pas avec la vie et en la peignant intégralement (cf. Art). Corneille a aussi représenté les faiblesses et les laideurs humaines.

E. Critères de jugement

Sur quels éléments fonder son jugement pour décider qu'une œuvre d'art est belle ou non ? Et la beauté est-elle le but unique de l'art (cf. F ; Art) ?

1. Le recours aux critères classiques est rassurant, en particulier pour le public*. On les recherche alors :
• dans la composition : présente-t-elle harmonie, équilibre, clarté, progression et force ?
• dans la vision du monde par l'artiste : richesse des couleurs, des formes, des sons, des tableaux, des images ; leur ordonnance... ;
• dans le style* : pureté, élégance, clarté, densité, puissance suggestive des figures, rythme*... (cf. Langue, Mot) ;
• dans l'accord avec les lois du genre* ;
• dans la conformité avec la réalité (cf. Vrai) ou avec ce que l'on sait déjà des maîtres reconnus.
Mais les critères nient et paralyseraient même toute initiative (cf. le Salon des Refusés, évoqué par Zola dans *L'Œuvre*). C'est surtout au XIXe s. qu'ils ont été rejetés comme étant trop restrictifs (cf. Romantisme ; Baudelaire disant : « Le beau est toujours bizarre ») et l'art du XXe s. semble précisément, avec provocation même parfois, se définir par leur refus (ex. Picasso, Klein, l'hyperréalisme, la musique sérielle...)

2. En quoi consiste la beauté ? Si elle ne vient pas uniquement du modèle, elle est due à l'élaboration artistique qui choisit dans le réel* (cf. Art) et impose un style*. Peut-il y avoir beauté sans vérité ? Non, selon les Classiques, pour qui la beauté vient justement de la vérité (cf. Boileau, *Epîtres,* IX : « Rien n'est beau que le vrai ») ; Romantiques (même Musset, voir infra) et Réalistes sont du même avis. Mais, indépendamment du fait qu'on peut se demander s'il ne peut pas y avoir une beauté dans ce qui est faux, irréel (question discutée à Vrai* et à Vraisemblable*), il reste à savoir ce qu'on entend par vérité. Chaque école s'en fait une conception différente (cf. Réel, Vérité), et celle-ci influe sur son idée de la beauté artistique :
• pour les Classiques, la beauté vient de l'élimination par l'art de ce que la réalité peut avoir de trop accidentel (cf. Universel), de trop brutal (cf. Bienséance) pour s'élever à une vision idéale et morale exprimée dans une forme qui obéit à certaines règles* ;
• pour les Romantiques, l'art ne recule ni devant le particulier ni devant l'extraordinaire, mais leur confère la beauté en accentuant leurs caractéristiques* ;

• pour les Réalistes, l'art serre le réel dans sa médiocrité la plus commune, et échappe au danger de ne reproduire que ce qui est laid ou sans intérêt par la beauté de la forme* (ex. le formalisme de Flaubert, le style artiste des Goncourt ; cf. Réalisme) ;
• on peut concevoir aussi un art purement subjectif ou mystique (cf. Mysticisme) qui ne cherche pas à reproduire un modèle, mais à exprimer l'unité de l'âme de l'artiste, sa vision, ou son univers* (ex. Baudelaire, certains symbolistes, Proust). La beauté est, dès lors, dans la nécessité, l'unité, la force et la splendeur du monde nouveau que crée l'artiste. Mais ce monde ne doit pas être spécial et inaccessible : il doit garder des résonances humaines, atteindre à l'universel*, et, en ce sens, sa beauté est liée aussi à la vérité ; il ne peut aussi s'exprimer qu'à travers une beauté formelle qui n'échappe pas aux lois générales des genres et du style ;
• « Rien n'est vrai que le beau » a pourtant écrit Musset, ce qui peut vouloir dire que : — seul le beau n'est pas une illusion parce qu'il procure à l'âme un bonheur réel, si bien que la seule impression de réalité durable est celle de la réalité avec laquelle l'art s'impose à nous ; en ce sens *Les Nuits* seraient plus réelles que le drame d'amour, vite évanoui, comme un rêve, qui est à leur origine. Cette conception peut se justifier par les satisfactions durables que nous donne la beauté, par opposition aux déceptions de la réalité, et peut se rapprocher de l'idée de Proust que la seule réalité, c'est celle que crée l'art ; — le réel nous paraît plus vrai lorsque la beauté a mis en lumière la vérité qu'il contient ; par exemple, nous ne savons ce qu'est réellement l'hypocrisie que grâce à la belle peinture qu'en donne *Tartuffe*. Ce qui n'est pas éloigné de la pensée de Boileau, qui affirmait que le but de l'art est de mettre en lumière les idées jusque-là confuses pour le public, ni de la théorie de la poésie connaissance (cf. Poésie) pour laquelle beauté et vérité se confondent, mais au-delà des apparences, dans la surnature, la beauté formelle de l'œuvre servant à traduire la vérité mystique. Musset ne s'élève donc pas contre la liaison de la beauté et de la vérité, mais renverse seulement leur ordre d'importance.

F. Valeur de la beauté

Baudelaire souligne l'ambivalence de la beauté au « regard infernal et divin », qui « verse confusément le bienfait et le crime » (*Hymne à la Beauté*).

Beauté

1. La beauté est-elle utile ?

• l'utile n'est pas beau : — il est fait pour servir, non pour plaire ; — les préoccupations intéressées détournent de la pureté qu'exigent la création et la jouissance de la beauté (ex. l'art soumis à l'argent, l'art moralisant ; cf. Art, Beaux sentiments) ;

• le beau n'est pas utile : — c'est une nécessité que sa recherche soit désintéressée, car elle a ses lois propres ; — c'est son charme, car cela permet l'évasion hors du monde terre-à-terre ; — le beau moral vient justement du fait qu'on ne cherche pas l'utile ;

• l'utile peut être beau par sa perfection propre, son adaptation à son but : beauté de la science*, de la technique*, de l'automobile, des chemins de fer, de l'architecture (cf. Valéry, *Eupalinos*), etc. ;

• le beau peut être utile (cf. Art et infra).

2. La beauté peut être trompeuse si elle consiste :

• à farder ou à tronquer la vérité ;

• à rendre spécieuses des idées fausses (ex. le talent de Rousseau au service de ses chimères) ;

• à se considérer comme l'unique fin de la littérature, provoquant ainsi les excès de l'art* pour l'art ;

• à se considérer comme l'unique fin de la morale et s'opposer ainsi au bien (cf. C).

3. Les apports : « La beauté n'est jamais, ce me semble, qu'une promesse de bonheur » (Stendhal). Outre le ravissement, l'extase qu'elle apporte (cf. Stendhal en Italie), la beauté permet la culture et la communion des hommes :

• grâce à l'art qui peut, à travers elle, exercer sa pleine puissance culturelle et morale (cf. Art, Littérature) ;

• par elle-même, indépendamment du contenu pensé de l'œuvre littéraire (c'est ainsi qu'agissent la musique, les beaux-arts qui n'expriment pas des idées), car : — la beauté exprime la façon dont une époque voit le monde et nous fait comprendre l'âme de cette époque ; — cette compréhension éveille en nous une sensibilité nouvelle qui élargit notre culture et nous fait communiquer avec d'autres hommes ; — la beauté est purification des passions et union dans l'admiration ; — elle fait oublier l'utile ; or c'est l'intérêt qui sépare les hommes ; — la beauté morale aussi s'élève au-dessus des partis et des nations par l'admiration des hautes vertus humaines (ex. l'admiration pour Socrate, Gandhi,...).

BEAUX SENTIMENTS

L'expression fait référence à un jugement de Gide : « C'est avec les beaux sentiments qu'on fait de la mauvaise littérature. »
Il ne faut pas comprendre par « beaux » des sentiments élevés, généreux, mais ceux qui se veulent « édifiants » et moralisateurs. Ils correspondent à un idéal moral assez commun, au conformisme des gens dits bien-pensants : ex. l'amour de la famille, des enfants, le dévouement à la patrie... ; en d'autres temps, l'idéal mondain des précieux ou celui, attendrissant, du drame bourgeois (cf. Convention, Drame).

A. Leur utilisation

1. Les raisons : pourquoi un auteur est-il tenté de peindre et d'inspirer de « beaux sentiments » ?
• pour satisfaire les goûts du public le plus large possible (ex. Diderot et le « genre sérieux ») ;
• pour mettre son art au service de ce que la société ou une classe considère comme « bien », ou d'un idéal à atteindre (ex. les romans courtois, cf. *L'Astrée).*

2. Les dangers :
• on affadit la réalité : les héros sont trop uniformes ;
• on la simplifie et toujours dans le sens de la perfection : ex. les bergers de *L'Astrée*, le héros vertueux du mélodrame, le héros parfait du roman*. Or la réalité est plus complexe (cf. la vertu « difficile » de la princesse de Clèves, les tentations du curé du village d'Ambricourt dans *Le Journal d'un curé de campagne*) ;
• on supprime les conflits dans l'âme des héros ;
• on tombe dans l'artificiel et le convenu au détriment de la vraisemblance. L'œuvre, amputée de la sincérité de la vie, semble alors un mensonge.

B. Les difficultés d'emploi

1. Peut-on vraiment parler de « beaux » sentiments ?
• une analyse approfondie dévoile souvent des aspects troubles : ex. l'amour paternel du père Goriot a des reflets incestueux ;
• le caractère passionné et tourmenté du « beau sentiment » lui ôte sa naïveté : ex. les bouleversements dans la « belle âme » de Mme de Mortsauf ;

• la peinture du vice est parfois plus variée, offre plus de conflits (ex. Racine, Choderlos de Laclos, Balzac, Mauriac, G. Bataille).

2. Des réussites pourtant : certaines grandes œuvres ont peint uniquement de beaux sentiments : cf. *La Chanson de Roland* ; les *Sermons* de Bossuet ; *Les Misérables*.
Cela est dû :
• aux genres qui supportent une simplification édifiante : l'épopée*, qui fait appel à l'exaltation du lecteur, est propice aux idées morales ; la poésie lyrique ; l'éloquence religieuse ;
• à la sincérité et la flamme des auteurs qui, par leur art (vivacité des images, force de leur logique...), font partager au lecteur leurs convictions : ex. d'Aubigné, Pascal, Bossuet, Hugo.

BETES

TEXTES : *Roman de Renart*, XIIe - XIIIe s. **Montaigne,** *Essais* II, 12, 1560-1595. **La Fontaine,** *Fables*, 1668-1694. **Buffon,** *Histoire naturelle*, 1749-1789. **Hugo,** « La Vache », « le Crapaud », « l'Ane ». **Baudelaire,** « Les Chats », « L'Albatros » in *Les Fleurs du Mal*, 1857. **Vigny,** « La Mort du Loup » in *Les Destinées*, 1849. **Kipling,** *Le Livre de la Jungle*, 1894. **J. Renard,** *Histoires naturelles*, 1896. **Colette,** *La Chatte*, 1933. **M. Aymé,** *Les Contes du Chat perché*, 1934. **Maeterlinck,** *La Vie des Abeilles*, 1901. **Apollinaire,** *Le Bestiaire*, 1911. **K. Lorenz,** *Il parlait avec les mammifères, les oiseaux et les poissons*, 1968.

A. Leur étude

1. Les animaux sont-ils des choses ?
Dans le *Discours de la Méthode* (5e partie), Descartes parle des animaux-machines : « Et ceci ne témoigne pas seulement que les bêtes ont moins de raison que les hommes, mais qu'elles n'en ont pas du tout. ».
La Fontaine (*Fables,* IX, *Discours à Mme de la Sablière*) récuse cette idée.

2. Les animaux sont des objets de science ou d'observation :
• pour des savants comme Buffon ou Lorenz, qui ont étudié le comportement animal de manière scientifique ;
• pour des écrivains qui se sont intéressés à leur instinct (ex. Montaigne, II, 12), à leurs mœurs (ex. Colette), ou ont été sensibles à leur beauté (ex. Baudelaire), à leur silhouette amusante (ex. J. Renard).

B. Leur portée symbolique

1. Les animaux peuvent être pris comme symboles :
• de la vie naturelle : « La Vache » (Hugo) ;
• des passions humaines : *Roman de Renart* ; l'auteur dénonce à travers eux les défauts des hommes (ex. La Fontaine) ;
• d'idées : le pélican (Musset), l'albatros (Baudelaire), le cygne (Mallarmé) ;
• de la sagesse : le loup (Vigny) ; souvent par opposition aux folies et à l'égoïsme des hommes (La Fontaine, *Fables,* X, 1) ;
• du mystère des choses : « Les Chats » (Baudelaire).

2. L'homme se sent proche des animaux car :
• ils ont ou paraissent avoir nos sentiments (cf. Colette, *La Chatte*).
• ils ont en commun avec nous la souffrance, la faim, l'angoisse, la mort (ex. Leconte de Lisle, Hugo) ; peut-être ont-ils comme nous une âme (cf. Hugo, *Les Contemplations, Ce que dit la bouche d'Ombre*) ;
• ils nous aiment, parfois mieux que des hommes.
Mais il faut se garder des excès possibles : l'anthropomorphisme qui pousse à voir les animaux comme des hommes ; n'est-il pas plus aisé d'aimer les animaux que les hommes ?

BIENSEANCE

A. En littérature

Ce terme est surtout employé à l'époque classique (cf. la Querelle du *Cid*).

1. Définition : c'est l'accord de l'œuvre dramatique avec les mœurs de l'époque à laquelle est emprunté le sujet (bienséance interne) et avec les mœurs de son public (bienséance externe).

« [Les poètes] ont particulièrement égard à faire parler chacun selon sa condition, son âge, son sexe ; et appellent bienséance, non pas ce qui est honnête, mais ce qui convient aux personnes, soit bonnes, soit mauvaises, et telles qu'on les introduit dans la pièce » (Chapelain, *Discours de la poésie représentative*, 2e version, vers 1635) ;
• bienséance interne : le sujet de l'œuvre est en conformité avec l'histoire (cf. Vraisemblance) et les lois du genre (cf. Règles) ;
• bienséance externe : l'œuvre s'accorde avec les idées du public en matière de : — vraisemblance générale (ex. le rôle de l'amour*) ; — religion ; — morale ; — politique ; — bienséance sociale (cf. B) ; — sensibilité (emploi de la litote* ; suppression des émotions brutales, des scènes sanglantes ; sauvegarde des personnages touchants : cf. Iphigénie).

2. Discussion : cet art* qui ne doit choquer ni la morale admise ni la sensibilité s'oppose : — à un art qui est révolte* ; — à un art du pathétique, de la violence (ex. baroque*, romantisme*) ; — de plus la vraisemblance historique (bienséance interne) et la vraisemblance générale (bienséance externe) peuvent se contredire (cf. Vraisemblance).

B. En société

C'est la conduite sociale en accord avec les usages (sur le plan du costume, du langage, des manières...). Même si certaines formes sont respectées de tout temps, elles sont soumises à des variations selon l'époque. Au XVIIe s., la norme est celle de l'honnête homme* (ex. Molière ; cf. La Bruyère, *Les Caractères*).
La bienséance s'accorde avec la morale en rejetant des défauts comme l'avarice, l'égoïsme..., mais elle peut aussi s'y opposer : — en préférant le conformisme social ou l'art de plaire (ex. : Philinte selon Alceste et Rousseau) ; — en conseillant d'être comme tout le monde, ce qui détourne de la beauté* morale et de l'héroïsme*.

BIOGRAPHIE

Une biographie narre la vie d'une personne réelle ; cette histoire comporte les faits survenus, mais aussi l'interprétation qu'on peut en donner, ce qui implique souvent les problèmes abordés en A.

L'autobiographie est l'exposé que fait une personne de sa propre vie, avec les commentaires qu'elle choisit elle-même d'ajouter. Elle peut prendre différentes formes (cf. Confession, Journal intime, Mémoires...), être déguisée ou fausse, et pose divers problèmes (cf. Autobiographie).

TEXTES : **Plutarque,** *Vies parallèles*, vers 90 ; **Tacite,** *Agricola*, 98 ; **Bossuet,** *Oraisons funèbres*, 1656-1691 ; **Voltaire,** *Histoire de Charles XII*, 1731 ; **Michelet,** *Jeanne d'Arc,* 1847 ; **Renan,** *Vie de Jésus*, 1863.

De nos jours, les biographies sont très nombreuses, car la mode est au « document ». A côté des collections spécialisées (ex. « Ecrivains de toujours » au Seuil), des études biographiques sont réalisées par des hommes de lettres ou des historiens : A. Maurois, H. Troyat, J. Orieux (*Voltaire*), A. Castelot, A. Decaux, J. Lacouture.

A. Conception et méthode

1. Position du problème : dans la mesure où l'auteur choisit un personnage célèbre (ex. biographie d'écrivain) ou qu'il admire (ex. Jeanne d'Arc), l'histoire de sa vie risque d'être faussée par l'intention laudative. La volonté de démonstration peut l'emporter sur l'exactitude scientifique. La biographie se situe alors à la limite de la légende ou de l'épopée.

2. Limites de l'exactitude scientifique :

• dans la méthode : — longtemps la biographie a été fondée sur l'anecdote, un témoignage unique, des souvenirs, de rares documents ; — de nos jours, elle s'appuie sur les acquis de la critique historique ;

• dans les buts : — on peut s'en tenir à des dates et à des faits en restant à l'extérieur du personnage (ex. notice, article de dictionnaire) ; — ou subordonner la biographie à une autre fin scientifique : ex. l'histoire (le *Charles XII* de Voltaire) ou la critique* littéraire ; — mais la biographie est une fin en elle-même lorsqu'elle vise uniquement à faire revivre un personnage, totalement, en partant des faits pour essayer de l'expliquer de l'intérieur (ex. Maurois). Dans ce cas, le biographe tient de l'historien par sa méthode, mais aussi du romancier (cf. B).

B. Biographe et romancier

1. Ressemblances : le biographe doit faire vivre son personnage comme le romancier son héros, et rendre compte de sa personnalité. Il lui faut donc avoir :

- de la psychologie : analyser et interpréter les faits ;
- de l'intuition : échafauder les hypothèses qui permettent de combler les lacunes des informations, et entrer en sympathie avec le personnage, le comprendre de l'intérieur, saisir l'unité de son caractère dans la diversité des événements de son existence ;
- le sens de la composition : distinguer l'essentiel dans ces événements afin de les grouper et les lier ;
- du style : descriptions, portraits, analyses doivent concilier à la fois vivacité, afin de ne pas ennuyer le lecteur, et esprit de synthèse pour donner une juste impression de l'ensemble.

2. Différences :
- le romancier est libre d'inventer les faits, alors que le biographe ne peut les nier : ce qu'il suppose de la vie intérieure est pure hypothèse ou la diversité des faits rend la synthèse difficile. La biographie n'a donc pas l'unité de la vie romanesque, elle garde quelque chose de la confusion de la vie. L'art du biographe sera en équilibre entre une confusion inintelligible et une simplification fausse ;
- mais le romancier doit tout créer, alors que le biographe dispose d'une documentation parfois très riche.

C. Intérêt de la biographie

1. Historique : comme les Mémoires, la biographie est une source de renseignements, à cela près qu'une biographie bien faite est déjà de l'histoire, tandis que les Mémoires ne sont qu'un document.

2. Romanesque : la biographie se rapproche du roman historique ou d'aventures, et offre la même qualité d'analyse introspective que le roman psychologique.

3. Littéraire et artistique : connaître la biographie d'un auteur peut aider, dans une certaine mesure seulement (cf. Critique littéraire), à expliquer et comprendre son œuvre.

4. Philosophique, moral, religieux : certaines biographies demeurent exemplaires, non parce que leur héros est parfait, mais parce qu'à travers la complexité de sa vie nous découvrons un art de vivre ou une leçon morale.

BONHEUR

Le bonheur est cet état moral résultant de la satisfaction en degré et en durée de toutes nos inclinations, qu'elles soient matérielles, sensuelles, intellectuelles (étude*, culture*...), affectives (amour*, amitié, humanité*...), surnaturelles ou de l'ordre de l'action* (énergie*, héros*, art* de vivre...).

TEXTES : « L'Abbaye de Thélème » in **Rabelais,** *Gargantua,* 1534. **Montaigne,** *Essais,* III, 13, 1560-1595. **La Fontaine,** *Fables,* 1668-1678-1679-1694. Le théâtre de **Molière. Montesquieu,** *Lettres persanes,* 1721. **Voltaire,** *Lettres philosophiques,* 1734 ; *Le Mondain,* 1736 ; *Zadig,* 1747 ; *Essai sur les mœurs,* 1756 ; *Candide,* 1759. **Rousseau,** *La Nouvelle Héloïse,* 1761 ; *Les Rêveries,* 1782 ; *Les Confessions,* VI, 1782. **Stendhal,** *Le Rouge et le Noir,* 1830 ; *La Chartreuse de Parme,* 1837. **Balzac,** *La Peau de chagrin,* 1831 ; Rastignac in *Le Père Goriot,* 1834 ; *Illusions perdues,* 1837-1843. **Barrès,** *Le Culte du Moi,* 1888-1889-1891. **Gide,** *Les Nourritures terrestres,* 1897. **Giraudoux,** *Amphitryon 38,* 1929 ; *Intermezzo,* 1933. **Jules Romains,** *Les Hommes de bonne volonté,* 1932-1946. **Anouilh,** *Antigone,* 1943. **Perec,** *Les Choses,* 1965. **Le Clézio,** *La Guerre,* 1970.
A CONSULTER : R. Mauzi, *L'Idée de bonheur au XVIIIe s.*, 1969.

A. Le droit au bonheur

• l'idée que l'homme a droit à un bonheur immédiat, sans attendre un hypothétique salut promis par la religion après la mort, surgit en même temps que la confiance en l'homme et en ses pouvoirs, au XVIe s. Ce sont les morales antiques (épicurisme, stoïcisme) qui permettent de dégager un art* de vivre (cf. B) ;
• cette conviction humaniste subsiste au siècle suivant, bien que contestée par les jansénistes (ex. Pascal) ;
• au XVIIIe s., ce credo d'un bonheur terrestre possible « ici et maintenant » se renforce : « Le bonheur est une idée neuve en Europe » (Voltaire) ; « La loi qui prescrit à l'homme une chose contraire à son bonheur est une fausse loi et il est impossible qu'elle dure » (Diderot). Mais cette quête du bonheur prend des formes diverses (cf. B) ;
• au XIXe s., Stendhal prône « la chasse au bonheur », mais les romanciers peignent l'échec de cette tentative (ex. Balzac, Flaubert) ;

• ce n'est qu'au XXe s. que l'idée de bonheur subit la même crise que l'optimisme humaniste (cf. Absurde, Homme), mais la confiance dans le progrès* reste défendue par quelques écrivains (ex. Giraudoux, Jules Romains) ou prend des formes plus personnelles (ex. Alain-Fournier, Proust, Colette, Giono) ; les Surréalistes l'associent farouchement au « changer la vie » de Rimbaud.

B. Ses formes

1. Une forme mythique, « l'Age d'or », héritée de l'Antiquité (cf. Hésiode, *Les Travaux et les Jours*), est basée sur les idées suivantes : la terre produit à foison et subvient si amplement aux besoins de l'homme qu'il n'a pas besoin de travailler. Mais c'est surtout l'harmonie, la parfaite entente entre les hommes qui donnent à cette époque son côté mythique : ils ne connaissent ni la tromperie, ni la flatterie, ni la propriété, ni la cupidité. Ce mythe connaît régulièrement des résurgences (même chez Montaigne qui a la nostalgie d'un monde « tout nu au giron ») donc des variantes : parfois l'homme travaille, parfois la frugalité seule est de mise (comme chez les Troglodytes de Montesquieu), mais l'idée principale demeure que les hommes « s'entraiment en bonne loyauté ». Seul Voltaire dénoncera ce mythe (cf. *Le Mondain*) en prenant la défense de son siècle (cf. C 1).

2. Un art* de vivre, fondé sur la mesure, prévaut chez les auteurs des XVIe, XVIIe et XVIIIe s. Du Bellay dit le bonheur de rentrer chez soi, dans le cadre bien clos et habituel de son village (cf. « Heureux qui, comme Ulysse... »), Montaigne et La Fontaine trouvent la sérénité dans l'équilibre, la modération, aussi loin « des inhumaines sagesses » (ex. l'austérité stoïcienne ; cf. *Fables,* XII, 20) que des passions excessives (ambition, amour, avarice, envie). Il s'agit de cueillir le plaisir épicurien de l'instant (ex. Ronsard, Montaigne, La Fontaine), en acceptant la condition humaine et ses limites (cf. *Candide*), en se donnant un but à la mesure de ses capacités (« cultiver son jardin » comme Candide, aimer et rendre heureux les siens, pratiquer la vertu sans contrainte, endiguer les débordements... comme les Troglodytes de Montesquieu).

3. L'accomplissement de soi dans la passion*, dans l'action est, au contraire, la forme démesurée du bonheur. Il peut se trouver dans :
• le don total de soi à Dieu (ex. l'extase mystique de Pascal dans *Le Mémorial* ; l'accomplissement du service de Dieu par le chevalier dans *La Chanson de Roland*) ;

• le don de soi à l'être aimé (exemples nombreux dans la littérature courtoise ; cf. Amour) ;
• une vie intense soutenue par l'ambition et le goût de l'action* (ex. les personnages stendhaliens et balzaciens ; cf. Energie, Engagement).

C. Ses facteurs

Ils varient suivant que l'on considère que le bonheur est une aventure collective ou individuelle.

1. La société, et tout ce qu'elle apporte (argent*, luxe, progrès*, civilisation*, connaissance*, culture*), est reconnue comme facteur de bonheur aux XVIIIe et XIXe s., si on la corrige et la perfectionne. La civilisation* augmente le bonheur par le raffinement des sens et de l'esprit, le bien-être matériel (Voltaire fait l'éloge du luxe dans *Le Mondain* en ce qu'il capte un immense flux de richesses). Mais cette même civilisation* augmente les désirs, gâte par son artifice la simplicité naturelle (cf. le mythe du bon sauvage) ; elle est dénoncée au XXe s., sous la forme extrême de société de consommation, par Perec et Le Clézio. Comme Rousseau, qui de son côté prétendait que « l'ignorance, l'innocence et la pauvreté (sont) les seuls biens qui puissent faire notre bonheur » (*Discours sur les sciences et les arts,* 1750).

2. La nature* est à la charnière des conceptions collectives ou individualistes du bonheur. En effet, elle est un critère de ce qui est acceptable pour l'homme ou non ; pour Rabelais, Diderot, Bernardin de Saint-Pierre..., le bonheur, lié à la confiance humaniste, consiste à vivre suivant la nature et la vertu. Mais la nature offre aussi ses plaisirs bucoliques (cf. *Confessions,* VI ; *La Mare au diable*).

3. L'égotisme ou le culte du moi* caractérise les quêtes individuelles du bonheur : elles privilégient sensibilité*, rêverie, souvenir* (ex. Rousseau, Nerval, Barrès, Gide, Alain-Fournier, Proust, Colette, Giono...).

4. Les autres sont parfois nécessaires au bonheur car :
• il est communication avec un être aimé ;
• il consiste à satisfaire des tendances altruistes (cf. *La Peste* ; cf. Humanité) ;
• il n'est pas complet s'il est troublé par le malheur des autres (cf. le théâtre d'Anouilh, et en particulier *La Sauvage*).

D. Le bonheur comme fin

Le bonheur est-il une fin souhaitable ? Ne conduit-il pas à une tranquillité passive qui endort, écarte de l'action*, de l'invention*, oblige à des compromissions par rapport à l'idéal (cf. *Antigone*) ? Ne prive-t-il pas de l'expérience de la souffrance ? Peut-on être heureux tant qu'il y a de par le monde un malheureux ? Accepter un monde qui fait votre propre bonheur et le malheur d'autrui, n'est-ce pas lâcheté et trahison (cf. Révolte) ? Et pourtant peut-il y avoir un bonheur social, un bonheur pour tous ? Le bonheur n'est-il pas un problème individuel, un équilibre délicat entre un art* de vivre personnel et l'altruisme ?

BOURGEOIS

TEXTES : XVIe s. : contes gaulois, *Satire Ménippée* (œuvre collective d'un groupe de bourgeois de Paris).
XVIIe s. : romans réalistes : **Scarron,** *Le Roman comique,* 1651-1657. **Furetière,** *Le Roman bourgeois,* 1666. **Molière, La Fontaine, La Bruyère, Boileau.**
XVIIIe s. : revendications de la haute bourgeoisie chez **Voltaire** ; **Lesage,** *Turcaret,* 1708. **Marivaux,** drame* bourgeois.
XIXe s. : Les romans de **Balzac** ; **Stendhal,** *Le Rouge et le Noir*, 1830 ; — création de types bourgeois : le personnage de Joseph Prudhomme chez **Henri Monnier** ; chez les réalistes, en particulier **Flaubert** (Homais, Bouvard et Pécuchet ; *Dictionnaire des idées reçues*) ; dans le théâtre de **Labiche** ; de **Becque,** *Les Corbeaux,* 1882 ; chez **Zola, Daudet, Maupassant.**
XXe s. : **Proust** (le couple des Verdurin), **Martin du Gard, Jules Romains, Mauriac, Sartre.**

A. La classe bourgeoise

Elle se définit par opposition aux nobles, militaires, paysans, ouvriers, au clergé, à la bohème (surtout au XIXe s.) et se compose de :
• la haute bourgeoisie : hommes d'affaires, industriels, banquiers, gros commerçants, hauts fonctionnaires, magistrats, etc. ;
• la petite bourgeoisie : professeurs, instituteurs, fonctionnaires, techniciens, employés, petits commerçants, etc.

B. La bourgeoisie à travers les siècles

1. Aux XVIe - XVIIe s., la classe travailleuse et riche est :
• royaliste, souhaitant la justice et la paix, contre la turbulence des nobles (cf. *Satire Ménippée, Epîtres* de Boileau) ;
• naïve (cf. M. Dimanche) ;
• désireuse de progresser socialement grâce à l'argent ;
• pleine de bon sens (raillerie des précieux par les bourgeois ; idées de Molière, de Boileau) en morale et en littérature ;
• souvent cultivée ;
• mais avec certains défauts : — vulgarité, inélégance (cf. M. Jourdain) ; — idées terre à terre (cf. Chrysale) ; — avarice, despotisme (cf. Orgon) ; — manque de finesse, de goût, de poésie (cf. les critiques des précieuses).

2. Au XVIIIe s., la classe revendicatrice :
• défend : — les vertus morales (drame* bourgeois) et sociales de la bourgeoisie (éloge du commerçant, du « producteur » par Voltaire) ; cf. Sedaine, *Le Philosophe sans le savoir* ; — ses revendications : liberté*, égalité politique et sociale, dignité dans la nation. Elle est la grande bénéficiaire de la Révolution de 1789 ;
• garde ses défauts : désir de s'enrichir, de s'anoblir, arrivisme (ex. Beaumarchais), ridicule moralisateur (drame* bourgeois).

3. Au XIXe s., la classe dirigeante :
• est associée aux notions de capitalisme (« Enrichissez-vous » dit Guizot), conversatisme, bonapartisme, nationalisme. Elle se méfie des ouvriers et de la révolution ;
• elle garde ses vertus bourgeoises : — le sens de la famille ; — de la morale ; — l'honnêteté (cf. César Birotteau) ; — l'esprit d'entreprise (ex. Balzac) ; — le civisme, le patriotisme ; — un art de vivre ; — la culture ; — chez certains la générosité et de grandes idées ; apport à l'art, à la science ; humanitarisme (ex. Hugo) ;
• les Romantiques et les artistes reprochent aux bourgeois leur : — égoïsme ; — pudibonderie morale ; — conservatisme ridicule ; — goût de l'argent ; — matérialisme, esprit et goûts terre à terre, imperméabilité à l'art ; — solennité prétentieuse ; — manque de cœur ; — morale hypocrite ; — bon sens mesquin ; — manque de mysticisme, goût de la laideur (ex. Baudelaire) ;
• on trouve les mêmes reproches chez Flaubert, avec, en plus, celui d'être responsable des bêtises scientistes et du travestissement des idées du XVIIIe s. ;

• les critiques se font plus âpres à partir du naturalisme, spécialement chez Zola : les bourgeois soutiennent le bonapartismee ; — en tant que classe, ils perpétuent une féodalité économique ; — ils poussent à la guerre ; — ils soutiennent hypocritement la religion. Autres critiques de la part : — des « mystiques » qui reprochent aux bourgeois leur incrédulité foncière, leur « modernisme » et leur arrivisme (cf. Péguy, *L'Argent*) ; — de Marx (1818-1883) qui étudie la lutte des classes entre bourgeois et prolétaires dans le monde capitaliste ;
• néanmoins la classe bourgeoise demeure au XIXe s. la matière essentielle de la littérature : — par son importance sociale ; — parce qu'elle a « une psychologie » (noter toutefois la persistance des nobles et l'apparition de personnages issus du peuple) ; — parce qu'elle donne naissance à la plupart des écrivains, constitue le public et que tous les problèmes se posent par rapport à elle.

4. Au XXe s., commence le déclin de la bourgeoisie :
• elle se trouve en butte à la démocratisation, à l'instabilité économique, aux guerres, aux idées révolutionnaires ;
• la morale bourgeoise est l'ennemi n° 1 des écrivains : Gide s'en libère ; Mauriac la critique ; Sartre s'acharne sur elle ;
• sur le plan politique et social, on critique les bourgeois pour leur : égoïsme (ex. Anouilh), immobilisme, opposition au progrès social, matérialisme, manque de patriotisme et de civisme ;
• la conscience de classe connaît une crise : — par snobisme, les bourgeois goûtent un art qui se moque de leur confort (cf. Marcel Aymé, *Le Confort intellectuel*) ; — les jeunes se tournent vers les partis de la gauche (cf. Martin du Gard, *Les Thibault*) ;
• ainsi, dans le grand brassage de la société moderne, plutôt qu'une classe, il reste surtout un esprit bourgeois (qui gagne parfois une partie du peuple : cf. Péguy, *L'Argent*) : il perpétue celui de la classe bourgeoise au XIXe s. avec ses petitesses, mais aussi ses valeurs traditionnelles.

BURLESQUE

Issu du latin *burla*, « plaisanterie », le mot désigne une forme particulière d'expression présente dans tous les arts et dès l'Antiquité en littérature. Cela devient un genre littéraire en Italie au XVIe s., genre que l'on

imite et associe au badinage* marotique en France vers 1640. Il consiste essentiellement à parler en termes grossiers ou archaïques de choses sérieuses, en octosyllabes à rimes plates : Scarron (*Virgile travesti*), mazarinades ; d'Assoucy, Charles et Claude Perrault.
A la mode entre 1640 et 1660, ce genre, à cause du mauvais goût des imitateurs, est attaqué par Mlle de Scudéry dès 1650 et, bien après, par Boileau.
Le mot désigne aussi le genre inverse qui parle en termes nobles de choses vulgaires (cf. Boileau, *Le Lutrin*).
Il reste cependant des procédés burlesques (cf. B) chez Scarron (*Le Roman comique*), La Fontaine, Boileau, Voltaire (cf. *Contes*), Prévert, Queneau et de nos jours au cinéma (Charlot, dessins animés, films de Tati...).

A. Caractères spécifiques

Alors que le comique garde un contact avec l'humain, le burlesque, plus gratuit, repose avant tout sur le principe du travestissement, donc, « dénature » l'humain, déforme la nature (en cela il s'oppose au réalisme*). Mais il suppose en outre toute une élaboration esthétique d'images, de mouvements et de rythmes qui le rend propre à la poésie, au récit ou au cinéma, alors que la bouffonnerie et la farce* sont plus adaptées au théâtre en faisant rire par leur grossièreté même.
Il se distingue aussi du grotesque* qui suppose un ridicule dû à l'étrange, à une contrefaçon de la nature.

B. Procédés burlesques

Ceux du rire (cf. Comique) fondés sur :

1. Le travestissement par les mots : transposition
- du solennel en langage familier (mots archaïques, vulgaires, grossiers) ;
- du vulgaire en pompeux.

2. Le travestissement par les descriptions (formes, gestes, mouvements) :
- fusion de traits humains et animaux ;
- dieux, héros déguisés en hommes ordinaires et réciproquement ;
- hommes déguisés en objets ou rappelant des formes matérielles (cf. Ragotin de Scarron) ;
- mouvements déguisés en séries de réactions mécaniques, saccadées, effet renforcé par la notation précise du détail, la séquence, la répétition, le crescendo, le contraste ;

• nature et récits qui paraissent truqués par des commentaires et les interventions de l'auteur.

3. Des procédés plus généraux qui relèvent du badinage* et en particulier du comique* de mots, de la caricature* ou de la parodie*.

C. Les buts

1. Amuser : à l'origine c'est un jeu mondain éloigné du réalisme bourgeois : il fournit un des éléments du badinage*, de la gaieté de La Fontaine.

2. Railler en parodiant : un genre (ex. l'épopée), des façons de penser, des sentiments (ex. les sentiments précieux).

3. Faire de la satire : sociale (descriptions de Paris chez Boileau, Prévert), politique (allusions à l'actualité, mazarinades), littéraire.

4. Faire changer les êtres de nature en les stylisant :
• humaniser les bêtes pour peindre les défauts humains : La Fontaine ;
• déshumaniser les hommes pour dégager l'absurde et les transformer en pantins philosophiques (cf. *Candide*) ou en figures de jeu de massacre (ex. Prévert).

CARACTERE

A. L'évolution du sens

1. Au sens du XVIIe s. : manière d'être ou d'agir qui distingue un individu ou un groupe (ex. le menteur, le jaloux, l'avare, le misanthrope, etc. ; cf. *Les Caractères* de La Bruyère, les comédies de Molière).
On distinguera alors le caractère et les mœurs (les façons d'agir et de parler d'une personne selon son âge, ses passions, sa condition sociale, son sexe... ; par ex. Harpagon a le caractère de l'avare et les mœurs d'un vieillard amoureux, d'un riche bourgeois).

« Peindre des caractères, c'est-à-dire des types généraux, voilà donc l'objet de la haute comédie » (Bergson). Selon lui, dans *Le Rire*, le caractère, parce qu'il est commun à diverses personnes, ne coïncide pas avec la personnalité unique d'un individu ; aussi a-t-on l'impression que du mécanique est plaqué sur de l'humain, ce qui provoque le comique*. La tragédie*, elle, peint des individus (Néron et non « le jaloux »).
Si l'intrigue des comédies est parfois agencée pour illustrer le caractère et peut ainsi sembler factice (cf. *Le Menteur, L'Etourdi, Les Fâcheux*), Molière a su tirer aussi des lois du caractère et de la personnalité du protagoniste une intrigue nécessaire : par exemple, la brouille d'Alceste et de Célimène est une fatalité due à leur caractère, l'aventure de Tartuffe est la conséquence de sa personnalité.

2. Au sens moderne : les traits moraux qui appartiennent en propre à une personne ou à un personnage* (sur le plan de l'intelligence*, de la sensibilité *, de la volonté*...). Avec la psychanalyse, on étudie l'influence du subconscient et de l'inconscient.
Le caractère est-il inné ou résulte-t-il d'influences extérieures ? On admet en général une originalité irréductible de l'être, mais les traits de son caractère sont plus ou moins influencés par le corps (physiologie, hérédité), par le milieu* (cf. les personnages de Zola).

B. Caractère et littérature

1. Certaines œuvres ne cherchent pas à peindre des caractères :

• celles de Diderot (cf. *Entretiens entre Dorval et moi*), pour qui les caractères sont peu nombreux et trop généraux. Il préfère donc mettre au premier plan, chez le personnage du drame* bourgeois, les traits dus à sa condition ou à sa religion et négliger ses traits personnels ;

• les œuvres qui font avant tout de leur héros un regard posé sur le monde ou un symbole (cf. Candide, Hernani ; cf. Personnage) ;

• les œuvres réalistes et naturalistes qui mettent au premier plan les traits dus au physique et au milieu ;

• les œuvres contemporaines qui, faisant du caractère un accessoire, le peignant incomplètement et ne le mettant plus au centre de l'action, lui préfèrent « l'attitude », c'est-à-dire la réaction du personnage dans une situation, sa façon de s'engager qui nous éclaire sur la condition humaine, sur la liberté, le courage, les valeurs morales, etc. (cf. les personnages de Malraux, de Camus, de Sartre, du Nouveau Roman).

2. L'unité du caractère n'existe pas :
• dans des caractères tiraillés entre des traits opposés ou divers, ou en conflit avec le physique ou les mœurs* : d'où personnages incertains, ondoyants, fréquents dans le roman (cf. René, Adolphe, Amaury, Frédéric, héros de Dostoïevsky) ;
• mais cela ne convient guère au théâtre où l'action est nécessaire, et beaucoup de romanciers cherchent aussi à donner aux caractères une unité qui est le propre de la stylisation artistique et en fait des types*. Cette unité peut venir : — de la prépondérance totale d'un trait sur les autres (cf. Cléopâtre de Corneille, Goriot, Grandet) ; — du triomphe d'un élément après conflit (cf. Cinna, Polyeucte : volonté et raison l'emportent sur la sensibilité ; la passion chez Racine) ; — d'un accord total de tous les traits (cf. Horace).

3. La vérité du caractère nous apparaît si nous connaissons ou soupçonnons :
• tous les éléments qui le composent ;
• leurs rapports et la façon dont ceux-ci déterminent l'action : c'est le cas pour Auguste, malgré l'aspect inattendu de sa clémence, ce n'est pas le cas pour Hernani dont les actes sont symboliques, mais non psychologiquement nécessaires.

4. La peinture du caractère :
Sur ce point, le romancier peut intervenir plus que le dramaturge (rôle de l'analyse psychologique, du monologue* intérieur), mais ils révèlent tous deux le caractère de leurs personnages :
• par ses paroles, conscientes ou inconscientes ;
• par la représentation et la description de son physique (ex. le personnage réaliste ou balzacien) ou du milieu qui reflète sa personnalité ;
• par ses actes, clairement expliqués ou dont les mobiles demeurent mystérieux (cf. Personnage, Roman).

CARACTERISTIQUE

A. Conception romantique

Elle est opposée (cf. Hugo, *Préface de Cromwell*) au beau dit « classique » et consiste :

• à ne pas se cantonner dans les beaux modèles (cf. Beauté), mais comme tout est dans l'art, à peindre même le grotesque, le vulgaire, le trivial d'un être, d'une chose, d'une époque (ex. Triboulet ; la cour des miracles) ;
• à ne pas donner au modèle une généralité et une beauté* conformes aux règles classiques, mais à le ramener à son « trait le plus saillant, le plus individuel, le plus précis ».

B. Conséquences

• la laideur et le grotesque* côtoient le sublime. On assiste au mélange des genres ;
• selon Hugo, la couleur* locale doit être vraie, précise, intérieure et non vaguement plaquée (comme par exemple dans le genre troubadour) ;
• les bienséances classiques ne sont donc pas respectées ;
• il y a un rapprochement partiel avec le réalisme* puisque le caractéristique aspire à peindre la vérité historique et totale (cf. Réel) ;
• mais ils s'opposent parce que le caractéristique : — dédaigne le commun et se plaît à l'extraordinaire ; — choisit, souligne, grossit.
En conclusion, c'est un art qui, plutôt que l'harmonie, cherche la violence qui frappe, se rapproche du baroque*, et, par la simplification et le grossissement, tend vers l'épique (ex., dans *Ruy Blas*, don César est caractéristique du XVIIe s. espagnol : à la fois sublime et grotesque, il a les qualités de son temps, celles de l'hidalgo et de l'aventurier, mais elles sont si saillantes, si exaltées et mises en contraste que, plutôt qu'un caractère, il devient une image épique dans le goût de la *Légende des Siècles* ; cf. Epopée).

CARICATURE (CHARGE)

La charge grossit les traits de l'original (cf. Ménalque qui est une charge du distrait).
La caricature fait plus : elle simplifie, en isolant un trait qu'elle grossit et rend envahissant, au point d'écarter l'original de l'humain, de le figer pour toujours en une grimace (cf. Bridoison ; l'image de Louis-Philippe

en poire par Philippon, 1831 ; hommes politiques contemporains transformés en animaux).
La parodie*, imitation des gestes ou du style, peut devenir charge ou caricature lorsqu'elle grossit et stylise certains traits de son modèle pour substituer à la souplesse de la vie l'impression d'un mécanisme.

A. Rapports avec le comique

La charge n'est pas comique par elle-même (cf. la charge tragique de Napoléon III dans *Les Châtiments*), mais elle le devient si elle réussit à donner l'impression du mécanique plaqué sur du vivant.
La caricature, sauf si elle fait trop appel à nos passions, se rapproche davantage du comique* parce que sa technique même met en lumière « la distraction fondamentale de la personne, comme si l'âme s'était laissé fasciner, hypnotiser par la matérialité d'une action simple » (Bergson).

B. Rapports avec la comédie

1. La comédie pratique la charge : en vertu du grossissement nécessaire de l'optique* théâtrale.

2. Elle est caricature par sa nature même : pour faire rire, elle donne le sentiment qu'un personnage laisse, par distraction, se développer en lui un tic qui le fait agir mécaniquement, sans la souplesse de la vie (cf. Comédie). Pour cela :
• elle simplifie (ex. Molière ramenant les Précieuses à quelques traits isolés et grossis les rend nécessairement ridicules) ;
• elle grossit (cf. Harpagon, Monsieur Jourdain) ;
• elle mécanise (cf. Géronte ; répétition d'une phrase, automatisme des tics).

3. On peut lui reprocher :
• de donner une image qui n'est pas conforme au réel ;
• de faire de l'homme une marionnette et d'empêcher ainsi la sympathie.

4. Mais la comédie a des nécessités propres :
• charge et caricature peuvent être plus ou moins grossières (la charge d'Alceste est infiniment plus délicate que la caricature d'un personnage de farce) ;
• elles ne sont pas forcément coupées de l'humain, car elles peuvent souligner finement ce qui, dans un caractère demeuré vivant, tend à devenir mécanique sous l'effet de la distraction de la passion (cf. Tartuffe, Alceste, Dom Juan ; cf. Comédie).

CENSURE

Il s'agit du pouvoir qu'a une autorité, généralement un gouvernement, d' examiner toute œuvre écrite (livre, journal...) ou audiovisuelle (film, émission télévisée, spectacle...) pour autoriser ou interdire sa publication ou sa diffusion.
En psychanalyse, rôle de l'inconscient qui censure certains désirs (thème du refoulement).

TEXTES : **Voltaire,** *Lettre à un premier commis,* 1733 ; *De l'horrible danger de la lecture,* 1765. **Diderot,** *Mémoire sur la liberté de penser,* 1763. La censure des textes in **Orwell,** *1984,* 1949. La destruction des livres in **Bradbury,** *Farenheit 451,* 1953.

A. Ses formes

1. La censure peut être :
• préalable (au XVIIIe s., appelée « privilège du roi », la censure préalable soumet les futures publications à un examen avant de les autoriser à paraître) ;
• ou s'exercer après la publication d'un ouvrage.

Elle peut concerner le livre, mais aussi la presse, le théâtre, le cinéma. Elle peut être :
— totale (interdiction pure et simple, saisie après publication, destruction par le feu, mise au pilon ; cf. les procédures employées par les nazis ou par d'autres régimes autoritaires ; cf. également les pompiers de *Farenheit 451* brûlant les livres) ;
— ou partielle (épuration de certains passages).

2. Son histoire : la censure remonte à l'Antiquité, non sous la forme d'examen préalable, mais à travers le droit que se réservaient les magistrats de faire détruire les ouvrages contraires aux idées reçues (par ex. l'Aréopage fit brûler les œuvres de Protagoras, qui émettait quelques doutes sur l'existence des dieux).
A travers les siècles et les pays, elle a pris des formes plus ou moins sévères, mais elle n'a jamais cessé d'exister (voir supra).

3. Ses motifs peuvent être d'ordre :
• religieux (cf. les « imprimatur » délivrés par l'Eglise ou les mises à l'index d'ouvrages licencieux, en particulier lors de l'Inquisition) ;

• politique, notamment sous les régimes autoritaires (cf. G. Orwell, *1984* ; ex. Voltaire, Diderot, Rousseau embastillés ou exilés pour leurs écrits) ;
• moral (ex. Flaubert et le procès de *Madame Bovary* ; Baudelaire et celui des *Fleurs du Mal*).

De nos jours, les productions cinématographiques passent devant une commission avant d'obtenir leur visa d'exploitation.

B. Les moyens de l'éviter

Les réactions à son encontre ont toujours été très vives parce qu'elle symbolise l'arbitraire du pouvoir et de la bêtise sur la liberté créatrice de l'esprit : « La censure, violation insolente de nos droits, assujettissement de la partie éclairée de la nation à sa partie vile et stupide, gouvernement des muets au profit des vizirs [...] est une source de plus d'agitations, de défiance, de mécontentements, et d'irritations que la licence même de la presse n'en saurait créer », déclare B. Constant en 1828. C'est d'ailleurs une ordonnance de Charles X relative à la presse qui fut une des causes de la révolution de Juillet 1830. On a donc cherché à la déjouer :

1. En la dénonçant : c'est ce que font, avec ironie ou de front, Voltaire et Diderot (cf. les ouvrages cités supra). Ils affirment les bienfaits de la liberté (« Une liberté honnête élève l'esprit, et l'esclavage le fait ramper », Voltaire) et l'indépendance du penseur ; ils définissent la propriété littéraire (« L'auteur est maître de son ouvrage ou personne dans la société n'est maître de son bien. Le libraire le possède comme il était possédé par l'auteur. Il a le droit inconstestable d'en tirer tel parti qui lui conviendra par des éditions réitérées », Diderot).

2. En la contournant :
• comme l'entreprise d'édition se développe pendant le siècle des Lumières et que les philosophes ont les moyens économiques de lutter, il devient presque impossible aux censeurs d'empêcher la circulation des livres interdits, souvent imprimés à l'étranger sous des formats plus réduits qui facilitent la circulation sous le manteau. D'ailleurs les interdictions apportent une publicité à ces ouvrages et on se les arrache ;
• les auteurs rivalisent d'ingéniosité pour échapper à la censure. Ils situent leurs histoires dans des pays imaginaires (cf. *Zadig, Candide*) ou étrangers (ex. l'Espagne du *Barbier de Séville*), afin de ne pas être

accusés de critiquer la société française, ou donnent la parole à des personnages étrangers qui sont donc à couvert de la censure (cf. le Persan Usbeck chez Montesquieu, le Huron de Voltaire, le Tahitien de Diderot). Ils ont également recours à l'ironie qui permet de dire les choses sans en avoir l'air.

3. En l'utilisant :
• mettre en scène la censure (cf. *Farenheit 451*) est déjà un moyen de la dénoncer, d'alerter le lecteur sur ses dangers ;
• utiliser ses procédés, pour son usage personnel, instaure une nouvelle lecture des textes (cf. ce que dit Chateaubriand de la façon de lire de Joubert dans les *Mémoires d'Outre-tombe*) ;
• c'est aussi un procédé possible d'écriture, un nouveau moyen pour produire des textes : ainsi le caviardage peut être pratiqué comme un jeu.

CHEF-D'ŒUVRE

A. Qu'est-ce qu'un chef-d'œuvre ?

1. Pour l'auteur, c'est son œuvre maîtresse, celle dans laquelle il atteint sa perfection personnelle (cf. *La Princesse de Clèves* de Mme de Lafayette).

2. Pour le public*, c'est une œuvre qui suscite un plaisir, une admiration très supérieurs à ceux qu'il tire des œuvres ordinaires :
• l'admiration pour le chef-d'œuvre, commencée dès son temps, peut durer à travers les générations (selon Boileau, c'est la pierre de touche du chef-d'œuvre ; ex. Molière) ;
• mais une génération peut : — appeler chef-d'œuvre une œuvre qui en son temps n'a pas été reconnue pour telle (ex. les romans de Stendhal) ; — ou redécouvrir un chef-d'œuvre oublié après qu'il a connu la gloire en son temps (ex. la poésie de Ronsard réhabilitée par les Romantiques) ; — ou encore considérer comme chef-d'œuvre ce qui ne sera pas reconnu comme tel plus tard (ex. Loti, Bourget).

3. Les problèmes du chef-d'œuvre :

• est-ce le fruit du travail*, une œuvre plus parfaite, mais sans différence de nature avec les autres ? Telle est la conception classique* (cf. Inspiration, Génie, Travail) ;

• ou diffère-t-il, par sa nature, des œuvres ordinaires ? Est-il d'un ordre transcendant, un fruit inexplicable de l'inspiration*, du génie ? Telle est la conception romantique, devenue traditionnelle, liée à l'idée du sacerdoce du poète*, à un certain mysticisme de l'art (qu'on retrouvera chez Baudelaire, les Symbolistes, Proust, Péguy avec sa conception du génie et du saint).

B. A quoi reconnaître le chef-d'œuvre ?

1. Y a-t-il un critère simple et unique ?
Est-il simplement et uniquement l'œuvre qui exprime le mieux son temps ? En ce qui concerne l'argumentation pour et contre, cf. Critique littéraire.

2. Peut-on le définir par ce qu'il a d'intemporel ? Est-ce l'œuvre que son temps n'arrive pas à épuiser parce qu'elle le dépasse, dans laquelle la postérité découvre des richesses insoupçonnées des contemporains et parfois même de l'auteur ? (cf. Critique).

3. On pourra orienter la discussion :
• vers une distinction entre le point de vue de la critique* explicative qui cherche à comprendre et à expliquer historiquement, et, celui du lecteur qui, aidé par la critique* impressionniste, cherche le plaisir et la communion qui lui donne le sentiment de l'universel, en dehors de l'histoire, personnellement et en homme de son temps ;

• vers une conclusion sur la nature du chef-d'œuvre : — qui reflète toujours son temps et parfois l'éclaire ; — mais qui le dépasse (cf. Type, Universel) ; — et qui, de plus, garde en lui une part d'obscurité*, de mystère, due à sa complexité, ce qui en fait une chose qui vit, se renouvelle, se propose sans cesse à la vie intérieure du lecteur pour l'inquiéter (ex. interprétations diverses et renouvelées de *Polyeucte,* du *Misanthrope*, des œuvres de Stendhal ; mystère de *Phèdre* : drame de l'amour ? de la fatalité ? de la grâce ? de l'hérédité ? du refoulement et de la névrose ? du conflit du spirituel et du charnel ?)

CHIMERES

A. Essai de définition

Ce sont des illusions qui peuvent se rencontrer dans le domaine :

1. Des sentiments :
On peut se forger : — des amours parfaites (la sylphide de Chateaubriand ; les rêves d'Emma Bovary ; l'*Aurélia* de Nerval) ; — des êtres selon son cœur (ex. Rousseau) ; — des amitiés sans nuages (cf. *La Nouvelle Héloïse*) ; — des ambitions satisfaites (cf. « La Laitière et le pot au Lait ») ; — une autre personnalité (cf. *Don Quichotte*) ; — une pureté et une vertu idéales (cf. *Don Quichotte, La Nouvelle Héloïse*) ; — des ennemis imaginaires (ex. Rousseau) ; — un bonheur loin des hommes (cf. *Manon Lescaut* ; ex. Rousseau) ; — l'idée d'une nature confidente et consolatrice...

2. De l'imagination :
On peut se laisser aller : — au désir d'évasion* ; — à la rêverie* ; — à l'embellissement du passé* (ex. Proust) ou de l'avenir.

3. De l'esprit :
On peut croire : — à l'âge d'or ; — à l'homme à l'état de nature* (le bon sauvage) ; — en la nature et en l'instinct (ex. Rousseau) ; — à la pédagogie idéale (cf. *Emile*) ; — à une organisation sociale parfaite (cf. *Du Contrat social* ; socialistes du XIXe s.) ; — en un monde futur où tout sera bon et juste (idées humanitaires du XIXe s. ; cf. Progrès) ; — à la science (cf. *Bouvard et Pécuchet*) ; — en un monde chevaleresque (cf. *Don Quichotte*)...

B. Leurs dangers

Elles peuvent entraîner : — des désillusions, une souffrance au contact du réel pouvant conduire à la folie (cf. Adrienne Mesurat) ou à la mort (cf. Emma Bovary) ; — un isolement (ex. Rousseau) ; — l'inaction, le temps perdu en rêveries (cf. René) ; — un déséquilibre, le vague des passions, un désordre de l'imagination.

C. Leur valeur

1. Elles permettent de vivre un bonheur dans l'idéal, en dehors d'une réalité imparfaite et blessante (ex. Rousseau ; cf. *René*).

2. Elles sont une des sources de l'art dans la mesure où elles aident celui-ci à créer un monde idéal (cf. Art, Beauté, Épopée, Lyrisme, Rêve, Univers, Visionnaire).

3. Elles ne sont pas toujours sans rapport avec la réalité : elles sont parfois un embellissement du réel (ex. aspect réaliste et positif de certaines idées de Rousseau) ou la préfiguration d'une réalité qu'on peut créer (ex. les réalisations pratiques des saint-simoniens ; les idées de législation tirées du *Contrat social*).

4. Elles fournissent un idéal pour les hommes du futur, exalte leur enthousiasme, les pousse à réaliser pratiquement ce qui a été rêvé (ex. les utilisations politiques du *Contrat social* ; les chimères de Vinci, de Victor Hugo, de Jules Verne réalisées par la science moderne).

CINEMA

Cet article traite du cinéma dans ses rapports avec la littérature et ne se prétend pas exhaustif sur cet art. Pour plus d'informations, on pourra consulter :

TEXTES CRITIQUES : **S. M. Eisenstein,** *Réflexions d'un cinéaste,* 1958. **M. Martin,** *Le Langage cinématographique,* 1955. **J. Mitry,** *Esthétique et psychologie du cinéma,* 1965. **Ch. Metz,** *Langage et cinéma,* 1971. **G. Sadoul,** *Histoire générale du cinéma,* 1946-1954. **A. Bazin,** *Qu'est-ce que le cinéma ?,* 1975. **F. Vanoye,** *Récit écrit — récit filmique,* 1979. **J. Aumont, H. Bergala, M. Marie, M. Vernet,** *Esthétique du film,* 1983.

A. Des exemples de films

1. Les genres cinématographiques :

• actualités, reportage, documentaires ;
• films dramatiques : aventures (cf. *A la poursuite du diamant vert*), westerns (cf. *La Chevauchée fantastique*), policiers (cf. *Le Faucon maltais*) ou d'espionnage (cf. *James Bond*) ;
• films psychologiques (cf. *Cris et chuchotements, Voyage au bout de l'enfer*), les biographies (cf. *Amadeus*), les films d'apprentissage (cf. *Les Années sandwiches*) ;
• films historiques (ex. les films de Cecil B. de Mille , cf. *Le Dernier Empereur, Chouans*) ; films de guerre (ex. ceux de Sam Peckinpah) ;

• films politiques (cf. *Z, L'Aveu, Gandhi*), à thèse (ex. ceux de Cayatte, Kubrick) ;
• films surréalistes (ex. ceux de Bunuel), fantastiques (cf. *Alien, Angel heart*), de science-fiction (cf. *Rencontres du troisième type, L'Aventure intérieure*), d'épouvante ou d'horreur (cf. *L'Exorciste*) ;
• films poétiques (cf. *La Belle et la Bête*), merveilleux, fantaisistes (ex. ceux de René Clair) et contes de fée (cf. *La Belle au bois dormant*) ;
• films comiques : avec gags (ex. Buster Keaton, Charlot), vaudeville ou comédie (cf. *Les Hommes préfèrent les blondes*) ;
• dessins animés (cf. *Les Aristochats*) ;
• films musicaux : comédies musicales (cf. *My Fair Lady*), opéras filmés (cf. *La Flûte enchantée, Carmen*) ;
• films de karaté ou de kung-fu (ex. ceux de Bruce Lee) ;
• films érotiques ou pornographiques (cf. *Emmanuelle*).

2. Quelques exemples d'œuvres littéraires portées à l'écran :
• des romans : *Les Misérables, La Bête humaine, Le Diable au corps, Guerre et Paix, Autant en emporte le vent, Gatsby le magnifiquè, Le Vieil homme et la mer, Docteur Jivago, Dune, La Planète des singes, Jean de Florette, Manon des sources, Le Nom de la rose, L'Insoutenable légèreté de l'être, L'Œuvre au noir...*
• de pièces de théâtre : celles de Shakespeare (l'écrivain le plus transposé au cinéma) ; quelques pièces de Molière ; *Cyrano, Knock, César...*

B. Ses moyens d'expression

1. L'espace filmique est composé :
• d'une image plate, délimitée par un cadre, qui parvient cependant à donner l'illusion de la profondeur ;
• d'un champ, c'est-à-dire la portion d'espace imaginaire contenue dans le cadre, mais aussi d'un hors-champ suggéré par des regards dirigés au-delà du cadre, des voix dites « off ». Champ et hors-champ constituent l'espace filmique.

2. Les plans, c'est-à-dire les ensembles d'images cadrées de la même façon :
• le plan général, qui réintègre l'homme dans le monde, en fait la proie des situations et donne une tonalité assez pessimiste ou « une dominante dramatique exaltante » (cf. M. Martin) ;
• le plan d'ensemble, qui a un rôle surtout descriptif ;
• le plan américain, qui cadre le personnage à la taille ;
• le gros plan, qui a lui aussi une signification psychologique en fouillant les visages, en y faisant lire les tourments intimes ;

• des effets de plongée, qui rapetissent le lieu ou le personnage, ou de contre-plongée, qui les grandissent ;
• le plan-séquence, c'est-à-dire un plan qui occupe toute une séquence en utilisant tous les mouvements d'appareil.

3. Les mouvements d'appareil :
• le plan fixe (la caméra prend la place d'un spectateur de théâtre) ;
• le panoramique (rotation de la caméra autour de son axe sans déplacement de l'appareil) qui est purement descriptif, pour explorer un espace, ou expressif, pour suggérer une impression, ou dramatique, qui joue un rôle dans le récit (par exemple filmer la diligence qui chemine puis, par un panoramique, les Indiens embusqués) ;
• le travelling (déplacement de la caméra portée par un chariot, une grue, un train, etc.) qui peut être « avant », « arrière », « latéral », « subjectif » (quand le champ se trouve réduit à la vision unique d'un personnage qui se déplace ; procédé particulièrement utilisé dans les moments dramatiques intenses ; cf. *Psychose* ou *Les Oiseaux* d'Hitchcock) ;
• le zoom, qui utilise un objectif à focale variable et permet de modifier la profondeur et le cadrage.

4. Le montage, c'est-à-dire l'organisation des plans d'un film dans un certain ordre et pour une certaine durée, qui a des fonctions narratives très importantes (par exemple le montage parallèle qui permet de rapprocher deux séquences comme dans *L'Inconnu du Nord-Express* d'Hitchcock) ; pour O. Welles ce serait même « la seule mise en scène d'une réelle importance » : « Les images elles-mêmes ne sont pas suffisantes : elles sont très importantes, mais elles ne sont qu'images. L'essentiel est la durée de chaque image, ce qui suit chaque image : c'est toute l'éloquence du cinéma que l'on fabrique dans la salle de montage. »

C. La narration au cinéma

Le cinéma narratif est le plus courant.

1. Les éléments narratifs :
• le seul fait de montrer un objet implique que l'on veut dire quelque chose à propos de cet objet ;
• l'image étant mouvante, elle offre à la fiction durée et transformation ;
• les paroles, les mentions écrites, les bruits, la musique permettent d'organiser le récit de manière très complexe.
Le récit filmique doit observer une cohérence interne entre son style, les lois du genre et l'époque historique évoquée.

2. Le narrateur :

• le narrateur réel est le réalisateur (ou metteur en scène), car c'est lui qui choisit tel type d'enchaînement, tel découpage, tel montage par rapport à d'autres possibilités. Il est le plus souvent hors-cadre et efface toute marque de son existence, mais il peut choisir, comme Hitchcock, de se signaler avec évidence, créant ainsi la distanciation ;

• le narrateur fictif, quand il existe, est interne à l'histoire et cette fonction est assurée par un ou plusieurs personnages.

Dans le cinéma classique, on tend à donner l'impression que l'histoire se raconte toute seule et que les instances narratives sont neutres, transparentes.

3. L'histoire (ou diégèse) est donc un simulacre du monde réel, un pseudo-monde. Elle est fournie par le scénario qui la décrit dans l'ordre du récit (alors que l'intrigue ne fournit que des indications sommaires sur le cadre, les rapports et les actes qui réunissent les différents personnages) ;

• l'ordre de présentation des événements à l'intérieur du récit n'est pas toujours linéaire, c'est-à-dire qu'ils ne se déroulent pas chronologiquement ni logiquement. La narration utilise le « flash-back » (ou retour en arrière) pour les souvenirs, les rappels, les explications ; le « flash-forward » (ou saut en avant), plus rarement, pour des annonces de ce qui va advenir, suivant une certaine logique d'implication (ex. une diligence suggère qu'elle sera attaquée par des Indiens) ; des correspondances signalées par le montage parallèle ;

• la durée supposée de l'action de l'histoire ne correspond pratiquement jamais à celle du moment du récit qui lui est consacrée : le récit est généralement plus court que l'histoire (sauf en cas de ralenti) ; il comporte fréquemment des sauts, des ellipses (cf. *Le Grand Sommeil*). Un exemple de concordance exacte est *La Corde* de Hitchcock (1946) ;

• le mode narratif dépend du point de vue : la focalisation est faite par un personnage (caméra subjective) ou sur un personnage (caméra objective) qui devient le héros ;

• la structure du récit filmique est la même que celle du conte* : un nombre fini d'éléments combinés selon le schéma de Propp (situation initiale, méfait, réparation du méfait, situation finale) illustre la plupart du temps l'affrontement du Désir et de la Loi, et dévoile progressivement une vérité ou une solution. Mais comme un plan chasse l'autre sans que le suivant soit connu, il en ressort une impression de surgissement et de fragilité, d'autant plus que le spectateur n'a pas la ressource de sauter à la fin de l'épisode pour se rassurer.

4. Le personnage de film s'impose d'emblée : il n'a pas besoin qu'on le décrive ou qu'on explique ses actions, au contraire du personnage de roman. C'est l'acteur qui le fait vivre en faisant naître, se développer, se transformer les sentiments ;
• il se déplace et son itinéraire peut être seulement géographique comme il peut prendre une signification psychologique, voire métaphysique (cf. *Easy Rider*) ;
• il est le moteur de l'action, car il tente de s'approprier un monde selon son projet qui provient d'un désir personnel (ex. l'amour) ou d'une prise de conscience (ex. rétablir la justice) ou lui est imposé par un autre personnage ;
• il évolue, au moins dans le cinéma traditionnel, entre le début et la fin du film, en fonction de ses rencontres, des événements...
• il est chargé de véhiculer un certain nombre de valeurs psychologiques, éthiques, sociales, politiques, qui varient suivant qu'elles sont le reflet de celles d'un public ou celles que l'on voudrait imposer au public.

5. Le décor est soit le plein air, soit le studio (où des extérieurs sont parfois entièrement reconstitués). « Le décor de film est une aide indispensable à la mise en scène. [Il] peut tendre à réaliser la réalité, mais les moyens pour parvenir à ce but doivent s'éloigner de la réalité. [...] L'acteur le plus banal peut brusquement se sentir inspiré dans un décor qui l'arrache à sa banalité quotidienne » (J. Renoir). Le cinéma est alors art de l'illusion par l'utilisation du carton-pâte, des maquettes, des truquages, des transparences (projections d'un film sur un écran transparent, servant de décor devant lequel évoluent les personnages) ;
• de façon paradoxale, le studio répond mieux au souci d'exactitude et de réalisme, car il permet de « choisir et condenser les éléments épars dans la réalité » (A. Resnais) ;
• mais le plein air a aussi ses partisans (ex. la Nouvelle Vague qui préconise de tourner dans les rues ; cf. L. Barsacq, *Le Décor de film,* 1970).

D. Cinéma et public

1. L'état filmique, c'est-à-dire celui dans lequel on met le spectateur d'un film, est particulier : le spectateur suspend toute activité (ce qui n'est pas le cas du téléspectateur). Le film n'est pas la réalité et, à ce titre, il permet de surseoir à tout acte, favorisant un état de rêverie (cf. Rêve).

2. L'impact du cinéma sur le public est très important ; le cinéma est l'un des principaux facteurs de la culture* de masse, car il possède une force émotive considérable due à la sensation ;

• il a le don de vulgariser la science, l'art, des œuvres littéraires (cf. les adaptations des œuvres de Pagnol, Kundera, Yourcenar...) ;
• il est un puissant moyen de formation : — morale, par l'illustration de thèses, sur la peine de mort, les erreurs judiciaires (cf. les films de Cayatte) ; — sociale : engagement dans l'actualité, prise de conscience de son temps et de ses problèmes (cf. *Le Voleur de bicyclette*) ;
• mais on l'accuse parfois aussi de corrompre (cf. films de gangsters, scènes de violence, pornographie,...), (cf. Censure) ;
• il est apte à reproduire des systèmes de représentation ou d'articulation sociales et prend la relève des grands récits mythiques (cf. la comédie musicale américaine des années 30 qui vient faire oublier la crise économique) ;
• il reflète, parfois inconsciemment, la vie intérieure d'un peuple : il se fait « l'écho d'un mode de vie et de pensée donné ; il porte en lui la vie secrète de la nation » (M. A. Jackson reprenant l'idée de S. Kracauer, « L'Historien et le cinéma » in *Cultures,* Presses de l'Unesco ; cf. le cinéma américain des années 60 comparé au mode de vie de cette même époque) ;
• mais il peut aussi être moyen de pression, de propagande.

E. Sa spécificité

1. Par rapport au roman :
• il matérialise les descriptions, mais en donnant à voir et à entendre il canalise l'imagination du spectateur ; il ne rend pas la complexité des sensations (cf. S. de Beauvoir, *Tout compte fait*) ;
• le personnage, dans le roman, n'est qu'un nom propre sur lequel viennent se cristalliser des attributs, des traits de caractère, des sentiments, des actions ; le cinéma lui donne un physique, fait assister à ses actes, rend saisissants certains détails grâce au jeu des plans : il est donc plus direct, mais en même temps il impose un visage déterminé, il restitue avec difficulté les nuances morales et psychologiques, car les gros plans sont une expression plus simpliste et moins riche, limitée à l'extérieur et qui doit tout à l'acteur ;
• son aspect séquentiel oblige le spectateur à suivre le film dans son déroulement du début jusqu'à la fin sans pouvoir opérer de retour en arrière ou d'aller et venir dans l'œuvre.

2. Par rapport au théâtre :
• il met sous les yeux la couleur* locale, la variété des lieux et des décors qu'il peut changer instantanément (en particulier il a la ressource du plein

air, dont le théâtre est privé), les scènes, en particulier celles du passé, que le théâtre ne peut qu'évoquer ;
• il est plus réaliste, mais moins concentré, et paraît donc plus propre à reproduire le drame* ou le vaudeville que la tragédie classique ;
• au théâtre, ce qui représente, ce qui signifie (acteurs, décor, accessoires) existe concrètement, même si ce qui est représenté est fictif, alors que le cinéma est deux fois irréel, d'abord parce qu'il représente, qu'il est fiction ; ensuite par la façon dont il représente (il ne livre que des images d'objets et d'acteurs).

3. En lui-même, le cinéma offre avantages et inconvénients :
• il est un langage visuel, mais il n'est pas un art du langage ;
• il offre la richesse d'allier l'image et le son ; grâce à la photographie, au découpage, aux truquages, il crée une atmosphère, et même un monde possible, et il peut aussi donner l'illusion directe du rêve, de la fantaisie, de la poésie ;
• il apporte donc l'évasion, des émotions : « (Mon public) je peux le faire rire, crier d'effroi, croire aux légendes, s'indigner, se choquer, s'encanailler ou s'ennuyer. [...] Faire des films, c'est descendre par ses plus profondes racines jusque dans le monde de l'enfance » (I. Bergman) ;
• il est un musée du passé et une image du présent (cf. supra).
Mais :
• le cinéma est envahissant, il ne laisse pas le temps d'examiner, d'assimiler, de quitter ou de reprendre (à la différence du livre*) ;
• il est « un fournisseur de distractions toutes faites qui n'exigent de la part de ceux qui recherchent le plaisir aucune participation personnelle et aucun effort intellectuel, quel qu'il soit » (A. Huxley, *En marge*) ; il rend le public paresseux, alors que le théâtre et le livre exigent une collaboration du spectateur ou du lecteur ;
• l'image est une contrainte : le spectateur ne peut la modifier, elle est fugace, une autre la chasse ; de plus, elle est imposée, elle donne peu à rêver : « Je suis un visuel et le cinéma gêne la vision » (Kafka) ;
• la « passivité de consommateur atteint son maximum. (... Il devient) un homme amputé de tous ses mécanismes physiques et mentaux d'adaptation » (J. Gracq, *En lisant, en écrivant*).

CIVILISATION

C'est l'ensemble des acquisitions des sociétés humaines dans le domaine :
• matériel (tous les moyens pour conserver la vie humaine, la rendre agréable, pour aider l'homme dans ses tâches ; mais aussi les moyens de destruction) ;
• intellectuel (l'homme peut bénéficier de l'éducation*, de la culture* artistique, scientifique ou technique, de loisirs...) ;
• moral (sous l'influence de la religion*, d'idées morales ou des lois, l'homme s'efforce de réprimer ses instincts et de vivre en société* ; cf. Égalité, Bienséance, Humanité, Vertu).

A. Le procès de la civilisation

1. Le procès esthétique

• La civilisation matérielle, en détruisant la nature* crée la laideur et la monotonie (cf. Vigny *La Maison du berger*, I ; cf. Beauté, Science).
• La civilisation intellectuelle et morale rend les hommes sans originalité (cf. Barbare).

2. Le procès moral

• Comme la civilisation matérielle progresse plus vite que la civilisation morale, l'homme a plus de moyens pour faire le mal (ex. guerre, barbarie scientifique des nazis, etc).
• La civilisation détruit ce qu'il y a de naturellement bon en l'homme (ex. Rousseau ; Montaigne, I, 31, III, 6), car : — la science permet à l'homme d'être plus oisif, ruine le sens religieux et ne rétablit pas la morale ; — les arts corrompent les mœurs par le luxe (cf. Théâtre) ; la culture, selon Rousseau, affaiblit les vertus militaires et civiques ; — la politesse voile les vices ou les déguise en vertus (cf. Philinte) ; — la civilisation façonne les hommes et en fait des esclaves : le progrès des sciences a amené la propriété, d'où l'inégalité et le despotisme (ex. Rousseau ; cf. Égalité).
• A partir du XIXe s., on a aussi reproché à la civilisation : — le vague des passions (cf. Mal du siècle) ; — le matérialisme, le règne de l'argent, le capitalisme (ex. Vigny, Balzac, Stendhal, Romantiques) ; — l'égalitarisme démocratique (ex. Vigny) ; — l'avilissement, l'ennui (ex. Leconte de Lisle) , la bêtise (ex. Flaubert) ; — l'irreligion ; — le nationalisme, la guerre ; — le travail à la chaîne, l'inhumanité, la mécanisation.

On s'aperçoit que la civilisation ne donne pas le bonheur* (besoin accru et jamais satisfait de jouissance, angoisse, vie trop facile, désœuvrée, sans la joie de l'effort, de l'imprévu ; cf. Duhamel, *Civilisation, Scènes de la Vie future* ; Céline, *Voyage au bout de la nuit*).

B. L'apologie de la civilisation

On lui reconnaît :

1. Un charme esthétique (cf. Voltaire, *Le Mondain*; cf. Art, Science, Technique) ;

2. Une utilité intellectuelle et morale :
• le bien-être matériel conserve l'homme, mais aussi atténue ses passions dangereuses ;
• la culture intellectuelle adoucit les mœurs, rectifie et console l'âme (ex. Voltaire) ;
• le progrès matériel est irréversible : la civilisation consiste à essayer de le mettre au service du progrès intellectuel et moral (cf. Progrès).

C. Civilisation et civilisations

1. Y a-t-il une civilisation universelle qui avance vers la perfection ?
Cette idée des hommes du XVIIIe s. est justifiée par :
• leur ignorance relative des cultures des peuples non européens et la prééminence de l'Europe ;
• leur idée d'une essence humaine universelle.

2. Mais :
• à une même époque, il y a des civilisations ou, comme on dit, des « cultures » particulières à chaque peuple ;
• il y a eu des civilisations originales dans le passé ;
• ces civilisations particulières ont une naissance, une apogée, un déclin, elles sont « mortelles » (Valéry) : ex. les civilisations grecque, inca.

3. Cependant
• il peut y avoir des points communs entre des cultures variées qui permettent de les grouper : on dit « la civilisation occidentale », la culture sud-américaine ;
• on hérite des civilisations, elles s'influencent réciproquement, on assiste au maintien d'une tradition et à un élargissement vers l'universel (cf. Art, Culture)

D. Action sur la civilisation

1. Au XVIIe s., la civilisation est considérée comme la somme des hommes qui la composent : aussi agit-on sur la civilisation en améliorant les individus moralement.

2. Depuis le XVIIIe s., l'homme* est considéré avant tout comme un membre du corps social : donc il faut agir sur la civilisation en améliorant les institutions et celles-ci amélioreront l'homme. Mais :
• on peut penser que l'organisation sociale a pour fin de rendre l'homme vertueux et heureux, et doit donc servir l'individu : idée des philosophes* ; de l'humanitarisme du XIXe s. (ex. Hugo) ;
• ou on peut considérer l'organisation sociale comme une fin en soi (ex. le marxisme), au point qu'on en arrive, de nos jours, à définir les civilisations par leur structure économique et sociale (communisme, capitalisme) ;
• certains ont réagi contre cette attitude au nom de la personnalité humaine (cf. Camus, *L'Homme révolté*).

LARTE

C'est la qualité de ce qui est facilement intelligible ; clarté :
• des idées : c'est possible grâce à : — l'analyse du réel, la distinction des éléments, leur définition précise (cf. la méthode cartésienne de l'analyse, de la synthèse, du dénombrement) ; — l'ordre selon lequel on raisonne ou on expose (cette méthode est aussi valable pour ce qui regarde la logique, les idées du domaine de la raison* que pour l'étude de ce qui échappe à la raison, par exemple le cœur*, les passions*, etc. (cf. Personnage) ; — la cohérence de l'ensemble de la synthèse ;
• de leur expression : il faut choisir un style et des termes : — appropriés (ex. nuances des synonymes) ; — précis ; — assez simples pour être compris par des non-spécialistes ; — suivant une composition nette et ordonnée (ex. une tirade de Racine).

A. La clarté, qualité classique

1. La clarté des idées est le but même de l'art* : celui-ci doit éliminer la confusion du réel*, en tirer la vérité*, la rendre nette et distincte : cf. Boileau, *Art poétique* et *Préface,* 1701.

2. La clarté du style en découle : — comme une nécessité pour exprimer l'idée ; — comme une conséquence, car une pensée qui se précise prend corps dans une forme qui se clarifie (« Ce que l'on conçoit bien s'énonce clairement », Boileau).
Ceux qui croient avoir des pensées inexprimables et ceux qui alignent des mots sans qu'aucune pensée n'y corresponde sont donc condamnés (cf. Boileau, *Art poétique* I ; *Satires* II). En ce sens « tout vers, toute phrase qui a besoin d'explication ne mérite pas qu'on l'explique » (Voltaire), car l'écrivain n'a pas fait son travail.

B. Discussion

Ce goût de la clarté qui correspond à la foi en la raison* provoque des discussions dès le XVIIe s. :

1. La clarté est-elle purement l'évidence rationnelle, logique, accessible à l'esprit de géométrie, comme l'affirment cartésiens et modernes* ?

2. Ou est-t-elle une intelligibilité, une cohérence nuancée saisie par l'esprit de finesse et ornée des agréments de l'art ? L'éloquence de Pascal, de Bossuet, n'est pas uniquement claire pour la raison, elle l'est aussi pour le cœur*, la poésie de La Fontaine est claire, mais non d'une évidence rationnelle ; la raison tolère fantaisie et imagination pourvu qu'elles demeurent dans le domaine de l'intelligible.

CLASSICISME

A. Le classicisme français

C'est la conception de l'art des grands écrivains de 1660 à 1680 et on y voit des constantes de l'esprit français.

1. Une doctrine :
- fondée sur l'imitation des Anciens*, la raison*, la nature* ;
- exprimée par des règles*.

2. Un goût, qui réalise un fragile équilibre entre le goût des doctes, celui des mondains (cf. Monde) et des artistes et qui s'exprime par :
- une interprétation des règles en fonction de la convenance au public (cf. Amour, Bienséance, Vraisemblable) ;

• une certaine qualité du style dont on exige : — correction et pureté ; — naturel (cf. Nature), « expression agréable de la vérité » ; — agrément ; — clarté*, brièveté, diversité, harmonie, adaptation du style au genre.

3. Une façon de concevoir le travail et la mission de l'écrivain : on pourra à ce sujet consulter les articles suivants : Art, Chef-d'œuvre, Contraintes, Inspiration, Réel, Travail de l'écrivain, Vérité.

B. Points de vue sur le classicisme français

1. Est-il une école ? Les grands écrivains classiques s'accordent sur tous les points précédents, mais :
• historiquement, chacun a fait carrière sans se concerter avec les autres : c'est ensuite que Boileau formule les règles du classicisme ;
• des tendances diverses divisaient le goût d'un public (précieux, modernes, partisans attardés du baroque, etc.) qui ne distinguait pas toujours bien Racine de Quinault, La Fontaine de Benserade, Pascal de Nicole (ex. Mme de Sévigné) ;
• l'œuvre des classiques est très diverse, non seulement chez un même auteur (ex. La Fontaine, Molière), mais aussi par : — les genres ; — l'idée qu'ils se font de l'homme (ex. Corneille et Racine ; La Rochefoucauld et La Bruyère) ; — l'expression de leur personnalité ; — leur style.

2. Est-il le triomphe de la raison* ?
• certes elle joue un grand rôle et demeure la faculté primordiale de l'homme (ex. Pascal, Corneille, Molière, Boileau ; la lucidité racinienne). En son nom, on condamne la passion* et on fonde une morale (ex. Descartes, La Fontaine, Molière) ;
• mais, dans l'art, à côté de la raison, on rencontre l'agrément, le « je ne sais quoi » qui charme, l'irrationnel en poésie (Boileau), les droits de l'inspiration (cf. Boileau, *Art poétique*, I, début), la poésie de Racine, de Bossuet, l'art de persuader de Pascal, de Bossuet, la fantaisie* et le badinage* de La Fontaine ;
• et il ne faut pas oublier dans la conception de l'homme et de la morale la part faite : — à la vie mystique et à l'ordre de la charité (ex. Pascal, Bossuet) ; — au cœur (ex. Racine, La Bruyère, Fénelon, le quiétisme) ; — à la volonté, à l'énergie* (ex. Corneille).

3. Est-il impersonnel ? Il tend à l'impersonnalité par :
• sa conception de l'art qui vise à la généralité (cf. Universel) ;
• son goût pour les genres qui peignent la nature humaine plutôt que des individus (cf. Comédie, Éloquence, Fable, Moraliste) ;

• l'éclipse du lyrisme* réduit aux petits genres mondains (cf. Moi).
Mais :
• le classique n'ignore pas le lyrisme personnel (ex. La Fontaine, Bossuet, Pascal) ; seulement, ce n'est pas à propos d'un événement particulier de sa vie, c'est à propos de considérations générales sur l'homme : il est donc tout entier dans son œuvre et la connaissance de sa vie est inutile ;
• il pratique aussi la confidence*, comme témoignage personnel (ex. Boileau, La Fontaine, La Bruyère ; cf. Moi) ;
• son œuvre reflète sa personnalité d'artiste, mais aussi d'homme : — par son originalité même ; — parce que l'homme qu'elle peint correspond à l'expérience vécue de l'auteur (ex. La Rochefoucauld, Pascal, La Bruyère, Molière) ; — ou exprime ce qu'il aurait pu être (ex. Racine, Corneille, Molière).

4. Est-il un art de convention ou de convenance ?
• il tend à la convention par : — sa conception de l'art (cf. Universel) ; — son respect des règles ; — sa soumission aux lois des genres ;
• il repousse la convention* dans la mesure où elle fait mentir l'art ou impose le goût d'une chapelle, d'une coterie ;
• il exprime un goût, celui d'un vaste public, auquel il adapte les règles par la convenance (cf. Amour, Bienséance, Vraisemblable).

C. Le classicisme d'une œuvre, d'un art

C'est la qualité qui rappelle le classicisme français ou qui rend un art, en son pays ou en son temps, équivalent ou comparable au classicisme français.

1. Est-ce le fait d'imposer au réel une unité intellectuelle ?
• il tend à l'unité*, à la composition ;
• il essaie de ramener le réel* à des lois générales, montre peu d'intérêt pour le mystérieux et l'individuel dans l'homme et adopte souvent une attitude de moraliste* ;
• il apprécie l'universel*, c'est-à-dire une vérité générale qui échappe au temps ;
• il s'exprime selon un style qui cherche à dépouiller le réel de sa singularité, à signifier plutôt qu'à suggérer, à être naturel (cf. Nature).

2. Est-ce un équilibre ? Par opposition au romantisme* :
• il développe l'idée d'un équilibre moral, sous la souveraineté de la raison ;

• c'est un art d'ordre, de mesure, sans révolte, en accord avec son temps (cf. Art, Bienséance) ;
• il s'intéresse à l'universel*, au normal (condamnation de la singularité, du particulier, des monstres).

3. Est-ce le fruit du travail et de la volonté ? Pour Valéry, serait classique « l'écrivain qui porte un critique de soi-même et l'associe à ses travaux, qui choisit dans un romantisme antérieur, modifie une production naturelle par des actes volontaires et réfléchis, au nom d'une conception rationnelle et claire de l'homme et de l'art ».
Ce qu'apporte le classicisme (le choix dans la langue, dans l'imitation et dans les thèmes ; la critique du baroque ; un art de clarté*, de modestie, de litote, de rigueur, de contraintes*, de travail*) peut aussi définir d'autres écrivains qui mériteraient le nom de classiques (ex. Baudelaire, classique par rapport aux romantiques ; Flaubert, qui cherche à atteindre la perfection ; Valéry qui soumet l'inspiration* à la contrainte*).

4. Est-ce la traduction d'un moment privilégié ? Est-ce la création d'une vie spirituelle, d'un idéal artistique qui modèle la vie nationale ? En ce sens le classicisme est relatif à chaque pays et désigne simplement l'époque où sa littérature est à son apogée et exprime le mieux le génie national : pour l'Espagne, le siècle d'or ; pour l'Angleterre, l'époque élisabéthaine ; pour l'Italie, le XVe s. ; pour l'Allemagne, le romantisme.

CŒUR

A. Le rôle du cœur

Il joue un rôle important :

1. Dans les relations humaines :
• en unissant les êtres (sur le plan personnel : sensibilité, amour, passion, amitié, humanité ; ou sur le plan social : politesse, dévouement, patriotisme) ;
• mais aussi en les divisant (égoïsme, jalousie, haine, susceptibilité, ambition, fanatisme, nationalisme) ;
• ou encore en les isolant (si l'on est trop sensible pour supporter les défauts d'autrui ; cf. Alceste).

2. Dans la création littéraire (cf. Impersonnalité, Inspiration, Moi, Sensibilité, Subjectivité) avec une place plus ou moins privilégiée selon les époques (ex. le drame bourgeois, le romantisme).

B. Les raisons du cœur

1. Au sens proprement pascalien : « Le cœur a ses raisons que la raison ne connaît point » ; Pascal emploie le mot cœur pour désigner l'intuition intellectuelle d'une vérité et en particulier le sentiment immédiat, dans la conscience individuelle, de l'existence et de la présence de Dieu, sentiment accompagné d'amour et permettant d'accéder à l'ordre de la grâce ; il s'agit donc de l'intuition du surnaturel par opposition aux démonstrations logiques ou aux besoins sentimentaux (cf. Religion).

2. Mais l'expression a fait fortune : elle est devenue courante pour désigner la toute-puissance de la sensibilité* en des domaines où elle ne devrait pas lui appartenir :
• dans nos rapports avec autrui (cf. A) ;
• dans notre conduite : ex. les personnages de Corneille (cf. Horace, Cléopâtre), de Racine, de Molière ; le père Goriot, Julien Sorel, etc. ;
• dans notre façon de penser (ex. idées de Rousseau, de Michelet ; morale de Diderot ; cf. Sensibilité) ;
• dans la religion (ex. Rousseau, Chateaubriand, Lamartine ; cf. Religion) ;
• dans le goût* littéraire.

COMEDIE

Premier sens : c'est une pièce de théâtre dont le dénouement est heureux et qui fait rire.

A. Formes et auteurs

1. Les genres comiques sont :
— comédie d'intrigue, vaudeville, pièce gaie ;
— comédie de mœurs*, comédie de caractère* ;
— comédie héroïque (XVIIe s.), comédie-ballet (XVIIe s.), comédie larmoyante (XVIIIe s.) ;
— sotie (XVe s.) ;
— farce*, commedia dell'arte, sketch, parade ;
— saynète, proverbe, charade, intermède, divertissement.

Pour les distinctions entre ces genres, voir « Comédie » in *Nouveau Vocabulaire de la dissertation et des études littéraires,* Bénac, Réauté, Hachette.

2. La comédie a été illustrée par :
— Corneille, Racine (cf. *Les Plaideurs*) et surtout Molière, au XVIIe s. ;
— Lesage, Regnard, Marivaux, Beaumarchais, au XVIIIe s. ;
— Musset, Scribe, Dumas fils, Labiche, Courteline, Feydeau, Caillavet, Becque et Rostand, au XIXe s. ;
— Jarry, Pirandello, Giraudoux, Pagnol, Guitry, Anouilh, Beckett, Ionesco, Tardieu... au XXe s.

B. Caractères spécifiques

Alors qu'à l'origine le mot comédie désignait toute pièce de théâtre, il s'est par la suite spécialisé en se distinguant de la tragédie* sur les points suivants :

1. Elle représente la vie ordinaire :
• des personnages de toutes les classes sociales, mais spécialement de la classe moyenne y figurent ;
• les événements, les travers, les vices qui sont montrés sont courants : on représente une journée de la vie et non, comme dans la tragédie, un jour exceptionnel ;
• le style est ordinaire, familier ;
• les sujets, étant en rapport avec une société précise, font que les comédies vieillissent vite, à moins que l'auteur ne dépasse son époque : par l'éternité de certains ridicules ou problèmes (ex. vanité, pédantisme, hypocrisie, illusions de l'amour ; cf. Chef-d'œuvre), par la vérité du personnage qui devient un type* (cf. Universel).

2. Elle opère des choix :
• les sujets, pris dans la vie privée, ne posent pas les grands problèmes qui peuvent bouleverser la vie ;
• les personnages sont grossis, simplifiés (cf. Caricature) ;
• elle élimine tous les événements et toutes les passions qui s'opposent au rire (enthousiasme, pitié, etc.).

3. Elle n'accapare pas l'esprit, mais, selon Stendhal, elle a le pouvoir de « nous laisser notre attention pour cent détails divers ». Car elle ne passionne pas le cœur, mais s'adresse à l'intelligence, beaucoup plus libre, qui, en dehors du héros principal, peut s'intéresser :

• à d'autres personnages souvent semblables ou approchants, exemplaires divers d'un même défaut ;
• à la peinture sociale (cf. *Le Misanthrope*) ;
• à la critique et à la satire de la société en paroles et non à travers les personnages (ex. chez Beaumarchais).
D'autre part, le cœur reste disponible pour une certaine sentimentalité discrète (ex. Marivaux, comédie larmoyante, Beaumarchais), et l'imagination, pour des intermèdes, chants, danses, pantomimes (ex. vaudeville, opéra-comique : *Le Mariage de Figaro*).

4. Elle serait plus triste que la tragédie :
• si l'on réfléchit sur le personnage, sa vie individuelle intérieure, au-delà de la déformation risible, apparaît torturée par la passion ;
• « Le comique étant l'intuition de l'absurde*, il me semble plus désespérant que le tragique » (Ionesco). La comédie laisse de côté tout ce qui fait la grandeur de l'homme, héroïsme (cf. Héros), lucidité, etc., ou le peint comme un travers (cf. Alceste) ; elle n'admet pas l'excuse de la fatalité, du destin ; elle montre la passion transformant l'homme en pantin ridicule, alors que la tragédie nous la peint assumée par une personnalité, engageant l'être tout entier dans une action qui n'est pas sans grandeur. C'est d'ailleurs pour ces raisons que Rousseau et Vigny dénigraient la comédie (cf. D) ;
• cependant il ne faut pas considérer le héros comique indépendamment de l'art avec lequel il est représenté, et le rire surgit mieux sur la scène qu'à la lecture à cause de l'optique* théâtrale et du fait que le rire est un phénomène collectif et social.

5. Elle est plus difficile que la tragédie, selon Molière :
• parce qu'elle doit peindre d'après nature, alors que la tragédie peut faire des « portraits à plaisir », même extraordinaires ;
• parce qu'elle doit faire rire, alors que la tragédie n'a qu'à dire « des choses de bon sens et bien écrites ».
Effectivement le comique doit inventer son personnage, concilier le caractère général et certains traits individuels, l'impression du vivant et l'apparence du mécanisme, sans pouvoir se mettre lui-même sur la scène, puisque le personnage comique est par définition inconscient, sinon au prix d'un dédoublement qui l'oblige à se considérer comme un autre.

6. Elle se fond parfois avec la tragédie pour donner la tragi-comédie, genre dramatique en faveur en France de 1552 à 1670, qui présente les caractères suivants : dénouement heureux, sujet inventé et romanesque,

action très riche en péripéties, personnages de conditions diverses, un certain mélange des tons (cf. *Le Cid*, d'abord appelé tragi-comédie par Corneille, puis tragédie).
Mais le caractère spécifique dominant de la comédie reste que...

C. La comédie fait rire

1. Par le comique :
• de formes, de gestes, de mouvements ;
• de mots ;
• de situation (cf. Comique).
Les traits comiques sont cependant plus fins que dans le vaudeville, la farce* ou la pantalonnade.

2. Par le comique de caractère* et de mœurs* :
• le personnage de comédie est moins individuel que celui de la tragédie* ou du roman*. Il incarne souvent un caractère général ; cela empêche la sympathie totale que nous éprouverions pour un être personnel, connu de l'intérieur, et donne une impression de raideur, le caractère abstrait se plaquant mécaniquement sur la personnalité vivante ;
• il ne doit sensibiliser le spectateur qu'au rire :
— pour cela, le sentiment qu'on lui prête est isolé dans l'âme et ne se manifeste que grâce à une sorte de distraction des autres éléments de sa personnalité (ex. Harpagon est comique, car son avarice ne colore pas toute sa personnalité, Grandet est tragique pour la raison contraire) ;
— de plus, notre attention n'est pas attirée sur les actions qui engagent tout l'être, mais sur les gestes (paroles, attitudes) qui échappent machinalement, comme par distraction (ex. les mots odieux d'Orgon, d'Harpagon contre leur famille) ;
— d'où, au fond, le peu d'importance de l'action dans la comédie : elle n'est qu'un prétexte pour présenter le personnage de la passion duquel elle découle. Mais la passion dure au-delà de l'action puisque le genre interdit la mort du personnage (le dénouement doit être heureux) ; elle ne peut cesser par un effort de la volonté puisque c'est une distraction, ni être satisfaite puisqu'on veut la condamner. Cela explique que les dénouements soient souvent artificiels ;
• le personnage comique est inconscient, car on cesse d'être ridicule dès qu'on s'aperçoit qu'on l'est ;
• le personnage comique fait rire :
— par l'automatisme de sa distraction ; de ce fait il devient un type : de

l'obsession, de la profession qui mécanise la personnalité et la vie (cf. Charlot dans *Les Temps modernes*) ;
— par sa raideur, son manque de souplesse à s'adapter à la société : on rit plutôt de l'insociabilité, même du vertueux (cf. Alceste), que de l'immoralité (cf. Beauté, Bienséance) ; la comédie nous conseille « d'être comme tout le monde ».
Donc, à cause des nécessités du genre, le personnage comique est plus ou moins figé en type, mécanisé : à l'extrême limite, les fantoches de la farce* qui tourne le dos au réalisme* ; mais aussi le ridicule peut être fin, délicat (cf. Alceste) et surtout émaner de la vie intérieure du personnage, dans laquelle on ne nous fait pas pénétrer, mais que nous devinons sous-jacente, dans sa complexité, derrière la raideur d'un élément qui la cache. Le comique peut être humain, et le personnage conserve alors une forte vie individuelle : c'est le génie de Molière (cf. Tartuffe, Alceste ; cf. Type) ;
• dans la comédie de mœurs*, il ne s'agit plus de peindre un type mais de réaliser une satire de la mode, de l'actualité, en cherchant des portraits caractéristiques de l'homme social contemporain (ex. La Bruyère). Elle vise donc au réalisme, mais elle se démode très vite. Les procédés du comique sont sensiblement les mêmes que ceux vus supra ; les sujets tournent plus que jamais, au XVIIIe s., autour de l'argent-roi (cf. *Turcaret, Le Légataire universel*).

D. La finalité de la comédie

1. Son action morale : comme l'avaient énoncé les Anciens, « castigat ridendo mores », elle châtie les mœurs par le rire. « Les vices, les abus, voilà ce qui ne change point, mais se déguise en mille formes sous le masque des mœurs dominantes : leur arracher ce masque et les montrer à découvert, telle est la noble tâche de l'homme qui se voue au théâtre » (Beaumarchais, Préface du *Mariage de Figaro*). La comédie aide la société à prendre conscience des défauts qu'elle doit réprouver et à rendre ces défauts impossibles ou inavouables, car dès qu'on les voit exagérés on s'en moque (ex. après Tartuffe, la fausse dévotion n'est plus prise au sérieux et devient plus difficile). En ce sens, la comédie critique plutôt les manquements aux bienséances* sociales que l'immoralité foncière. Le vicieux de la comédie est souvent un distrait qui se laisse mécaniser par une passion. La comédie peut donc avertir les individus de l'emprise d'un vice et les amener à s'en défaire dans la mesure où ils ne veulent pas faire corps avec lui et craignent aussi la réprobation sociale.

Mais elle n'agit guère sur les vices profondément ancrés, faisant corps avec une personnalité qui les vit et les justifie en s'en nourrissant : un vrai avare ne se reconnaît pas dans Harpagon, mais la société le dénoncera, le traquera, l'empêchera d'étaler son vice, et, s'il n'est pas tout à fait avare, il sera amené à lutter contre son avarice.

2. Sa portée philosophique : « On ne peut pas faire de bon comique sans philosopher un peu » (R. Devos). Le comique le plus profond est en effet celui qui nous fait réfléchir, qui « dégonfle » certaines formes du sérieux qui nous oppriment (la mort, la maladie, les médecins, l'amour, le gouvernement, les grands de ce monde...) en leur enlevant de l'importance, pour nous rassurer (cf. A. Maurois). C'est précisément ce pouvoir de détruire en nous la peur que met en lumière le roman d'U. Eco, *Le Nom de la rose* ; il expliquerait, selon lui, que l'on ait fait disparaître le volume d'Aristophane qui traitait de la comédie.

3. Les critiques adressées à la comédie sont pourtant de deux ordres :
- une critique morale, émise par Rousseau (cf. *Lettre à d'Alembert sur les spectacles*, 1758) qui reproche à Molière de caricaturer l'honnête homme qu'est Alceste (cf. C 2), puis par Vigny : « J'aime peu la comédie, qui tient toujours plus ou moins de la charge et de la bouffonnerie [...] parce qu'elle enlaidit et appauvrit l'espèce humaine et, comme homme, elle m'humilie » (*Journal d'un poète*) ;
- une critique esthétique, parce qu'elle paraît facile aux yeux de certains (comme Boileau), parce qu'elle vieillit vite (cf. B 1 et la comédie de mœurs en C 2).

Deuxième sens : dans un sens plus large, le terme est appliqué à des œuvres non dramatiques ;

- il peut insister sur les rapports avec le genre comique : conflits de caractères ou de passions ; construction en actes ou en tableaux ; caractères* risibles ; décor ; effet social et moral du rire ; dialogues, monologues, etc. (ex. l'« ample comédie » des *Fables* de La Fontaine) ;
- il désigne aussi, en un sens plus large encore (ex. chez Balzac, chez La Fontaine), le vaste spectacle de l'humanité en proie à ses passions : peinture sociale et psychologique de tous les aspects d'une époque ; connaissance des passions et conflits dramatiques* (tragédies ou comédies) et même parfois épiques ; avec une référence à la *Divine Comédie* de Dante, la lutte des passions sur la terre peut avoir un sens surnaturel (ex. chez Balzac).

COMIQUE

Le comique est le principe du rire dans toute forme de comédie :
« Le comique ennemi des soupirs et des pleurs
Ne veut point en ses vers de tragiques douleurs » (Boileau).
Son étude doit beaucoup au livre de Bergson (voir la suite de l'article), mais a été enrichie et renouvelée par Ch. Mauron. On consultera donc :

TEXTES : **H. Bergson,** *Le Rire,* 1900. **Ch. Mauron,** *Psychocritique du genre comique,* 1963.

A. La naissance du rire

1. Des conditions sont nécessaires : le comique n'existe pas :
• en dehors de ce qui est humain ;
• sans insensibilité du spectateur : l'émotion tue le rire qui s'adresse à l'intelligence pure ;
• sans la présence d'autrui : on ne rit pas seul, le rire est un phénomène social.

2. La source du comique est une impression de « mécanique plaqué sur du vivant ». « Le vice comique est celui qui nous impose sa raideur, au lieu de nous emprunter notre souplesse. » (Bergson.)

B. Les différentes formes de comique

1. Le comique de formes provient de « toute difformité qu'une personne bien conformée arriverait à contrefaire. » Car l'expression risible est celle qui fait penser à une raideur figée, due à une distraction de la personne qui ne s'assouplit pas aux nécessités de la vie (cf. Caricature, Grotesque).

2. Le comique des gestes et des mouvements provient de ce que le « corps nous fait penser à une simple mécanique. » Ces gestes sont risibles en eux-mêmes, parce qu'ils sont de simples mouvements mécaniques (procédé de farce) ou parce qu'ils sont l'expression du caractère et rappellent la façon de vivre d'un individu.
Ce peut être :
• deux visages qui se ressemblent (l'imitation ou la répétition font soupçonner le mécanique derrière le vivant) ;
• une raideur quelconque appliquée sur la vie : comique du déguisement (cf. Burlesque), de la société qui semble travestie : cérémonies ou

façons d'agir isolées de l'objet sérieux auquel l'usage les rattache (ex. la description de la guerre dans *Candide* ; le fonctionnaire machine Bridoison, les médecins de Molière), une réglementation humaine substituée aux lois de la nature (ex. les médecins de Molière décrétant que le cœur est à droite) ;
• un incident qui fait qu'une personne nous donne l'impression d'être une chose (ex. la farce*, les clowns).

3. Le comique de situation provient d'un enchaînement d'actes et d'événements qui créent à la fois « l'illusion de la vie et la sensation nette d'un agencement mécanique » (Bergson). Ces situations peuvent être dues au hasard, ou à d'astucieuses machinations (farce, comédie d'intrigue, vaudeville) ou résulter des caractères ou des mœurs.
On distingue :
• la répétition : une situation revient, malgré les efforts des personnages pour lui échapper (cf. *L'Ecole des Femmes*) ;
• le renversement : le voleur volé (cf. Maître Pathelin) ;
• le personnage se croit libre, mais apparaît comme un pantin aux mains d'un autre qui s'en amuse (cf. *Les Fourberies de Scapin*) ;
• « un effet se propage en s'ajoutant à lui-même, de sorte que la cause, insignifiante à l'origine, aboutit, par un progrès nécessaire, à un résultat aussi important qu'inattendu » (Bergson), comme dans le vaudeville ;
• l'interférence des séries : « une situation est toujours comique quand elle appartient en même temps à deux séries d'événements absolument indépendantes et qu'elle peut s'interpréter à la fois dans deux sens différents » : ex. le quiproquo (Bergson).

4. Le comique de mots est un pur jeu de langage (cf. infra) ou l'expression du personnage qui fait rire, en ignorant qu'il est risible (ex. le « Sans dot » de *L'Avare*, I, 5, le « Et Tartuffe ? » de *Tartuffe*, I, 4), mais, dans ce cas, cela s'apparente plus au comique de caractère* et de mœurs*.
Parmi les distractions verbales, qui sont d'ailleurs une sorte de projection sur les mots du comique des gestes et des situations, on distingue :
• le mécanisme : phrase toute faite dont l'automatisme est souligné par une absurdité : « Ce sabre est le plus beau jour de ma vie » ;
• l'expression prise au propre alors qu'elle était employée au figuré : « Tous les arts sont sœurs » ;
• l'inversion : « Pourquoi jetez-vous mes pipes sur ma terrasse ? » — « Pourquoi mettez-vous votre terrasse sous mes pipes ? » ;
• l'interférence : le calembour (confusion sur le son), le jeu de mots (confusion sur le sens) ;

• la répétition qui transpose l'expression naturelle d'une idée dans un autre ton : du solennel au familier (cf. Burlesque, Parodie) ; du familier au solennel : héroï-comique (cf. *Le Lutrin*) ; du petit au grand (ex. vantardises de Tartarin) ; de la valeur des choses : parler en termes honnêtes des choses déshonnêtes (cf. *L'Opéra des gueux*) ; entre le réel et l'idéal (cf. Ironie, Humour) ;
• les mots d'auteurs ou de personnages spirituels (cf. Figaro) qui sont faits consciemment de telle sorte qu'on rit du mot et non du personnage.

5. Le comique de mœurs et de caractère a été évoqué dans l'article « Comédie ». On peut lui ajouter l'aspect absurde du comique qui consiste, selon Bergson, « à modeler les choses sur une idée qu'on a et non pas ses idées sur les choses » ; cela entraîne :
• une déshumanisation extrême des personnages qui en fait des marionnettes ;
• un crescendo du rythme qui nous fait pénétrer dans un monde irréel où mouvements et paroles séduisent une imagination que ne retient plus une raison engourdie (cf. la fin du *Bourgeois gentilhomme*, du *Malade imaginaire*).

CONNAISSANCE

A. Objets, moyens et motifs

1. Le problème de la connaissance est un sujet plus philosophique que littéraire, à moins que l'on ne s'en tienne, comme il sera fait ci-après, à la connaissance psychologique de soi (cf. B) et des autres (cf. C). Pour ce qui est de la connaissance des choses, de la nature, bornons-nous à rappeler que philosophes et savants ont très vite pris conscience des capacités très limitées de l'entendement humain : Descartes, Montaigne (cf. *Apologie de Raimond Sebon* : l'homme ne pouvant rien savoir, il faut s'en remettre d'abord à la foi afin d'arriver ensuite peut-être à la connaissance), Pascal, Locke (qui fonde sa critique de la connaissance sur un examen des rapports entre la réalité et le langage ; cf. *Essai philosophique sur l'entendement humain*), Newton puis Buffon (qui s'attachent à connaître les propriétés et les lois de rapport entre les choses, étant donné qu'il n'y a pas de science possible des essences)...

2. Les moyens de la connaissance sont, selon les Encyclopédistes, ces trois facultés principales : « Mémoire, Raison et Imagination, d'où résulte une distribution générale de la connaissance humaine » (Histoire, Philosophie et Poésie) (d'Alembert, « Préface » à l'*Encyclopédie,* 1751). Habituellement, on résume ces façons de connaître en la raison et l'intuition (des sens, de l'esprit, de la sensibilité ; cf. Cœur, Religion).

3. Pour quelles raisons accumuler les connaissances ? De tout temps, l'homme ne semble accompli que s'il maîtrise les connaissances de son époque. C'est l'idéal de l'homme de la Renaissance. Sans ces connaissances, l'humaniste ne saurait être « absolu et parfait tant en vertu, honnêteté et preudhommie, comme en tout savoir libéral et honnête » (Rabelais, *Pantagruel*, chap. VIII). Cet idéal est celui de l'honnête homme du XVIIe s., de l'Encyclopédiste... et de l'homme du XXe s., même s'il tend à une spécialisation nécessaire, vu le prodigieux développement des sciences et techniques (cf. Culture).

B. La connaissance de soi-même

1. Par l'étude de soi :

• moyens : l'introspection et l'étude de soi appuyées éventuellement par la psychanalyse ; expression littéraire (cf. Autobiographie) ;

• difficultés : l'amour-propre entrave souvent notre sincérité (ex. Rousseau et les problèmes de l'autobiographie*). On est à la fois sujet qui observe et sujet observé ; un tel dédoublement exige la lucidité de la raison ; d'où impossibilité de saisir certains états, comme la passion (Montaigne a pu s'observer, car il n'avait pas de grandes passions). Un être n'est pas seulement ce qu'il veut ou croit être, mais aussi ce que ses actes le font paraître aux autres (cf. Alceste ; ex. Rousseau) : pouvons-nous donc être à nous seuls les juges de ce que nous sommes ? L'homme n'est pas un être immuable, on n'est finalement que ce qu'on veut être ; se connaître, ce n'est pas s'examiner, mais se faire et s'engager, choisir dans le mouvant de la vie intérieure une forme que l'on prend pour sienne (cf. les personnages de Sartre).

2. Par le contact avec les autres :

• grâce à la lecture (cf. Littérature) ;

• par la vie : — les réactions des autres nous apprennent ce que nous sommes pour autrui ; cf. Vigny, *La Maison du berger*, III (le rôle de la femme « miroir d'une autre âme »), ou Maupassant, Mauriac (*Le Nœud de vipères*) ; — les autres provoquent en nous des réactions qui nous dévoilent notre personnalité (ex. la vie en société*) ou la partie de nous-même que ne peut révéler la solitude (ex. dévouement, amitié ; cf. Amour, Cœur) ; — en observant les autres nous leur trouvons avec nous des similitudes ou des différences qui nous permettent de prendre conscience de la valeur de ce qui aurait pu nous paraître, en nous, particulier ou négligeable (ex. chez Proust, le narrateur analysant l'amour par sa propre expérience, mais aussi par référence à l'amour de Swann) ; — chercher à comprendre autrui nous apprend à nous connaître, parce que la difficulté même que nous éprouvons nous fait saisir ce qui fait notre personnalité (cf. Gide, *L'immoraliste*) ; chez Proust, le narrateur se connaissant en cherchant à connaître Albertine.

3. Intérêt de la connaissance de soi :
- c'est une des nécessités de l'art* de vivre ;
- une des bases de la vie morale, dans la mesure où celle-ci consiste à s'engager sincèrement, sans hypocrisie : ex. libération des morales toutes faites par la connaissance de soi chez Montaigne, Stendhal, Gide, inexistence des conformistes chez Sartre ;
- une des bases de la vie sociale : faute de se connaître, on manque sa vie et on fait le malheur des autres en les trompant sur soi (cf. Balzac, *Illusions perdues* ; Gide, *La Symphonie pastorale*).

C. La connaissance des autres

1. De l'extérieur :
- par l'observation des gestes, des paroles, des actes, qui nous permettent de dégager les lois du comportement humain ;
- d'où : — une sorte de zoologie humaine des espèces, des caractères*, des types* (ex. chez Molière, La Bruyère, Balzac, les réalistes et naturalistes) ; — le sentiment de l'existence d'êtres irréductibles aux autres, qu'on appelle originaux, individus, et dont on essaie de reconstituer, par hypothèse, l'unité intérieure ;
- mais cette observation ne fait pas pénétrer dans les âmes ; d'où démentis apportés par les faits à ce que nous croyions être la vérité des êtres, et l'idée que toute connaissance intérieure d'autrui est impossible : thème de Proust, déjà illustré par *Le Misanthrope, Don Quichotte*. D'où, peut-être, vanité d'un art réaliste et même de toute psychologie reconstituée par un romancier.

2. Autres moyens : il y a cependant, pour connaître autrui, d'autres moyens que l'observation et la raison :
- la sympathie, la camaraderie, l'amitié (cf. les personnages de Malraux), l'amour ;

• l'art : les artistes, directement ou par l'intermédiaire de leurs personnages, nous communiquent leur univers* et par là-même leur moi le plus intime, thème essentiel de l'œuvre de Proust.

ONTE

C'est un récit souvent assez court et en prose, qui narre des événements imaginaires et donnés comme tels, et cherche à sortir de la réalité par le merveilleux. Il se distingue à la fois de la nouvelle* et du roman*.

Moyen Age : contes moraux, fabliaux, contes gaulois.
XVIe s. : Rabelais, Marguerite de Navarre (*L'Heptaméron*).
XVIIe s. : La Fontaine, Perrault.
XVIIIe s. : Voltaire, Cazotte (*Le Diable amoureux*).
XIXe s. : Nodier, Musset, Mérimée, Balzac, Gautier, Maupassant, Flaubert, Lautréamont, Villiers de l'Isle Adam.
XXe s. : Apollinaire, Marcel Aymé, Breton.
Étranger : l'Arioste, Boccace, Hoffman, Kipling, Selma Lagerlöf, Karen Blixen, etc. ; *Les Mille et une nuits*.
A CONSULTER : **V. Propp,** *Morphologie du conte*, 1928. **T. Todorov,** *Théorie de la littérature*, 1965. **M. Soriano,** *Les Contes de Perrault*, 1977. **B. Bettelheim,** *Psychanalyse des contes de fées*, 1977.

A. Caractères spécifiques

1. L'action : à la différence de la nouvelle, le conte comporte une très grande quantité d'aventures (il raconte toute une vie, de longs voyages...), s'étend dans l'espace et le temps, mais se distingue du roman, car il schématise les événements et les ramène à leur signification symbolique sans chercher à les faire exister réellement pour le lecteur par l'abondance des détails.
V. Propp a montré que les contes prêtaient souvent les mêmes actions — appelées « fonctions » — à des personnages différents ; ces actions récurrentes (ex. le héros se fait signifier une interdiction, le héros est secouru...) apparaissent dans un ordre constant. De plus, les aventures du héros sont rarement gratuites, mais concourent à une fin précise.

2. Les personnages : souvent nombreux, à la différence de la nouvelle, ils n'ont cependant pas d'existence réelle, unique, qui nous donnerait le sentiment d'une présence, comme dans le roman. Ils sont simplifiés, grossis, symbolisent un aspect de l'homme, échappent parfois aux lois de la vie (géants, nains ; métamorphoses, enchantements, résurrections). Ce sont :
— des caricatures de l'homme (ex. fabliaux, La Fontaine) ;
— des créations poétiques évoquant nos rêves, nos désirs de perfection, cristallisant notre sensibilité (fées, anges, princesses, etc.) ;
— des symboles philosophiques (cf. les êtres rencontrés par Pantagruel, les héros de Voltaire).

3. Le style : le conte fait aussi bien appel aux ressources de la poésie, issue du merveilleux et du fantastique, qu'à celles du comique (humour, ironie*, badinage*, gauloiserie, burlesque*).
Même s'il fournit parfois des détails précis pour accentuer l'humour ou donner l'impression de la logique du rêve et de l'absurde, il recourt très rarement au lyrisme, à l'analyse psychologique ou au réalisme objectif qui donneraient une existence trop réelle aux êtres, aux choses, aux sentiments, aux événements.

B. La vraisemblance

Alors que la nouvelle et le roman revendiquent une certaine authenticité, le conte ne cherche pas sa vraisemblance dans la conformité avec ce que nous voyons dans la vie réelle ; il admet les événements extraordinaires et apparemment injustifiés. Il répond toutefois à une certaine nécessité :

1. Par rapport à la logique de l'imagination, du rêve : ex. le conte merveilleux accepté par les enfants comme une réalité, par les gens plus raisonnables comme une évasion* ; le conte d'anticipation scientifique logiquement possible dans le futur, par déduction de ce qui est.

2. Par rapport à la logique de la sensibilité : certaines émotions élargissent les limites de la crédibilité : croyance au fantastique ; illusions, angoisses (cf. Maupassant, *La Peur*).

3. Par rapport à certains arrangements bizarres d'événements : ceux-ci paraissent irréels tant qu'on a pas la clef pour les expliquer ; d'où une équivoque savamment entretenue entre l'angoisse d'une solution surnaturelle et une explication naturelle (cf. Mérimée, *La Vénus d'Ille*, certains contes de Maupassant).

4. Par rapport à une vue philosophique :
• une vue traditionnelle de l'imperfection humaine ou de l'art de bien vivre (ex. La Fontaine) ;
• une représentation allégorique de la société (cf. *Pantagruel*) ;
• chez Voltaire, démonstration par l'absurde : un monde irrationnel montre combien il est fâcheux de ne pas être raisonnable.

C. Les buts du conte

Le conte, loin de vouloir faire concurrence à la réalité, cherche à :

1. Nous dépayser : par le merveilleux*, la féerie*, le fantastique*...

2. Styliser la réalité : — pour amuser : personnages marionnettes, plaisanteries, situations farcesques (ex. contes gaulois, La Fontaine) ; — pour instruire par des symboles (ex. Voltaire) et donner une leçon de philosophie ou de morale.

3. Former la personnalité de l'enfant : en lui permettant d'expurger ses pulsions secrètes et de forger son code moral (cf. l'étude de B. Bettelheim) : il s'agit en particulier de lui donner confiance en lui de telle sorte que les modifications de la puberté ne l'effraient pas et qu'il puisse se préparer à sa vie d'adolescent et d'adulte.

CONTEMPLATION

C'est un long examen, entraînant le ravissement et parfois l'extase, d'un objet physique ou métaphysique dans lequel la pensée s'absorbe. Il s'accompagne de réactions affectives de tous ordres (admiration*, horreur, amour*...) ; le sujet raisonne alors moins qu'il ne saisit intuitivement.

TEXTES : — Écrits mystiques : **sainte Thérèse d'Avila, saint Jean de la Croix** ; **Pascal,** *le Mystère de Jésus* ;
— Contemplation philosophique chez **Montaigne** (ex. la mort), chez **Leconte de Lisle** (civilisations barbares et antiques) ;
— **Sénancour,** *Oberman* ; **Rousseau,** *Rêveries* (5e promenade) ; **Lamartine,** *Harmonies* ; **Hugo,** *Contemplations* ;
— Œuvres de **Baudelaire,** de **Rimbaud** ;
— Poèmes de **Péguy,** de **Claudel.**

A. Objets de la contemplation

• Dieu (cf. Mystique).
• Les choses de la création : cieux, nature*, plantes, animaux, etc.
• Les êtres (amour contemplatif : extase devant l'être aimé).
• Le spectacle de la vie (cf. Art).
• Les idées : la mort, la sagesse, etc.
• La beauté : dans les œuvres d'art (cf. Admiration) ; en elle-même dans la surnature, par l'extase (par exemple chez Baudelaire ; cf. Correspondance, Mystique).
• Soi-même (cf. Connaissance, Égotisme).

B. Ses dangers

Une vie contemplative, c'est-à-dire une vie qu'on passe à regarder, penser, méditer et parfois prier, sans se donner à l'action, favorise certains risques :

1. Détourner des bienfaits de l'action : être disposé à la paresse, aux chimères*.

2. Détourner même de la pensée : dans la mesure où celle-ci est création, donc action ; le contemplateur préfère l'extase passive à la réflexion : il n'affiche alors que du mépris pour la science qui paraît vaine, il se complaît dans l'ignorance (ex. les moines vus par Rabelais et Voltaire).

3. Détourner de la vie et de la solidarité humaine : chercher à atteindre le nirvâna (dernière étape de la contemplation bouddhiste, caractérisée par l'absence de douleur et la possession de la vérité) ou se réfugier dans sa tour d'ivoire s'opposent à l'engagement* et à la lutte pour améliorer la réalité (ex. contemplation hindoue).

C. Ses richesses

1. Quand elle est passive :
• elle a les mêmes vertus que l'admiration*, l'adoration et l'amour* : « La contemplation m'emplit le cœur d'amour » (Hugo) ;
• en particulier, elle est un moyen de connaissance* par l'intuition que donne l'amour, ou par l'observation ;
• elle est purification des passions humaines : par exemple, la purgation des passions par la contemplation esthétique (cf. Art) ; la sérénité que donne la contemplation de la nature (cf. Hugo, « Aux Arbres »).

2. Elle est aussi active :
• la contemplation mystique est déjà adoration de Dieu et prière (cf. la parabole de Marthe et de Marie), et prier pour les autres est considéré comme un engagement en leur faveur ;
• la contemplation philosophique peut s'accompagner de méditation et préparer un art de vivre (ex. Montaigne) ;
• la contemplation prépare et n'empêche pas la création artistique : par exemple Molière, que Boileau a surnommé « le Contemplateur » et qui a tiré toutes ses œuvres de son observation ; Baudelaire, qui passe de l'extase à la création (cf. Correspondance) ;
• elle prépare aussi à l'action : compréhension d'autrui, conception du but et des moyens (ex. le rôle du poète* chez Vigny, *La Maison du berger*).

CONTRAINTES

A. Position du problème

1. Définition : cet article envisage toutes les contraintes prescrites d'abord par la langue* elle-même, ensuite par la versification, les règles* et les conventions* en usage dans la littérature.
Certains auteurs ou mouvements littéraires les ont préconisées, voire imposées : La Pléiade, Malherbe, le classicisme*, le postclassicisme, le Parnasse*, Mallarmé, Valéry (cf. *Variété* I), l'Oulipo (Queneau, Perec...).
D'autres les ont critiquées et rejetées : les partisans de la liberté* dans l'art et en particulier les Romantiques : Lamartine, Musset, Hugo (cf. *Préface de Cromwell*).

2. Discussion : l'art n'est jamais une reproduction totale du réel*, mais un choix (cf. Art). Il ne s'agit donc pas, pour les adversaires des contraintes, de nier la nécessité de l'art. Mais ils donnent la primauté à l'inspiration* et prétendent qu'elle a le droit de créer elle-même sa propre forme sans être gênée par des contraintes préétablies. Les défenseurs des contraintes, au contraire, mettent l'accent sur le fait que l'œuvre ne se réalise que par l'effort pour couler l'inspiration dans une forme, et que le respect des contraintes ne lui donne que plus de vigueur.

B. Le rôle des contraintes

1. Leurs bienfaits :

• l'inspiration ne présente pas l'idée revêtue d'une forme : elle donne un schéma qu'il faut réaliser. C'est alors que les contraintes fournissent une structure dans laquelle l'idée peut s'incarner (ex. la forme de la tragédie* classique établie par les règles). Cette structure oblige l'artiste à choisir, à concentrer, mais, par ce même biais, il répond aux nécessités de l'art (par la convention*) et au goût du public (par la convenance) ;

• les contraintes fournissent aussi à l'artiste une expression : la pureté, la propriété du style rendent la pensée plus forte et plus claire ; les contraintes de la versification et du rythme lui confèrent la beauté et la vigueur ;

• selon Valéry (*Variété* I, *Remerciement à l'Académie*) les contraintes augmentent même la liberté de l'artiste, car il n'est plus astreint à exprimer sa pensée nue ; il peut la nuancer à travers tous les jeux, tous les hasards que lui proposent les contraintes ;

• l'Oulipo, en opposition absolue avec la théorie de l'inspiration*, préconise de profiter des contraintes pour abolir tout hasard (ex. Mallarmé), de les exploiter même systématiquement et scientifiquement en recourant au besoin « aux machines à traiter l'information ». Il faut affronter les plus contraignantes (acrostiche, lipogramme, palindrome...), en inventer de nouvelles. Sans condamner « la littérature-cri, la littérature-borborygme », c'est-à-dire sans contraintes (cf. F. Le Lionnais, *Oulipo, La Littérature potentielle*), il la refuse au moment de la création. C'est à partir de cette discipline que les écrivains de ce groupe vont travailler : ex. les œuvres de R. Queneau, J. Queval, G. Perec (cf. *La Disparition* — livre dans lequel la lettre E n'est jamais utilisée), I. Calvino.

2. Positions nuancées :

• des Classiques : selon eux (cf. Boileau, *Satires* II, *Art poétique* I ; ex. La Bruyère) la contrainte ne s'oppose pas à la pensée. Au contraire, la contrainte consiste dans le fait qu'à toute pensée parfaite correspond une forme parfaite et que, par conséquent, le travail de l'écrivain consiste avant tout à bien penser, afin de trouver par cela même, la forme adéquate à sa pensée. Autrement dit, Racine ne conçoit pas d'abord une tragédie qu'il adapte ensuite aux règles et au langage : c'est l'effort même qu'il fait pour concevoir clairement qui l'amène à entrer dans les règles et à trouver les mots justes : c'est pour cela qu'il disait sa tragédie finie alors qu'il ne lui restait plus qu'à l'écrire ;

• des Parnassiens : pour eux, au contraire, les contraintes sont bien opposées à la pensée. Mais si l'on réussit à y faire entrer la pensée, elles l'ornent, la drapent dans un vêtement, le vers, qui, par la difficulté vaincue, lui donne la beauté et la durée ; on rapprochera de cette conception celle de Vigny (cf. *La Maison du berger*, II) ;
• de Valéry (cf. *Variété* I, *A propos d'Adonis*) : le rôle des contraintes est, pour lui, plus subtil. Elles agissent sur la pensée au moment où celle-ci cherche à se formuler. En lui opposant un obstacle, elles l'obligent à mieux prendre conscience d'elle-même, à s'améliorer, à s'affiner, à s'assouplir, à choisir entre un nombre infini de possibles pour en réaliser un seul. Il y a donc, au moment de la création littéraire, une sorte d'interaction entre l'idée et les mots, telle que les deux ne se réalisent qu'en même temps, en un contact intime. La contrainte de la forme aide donc l'artiste en l'obligeant à assouplir sa pensée et à faire des sacrifices.
Valéry se place au moment de la création et n'assujettit pas, comme les classiques, la forme à la pensée, mais les montre en élaboration mutuelle.

3. Contestation : les théoriciens du romantisme et, à leur suite, tous les partisans de la liberté dans l'art se révoltent contre les contraintes par « mépris pour toutes les idées adoptées de confiance, pour les théories apprises par cœur, pour les traditions qui n'ont point puisé au creuset de la raison » (L. Vitet in *Le Globe*, 6 déc. 1825). Pour eux, les règles de l'art ne peuvent être absolues : elles sont fonction d'un certain état de civilisation. Hugo affirme : « Il n'y a ni règles ni modèles ; ou plutôt, il n'y a d'autres règles que les lois générales de la nature, qui planent sur l'art tout entier, et les lois spéciales qui, pour chaque composition, résultent des conditions d'existence propres à chaque sujet. »
Les romantiques revendiquent la liberté comme nécessaire au génie : seule la liberté absolue permet à l'auteur de révéler sa personnalité. Pour eux, le poète a le droit de traiter n'importe quel sujet (Hugo, Préface des *Orientales*), d'employer le style, le ton, la langue qui lui conviennent (« Je mis un bonnet rouge au vieux dictionnaire ! »).

CONVENTIONS

Puisque, par sa nature même, l'art n'est pas la réalité, il résulte de conventions, d'une sorte de pacte implicite entre l'auteur et le public. Pour le classicisme*, les conventions recoupent la notion de convenance.

A. Conventions liées au genre

1. Chaque genre comporte ses conventions, au cinéma*, au théâtre* (cf. Optique théâtrale, Règles), comme en littérature, que ce soit l'épopée*, le conte*, la nouvelle*, le roman*... C'est-à-dire que le lecteur ou le spectateur attend de l'œuvre qu'elle respecte un certain nombre de règles ou d'habitudes.
Ainsi, le roman du XIXe s. avait habitué le lecteur à des personnages définis une fois pour toutes par leur caractère, leur profession, leur milieu (cf. en particulier les romans de Zola), auxquels il arrivait des aventures qui s'enchaînaient ou se succédaient chronologiquement. Les auteurs du Nouveau Roman, comme d'autres romanciers, vont rejeter ces conventions portant sur les personnages, le temps et l'espace de l'intrigue.

2. Le genre lyrique*, en revanche, est sans doute celui qui théoriquement échappe le plus aux conventions puisqu'il semble n'avoir pour règle que l'expression sincère des sentiments du cœur (cf. Boileau, *Art poétique*, II, v. 57). Cette sincérité a toutefois des limites (cf. Moi, Sincérité, Universel) ; il existe aussi des conventions de la forme : rythme, versification, genres et en particulier petits genres (cf. Boileau, *Art poétique*, II). De plus la poésie lyrique, comme d'ailleurs tous les autres genres, peut être conventionnelle au sens moral (cf. B3).

B. Conventions résultant d'habitudes, d'affectations

Avec une nuance péjorative, conventionnel est alors synonyme d'artificiel.

1. Il répond à certains goûts du grand public, traditionnels ou à la mode :

• le mélodrame, avec ses sujets toujours effrayants et sentimentaux, son action extraordinaire, ses personnages parfaits ou très méchants, ses dénouements étranges, son style grandiloquent ;

• le roman noir, le roman policier où le héros se doit d'être infaillible, toujours vaillant et convaincu d'être dans son bon droit (stéréotype contre lequel les personnages de Chandler, par exemple s'inscrivent en faux) ;

• le héros qui se doit d'être parfait dans certains romans (cf. Roman).
On retrouve la même tendance au cinéma où certains genres (ex. le western, la comédie musicale) favorisent le conventionnel dans les dialogues ou les comportements des personnages : on imagine mal le cow-boy pactisant avec les Indiens ou le jeune premier ne tombant pas amoureux, sauf si l'auteur a voulu se démarquer du genre et en souligner ainsi les conventions.

2. C'est une sorte de jeu par lequel une élite cherche consciemment à exprimer un idéal paré des grâces de l'artifice (ex. la pastorale ; le roman pastoral, héroïque et précieux au XVIIe s. ; le pétrarquisme, la poésie précieuse).

3. C'est un conformisme moral, chez l'auteur aux beaux* sentiments. Il y a, en ce sens, un lyrisme conventionnel, celui des nobles sentiments dits poétiques.

4. C'est le conformisme littéraire d'un auteur qui se croit obligé d'embellir (ou d'enlaidir) la réalité, de se donner des attitudes, de se conformer ou de conformer ses personnages à l'idéal d'une école littéraire (cf. Littérature). En ce sens, le style aussi peut être conventionnel, lorsqu'on n'écrit pas naturellement, mais comme il est à la mode ou de bon ton d'écrire (ex. la phraséologie précieuse, postclassique, romantique, et de nos jours, le recours quelque peu systématique à un registre de langue familier, du moins oral, ou, à l'inverse, philosophique).

CORRESPONDANCE

Premier sens : échange de lettres*.

Deuxième sens : (au pluriel, sens baudelairien) : rapports, analogies qui existent entre les sensations éprouvées dans le monde réel et les sentiments.

TEXTES : **E. Swedenborg,** *Arcana coelestia,* 1749-1756 ; *La Nouvelle Jérusalem,* 1758. **J.-P. Richter,** *Choix de rêves,* 1763-1825. **E.T.A. Hoffman,** *Kreisleriana,* 1814-1815. **Balzac,** *Séraphita,* 1835. **Nerval,** *Les Chimères,* 1854 ; *Aurélia,* 1855. **Baudelaire,** *Les Fleurs du mal,* 1857. **Rimbaud,** « Voyelles » in *Une Saison en enfer,* 1873. **Villiers de l'Isle-Adam,** *Tribulat Bonhomet,* 1887.

ŒUVRES CRITIQUES : **M. Eigeldinger,** *Le Platonisme de Baudelaire,* 1952. **Ch. Mauron,** *Des métaphores obsédantes au mythe personnel,* 1962. **J.-P. Richard,** *Poésie et profondeur,* 1955. **P. Pia,** *Charles Baudelaire par lui-même,* 1952. **Michaud,** *Message poétique du symbolisme,* 1947.

A. Les précurseurs

1. L'idéalisme platonicien considère que la seule réalité est ce que Platon appelle les Idées, types purs de chaque groupe d'êtres, qui existent par elles-mêmes mais dont on ne trouve sur terre que des copies dégradées.

2. Le mystique suédois Swedenborg (1688-1772) fonde une théorie cosmogonique des correspondances : « Le monde naturel correspond au monde spitiruel, non seulement dans le commun, mais encore dans chacune des choses qui le composent », de sorte que ce monde invisible influence constamment le monde visible et Dieu envoie directement des « illuminations » ; Balzac, fervent lecteur des illuministes et des occultistes du XVIIIe s., appliquera cette théorie dans certains romans.

3. Les romantiques allemands (Hoffman...), comme plus tard les Surréalistes, privilégient le rêve qui permet, selon eux, de jeter un pont entre le visible et l'invisible, de retrouver une unité perdue (ex. la « femme-fleur » ou la « femme-paysage »).

B. La théorie de Baudelaire

Il s'agit de vaincre le désordre du réel, car les sensations ne sont que les reflets apparents du monde essentiel de la beauté idéale que nous n'apercevons qu'à travers l'actuel, le particulier, l'individuel. Toute son esthétique repose sur cette loi de l'analogie, héritée de Hoffman pour les « synesthésies » (correspondances horizontales entre les différentes sensations) et de Swedenborg pour l'idéalisme vertical (cf. supra). Le poète doit donc (cf. le poème « Correspondances ») :

1. Unifier les données du monde visible, découvrir, par l'« extase », des analogies entre les sensations : chaque objet prend, pour lui, un sens « plus profond, plus volontaire, plus despotique ». Il arrive ainsi à découvrir la « surnature », une nature unifiée qui est un aperçu du ciel ;

2. Révéler les similitudes avec l'invisible et mettre en lumière ces concordances qui établissent la continuité entre matière et esprit. « Tout, forme, mouvement, nombre, couleur, parfum, dans le *spirituel* comme dans la nature, est significatif, réciproque, converse, correspondant » (*Sur mes contemporains,* II).
Il faut ensuite que le poète exprime cela par un art conscient qui instaure la seule communication possible, celle qui abolit les différences entre les langages ; en particulier il est important de travailler sur les mots,

de choisir, dans la nature, les analogies, les métaphores exactes « qui lui serviront à caractériser les jouissances et les impressions d'ordre spirituel ». Il crée ainsi le symbole* qui n'est pas la représentation concrète d'une idée abstraite, mais la création d'un nouveau monde, avec les débris de l'ancien. Plus qu'à la révélation d'un monde nouveau, le poète accède ainsi à la reconnaissance d'un moi enfin réunifié.

C. La fortune des correspondances après Baudelaire

Cette conception est partagée par d'autres écrivains, poètes comme prosateurs :
- ceux qui demandent à l'intelligence de déchiffrer le symbolisme universel et d'exprimer le monde des essences : Mallarmé, les Symbolistes* proprement dits, Valéry, en partie Claudel ;
- ceux qui se font voyants en exagérant le dérèglement des sens et, par l'alchimie du verbe, demandent à la poésie de créer un monde neuf : Rimbaud, en partie Claudel, les Surréalistes* ;
- d'une façon plus générale, ceux qui associent ou mélangent des sensations pour enrichir les images et élargir le monde réel : Verlaine, tous les Symbolistes, Proust (qui connaît, lui aussi, cette quête d'un moi unifié), Giraudoux, Giono.

OULEUR

A. Couleur du style

Le terme s'emploie pour qualifier un style qui a du relief, c'est-à-dire qui attire l'attention par son originalité et sa vigueur. Cet éclat provient du pittoresque*, mais aussi :
- de la vivacité des expressions souvent concrètes pour exprimer l'abstrait (ex. Montaigne), parfois savoureusement régionales ou archaïques (ex. La Fontaine),ou populaires et truculentes (ex. Rabelais), voire triviales, argotiques (ex. Céline, Sartre) ;
- de l'utilisation des tours grammaticaux les plus variés et expressifs (ex. La Fontaine) ;
- de la force des figures de style, due : à leur clinquant violent et un peu barbare (cf. Rimbaud « Le Bateau ivre »), à leurs alliances, leurs contrastes frappants (ex. Hugo) ;

• parfois du rythme heurté, mouvementé, passionné (ex. Hugo, Céline).

B. Couleur locale

1. Définition, moyens et but : c'est la reproduction détaillée et pittoresque des traits particuliers d'un pays et d'une époque. Elle est créée grâce à des détails géographiques (ex. le sérail dans *Bajazet*, les tableaux méditerranéens des *Orientales*) ou historiques (ex. l'évocation des faits dans *Britannicus* ou *Notre-Dame de Paris*). Dans les deux cas, cela concerne aussi bien :
• l'extérieur : paysages, décor de la vie, vêtements, langage, termes techniques, noms propres et de pays, etc. ;
• que l'intérieur : mœurs*, types* et caractères*, façon de penser, atmosphère.
La couleur locale répond à un souci de vraisemblance (l'œuvre d'art fait concurrence à la réalité) ou cherche à procurer l'évasion*.

2. Son utilisation à travers le temps :
• l'art des Classiques, surtout préoccupé de peindre la vérité idéale de l'homme, accorde peu d'intérêt à la couleur locale extérieure (cf. toutefois Décor et Spectacle).
En revanche, la vraisemblance* historique oblige à se soucier de couleur locale intérieure (cf. Boileau, *Art poétique*, III), mais le public, ignorant des réalités historiques et géographiques et enclin à croire en un homme universel, a tendance à refuser ce qui lui paraît exagéré, trop étrange (cf. Bienséance, Vraisemblance). Elle subsiste parfois, par exemple dans le respect des valeurs romaines que Corneille prête à ses personnages ;
• au XVIIIe s., on s'intéresse aux pays exotiques (cf. *Paul et Virginie* de Bernardin de Saint-Pierre) ou à l'Antiquité (cf. Chénier, « La Jeune Tarentine »), car c'est un moyen de s'évader vers la beauté ;
• chez les Romantiques, la couleur locale répond à deux exigences : la vérité (l'homme est divers, il faut le représenter comme il est dans le temps et le lieu), l'évasion*. En conséquence, non seulement elle abonde dans les détails extérieurs (cf. *Préface de Cromwell*), mais elle doit être au cœur même du drame, donc intérieure. Mais les Romantiques, plutôt que la couleur locale antique, affectionnent celle du passé national, dont l'histoire explique l'homme moderne, ou celle des pays d'évasion, Espagne, Italie, Orient, Allemagne ; ils comptent, pour atteindre la couleur locale, moins sur l'exactitude scientifique que sur l'intuition

poétique qui peut choisir, grossir, inventer même, s'exprimer par symboles, par le caractéristique* (cf. *Préface de Cromwell,* et, pour le roman, Vigny, *Préface de Cinq-Mars* ; Histoire, Roman) ;
• chez les Parnassiens et les réalistes, elle est de plus en plus exacte aussi bien pour l'intérieur que pour l'extérieur (cf. en poésie : Leconte de Lisle, Heredia ; pour le roman : *Salammbô*), car elle répond à la tendance positive et scientifique et au goût de l'évasion : par le travail de l'artiste qui oublie son temps en travaillant en érudit, par la contemplation d'un passé plus beau que le présent ;
• au XXe s., la poésie ne s'est guère souciée de la couleur locale. Soit elle s'est tournée vers des préoccupations intérieures (ex. Surréalistes), soit les poètes ont peint des pays étrangers tels qu'ils les avaient ressentis, sans se préoccuper de donner les détails qui « fassent vrai » (ex. Saint-John Perse, Supervielle, ainsi que Michaux, Artaud...).
L'histoire, devenue science exacte, cherche à serrer de plus en plus le réel tout en renonçant aux effets poétiques de la couleur locale, qui retrouve toutefois ses droits dans les romans historiques.
Théâtre et roman suivent aussi d'autres voies. Dans la mesure où, de nos jours, ils touchent à l'histoire, la couleur locale n'est plus pour eux une fin en soi, mais simplement, comme pour les Classiques, avec cependant plus d'exactitude, une condition de la vraisemblance. Les auteurs s'amusent parfois à des anachronismes, soit pour obtenir des dissonances fantaisistes, soit pour marquer le caractère moderne des mythes traités : ex. le théâtre de Giraudoux (*La Guerre de Troie n'aura pas lieu*), de Montherlant (*La Reine morte*), d'Anouilh (*Antigone*), de Sartre (*Les Mouches*).

COUR (COURTISAN)

Le terme de cour (cf. Monde) désigne tous les personnages qui entourent le prince. Le courtisan est celui qui, vivant à la cour, fait avec art sa cour au roi et en tire avantage. L'homme de cour ne vit pas à la cour, mais a tous les traits, parfois critiquables, du courtisan. L'homme de la cour fait simplement partie de la cour, y a un emploi, sans forcément en avoir les mœurs.

TEXTES : **I. Bossuet,** *Sermons,* 1659-1662 ; *Oraisons funèbres,* 1669-1670-1687. **La Fontaine,** *Fables,* 1668-1694. **La Bruyère,** *Les Caractères,* 1688-1694. **Saint-Simon,** *Mémoires,* publiés en 1829-1830. **Lesage,** *Gil Blas,* 1715-1735. **Hugo,** *Ruy Blas,* 1838.
II. *Roman de Renart,* fin du XIIe, début du XIIIe s. **Corneille,** *Cinna,* 1641. **Molière,** *Dom Juan,* 1665 ; *Le Misanthrope,* 1666 ; *Le Bourgeois gentilhomme,* 1670. **Racine,** *Britannicus,* 1669 ; *Bérénice,* 1670. **Mme de La Fayette,** *La Princesse de Clèves,* 1678 ; Le comte Almaviva in **Beaumarchais,** *Le Barbier de Séville,* 1775 ; *Le Mariage de Figaro,* 1784. M. de la Mole in **Stendhal,** *Le Rouge et le Noir,* 1830. Le comte Mosca in **Stendhal,** *La Chartreuse de Parme,* 1839.

C'est un thème littéraire important, surtout avant 1789, qui a été traité
• soit directement : la cour est prise pour cible (cf. textes de la série I),
• soit indirectement : la cour n'y apparaît que comme le cadre du récit, ou bien l'auteur ne décrit que l'homme de cour, soit parce qu'il craint de déplaire au roi (ex. Molière et Beaumarchais), soit que l'œuvre met au premier plan d'autres thèmes (cf. textes de la série II).

A. Caractères spécifiques

1. Des qualités :

• dans les manières : c'est le lieu de la politesse et du raffinement (malgré les démentis apportés, sur la cour de Versailles, par La Bruyère, les *Mémoires* de Saint-Simon et l'ouvrage de Gaiffe, *L'Envers du Grand Siècle*) ;
• en psychologie : finesse d'analyse, maîtrise de soi, esprit ;
• en esthétique : élégance, culte de la beauté ;
• et surtout le goût : spécialement à l'époque classique, on distingue le goût de la cour qui est une forme du goût mondain (cf. Monde), comme le goût de la ville, par opposition au goût des doctes et du peuple. Mais le goût de la cour fait fi des règles et demande avant tout le plaisir (en quoi il est d'accord avec les artistes : cf. Molière, *La Critique de l'Ecole des Femmes*) ; il est souvent plus large, moins assujetti aux modes et aux cabales que le goût de la ville, plus élégant et fin que celui des bourgeois. Selon Boileau (*Épîtres*, VII) les grands seigneurs ont naturellement bon goût. Cependant les courtisans sont parfois trop sensibles aux bienséances et pas assez au grand art (ex. Oronte), les moins intelligents éprouvent des engouements (cf. les petits marquis de *La Critique de l'École des Femmes*).

La cour, dans sa partie la meilleure, regorge donc d'« honnêtes gens », mais elle n'en a pas l'exclusivité.

2. Des défauts :

• c'est un milieu propice aux modes (cf. La Bruyère, *De la mode*) et qui favorise donc le conformisme (cf. infra et La Bruyère, *De la cour*) ;
• c'est le champ de bataille idéal pour l'ambition qui y fait proliférer les intrigues, la délation (ex. Saint-Simon) ;
• c'est un vase clos coupé des réalités (peuple, nation) ;
• par conséquent c'est un milieu qui développe les vices : vanité, égoïsme, bassesse, servilité, hypocrisie... (ex. La Fontaine, Saint-Simon) ;
• c'est un milieu hostile à l'individu : il le force à cacher ses véritables sentiments, à mettre un masque, à ressembler à tout le monde (ex. Stendhal) ; de plus l'individu y est épié, calomnié, poussé à sa perte (cf. *Britannicus,* œuvres de Mme de La Fayette).

B. Intérêt littéraire

D'un côté, la cour offre un champ d'observation privilégié pour les écrivains satiriques, les moralistes et les mémorialistes. Elle est une source d'anecdotes (ex. Saint-Simon) et sert d'arène aux passions humaines. D'un autre côté, elle fournit un cadre romanesque (ex. Mme de La Fayette, Stendhal) ou dramatique (ex. Corneille, Racine, Hugo) qui permet de mieux cerner les drames publics ou privés qui s'y nouent d'autant plus facilement que c'est un monde clos, refermé sur lui-même.

CRITIQUE LITTERAIRE

Elle a pour objet d'analyser les œuvres, de les expliquer et éventuellement de les juger et de les comparer.
En fait, c'est à partir du XIXe s. essentiellement que l'on va pouvoir parler de la critique comme un genre à part entière. Jusque là, « il y a des critiques, mais il n'y a pas la critique » (Thibaudet). Effectivement, aux XVIe et XVIIe s., il existe des lectures (cf. Montaigne), des commentaires (cf. Malherbe), des théories esthétiques (cf. Du Bellay), des traités normatifs (ex. d'Aubignac), des polémiques (autour du respect des règles au théâtre, par exemple), mais aucune discipline critique, pourvue de concepts fondateurs et d'une méthodologie.

Elle prend véritablement son essor lors de la querelle des Anciens et des Modernes* qui met en lumière, à l'occasion des nombreux débats littéraires, que les œuvres évoluent nécessairement avec les époques. C'est pourquoi, en fonction de leur finalité, de leur méthode ou de leurs postulats, on distinguera les tendances critiques exposées infra.

TEXTES : **P. Brunel, D. Madelénat, J.-M. Gliksohn, D. Couty,** *La Critique littéraire,* 1977. **R. Fayolle,** *La Critique,* 1978.

A. Critique dogmatique

On qualifie ainsi toute critique qui juge les œuvres par rapport à un idéal général et absolu, dont les principes sont nettement posés.

1. Ses critères d'appréciation peuvent être :

• une idée de la beauté : c'est le cas pour la critique classique (ex. Boileau, le P. Rapin, le P. Bouhours, l'abbé d'Aubignac, etc.) au nom de l'idéal défini dans l'article Classicisme. En dépit des progrès marqués lors de la querelle des Anciens et des Modernes (cf. supra), la critique postclassique (ex. Voltaire, La Harpe, Nisard) qui lie l'idée du Beau et l'idéal de la Vérité à l'illustration du Bien (cette veine moralisatrice se retrouvant chez Saint-Marc Girardin) continue à se fier au dogmatisme rationaliste et se réfère à une nomenclature figée des genres, au consentement universel, s'en remet à l'approbation de la postérité pour établir le vrai mérite des ouvrages et croit que le goût de tous les hommes en tous les temps reste identique. Cette tendance se retrouve chez les Romantiques, entre 1820 et 1830, qui, malgré un certain sens de la critique historique (cf. B) font une « critique de soutien », c'est-à-dire une critique dogmatique au service d'une forme d'art qu'on veut imposer (cf. *Préface de Cromwell*), et même au XXe s. (ex. Th. Maulnier) ;

• la sensibilité (ex. Fénelon qui relève aussi de la critique classique, l'abbé Dubos, Diderot) ;

• des valeurs morales (ex. Montaigne, Diderot, Gide, Taine) ; politiques, nationales (ex. Barrès, Maurras) ; religieuses (ex. Péguy, l'abbé Bremond) ; politico-sociales (ex. la critique marxiste, et cf. le jugement de Paul Eluard sur La Fontaine qu'il exclut, à cause du pessimisme des *Fables,* de son *Anthologie de la poésie française*) ; philosophiques (ex. la critique existentialiste : de Sartre sur Baudelaire, Jean Genet, Flaubert).

2. Ses faiblesses découlent du fait qu'elle ignore la relativité.

Par conséquent, trop souvent :

• elle n'a pas de sens historique ;

- elle classe les œuvres d'après un idéal arbitraire ;
- l'œuvre n'est pas expliquée ;
- le critique néglige les beautés étrangères à son idéal ;
- la critique des valeurs confond morale et esthétique (cf. Art).

B. Critique explicative

On qualifie ainsi toute critique qui s'attache à expliquer la genèse de l'œuvre et ses rapports avec son temps. L'idée de la relativité du Beau doit beaucoup à Mme de Staël (cf. *De la littérature considérée dans ses rapports avec les institutions sociales*) : elle recherche quelle fut « l'influence de la religion, des mœurs et des lois sur la littérature » et préconise d'aborder les œuvres en tenant compte des conditions de leur apparition. Il n'y a donc plus de modèle. Mme de Staël a été suivie dans cette voie par Chateaubriand (cf. *Génie du christianisme,*) qui insiste sur l'importance de la religion pour déterminer la valeur des œuvres littéraires, par Taine et ses successeurs : Brunetière (avec quelque dogmatisme), Faguet, Sarcey, Lanson et les historiens de la littérature, et surtout Sainte-Beuve, qui a créé le genre de la critique littéraire (cf. *Causeries du lundi,* 1851-1862 ; *Nouveaux lundis,* 1863-1870). On s'oriente dès lors vers une critique qui veut comprendre et faire comprendre, avec une sympathie chaleureuse, l'originalité créatrice des œuvres.

1. Ses méthodes cherchent toutes à rassembler le plus grand nombre possible de renseignements pour éclairer la personnalité de l'écrivain et, par là, l'œuvre : pays d'origine (cf. Lieu), race, jeunesse*, milieu*, moment, influences littéraires subies (écoles*, cénacles...). Mais on perçoit quelques différences :
- Sainte-Beuve, en rupture avec la critique dogmatique, se veut journaliste et cherche à remonter à la source d'inspiration.C'est pourquoi il trace le « portrait » de l'écrivain et ressuscite l'atmosphère de l'époque et son univers moral afin de trouver la « clé » d'un homme, d'une œuvre, d'une période. Mais il n'échappe pas à la subjectivité et à la partialité ;
- Taine et ses successeurs visent une plus grande objectivité et, pour ce faire, s'appliquent à « marquer les caractères et chercher les causes, rien de plus », c'est-à-dire découvrir la « faculté maîtresse » de l'écrivain et rechercher les conditions qui ont produit cette œuvre. Cette école a le mérite d'ouvrir la voie à la critique sociologique, mais elle reste encore souvent prisonnière de présupposés esthétiques et moraux ;
- Faguet et Lanson font un travail d'érudits en rassemblant le maximum d'informations afin d'élucider la forme* et le fond* des œuvres.

2. Ses bienfaits apparaissent :
• dans l'établissement des textes : reconstitution méthodique, par divers procédés, de la forme authentique des textes ;
• dans la recherche des sources ;
• dans l'explication de l'œuvre par l'auteur, et dans l'étude des auteurs en partant de leurs œuvres ;
• dans une méthode scientifique qui se manifeste : — par l'importance accordée à la documentation et aux faits afin de ne rien affirmer qui ne repose sur des bases positives ; — par une croyance au déterminisme qui explique l'œuvre en partant de certains facteurs (ex. pour Taine, la race, le milieu*, le moment) ; — par un essai de classement des esprits : d'après la « faculté maîtresse » selon Taine (cf. l'« histoire naturelle des esprits » de Sainte-Beuve) ; — par l'idée empruntée aux sciences naturelles, que, comme les êtres vivants, littérature et genres évoluent selon des lois (ex. Brunetière, l'évolution des genres* ; cf. Naturalisme, Réalisme, Roman) ;
• dans la façon de juger l'œuvre historiquement, comme un produit de son temps (Renan : « La vraie admiration est historique »). En effet, comment admirer sans comprendre et expliquer ? Or expliquer c'est trouver la cause relative à un temps ; l'œuvre devient ainsi le témoignage d'une civilisation et permet d'admirer l'esprit humain à chacune de ses étapes.

3. Ses faiblesses proviennent de ses qualités mêmes :
• l'érudition peut gâter le plaisir pur de la lecture (cf. Impersonnalité) ;
• l'auteur n'explique pas l'œuvre si l'on considère, avec Proust et Valéry (cf. *Variété : Villon et Verlaine,* et *Au sujet d'Adonis*), que le moi créateur est différent du moi social : la personnalité de l'auteur qui apparaît extérieurement dans sa vie, dans les documents qu'il a laissés, est superficielle ; la création littéraire vient d'un moi profond. Nous goûtons d'ailleurs parfaitement des œuvres sans rien savoir sur leur auteur (cf. Impersonnalité). L'histoire de la littérature ne devrait donc pas être celle des auteurs, mais celle des œuvres envisagées comme une histoire de l'esprit, et le critique devrait étudier aussi les réactions de chaque nouvelle époque devant les œuvres anciennes. C'est d'ailleurs ce qu'ont essayé de faire, dès le XIXe s., Hennequin et Bourget (cf. D) ;
• la création littéraire échappe au déterminisme : — selon Proust, on ne peut saisir le caractère unique du génie* que par une intuition qui le recrée ; — selon Valéry, la création est souvent une surprise pour l'écrivain lui-même. Et d'ailleurs, en quoi la théorie de la race, du milieu, du moment permet-elle de distinguer Racine ou La Fontaine des médiocres soumis aux mêmes déterminations ?

• l'attitude de l'« admiration historique » méconnaît la nature du chef-d'œuvre* : des œuvres qui représentent parfaitement leur temps ne suscitent plus aucune admiration ; en revanche, d'autres ont paru révéler aux générations suivantes des qualités que l'auteur n'avait pas pensé y mettre (ex. la gloire posthume du *Misanthrope,* de *Polyeucte,* des romans de Stendhal ; cf. C).

C. L'attitude impressionniste

Elle revendique un caractère nettement subjectif face au positivisme tainien et au scientisme des érudits. Elle consiste à analyser l'enrichissement intellectuel, esthétique et moral qu'une œuvre apporte à la vie intérieure du critique qui expose son sentiment, sa façon de comprendre et d'aimer l'œuvre : « La critique ne va jamais qu'à définir l'impression que fait sur nous, à un moment donné, telle œuvre d'art où l'écrivain a lui-même noté l'impression qu'il recevait du monde à une certaine heure » (J. Lemaître).
La pratiquent : J. Lemaître, Anatole France, R. de Gourmont, A. Gide, Proust, Du Bos et, à sa manière passionnée et engagée, pour illustrer l'idée qu'il a de la poésie, Baudelaire.

1. Sa justification se fait grâce aux arguments suivants :
• un grand écrivain échappe à son époque ;
• chaque époque renouvelle un chef-d'œuvre : « Il nous est permis de goûter dans une œuvre des beautés que son temps n'avait pas aperçues » (Proust) ;
• l'œuvre d'art atteint une sorte d'éternité surhumaine, éclaire des abîmes ;
• le but de l'art est d'exprimer l'individuel, de parler à ce que nous avons de plus personnel. Nous ne pouvons bien saisir l'œuvre qu'en la recréant en nous-mêmes. Il est donc permis de lui ajouter ce qui, en chacun de nous, ne s'éveille qu'à son propos.

2. Son apport se partage entre :
• ses qualités : cette critique n'est pas pédante, elle ne porte pas de jugement de valeur, elle offre un plaisir sensuel et voluptueux, très égotiste ;
• et ses dangers : — elle risque le contresens, l'interprétation gratuite ; — elle peut devenir une pure intuition personnelle, une simple expression de la vie intérieure du critique. Or la critique doit demeurer en accord avec le public qui demande au critique de lui parler de l'œuvre et non de lui-même, de l'aider à comprendre et à juger.

D. La critique actuelle

Au XXe s., la critique connaît un essor prodigieux et s'impose comme genre à part entière. Elle ne se trouve plus exclusivement dans les ouvrages et thèses d'université, mais aussi dans les journaux, revues, essais, conférences, voire journaux intimes ou mémoires de critiques non universitaires ou d'écrivains (ex. Gide, Valéry, Sartre). Elle est illustrée par Thibaudet, Suarès, Alain, Jean Prevost, Gabriel Marcel, Ramon Fernandez, Jean Paulhan, Jean-René Bloch, Jean Guéhenno, Politzer, Nizan, Billy, Pierre de Boisdeffre, Gaëtan Picon, Maurice Blanchot, Emile Henriot, parmi lesquels certains suivent les tendances exposées supra mais d'autres innovent (comme tous les autres noms cités infra, en 2) en participant aux nouveaux courants.

1. Ses principes se démarquent de la critique littéraire traditionnelle qui se fondait plus ou moins sur une analyse de « l'homme et l'œuvre », tenant un discours psychologisant et souvent laudatif sans justification objective ;

- la nouvelle critique ne veut pas expliquer l'œuvre, historiquement, de l'extérieur, mais essaie d'étudier de l'intérieur la structure du moi créateur de l'artiste ou de l'œuvre même et de l'univers* qu'elle crée ;
- elle prétend élaborer une véritable « science » du fait littéraire : elle cherche donc à se donner des concepts fondateurs et une méthodologie ;
- elle subit l'influence des courants de pensée dominants de ce siècle : marxisme, psychanalyse, structuralisme ;
- elle fait appel aux nouvelles sciences humaines (sociologie, linguistique, sémiotique) en même temps qu'elle a recours aux nouvelles techniques (ex. l'utilisation de l'informatique).

2. Ses principaux courants se rattachent aux influences subies :

- le premier courant, orienté par la pensée de Freud, regroupe critique existentielle, thématique et psychocritique. L'étude des thèmes, des situations, des images récurrentes chez un écrivain permet de saisir, au niveau de l'insconcient, les composantes de sa personnalité et les mécanismes de sa création littéraire ;

— ainsi Sartre cherche à éclairer les déterminations sociales et les conséquences d'un « choix originel » existentiel qui orientent l'œuvre. « Il en arrive ainsi à définir comment la conscience créatrice d'un individu perçoit et reflète, de façon singulière, les contradictions de sa situation à l'intérieur de sa classe sociale et de son milieu familial. »

(*Guide des auteurs, de la critique, des genres et des mouvements,* Magnard, 1985) ;
— Bachelard se livre à une psychanalyse de l'insconscient humain pour étudier l'imaginaire poétique. Il explore les archétypes et les « complexes de culture » afin de comprendre comment l'imaginaire poétique « chante » et transfigure la réalité ;
— la critique thématique étudie les « réseaux organisés d'obsessions » (R. Barthes) qui forment les structures révélatrices de la personnalité d'un individu, d'un écrivain en particulier. À partir de là, elle cherche à élucider le rapport entre le vivre et le dire d'un auteur, puisque « la littérature est une aventure d'être » (J.-P. Richard) ; elle en dégage des vues sur la structure de l'œuvre ou de l'univers de l'auteur (cf. les travaux de G. Blin, Y. Bonnefoy, G. Poulet, J.-P. Richard, J. Starobinski, J. Rousset, et, sous certains aspects, R. Barthes) ;
— la psychocritique de Ch. Mauron se propose de « découvrir dans les textes des faits et des relations demeurés jusqu'ici inaperçus ou insuffisamment perçus et dont la personnalité insconciente de l'écrivain serait la source ». Il superpose des textes, étudie la façon dont les réseaux et les groupements d'images se répètent et se modifient dans l'œuvre, dégage les structures de situations dramatiques, recherche le « mythe personnel » de l'écrivain et ne vérifie qu'après coup ses hypothèses par la biographie. Cette méthode (appliquée par Mauron aux œuvres de Racine, Mallarmé, Giraudoux et au genre comique) a été battue en brèche par les disciples de Jung, qui substituent à l'« inconscient personnel » les archétypes diffus dans la psyché collective, par la mythocritique de G. Durand et par les travaux inspirés des recherches de J. Lacan (cf. infra) ;
— la mythocritique de G. Durand (cf. *Les Structures anthropologiques de l'imaginaire*) repose sur le fait que le mythe « passe de loin et de beaucoup, la personne, ses comportements et ses idéologies » ; sa « toute-puissance » fait de la littérature un département du mythe si on postule qu'une « image obsédante » doit s'ancrer dans un fond anthropologique plus profond que l'aventure individuelle pour organiser l'ensemble de l'œuvre d'un auteur.

• le deuxième courant s'inspire des travaux de Saussure et des linguistes : il regroupe la critique structuraliste et formaliste, la poétique, la sémiotique. Toutes affirment une certaine autonomie de l'œuvre littéraire et recherchent des critères formels qui constitueraient l'essence de la « littérarité » ;
— le formalisme russe est un courant de pensée né entre 1915 et 1930,

qui fut connu en France par les traductions des ouvrages de T. Todorov (cf. *Théorie de la littérature*). Comme l'avaient déjà affirmé Mallarmé et Valéry, en accord avec la critique structuraliste, le formalisme considère le texte littéraire comme une totalité formelle et autonome ; l'étude du texte exige la recherche de critères formels, et d'indices historiques ou biographiques ;
— le New-Criticism et divers courants de critique formelle se développent dans les années 1930-1940 en Angleterre et aux États-Unis ;
— la critique structurale ou structuraliste examine le « phénomène verbal tel qu'il se présente dans la structure de l'énoncé concret » (R. Barthes), c'est-à-dire renonce à expliquer l'œuvre par référence au sujet qui l'a produite et se livre exclusivement à l'étude du texte. Dans ce domaine, les recherches les plus novatrices pour une « poétique de la poésie » sont celles de Jakobson (cf. l'étude du sonnet « Les Chats » de Baudelaire) ;
— les travaux de G. Genette (cf. *Figures* I, II, III) s'attachent plus à une « poétique de la prose » et cherchent à mettre en place des catégories d'analyse valables pour toute narration. Il faut rattacher à ce courant certaines œuvres de Barthes (cf. *S/Z,* 1970), Ph. Lejeune (cf. *Le Pacte autobiographique,* 1975 ; cf. Autobiographie), P. Zumthor (cf. *Le Masque et la Lumière,* 1978) ;
— la sémiotique tire son origine du structuralisme linguistique (Hjemslev) et du formalisme russe (cf. V. Propp, *La Morphologie du conte,* 1928) : l'initiateur en est A.J. Greimas qui a mis au point un modèle d'analyse et de formalisation des textes narratifs (cf. *Du Sens I* et *II,* 1970 et 1983 ; *Maupassant, la sémiotique du texte : exercices pratiques,* 1976) ; ses émules sont « L'Ecole de Paris » (M. Arrivé, J.-C. Coquet, J. Courtès), la revue « *Pratiques* » et Cl. Brémond qui a exploré les « possibles narratifs » (cf. *Logique du récit,* 1973) ;

• le troisième courant s'inscrit dans la sphère d'influence de la pensée marxiste et regroupe la critique sociologique et la sociocritique. Elles cherchent à « analyser le texte littéraire dans sa relation aux conditions historiques, politiques, socio-économiques qui président à sa production ou déterminent sa réception par le public* » ;
— la critique sociologique affirme que, dans la création artistique, un individu n'est pas seul concerné, mais que l'œuvre est l'expression d'une conscience collective dont l'artiste participe avec plus d'intensité que la majorité des individus. Cette recherche consiste donc à élucider les liens qui unissent créateur et société, œuvre d'art et structures mentales. Son fondateur fut le Hongrois G. Lukács, avec pour disciples (souvent d'obédience marxiste) en France : L. Goldmann (cf. *Le Dieu caché,*

1959 ; *Pour une sociologie du roman,* 1964), L. Althusser, P. Bénichou (cf. *Morales du Grand Siècle,* 1948), P. Barberis (cf. *Balzac et le mal du siècle,* 1970), R. Escarpit ;
— la sociocritique est un terme créé par C. Duchet pour qualifier sa forme d'invention critique : il s'agit d'étudier « le statut du social dans le texte », de définir « la place occupée dans l'œuvre par les mécanismes socio-culturels de production et de consommation » (ex. le Paris de *La Comédie humaine* comparé au Paris réel de 1830) ;
• il faut également mentionner, en dehors de ces trois courants principaux :
— la critique génétique de L. Spitzer : elle pose que l'œuvre forme un tout et que, par conséquent, tout détail doit conduire au centre de l'œuvre, à l'essentiel ; une intuition, le déclic, prendra appui sur un détail pour pénétrer dans l'œuvre et ainsi ne pas séparer le fond* de la forme* ;
— l'esthétique de la réception qui tient compte de l'accueil d'une œuvre par la critique et le public* (cf. H.-R. Jauss, *Pour une esthétique de la réception*, 1979) ;
— les travaux de P. Bourdieu (cf. *La Distinction, critique sociale du jugement,* 1979).

E. Quelques problèmes posés par la critique

En dépit, ou peut-être à cause, de son exubérance, la critique n'échappe ni aux polémiques, ni aux difficultés. Envisageons quelques points :
• la critique des œuvres contemporaines est difficile, car on est privé des documents dont on disposera après la mort des auteurs ;
• elle ignore parfois des auteurs qui seront découverts par la postérité ;
• la lecture des œuvres critiques risque de se substituer à celle des œuvres elles-mêmes, ce qui imposerait des jugements tout faits ;
• l'exercice de la critique fait obstacle à l'émotion, car l'érudition interpose entre l'œuvre et le lecteur un appareil rebutant : la déformation professionnelle du critique le pousse à expliquer, à juger, à classer plutôt qu'à se laisser aller au plaisir ;
• la critique actuelle est souvent hermétique, et sombre dans des querelles d'école. Ainsi, Julien Gracq, dans *La littérature à l'estomac* (1961), insistait sur l'« impression de désarroi, d'incertitude » que laissent la littérature contemporaine et en particulier la critique contemporaine : « On ne sait s'il y a une crise de la littérature, mais il crève les yeux qu'il existe une crise du jugement littéraire », et Roger Fayolle conclut ainsi son ouvrage, *La Critique* : « Puisse la recherche critique ne pas être confinée dans d'étroites chapelles où de rares spécialistes

se contentent de se comprendre les uns les autres, et puisse l'enseignement de la littérature profiter largement du renouveau que cette recherche apporte. »

CRITIQUE SOCIALE

Elle consiste à examiner la société* pour montrer ses imperfections.

A. Son objet

Tous les aspects de la société peuvent être soumis à la critique :
• la civilisation* occidentale (cf. Diderot, *Supplément au voyage de Bougainville* ; cf. Barbare, le « mythe du bon sauvage ») ;
• la religion, surtout considérée dans ses effets politiques et sociaux (ex. l'Inquisition dans *Candide*) ;
• la politique, en particulier le roi, la cour, l'absolutisme (cf. La Fontaine, *Fables* ; La Bruyère, *Caractères* ; Montesquieu, *Lettres persanes*) ;
• les atteintes aux droits de l'homme et à l'humanité* par la guerre (cf. *Candide* ; ex. H. Barbusse) ; le colonialisme (ex. Montaigne ; cf. Gide, *Retour du Tchad*) ; l'esclavage (ex. Montesquieu, Voltaire) ; la cruauté sociale (cf. Swift, *Modeste proposition concernant les enfants des classes pauvres*) ;
• les finances et l'économie (cf. Voltaire, *Lettres philosophiques*) ;
• les institutions : le mariage (ex. Montaigne), les enfants naturels (ex. Diderot, Beaumarchais), la justice... ;
• l'injustice des rapports sociaux et de la situation faite à certaines classes (cf. Société) : critique des individus d'une classe, dans leurs excès et abus (ex. Molière, La Fontaine) ; critique de la classe en général, considérée comme ayant certaines mœurs communes (ex. la noblesse chez Beaumarchais) ; ou comme une entité économique dont le rôle est utile ou funeste selon l'idée que l'on se fait du progrès social (ex. les classes du point de vue marxiste) ;
• les professions : les médecins (ex. Rabelais, Molière, Proust, Jules Romains...), les hommes d'affaires et commerçants (ex. La Bruyère, Lesage, Balzac, Zola...), etc. ;
— les mœurs* (ex. Molière ; cf. Bienséance).

B. Ses moyens et ses fins

1. Ses moyens : comme il est souvent dangereux, pour l'auteur, d'attaquer de front la société, il a recours à des moyens détournés :
• le regard « venu d'ailleurs » : un étranger visitant le pays critiqué (cf. *Lettres persanes*) ou un compatriote décrivant un autre pays où sont transposés les défauts de sa propre société (cf. les picaresques espagnols, *Gil Blas, Candide, Les Voyages de Gulliver* ; cf. Barbare, Exotisme) ;
• la fantaisie* et le burlesque* (cf. les œuvres de Rabelais) ;
• l'inversion des rôles (cf. Marivaux, *L'Ile des esclaves*) ;
• l'humour, l'ironie (cf. comédies de Molière).

2. Ses fins :
• constater, sans forcément vouloir réformer, pour proposer une idée et une attitude personnelles à la méditation d'autrui (ex. Montaigne), pour arriver à des conclusions philosophiques ou religieuses valables pour tous (ex. chez Pascal et les sermonnaires, l'imperfection de tout ordre humain sans Dieu) ;
• améliorer par des réformes partielles et prudentes (ex. Montaigne, Montesquieu) ;
• détruire un ordre pour en édifier un nouveau (cf. XVIIIe s.).

CULTURE

La culture est à la fois :
• dans un sens classique, les connaissances que l'on acquiert par ses études, ses lectures (sens proche d'instruction) ;
• dans un sens proche de civilisation*, l'ensemble des formes acquises de comportement qu'un groupe d'individus, unis par une tradition commune, transmettent à la génération suivante ; cela comprend les traditions artistiques, scientifiques, religieuses, politiques et philosophiques d'une société ainsi que ses techniques, ses coutumes et usages ;
• l'acquisition d'une méthode de pensée indépendamment des connaissances : la culture c'est « ce qui reste quand on a tout oublié » (E. Herriot) ;
• une conception active (qui apparaissait déjà dans l'étymologie latine : *cultura* vient du verbe *colere*, c'est-à-dire « prendre soin de, entourer d'égards, honorer ») ; c'est l'action de développer par l'exercice ses capacités physiques (culture physique), intellectuelles, et sa personnalité : « Je ne dis pas qu'un homme est cultivé lorsqu'il connaît Racine

ou Théocrite, mais lorsqu'il dispose du savoir et des méthodes qui lui permettront de comprendre sa situation dans le monde » (Sartre).

A. Nature et culture

En opposant nature et culture, on pose en fait le problème de savoir s'il existe une nature humaine immuable ou si l'homme n'est que le produit des sociétés dans lesquelles il vit. Le débat avait à l'origine une connotation religieuse puisqu'il était révélé que Dieu avait créé l'homme à son image ; même si la nature humaine est corrompue, l'acquis, dans ce cas, ne peut avoir qu'une place limitée. La science contemporaine a réactivé le débat avec les notions d'héréditarisme (l'individu est déterminé par ses gènes) et d'environnementalisme (l'individu est une cire molle que la culture ambiante va modeler).

1. « Le biologique ignore le culturel » : cette affirmation de J. Rostand provient des travaux des biologistes qui montrent que chaque être humain doit tout réapprendre, que rien de l'acquis ne devient inné à la longue (le cas des enfants sauvages qui n'acquièrent pas même le langage est particulièrement révélateur). « De tout ce que l'homme a appris, éprouvé, ressenti au long des siècles, rien ne s'est déposé dans son organisme, rien n'a passé dans sa tête. (...) La civilisation de l'homme ne réside pas dans l'homme, elle est dans les bibliothèques, dans les musées et dans les codes » (J. Rostand, *Pensées d'un biologiste*).

2. « L'homme est par nature un être de culture » (A. Gehlen) : quoi qu'en pense Rousseau, la société d'autrui est nécessaire à l'homme. C'est une des découvertes fondamentales de Robinson dans *Vendredi ou les limbes du Pacifique* : « Autrui, pièce maîtresse de mon univers... ». Par là s'explique l'importance fondamentale de l'éducation.
Quant à débattre de la bonté ou de la méchanceté, cf. Homme.

B. Variété des cultures

1. « Chacun appelle barbare ce qui n'est pas de son usage » (Montaigne, I, 31) ; or c'est précisément la diversité des cultures qui assure la survie de l'espèce humaine. Car non seulement chaque être humain est « singulier » (« Le flux génétique poursuit son œuvre de différenciation et de maintien de la diversité, presque insensible aux agissements humains », A. Jacquard, *Eloge de la différence*), mais chaque culture est différente, et non inégale : « Certains usages qui nous sont propres, considérés par un observateur relevant d'une société différente, lui apparaîtraient de même nature que cette anthropophagie qui nous semble étrangère à la notion de civilisation » (Cl. Lévi-Strauss, *Tristes Tropiques*) ; cf. Montaigne ; Montesquieu, *Lettres persanes*, 30. Cela fonde les revendications des cultures régionales (cf. P. Jakez-Helias et le breton ; l'occitan, le corse...) à survivre ou revivre malgré la domination d'une culture majoritaire. On peut même affirmer qu'« être cultivé aujourd'hui, c'est être métissé de la culture des autres ».

2. La culture d'une élite : la culture est-elle une démarche individuelle ou collective (cf. Civilisation) ? En tout cas, on a longtemps opposé « la culture », privilège d'une élite, à l'ignorance des masses. La conception de cette culture individuelle a évolué au cours des siècles. Qu'est-ce qu'un homme cultivé ? Celui qui sait un peu de tout... mais surtout les lettres, les arts, sans avoir de prétention ni à l'érudition*, ni au savoir encyclopédique, mais quand même à l'universel* ?
• au Moyen Age, l'homme cultivé est le clerc qui pratique les arts libéraux (c'est-à-dire ceux qui rendent « libre ») par opposition aux artisans ;
• au XVIe s., c'est l'humaniste nourri de littérature et de philosophie ;
• au XVIIe s., c'est l'honnête* homme, aux connaissances variées ;
• au XVIIIe s., c'est le philosophe*, esprit ouvert et cosmopolite ;
• aux XIXe et XXe s., le progrès des connaissances conduit à la spécialisation ; il n'y a plus de consensus sur la définition de « la » culture.
Toutes ces conceptions se heurtent aux reproches communs qu'on peut leur adresser : — elles favorisent l'élitisme ; — elles sont superficielles (cf. J.M.G. Le Clézio, *L'Extase matérielle*) ; — elles sombrent trop souvent dans l'intellectualisme en ignorant tout ce que peut apporter l'expérience vécue (voyages, rencontres...).

3. La culture de masse : l'expression vient du néologisme américain *mass-culture* créé en même temps que *mass-media*. C'est dire que la culture de masse est en partie celle produite et diffusée par les médias (presse, radio, télévision, cinéma) ;
• en quoi consiste-t-elle ? La tendance est aujourd'hui à considérer comme culturel tout ce qui est chargé de sens et à refuser une distinction entre une culture mineure (qui comprendrait par exemple la bande dessinée, les graffiti,...) et une culture majeure (peinture, sculpture,...). C'est pourquoi certains voient dans la culture de masse une pseudoculture, un kitsch, du toc. Envers elle, les uns nourrissent le mépris hautain de la « classe exquise » pour la vulgarité plébéienne, d'autres la dénoncent comme manipulatrice et aliénante, d'autres encore voient dans sa diffusion l'amorce d'une vaste démocratisation de la culture ;

• elle se caractérise par :
— une certaine standardisation (cf. les feuilletons américains : *Dallas, Dynasty*) ;
— une influence croissante des phénomènes de mode ;
— la réalisation de modèles d'évasion* et d'accomplissement de la civilisation* bourgeoise : ce caractère a été particulièrement bien montré par E. Morin (cf. *L'Esprit du temps,* 1961) ; elle propose en particulier dans la grande société technologique, rationalisée, moderne, les îlots d'utopie (la maison confortable, les week-ends, les vacances) où seraient abolies toutes les contraintes de la vie de travail, où on retrouverait une nature* idyllique, rousseauiste et des relations fraternelles et libertaires ;
— la victoire du désir : les justiciers, les gangsters, les « nouveaux policiers » qui ont parfois recours à des méthodes expéditives, les surhommes des films fantastiques incarnent cette volonté de briser l'enveloppe trop étroite de la condition humaine ;

• quel impact a-t-elle ?
— l'opinion adulte s'inquiète souvent de l'influence du cinéma et de la télévision sur les enfants (violence, abêtissement...) ;
— on lui reproche aussi de provoquer la déculturation des sociétés du Tiers Monde à qui elle apporte l'image d'une vie autre : ce modèle occidental contribue à la désintégration morale des sociétés traditionnelles ;
— elle est accusée d'appauvrir les relations humaines qui « sont en voie d'être spécialisées, monopolisées, normalisées et bien entendu comptabilisées. Tel est le désastre où confluent les deux courants majeurs de notre époque : la culture de masse et la contestation débridée » (J.M. Domenach, *Esprit*, n° 12, décembre 1976) ;
— en fait, des études ont montré que « les effets des mass-médias, en matière d'opinions ou de croyances, ne sont ni directs, ni contraignants : les groupes sociaux peuvent opposer une résistance très forte aux messages émis dans le cas où ceux-ci heurtent leurs convictions ou leurs mythes fondamentaux » (cf. article « Culture » in *Encyclopaedia Universalis*). Par ailleurs « le développement explosif du savoir nous conduit à une diversification qui nous garantit à tout jamais de ce qu'il pourrait y avoir de redoutable dans la culture de masse » (M. Fustier, *La culture est une différence*). Ces deux arguments affirment l'existence de garde-fous contre les excès redoutés de la culture de masse ;

• elle est en perpétuelle évolution : elle « cesse d'être un univers clos s'opposant à la culture artistique traditionnelle ». Elle peut, en ce sens, être considérée comme un terrain de recherche et de formation pour une « troisième culture ».

C. Fins de la culture

1. Intégrer dans la société :

• la culture offre des signes de reconnaissance qui permettent à l'homme de sentir son appartenance à un groupe : « La culture, c'est la mémoire du peuple, la conscience collective de la continuité historique » (M. Kundera) ;

• elle rend apte à la vie sociale dans la mesure où elle affaiblit la barbarie, la sauvagerie, et forme la politesse (cf. Civilisation) ;

• elle a longtemps été — et le demeure peut être... — un facteur de promotion sociale (cf. Maupassant, *Bel Ami*).

2. Développer la personnalité :

• au sens traditionnel, la culture, par la lecture, les arts, enrichit la sensibilité en découvrant au cœur certains sentiments qu'il aurait naturellement ignorés, fait connaître le monde au-delà de l'expérience personnelle : elle est toujours « une acquisition, un élargissement de l'esprit, qui rend le jugement mieux armé et plus sûr » (P.-H. Simon, *L'Information comme culture*) ;

• au sens actuel, c'est-à-dire sous tous ses aspects (cf. supra), elle épanouit l'homme en lui faisant prendre conscience de sa personnalité d'être pensant et de ses responsabilités de citoyen sur son astre, car il participe, de façon plus ou moins directe et plus ou moins importante, à ce grand jeu (cf. P.-H. Simon).

3. Servir l'art de vivre : c'est selon Montaigne sa fonction essentielle :

• le sens de la relativité permet de penser plus juste ;

• elle offre à l'individu la possibilité de se sentir solidaire des hommes dans l'espace et le temps et peut améliorer la compréhension des hommes entre eux ;

• elle est « une nourriture » (J.M.G. Le Clézio) et doit permettre à l'homme d'être actif, de développer en lui la pulsion créatrice, de le pousser à chercher, découvrir, inventer, être l'acteur de sa culture.

D. La culture en question

Comme la culture est un produit de l'homme, elle joue le rôle d'un miroir qui lui renvoie son image critique et les interrogations sur la valeur de notre culture se multiplient autant que les moyens d'accès à la culture augmentent.

1. Les menaces sont dites nombreuses et l'on ne cesse de tirer des sonnettes d'alarme. Les risques sont :
- que la culture traditionnelle, purement livresque et artistique, soit engloutie sous la culture de masse ;
- que les mass-médias qui livrent un matériau brut, sans laisser le temps et la possibilité de conceptualiser, classer, examiner, critiquer, annihilent les capacités de réflexion et de création de l'homme (cf. Cinéma, Livre) ;
- que l'accélération des choses qui caractérise notre époque n'offre plus à l'esprit, soumis à l'agitation générale du monde, la possibilité de se former par assises progressives (cf. Valéry, *Regards sur le monde actuel*) ;
- que la technique, au lieu de lui fournir des valeurs, détourne l'homme vers les objets et la civilisation matérielle ;
- bref, que l'homme d'aujourd'hui ne soit plus qu'un « homme-robot », un « homme-termite » que dénonçait déjà Saint-Exupéry.

2. Les perspectives ne sont peut-être pas si sombres. Certes il y a, ou il y a eu, une crise des valeurs. Mais la culture est un besoin, besoin de ferveur, besoin d'un « supplément d'âme » : elle ne doit pas être passée ou passive (étalage de connaissances acquises), mais active, toujours en éveil. Rappelons les perspectives vues en B 3 et en C, et laissons J. Rigaud conclure (cf. *La Culture pour vivre*) : « Ce qui importe, c'est l'élan vital que représente la culture, cette tension de dignité qui maintient debout l'esclave enchaîné de Michel-Ange ; c'est ce mouvement mystérieux qui nous pousse à nous dépasser et à nous retrouver au fond de nous-mêmes, à vivre la condition humaine dans la solitude et la solidarité emmêlés ».

DANDYSME

Le mot apparaît vers 1830 pour désigner d'abord une mode vestimentaire et esthétique, très raffinée, puis une attitude essentiellement caractérisée par l'impertinence portée à son comble. Mais c'est devenu depuis bien plus qu'une apparence extérieure.

A. Le paraître...

1. Le dandysme est venu d'Angleterre, où George Brummell (1778-1840) exerça un grand ascendant sur la jeunesse dorée, les intellectuels et les artistes de Londres grâce à son élégance et son esprit. Il s'est ensuite développé en Europe.

2. Il se manifeste par :

• « un goût immodéré de la toilette et de l'élégance matérielle » (ex. Charles Grandet), « une heureuse et audacieuse dictature en fait de toilette et d'élégance extérieure » (Barbey d'Aurevilly, *Du Dandysme et de George Brummell*) qui poussent le raffinement jusqu'aux exigences les plus audacieuses (par exemple faire râper les habits avant de les mettre) ; mais il n'est pas que cela (cf. infra) ;

• l'impertinence et la provocation, qui restent dans la lignée de la tradition libertine : Baudelaire parle d'une « attitude hautaine de caste provocante même dans sa froideur » qui représente « ce qu'il y a de meilleur dans l'orgueil humain ». De ce fait, le dandy doit « produire toujours l'imprévu » (Barbey), rechercher l'originalité, être remarqué et imité, ne s'étonner de rien, manier l'ironie...

B. ... et l'être

Plus qu'une mode, le dandysme est « une manière d'être, entièrement composée de nuances, comme il arrive toujours dans les sociétés très vieilles et très civilisées, où la comédie devient si rare et où la convenance triomphe à peine de l'ennui » (Barbey). C'est pourquoi le dandysme doit se comprendre en réalité comme :

1. Le reflet d'une société : caractéristique d'une époque transitoire, entre une aristocratie « partiellement chancelante et avilie » (Baudelaire, *Le Peintre de la vie moderne*) et une bourgeoisie victorieuse, matérialiste et âpre au gain, le dandysme voudrait instaurer « une société au second degré conçue sur le modèle de la société d'artistes que Flaubert, Gautier et les théoriciens de l'Art pour l'Art avaient forgée » (Sartre, *Baudelaire*), créer « une espèce nouvelle d'aristocratie... basée sur les facultés les plus précieuses, les plus indestructibles et sur les dons célestes que le travail et l'argent ne peuvent conférer » (Baudelaire).

2. Un art dans la vie quotidienne : l'exigence du dandy à l'égard de lui-même tient d'une recherche esthétique qui va plus loin que le culte du paraître ; « c'est toute sa vie qui est son œuvre d'art à lui » (Lemaître, *Les Contemporains*). Il cherche à jeter un rayon de lumière, de distinction dans cette société où la démocratie nivelle tout : il est « un soleil couchant... superbe, sans chaleur et plein de mélancolie » (Baudelaire). Il a eu notamment des échos dans l'esthétique de l'époque avant de se fondre dans le décadentisme (cf. Des Esseintes, in Huysmans, *A rebours*).

3. Une philosophie : le dandysme tient de la révolte, de l'acte gratuit, de l'absurde par ses exigences et son refus de la médiocrité, son mépris de tout ce qui est banal et peut paraître comme une affirmation de la grandeur humaine. Mais en même temps, la forme de révolte qu'il adopte, cette élégance « éphémère, stérile, périssable » (Sartre), souligne que « les choses n'ont de prix que celui que nous leur attachons » (Lemaître), que tout est vain. Cependant cette dénonciation, difficile à percevoir sous le culte de soi, « prend forme d'acte strictement gratuit » (Sartre) et ne bouleverse rien.

DECOR

Nous entendons ici sous ce terme exclusivement le décor de théâtre ou d'opéra, sans aborder le problème du décor dans un récit, qui est traité à Description.
Il se compose : — du décor proprement dit (meubles, édifices, paysages, etc.), figurant sur la scène ; — de l'éclairage et du bruitage ou de la musique ; — des costumes et du maquillage des comédiens.

A. Sa place

1. Il n'a guère d'importance :
• jusqu'au XVIIIe s. pour des raisons techniques : jusqu'en 1759 le public installé sur scène ne laisse aux acteurs qu'une trentaine de mètres carrés, espace trop restreint qui limite la mise en scène et interdit quasiment toute implantation de décor ;
• à cause du sujet des pièces : le théâtre classique, tourné vers l'introspection des personnages, se soucie peu du décor (ex. « Le théâtre est un palais à volonté. Une chaise pour commencer » : c'est le décor donné pour *Phèdre* en 1763). C'est aussi le cas pour le drame psychologique et social de 1860 à 1890 (ex. Dumas fils) ;
• d'après la position théorique de l'auteur (ou du metteur en scène) qui soit veut concentrer l'attention sur le conflit des passions (ex. Anouilh dans *Antigone*), soit a une conception esthétique très dépouillée du théâtre (cf. la lettre de Jarry au directeur du Théâtre de l'Œuvre : « Une pancarte changée à vue pour indiquer les différents lieux de l'action » ou

quand il exprime sa volonté de montrer « l'envers du décor, chacun pénétrant l'endroit qu'il veut », *Questions de théâtre,* 1897).

2. Il a de l'importance pour des raisons liées à son rôle (cf. infra B) dans le drame* bourgeois, le drame romantique, l'opéra (ex. le décor de *La Flûte enchantée* de Mozart, 1791), les pièces à machines (dès le XVIIe s. au Théâtre du Marais) et chez certains dramaturges ou metteurs en scène modernes qui veulent un décor réaliste (cf. *Knock*), poétique, astucieux (ex. le décor réalisé par Bérard pour *L'Ecole des femmes* montée par Jouvet)... En fait, au XXe s. les mises en scène se succèdent sans que l'on puisse dégager de théorie tranchée sur le décor : tout dépend du genre de la pièce, mais surtout de la personnalité du metteur en scène. C'est ainsi que l'on va de l'absence de décor des spectacles de Peter Brook au luxe débordant de *L'Opéra de quat'sous,* monté par G. Strehler en 1987. Il semble toutefois qu'avant 1950, les décors construits abondaient plus que de nos jours, où ils se font suggestifs.

B. Son rôle

1. Il a une fonction esthétique : pour ravir l'œil du spectateur (choix des tissus, harmonie des couleurs, effets spéciaux de lumière... ; cf. *Le Songe d'une nuit d'été* monté par J. Lavelli), et offrir déjà une évasion.

2. Il assure une certaine vérité : sans pouvoir faire concurrence à la réalité (cf. Optique théâtrale), il contribue à « faire vrai » pour la comédie*, le drame* bourgeois, la pièce réaliste et pour la couleur* locale du drame romantique.

3. Il souligne certains effets :

- décor et costume jouent par rapport à la psychologie et à l'action un rôle qu'on peut rapprocher de celui des descriptions* dans le récit. En particulier ils peuvent focaliser l'attention sur un personnage. Il arrive même que le costume suffise à identifier le personnage quand il s'agit de types figés (cf. Polichinelle) ;
- dans le drame romantique, décor et costume concourent au caractéristique* ;
- le maquillage est aussi un élément significatif soit qu'il crée la distance nécessaire entre public et acteurs quand il n'y a pas de rampe pour le faire (ex. la séance de maquillage des comédiens intégrée au spectacle par la troupe d'A. Mnouchkine), soit qu'il aide à interpréter le personnage ;
- rôle important des feux de la rampe, des projecteurs isolant l'acteur, des effets lumineux spéciaux qui permettent, par exemple de montrer la scène comme au ralenti (ex. spectacles de R. Hossein)...

4. Il parle à l'imagination :
• par le merveilleux* (rôle du truquage) : opéras, machines, apparitions de fantômes (cf. le père de Hamlet, Banco, la statue du Commandeur...) ;
• par l'atmosphère qu'il crée d'emblée sur scène ;
• par la stylisation qu'il suggère : un mur blanc et c'est l'Espagne (cf. les pièces de Lorca) ;
• par son rôle poétique au sens propre, c'est-à-dire qu'il évoque ce que l'imagination conçoit, qu'il donne l'essor au rêve, même s'il ne peut tout matérialiser.

DESCRIPTION

A. Caractères spécifiques

1. Définition : la description est la représentation d'objets ou de personnages (dans ce cas, on parle de « portrait ») ; elle se distingue du récit qui représente les actions et les événements, des dialogues ou monologues intérieurs, des réflexions morales ; en poésie, elle s'oppose à toutes les fonctions autres que descriptives (cf. Poésie) ; au théâtre, elle ne trouve guère sa place, car action* et lyrisme* y dominent.

2. Ses objets :
• les choses (paysages, objets, lieux... : cf. la pension Vauquer du *Père Goriot*, le compartiment de train dans *La Modification*) ;
• les êtres (les bêtes*, les hommes avec leur visage, leur corps, leurs gestes, leurs mœurs, leur caractère*...).

3. Les moyens linguistiques :
• les verbes du type « être », les groupes nominaux, les relatives, les circonstants de lieu y abondent ;
• l'imparfait prédomine ;
• les formes, les couleurs, les sons... sont mentionnés avec soin ;
• le champ lexical est systématiquement exploité (ex. « maison, badigeon, hôtel, fenêtre, façade... » pour décrire une maison dans *Au Bonheur des dames*) ;
• les détails sont choisis pour concentrer le sens ;
• l'abstrait est traduit par le concret qui en est le signe (ex. les gestes, les tics révélateurs).

B. Positions des différentes écoles

1. L'attitude réaliste consiste à essayer de reproduire objectivement l'aspect de ce qu'on considère, sinon comme immuable, du moins comme doué d'une certaine permanence qui constitue sa façon d'être essentielle (ex. Balzac, Flaubert).

2. L'attitude impressionniste se contente de noter l'apparence de l'objet, considérée comme passagère, changeante, sans rapport avec une façon d'être essentielle : attitude qui peut être le comble du réalisme (on ne postule pour l'objet aucune réalité essentielle, on n'en donne que ce qu'on voit objectivement, une image fuyante) ou peut amener au subjectivisme, dans la mesure où l'on pense que les apparences ne sont qu'une façon de voir de l'artiste, une projection de son univers* (ex. Proust, Dostoïevski, Mme de Sévigné ; de même, on constate chez Verlaine un refus de la description précise, car, pour lui, le monde n'est pas figé et il n'est donc pas possible d'en donner une image univoque).

C. Les buts fixés à la description

1. Faire voir et comprendre la chose telle qu'elle est ou apparaît (ex. les animaux de Buffon, les portraits des moralistes classiques).

2. Créer une impression :
• de beauté (ex. les animaux chez Leconte de Lisle) ;
• de couleur* locale ou d'étrange (ex. le portrait de Salammbô) ;
• de merveilleux* épique : on peint les choses comme des êtres doués de vie (ex. la cathédrale de *Notre-Dame de Paris,* la mine de *Germinal*) ;
• d'importance et de noblesse pour des choses réputées communes, voire vulgaires (ex. Boileau, les postclassiques ou, au XXe s., F. Ponge, *Le Parti pris des choses*). On rapprochera cette dernière attitude de la poésie descriptive de Mallarmé. Mais le parti pris de Mallarmé est foncièrement différent, car il ne s'agit pas d'ennoblir l'objet par un langage convenu, mais de créer, à son propos, un nouvel objet, plus réel, qui est le poème, développement concerté de toutes les virtualités poétiques du langage.

3. Provoquer :
• une exaltation lyrique (ex. la beauté de la femme et de la nature dans la poésie de la Pléiade ou le paysage-état d'âme dans *René*) ;
• une méditation (cf. « L'Isolement ») ;
• un symbole (cf. Vigny, « La Mort du loup ») ;

• une image que déchiffre l'esprit pour aboutir à la connaissance mystique (ex. Baudelaire ; cf. Correspondance, Symbolisme) ;
• une expression du moi profond, créateur, de l'écrivain (ex. chez Proust, description des aubépines, des clochers de Martinville).
• un élément du romanesque (cf. D).

D. Description et roman

L'utilité et la valeur de la description dans le roman ont été souvent controversées. Cependant elle est un élément indispensable, à la fois dépendant et autonome à l'égard du récit.

1. Par rapport à la durée : comme le roman est avant tout le récit d'une action, la description risque de faire stagner cette action en prenant le temps de présenter les objets ou les personnages. Mais elle ne signifie pas forcément une rupture du temps de la fiction, tout dépend du point de vue suivant lequel elle est faite :
• si elle est objective (narration* à focalisation zéro, selon les termes de G. Genette), elle oblige effectivement à une pause, une suspension du temps de la fiction (ex. chez Balzac, ou la description de Yonville dans *Madame Bovary*) ;
• si elle est subjective (narration* à focalisation interne), elle épouse le point de vue d'un personnage et s'intègre à la durée du récit, car le lecteur découvre le monde à travers le héros (ex. la description de la forge dans *L'Assommoir*, de la bataille de Waterloo dans *La Chartreuse de Parme,* chez Flaubert, a fortiori chez Proust et dans le Nouveau Roman).

2. Dans le fonctionnement : on peut aussi bien dire de la description qu'elle est une enclave inutile ou qu'elle assume une fonction particulière. Si l'on pense à priori, au sujet du roman (surtout psychologique, voire « classique »), que les actions les plus intéressantes se passent dans les âmes, à quoi sert de détourner notre attention sur le physique des personnages, sur les lieux, etc. ? Mais on peut objecter que les descriptions ont :
• une valeur décorative : elles sont un ornement comme les figures de style et répondent à des contraintes esthétiques. C'est surtout le cas jusqu'au XIXe s., en particulier à l'époque baroque. Mais Breton (et avec lui, les Surréalistes) s'est insurgé contre ce qu'il appelle « une superposition d'images de catalogue », des « cartes postales » qu'il rejette, refusant de « faire état des moments nuls de sa vie » (*Manifeste du Surréalisme*) ;
• une valeur explicative : apporter des informations sur le physique, le

vêtement, le milieu d'un personnage est utile dans la mesure où cela détermine, explique ou révèle son état moral (cf. les personnages de Balzac ; cf. Naturalisme, Réalisme). Décrire les caractères peut être utile comme point de départ, à l'instar de l'exposition dans le drame, mais est facilement critiquable : le romancier a-t-il le pouvoir de pénétrer l'âme de son héros ? Nous ne voyons des êtres que des actions, nous pouvons leur supposer des pensées, mais il est artificiel de faire une sorte d'inventaire d'un caractère considéré comme stable et définissable (cf. Nouveau Roman) ;

• une valeur symbolique : l'objet décrit évoque de façon métaphorique tel ou tel aspect du personnage ou de l'action, établissant une correspondance entre l'intérieur et l'extérieur (par exemple, chez Balzac, ou chez Zola, les Halles, qui dans *Le Ventre de Paris,* sont une métonymie de Paris et de son peuple). Dans ce cas la description est moins une photographie qu'une vision (ex. Flaubert) ;

• un dynamisme : non seulement une description peut créer une atmosphère qui renforce le drame (ex. le roman policier), mais elle fait sentir une sorte de vie qu'ont les choses en elles-mêmes (ex. le Paris de Balzac, le Londres de Dickens, le « tempérament » de la Lison chez Zola,...).

Vers la fin du XIXe s., la description, bien loin d'être considérée comme un parasite, devient « l'épine dorsale » du roman. Ainsi, G. Genette (cf. *Figures,* I) constate que chez Flaubert, si certaines descriptions servent encore de cadre explicatif (cf. supra), la plupart sont faites pour elles-mêmes, afin de suspendre ou éloigner l'action, et contestent ainsi la fonction narrative, jusqu'alors essentielle, du roman : par exemple dans *Salammbô,* « le récit est écrasé par la prolifération somptueuse de son propre décor ». Chez Proust, la description n'est pas un simple compte-rendu mais la « production » des objets, des lieux, des passions, des événements. L'action, là aussi, est repoussée à l'arrière-plan.

Ce processus est poussé encore plus loin par le Nouveau Roman, qui vise à intégrer la description à l'action. Ainsi Robbe-Grillet tente de créer le récit à partir de descriptions imperceptiblement variées au fur et à mesure que le texte progresse (cf. *Les Gommes*) ; Cl. Simon explique (cf. « Un homme traversé par le travail » in *la Nouvelle Critique,* n° 105, 1977) qu'il en fait « le moteur même, le générateur de l'action », de sorte que la fiction perd son caractère arbitraire puisqu'elle montre « elle-même ses sources, son mécanisme générateur ».

3. Pour le lecteur : les descriptions minutieuses peuvent aller à l'encontre de son imagination ; or le vagabondage de l'imagination est un des charmes du roman.

DÉSESPOIR

C'est le renoncement total à tout espoir, mais non à toute action.

A. Ses causes

1. Sur le plan métaphysique, on ne peut avoir d'espoir :
— ni en Dieu, inexistant, injuste ou sourd (cf. Vigny, *Le Mont des Oliviers*) ;
— ni en un univers absurde, une nature sans rapport avec l'homme (ex. Pascal ; cf. Vigny, *La Maison du Berger,* III ; les philosophies actuelles de l'absurde* ; l'existentialisme athée ; Camus ; cf. Angoisse).

2. Sur le plan humain :
— dans le domaine moral : l'homme est mauvais (ex. Pascal) ; la vie est souffrance (cf. *Oberman* ; ex. Schopenhauer) ; toute action est vouée à l'échec ;
— dans le domaine social : il n'y a pas de progrès*, l'ordre social sera toujours mauvais (ex. Pascal) ; le bonheur est impossible dans l'amour (cf. Vigny, « La Colère de Samson » ; ex. Proust) ; il n'existe pas de fraternité humaine, l'homme est voué à la solitude.

B. Comment y échapper ?

1. Si l'on désespère de l'homme, on peut mettre son espoir en Dieu (ex. Pascal).

2. Si le désespoir est d'ordre métaphysique, on peut faire confiance aux qualités humaines, à l'amour (ex. Diderot, Vigny ; cf. Humanisme).

3. Si le désespoir est total, on peut y échapper par :
— le suicide (cf. *Chatterton*) ;
— le stoïcisme (cf. Vigny, « La Mort du Loup ») ;
— l'évasion dans l'art (cf. Romantiques ; ex. Baudelaire, Leconte de Lisle, Flaubert) ;
— la révolte : les héros de Malraux agissent, opposent à l'absurde les valeurs humaines comme le mépris de la mort, le courage, la camaraderie, la fraternité, l'art ; chez Camus (cf. *Le Mythe de Sisyphe, La Peste*), l'homme se révolte contre le mal et l'absurde et, même en se sachant vaincu d'avance, il pose ses propres valeurs et lutte pour les défendre.

DETERMINISME

Le déterminisme est une doctrine qui consiste à croire que les événements et les actions humaines dépendent de lois ou de causes qui les provoquent nécessairement. Le fatalisme est la même croyance, à la nuance près que ces enchaînements sont fixés à l'avance par une puissance supérieure (cf. Fatalité).
Le déterminisme s'oppose à la liberté* d'un point de vue matérialiste, au fatalisme d'un point de vue religieux.

TEXTES : **Pascal,** *Les Provinciales,* 1656-1657. **Montesquieu,** *Considérations sur les causes de la grandeur des Romains et leur décadence,* 1734 ; la théorie des climats in *L'Esprit des lois,* XIV, 10, 1748. **Rousseau,** *Les Confessions,* I, 1781-1788. **Diderot,** *Jacques le Fataliste et son maître,* 1796 ; *La Religieuse,* 1796 ; *Le Neveu de Rameau,* 1762 ; *Le Rêve de d'Alembert,* 1769. **Gide,** *Les Caves du Vatican,* 1914. **Sartre,** *L'Etre et le néant,* 1943.

A. Ses différentes formes

Le mot déterminisme n'apparaît qu'en 1836, mais le concept est déjà présent chez Platon, Lucrèce, Kant... Il s'applique :
• à la science, en particulier avec Laplace et Cl. Bernard : « Nous devons envisager l'état présent de l'univers comme l'effet de son état antérieur et la cause de ce qui va suivre » (Laplace, *Essai philosophique sur les probabilités,* 1814) ;
• à l'histoire : « Ce n'est pas la Fortune qui domine le Monde » affirme Montesquieu, qui dégage des constantes qui imposent leur loi aux variations apparemment incohérentes de l'histoire et excluent le hasard ; cette conception est reprise d'une certaine manière par F. Braudel : « Les événements retentissants ne sont souvent que des instants, que des manifestations de ces larges destins et ne s'expliquent que par eux » (*La Méditerranée,* 1949) ; Bossuet, lui, voyait dans ce déterminisme la manifestation de la Providence (cf. Fatalité) ;
• au milieu* : pour Montesquieu, Rousseau et, quelque peu, Bernardin de Saint-Pierre (cf. *Etudes de la nature,* XII, 1784-1788) le milieu, et plus particulièrement le climat dans lesquels nous sommes nés, déterminent notre comportement ;
• à la religion : pour Pascal et les jansénistes, notre salut est prédéterminé (prédestination) puisque Dieu n'accorde sa grâce qu'à quelques

élus, sans que l'homme puisse, par sa foi et sa vertu*, la mériter ;
• à la destinée humaine en général : « Tout ce qui nous arrive de bien et de mal ici-bas était écrit là-haut » dit Jacques le « Fataliste » ; cette croyance au « grand rouleau » implique que notre nature est le produit de l'évolution générale, de l'hérédité, du milieu*.

B. Déterminisme et liberté

Comment continuer de vivre et d'agir, pourquoi obéir à une morale si tout est déterminé ? A ce débat, des auteurs épris de liberté ont tenté d'apporter différentes réponses.
Pour lutter contre le déterminisme, les solutions possibles sont :
• cultiver un art* de vivre ; c'est ce que font Jacques et Diderot qui continuent à agir comme s'ils étaient libres en prenant plaisir à conter, réfléchir, écrire, en cherchant l'aventure, en goûtant à tous les agréments possibles (cf. le cheminement fantaisiste de son « roman ») ;
• accomplir des actes gratuits : c'est le choix de Lafcadio pour affirmer sa liberté chez Gide, mais il semble échouer puisqu'il est découvert ;
• prendre conscience que la liberté dépend des choix que l'on fait pour sa vie ; en particulier, cette liberté réside dans l'action : c'est le choix des existentialistes (ex. Camus, Sartre ; cf. Absurde, Engagement, Existentialisme).

DEVOIR

C'est une obligation morale :

1. Envers soi-même en raison de : — l'idée que l'on se fait de soi, de sa propre dignité (cf. les personnages de Corneille, Stendhal) ; — valeurs humaines qui peuvent aider à échapper au sentiment de l'absurde (cf. *La Peste*).

2. Envers autrui (famille, société*, patrie, humanité*), on respecte alors : — la loi morale ; — les convenances, la bienséance* ; — les lois de son pays (civisme).

3. Envers Dieu : (cf. Religion).

A. Ses limites

1. La passion :
• la passion fait oublier le devoir (cf. Phèdre, Oreste, etc.) ;
• le devoir l'emporte sur la passion (cf. l'Infante, Curiace, Auguste, Pauline) ;
• devoir et passion coïncident, car : — on a la passion de son devoir (cf. Rodrigue, Horace, Polyeucte) ; — on appelle devoir sa propre passion ou sa volonté de puissance (cf. Emilie, Cléopâtre, Julien Sorel).

2. La conscience : sentiment intérieur de ce que nous devons faire, les impératifs de la conscience peuvent coïncider avec une règle, ou bien nous inspirer, au nom d'une équité supérieure, une conduite qui va contre les règles communes (cf. Diderot, *Entretien d'un père avec ses enfants*).

3. D'autres devoirs : ce conflit de devoirs se rencontre particulièrement chez les héros cornéliens (cf. Cinna, Auguste, Polyeucte).

B. Devoir, liberté et bonheur

1. L'absence de devoir est liberté totale. Mais l'homme ressent :
• une angoisse à l'idée que « tout est permis » (cf. Ivan, dans *Les Frères Karamazov* de Dostoïevski ; *Caligula* de Camus) ;
• une insatisfaction devant la liberté totale (cf. Liberté).

2. D'où attrait pour l'engagement*, dont l'homme n'attend pas de récompense, mais où il trouve :
• un sens à sa vie (les héros de Malraux, de Camus échappent ainsi à l'absurde) ;
• un dépassement de soi-même, un moyen d'échapper à l'égoïsme, de s'affirmer en réalisant quelque chose de supérieur à soi ;
• la paix de sa conscience ;
• le bonheur du dévouement.

IABLE

C'est l'incarnation de l'esprit du Mal, qui s'oppose à Dieu, esprit du Bien. Il apparaît dans les religions sous différents noms : Satan, Lucifer, Belzébuth, Iblis, Satan Trismégiste (épithète de Hermès-Thot), le Rebelle,...

TEXTES : *Le Jeu d'Adam,* XIIe s. **Cazotte,** *Le Diable amoureux,* 1772. **Gautier,** *La Morte amoureuse,* 1836. **Baudelaire,** *Les Fleurs du mal,* 1840-1857. **Lautréamont,** *Les Chants de Maldoror,* 1868. **Flaubert,** *La Tentation de saint Antoine,* 1874. **Barbey d'Aurevilly,** *Les Diaboliques,* 1874. **Huysmans,** *A rebours,* 1884. **Bernanos,** *Sous le soleil de Satan,* 1926. **Sartre,** *Le Diable et le Bon Dieu,* 1951.

A. Ses caractères

C'est un ange déchu parce qu'il s'est révolté.

1. Ses pouvoirs :

• protéiforme, il se plaît, pour mieux séduire, à prendre des formes attrayantes, en particulier celles de femmes (cf. la jolie Biondetta chez Cazotte, Clarimonde chez Gautier) ;

• il investit des êtres qui deviennent possédés, ensorcelés, mais aussi ensorceleurs (ex. les romans noirs ou romans terrifiants tels que *Le Moine*, de Lewis, 1796) ;

• on lui associe, dans la nature, un certain nombre de forces ou d'animaux (ex. la flamme, l'ouragan, le serpent...) pourvus d'un certain pouvoir ;

• de ce fait il est doué d'une puissance invincible.

2. Sa portée symbolique se partage entre aspects négatifs et positifs :

• il représente la chair, la matière, qui auraient été créées par lui, la sensualité condamnée par l'Eglise (cf. *La Tentation de saint Antoine*) ;

• on lui attribue le cynisme, la duplicité, la volonté de faire triompher le Mal ; il provoque le malheur des hommes ;

• il est le tentateur : il offre la puissance à ses proies (cf. le mythe de Faust) ;

• il représente le goût du bizarre, du paranormal ;

• il est le chef et le symbole de toutes les révoltes et incarne ainsi l'orgueil humain qui refuse sa condition terrestre, la place trop humble que lui accorde la religion ;

• il est la lumière de la connaissance par rapport à l'obscurantisme de la religion (cf. Michelet, l'épilogue de *La Sorcière,* 1862).

B. Son utilisation littéraire

En lui-même ou par ses avatars, il crée :

1. Un élément du fantastique : sa présence même ou l'ensorcellement qu'il provoque servent à faire surgir l'irrationnel dans le quotidien (ex. Nodier, Gautier, les films fantastiques).

2. Un thème moral qui symbolise :
• la corruption du monde et en particulier de la ville (cf. Vautrin, avatar du Diable pour Lucien de Rubempré et Eugène de Rastignac) ;
• la lutte entre le Bien et le Mal dans laquelle l'homme est obligé de choisir son camp, de se révéler (cf. l'abbé Donissan chez Bernanos).

3. Un courant littéraire, à savoir le satanisme romantique (ex. Baudelaire, Lautréamont, Huysmans et Barbey), qui consiste à croire en la puissance de Satan et à lui vouer un culte ; « C'est le Diable qui tient les fils qui nous remuent » (Baudelaire, « Au lecteur », *Les Fleurs du mal*) ; « Il y a dans tout homme, à toute heure, deux postulations simultanées ; l'une vers Dieu, l'autre vers Satan. L'invocation de Dieu, ou spiritualité, est un désir de monter en grade ; celle de Satan, ou animalité, est une joie de descendre » (*Mon cœur mis à nu,* 1860-1866). Barbey donne une autre orientation au thème en ne voyant plus la fonction de révolte mais celle, originelle, de corrupteur des hommes.

DOUTE

A. Définition et formes du doute

De manière générale, c'est l'état de l'esprit qui est incertain de la réalité d'un fait, de la vérité d'une énonciation, de la conduite à adopter dans une circonstance particulière (définition du Petit Robert).
De manière plus précise, il existe deux formes de doute définies par Alain (cf. *Propos*) :

1. Le « doute de faiblesse » : humiliant, il vient du trouble que nous laissons apporter par autrui dans nos pensées ou de notre propre indécision.

2. Le « doute de force » : il vient de la pensée la plus ferme et la plus résolue. Il prend la forme du :
• doute sceptique : on ne saurait être absolument sûr d'aucune chose, ce qui conduit : — en philosophie, à la critique des faiblesses de la raison et des moyens qu'a l'homme d'accéder à la vérité (cf. Montaigne, *Essais,* II, 12) ; — en religion, à l'incroyance ; — à la fois à la critique

sociale (on ne peut être sûr de la valeur de l'ordre politique et social) et au conservatisme (on ne peut être sûr qu'un changement établira un ordre meilleur) ;
• doute méthodique : on suspend son jugement à l'égard des idées dont la vérité n'est pas évidente, en attendant qu'on puisse les démontrer (cf. Montaigne, et surtout Descartes, *Discours de la méthode* IV, 1).

B. Valeur du doute

1. Le « doute de faiblesse » est la preuve d'une impuissance de l'esprit à penser et à vouloir.

2. Mais le « doute de force », spécialement sous la forme du doute méthodique, est tout simplement l'esprit* critique. Il nous permet de ne pas croire aveuglément :
• aux prestiges de ce que Pascal appelle l'imagination (prestiges de la puissance, de la tyrannie, de la politique, etc.) : ainsi la pensée est libre, tolérante, sans fanatisme (« Le diable, c'est la vérité qui n'est jamais envahie par le doute », dit U. Eco dans *Le Nom de la Rose*) ;
• aux idées reçues ou préconçues ;
• à la vérité même, car elle n'est qu'approximative (« Le vrai, c'est qu'il ne faut jamais croire, et qu'il faut examiner toujours », Alain) : le doute a un rôle fécond dans l'invention (« Tout progrès est fils du doute », Alain) ;
• à nos propres forces (cf. Julien Sorel).

DRAMATIQUE

Premier sens : appliqué au théâtre, l'adjectif qualifie toute pièce qui représente une action et des situations caractérisées par les éléments suivants :

1. Le dramatique proprement dit, qui se retrouve dans toutes les pièces de théâtre, y compris celles qui font rire : le mot grec *drama* signifiant « action », le dramatique a rapport à l'incertitude d'une action qui progresse sans cesse. Une situation donnée met en conflit, dans un dialogue, les passions des personnages : d'où décision et donc action. L'intérêt vient du spectacle de la lutte, de la curiosité ou de l'inquiétude sur

son issue et ses conséquences, des alternances d'espoir et de crainte que nous éprouvons pour les héros, selon les péripéties du conflit.
L'art dramatique repose donc :
• sur la façon de mener l'action : coup de théâtre extérieur ou psychologique, composition de la scène, retournements de situation, etc. ;
• sur la psychologie : justification du conflit, des retournements selon l'argumentation, des décisions vraisemblables, mais imprévues, etc. ;
• sur le langage : tirades passionnées, arguments, corps à corps des répliques, monologues évoquant un conflit intérieur, etc.
En revanche, le lyrisme*, les discours moraux, historiques, poétiques, etc., nuisent à la force dramatique dans la mesure où ils retardent l'action.

2. Le pathétique, qui ne se dit que des pièces qui déclenchent des passions autres que le rire, a rapport à la violence avec laquelle nos émotions sont soulevées :
• par des effets spectaculaires créant l'horreur ou l'angoisse (ex. le fantôme dans *Hamlet*) ; ces effets étaient proscrits par le théâtre classique ;
• par les situations particulièrement cruelles, atroces (ex. Triboulet croyant tuer le roi et tuant sa fille) ou par des rapports angoissants entre les personnages ;
• par l'amour, la pitié, la passion qu'éveillent certains personnages particulièrement touchants ou par leur confession lyrique qui nous révèle le fond de leur âme ;
• par la puissance émotive du discours (ex. les imprécations de Camille, les plaintes d'Iphigénie).

3. Le théâtral, c'est-à-dire tout ce qui produit sur la scène un effet de grandeur et d'émotion, et est lié aux conditions de la représentation (le décor*, les costumes) et à certains effets du texte (mots qui « passent la rampe »).

Deuxième sens : en général, on qualifie de dramatique un événement, une série d'événements, leur récit ou leur représentation (un film, par exemple) qui comportent une action vive et animée (avec souvent de graves dangers), tenant en haleine et dont l'issue est jusqu'au bout incertaine.
Dramatique peut aussi s'employer pour parler de ce qui émeut vivement, mais c'est pathétique qui convient mieux dans ce cas.
Tragique fait penser à la fatalité et à une issue toujours funeste.

DRAME

Premier sens : employé pour le théâtre en général (par opposition au lyrisme*, à l'épopée*) le mot drame désigne plus particulièrement un type de pièce intermédiaire entre tragédie* et comédie*.
Le drame a été l'objet de théories et de définitions précises (cf. A et B), ou se distingue plus ou moins nettement d'autres pièces (cf. C).

A. Le drame sérieux ou bourgeois

TEXTES : **Destouches,** *Le Glorieux,* 1732. **Nivelle de la Chaussée,** *Le Préjugé à la mode,* 1735. **Marivaux,** *La Mère confidente,* 1735. **Diderot,** *Le Fils naturel*, 1757 ; *Discours sur la poésie dramatique* in *Le Père de famille,* 1761. **Sedaine,** *Le Philosophe sans le savoir,* 1765. **Beaumarchais,** *Essai sur le genre dramatique sérieux,* préface d'*Eugénie,* 1767 ; *Les Deux amis,* 1770 ; *La Mère coupable,* 1792. **Mercier,** *La Brouette du vinaigrier,* 1775. **Dumas fils,** *La Dame aux camélias,* 1852. **Anouilh,** *La Sauvage,* 1938 ; *Le Voyageur sans bagages,* 1937. **Sartre,** *Les Séquestrés d'Altona,* 1959.

Il naît, au XVIIIe s., du déclin de la tragédie classique que Voltaire avait pourtant cru ranimer. Il traduit l'évolution du goût d'un public, liée au changement de la société : la classe bourgeoise souhaite prendre une revanche littéraire sur la dignité tragique réservée à la « classe des rois » (Giraudoux) et sur la comédie qui la tourne souvent en ridicule. Sa théorisation va surtout être faite par Diderot.

1. Ses caractéristiques :

- « c'est une tragédie domestique et bourgeoise » (Diderot) qui a pour but : — faire réfléchir ; — émouvoir ; — moraliser (ce sont des pièces à thèse) ;
- les moyens qu'elle se donne pour atteindre ces buts sont :

— des sujets sérieux, plus proches du public que « la mort fabuleuse d'un tyran » : on porte à la scène des événements dramatiques intervenant dans la vie quotidienne d'une famille bourgeoise en représentant les mœurs, les idées, les vertus de la bourgeoisie ; le drame peint les conditions, c'est-à-dire les professions, et les relations familiales, non plus les caractères (comme dans la comédie classique) ou les passions (comme dans la tragédie) ;

— son action est simple, souvent soumise aux unités*, et progresse par la perplexité et les embarras dus au sujet ; elle abuse parfois des coups de théâtre ou des tableaux pathétiques évoquant la peinture de Greuze ;
— il n'y a guère de mélange des genres ;
— le drame est écrit en prose, car elle semble plus naturelle que les vers ;
— le décor* devient précis et cherche à créer l'atmosphère ; les indications scéniques se multiplient et indiquent les gestes, les mimiques, les costumes ;
— on demande aux acteurs d'accentuer le pathétique par leur jeu et il est même question de les laisser improviser leurs répliques dans les moments d'émotion intense ;
• sa portée consiste :
— sur le plan moral, à mettre en valeur les vertus bourgeoises par opposition au libertinage de l'aristocratie ; à fonder la morale sur l'émotion : l'homme de bien doit pleurer sur les malheurs de la vertu ;
— sur le plan économique, social et politique, à faire l'éloge des professions de la bourgeoisie (en particulier le commerce), à dénoncer les inégalités (cf. Figaro), l'intolérance, les abus, au nom de la raison, de la nature et du sentiment.
En résumé, « le drame est un genre nouveau créé par le parti philosophique pour attendrir et moraliser la bourgeoisie et le peuple en leur présentant un tableau touchant de leurs propres aventures et de leur propre milieu » (F. Gaiffe).

2. Des prémices étaient déjà apparues :
• chez Molière, qui traite des sujets sérieux (cf. *Tartuffe*), évoque les relations familiales (ex. le tuteur, la marâtre, le père de famille) ;
• chez Racine (sujet sérieux, comme *Bérénice* ; conditions évoquées comme celle de prince pour Néron, Titus) ;
• chez Corneille, qui avait envisagé de « faire une tragédie entre des personnes médiocres », car l'émotion est plus vive à voir dans « les malheurs arrivés aux personnes de notre condition » ;
• dans la comédie larmoyante de Nivelle de la Chaussée qui met en scène une sensibilité moralisatrice.

3. L'impact du drame semble nul dès l'époque de Diderot : ses pièces n'ont guère remporté de succès. Les erreurs du drame sont en effet : — de choisir des sujets souvent peu passionnants ; — d'évoquer des tranches de vie qui vieillissent avec le temps ; — de se limiter dans le choix des sujets (l'homme familial et social n'est pas tout l'homme), des milieux, des sources d'émotions (la vertu pathétique) ; — de négliger la psychologie et de donner trop d'importance aux traits caractéristiques de la classe sociale du personnage ; — de laisser déborder la sensibilité ; — de toujours moraliser en étant très partial ; — d'ennuyer par le réalisme : le drame méconnaît la poésie et la stylisation. Cependant, certaines données ont été modifiées : vers la fin du XIXe s., il devient antibourgeois (cf. les pièces de H. Becque et de Tchekhov, puis de Gorki, B. Brecht, A. Miller, Anouilh et Sartre), ce qui renouvelle son inspiration tandis qu'il se débarrasse des excès de sensibilité. Il cherche pourtant toujours à révolter, provoquer des réactions favorables aux classes populaires et s'oriente vers une espérance révolutionnaire.

B. Le drame romantique

TEXTES : **Stendhal,** *Racine et Shakespeare,* 1823-25. **Mérimée,** *Le Théâtre de Clara Gazul,* 1825. **Hugo,** *Préface de Cromwell,* 1827 ; *Hernani,* 1830 ; *Ruy Blas,* 1838. **Vigny,** *Le More de Venise*, 1829 ; *La Maréchale d'Ancre*, 1831 ; *Chatterton*, 1835. **Dumas père,** *Antony,* 1831 ; *La Tour de Nesle,* 1832. **Musset,** *Lorenzaccio,* 1834.

Les Romantiques de tous les pays d'Europe, très admiratifs de Shakespeare et du théâtre élisabéthain, ont voulu renouveler le genre dramatique ; Hugo, en France, s'est plus particulièrement fait le théoricien de ce nouveau drame, en prenant pour justification que « les temps modernes sont dramatiques » et qu'il y a en l'homme deux êtres, « l'un enchaîné par les appétits, les besoins et les passions, l'autre emporté sur les ailes de l'enthousiasme et de la rêverie ». Il en découle les aspects suivants :

1. Des exigences :

- pour traduire cette lutte entre deux principes opposés, il faut pratiquer le mélange des genres : « le drame tient de la tragédie par la peinture des passions et de la comédie par la peinture des caractères » (Hugo) ; toujours est-il que c'est une forme infiniment libre et souple, ouverte à tous les souffles d'inspiration ;
- peindre totalement la réalité, c'est-à-dire le laid comme le beau, le grotesque à côté du sublime ; sinon on trahit le réel et on produit des abstractions : « dans le drame, tout s'enchaîne et se déduit ainsi que dans la réalité » (Hugo) ;

• abandonner les unités de temps et de lieu qui, précisément, ne sont pas « vraisemblables » et empêchent de reproduire la réalité : « au lieu de scènes, nous avons des récits ; au lieu de tableaux, des descriptions » (Hugo) ; mais l'unité d'action n'est pas contestée ;
• les personnages doivent avoir des sentiments modernes, c'est-à-dire romantiques ;
• le souci du réel* oblige à faire un décor* vrai, à soigner la couleur* locale, à choisir le caractéristique* ;
• ne pas avoir de règles ni de modèles, il suffit de se conformer aux lois de la nature ; de ce fait, les Romantiques réclament « un art plus libre, capable de prendre pour sujets les grands événements historiques, un art moins rigoureusement intellectuel, frappant directement les sens en substituant aux récits et aux descriptions le spectacle des événements eux-mêmes » ;
• que le drame soit « un miroir de concentration » de façon à élaborer une réalité supérieure.

2. Des nuances entre les différentes théories :
• Hugo veut :
— des sujets historiques, extraordinaires, mêlant sublime et grotesque* ;
— une action qui offre l'unité d'intérêt, les coups de théâtre, les éléments de pathétique, les suspensions lyriques, comique et tragique en principe mêlés ;
— un style poétique, l'emploi de l'alexandrin, mais brisé ; des tirades, des monologues, de vives répliques ; des éléments lyriques et épiques (cf. Epopée) ;
— émouvoir, amuser, faire réfléchir (problèmes historiques, politiques, moraux, philosophiques ; parenté avec *La Légende des Siècles*) ;
• beaucoup d'autres Romantiques refusent les vers et écrivent en prose ; Dumas accentue le côté historique, l'intrigue, sans trop de réflexion ni de lyrisme ; Stendhal et Mérimée veulent une action plus simple, une pensée nettement libérale, sans lyrisme ; certains évoluent vers le drame bourgeois (cf. *Chatterton*) ou la comédie (ex. Musset).

C. Le drame et les autres types de pièces

Sous le mot drame se cachent bien des types de pièces (ex. le drame liturgique au Moyen Age ; on peut qualifier de drame *Dom Juan* de Molière). Distinguons-les, même si les appellations ne sont plus très précises, en considérant aussi le sens figuré des termes.

1. La tragédie :

• au sens propre, évoque une impression de fatalité ; une action concentrée se développe, par le jeu nécessaire des passions, sans que le hasard, les événements ni même souvent la volonté puissent empêcher un dénouement funeste ; une stylisation plus poussée ; moins de réalité, des personnages moins précis dans leur description (cf. *Antigone* d'Anouilh) ;

• au sens figuré, tragédie implique la terreur provoquée par des événements très funestes, souvent simples et peu nombreux, mais qui se déroulent avec une sorte de fatalité, échappent à la volonté humaine, et se terminent parfois par des morts nombreuses.

2. Le drame :

• au sens propre, il implique moins de nécessité, une action très mouvementée, cheminant par coups de théâtre, susceptible d'être modifiée de l'extérieur, n'allant pas forcément vers une catastrophe, car l'imprévu peut sauver les personnages ;

• au figuré, drame évoque un pathétique qui va du sérieux au sanglant avec tantôt une nuance de complication, tantôt de retournements, de coups de théâtre, tantôt l'idée de violence brève et accidentelle, se limitant parfois à de grands cris ou de grands gestes, mais sans faire penser à la marche implacable du destin.

3. La tragi-comédie :

• au sens propre, elle se distingue des pièces appelées drames, historiquement et formellement : elle impose à la tragédie un dénouement heureux, un sujet inventé ou romanesque, une action riche en péripéties, un ton parfois plus simple, mais ne cherche pas à faire rire (cf. Comédie) ;

• au figuré, tragi-comédie évoque une série d'aventures dans lesquelles le comique se mélange au drame.

4. Le mélodrame :

• au sens propre, c'est un genre de la fin du XVIIIe et du XIXe s., un genre populaire dont les Romantiques ont incorporé certains éléments dans leur drame littéraire. Il a des sujets extraordinaires, pathétiques, une action compliquée, fertile en sombres machinations, en retournements parfois comiques ; des personnages simples et contrastés, parfois historiques ; des intentions morales simplistes ; un style en prose tantôt pompeux et déclamatoire, tantôt familier et trivial. Il n'a du drame romantique ni la richesse des personnages, ni l'intérêt de la pensée, ni les beautés du style et de la poésie ;

• au figuré, mélodrame fait penser à de sombres machinations si extraordinaires qu'elles paraissent plus artificielles que réelles et à une outrance bizarre dans les sentiments des personnages.

Deuxième sens (affaibli) : drame désigne le conflit non encore résolu dans lequel on peut échapper à une issue fatale (sinon on dirait tragédie), mais qui voue au déchirement, à la lutte, à la souffrance.
Ce conflit douloureux a lieu :
• en soi : la passion se heurte au devoir, l'intelligence à la sensibilité, la volonté à l'intelligence (cf. Adolphe), le rêve à la réalité (cf. Emma Bovary, Phèdre), la foi au désespoir* (cf. René, Oberman), etc, ;
• dans nos rapports avec les autres : ce que nous voudrions être envers eux et ce que nous sommes (cf. Adolphe) ; ce qu'ils sont et ce que nous voudrions qu'ils fussent (cf. Célimène et Alceste, Proust et Albertine) ; insatisfaction du métier, de la situation sociale, etc.

ECOLE LITTERAIRE

Par rapport au cénacle (terme datant du Romantisme) qui regroupe un certain nombre d'écrivains, de philosophes ou d'artistes ayant les mêmes goûts et travaillant en commun, souvent autour d'un maître, et qui implique une forte unité de doctrine et une admiration mutuelle, une école représente un mouvement beaucoup plus large, supposant seulement un idéal esthétique commun : ex. la Pléiade, le Classicisme*, le Romantisme*, le Réalisme*, le Parnasse, le Symbolisme*, le Surréalisme*, etc.

A. Les fondements de la notion d'école

1. Une idée commune des rapports de l'œuvre à faire avec les besoins du temps. Celle-ci correspondrait :
— aux aspirations esthétiques du public ;
— à un moment de la pensée philosophique ;
— aux problèmes politiques, sociaux, religieux ;
— à un état de la science*, de la civilisation*, etc.

2. Un idéal commun de l'art à propos :
— des règles ou conceptions théoriques de l'œuvre à faire ;
— du goût*.
On peut noter que parfois il peut y avoir école, au sens large du terme, sans idéal littéraire commun :
— autour d'une attitude philosophique qui met au premier plan l'efficacité de l'œuvre d'art comme engagement* : ex. les philosophes du XVIIIe s. ; l'existentialisme ;
— autour d'un raffinement esthétique qui ignore délibérément le goût du public et les aspirations du temps : ex. après le Symbolisme, l'école romane de Moréas.

3. La nécessité d'une union et d'une lutte pour :
— abolir des formes d'art périmées ;
— secouer l'inertie du public ;
— obtenir l'audience des éditeurs ;
— s'opposer aux déviations qui, sous des formes diverses, renient l'idéal ;
— se défendre contre des adversaires.

4. Ce besoin de se grouper est souvent appuyé en France par :
— des raisons sociales (ex. les salons littéraires, les « mardis » de Mallarmé) ;
— un certain goût des idées critiques lié à l'enseignement humaniste : on veut trouver un sens philosophique à l'art, on se groupe autour d'un terme abstrait.

B. Comment se forme et se manifeste une école ?

1. Parfois par la notoriété que prend un cénacle : ex. la Pléiade d'abord réunie au collège de Coqueret.

2. Par des relations ou des alliances personnelles ou purement littéraires, entre écrivains, et parfois artistes, musiciens : ex. les Classiques, les Réalistes.

3. Par des manifestes proposant un programme à priori : rédigés en commun (ex. *Défense et Illustration de la langue française* ; manifestes surréalistes), ou par un chef (*Préface de Cromwell*), ou contenus dans des articles (ex. le romantisme du *Globe*).

4. Par des habitudes communes : les critiques en tirent après coup une doctrine (cf. l'*Art poétique* de Boileau et le Classicisme*, les Réalistes et Flaubert).

5. Par le ralliement des écrivains : à l'idéal des autres artistes de la même époque (le réalisme est d'abord la doctrine de peintres comme Daumier, Millet, et surtout Courbet) ; ou à des formes du passé qui correspondent aux aspirations communes (ex. le Romantisme et la Pléiade). Dans tous les cas, il y a interaction étroite entre : — des aspirations vagues du public ; — l'intuition des écrivains pour les réaliser ; — la conscience des critiques pour les exprimer, les imposer aux écrivains, et, en analysant l'œuvre de ceux-ci, dégager leurs affinités.

C. Limites de la notion d'école

1. Dans le temps : ex. après 1830, dissociation du Romantisme* ; après 1930, éclatement du Surréalisme*.

2. Dans la liste de ses membres : — un grand nombre s'écartent de l'école (ex. Baudelaire et le Parnasse, Gautier et le Romantisme, Aragon et le Surréalisme) ; — à l'inverse, divers écrivains sont annexés contre leur gré (ex. Flaubert annexé par les Réalistes) ; — enfin, certains ne sont que des purs imitateurs.

3. Dues à l'originalité des grands écrivains, même fidèles à l'école.

4. Malgré tout, l'école : oriente l'écrivain vers certains thèmes ; lui interdit certaines formes, lui en propose d'autres ; l'ouvre aux aspirations confuses du public. Elle lui fournit les données philosophiques et esthétiques de son temps, à son génie d'en tirer ce qu'il voudra.

EDUCATION

C'est la mise en œuvre des moyens propres à assurer la formation et le développement d'un être humain en vue de son autonomie future (instruction, culture*, pédagogie) : « On façonne les plantes par la culture et les hommes par l'éducation » (Rousseau). Cette formation, donnée avec attention et compréhension, mais aussi fermeté, aide l'individu à s'épanouir sur le plan personnel de la manière la plus harmonieuse possible (éducation de l'esprit : développement des facultés, de l'intelligence*, de la sensibilité*, de la volonté* ; éducation physique, sexuelle, artistique...) et à mieux s'insérer dans la société (éducation professionnelle, morale, religieuse, civique ; cf. Bienséance, Humanité) ; « Ouvrez des écoles, vous fermerez des prisons » (Hugo).

TEXTES : **Rabelais,** *Pantagruel,* chap. VIII, 1532-64 ; *Gargantua,* chap. XXI-XXIV, 1532-64. **Montaigne,** *Essais,* I, 26, 1560-95. **Molière,** *L'Ecole des Femmes,* III, 2, 1662 ; *Les Femmes Savantes,* 1672. **Rousseau,** *Emile ou De l'Education,* 1762. **J. Vallès,** *Le Bachelier,* 1881. **Freinet,** *Naissance d'une pédagogie populaire.* **Neill,** *Libres enfants de Summerhill,* 1970. **M. Mannoni,** *Education impossible,* 1973. **F. Dolto,** *La Cause des enfants,* 1985.

Tous — gouvernements et personnes — s'accordent pour reconnaître actuellement son importance (le droit à l'éducation est reconnu par les conventions internationales), mais ce sujet suscite de nombreuses polémiques : les hommes sont-ils égaux face à l'éducation, quels que soient leur origine sociale, leur pays, leur sexe ? Quels sont la part de responsabilité et le rôle respectif des parents, de l'école, de la société ? Comment résoudre l'échec scolaire ? L'enseignement est-il adapté à l'enfant (lourdeur des rythmes scolaires, des programmes) ? L'article sera consacré principalement à l'éducation dispensée hors du cercle familial.

A. Les fins de l'éducation

« Il s'agit de savoir quel système d'éducation est préférable, de celui qui vous met tout de suite un outil pratique dans la main, ou de celui qui ouvre à tout le monde les plus vastes horizons » (Richepin).

1. L'éducation vise-t-elle la spécialisation ? Son but est-il de :
• préparer à un métier, former un spécialiste ?
• développer certaines facultés, certaines aptitudes spéciales (ex. éducation musicale, éducation mondaine) ?
Si ce système était poussé à l'extrême, on risquerait d'aboutir à une société hyper-hiérarchisée comme celle du *Meilleur des Mondes* d'Huxley.

2. L'éducation a-t-elle pour but de donner une culture générale, c'est-à-dire former un homme complet ? Mais alors :
• comment concevoir la culture générale (cf. Culture) ?
• quel est son but ?
— tout savoir, tout pouvoir par le corps et par l'esprit ? (cf. Rabelais) ;
— apprendre à bien penser et à bien vivre ? (cf. Montaigne) ;
— à être à la fois « honnête homme » et bon chrétien ? (cf. Jésuites, Port-Royal) ;
— à être homme d'action ? (ex. Rousseau) ;
— à être à la fois cultivé et spécialiste ?

— ou faut-il préférer à la formation de l'individu la formation du citoyen, utile à l'État, en parfait accord avec la masse dont il fait partie, idée du XVIIIe s. souvent reprise de nos jours ?

B. Education et nature

1. L'éducation doit suivre la nature* :

• en orientant l'élève suivant son caractère, ses tendances, en développant ses aptitudes innées : « Aucune éducation ne transforme un être, elle l'éveille » (Barrès) ;
• en s'insinuant en lui par le plaisir, par le côté où il est accessible : ex. idées de Montaigne, de Rousseau ; de nos jours, éducation active.

2. Il faut nuancer cette affirmation, car cette méthode repose sur deux postulats : la nature est bonne et l'éducation doit avant tout former des individus. Or tout n'est pas bon dans la nature, et :
• l'éducation doit réagir contre ce qui est mauvais moralement, socialement, intellectuellement ;
• l'exercice des facultés suppose un effort, une certaine contrainte ;
• ce qu'on appelle nature d'un enfant n'est souvent qu'une apparence derrière laquelle se cachent bien des possibilités, une nature plus essentielle que l'éducation doit découvrir et épanouir ;
• une éducation plus ambitieuse peut négliger ce qu'il y a d'inné chez les êtres et penser que l'esprit humain étant déterminé par ses sensations, on peut faire de lui, sinon dans l'ordre des capacités intellectuelles, du moins dans ses façons de penser et d'agir, à peu près tout ce que l'on veut, à condition de le prendre à temps : tentation d'autant plus grande qu'on ne cherche pas à laisser s'épanouir librement un individu, mais à fabriquer un certain type de citoyen (cf. au XVIIIe s. les Encyclopédistes, Diderot, et de nos jours, certains pays totalitaires).
Ce problème des limites de l'éducation face à la nature est particulièrement illustré par le cas des « enfants sauvages » (cf. Culture ; le rapport en 1806 de J.M.G. Itard sur Victor).

C. Les moyens de l'éducation

1. L'enseignement :

• Méthodes :
— apprendre par cœur ? Mais ce n'est pas savoir (ex. Rabelais, Montaigne) ; toutefois, importance de la mémoire pour la culture ;
— cours « ex cathedra » : danger du dogmatisme, du manque d'esprit*

critique ; danger que l'élève répète sans comprendre, ne découvre rien par lui-même. Mais pourtant l'élève ne peut pas tout inventer comme le veut l'*Émile* ;
— éducation active : exercices de l'élève (ex. Rabelais, Montaigne) pour appliquer ce qu'on lui apprend ; conversation avec le professeur ; éducation par le plaisir, la curiosité, par équipes bénéficiant d'une large initiative (cf. les méthodes actives de l'éducation nouvelle).
• Le nombre des élèves : un élève par maître (ex. Montaigne) ? par petits groupes (cf. Port-Royal) ? Mais est-ce actuellement possible ? Et l'élève ne reçoit-il pas une éducation grâce à son contact avec ses camarades ?
• Le rôle du maître :
— doit-il être très savant ? ou avoir « une tête plutôt bien faite que bien pleine » (Montaigne) ? Mais l'un empêche-t-il l'autre ? Ne faut-il pas savoir beaucoup pour enseigner des choses très simples ?
— il rend le livre assimilable, vérifie si l'élève l'a compris, développe son activité ;
— il ajoute au livre sa pensée, son exemple personnel, sa vie intérieure ;
— c'est un juge idéal. Il facilite le passage de l'éducation livresque à celle de l'expérience.

2. Les livres ou journaux et leurs compléments (bien évidemment la télévision et le cinéma, mais aussi les documents divers, les œuvres d'art, l'informatique, les spectacles, les musées, l'observation de la vie, la pratique d'un sport, d'une discipline artistique,...) qui dispensent des informations et des connaissances sur la nature*, les lettres*, les arts*, les sciences*, les techniques, le sport... De nos jours la prépondérance des moyens audio-visuels est telle qu'elle pose le problème de savoir si le cercle familial et scolaire a encore quelque efficacité pour imposer « son » éducation : « Si nous croyons toujours que nous transmettons (à nos enfants) un certain acquis culturel à travers les canaux traditionnels, nous nous trompons. Le jeune esprit qui s'éveille dans le monde occidental est d'abord impressionné par les informations de l'environnement matériel et commercial. Il est instruit par les objets, les vitrines, les affiches, les annonces, les spots publicitaires bien plus que par les discours de ses parents ou de ses maîtres » (F. de Closets, *Le Bonheur en plus*).
L'éducation insiste sur la participation active de l'enfant et il ne faut pas qu'il acquière une connaissance purement livresque (« la tête bien pleine » dit Montaigne) qui le dispense de chercher à créer par lui-même (« la tête bien faite »).

3. L'expérience qui est acquise à travers tout ce qui entoure l'enfant (l'observation du milieu familial et scolaire, les voyages, les conversations, les métiers divers, la vie* en général), et qui le conduit à mieux se connaître lui-même (ses qualités, ses défauts, ses ambitions). Malgré tout l'expérience pure est limitée car : — elle est lente ; — elle est incomplète ; — elle demande à être interprétée, élargie, généralisée : c'est ce que font le maître et le livre (cf. faiblesses de l'autodidacte : ex. Rousseau, et l'autodidacte livresque et sans discernement de *La Nausée*).

EGALITE (INEGALITE)

On distingue :

• **l'égalité matérielle ou réelle :** c'est l'égalité de fait entre personnes ayant même instruction, même fortune, même situation sociale, etc. pour des mérites et des besoins égaux ; c'est celle que réclame Rousseau (cf. *Discours sur l'origine de l'inégalité parmi les hommes,* 1755), celle vers laquelle tendent les réformes sociales qui essaient d'éliminer toutes les causes d'inégalité dont les hommes ne sont pas directement responsables (cf. B) ;

• **l'égalité formelle ou extérieure :** elle est définie, réglementée par le législateur sur le plan : — politique (ex. suffrage universel) ; — juridique : toutes les lois s'appliquent également à tous ; tous ont le même droit d'accéder aux fonctions, grades, dignités publiques.
L'égalité formelle est réclamée par les philosophes* du XVIIIe s., affirmée par la *Déclaration des droits de l'homme et du citoyen* (1789).

• **une égalité inaltérable** est, de fait, imposée par les lois de la nature (tous les hommes sont mortels, sujets à la souffrance physique,...).

A. Problèmes de l'égalité

1. L'égalité formelle est-elle suffisante ? Elle peut être insuffisante lorsqu'il n'y a pas égalité réelle : lorsque la même amende frappe le pauvre et le riche (égalité formelle), elle est en réalité plus lourde pour le pauvre. « A mesure que l'égalité politique devenait un fait plus certain, c'est l'inégalité sociale qui frappait le plus les esprits » (Jaurès).

2. Contre l'égalité :
• formelle : les adversaires de la démocratie ; tous ceux qui pensent que les hommes, étant naturellement inégaux, ne peuvent être pourvus des mêmes droits ;
• réelle : elle est naturellement impossible (cf. Voltaire, *Dictionnaire philosophique : Egalité*) ; elle nivelle la société, encourage à la paresse, tue le mérite, l'initiative, alors qu'une hiérarchie des fonctions sociales n'est possible qu'avec l'inégalité (cf. Voltaire, *ibid.*) ; elle entrave la liberté.

B. L'inégalité

1. Ses formes :
• inégalité naturelle : physique (hérédité, atavisme, santé, force, etc.), intellectuelle et morale ;
• inégalité sociale : fortune, situation, héritage, propriété, aide apportée par la famille, le milieu, etc ; intellectuelle et morale ; à cause de l'éducation, du milieu, etc. ; inégalité des peuples, due au climat, au territoire, à la masse de la population, au niveau culturel, etc.
A ces inégalités sociales réelles s'ajoutent parfois des inégalités formelles (racisme, colonialisme).

2. Ses causes :
• la nature (cf. Voltaire, *ibid.*) : la terre ne suffit pas à nourrir tous les hommes, il faut donc des pauvres et des riches, et cela est dû à l'inégalité naturelle et au hasard ;
• la civilisation* et la propriété, selon Rousseau.

3. Le rôle de la société :
• la démonstration de Rousseau est en partie valable puisqu'il est certain que la société favorise ou défavorise les hommes selon leur naissance, exige l'inégalité par son fonctionnement même (ex. la conservation de la propriété, le capitalisme, etc.) ;
• mais la société diminue aussi l'inégalité :
— naturelle : médecine, sécurité sociale ; protection des hommes contre la force, etc. ; et l'inégalité intellectuelle ou morale : éducation, rééducation, orientation, etc. ;
— sociale, en ce qui concerne la fortune : répartition des impôts, lois sociales, etc. ; s'agissant de l'inégalité intellectuelle et morale : enseignement gratuit, bourses, etc. ; enfin l'inégalité des peuples : O.N.U., aide aux pays pauvres, etc.

EGOTISME

C'est la disposition à parler de soi (*ego* en latin = moi), à faire des analyses détaillées de sa personnalité, mais sans tomber dans les excès du narcissisme (cf. Moi) : « L'égotisme, mais sincère, est une façon de peindre le cœur humain » (Stendhal fut le premier à employer ce terme dans *Souvenirs d'égotisme,* 1832). Montaigne, Rousseau, Chateaubriand, Stendhal, Proust, Montherlant, Gide, etc. furent des adeptes de l'égotisme.

A. Ses buts

Il s'agit de :

1. Bien se connaître : sans complaisance ni égoïsme, sur tous les plans (le corps, l'intelligence*, la sensibilité*, la volonté*) par des moyens que l'on cherche à affiner le plus possible (cf. Connaissance).

2. Se cultiver par : — la culture* proprement dite ; — l'exercice conscient, réglé de ses facultés (ex. la volonté chez Stendhal) ; — l'élargissement du champ de l'expérience* : tout connaître, tout éprouver.

3. Jouir de toutes ses facultés, celles : — de son corps ; — de son esprit (cf. Chimère, Imagination, Rêverie) ; — de sa sensibilité* (cf. Mélancolie, Passion, Solitude, Souffrance) ; — de sa volonté* (cf. Art de vivre, Énergie).

B. Sa valeur

1. Ses bienfaits :

• pour l'individu : il permet de se cultiver ; il mène à la connaissance de soi ; il débouche sur un art de vivre ; il fait connaître le plaisir et le bonheur ; il permet la création artistique ;

• pour la société : il développe la connaissance de l'homme en général ; on peut découvrir en soi un moi profond en accord avec la tradition nationale ancestrale (ex. Barrès).

2. Ses dangers :

• il peut devenir égoïsme ;

• il pousse à renoncer à l'engagement*, à l'altruisme, au dévouement ;

• l'homme se révèle finalement incomplet, sans vertus sociales, plus contemplatif qu'actif, parfois inquiet.

ÉLOQUENCE

C'est l'art de toucher et de persuader par le discours. Elle s'exerce sur le plan religieux (ex. sermons, oraisons funèbres de Bossuet), politique, judiciaire (plaidoiries), académique (ex. discours de Valéry), militaire (ex. harangues de Napoléon)...

A. Ses buts et ses moyens

1. Convaincre, donner des preuves à l'esprit :
• en énonçant une vérité bien définie et acceptable ;
• en soignant la composition : clarté de l'exorde, indication du plan, simplicité du plan, petit nombre des idées, souvent répétées ou contrastées ; netteté de la conclusion résumant les idées ;
• en argumentant : logique et simplicité des raisonnements et des preuves, parfois répétées ; précision des transitions, des articulations marquant les rapports, les enchaînements, les progrès ; choix des exemples et des citations ;
• en ayant un style précis, clair (cf. Clarté).

2. Persuader, entraîner la volonté, souvent pour des raisons du cœur*. Sont alors importants :
• la connaissance de l'esprit et des passions des auditeurs, afin de capter leur attention et leur bienveillance ;
• la personnalité de l'orateur, son enthousiasme*, sa conviction, son lyrisme* ;
• l'art de parler à l'imagination* par des tableaux, des images, des récits ;
• l'art d'en appeler à la sensibilité* grâce à la force du réalisme*, du lyrisme* ; au pathétique ; aux raisons du cœur*, les répétitions et les renversements du plan substituant l'émotion à la logique ;
• les ressources du style : l'orateur doit parler une langue expressive pour l'imagination et la sensibilité en utilisant habilement les figures* et en variant le rythme de la phrase et le ton de ses paroles ;
• la diction ;
• la gestuelle (ex. « les effets de manche » des avocats).

B. Sa valeur

1. Ses défauts : on peut lui reprocher de tomber dans le formalisme, les lieux communs, le pathétique outré, la grandiloquence (cf. Pascal, *Pensées,* I, 4 : « La vraie éloquence se moque de l'éloquence »).

2. Ses dangers : elle fait appel aux passions, aliène l'homme, lui ôte l'esprit* critique, le doute*, conduit à l'exaltation, à la croyance naïve, au fanatisme, à l'injustice (cf. Alain, *Propos* : « Ce sont les passions qui nourrissent les procès ; et les passions n'aiment point ce qui les apaise ; [...] c'est pourquoi l'éloquence sera toujours bien payée »).

3. Sa défense : — elle peut suggérer des vérités que la raison seule n'aurait pas entrevues (cf. Sensibilité) ; — elle permet une meilleure compréhension des idées.

C. Eloquence et poésie

1. On retrouve les procédés de l'éloquence dans :
• la poésie d'idées et la poésie philosophique (cf. Poésie) : cf. *Discours* de Ronsard ; *Epîtres* de Boileau ; *Le Mont des Oliviers* de Vigny ;
• le lyrisme solennel (cf. Malherbe) ou personnel des Romantiques (cf. *Les Nuits* de Musset) ;
• une certaine poésie engagée (cf. *Les Châtiments* de Hugo) ;
• la poésie descriptive et philosophique du Parnasse.

2. Contre cette éloquence s'élève surtout Verlaine (cf. *Art poétique* : « Prends l'éloquence et tords-lui le cou ») ;
• l'éloquence donne des idées ; or la poésie est intuition, suggestion ;
• l'éloquence intellectualise des émotions alors que la poésie restitue la complexité de notre vie intérieure par l'image et la musique ;
• le rythme oratoire n'est pas le même que le rythme poétique.

D. Eloquence et théâtre

1. On peut la bannir au théâtre car : — le théâtre doit représenter le langage parlé : l'éloquence est alors artificielle ; — de plus, elle retarde l'action lorsqu'elle devient discours.

2. Mais :
• même dans le langage parlé l'éloquence n'est pas absente lorsqu'on est ému, lorsqu'on veut persuader ;
• le théâtre n'est pas représentation directe de la vie (cf. Optique théâtrale) : il est donc normal que l'art éclaircisse et ordonne en un langage éloquent les passions confuses du cœur (ex. une tirade de Racine) ;
• les discours eux-mêmes ne sont pas inutiles au théâtre : s'ils rapportent ce qu'on ne peut voir sur la scène, s'ils révèlent des caractères, s'ils créent une atmosphère poétique.

ÉNERGIE

C'est une grande force morale qui permet d'agir ou de résister avec puissance (cf. Volonté). On la rencontre chez les héros de Corneille, Balzac, Stendhal ; dans l'œuvre de Diderot, Nietzsche, Barrès, Montherlant.

A. Son attrait

Indépendamment de tout idéal moral, les qualités du caractère ont pu paraître supérieures à celles de l'intelligence et de la sensibilité. Les hommes les plus remarquables dominent les faiblesses de notre nature et s'imposent. Plutôt que de ramener les hommes à un niveau moyen, en les forçant à être comme tout le monde, ce que fait la morale raisonnable (cf. Bienséance, Comédie), il faut favoriser l'épanouissement d'hommes exceptionnels par leur énergie car :

- ils sont beaux par l'unité, la grandeur de leur caractère (cf. Beauté) ;
- ils sont utiles, font progresser l'humanité : bienfaits des hommes d'action*, des conquérants, des révolutionnaires, etc. ; ils catalysent l'énergie nationale de leur pays ;
- les morales sont d'ailleurs relatives et, dans l'incertitude, on ne peut donner un sens à sa vie qu'en agissant pour se prouver de quoi on est capable (cf. Julien Sorel, les héros de Malraux) ;
- la lutte pour la vie réclame une grande énergie (cf. Balzac).

B. Ses dangers

- l'énergie ne vient pas toujours du caractère. Il y a une énergie aveugle qui vient des passions, du fanatisme, de la sottise, de l'orgueil, de l'égoïsme, de la brutalité, etc ;
- l'énergie, même du caractère, agit pour le mal comme pour le bien : cf. Cléopâtre (*Rodogune*), les grands criminels ;
- agir pour agir est donc dangereux si l'esprit* critique, le cœur*, etc., n'éclairent pas sur la valeur de l'action : l'énergie d'Auguste, dans *Cinna*, est belle parce qu'elle est au service d'une valeur morale ;
- le culte de l'énergie conduit à l'individualisme sans règle, à l'anarchie, au fascisme, à la guerre. Or le progrès moral et social tend à maîtriser le désordre des passions, à substituer la règle de la loi à la violence des individus.

ENGAGEMENT

C'est le fait, pour un écrivain ou un artiste, de ne pas considérer l'art* comme un jeu gratuit, ayant pour seul but la beauté, mais comme un moyen de servir un idéal humain. Cette conception s'oppose à celle de l'art* pour l'art (cf. Parnasse) et s'est surtout développée au XXe s.

TEXTES : **Lamartine,** Préface des *Méditations poétiques,* 1820. **Eluard,** « Liberté », *Poésies* 1942. **Aragon,** *Ballade de celui qui chanta dans les supplices,* 1943. **Sartre,** *Qu'est-ce que la littérature ?* 1947. **Camus,** *Discours de Suède,* 1957. **Camus, Koestler,** *Réflexion sur la peine capitale,* 1957.
A CONSULTER : *La Résistance et ses poètes,* éd. Seghers, 1974. **Bessière,** *Les Ecrivains engagés,* 1977.

A. Ses aspects

1. Sa nécessité :
• en général, tout homme est responsable de ce qui se passe en son temps, à plus forte raison l'écrivain (cf. Art). D'ailleurs, se désintéresser de son temps, c'est une façon de s'engager ; même l'art pour l'art engage l'écrivain (cf. « La littérature vous jette dans la bataille ; écrire, c'est une certaine façon de vouloir la liberté ; si vous avez commencé, de gré ou de force vous êtes engagé », Sartre, *Qu'est-ce que la littérature ?* II) ;
• plus particulièrement au XXe s., les facteurs d'engagement se multiplient :
— la vie collective exerce une emprise plus forte sur la vie individuelle et accroît la responsabilité de l'homme (ex. par le développement des médias, l'information accrue ; cf. Culture) ; aussi ne peut-on plus se constituer un art* de vivre personnel, considérer l'art comme un divertissement, une étude désintéressée de l'homme ;
— les écrivains contemporains héritent de cette idée du XIXe s. que l'écrivain a une mission privilégiée, et, plus portés vers la philosophie en raison de leur culture et de leur époque, ils favorisent la réflexion politique.

2. Son évolution : si le terme d'« engagement » est introduit au XXe s., la notion existait déjà :
• certes le sage de la tradition antique s'abstient de trop participer à la vie de la société (cf. Montaigne, *Essais,* III, 10) ; pourtant, au XVIe s.,

certains témoignent déjà par leurs écrits de leurs convictions religieuses (ex. d'Aubigné) ou bien engagent, par l'activité de la raison, la recherche de la vérité, un combat contre l'intolérance (ex. Montaigne), l'immobilisme intellectuel (ex. Rabelais, Du Bellay), la torture...

• l'honnête* homme du XVIIe s. occupe civilement sa place sans toutefois prendre position sur les problèmes politiques ou sociaux ;

• mais c'est au XVIIIe s. que le philosophe* se fait un devoir de servir et d'améliorer la société ;

• c'est la même conception qui prédomine chez les auteurs du XIXe s., en particulier chez Lamartine (« [La Poésie] sera philosophique, religieuse, politique, sociale... Elle va se faire peuple »), mais encore plus particulièrement chez Vigny, hanté par cette question de l'utilité politique de l'écrivain (« Je voulais qu'on dît : *c'est vrai* et non *c'est beau* » à propos de *Chatterton*), et chez Hugo, qui oriente toute sa vie en fonction de ses convictions (cf. *Les Châtiments, Les Misérables*). C'est aussi la vocation de Michelet (*Le Peuple*) ; quant à Zola, même si la doctrine naturaliste ne l'engage pas à prendre position dans ses romans (« C'est une étude de l'homme placé dans un milieu social, sans sermon »), un désir de corriger la société apparaît cependant à travers l'évocation des conditions de vie des miséreux ;

• au XXe s. l'engagement devient un devoir (cf. supra) au nom de la liberté* et de la solidarité : « Tout artiste aujourd'hui est embarqué dans la galère de son temps... Nous sommes en pleine mer. L'artiste, comme les autres, doit ramer à son tour, sans mourir s'il le peut, c'est-à-dire en continuant de vivre et de créer » (Camus). C'est le cas de R. Martin du Gard (cf. le personnage de Jacques dans *Les Thibault*), Malraux (cf. *Le Temps du mépris, L'Espoir*), aux côtés des Existentialistes et des poètes de la Résistance, mais aussi des écrivains des minorités (cf. 3).

3. Ses thèmes mobilisateurs :

• la religion*, que ce soit pour la défendre (ex. d'Aubigné ; cf. Pascal, *Les Provinciales*) ou l'attaquer (ex. Voltaire) ;

• les questions sociales : le colonialisme (ex. Diderot ; Césaire, Roumain, Glissant, auteurs antillais), l'esclavage (ex. Montesquieu, Condorcet, Voltaire), la dénonciation des injustices (ex. les philosophes des Lumières) ;

• la critique de la guerre* ou la défense de la paix (ex. Barbusse, Giraudoux, Vian) ;

• les valeurs humanitaires : la liberté*, la lutte contre le racisme, la défense de la négritude (ex. Césaire, Senghor, Glissant) ; des émigrés

(ex. Tahar Ben Jelloun) ; contre l'antisémitisme (cf. Zola, *J'accuse*), pour l'humanité* (ex. Camus)... ;
• le féminisme (ex. George Sand, F. Tristan, L. Michel et l'écriture féminine des années 1970) ;
• les problèmes politiques et économiques : libéralisme ou socialisme, marxisme, communisme (ex. Sartre, Aragon).

4. Les formes possibles de lutte :
• comme homme, l'artiste peut assumer les responsabilités de son temps (adhésion à des partis, action dans la résistance, la révolution, signature de manifestes, participation à des congrès, etc. ; ex. Sartre, Camus, Malraux, Gide, Barrès, et, avant eux, Zola, Hugo, Lamartine) ;
• comme écrivain :
— il éclaire et dirige l'opinion : journaux, revues, conférences, pamphlets, manifestes ;
— il s'unit à d'autres écrivains pour agir sur les pouvoirs et le public avec tout le prestige de l'artiste ;
— il traite des problèmes actuels, en prenant position à leur égard et en instruisant le public. Les fins purement esthétiques, l'art ne viennent que « par-dessus le marché » (Sartre).
Cela entraîne un goût pour les genres qui agissent sur un vaste public : théâtre, cinéma, roman.

B. Discussion

1. Les limites de l'engagement : écrire est un métier qui ne donne pas forcément des compétences spéciales dans d'autres domaines (cf. la médiocrité politique de Victor Hugo, de Balzac, de Stendhal ; la nullité de Musset). Donc :
• l'engagement personnel de l'écrivain ne vaut pas plus que celui de n'importe qui ;
• et il lui fait perdre, dans une activité où il peut être médiocre, un temps qui lui serait précieux pour son art : pour un artiste, le travail artistique n'est pas « par-dessus le marché », mais l'essentiel, comme l'affirment Flaubert, Valéry, Gide (cf. Travail). A noter combien de partisans de l'engagement ont abandonné assez vite les genres artistiques pour le journalisme, l'essai, la thèse ; ils étaient plus penseurs qu'artistes (cf. la stérilité créatrice des années politiques de Victor Hugo).

2. Les limites de l'« art utile » : si l'écrivain répond que, quelles que

soient ses idées, il a le droit de les défendre par son arme, c'est-à-dire son talent artistique, on peut objecter :
• la conception des partisans de l'art pour l'art (cf. Art) et les faiblesses de certaines formes d'art utile (cf. Art, Beaux sentiments) ;
• même si l'on admet que l'art doit être utile, on peut concevoir cette utilité autrement que par l'engagement :
— l'engagement est orienté vers les problèmes que posent à l'individu ses rapports avec la société. Or l'art apprend surtout à l'individu à se connaître, à pratiquer un art de vivre personnel (cf. ce que nous apprend Proust qui, sans être un écrivain engagé, décrivit l'Affaire Dreyfus et dénonça le nationalisme pendant la guerre de 14-18) ;
— l'engagement est dans l'immédiat : d'où le risque pour l'écrivain de se perdre dans l'éphémère, dans l'accidentel. Un certain recul n'est-il pas nécessaire pour méditer, dégager l'essentiel (cf. Vigny, « La Maison du berger »), et le chef-d'œuvre* ne doit-il pas dépasser son temps ? Comparer aux *Châtiments* (engagement total), *Les Misérables* ou *La Légende des siècles,* méditations sur toute une époque et adressées à l'avenir.

3. Bilan : sans doute, il existe de très grandes œuvres engagées : *La Divine Comédie, Les Provinciales, Tartuffe,* les œuvres des philosophes du XVIIIe s., une partie de l'œuvre de Hugo, Lamartine, Zola, Camus, Malraux, Sartre, Aragon, etc. Mais :
• elles nous intéressent beaucoup moins par leur efficacité en leur temps que par la valeur encore actuelle des problèmes humains qu'elles posent ;
• cette valeur ne se maintient que par un style*, alors que d'autres œuvres, aussi engagées, ont disparu dans l'oubli ;
• une œuvre d'art ne peut pas être uniquement engagée : on lui demande d'autres qualités.

ENTHOUSIASME

C'est un état de l'homme qui, soulevé par une force qui le dépasse, se sent capable de créer (ex. inspiration poétique, jeu de l'acteur). Et s'il ne nous pousse pas à créer, l'enthousiasme nous fait du moins penser, sentir, vivre intensément (cf. Sensibilité).

A. Ses vertus

Vauvenargues, Diderot (cf. *Second entretien sur le fils naturel*), Mme de Staël (cf. *De l'Allemagne,* IV, 12), les Romantiques exaltent les vertus de l'enthousiasme, car :

• il aide à la création poétique (cf. Inspiration) ;

• il permet de goûter profondément la beauté ; il est proche de l'admiration (ex. Mme de Staël) ;

• il donne le bonheur d'une vie vécue avec passion* (ex. Mme de Staël ; cf. Vigny, « La Maison du berger » : « La vie est double dans les flammes ») ;

• il permet par intuition de découvrir des idées généreuses : « On ne s'élève point aux grandes vérités sans enthousiasme » (Vauvenargues) (cf. Cœur, Sensibilité) ;

• c'est un principe d'action : — il donne l'énergie, élève l'âme au-dessus d'elle-même pour lui faire accomplir de grandes actions ; — il favorise la vie morale, est source de dévouement, d'héroïsme*, de vertu* ; — il pousse à agir socialement (cf. Humanité, Patriotisme).

B. Ses dangers

Il peut entraîner :

• en poésie, un manque d'art ou de travail (« Je trouve indigne... d'écrire par le seul enthousiasme. L'enthousiasme n'est pas un état d'âme d'écrivain », Valéry) ;

• une admiration ou une passion* excessive ;

• un manque d'esprit* critique, avec des risques de parti pris ou même de fanatisme ;

• un désordre dans l'action, une exaltation trop grande.

EPOPEE (EPIQUE)

Le mot, venu du grec, signifie « action de faire un récit ». L'épopée consiste donc à raconter, par opposition au drame* et au lyrisme*. Du roman*, avec lequel elle se confondait à l'origine (ex. Homère), elle se distingue en ce qu'elle a pour but d'exalter un grand sentiment collectif. L'épopée est donc une histoire, élaborée de manière littéraire, qui garde le souvenir d'un événement historique transformé par la légende.

TEXTES : • Dans l'Antiquité : *Iliade, Odyssée, Enéide.* • A l'étranger : en Italie : *Roland furieux ;* en Espagne : *Poème du Cid, romanceros* ; en Allemagne : *Les Niebelungen, La Messiade* ; en Angleterre : *Le Paradis perdu* ; En France : *La Chanson de Roland,* XIIe s. ; **Ronsard,** *La Franciade,* 1572 . **Saint-Amant,** *Moïse sauvé*, 1653 ; **Chapelain,** *La Pucelle*, 1656 ; **Voltaire,** *La Henriade,* 1723 ; **Chateaubriand,** *Les Martyrs* (épopée en prose), 1809 ; **Lamartine,** *Jocelyn,* 1836 ; *La Chute d'un Ange,* 1838 ; **Hugo,** *La Légende des Siècles,* 1859-1863 ; des fragments épiques dans **Vigny,** *Les Destinées* (« Moïse », « Eloa »), 1864 ; des poèmes de **Leconte de Lisle,** 1852-1862 ; des médaillons épiques de **Hérédia,** 1873.

A. Son évolution

1. A l'époque classique : l'épopée subit l'influence antique et italienne (cf. Boileau, *Art poétique*, III) et présente les caractères suivants :
• pour sujet elle prend une grande action patriotique, souvent militaire, une lutte contre l'ennemi, la nature, les dieux ;
• l'action obéit à la règle de l'unité et de la vraisemblance* ; la narration est rapide et débute « in medias res » ; elle comporte des épisodes (amours, aventures, accessoires, songes, prophéties, rappels du passé, descentes aux enfers...), des descriptions (nature, édifices, armes, combats...) et des discours ;
• le merveilleux païen l'emporte sur le chrétien qui, de toute manière, est calqué sur lui ;
• des personnages nombreux dont se détache le héros principal (historique ou légendaire, masculin, sans défaut, doué de forces exceptionnelles), remplissant, sans le vouloir toujours, un destin utile à la collectivité par une sorte de prédestination divine ou historique ;
• une morale qui exalte les forces humaines, le héros pieux sacrifiant ses passions, un idéal collectif (famille régnante, nation, religion chrétienne) ;
• un style noble, orné et fleuri qui utilise la mythologie, toutes les figures de la rhétorique tendant vers le grand et le sublime, avec, en contraste, de la galanterie et de la grâce.

2. Au XIXe s. : sous l'influence anglaise et allemande, elle subit les modifications et les élargissements suivants :
• on admet pour sujet toute grande action symbolique : patriotique, religieuse, mais aussi humanitaire ;

• l'action est souvent réduite à un court récit symbolique ou se rapproche de celle du roman (cf. *Jocelyn*) ;
• le merveilleux païen disparaît (sauf à titre de couleur locale) et fait place au merveilleux chrétien, mais sans les procédés classiques, ou à un art visionnaire qui anime les choses (cf. Merveilleux) ;
• le héros peut être quelconque, même humble, pourvu qu'il incarne, de manière exceptionnelle, une valeur morale (cf. « Les Pauvres Gens ») ;
• la morale exalte surtout les valeurs patriotiques et humanitaires, et toutes les vertus à leur service (énergie et piété, pitié, charité, sacrifice, humilité, amour...) ;
• le style abandonne la noblesse classique, mais pousse la simplicité au sublime (cf. *Jocelyn*), garde aux descriptions et aux images leur grandeur et leur couleur (cf. poésie visionnaire de V. Hugo), au rythme son ampleur et conserve des procédés du Moyen Age (répétitions, reprises).

B. L'épique

Le registre épique n'existe pas seulement dans l'épopée ; il caractérise aussi certaines œuvres (par ex. *Les Tragiques*, les *Mémoires d'Outre-tombe,* l'histoire de Michelet, la *Comédie humaine*, le théâtre et les romans de Hugo, les romans de Zola, le théâtre de Claudel). En les rapprochant, on parvient à définir l'épique comme suit :
• le récit d'une action mettant en jeu et symbolisant les grands intérêts d'un peuple ou de l'humanité, souvent sous la forme d'une lutte entre le bien et le mal ;
• des exploits extraordinaires dans tous les domaines provoquant un enthousiasme qui suspend la raison et permet la croyance au miracle ou à diverses formes de merveilleux ;
• des personnages très nombreux (toute une foule, une fresque historique) dont se détache un héros central symbolique, simplifié à un trait, agrandi, de façon à catalyser l'enthousiasme, à réaliser ce que souhaite le cœur ;
• l'exaltation passionnée des valeurs collectives d'un groupe clos ou de l'humanité entière. Cette morale est présentée de façon sommaire, sans démonstration, mais elle entraîne une approbation enthousiaste ; c'est parfois un simple bon sens passionné (cf. Beaux sentiments) ;
• le style épique impose récit* et description*, agrandit et simplifie les choses, fait appel aux images symboliques, à la déformation, au merveilleux, aux visions surnaturelles, voire cosmiques (l'univers participe au drame). Ces effets et sa passion aident le lecteur à sortir du réel.

C. Ses difficultés

Le peu de succès rencontré par le genre épique (en France, les épopées des XVIe, XVIIe et XVIIIe s. sont médiocres) a suscité diverses explications :

1. L'esprit du public serait peu réceptif aux caractères imposés par le genre ; on a ainsi décrété au XVIIIe s. que « le Français n'a(vait) pas la tête épique » en se basant sur son rationalisme, son goût de la psychologie nuancée, son sens de la mesure et de la vraisemblance... (cf. Classicisme). Mais d'autres qualités (sensibilité*, enthousiasme*, religion*, patriotisme*, humanité*) sont tout aussi favorables à l'épique ; c'est d'ailleurs ce qu'a prouvé le XIXe s., au public plus populaire.

2. L'évolution des époques ferait de l'héroïsme individuel une valeur dépassée (selon Renan « pas d'épopée avec l'artillerie ») et il ne serait plus possible de s'identifier au héros épique. Mais l'épopée a aussi recours à des mythes* nationaux : c'est ainsi que le XIXe s. a élargi sa conception en adaptant l'épopée à un public plus populaire, plus sensible, ému par de grands sentiments collectifs (cf. supra).

ERUDITION

L'érudition est un savoir approfondi, fondé sur l'étude des documents et des textes (la philologie) qui constitue la base de l'histoire, de l'histoire littéraire, de la critique.
Si l'érudition ne recouvre qu'un étalage de connaissances purement livresques, elle devient pédantisme : « Un pédant est un homme qui digère mal intellectuellement » (J. Renard).

A. L'érudition

1. Les types d'érudits :

- les moines (cf. l'expression : « un travail de bénédictin ») et les clercs dès le XIe s. ;
- les humanistes du XVIe s. (ex. Erasme ; les poètes de la Pléiade ; Rabelais qui façonne Gargantua à son image : « un abîme de science ») ;
- au XVIIe s., les théologiens (ex. Arnauld ; cf. Sainte-Beuve, *Port-Royal*) et les doctes littéraires (ex. Chapelain, Ménage) ;
- Flaubert, les Goncourt ;

• certains savants ou historiens du XIXe (cf. le Sylvestre Bonnard d'Anatole France) ou du XXe s., même s'il est impossible de prétendre actuellement à une connaissance universelle comme c'était encore le cas à la Renaissance (ex. Vinci) ;
• au XXe s., E. Pound, J. Joyce, Borges.

2. Son intérêt est :
• scientifique et intellectuel : progrès de la documentation (cf. le retour aux textes anciens et leur commentaire à la Renaissance) et de la méthode en histoire* et en critique* littéraire ;
• poétique : découverte du rare, du bizarre, de l'unique (cf. *La Légende des Siècles*) ; évasion dans le passé*, l'histoire*, l'exotisme*, etc.

3. Ses dangers :
• il ne faut pas confondre érudition et culture* ;
• elle entraîne ennui, lourdeur, étouffe la poésie* et l'imagination* (on oublie de juger les œuvres par leur beauté* et le plaisir qu'elles donnent) ;
• on se perd dans des détails et des querelles d'érudits ;
• elle tombe dans le pédantisme.

B. Le pédantisme

1. Des types de pédants et leurs défauts :
• ils font un lourd étalage de leur science (cf. Sorbonnagres et docteurs de Rabelais ; Hermagoras de La Bruyère ; les divers professeurs du *Bourgeois gentilhomme*) ;
• ils ont des manières et un discours trop didactiques (cf. Pangloss ; Brichot chez Proust) ;
• ils sont pleins de vanité (cf. Trissotin, le « bel esprit », et Vadius, qui prétend connaître le grec, dont les noms ont été choisis par Molière pour souligner leur fatuité ; le personnage du juge chez Rabelais, Racine et Beaumarchais) ;
• ils manquent de savoir-vivre et se montrent grossiers à l'occasion (cf. Tartuffe) ;
• ce sont des spécialistes qui emploient une phraséologie hermétique (cf. les techniciens modernes) ou des snobs (cf. Monde) ;
• l'accusation de pédantisme a été adressée à la Pléiade par Malherbe, à Malherbe par Régnier, aux Postclassiques (J.-B. Rousseau, Lefranc de Pompignan, l'abbé Delille, Lebrun...) par les Romantiques, etc.

2. Contre le pédantisme on peut avancer que :
• les manières fort terre-à-terre s'opposent au culte de l'esprit ;

• le pédant n'est pas un honnête* homme ;
• sa pensée est formelle, sans vie (cf. les critiques de Rabelais et de Montaigne contre la pensée de l'Ecole au Moyen Age) ;
• sa vanité est comique* et opposée aux bienséances* (ex. Molière) ;
• en littérature, le pédantisme empêche la libre inspiration, la nature (selon M. Régnier), le contact avec le grand public (selon les Classiques) ; il préfère les règles* formelles au goût (selon les Classiques) et à l'inspiration (selon les Romantiques).

ESPRIT

Premier sens : le souffle créateur, l'inspiration*. Ce sens est à rapprocher de celui de nature profonde et sous-jacente, d'essence des choses que l'on retrouve dans *L'Esprit des Lois* de Montesquieu.

Deuxième sens : ce qui en nous pense, invente, par opposition au corps, à la matière, à la nature* (Premier sens) : cf. essai de définition non métaphysique chez Valéry, *Variété : La Crise de l'Esprit*.

A. La doctrine

1. Définition : on appelle spiritualisme toute doctrine qui croit à l'existence de l'esprit comme réalité substantielle. En psychologie, cela revient à penser que les phénomènes psychiques intellectuels et volontaires ne se ramènent pas à des phénomènes physiologiques ; en morale, cela consiste à juger les fins de l'esprit supérieures à celles du corps.

2. Son histoire :
• au XVIIe s., la distinction esprit/matière est posée par Descartes, *Discours de la Méthode*. Pascal, lui, oppose d'une part l'esprit à la nature* à laquelle il est supérieur (cf. *Pensées,* VI, 347), d'autre part l'ordre de l'esprit (c'est-à-dire de l'intelligence, de la pensée) à l'ordre de la chair (c'est-à-dire des grandeurs matérielles et des plaisirs du corps) qui lui est inférieur, et à l'ordre de la charité (surnaturel, amour de Dieu) qui lui est supérieur (cf. *Pensées,* XII, 793). Quant aux sermonnaires, ils opposent constamment l'esprit à la chair, aux passions du corps ;
• au XVIIIe s., la défense de l'esprit est à la fois assurée par Voltaire qui s'insurge contre la tendance matérialiste des Encyclopédistes et par Rousseau qui l'oppose à la civilisation ;

• au XIXe s., en réaction contre le matérialisme du XVIIIe s., surgit le spiritualisme romantique qui prend des formes diverses :
— religion* : Chateaubriand, Lamartine ;
— philosophie (spiritualisme) : V. Cousin ;
— chez Balzac, occultisme et foi en des pouvoirs de l'esprit qui échappent à la matière : transmission de pensée, influence de l'esprit sur le corps, etc. ;
— chez Hugo, tout est esprit, même la matière (cf. « Ce que dit la bouche d'ombre » in *Les Contemplations).*
L'esprit présente alors les caractères suivants :
— la sensibilité, tandis que la nature ne se souvient de rien (cf. Lamartine, *Jocelyn* ; Hugo, « Tristesse d'Olympio ») ;
— la dignité par opposition à l'ordre de la chair, à la civilisation matérielle (cf. Vigny, *Les Destinées,* « Esprit pur ») ;
• à la fin du XIXe et au XXe s., en réaction contre le matérialisme scientiste, se manifeste le spiritualisme de Bergson, Proust, Péguy (surtout en matière de psychologie).

B. Les facultés

• psychiques : cf. Intelligence, Sensibilité, Volonté ;
• intellectuelles : cf. Intelligence, Libre pensée (pour le sens particulier d'« esprit fort »).

Troisième sens : l'art d'opérer des rapprochements inattendus et piquants.
Selon Bergson (cf. *Le Rire*) ce qui est comique nous fait rire de celui qui le dit ; ce qui est spirituel nous fait rire de nous-mêmes ou d'un tiers. L'esprit est « une disposition à esquisser en passant des scènes de comédie, mais à les esquisser si discrètement, si légèrement, si rapidement que tout est déjà fini quand nous commençons à nous en apercevoir ». L'analyse d'un mot d'esprit consiste à en tirer le procédé comique qu'il ébauche et à l'expliquer en le rapportant à la catégorie comique dont relève ce procédé : ex. la réplique habile dans le procédé du voleur volé (cf. Comique).

A. Ses formes

Cf. Badinage, Burlesque, Ironie.

B. L'esprit rend-il sociable ?

Comme il résulte en partie de la civilisation, il est donc la preuve d'un raffinement social :
• qui permet de plaire, de s'adapter au monde ;
• de se tirer d'affaire alors que Rousseau, par exemple, raconte souvent comment il passait pour insociable par manque d'esprit de répartie ;
• qui pousse à se chercher un public pour mettre en valeur son esprit (ex. Voiture, Voltaire, Stendhal).
Rapprocher cette discussion de celle figurant à Cœur*.

ESPRIT CRITIQUE

C'est l'attitude qui consiste à n'admettre aucune assertion sans s'interroger d'abord pour savoir si elle est vraie (cf. Doute, Expérience, Raison). L'ont systématiquement pratiquée Montaigne (jugeant d'après l'expérience), Descartes, Bayle, Fontenelle, Nietzsche...

A. Ses effets

• en religion, il favorise la libre* pensée ;
• en politique, il est nécessaire au fonctionnement de la démocratie et s'attaque à tous les régimes totalitaires ;
• en philosophie, c'est en le mettant en action que Descartes ruine la méthode d'autorité et que l'on peut faire des déductions à priori, grâce à l'expérience* ;
• en sciences, il est à la base de la méthode expérimentale ;
• en histoire, il permet la critique interne et externe des textes ;
• en littérature, il provoque la querelle des Anciens et des Modernes, de même que toutes les révolutions littéraires qui remettent en cause les règles académiques (séparation des genres, conventions romanesques...).

B. Ses bienfaits et ses limites

1. Il permet de ne pas être dupe, d'éviter la passion, l'engouement et surtout le fanatisme ; de penser et juger par soi-même, de distinguer les idées et ainsi d'approcher de la vérité (cf. Doute).

2. Mais il peut porter à un rationalisme excessif, même si en vérité c'est manquer d'esprit critique que de croire que la raison seule peut nous éclairer dans tous les domaines.

3. Il risque de faire tomber dans le scepticisme, de là dans le découragement et dans l'inaction. L'action ne s'accompagne pas toujours de la certitude : il faut le courage de se décider et l'énergie de persévérer. Mais l'esprit critique peut éclairer sur la valeur de l'action* et empêcher de persévérer dans l'erreur.

4. Ce n'est pas lui qui découvre, qui crée ou qui invente, mais il donne le sentiment de l'imperfection de la connaissance acquise et préserve de l'erreur : « Réduit à lui seul [il n'est] ni éveilleur d'idées, ni stimulant de grandes choses. Sans lui, tout est caduc. Il a toujours le dernier mot. C'est ce qu'il y a de plus difficile à l'inventeur » (Pasteur).

ETRANGER

A. Intérêt

1. Il permet d'élargir la culture en apportant d'autres informations et d'autres expériences qui enrichissent les connaissances dans tous les domaines (humain, scientifique, technique, artistique,...).

2. Il développe ainsi l'esprit* critique qui oblige l'homme à réviser ses positions en fonction des données nouvelles. Cela met en échec les préjugés et fait naître le sentiment de la relativité des choses (ex. Voltaire en Angleterre). C'est ainsi un facteur de progrès (en particulier dans le domaine de la recherche technique et scientifique où l'internationalisation des connaissances favorise l'émulation et les découvertes).

3. Il donne une formation morale :
- la connaissance de soi par le dépaysement : la rupture des habitudes fait comprendre ce dont on est capable et ce qui en soi est essentiel (ex. Chateaubriand en Angleterre) ; par le contact avec un milieu nouveau, on découvre un moi jusqu'alors ignoré (ex. Gide en Afrique du Nord, Stendhal en Italie) ;
- la compréhension d'autrui : on apprend à respecter l'homme et ses différences, à se démarquer d'images stéréotypées sur tel ou tel pays

(ex. Voltaire et les quakers) ; en passant d'une société close à une société ouverte (cf. Humanité), on se libère d'un nationalisme trop étroit pour accéder à une vision plus large de l'univers (ex. Montaigne « citoyen du monde », Montesquieu, Voltaire, Mme de Staël, Romain Rolland, Joyce) ;
• un regard nouveau sur son pays : on voit les défauts de sa patrie, on essaie de les corriger (ex. Voltaire) ; on voit aussi en quoi elle vous manque, on l'aime mieux (cf. Du Bellay, *Regrets*) ; on la fait connaître ; on la sert mieux dans ses rapports avec les pays qu'on connaît.

B. Son influence sur la France

• sur la langue qui s'enrichit de mots et expressions empruntés (cf. Langue) ;
• sur les idées : les événements ou les courants de pensée des autres pays entraînent une évolution plus ou moins importante (ex. l'influence de l'Angleterre au XVIIIe s.) ;
• sur les mœurs : voir comment, au XVIe s., la connaissance du mode de vie italien a fait évoluer la cour de France, et par la suite la société, ou comment l'« american way of life » a séduit l'Europe au XXe s ;
• sur la littérature qui subit l'influence des autres arts (ex. l'Italie du XVIe s.), de la philosophie (cf. Symbolisme), de la musique, du cinéma,... ; ou directement : il y a alors emprunt et adaptation de théories et de modèles (ex. Pléiade, Romantisme*,...), de genres (le sonnet, le drame* romantique, le roman* historique,...), de techniques (ex. Richardson et le réalisme pathétique de Diderot ; technique des romans américains, de Kafka, et des romans modernes).

C. L'étranger comme thème littéraire

Cf. Evasion, Exotisme.

TUDE

On comprend sous ce terme le travail fourni pour s'instruire, puis pour découvrir, créer ou agir. Elle commence par l'apprentissage (au moyen de la lecture, de l'observation, des exercices d'imitation ou des expériences, selon les domaines) puis peut déboucher sur la création ou l'invention*. Elle nécessite la réflexion personnelle et l'esprit* critique. Tout peut être objet d'étude : l'homme, la société, la nature, la religion, etc.

A. Ses bienfaits

1. Elle distrait :
• des chagrins du cœur (ex. Montaigne, Vigny, Rousseau botaniste) ;
• de l'ennui ;
• des déceptions de la vie (ex. La Bruyère, Hugo en exil) ;
• des fatigues et du tourbillon de la vie active.

2. Elle instruit : en exerçant l'esprit*, en élargissant la culture*, en préparant à créer, inventer ou agir.

3. Elle élève l'individu :
• en le détachant des futilités de la vie mondaine, de l'ambition et de ses projets nuisibles, des passions*, de l'ordre de la chair pour donner accès à l'ordre de l'esprit, du passager pour permettre de contempler le durable et l'éternel (cf. les solitaires de Port-Royal) ;
• en le formant moralement grâce aux connaissances acquises, aux expériences* faites et au travail fourni ;
• en le rendant utile à la société par les productions qu'elle permet.

B. Ses limites

Elle risque cependant :
• de déboucher sur le pédantisme, ou sur l'égoïsme : on s'enferme dans sa tour d'ivoire en refusant tout engagement* ;
• de détourner de la vie ;
• du point de vue de la religion, de sacrifier l'ordre de la charité à l'ordre de l'esprit*.

EVASION

C'est-à-dire la fuite hors du monde habituel, dans un monde nouveau ou imaginaire.

TEXTES : **Montaigne,** *Essais,* I, 31 et III, 6, 1560-95. **Rousseau,** *La Nouvelle Héloïse,* 1761. **Lamartine,** *Les Méditations poétiques,* 1820. **Flaubert,** *Madame Bovary,* 1857. **Baudelaire,** *Les Fleurs du Mal,* 1840-57. **Rimbaud,** *Une Saison en enfer,* 1873 ; *Les Illuminations,* 1886. **Eluard,** *Capitale de la douleur,* 1926 ; *L'Amour, la poésie,* 1929 ; *Le Livre ouvert,* II, 1947.

A. Ses causes

Le désir d'évasion existe depuis toujours chez l'homme qui reste à la recherche d'une vie affranchie des limites et de la banalité. Il fuit :

1. Le réel qui ne le satisfait pas, car il lui paraît absurde ou trop borné, falsifié par la logique, la raison (ex. les Surréalistes*), par l'écoulement irréversible du temps*, la menace de la mort* (ex. Baudelaire, Milton) ;

2. La médiocrité du vécu que certains êtres rejettent est due :
• à la société qui semble laide, médiocre, injuste ; qui impose des fatigues, l'uniformité et l'ennui qui en découle ; qui est tarée par la civilisation ;
• à eux-mêmes, car ils ne supportent pas leur souffrance, leur ennui, leur déséquilibre intérieur (cf. Mal du siècle), l'angoisse d'être seuls en face de leur condition métaphysique (cf. le divertissement pour Pascal), la médiocrité de leur vie (cf. Emma Bovary), leur désespoir.

B. Ses voies

1. Comment fuir ? — en se déplaçant physiquement (voyages) ; — par le divertissement, le loisir ; — par la pensée, l'imagination : étude*, lecture (cf. Livre), rêverie*, chimères*... ; — par la création artistique et même l'action.

2. Où fuir ?
• dans un lointain merveilleux, situé :
— dans le temps : un passé* collectif et mythique qui était le temps du bonheur, un âge d'or qui jouissait de l'innocence des origines (ex. l'antiquité grecque et romaine pour la Pléiade, Chénier, Leconte de Lisle... ou le Moyen Age pour les Romantiques) ; un passé individuel embelli par le souvenir (l'enfance, la jeunesse,...) ; un futur où tout sera parfait (messianisme, anticipations de la science-fiction*) ;

— dans l'espace : un « ailleurs », un « là-bas » plus ou moins précisément décrit (ex. Baudelaire, Verlaine), parfois placé au bout du monde ou dans des pays exotiques (cf. Exotisme), ou encore des paradis isolés (un « Vallon » pour Lamartine, une île pour Rousseau, un jardin...) ;
• dans un merveilleux proche que l'on se procure seul :
— la rêverie héroïque (cf. Aventure) ou sentimentale que créent les romans, le cinéma ;
— l'amour (volupté ou mysticisme chez Baudelaire, abolition du temps chez Eluard pour qui le corps de la femme est « une île inconnue ») ;
— les plaisirs : agitation, jouissances de la vie ; voluptés raffinées des sens (ex. Huysmans) ou des sensations fortes vécues en imagination (cf. Romantisme) ; paradis artificiels (ex. Baudelaire, Apollinaire, Michaux...) ;
— la découverte de l'inconnu : merveilles de la nature, mystère de l'univers, occultisme, exploration de l'inconscient (cf. Surréalisme) ;
— la fusion dans des personnalités autres que la sienne : personnalités littéraires, passions auxquelles on s'assimile par imagination (cf. Roman), personnalité factice qu'on se crée pour vivre selon ses désirs (cf. Don Quichotte, Emma Bovary) ou pour échapper, en se donnant un masque, à la responsabilité d'être soi, d'exister par la liberté (c'est ce qu'a fait Baudelaire selon Sartre ; cf. aussi Sartre : *L'Enfance d'un chef,* in *Le Mur*) ;
— le rêve*, les chimères* (ex. Rousseau, Nerval) ;
— l'oubli total par la contemplation*, l'extase, la prière ;
— l'art* considéré comme un travail*, qui distrait, qui occupe mais qui permet aussi de créer un univers (cf. Fantastique, Féerie, Poésie) ;
— la religion* ou la religiosité (cf. Emma Bovary).

C. Ses buts

1. La « vraie vie » qui, selon Rimbaud, existe quelque part : dans un « ailleurs » (cf. B) ou dans une plénitude intérieure qui permet de découvrir Dieu ou un Dieu en soi. Elle procure alors le plaisir de la nouveauté, du changement, une vie plus libre, plus heureuse, plus intense, qui a trouvé un sens, une connaissance du réel échappant au monde paralysant de la raison (ex. Rimbaud ; cf. Rêve, Surréalisme) et peut même déboucher sur la création littéraire d'un univers*.

2. L'oubli : forme négative de cette quête. Il semble en particulier que l'usage de la drogue, qui correspondait autrefois à une recherche artistique de sensations nouvelles, n'ait plus d'autre finalité que l'abolition de la réalité environnante.

D. Sa valeur

1. Ses dangers :
• elle est le symptôme d'un état instable, inadapté au réel, maladif (cf. Romantisme) ;
• elle traduit une certaine lâcheté devant le réel, une fuite devant les exigences de la foi (cf. le divertissement pour Pascal), de la liberté et de l'existence (position des Existentialistes), un refus de l'engagement* ;
• elle encourage les chimères*, le romanesque ; l'égoïsme et l'insociabilité (ex. Rousseau) ; l'inaction et la paresse ; et peut même mener au suicide ;
• quand l'évasion est impossible, le retour au réel n'est que plus amer (cf. Flaubert, *L'Education sentimentale, Bouvard et Pécuchet, Madame Bovary* ; Céline, *Voyage au bout de la nuit*).

2. Ses bienfaits :
• elle offre un divertissement, un repos, un exutoire au désespoir*, aux maux du monde moderne ;
• elle ouvre un accès indirect aux bienfaits de la lecture, des voyages, etc. (mais cf. Exotisme) ;
• sous sa forme active, elle incite à l'aventure* et permet la connaissance (cf. Rêve, Surréalisme) et la création artistique.

EXISTENTIALISME

C'est un mouvement de pensée philosophique, littéraire, voire politique, qui a même déclenché une mode, après 1945 en France. Il est fondé sur l'idée que l'existence de l'homme est la seule donnée immédiatement perceptible, et non son essence.

TEXTES : **G. Marcel,** *Journal métaphysique,* 1927 ; *Le Mystère de l'être,* 1951. **J.-P. Sartre,** *La Nausée,* 1938 ; *Le Mur,* 1939 ; *L'Etre et le néant,* 1943 ; *Les Mouches,* 1943 ; *Huis clos,* 1944 ; *L'existentialisme est un humanisme,* 1946. **S. de Beauvoir,** *Pyrrhus et Cinéas,* 1944 ; *Les Mandarins,* 1954. **M. Merleau-Ponty,** *Eloge de la philosophie,* 1953.

A. Ses formes

• Les origines viennent de la pensée des philosophes Kierkegaard (cf. *Le Concept d'angoisse,* 1844), Heidegger, Jaspers, Husserl.
• C'est principalement la doctrine de Sartre, dont l'originalité consiste à prêter à la conscience « une glorieuse indépendance » et à « accorder tout son poids à la réalité » (S. de Beauvoir).
• L'existentialisme chrétien est illustré par G. Marcel en France et A. de Waehlens en Belgique : il affirme la prédominance du mystère de l'Etre sur le domaine de l'Avoir et se montre plus optimiste que l'existentialisme athée.

B. Les idées fondamentales de Sartre

1. La doctrine : « L'existence précède l'essence », c'est-à-dire que la nature humaine ne doit pas être définie a priori, elle dépend seulement de ce que l'homme en fait. Cette conception implique l'athéisme, met en valeur l'homme et c'est en quoi « l'existentialisme est un humanisme* », même si Sartre a tourné en dérision l'humanisme traditionnel.
L'homme est libre et responsable, mais le problème ne se pose pas dans l'abstrait, car nous sommes toujours engagés dans une « situation » donnée : ce ne sont pas nos intentions, mais nos actes qui déterminent le jugement qu'on portera sur nous. L'existentialisme prend donc comme valeur « l'appel » et non la stagnation.

2. Les conséquences : il faut s'engager, lutter contre l'absurdité du monde, toute forme de misère et d'oppression (cf. Absurde, Engagement, Homme, Humanisme).

EXOTISME

L'exotisme est, soit le caractère de ce qui est étranger (en particulier ce qui est fort loin), soit le goût que l'on a pour tout ce qui présente ce caractère, jusqu'à le prendre comme sujet d'une œuvre artistique ou littéraire, et à le peindre.

Œuvres : **Molière,** *Le Bourgeois gentilhomme,* 1670. **Racine,** *Bajazet,* 1672 ; *Athalie,* 1691. **Montesquieu,** *Les Lettres persanes,* 1721. **Bernardin de Saint-Pierre,** *Paul et Virginie,* 1787. **Chateaubriand,** *L'Itinéraire de Paris à Jérusalem,* 1811 ; *Le Voyage en Amérique,* 1827. **Hugo,** *Les Orientales,* 1829. **Delacroix,** le tableau « Femmes d'Alger », 1834. **Lamartine,** *Le Voyage en Orient,* 1835. **Flaubert,** *Salammbô,* 1862 ; *Voyage en Orient,* 1851. **Loti,** *Madame Chrysanthème,* 1887. **Segalen,** *Les Immémoriaux,* 1907. **Gide,** *Voyage au Congo,* 1927 ; *Le Retour du Tchad,* 1928. **Michaux,** *Ecuador,* 1929. **H. de Monfreid,** *Les Secrets de la Mer Rouge,* 1932.

A. Ses caractéristiques

1. Ses objets : le mot exotisme concerne aussi bien la flore et la faune (ex. les animaux de Leconte de Lisle), les paysages (ex. les tropiques de Bernardin de Saint-Pierre ou l'Orient des Romantiques) que les êtres typiques comme le bon sauvage (cf. Barbare), la femme turque (ex. Loti) et leurs mœurs ou leurs passions, qu'elles soient ancestrales, folkloriques, individuelles ou collectives. L'exotisme concerne aussi la pensée, la philosophie, la religion, l'art.
Mais l'objet décrit est étrange aussi bien par son éloignement dans l'espace (ex. l'Asie) que dans le temps (ex. l'Antiquité, le Moyen Age). Il peut aussi cumuler les deux (ex. la Carthage de Flaubert).

2. Une mode : l'exotisme est souvent le fruit d'un engouement provoqué par un fait d'actualité (découvertes, expéditions).

3. Approximation ou exactitude ? Si l'auteur n'est pas allé dans le pays évoqué, il en fait une description approximative bâtie sur une idée élémentaire, nourrie d'éléments conventionnels, d'après des lectures, des recherches érudites, des récits de voyageurs. Au contraire, s'il rapporte ses souvenirs de voyage, il en fait une peinture minutieuse et fidèle. Dans les deux cas, il privilégie et arrange les impressions particulières et fortes, hautes en couleurs, de telle sorte qu'elles aient toujours pour nous le goût de l'étrange.

4. Les procédés littéraires : — la puissance des mots : Hugo par exemple est spécialiste des cascades de syllabes insolites (cf. *Les Orientales*) ; — l'utilisation des images (ex. Gautier) ; — l'animation du spectacle en faisant se télescoper des scènes, en accélérant le défilé des images (cf. Fortunio in *Nouvelles* de Gautier).

B. Son rôle

1. Il sert de parure : il n'est qu'une couleur* plaisante et il met une touche de variété dans l'œuvre (cf. La Fontaine, l'orientalisme de Hugo).

2. Il sert de paravent : en prenant pour alibi le fait qu'on décrit un pays étranger, on peut flétrir les puissants (ex. La Fontaine), critiquer impunément l'ordre établi (ex. Lesage, Montesquieu, Voltaire) et permettre ainsi de regarder avec des yeux neufs son pays (cf. Etranger), de reconsidérer ses habituelles valeurs morales et sociales (critique de la civilisation*).

3. Il fait corps avec l'œuvre, mais il est toujours au service d'une intention de l'écrivain :
• intention psychologique (ex. Racine) ;
• bien-fondé d'une thèse (le « bon sauvage » est supérieur au « civilisé » : ex. Montaigne, Diderot) ;
• vision burlesque du monde où nous vivons (ex. les îles fantaisistes de Pantagruel, le monde à l'envers de Swift) ;
• cause à laquelle il confère le prestige d'une contrée au passé historique ou légendaire (ex. les Grecs assimilés aux Hellènes antiques dans les *Orientales*).
Dans tous les cas, il s'agit d'un exotisme gratuit qui apparaît occasionnellement pour servir de décor plaqué à la passion d'un écrivain engagé. Mais si l'auteur est un voyageur amoureux du pays (cf. A 3), alors le sentiment exotique peut déboucher sur une méditation ou une confession (cf. C 3).

C. Son charme

Comme l'évasion*, l'exotisme permet de rompre le cercle étouffant de la vie quotidienne. Il est libération. Toutefois, le monde qu'il offre n'est pas forcément plus beau, mais c'est :

1. Un monde neuf, un monde qui surprend, qui se présente avec une sorte d'ingénuité, qui peut même être barbare*, primitif. Ainsi l'être se renouvelle au contact d'une vie plus naturelle, plus naïve (ex. Stendhal, Loti, Gauguin) et adopte un art* de vivre plus adapté à sa personnalité profonde.

2. La puissance que recèle le sentiment exotique s'attaque à l'ordre établi (cf. B 2) et pousse l'individu à vivre dangereusement (cf. Aventure). En cela l'exotisme s'apparente à l'anarchisme, au non-conformisme et se distingue du cosmopolitisme qui est, au contraire, une disposition d'esprit qui permet de se sentir à l'aise partout comme chez soi. L'exotisme suppose une sympathie active qui veut faire connaître un pays, une époque et par là, sa propre nation, son propre temps.

3. Un rêve de bonheur, auquel on associe toujours l'exotisme, permet de dissiper notre désenchantement. Ce rêve est intérieur, alimenté par le souvenir chez l'écrivain voyageur : il a la nostalgie d'un bien-être physique, d'un enchantement des sens (ex. Saint-John Perse), d'un paradis perdu. En cela les impressions qu'il ressent et qu'il transcrit correspondent à ses obsessions. C'est ce qui lui donne :

4. Une force créatrice qui renouvelle l'inspiration, surmonte les déceptions éventuelles (ex. laideur ou misère du pays rêvé) en privilégiant un autre aspect du pays ou de l'époque, fait merveille dans la description pittoresque* et le lyrisme*.
Cependant le voile a été levé sur les illusions de l'exotisme dont le charme trompeur a été dénoncé par Cl. Lévi-Strauss (cf. *Tristes Tropiques*) et les écrivains engagés des pays concernés (par exemple la littérature antillaise des années 1960-1970).

EXPERIENCE

A. Dans la vie courante

L'expérience est la connaissance de choses qu'on a éprouvées ou perçues directement.

1. Ses sources :
• l'observation de la nature* à des fins scientifiques (cf. B 2) ; de soi-même ou des autres hommes par la conversation, les voyages, (cf. Etranger, Milieu, Monde) ;
• l'épreuve à travers les leçons que nous donnent la vie, l'aventure*, l'action* (sens 2), la souffrance*, le métier, les passions, etc.

2. Son intérêt :
• des faits réels, incontestables, positifs ; donc pas de raisonnement a priori sur des faits incertains ou inexistants (ex. l'expérience de la mort chez Montaigne) ;

• des faits particuliers, ce qui permet d'échapper aux dangers des vues théoriques, systématiques (ex. empirisme en politique, expérience du métier) ;
• des faits dont on se souvient parce qu'on a fait l'effort de les observer, ou parce qu'ils ont eu pour nous des conséquences inoubliables (ex. l'expérience de la souffrance chez Musset) ;
• des faits qui parfois se renouvellent ou s'associent à d'autres faits, ce qui nous permet de découvrir, sinon des lois, du moins des maximes, des règles d'action (ex. chez Proust l'expérience des « intermittences du cœur »). D'où possibilité de se conduire d'après l'expérience du passé.
Mais l'expérience a ses limites. Comme on ne peut avoir l'expérience de tout, il est nécessaire d'accepter, avec esprit* critique, celle des autres. Par ailleurs la connaissance qu'elle procure est lente ; en outre, il est dangereux de généraliser sa propre expérience (ex. La Rochefoucauld) et difficile de l'interpréter seul (cf. Alain, *Propos*) : cf. les inintelligents, les incorrigibles. Là aussi il faut avoir recours au témoignage des autres, notamment par les livres.
Enfin l'expérience présente les dangers habituellement liés à la routine.

3. Son rôle :
• elle permet de connaître soi-même et les autres ;
• elle fait partie de l'éducation* et de la culture* ;
• elle participe à l'élaboration d'un art* de vivre ;
• elle est primordiale en sciences (cf. B 2) ;
• elle sert de substance aux œuvres qui relatent une expérience vécue (cf. Autobiographie, Littérature, Lyrisme, Moi, Roman, Subjectivité).

B. Dans la vie intellectuelle

1. En philosophie : l'expérience est l'ensemble des phénomènes qui nous sont révélés par la perception ou la conscience psychologique. De là découle l'empirisme, attitude philosophique qui consiste à penser que toutes nos connaissances se forment en partant de l'expérience et que, par conséquent, il n'existe pas d'idées innées, contrairement à ce qu'avançait Descartes.
Cette théorie, illustrée par l'Anglais Locke, a influencé les penseurs dès la fin du XVIIe et au XVIIIe s. en France : Condillac, Voltaire (cf. *Lettres philosophiques*) et les Encyclopédistes.
En conséquence, elle a signifié tout fait positif, dûment établi, sur lequel on raisonne et a ainsi été un instrument de la critique philosophique contre les systèmes (cf. La Fontaine contre les animaux-machines de Descartes,

Premier Discours à Mme de la Sablière, Fables ; Voltaire, *Candide,* contre l'optimisme de Leibniz et de Wolf).
Elle a servi d'argument contre la métaphysique*, contre la religion* ; elle a fait avancer l'idée que le milieu*, le climat influencent l'esprit humain, ce que Montesquieu a appliqué dans l'étude des mœurs et des lois ; Mme de Staël et Stendhal l'ont appliquée, quant à eux, à la critique, d'où la critique explicative (cf. Critique littéraire). D'autres l'ont fait pour l'éducation*, l'histoire*, en débouchant sur la critique historique, le roman (car on explique la psychologie par le milieu*). Cela ne va pas bien sûr sans objections (cf. Critique littéraire).

2. En sciences : l'expérience est un fait (la plupart du temps provoqué) qu'on observe pour vérifier une hypothèse ou trouver un point de départ pour la recherche.
Ainsi la « méthode expérimentale » qui comporte trois étapes (observation, hypothèse, expérience) fut chez Bacon, Torricelli, Descartes, Pascal, à la base du développement de la physique au XVIIe s. ; au XIXe s., elle fut appliquée à la médecine par Claude Bernard (cf. *Introduction à la médecine expérimentale*).
Elle a exercé une influence sur le roman : ex. le roman expérimental de Zola (cf. Naturalisme).

ABLE

La fable est « une instruction déguisée sous l'allégorie d'une action » (Houdar de la Motte, 1719), c'est-à-dire un récit inventé pour illustrer une morale exprimée au début (prologue) ou à la fin (épilogue).
Le fabliau, genre pratiqué au XIIIe s. et jusqu'au milieu du XIVe s., est destiné à être lu publiquement et à faire rire.

TEXTES : **Esope,** qui a vécu en Grèce entre le VIIe et le VIe s. av. J.-C., a composé des *Fables* constituées en recueils par le moine Planude au XIVe s. **Phèdre,** *Fables,* vers 50 ap. J.-C. **Pilpay,** *Le Livre des Lumières* (venu de l'Inde et traduit en France en 1644). **Rutebeuf, Jean Bodel d'Arras et anonymes,** *Fabliaux,* vers 1300. **Marot,** *Epîtres,* 1526. **La Fontaine,** *Fables*, 1668-94. **Fénelon,** *Fables,* vers 1690. **Florian,** *Fables,* 1792.

A. Son évolution

Même si les fabulistes français ont toujours prétendu s'inscrire dans la lignée d'Esope et Phèdre, ils ont utilisé la fable à leur gré. Chez les Anciens, la fable tout entière était orientée vers la moralité. Dans les fabliaux, l'aphorisme moralisant n'est qu'un prétexte destiné à faire accepter la gaillardise du récit. Quant à La Fontaine, même s'il insiste sur ses intentions morales (« Je me sers d'animaux pour instruire les hommes »), en réalité il cède bientôt au plaisir de conter et va jusqu'à élargir le genre. Florian, en introduisant plus de personnages humains, tire au contraire la fable vers les préoccupations sociales de son époque.
De nos jours la fable n'est plus pratiquée comme genre littéraire. Certaines « histoires drôles » cependant s'en rapprochent en offrant récit et morale mêlés, ainsi que certains textes de Borges.

B. Ses moyens et ses fins

1. Ses moyens :
• un récit aux sujets nombreux et variés, qui utilise des éléments dramatiques (La Fontaine définit la fable comme « une ample comédie à cent actes divers »), romanesques (les épisodes parfois très nombreux rappellent l'art du conte*) et épiques (cf. Epopée, Féerie, Merveilleux) ;
• une action vivante (gestes, attitudes, dialogues des personnages), vraisemblable* et logique (tous les épisodes conduisent à un dénouement rapide, parfois surprenant, mais toujours moral selon les défauts des personnages) ;
• l'allégorie : la fable utilise des animaux afin de cacher (mais en fait, mieux montrer) les cibles que l'auteur vise ; par la suite, les êtres humains vont devenir plus fréquents (cf. deuxième recueil de La Fontaine, Florian) ;
• un style qui varie d'un fabuliste à l'autre : Phèdre est concis ; les fabulistes orientaux proposent pléthore de circonstances qui traduisent leur plaisir de raconter ; La Fontaine enrichit son récit de descriptions et d'épisodes où ressort sa sympathie pour la vie de la nature ;
• le badinage* et la fantaisie* ;
• la satire* et le contraste pour mieux faire ressortir la morale (cf. B 2).

2. Ses fins : issue d'une parole d'esclave (ex. Esope), la fable est faite « pour envelopper la pensée de celui qui n'est pas libre ». Elle permet donc d'adresser une critique qui peut viser dans ses faiblesses aussi bien l'homme qu'une autorité politique ou sociale (ex. le lion chez La Fontaine ; cf. Art de vivre, Critique sociale, Sagesse).

Chez les Anciens, elle est tout entière tournée vers la morale et censée refléter l'âme populaire. Par la suite, elle tend vers le but de « conter pour conter » (cf. l'enrichissement du récit chez La Fontaine), sans perdre de vue son intention didactique (« Il faut instruire et plaire »). En tout cas elle ne cesse jamais d'être porteuse de vérité (cf. « La Jeune Veuve » de La Fontaine). Ainsi elle présente à la fois les aspects d'un poème lyrique et d'un essai moral. De ce fait, on peut se demander si elle est destinée aux enfants ou à un public cultivé (cf. Rousseau considérant que La Fontaine est immoral).

FANTAISIE

Le mot fantaisie désigne toute œuvre de l'imagination qui tourne le dos au réel et même au vraisemblable*, qui échappe aux règles, en particulier à celles de la logique, en se livrant aux associations les plus inattendues. Elle donne une impression de spontanéité, de liberté, d'originalité, et de gaieté (cf. Badinage, Baroque, Burlesque, Chimères, Fantastique, Féerie, Rêverie).
On en trouve des exemples dans les contes orientaux (cf. *Les Mille et Une Nuits*), les inventions de Rabelais, le badinage* de Marot, de La Fontaine, les visions de Cyrano de Bergerac, les *Contes* de Voltaire, l'œuvre de Hugo (cf. Barrère, *La Fantaisie chez Hugo*), les poésies de Laforgue, Prévert, Michaux. Elle est également une composante essentielle de la comédie* et du conte*.

Son intérêt

1. La gaieté : elle amuse, fait sourire, détend.

2. La spontanéité : un auteur peut aborder certains sujets réputés « sérieux » en les traitant avec légèreté, sans faire œuvre de spécialiste ni être obligé de se conformer aux règles du genre : cf. Montaigne considérant ses *Essais* comme des « fantaisies par lesquelles (il) ne cherche point à connaître les choses, mais (soi) ».

3. La liberté qui permet :
- une évasion* ;
- un renouveau : c'est ainsi que la connaissance de l'Orient à travers

le dictionnaire encyclopédique de Galland (*Bibliothèque orientale,* 1697) et les contes, va créer, au XVIIIe s. une nouvelle sensibilité qui se nourrit de cette fantaisie pour réagir contre les rigueurs du Classicisme et l'ordre religieux et moral ;

• une critique : les pays, les personnages ou aventures de fantaisie sont une façon détournée de dire les choses, de critiquer le monde réel, de montrer son absurdité (ex. l'idée, chez Voltaire [*Zadig, Candide*] d'un Destin versatile et ironique, venue de l'univers des contes orientaux aux rebondissements « magiques ») et de lui opposer un monde idéal, souvent inventé de toutes pièces.

FANTASTIQUE

Fantastique se dit d'une œuvre où se mêlent le naturel et l'étrange de façon si inquiétante que le lecteur hésite entre une explication rationnelle et une explication surnaturelle des événements. Cette hésitation, ce doute constituent le principe même du genre fantastique.

En effet, le fantastique se distingue :

• de la pure fiction qui, elle, ne prétend pas se donner des apparences de réalité ;

• du merveilleux* qui fait appel à des présences surnaturelles et prend place dans un univers utopique factice.

Le fantastique, lui, cherche à montrer les surprises de notre monde habituel.

TEXTES : **Cazotte,** *Le Diable amoureux,* 1772. **Hoffmann,** *Les Elixirs du diable*, 1816 ; *Contes des frères Sérapion,* 1819-1821. **Balzac,** *La Peau de chagrin*, 1831. **Nodier,** *La Fée aux miettes,* 1832. **Gautier,** *La Morte amoureuse,* 1836. **Mérimée,** *La Vénus d'Ille,* 1837. **Poe,** *Nouvelles histoires extraordinaires,* 1845. **Villiers de l'Isle-Adam,** *Contes cruels,* 1883. **Maupassant,** *Le Horla,* 1887. **Kafka,** *La Métamorphose,* 1916. **Matheson,** *Les Mondes macabres*, 1977.
OUVRAGES CRITIQUES : **Castex,** *Le Conte fantastique en France de Nodier à Maupassant,* 1951. **Caillois,** *Images, images,* 1966. **Ostrowski,** *The Fantastic and the Realistic,* 1968. **Todorov,** *Introduction à la littérature fantastique,* 1970. **Vax,** *Les Chefs-d'œuvre de la littérature fantastique,* 1979.

A. Les sources

1. La curiosité pour des domaines interdits à la science et à la connaissance claire de la raison :
- le surnaturel ;
- les zones obscures que prétend explorer l'occultisme ;
- des phénomènes mal expliqués comme le magnétisme animal, les phénomènes électriques, la transmission de pensée, les phénomènes de psychiatrie, de psychanalyse, etc.

2. Une réaction contre le rationalisme lorsqu'il devient trop envahissant. C'est ainsi que le conte fantastique s'épanouit en France au XIXe s., en pleine période de croissance économique et de développement scientifique. Villiers de l'Isle-Adam fait même de ses œuvres une machine de guerre contre le scientisme. Ce phénomène de réaction est encore plus net au XXe s., si l'on observe en particulier l'audience importante des voyants, astrologues... et le succès remporté par le cinéma fantastique.

3. Le trouble intérieur de la conscience de l'écrivain qui provoque en lui des cauchemars, des visions, parfois liés d'ailleurs à sa croyance en l'irrationnel. Nodier traumatisé par les massacres de la Révolution, Poe enclin à l'alcoolisme, Maupassant marqué par la débâcle de 1870, sont quelques exemples d'auteurs d'une forte sensibilité qui se libèrent ainsi de leurs angoisses. La même curiosité et la même sensibilité sont chez le lecteur nécessaires à la réceptivité du fantastique.

B. Les procédés

1. Cultiver l'ambiguïté, l'équivoque : pour que le lecteur entre dans le monde fantastique et y croie, il ne faut pas lui assener d'emblée une kyrielle de phénomènes surnaturels, mais l'amener progressivement, imperceptiblement, à passer du monde réel à ... « l'autre », l'étrange, l'inquiétant. La narration doit donc le laisser indécis entre réalité et illusion, lui faire soupçonner que la nature des objets, lieux, phénomènes est équivoque ; en fin de compte elle doit « savoir donner l'impression que nous parlons d'un monde où ces manifestations saugrenues figurent à titre de conditions normales » (Sartre, *Critiques littéraires,* 1943).

2. La transgression du réel : selon Ostrowski l'expérience réelle se ramènerait au schéma suivant : des personnages (formés de matière 1 et de conscience 2) et le monde des objets (eux-mêmes composés de matière 3 et situés dans l'espace 4) sont pris dans une action (5) régie par une causalité (6) et/ou des buts (7), fixés dans le temps (8). Le fantastique surgirait dès que la contrainte exercée par un ou plusieurs de ces huit éléments serait transgressée : par exemple l'identité du personnage n'est plus assurée, le temps ne se déroule plus linéairement...

3. Les thèmes qui favorisent ce mécanisme : Caillois en a relevé un nombre restreint :
- le pacte avec le démon (cf. *Faust ; La Peau de chagrin*) ;
- l'âme en peine qui exige une action pour assurer son repos ;
- la mort personnifiée apparaissant au milieu des vivants ;
- la « chose » indéfinissable, mais qui pèse (cf. *Le Horla*) ;
- les vampires... ;
- la statue, le mannequin ou l'automate qui s'animent (cf. *La Vénus d'Ille*) ;
- la malédiction d'un sorcier ;
- la femme-fantôme, séductrice et porteuse de mort (cf. *Le Diable amoureux*) ;
- l'interversion des domaines du rêve et de la réalité (cf. *Aurélia*) ;
- une (partie de) maison, une rue effacées de l'espace (cf. « Escamotage » in *Les Mondes macabres*) ;
- l'arrêt ou la répétition du temps (cf. *Les Mondes macabres*).

On pourrait y ajouter :
- le thème du double (cf. R.L. Stevenson, *Le Cas étrange du docteur Jekyll et de M. Hyde* ; J. Green, *Le Voyageur sur la terre* ; M. Aymé, *Le Passe-muraille*) ;
- l'effacement des limites...

4. Les procédés linguistiques :
- une énonciation fréquemment à la première personne pour favoriser les incertitudes du narrateur ;
- le jeu des énumérations pour brouiller l'esprit (ex. Rabelais, d'Aubigné) ;
- des descriptions qui tendent à l'abstraction afin de remettre en cause les cadres de notre perception ...

C. Les buts

Le fantastique n'est pas toujours pratiqué pour lui-même : il peut apparaître de façon ponctuelle dans des récits plus réalistes. Dans tous les cas, il répond à certaines exigences :
- la volonté de produire des impressions de terreur, d'angoisse, la recherche des émotions fortes dans un monde trop « civilisé » (ex. le cinéma fantastique de nos jours) ;

• le désir d'accéder à des connaissances réputées inaccessibles : ex. l'avenir chez Rabelais, la Sibylle de Panzoust (cf. *Tiers Livre,* chap. 17) ;
• une volonté édifiante, moralisatrice : le trouble qui naît du récit fantastique doit ramener le lecteur dans la droite ligne du « bien » (ex. la féminité corruptrice chez F. de Rosset, *Histoires tragiques de notre temps*) ; au XIXe s., le lien est étroit entre fantastique et sens du péché ;
• un détachement ironique face à une réalité dont on ne sait trop que penser (ex. Mérimée et l'opinion de Sartre : « Le fantastique humain, c'est la révolte des moyens contre les fins »).

FARCE

Au Moyen Age, plus particulièrement dans le dernier quart du XIIIe s., naît la farce, issue des contes et fabliaux médiévaux. C'est une pièce comique, d'abord solidaire du mystère* tout en lui étant opposée.
Aux XVIe et XVIIe s., elle subsiste comme pièce bouffonne en ne modifiant que ses figures et les coutumes sociales qu'elle met en scène.
De nos jours on la retrouve dans les sketches comiques du cinéma muet (ex. Charlot, Buster Keaton ; cf. Burlesque) et même dans les saynètes du petit théâtre télévisé.

TEXTES : *La Farce du cuvier,* XVe s. ; *La Farce de Maître Pathelin*, vers 1465. **Molière,** *La Jalousie du Barbouillé,* 1660 ; *Le Médecin volant,* 1645 ; *Les Précieuses ridicules,* 1659 ; *Sganarelle ou le Cocu imaginaire,* 1660 ; *L'Ecole des maris,* 1661. **Lesage,** *Les Eaux de Merlin,* 1715. **Jarry,** *Ubu roi,* 1888.

A. Ses procédés

1. Une intrigue simple, voire rudimentaire, traitée en un seul acte. Sur sa trame linéaire, s'enchaînent des situations de gros comique aux sujets traditionnels : cocuage, rapports sociaux où domine la tromperie. Les procédés, eux aussi, sont éprouvés : déguisement, cachette, bastonnade, inversion (voleur volé), répétition... (cf. Comique).

2. La saveur du langage populaire : à la différence de la commedia dell'arte qui privilégie la gestuelle (son influence se fera sentir plus tard), la farce en France donne la priorité au verbe : bagout, boniment, calembours, astuces, grivoiseries, néologismes, jeux de mots sur les sens propre et figuré, jargon et style macaronique...

3. Des personnages fantoches, c'est-à-dire des types, réduits à un seul trait, sans caractère individuel, aux réactions mécaniques, prévisibles, qui ne donnent pas l'impression de liberté individuelle : ex. le soldat fanfaron, le galant, le barbon amoureux, Polichinelle, Sganarelle...

4. Un comique de gestes, de mouvements et de formes : exagération des attitudes, silhouettes contrastées, tics, gestes grossiers (cf. Comique) empruntés à la commedia dell'arte.

B. Sa portée

1. Une rupture de détente : c'est ce qu'offre la farce dès le Moyen Age au milieu de la tension des mystères. Elle permet au spectateur de prendre une certaine distance, elle le place hors de la vie courante, d'autant plus que son caractère atemporel, sans références précises, évite trop de renvois aux circonstances vécues. Elle libère donc de la pesanteur sociale, mais non de l'angoisse métaphysique.

2. Le réalisme qui anime la farce va peu à peu en faire un miroir déformant. Elle utilise alors des personnages et une société en réduction qui offrent une image satirique du monde : ex. la folie meurtrière du père Ubu qui, sur le mode de la farce, dénonce l'absurdité du monde. Cependant, là encore, cela se fait sans révolution : on se moque pour rire, mais sans intention de rien changer.

C. Farce et comédie

La filiation s'observe essentiellement chez Molière, qui a pratiqué les deux genres.

1. Les points communs :
— les sujets (cf. *L'Ecole des femmes*) ;
— le comique de mots, de gestes, de mouvements, parfois de formes (cf. *Les Fourberies de Scapin*) ;
— les types de fantoches (Mascarille, Jodelet, Scapin, Sganarelle, le vieillard amoureux, le père trompé, la folle (Bélise), etc.) ;
— les éléments de comique transformés en fantaisie (cf. *Le Bourgeois gentilhomme, Le Malade imaginaire* ; cf. Comédie).

2. Les ajouts de la comédie : — une intrigue plus fine liée aux caractères (cf. Caractère) ; — un comique plus délicat ; — la peinture des mœurs ; — les personnages vivants et complexes (cf. Caractère, Personnage) ; — les idées, une morale (cf. Bienséance).

FATALITE

Le mot fatalité vient du mot latin *fatum* (« ce qui a été dit, fixé ») et désigne la puissance contre laquelle la volonté de l'homme ne peut rien. Elle se distingue du destin, loi suprême qui enchaîne les événements avec une prédestination absolue, dans la mesure où elle signifie surtout l'opposition au libre arbitre de l'homme.
Le fatalisme est la doctrine qui considère que les événements sont fixés à l'avance par une cause unique et que la volonté n'y peut rien changer.
Le déterminisme* considère en revanche que les événements, et en particulier les actions humaines, dépendent de causes qui les ont amenés nécessairement et auront des conséquences inévitables, mais cette causalité n'est pas extérieure à l'univers, elle découle de sa logique interne.

A. Les formes de la fatalité

1. Dans une perspective métaphysique :
• chez les Anciens : — le destin, puissance surnaturelle et indépendante de la volonté des dieux (cf. *Œdipe roi* de Sophocle) dont on retrouve l'idée dans l'amour-fatalité qui lie Tristan à Iseut et dans *Manon Lescaut* (rencontre de Manon et des Grieux) ; — la volonté des dieux ;
• la prédestination : Dieu choisit les élus auxquels il accorde sa grâce pour être sauvés (cf. Pascal, *Pensées* ; Mauriac, *Thérèse Desqueyroux*) ;
• la Providence : l'intervention de Dieu pour conduire les événements et les créatures vers les fins prévues par sa sagesse et sa bonté (ex. Bossuet, *Discours sur l'histoire universelle*).

2. Dans une perspective naturelle ou expérimentale :
• le déterminisme de la nature* lié aux lois de la physique (cf. supra) ;
• la fatalité de l'histoire, c'est-à-dire que certains enchaînements d'événements sont nécessaires et échappent à la volonté : — enchaînements économiques (idées du marxisme) ; — enchaînements dus à la nature des

régimes, des lois (cf. idées de Montesquieu) ; — devenir assez mystérieux (cf. Tolstoï, *Guerre et Paix*) ;
• la fatalité sociale : la forme même de la société à une époque impose à l'individu des contraintes inéluctables : ex. chez Vigny (cf. *Destinées*), le machinisme, l'industrialisme, la servitude du poète, du soldat, l'esclavage social ; et aussi les préjugés, les passions nationales, la guerre, etc. (cf. le personnage de Meursault) ;
• la fatalité des passions : — elles sont parfois si fortes qu'elles annihilent notre volonté, (cf. les héros de Racine) ; — il existe un déterminisme moral : nous ne pouvons pas agir autrement que nos tendances et l'influence sur nous des causes physiques nous obligent à le faire (cf. Diderot, *Jacques le Fataliste*) ;
• la tyrannie du corps sur l'esprit : nous sommes soumis aux lois nécessaires de la vie physiologique, hérédité, etc. (cf. Naturalisme) ;
• chez les Romantiques, la croyance qu'un destin mauvais s'acharne sur un individu d'élite que la grandeur même de son malheur rend supérieur à ses semblables. En réalité, il s'agit d'un sentiment aigu des fatalités vues supra, joint à une crise de la raison, incapable de les concevoir lucidement, et de la volonté, incapable de les surmonter (cf. Mal du siècle, Romantisme) ;
• au XXe s., le sentiment de l'absurde*, né du divorce entre l'homme et le monde, auquel son esprit ne trouve aucun sens satisfaisant, qui contredit ses aspirations et dont il trouve les fatalités inadmissibles.

B. Attitudes face à la fatalité

1. L'accepter :

• pour des raisons religieuses (ex. les Jansénistes) ;
• pour des raisons scientifiques (ex. Zola, Montesquieu) ;
• par abdication de la volonté, attirance de l'abîme, etc. (ex. Manon Lescaut qui croit à « l'ascendant de [sa] destinée »), par pessimisme (ex. angoisse du XXe s., acceptation de la guerre dite « fatale »...) ;
• mais aussi, de manière plus positive, par refus des compromissions (ex. Electre de Giraudoux ou Antigone d'Anouilh, qui acceptent leur destin, car lutter contre, ce serait se souiller moralement).

2. L'analyser lucidement :

• au XVIIIe s., les philosophes* analysent les fatalités métaphysiques, le déterminisme. Ainsi Voltaire (cf. *Zadig, Candide*) remet en cause la notion de Providence, que Diderot caricature dans *Jacques le Fataliste* ;

• au XIXe s., Vigny (cf. *Les Destinées*) fait une sorte d'historique de la fatalité et dénonce la supercherie de la grâce ;
• au XXe s., des auteurs comme Giraudoux, Jules Romains, Martin du Gard démontent les mécanismes de la guerre dite « fatale ».

3. La surmonter :
• par la lucidité : en s'apercevant que certaines prétendues fatalités sont des illusions de l'homme ou des inventions pour le tromper (ex. la métaphysique*, la guerre : cf. Voltaire, *Candide*) ;
• par l'énergie que donne une passion : ex. Fénice (dans *Cligès*) qui déploie toute son ingéniosité pour sauvegarder son honneur et la liberté de son cœur à la différence d'Iseut ;
• par la dignité : même si on se sait vaincu d'avance, en agissant comme doit le faire un homme, sans tenir compte de la fatalité (cf. Auguste qui cherche à se dépasser, Electre et Antigone ; cf. Révolte) ;
• par l'art* de vivre : ex. le goût de l'aventure, l'amour de tous les possibles pour Jacques le Fataliste ;
• par la solidarité (cf. *La Peste*) ;
• par l'art : « L'art est un anti-destin » (Malraux, *Les Voix du silence*).

FEERIE

Au départ le mot désigne une œuvre dramatique fondée sur le merveilleux, mais rapidement il s'applique à un univers « irrationnel et poétique » (Cocteau).

TEXTES : • Œuvres littéraires : chez **Rabelais ; Skakespeare,** *Songe d'une nuit d'été,* 1595 ; **Corneille,** *Andromède,* 1650 ; **La Fontaine,** *Fables,* 1668-94 ; **Molière** *Psyché,* 1671 ; *Contes* de **Perrault,** 1697 ; *Mille et Une Nuits,* vers 1400 (connues en Occident au XVIIIe s.) ; **Voltaire,** *Zadig,* 1748 ; **Nodier,** *Contes*, en particulier *Trilby*, vers 1830 ; **Arnim,** *Contes bizarres,* posth. 1841 ; **Hugo,** *Les Djinns,* Contes du *Voyage du Rhin,* 1842 ; **Giraudoux,** *Ondine,* 1939 ; **M. Aymé,** *Contes*, 1934 ; **Tolkien,** *Le Seigneur des Anneaux,* 1949.

• Dessins animés : *Peter Pan ; Alice au Pays des Merveilles ; Blanche-Neige* de **Walt Disney** ; *La Planète sauvage* de **R. Topor.**

A. Les moyens

1. Recours au merveilleux* païen ou chrétien, en particulier grâce à :
• des êtres : génies, lutins, gobelins, farfadets, gnomes, ondines, fées, sylphes, sylphides, elfes, korrigans, Père Noël, monstres ;
• des procédés : magie, enchantement, sorcellerie, sortilège, maléfice, envoûtement, miracle, métamorphose, songe, prophétie.

2. Recours à l'animisme : plantes, animaux, choses pensent, éprouvent et parlent ; ce sont parfois des hommes métamorphosés.

3. Moyens esthétiques :
• accentuer la beauté ou la laideur, l'étrangeté des êtres, des édifices, des objets, des moyens de transport, etc. ;
• truquer la nature, la rendre artificielle (ex. dessins animés) ;
• créer une atmosphère de rêve et enchanter l'imagination (ex. les décors de théâtre comme celui de la mise en scène de Lavelli pour *Le Songe d'une nuit d'été*) ;
• avoir recours à la fantaisie* ;
• inventer des créatures idéales qui cristallisent notre sensibilité (cf. Ondine).

4. Utilisation du symbolisme moral :
• mettre en scène des allégories figurant la lutte du bien et du mal, de la liberté contre la fatalité... ;
• satisfaire les aspirations idéales de la sensibilité (cf. supra).

5. Procédés de la technique moderne :
• trucages cinématographiques ;
• phénomènes naturels mieux perçus grâce aux caméras ou appareils photos (macro-photographie) : paysages lunaires, vie des animaux, éclosion des plantes... ;
• la science est même une nouvelle source de féerie : — par la beauté étrange de ses phénomènes (cf. les spectacles du Palais de la Découverte, la Cité des Sciences et la Géode de la Villette) ; — par ses applications : beauté des machines, électricité, villes, monuments illuminés, expositions, etc. ; miracles que réalise la science : télévision, radio, etc.

B. Son intérêt

1. Procurer l'évasion*, faire jouer l'imagination.

2. Contribuer au fantastique* lorsque domine le mystère : la féerie personnifie en effet des fantômes de l'imagination et de la sensibilité et recrée le monde de l'enfance, du rêve*, des chimères*, de l'idéal, de l'inconscient. C'est elle qui provoque la hantise du surnaturel, de l'irrationnel, de l'inexpliqué, des forces instinctives.

3. Instruire sur le plan :
- intellectuel : connaissance de l'homme et de la nature ;
- moral : comme dans les cas du conte*, de la fable*, du mythe*, du symbole*, elle exprime une moralité, parfois provoque une critique* sociale ou exprime l'âme d'un peuple.

EMME

A CONSULTER: **S. de Beauvoir,** *Le Deuxième Sexe,* 1949. **P.-L. Rey,** *La Femme,* 1972. **A.-M. Le Corguillé, L. Bacherot,** *Femmes écrivains,* 1978.

A. Rapports de la femme à la littérature

1. Elle est inspiratrice, c'est-à-dire qu'elle sert de muse ou de sujet à l'écrivain : son image est étudiée en B, C, D.

2. Elle est animatrice de cercles ou de mouvements littéraires : depuis les Précieuses du XVIIe s. qui recevaient dans leurs salons (ex. Mme de Rambouillet, Mlle de Scudéry ; cf. Préciosité) et développaient la vie culturelle, jusqu'à l'actuel prix Fémina, la femme a souvent été l'instigatrice de ce foisonnement intellectuel : salons et ruelles se perpétuent aux XVIIIe s. (ex. Mme de Lambert, Mme Geoffrin) et XIXe s. (cf. les soirées de Mme de Bargeton à Angoulême) et réunissent les grands noms de l'époque ou de l'endroit.

3. Elle est créatrice : même si les femmes écrivains sont relativement rares avant le XXe s. (ex. L. Labé, Mme de Lafayette, Mme de Sévigné, Mme de Staël, George Sand, L. Michel), leur talent s'épanouit avec l'évolution des mœurs et la liste s'allonge de nos jours : Colette, E. Triolet, S. de Beauvoir, M. Duras et M. Yourcenar, première femme élue à l'Académie française... sans omettre l'éclosion de la littérature féminine, voire féministe, dans les années 1970.

B. La femme mythique

1. Comme femme, susceptible d'être une maîtresse :

• sa beauté est constamment évoquée (ex. les comparaisons avec les fleurs ; Gautier, Valéry) même si on souligne son éphémère fragilité (cf. Ronsard, « Mignonne, allons voir... » ; Queneau, « Si tu t'imagines... ») ;

• l'amour* qu'elle inspire, comme celui qu'elle partage, est un thème récurrent, qu'il soit courtois (cf. *Tristan et Iseut ; Lancelot*), galant (cf. *Les Amours* de Ronsard), romanesque (cf. *La Princesse de Clèves*) ou romantique, parfois érotique (ex. Crébillon, Sade ; sur le mode léger dans le théâtre de Labiche ; Violette Leduc) ;

• de ce fait elle devient souvent muse ou égérie (ex. George Sand pour Musset, Marie Dorval pour Vigny, Juliette Drouet pour Hugo, Julie Charles pour Lamartine, Louise Colet pour Flaubert...) ;

• elle est elle-même capable de passion qui : — la dévore, la dégrade, la rendant violente, ambitieuse, jalouse (ex. Hermione, Agrippine, Phèdre), — ou, au contraire, la réhabilite (cf. les courtisanes transfigurées par l'amour : Manon, Coralie, Carmen).

2. Comme mère, épouse, sœur, confidente : elle offre la protection, la fidélité (cf. Andromaque, Alcmène, l'Eve de Péguy), la consolation (cf. Lucile pour Chateaubriand), la complicité (cf. « Mon enfant, ma sœur » de Baudelaire, « L'Invitation au voyage »). Elle prête parfois son visage à la Nature*, mère universelle d'où tout provient.

C. La femme symbole

Dans l'imagination des écrivains, en particulier des Romantiques, la femme se partage entre une tradition platonicienne et une tradition chrétienne qui donnent d'elle des images contradictoires ; est-elle :

1. Ange... Elle est en effet parfois valorisée pour son dévouement, sa douceur (cf. B 2), son héroïsme* (cf. Judith). Innocente, elle symbolise la création, la fécondité, la virginité ; soumise, elle représente aussi la fragilité et la passivité. Elle reste cependant celle qui insuffle à l'homme l'audace, l'enthousiasme et l'énergie nécessaires pour créer et agir (cf. Eva de « La Maison du berger » ; Michelet, *La Femme*, 1859). Cette idée que la femme fait la force de l'homme se retrouve au XXe s. : « La femme est l'avenir de l'homme » (Aragon) ; « Tu es le grand soleil qui me monte à la tête / Quand je suis sûr de moi » (Eluard).

2. ... ou démon ?
• en amour, elle est donnée pour volage, méchante, jalouse ;
• intellectuellement, elle semble souvent avoir la tête remplie de chimères* (cf. Emma Bovary) ;
• moralement, elle apparaît comme une mondaine, frivole et même perverse (cf. Célimène, Marianne, Anastasie de Restaud, Delphine de Nucingen, Odette de Crécy, Hélène), voire fille de Satan (cf. *La Morte amoureuse* de Gautier ; ex. Baudelaire). Coupable, elle incarne la tentation (cf. *La Sorcière*), la chute (cf. la faute d'Eve, les femmes fatales comme Dalila chez Vigny).

D. La femme réelle

1. Sa place dans la société a été évoquée à travers :
• sa vie professionnelle, rarement citée — et pour cause ! — jusqu'au XVIIIe s. (les seules professions mentionnées sont servante, comédienne) ; elle se diversifie et se concrétise à partir du XIXe s. : elle est paysanne (ex. George Sand, Zola), ouvrière (ex. Hugo, Zola), étudiante, intellectuelle, écrivain, médecin (ex. Malraux, Aragon, S. de Beauvoir, R. Deforges) ... et se lance dans le militantisme (ex. F. Tristan, L. Michel) ;
• son éducation (cf. *Clélie, Les Femmes savantes, L'Ecole des femmes, L'Emile, Les Cloches de Bâle, Les Mémoires d'une jeune fille rangée*), qui fait l'objet de revendications croissantes pour une égalité de formation.

2. Une femme nouvelle commence à se dessiner au XIXe s. : Stendhal donne corps et âme à ses héroïnes (cf. Mathilde de la Mole), il en fait des femmes volontaires et libres, dégagées des dogmes. Ce n'est sans doute pas le premier exemple (cf. *la Princesse de Clèves*), mais surgit à ce moment-là une conscience plus aiguë de la situation sociale de la femme : Michelet, Hugo, George Sand réfléchissent sur sa spécificité. Le XXe s. voit se multiplier les héroïnes à part entière, bien individualisées, tant en littérature (cf. Aragon, *Les Cloches de Bâle,* 1934) qu'au cinéma.

3. « Paroles de femmes » : c'est surtout à la fin du XIXe s. et au XXe s. que les voix de femmes se font réellement entendre sans le truchement d'écrivains hommes. Les militantes utopistes et socialistes (ex. L. Michel, F. Tristan : la femme est « le prolétariat du prolétariat »), puis le courant féministe (cf. les garçonnes, les suffragettes ; ex. Colette, S. de Beauvoir, H. Cixous, M. Righini, A. Leclerc, B. et F. Groult...) ont donné sa propre parole à la femme, en revendiquant sa différence dans un monde organisé et dominé par les hommes.

IGURES

A. Inventaire

En rhétorique, toute manière de s'exprimer qui modifie le langage ordinaire pour le rendre plus expressif.

1. Figures de mots : celles qui modifient les mots mêmes, ou leur assemblage ordinaire :
- dans leur forme (figures de diction) : ex. apocope, allitération ;
- dans leurs rapports grammaticaux (figures de construction) : ex. ellipse, inversion, pléonasme, répétition, etc ;
- dans leur signification (notamment par l'emploi du sens figuré : tropes) : ex. métaphore, métonymie, hypallage, antiphrase, euphémisme, allégorie, allusion, ironie, etc.

2. Figures de pensée : celles qui, sans toucher aux mots, modifient l'expression de la pensée, par le mouvement et le tour que lui donnent certains sentiments : ex. antithèse, apostrophe, exclamation, interrogation, énumération, gradation, réticence, interruption, périphrase, hyperbole, litote, prétérition, prosopopée, etc.

TEXTES : **Fontanier,** *Les Figures du discours,* 1821 ; **G. Genette,** *Figures,* I, II et III, 1966-1969-1972.

B. Emploi

Pour étudier le style* d'un texte, il ne faut pas se contenter de relever les figures et de les dénommer, mais préciser, chaque fois, leur effet, c'est-à-dire la couleur particulière qu'elles donnent à l'idée. Les figures peuvent en effet être employées :

1. Par pure convention, pour correspondre :
- à une idée préconçue de ce qui donne au style de l'élégance (cf. Convention) ;
- à un goût délibéré pour l'artifice (cf. Préciosité, Baroque).

2. Par adaptation exacte à la pensée de l'écrivain : les figures peuvent alors traduire avec pertinence son génie*, son univers* ou celui de ses personnages. Par exemple, la métaphore, chez Baudelaire, est la figure parfaitement adéquate pour exprimer les correspondances* puisqu'elle établit une similitude entre deux réalités d'ordre différent. Leur emploi se justifie également pour rendre certains sentiments (ex. ellipses et brachylogies pour exprimer le lyrisme* ; interrogations rhétoriques, exclamations pour l'indignation chez Bossuet).

FOLIE

Ce thème constitue l'une des interrogations primordiales de toute civilisation : une communauté humaine se construisant au moyen de normes intellectuelles et sociales, l'écart par rapport à ces normes, ce qu'on appelle la folie, existe conjointement. De plus, l'écriture qui se nourrit d'imaginaire est, d'une certaine manière, folie.

TEXTES : Les soties au XVIe s. **Erasme,** *Eloge de la folie,* 1511. **Rabelais,** *Le Tiers Livre,* 1546. **L. Labé,** *Le Débat de Folie et d'Amour* 1555. **Cervantès,** *Don Quichotte,* 1605-1615. Oreste in **Racine,** *Andromaque,* 1667. **Nerval,** *Aurélia,* 1865. **Maupassant,** *Le Horla,* 1887. **Kafka ,** *La Métamorphose,* 1916. **Pirandello,** *Henri IV,* 1922. **Artaud,** *Lettre aux médecins-chefs des asiles de fous,* 1925. **Camus,** *Caligula,* 1944. **Giraudoux,** *La Folle de Chaillot,* 1945.
A CONSULTER : **Foucault,** *Histoire de la folie à l'âge classique,* 1961. Les tableaux de Bosch et Brueghel, ainsi que de Van Gogh.

A. Ses formes

Beaucoup de comportements passent pour folie :
• le délire psychotique, au sens médical, provoquant le dédoublement (ex. Nerval, Maupassant) ;
• le rêve*, le fantasme, le cauchemar ;
• la fureur poétique, l'inspiration* ;
• le délire prophétique ;
• l'amour (ex. L. Labé), et tout ce qui relève des passions*, d'après les stoïciens ;
• la « folie de Dieu », l'extase mystique, ce qui s'oppose à la prétendue sagesse* du monde, selon le thème de l'inversion biblique de la folie en sagesse : « Enfin, les fous les plus extravagants ne sont-ils pas ceux

qu'a saisis tout entiers l'ardeur de la piété chrétienne » (Erasme) ;
• la sagesse* des autres : « J'ai peur d'être dans une maison de sages et que les fous soient au dehors » (Nerval, « Lettre à Mme de Girardin », 27 avril 1841).

B. Ses effets

L'image de la folie a évolué de sorte que l'on voit successivement en elle :

1. Des aspects néfastes :
• au Moyen Age, elle est une forme de l'angoisse de la mort* et inquiète dans la mesure où elle paraît liée « aux forces obscures du monde », « à une continuelle possibilité de métamorphose », « à la fascination d'un savoir ésotérique et interdit », et l'on retrouve alors cette condamnation théologique de la curiosité, si fréquente au XVIe s. : « la folie devient le suprême péché et la suprême tentation » (D. Ménager, *Introduction à la vie littéraire du XVIe siècle*) ;
• par ailleurs, à toutes les époques, elle dégrade la personnalité, parfois dans la souffrance (ex. Oreste, le personnage du *Horla*).

2. Une fécondité, déjà soulignée par Erasme :
• elle est mère des arts ;
• elle fait naître le désir de gloire : « La vie entière des héros n'est qu'un jeu de la Folie » ;
• elle est maîtresse de vertu, malgré ce qu'en disent les stoïciens, et Montaigne s'accorde à reconnaître ses bienfaits : « Aucune âme excellente n'est exempte de mélange de folie. Et on a raison d'appeler folie tout élancement, tant louable soit-il, qui surpasse notre jugement et discours » ;
• le plus grand bien qu'elle procure peut-être est le bonheur, ignoré des sages et des prudents (cf. Sagesse). Par conséquent « la folie n'est pas liée au monde et à ses formes souterraines, mais bien plutôt à l'homme, à ses faiblesses, à ses rêves et à ses illusions. Tout ce qu'il y avait de manifestation cosmique obscure dans la folie telle que la voyait Bosch est effacé chez Erasme » (M. Foucault) ;
• elle est aussi perçue comme porteuse de vérité, car les fous sont souvent ceux qui arrachent les masques d'une « raison* » hypocrite et conformiste qui ne serait qu'un consensus social (cf. les soties, les fous pour Pantagruel, Triboulet).

C. Folie et écriture

1. Représenter la folie (cf. *Aurélia ; Le Horla*) est une façon de mettre

à distance, d'y échapper. C'est d'ailleurs une thérapie possible, celle conseillée par le docteur Blanche à Nerval : « J'entreprends d'écrire et de constater toutes les impressions que m'a laissées ma maladie. (...) Jamais je ne me suis reconnu plus de facilité d'analyse et de description. J'espère que tu en jugeras ainsi toi-même » (Lettre de Nerval à son père, 2 décembre 1853). L'écrivain y trouve alors une inspiration* plus forte, une exaltation qui lui donne du génie* ; cf. A. Dumas disant de Nerval : « Alors notre pauvre Gérard, pour les hommes de science, est malade et a besoin de traitement, tandis que pour nous il est tout simplement plus conteur, plus rêveur, plus spirituel, plus gai ou plus triste que jamais ».
De même, Kafka fait comprendre à un ami qu'il écrit parce que, sinon, il deviendrait fou et Blanchot commente : « Il sait qu'écrire est déjà folie, est sa folie, sorte de veille hors conscience, insomnie. Folie contre folie : mais il croit qu'il maîtrise l'une en s'y abandonnant » (*L'Ecriture du désastre,* 1980).

2. L'écriture en folie : à côté d'une expression de la folie très maîtrisée par le langage (cf. l'exploitation des allitérations pour dire la folie d'Oreste : « Pour qui sont ces serpents qui sifflent sur vos têtes ») existe une écriture elle-même plus folle, qui se livre à un délire verbal, parfois sous la forme d'une orgie de mots. C'est d'une certaine manière la joyeuse tentation de Rabelais, l'expérience de Rimbaud, l'œuvre de J.-P. Brisset (cf. *La Science de Dieu,* 1900), l'écriture automatique des Surréalistes, le langage brisé d'Artaud (cf. *L'Ombilic des limbes ; Le Pèse-Nerfs*), les « dérisoires jeux de mots », les « absurdes inventions » de Roussel (cf. M. Foucault, *Raymond Roussel,* 1963).

OND

C'est la matière de l'œuvre, isolée, dans la mesure du possible, du langage (appelé forme*) qui l'exprime. On considère dans le fond :
- les sujets et les thèmes ;
- les enchaînements d'événements qui font l'action* ;
- les remarques sur les caractères*, les mœurs*, etc., la psychologie et la personnalité des personnages* ;

- l'idée qu'on a ou qu'on veut donner de tout ce que l'on décrit ;
- toutes les idées, et leur enchaînement qui constitue l'argumentation, le raisonnement.

A. Fond et forme sont inséparables

« La forme ne peut se produire sans l'idée et l'idée sans la forme » (Flaubert).

1. Si l'on prend forme au sens strict de langage (cf. Style), ce qu'on appelle le fond ne nous parvient jamais que sous une certaine forme qui lui donne une physionomie propre, en sorte que les idées peuvent être de tout le monde, mais la façon de les exprimer est la marque originale de l'écrivain. On pourrait avoir toutes les idées de La Fontaine ou de Voltaire qu'on n'inventerait pas une fable ou un article du *Dictionnaire philosophique*.

2. Si l'on prend forme au sens large de « redistribution d'éléments puisés dans le réel » (cf. Style), la distinction entre fond et forme devient impossible puisque l'idée même qu'exprime le langage est déjà une forme que l'artiste a donnée au réel. La distinction du fond et de la forme est donc souvent artificielle ou équivoque.

B. Objections

On peut toutefois remarquer ceci :

1. Certaines œuvres visent surtout à nous communiquer des idées abstraites, que nous pouvons répéter, sous une autre forme, sans rien perdre de leur sens (ex. chez Montesquieu, Voltaire, les historiens, les philosophes). Il paraît possible, dans ce cas, d'isoler le fond de la forme, et de juger la valeur du fond indépendamment de la forme.

2. En revanche, d'autres œuvres cherchent à nous donner l'illusion de la vie, à nous suggérer un état d'âme, à nous représenter un univers différent de l'univers habituel (cf. Lyrisme, Poésie, Roman, etc.). Mais cette conception de l'écrivain est déjà une forme : non plus une collection d'idées abstraites, mais une chose unique et concrète, une vue personnelle sur le réel (cf. Style, Univers) ; et, en réalité, elle n'existe pas indépendamment du langage qui lui donne un corps, une unicité (ex. l'univers de Balzac, de Proust, etc).
Même s'il semble possible d'isoler du langage proprement dit quelque

chose d'abstrait qu'on appellera le fond, l'œuvre est un tout, dans lequel forme et fond sont unis, et aucune étude littéraire ne saurait les séparer.

C. Le point de vue de l'écrivain

Il conçoit quelque chose, mais il ne peut l'exprimer qu'à travers un langage : ce langage lui-même est fait de contraintes*. Il s'agit donc de faire passer dans le réel le possible qui est dans l'esprit, c'est-à-dire faire une œuvre. Dans cette création quels doivent être les rapports entre la conception, le schéma (le fond) et le langage (la forme) ?

1. **Pour certains, seule la conception compte :** l'écrivain doit avant tout bien savoir ce qu'il veut dire, et, en éclaircissant sa pensée, il trouvera par cela même la forme adéquate : c'est l'idée des Classiques*, de Stendhal (qui admirait le style du *Code civil*). C'est aussi, au fond, l'idée des Romantiques qui ont justement reproché aux Classiques d'accepter, dans le langage, des contraintes qui l'empêchent de s'adapter exactement à l'idée. Pour eux, le génie doit créer sa propre forme. Pour les Classiques, les contraintes* mêmes du langage obligent à mieux penser. Mais, dans les deux cas, la pensée doit dominer la forme.

2. **Pour d'autres (Vigny, les Parnassiens, Flaubert), il y a dans la forme, à cause de ses contraintes*, des ressources** qui ajoutent à la pensée beauté et durée ; d'où leur culte de la beauté formelle. A l'extrême limite, on pourrait concevoir une œuvre d'une beauté purement formelle (Flaubert voulait faire un roman sur rien, « qui tienne debout par le style ») : cf. l'attitude assez voisine des Précieux (cf. Préciosité), baroques, partisans de l'artificiel.

3. **Pour ceux qui pensent que la distinction entre le fond et la forme est vaine,** le but de l'art n'est pas de communiquer des idées abstraites, communes à tous, mais :
• ou bien de créer, avec des mots, ces sortes d'objets nouveaux que sont les poèmes (ex. Mallarmé). Dès lors l'essentiel, c'est la forme, c'est-à-dire l'utilisation de toutes les ressources possibles du langage qu'on a mûrement étudiées, tout comme un musicien utilise les notes et les instruments : l'idée n'est plus qu'un schéma initial, point de départ pour chercher toutes les combinaisons du langage. Mais, à la différence de Flaubert, la beauté de l'œuvre n'est pas purement formelle, indépendamment de toute idée ; au contraire, la forme même est idée, en ce sens que le poème est comme une émanation, une incarnation dans le concret de l'idée pure ;

• ou bien d'exprimer et de communiquer ce que le moi profond de l'artiste a d'unique (ex. Proust) et qui ne peut être intellectualisé en idées car ce serait perdre le caractère unique du réel ; seule la forme, et en particulier la métaphore, permet de saisir cette sensation originale du moi que ne conserve pas la mémoire intellectuelle.

4. Paul Valéry a bien analysé comment, au moment de la création littéraire, les idées influencent les mots, et réciproquement, de telle sorte que pensée et forme s'élaborent mutuellement (cf. Contraintes).

C'est, par opposition au fond*, la manière d'exposer le sujet d'une œuvre grâce à toutes les ressources offertes par le langage, le style* en quelque sorte. Elle repose sur :
• la composition, le plan ;
• la langue : vocabulaire, syntaxe ;
• des emplois particuliers (cf. Figures, Rythme*, Style).
En linguistique, c'est l'ensemble des aspects matériels et des relations qui constituent un énoncé ou un élément d'énoncé (ex. la forme phonique d'un mot).
Sur le problème de dissociation du fond et de la forme, cf. Fond.

A. Comment étudier la forme ?

Voici quelques pistes pour aborder l'étude de la forme :
• la composition : plan d'ensemble, proportion ou disproportion entre les parties, équilibre entre les paragraphes, entre narration et description...
• le vocabulaire : est-il recherché ? riche ? puissant ?
• la syntaxe : emploi des temps, jeu des pronoms, prédominance de phrases simples ou de phrases complexes...
• le jeu des points de vue : qui voit ? qui parle ? ; distinction entre auteur, narrateur, personnages (cf. Narration) ;
• les figures : emploi des figures* de style, des images (originales ? réalistes ? violentes ?), variété des métaphores ;
• le rythme* : harmonieux ? saccadé ?...

• la versification* : mètres employés, disposition des rimes, formes fixes ou formes libres...
• l'originalité de la forme par rapport au genre*, ou originalité des idées par rapport à l'époque, aux conventions* (cf. Imitation).

B. Le formalisme

On appelle ainsi l'attitude d'écrivains pour qui la forme* est l'essentiel.

1. Les raisons :
• pour certains, seule la vérité du fond compte, mais « tout est dit et l'on vient trop tard » : il reste à repenser cette vérité en lui donnant une forme nouvelle (ex. La Bruyère, mais aussi Pascal) ;
• seule la beauté ou l'originalité de la forme assure la pérennité de l'œuvre (ex. Alain, Giraudoux, et en général tous les stylistes) ;
• chaque artiste a sa vérité particulière qui ne se différencie que par la forme (ex. Proust, Verlaine) ;
• c'est la beauté, et donc la beauté* de la forme qui est la plus sensible (cf. Réalisme, l'art pour l'art, parfois le Parnasse ; ex. Flaubert) ;
• atteindre une réalité supérieure qui n'est pas accessible par la raison : pour Baudelaire, la beauté de la « surnature » que le poète découvre par l'extase, à la suite de quoi il cherche « à s'emparer immédiatement sur cette terre même d'un paradis révélé », à exprimer sa découverte par un art conscient utilisant toutes les ressources du langage ; pour Mallarmé, le poème lui-même, qui n'est qu'une émanation sensible de l'idée pure.

2. Les dangers : rompre avec le réel, aboutir à un pur jeu de la forme, à un nihilisme artistique (cf. Révolte ; Camus, *L'Homme révolté : Révolte et Art*).

FRANÇAIS

Le mot « Français » ayant deux sens (la langue* et l'habitant), c'est son second sens qui est étudié au cours de cet article.
Il est délicat d'accorder des qualités ou des défauts traditionnels à un peuple, mais à travers la littérature et l'histoire, se dégagent les traits généraux suivants :

A. L'attirance pour la raison*

On la constate à la fois sur le plan général (ex. Montaigne, La Fontaine, Molière, Boileau, Voltaire) et sur le plan plus philosophique (ex. la logique de Descartes). Elle entraîne :

1. Peu de goût pour la métaphysique* (ex. Voltaire, les philosophes du XVIIIe s.).

2. Un esprit* critique s'étendant aux propres mœurs françaises (cf. Montesquieu, *Les Lettres persanes* ; Voltaire, *Lettres philosophiques*) et pouvant dégénérer en une tendance à se plaindre de tout (cf. le Français râleur caricaturé dans la bande dessinée).

3. Le goût pour :
— la clarté* de la langue* ;
— les idées bien exposées, faciles à comprendre (cf. Classicisme, Romantisme) ;
— une analyse précise de la psychologie des personnages* de théâtre* ou de roman* (cf. la critique de Robbe-Grillet in *Pour un nouveau roman*) ;
— les idées générales : remonter des individus aux passions (cf. Moraliste), du particulier au général (cf. Philosophe) ;

4. Une réserve vis-à-vis de l'obscurité*, du fantastique*, du rêve*, du mystère*. S'ils sont présents dans la culture française (surtout aux XIXe et XXe s. ; cf. les expériences du Surréalisme*), ils sont malgré tout moins marquants que dans d'autres cultures (cf. la littérature allemande). La nouvelle* est un genre littéraire peu exploité.

B. Une certaine modération

Elle se remarque à la fois sur le plan :

1. Religieux (ex. Bossuet ; le déisme rationnel de Descartes, Voltaire, Hugo).

2. Moral (ex. Rabelais, Montaigne, Molière, La Fontaine).

3. Artistique : goût pour la mesure, l'harmonie (cf. Classicisme) ; moindre importance du baroque* que dans d'autres pays ; répugnance pour le barbare*, l'énorme : Shakespeare a été longtemps incompris ; pour Flaubert, il y a plus d'écrivains parfaits que « d'énormes génies ».

4. Mais il ne faut pas sous-estimer non plus :
— le mysticisme (ex. les cathédrales, Pascal, Péguy, Claudel) ;
— le goût de l'aventure (ex. Saint-Exupéry, Malraux) :

— l'héroïsme (cf. Bayard, les bourgeois de Calais, les personnages de Corneille) ;
— la volonté de puissance (cf. l'énergie* des personnages cornéliens ou balzaciens) pouvant aller jusqu'à la plus grande violence (cf. la Terreur) ;
— les tentations de l'obscurantisme et du fanatisme (cf. l'affaire Calas) ;
— la passion ;
— la démesure (ex. Rabelais, Hugo, Balzac).

C. La gaieté

Elle se retrouve dans :
- la gauloiserie : Rabelais, La Fontaine, Balzac (cf. *Contes drôlatiques*) ;
- l'esprit* : Voiture, Voltaire, etc. (cf. Badinage) ;
- l'ironie*, la satire, le comique*.

D. L'individualisme

Malgré un vernis social (cf. le goût de la conversation dans le monde*, de la bienséance* ; politesse ; esprit*), le Français résiste à tout ce qui tend à détruire la personnalité individuelle, comme l'État ou la religion, et manifeste un goût pour la liberté pouvant même friser l'indiscipline. A part quelques écrivains comme Rousseau ou Hugo qui célèbrent la fusion de l'âme individuelle avec la nature*, l'idée de l'universel est très peu traitée.

E. Le patriotisme

Un personnage, symbole de la patrie et du patriotisme en France, a inspiré les littérateurs depuis le Moyen Age : Jeanne d'Arc (cf. *La Pucelle ou la France Délivrée*, poème épique de J. Chapelain ; *La Pucelle d'Orléans*, de F. Schiller). Le personnage ne fut pas épargné par Shakespeare ou Voltaire. Son image est réhabilitée par Péguy, Anatole France, Claudel ainsi que Léon Bloy ou G. B. Shaw (*Sainte Jeanne*, 1924). Jeanne d'Arc inspira aussi de nombreux musiciens (Liszt, Verdi, Gounod...). Le patriotisme s'exalte lors de la Révolution française (cf. *Quatre-vingt-treize)* et devient un thème de l'idéal républicain au XIXe s. (cf. *Les Châtiments* ; *Le Peuple, L'Histoire de France*).
Après la Révolution de 1789 et l'affirmation de grands principes humanitaires, la France devient un modèle pour l'émancipation d'autres peuples (cf. le début de *La Chartreuse de Parme*).
Ce patriotisme s'exacerbe en nationalisme, surtout après la défaite de

1870 face à l'Allemagne (cf. *La Débâcle*). Mais dès avant la guerre de 14-18, et pendant et après cette guerre, certains écrivains chercheront à s'élever « au-dessus de la mêlée » : R. Rolland, *Jean-Christophe* ; H. Barbusse, *Le Feu* ; R. Martin du Gard, *Les Thibault* ; Jules Romains, *Les Hommes de bonne volonté*.
La guerre de 39-45 met à nouveau au premier rang la défense de la France (cf. Vercors, *Le Silence de la mer* ; Aragon, *Les Yeux d'Elsa, La Diane française*).

GENIE

Alors que le mot talent, qu'il soit naturel ou acquis, désigne plutôt la disposition à réussir dans un art, dans une activité, à exécuter une œuvre, le génie est la faculté supérieure de concevoir, d'imaginer, de créer un chef-d'œuvre*. Même s'il est parfois seulement en puissance (cf. infra), il permet l'invention*, implique l'inspiration et enchérit sur le talent.
De manière particulière, on peut parler du génie d'un peuple*, d'une langue* (au sens de nature propre, originalité, individualité).

A. Ses caractères

Le génie suppose :

1. Un don naturel et une part d'inspiration.

2. Mais aussi un travail* conscient, « une longue patience » — selon le mot de Buffon — pour se perfectionner : il fait appel autant au caractère (cf. Invention, Volonté) qu'aux facultés intellectuelles. Il peut être un « long refus » (Alain) de succès faciles pour trouver sa voie (ex. La Fontaine ; cf. Giraudoux, *Les Cinq Tentations de La Fontaine*).

3. On a dit qu'il existait parfois simplement à l'état potentiel, comme « engourdi », et constaté qu'il s'éveillait :
— à la faveur de circonstances particulières (ex. la souffrance* de Lamartine, Hugo, Musset : « Ah ! Frappe-toi le cœur, c'est là qu'est le génie ») ;
— à la faveur de circonstances générales (milieu*, moment, etc.) : cf. Barbare, Romantisme. Mais ces circonstances ne font pas le génie.

4. Le côté naturel, inspiré du génie peut aboutir au dérèglement de l'énorme ; le travail* qu'il suppose tempère ce défaut, mais la perfection technique pure peut paraître moins sublime que les trouvailles des écrivains inspirés. Le goût* peut corriger ce que l'inspiration a de désordonné, et ce que la technique a de trop formel et régulier.

B. L'écrivain de génie

1. Il est « l'expression de son siècle » (Balzac). On peut démontrer cela en retrouvant par exemple chez Ronsard, Racine, Molière, Voltaire, Hugo, tous les traits essentiels de leur époque :
- il « ressemble à tout le monde » (Balzac), car, il éveille en nous les idées confuses du vrai dont, sans lui, nous n'aurions pas conscience (ex. Boileau ; cf. Imitation), mais que nous portions déjà dans notre esprit ;
- ou, en un sens différent, après nous avoir étonnés par l'invention de son univers*, il nous apprend à voir le monde avec des yeux nouveaux si bien que nous croyons ensuite qu'on ne pouvait pas le voir autrement (ex. Proust).

2. Mais le génie n'est pas toujours reconnu par son siècle, car il a quelque chose qui dépasse celui-ci et s'adresse aux hommes de tous les temps (cf. Chef-d'œuvre). D'où une originalité du génie qui fait que finalement « personne ne lui ressemble » (Balzac).

GENRE

C'est un ensemble d'œuvres littéraires qui possèdent des caractéristiques communes définies par la tradition, sur le plan thématique (sujet, ton ; ex. le burlesque*, le tragique*, le comique*...) et sur le plan formel (ex. le sonnet, le vers libre).

A. Comment définir un genre ?

1. En fonction de l'énoncé : on distingue entre la prose et la poésie, et on obtient ainsi une classification des différentes formes existantes (cf. B).

2. En fonction de l'énonciation : selon la manière dont l'auteur intervient dans son œuvre, on obtient trois grandes catégories (cf. C).

B. Les principaux genres en fonction de l'énoncé

1. En poésie :
— le genre lyrique : cf. Lyrisme ;
— le genre épique : cf. Epopée ;
— le genre dramatique : tragédie*, comédie*, drame* ; pastorale, opéra, opéra-comique ;
— le genre didactique : épître, satire*, discours, fable* ;
— le genre pastoral ou bucolique : idylle, églogue.
— le genre élégiaque.

2. En prose :
— le genre oratoire : cf. Eloquence ;
— le genre historique : cf. Histoire ;
— le genre didactique : critique*, maximes, pensées, libelle, pamphlet, essai, propos, etc. ;
— le genre dramatique : tragédie*, comédie*, drame* ; pièce radiophonique, télévisée, etc. ;
— le genre épistolaire : lettres* ;
— le genre romanesque : nouvelle*, conte*, roman* (la nouvelle et le roman peuvent être psychologiques, réalistes, policiers, historiques, fantastiques, de science-fiction ; le roman peut aussi être pastoral, picaresque) ;
— le genre cinématographique : scénario, dialogue.

3. Remarques :
— L'énumération n'est jamais close (en prose, on aurait pu ajouter « article de journal » par exemple) et ne rend pas compte de toute la production littéraire.
— Certains genres peuvent être difficilement classés : le genre pastoral est parfois dramatique, didactique ou lyrique.
— Les genres évoluent (ex. la tragédie du XVIe s. à Voltaire), se mélangent (ex. la satire* lyrique ; cf. D), meurent, d'autres naissent pour répondre à divers besoins (cf. Romantisme).
— Il semble que chaque époque soit marquée par un genre dominant : la poésie épique au Moyen Age ; la poésie lyrique au XVIe s. ; la poésie dramatique au XVII es. ; l'essai critique au XVIIIe s. ; le roman au XIXe s. Pour le XXe s., il est plus difficile de faire la synthèse des événements littéraires et la séparation des genres y est de moins en moins marquée.
En conclusion, on pourrait dire qu'un genre est, en réalité, une optique sur le monde liée à une conception de l'art*, à une forme d'inspiration*, à une civilisation* et évoluant comme elles.

C. Les principaux genres en fonction de l'énonciation

1. Le genre lyrique (cf. Lyrisme) :
— l'auteur exprime des sentiments ;
— il parle en son nom ;
— il se situe le plus souvent dans le présent.
Seraient alors regroupés :
— l'ode, l'élégie ;
— la satire ;
— la fable ;
— les différents types de discours ;
— les différents types de textes critiques.

2. Le genre dramatique :
— l'auteur met en scène des actions ;
— il laisse la parole à des personnages ;
— en général, l'action se passe au présent ou au futur.
Ce genre regroupe les différents types de pièces de théâtre.

3. Le genre épique :
— il s'agit de raconter des actions héroïques ;
— l'auteur ou les personnages parlent ;
— l'action se situe le plus généralement au passé.
Ce genre comporte : — l'épopée ; — divers types de romans.

4. Remarques :
— cette classification repose sur des distinctions parfois difficilement appréciables (ex. l'énonciation, la perspective temporelle).
— elle donne une vision d'ensemble, mais n'indique pas les distinctions de détail.

D. Séparation et mélange des genres

1. Séparation chez les Classiques :
• elle est fondée théoriquement sur la croyance en la diversité fondamentale des inspirations (cf. Boileau, *Art poétique*, I, 13, 25) et des sentiments que l'art doit exprimer. Il y aurait une diversité des esprits et des mouvements du cœur, et une hiérarchie entre eux ;
• elle sert, en fait, à l'unité, à la concentration de l'œuvre d'art, et à l'harmonie du ton (ex. distinction entre tragique et comique, dramatique et lyrique, épique et galant, etc.).

2. Mélange des genres :

• il a en fait toujours existé, même à l'époque classique (cf. genres dramatique et lyrique dans la tragédie ; héroïque et galant dans *Adonis* de La Fontaine ; tragi-comédie, cf. Drame ; *Dom Juan* de Molière) ;

• l'originalité des Romantiques a donc surtout consisté à revendiquer le droit de mélanger les genres et de les opposer violemment dans la même œuvre, en se fondant sur diverses raisons, entre autres : — l'exemple de l'étranger (ex. Shakespeare) ; — des raisons sociales : les hommes sont désormais égaux et mêlés ; les genres doivent l'être aussi pour exprimer le réel et plaire à tous les publics ; — des raisons artistiques : la vie est diverse, sublime et grotesque, l'art doit refléter cette diversité du réel ; — chez Hugo une métaphysique chrétienne : l'homme est esprit et corps, sublime et grotesque (cf. *Préface de Cromwell* et Michaud — Van Tieghem, *Le Romantisme*), d'où lyrisme dans le drame, dans le roman ; noblesse et réalisme du style, sublime et grotesque du drame et du roman.

3. Remarques :

• théoriquement, si la distinction des Classiques est trop formelle, la position des Romantiques n'est pas sans faiblesse : — le réel n'est ni grotesque ni sublime : il est plutôt sérieux, comme le voyait Diderot ; — l'art est choix, on peut donc admettre qu'il prenne dans le réel ce qui correspond aux effets qu'il veut obtenir ;

• en fait, si les Romantiques ont employé un peu partout le lyrisme, ils n'ont pas multiplié la juxtaposition du comique et du tragique dans le drame (sauf dans *Cromwell* et surtout *Ruy Blas*) ;

• c'est que, si rien n'interdit le mélange des genres, celui-ci doit se faire en tenant compte : — de l'affinité plus ou moins grande entre certains genres (ex. drame et lyrisme ; cf. Théâtre) ; — de l'œuvre dont il s'agit : par exemple un roman, dont l'action est moins concentrée que celle d'un drame, admet plus facilement le mélange de tragique et de comique ;

• si l'on se limite au théâtre et au mélange du tragique et du comique, on remarquera par l'étude des œuvres : — que le comique mêlé au tragique peut produire d'heureux effets artistiques : ex. détente, repos ; impression de réalité ; contrastes : vulgarité du grotesque en renforçant l'horreur du tragique (cf. Anouilh, *Antigone*) ; — mais que, si on en abuse, il affaiblit l'unité et la concentration : il est bon de l'employer en raison inverse de la force de celles-ci et la tragédie sera évidemment la moins propice au mélange.

GOUT

C'est le sens par lequel l'homme peut saisir la beauté de l'œuvre d'art. C'est une notion chère aux Classiques, car elle est basée sur leur conception de l'homme et l'idée d'harmonie ; elle s'est beaucoup estompée au XXe s. (recherche de la provocation ; ex. S. Dali, J.-L. Godard). Mais le goût n'échappe pas à un certain académisme.

A. Ses rapports avec les autres facultés de juger

1. Les facultés intellectuelles (cf. Intelligence) :
• le goût se rapproche de la raison et du bon sens dans la mesure où : « Rien n'est beau que le vrai » (Boileau) ; la raison* peut découvrir, dans les œuvres d'art, des lois et des règles qui sont la condition de la beauté (cf. Règles) ;
• toutefois, raison et bon sens classiques, en matière d'art, ne sont pas l'esprit géométrique, mais l'esprit de finesse, le jugement qui a, comme le goût, un caractère intuitif (cf. « Le bon goût vient plus du jugement que de l'esprit », La Rochefoucauld) ; au-delà de la vérité et de la conformité aux règles, il y a l'agrément, le « je ne sais quoi » qui plaît : cela ne se définit pas rationnellement, mais se sent, c'est l'affaire du goût « qui est une aptitude à bien juger des objets du sentiment » (connaissance intuitive pour Vauvenargues).

2. La sensibilité : ce qui est beau émeut (idée classique), ce qui touche paraît beau (idée romantique). Le goût est-il donc lié à la sensibilité ? est-il le pouvoir de vibrer en harmonie avec la sensibilité de l'artiste ? Mais :
• si le beau touche, c'est à travers une élaboration artistique ; c'est de celle-ci que juge le goût, et non de l'émotion ;
• si une œuvre n'était belle que parce qu'elle émeut, l'émotion serait la seule pierre de touche de la beauté : or nous refusons de juger d'après l'émotion pure, si elle ne s'accompagne pas d'admiration esthétique et c'est celle-ci qui est l'affaire du goût (cf. Art, Beauté, Beaux sentiments).

3. Originalité du goût : on ne saurait donc :
• ni confondre les besoins du goût avec ceux de l'intelligence*, de la sensibilité* (ou du sens moral : cf. Engagement) : si toute œuvre d'art doit satisfaire ceux-ci, elle ne le peut qu'en satisfaisant aussi le goût, c'est-à-dire en donnant le sentiment de la beauté* ;

• ni isoler, au contraire, le goût et juger l'œuvre uniquement en fonction de celui-ci : cela aboutit à l'art pour l'art (cf. Art) et ce qu'on appelle le « bon goût » peut de plus paralyser l'invention du génie.

B. Sa relativité

1. Etude du goût d'une époque : si l'idée du beau est relative à chaque époque (cf. Beauté), il est légitime de définir le goût qui lui correspond, notion complexe qui englobe tout ce qu'une époque attend d'une œuvre d'art, c'est-à-dire une certaine beauté liée à des façons de penser, de sentir ; en ce sens, on parlera du goût classique, romantique, etc. Pour étudier ce goût :
• on partira de la conception de l'homme*, de la forme et des besoins de l'intelligence*, de la sensibilité* à une époque donnée ;
• on montrera la conception de l'art et l'idée de la création littéraire qui en découlent, compte tenu des moyens de la littérature.
Puis on étudiera la façon dont cette conception se nuance et se diversifie pour répondre aux aspirations des divers publics* et aboutit à des réalisations où dominent : certains genres d'une forme nettement caractérisée ; des thèmes, des sujets, des types de personnages ; des idées, une vision de l'univers ; un certain style* et une certaine stylisation.

2. Le bon goût : néanmoins, si chaque époque a son goût particulier, nous trouvons encore belles des œuvres du passé qui correspondent à un goût très différent de celui de notre temps, en effet :
• pour les Classiques, la beauté était absolue et le bon goût n'était que le juste sentiment du beau, le plus universellement admis parmi les honnêtes gens et demeuré sans changement à travers le temps. D'où la critique dogmatique, l'idée de perfection absolue. « Il y a dans l'art un point de perfection, celui qui le sent et qui l'aime a le goût du parfait » (La Bruyère). Mais nous aimons des œuvres très différentes du goût des Classiques (cf. Baroque) et le goût des Classiques était lui-même fort relatif par rapport à celui des Anciens qu'ils prétendaient suivre ;
• c'est un fait que des œuvres obtiennent un succès durable pour des raisons parfois très différentes suivant les époques, tandis que d'autres n'ont qu'un succès éphémère ou à éclipses. Le bon goût ne serait-il pas, dès lors, le sentiment de ce qui fait le chef-d'œuvre* en son temps, à travers le temps et de notre temps ?
• ce bon goût est aidé par la culture* qui nous donne : — la faculté de devenir sensible à diverses formes de beauté* par la contemplation des œuvres ; — un contact historique avec les œuvres du passé et la tradition

d'admiration qui les a portées jusqu'à nous, de sorte que notre goût n'est pas seulement celui de notre époque, mais une sorte de patrimoine commun à tous les hommes (cf. Art) ; — le sentiment de notre époque, qui nous fait ajouter à la tradition une nouvelle façon de sentir et la découverte de nouvelles beautés.
Le bon goût est donc fondé, comme le pensaient les Classiques, sur une tradition historique, mais il n'a pas qu'une seule forme : il est sentiment de la diversité et ouverture sur le nouveau.

3. Le bon goût à une époque ; l'artiste et le public* :
• à l'intérieur d'une même époque, le goût change selon l'origine sociale (cf. Bourgeois, Cour, Monde, Peuple) ; les lieux ; la formation, etc.
• l'artiste peut dès lors chercher à plaire à un goût particulier (ex. celui de son cénacle, d'une classe sociale, etc.). Mais il s'imposera ainsi des limites ;
• il pourra aussi transcender les formes particulières du goût par une sorte d'intuition de ce qu'elles ont de commun, et cristalliser dans une œuvre les aspirations confuses de toutes les parties du public, chacune trouvant dans le chef-d'œuvre* ce qui lui plaît, et le chef-d'œuvre n'étant pas pourtant juxtaposition de goûts divers, mais dépassement et fusion. C'est ce que les Classiques appelaient « plaire aux honnêtes gens », c'est-à-dire aux gens de tous les milieux perméables à la puissance de communication du chef-d'œuvre. Quant aux Romantiques, ils voulaient écrire pour tous les hommes (« Insensé qui crois que je ne suis pas toi », Hugo). C'est pour cela que le génie* exprime son siècle, et on pourrait appeler bon goût, à une époque, la faculté de se détacher d'un goût particulier pour prendre conscience des aspirations communes à tous les temps, et, surtout, pour savoir reconnaître l'expression de celles-ci dans certaines œuvres ;
• or, si l'artiste reflète le goût de son temps, il crée, il invente une expression nouvelle, personnelle, qui, par son aspect inattendu, choque plus ou moins, et, avant de s'imposer, peut déplaire au bon goût qui se veut modérateur (cf. la bataille d'*Hernani* ; le mauvais accueil fait à l'Impressionnisme qui fut jugé comme une « risible collection d'absurdités »). L'artiste peut transgresser les lois morales, prendre plaisir à « choquer le bourgeois » (cf. les procès de *Madame Bovary* et des *Fleurs du Mal*). De plus, par les qualités mêmes qui font d'elle un chef-d'œuvre, l'œuvre devance son temps, et il est normal que l'époque ait du mal à accepter ce qui la dépasse. Aussi, si le bon goût peut servir l'artiste, en lui transmettant les leçons de la culture, en lui indiquant certaines limites au-

delà desquelles il risque de perdre le contact avec le public, il peut aussi le gêner en se refusant à reconnaître ce qu'il apporte de neuf et en l'assujettissant à son temps. Tout art nouveau suppose donc un bouleversement relatif du bon goût actuel pour créer un autre bon goût (ex. les Romantiques contre le bon goût classique, Baudelaire contre le bon goût romantique, certaines tendances de l'art moderne contre le bon goût de la culture humaniste).

GRANDEUR D'AME

La grandeur d'âme est la qualité de celui qui, par souci de sa propre dignité ou pour servir les autres, est naturellement porté vers ce qui est grand.
La noblesse désigne une rare distinction morale qui élève au-dessus du vulgaire.
L'héroïsme s'applique à la force de caractère et à la grandeur d'âme allant jusqu'au sacrifice dans un ordre déterminé de vertu.

TEXTES : **Marin le Roy de Gomberville,** *Polexandre,* 1619-1638 ; **Gautier de Costes de la Calprenède,** *Cassandre,* 1642-45 ; *Cléopâtre,* 1647-58 ; le théâtre de **Corneille :** *Le Cid,* 1636 ; *Horace,* 1640 ; *Cinna,* 1640. **Mme de La Fayette,** *La Princesse de Clèves,* 1678. **Stendhal,** *Le Rouge et le Noir,* 1830 ; *La Chartreuse de Parme,* 1839. **Vigny,** *Les Destinées,* posth. 1864. **Cocteau,** *Antigone,* 1922. **Anouilh,** *Antigone,* 1944.

Caractères spécifiques

1. Elle exige des qualités :
- dans tous les cas, des qualités du caractère (cf. Volonté) comme énergie*, maîtrise de soi, mépris de la facilité, etc., car la grandeur d'âme n'est pas toujours évidente (cf. la souffrance de Rodrigue dans les stances) ;
- parfois des qualités du cœur (enthousiasme*, passion*, clémence : cf. Polexandre, Auguste) ;
- dans le domaine intellectuel, ce n'est pas la raison qui la motive mais elle l'éclaire sur ce qu'elle entreprend et la renforce de son approbation.

2. Elle se manifeste par des actions difficiles qui consistent :
• à ne pas accepter les choses humaines et le destin, et à essayer de les soumettre, de les dominer (ex. les héros de Corneille, de Stendhal) ;
• à les dédaigner, s'y soumettre, sans être abaissé par sa soumission (ex. les stoïciens, Vauvenargues dans sa maladie, le loup de Vigny).

3. Elle stimule les grandes actions sans que l'on puisse affirmer à chaque fois qu'elle garantisse leur moralité, car, selon les personnes (leur caractère, leur éducation, leur condition, etc.) elle peut inciter :
• au bien : cf. Polyeucte, Auguste, Jean Valjean, etc. ;
• au mal (par passion, fausse gloire, etc.) : cf. Cléopâtre, Julien Sorel, Vautrin, Athalie, Malatesta, etc. ;
• ou à des actions dont on peut discuter la moralité : cf. Rodrigue, Horace, Agrippine, la Sanseverina, etc.

4. Elle signifie pour le personnage :
• une élévation au-dessus de sa condition qui lui permet d'échapper à la tyrannie du réel ;
• l'inaltérabilité de son être, un être idéal, plus grand, qui se fait passer pour celui qui a toujours existé (cf. Starobinski, *L'Œil vivant*), qui assure ainsi au personnage son unité intérieure, sa permanence, sa cohérence (cf. J. Rousset, *La Littérature de l'âge baroque en France,* parle de ces « héros de l'inaltérable ») ;
• l'indépendance, chez Stendhal, pour les êtres qui tiennent leurs désirs d'eux-mêmes et non d'une mode ;
• une transmutation du malheur : le bonheur même que l'on trouve dans les actions héroïques (cf. les Milanais après l'arrivée des Français au début de *La Chartreuse de Parme*), et même dans les faits malheureux (ex. le béatifique suicide de Polyeucte).

GROTESQUE

Premier sens : en général, grotesque implique un ridicule dû à quelque chose de contrefait, de déformé, d'extravagant ou de bizarre qui fait penser à une raideur figée, mécanique, résultant d'une sorte de distraction de la nature qui a oublié la souplesse de la vie : d'où le comique* (cf. aussi Burlesque).

Deuxième sens : chez les Romantiques et spécialement Hugo qui en parle dans la *Préface de Cromwell*, c'est le type qui, en se combinant à l'autre, le sublime, fait le réel : « Il a un rôle immense (...). D'une part, il crée le difforme et l'horrible ; de l'autre, le comique et le bouffon (...). Il prendra tous les ridicules, toutes les infirmités, toutes les laideurs. Dans ce partage de l'humanité et de la création, c'est à lui que reviendront les passions, les vices, les crimes ; c'est lui qui sera luxurieux, rampant, gourmand, avare, perfide, brouillon, hypocrite... »

1. Son utilisation : c'est donc un élément du drame romantique, mêlé au sublime*, pour nier l'arbitraire séparation des genres*. Comme la vie est à la fois sublime et grotesque (d'ailleurs le grotesque représente « la bête humaine », le sublime, « l'âme »), l'art, qui reproduit la vie, se doit de ne pas séparer les deux éléments qu'elle unit. Sinon, la nature est mutilée et l'art qui ne retiendrait que la beauté, l'harmonie, l'idéalisme, le tragique propres au sublime serait incomplet.
A cette justification théorique il convient d'ajouter le goût du contraste, si fort chez les Romantiques.

2. Exemples :
• chez Hugo : mélange de bouffon et de tragique : *Ruy Blas* (acte IV : Don César, Don Guritan) ; difforme et horrible en contraste avec un certain sublime chez un personnage : Triboulet, Lucrèce Borgia, Don Ruy Gomez (vieillard amoureux), Quasimodo, l'homme qui rit ; la difformité sociale et le sublime : Jean Valjean ; difformités morales : Claude Frollo, Thénardier ; élément essentiel du goût du contraste : physique et moral ; bien et mal, idéal et vice, mérite et situation sociale ;
• autres exemples : Musset (Bridaine, Blazius dans *On ne badine pas avec l'Amour*) ; Balzac (Goriot, Vautrin) ; Gautier (*Le Capitaine Fracasse*).

3. Objections : cf. Genre.

GUERRE

Elle est un thème si fréquent qu'on a même affirmé qu'elle est à l'origine de toutes les littératures. Elle est aussi considérablement illustrée par la peinture, la sculpture, la musique, la chanson, le cinéma (les films dits « de guerre », mais aussi sur la guerre, sont particulièrement nombreux : cf. *Le Dictateur, Le Jour le plus long, Apocalypse now* ...).

TEXTES : **Homère,** *L'Iliade. La Chanson de Roland*, début du XIIe s. « La guerre pichrocholine » in **Rabelais,** *Gargantua,* 1532-64. **Corneille,** *Le Cid,* 1636. **La Bruyère,** *Caractères,* X, 1688-96. **Voltaire,** *Candide,* chap. II, III, 1759. « Fabrice à Waterloo » in **Stendhal,** *La Chartreuse de Parme,* chap. III, 1839. **Hugo,** *Les Châtiments,* 1853 ; *Les Misérables,* 2e partie, livres I et II, 1862 ; *La Légende des siècles,* 1859-63. **Tolstoï,** *Guerre et Paix,* 1865-69. **Zola,** *La Débâcle,* 1892. **Barbusse,** *Le Feu,* 1916. **Martin du Gard,** *Les Thibault (L'Eté 14)*, 1922-40. **Céline,** *Voyage au bout de la nuit,* 1932 ; *Nord,* 1960. **Giraudoux,** *La Guerre de Troie n'aura pas lieu,* 1935. **Malraux,** *L'Espoir,* 1937.

A. Son expression

1. L'importance du thème apparaît :

• surtout dans les littératures primitives, et il a tendance à décroître au fur et à mesure que la culture et la civilisation des sociétés se développent ;

• quand la guerre est prise comme sujet et occupe toute la place (cf. *La Débâcle, Le Feu, L'Espoir) ;* mais elle peut ne fournir que quelques épisodes (cf. *Candide, La Chartreuse de Parme*) ou servir de toile de fond (cf. *Le Diable au corps,* à la fois roman et film), tout en étant traitée comme un sujet d'importance ;

• dans le roman historique (cf. *Les Chouans, Quatre-vingt-treize, Guerre et Paix*), satirique (ex. Rabelais, Voltaire) et d'anticipation (cf. H.-G. Wells, *La Guerre des mondes* ; cf. Science-fiction), et l'épopée qui évoquent particulièrement ce thème.

2. Un reflet de la société :

• l'évocation de la guerre suit le progrès technologique, et l'image que l'on en donne (cf. B et C) varie en fonction des armes employées : le combat au corps à corps exige la bravoure alors que les moyens modernes (depuis les armes de jet, déjà critiquées par les chevaliers in *Girard de Vienne,* jusqu'aux obus, bombes, gaz, napalm, armes chimiques) font disparaître la notion de choix individuel et nient que la valeur personnelle de l'homme puisse désormais changer son sort. Au XXe s., seules l'aviation et les expéditions de commandos et corps francs (ex. la Résistance) ont conservé une dimension individuelle (cf. C) ;

• avec la démocratisation de la guerre (en particulier la conscription dès 1792-1793), l'intérêt des écrivains s'est déplacé des chefs (eux seuls apparaissent dans *L'Iliade,* les chansons de geste, les romans de chevalerie, les tragédies, où ils forment une élite guerrière propice à voir fleurir les héros : c'est ainsi que la littérature en donne une image exaltante à travers Roland, Lancelot, Rodrigue) aux soldats (cf. les contes de Daudet et Maupassant sur la guerre de 70 où la grande majorité des personnages ne dépasse pas le grade de capitaine) ; la description des officiers supérieurs se fait de plus en plus critique, voire hostile (cf. *Voyage au bout de la nuit*) alors que celle des soldats les montre comme des hommes ordinaires, ni héroïques, ni poltrons, victimes qui arrivent parfois à réchapper de la guerre, mais se retrouvent souvent inadaptées à la vie civile. Rien ne montre mieux comment la guerre n'est plus synonyme de gloire que la littérature moderne ;

• les civils aussi sont mentionnés comme victimes, surtout quand les moyens modernes les épargnent aussi peu que les militaires ;

• les femmes sont rarement auteurs et encore moins personnages, en dépit de quelques exceptions (ex. les Amazones, Jeanne d'Arc, Christine de Pisan, Margaret Mitchell) ; elles n'ont qu'un rôle de second plan : même quand elles sont héroïques, elles ne servent souvent que de faire-valoir aux hommes.

B. Une image valorisante

La guerre des guerriers a ses panégyristes ; elle est idéalisée dans la tradition épique pour les raisons suivantes :

• elle est une nécessité naturelle et même considérée comme d'essence divine : « La guerre est un fléau divin destiné à nous châtier et nous serons toujours punissables ; elle est le fruit des passions, une suite du péché, et passions et péché sont immortels » (Bossuet) ;

• elle est une expiation, une purification qui « préserverait l'humanité de la pourriture et de la moisissure » (Lord Byron) ;

• elle favorise le progrès*, en donnant un coup de fouet à l'économie et à la recherche scientifique et technique ;

• mais surtout, pour certains écrivains, elle est source de vertus* : courage, héroïsme*, dépassement de soi, sens du devoir, de la patrie (cf. Nation), du sacrifice ; elle permettrait au monde de ne pas sombrer dans le matérialisme*.

C. Une image dévalorisée

Mais la guerre a toujours eu ses détracteurs, en particulier chez les moralistes (ex. Montaigne, Erasme, Rabelais, Pascal, Boileau, La Bruyère, La Rochefoucauld, Fénelon, Voltaire, Alain) dont l'argumentation est plus simple que celle des panégyristes.

1. Les arguments consistent à dénoncer l'absurdité de la guerre :
• c'est une boucherie qui n'est même plus héroïque (cf. A 2) et qui se traduit par une mort douloureuse et des souffrances quotidiennes ;
• les raisons de l'hostilité ou les causes du conflit sont souvent d'une futilité absurde (ex. « être né d'un côté de l'eau ou d'un autre » chez Pascal, la querelle des fouaciers chez Rabelais, la gifle de Démokos chez Giraudoux) ;
• elle avilit l'homme et fait ressortir en lui les pires défauts (lâcheté, violence, envie, cruauté, dissimulation, haine, mépris des autres...) ;
• elle fait rétrograder l'humanité en détruisant les arts et les sciences.

2. Les moyens de la dénonciation :
• les écrivains peignent les guerres dans leur réalité : souffrances, rôle limité et sans gloire des soldats (cf. A 2) ;
• pour ce faire, ils ont souvent recours à la focalisation interne (cf. Narration) qui rétrécit le champ de vision de la guerre et empêche son interprétation épique (cf. Fabrice à Waterloo ; cf. le même procédé au cinéma* qui consiste à refuser le panorama des grandes batailles et utilise la caméra subjective) ;
• la discontinuité dans le récit des épisodes fragmente la vision de la guerre et en réduit l'importance (ex. Stendhal) ;
• une technique impressionniste qui creuse l'écart entre la perception des faits et l'exposé de leurs causes dénonce son fondement (cf. Candide, Fabrice pendant « leur » guerre) ;
• l'ironie est également une arme, surtout pour Voltaire : « Que deviennent et que m'importent l'humanité, la bienséance, la modestie, la tempérance, la douceur, la sagesse, la piété, tandis qu'une demi-livre de plomb tirée de six cents pas me fracasse le corps, et que je meurs à vingt ans dans des tourments inexprimables » (*Dictionnaire philosophique*) ;
• l'appel aux sentiments humanitaires (ex. montrer les enfants, les femmes, les couples déchirés).

HEROS (HEROISME)

• **Dans l'Antiquité :** le héros est un demi-dieu, car il a un parent d'origine divine (cf. Achille, Hercule, Thésée, Enée), ou encore c'est un homme élevé au rang de demi-dieu pour son éminence (ex. Thémistocle, Lycurgue, Hippocrate, Homère, Platon).
• **Au sens moderne :** celui qui risque sa vie pour une cause qui dépasse celle-ci (Dieu, la patrie, l'honneur, la liberté, la justice...).
• **Au sens strictement littéraire :** le héros de roman ou de théâtre est le personnage* principal (sans qu'il présente forcément les qualités du héros au sens moderne).
L'article étudie exclusivement le héros au sens moderne.

A. Ses qualités

1. **La grandeur* d'âme** (synonyme de générosité, magnanimité, cœur*).

2. Autres qualités :
• toutes les qualités propices à une action vigoureuse et rapide (courage, audace, intrépidité...) ;
• la persévérance et l'endurance ;
• l'esprit de sacrifice, le dévouement, l'engagement total qui pousse à risquer sa vie ;
• l'humanité : sans elle le héros est un homme incomplet, car il lui manque la sensibilité de telle sorte que, trop loin de nous, il nous rebute (cf. Horace, par opposition à Rodrigue, Curiace) ;
• en principe, la grandeur morale.

B. Ses particularités

1. Ses domaines d'action :
• la guerre, le service du souverain ou de la patrie (ex. les chevaliers), le dévouement à une cause politique (ex. les héros de Malraux) ou morale (cf. Antigone) ;
• le service de l'humanité (cf. Rieux) ou de son peuple (ex. Gandhi), de la justice ;
• le service de la science, de la découverte, du progrès (ex. Saint-Exupéry et les aviateurs pionniers) ;
• le culte de la vertu (cf. Mme de Clèves, Auguste dans *Cinna,* qui pousse

le dévouement jusqu'à se sacrifier pour réaliser le type moral idéal, le loup de Vigny, exemple d'héroïsme stoïcien) ;
• le service de la vérité : selon Alain (cf. *Propos,*) « L'honneur de l'homme serait de vivre selon le vrai quoi qu'il lui en puisse coûter » ;
• la sainteté (cf. les martyrs, Polyeucte).

2. Le héros, le saint et le sage : comme l'héroïsme provoque fréquemment une exaltation de l'énergie, de l'orgueil qui incite au mépris de l'humanité, il a rencontré des critiques :
• d'inspiration chrétienne : Pascal reproche à l'héroïsme de n'être qu'une grandeur mondaine et lui oppose la sainteté ;
• d'inspiration humaniste : Montaigne préfère le sage qui met de l'ordre en lui-même ; pour Voltaire, les grands hommes ce sont les serviteurs du progrès. Certes héros et sage visent tous deux une certaine vertu, mais la sagesse*, au sens moderne, suppose la conscience de certaines limites humaines, une action prudente, raisonnable, pour obtenir un bien relatif (ex. Montaigne, Philinte, la sagesse de Molière) ; le héros refuse la prudence, s'engage tout entier, sans concession, avec risque, au service d'un idéal intransigeant (ex. les héros cornéliens, Alceste). La sagesse n'exclut pas l'héroïsme, car il peut commencer au moment où les concessions raisonnables atteignent une limite au-delà de laquelle il n'y aurait plus de dignité : il consiste alors à s'en tenir, fermement et au péril de sa vie, aux impératifs de la raison, de la dignité ou de l'honneur (cf. Maupassant, *Deux Amis* ; Camus, *La Peste* ; le courage des sages de Molière).

C. Sa valeur morale

1. Les héros comme exemples : c'est la meilleure morale pour certains (ex. Chateaubriand , Nietzsche) ; Corneille, Diderot, Stendhal, Balzac, Barrès, Montherlant, Malraux préfèrent la morale héroïque à la sagesse et à la raison. Cette position se justifie :
• par l'histoire : tous les progrès de l'humanité sont l'œuvre de héros ou de grands hommes, seuls ils font de grandes actions, seuls ils amènent du nouveau ;
• par la morale : le héros met en œuvre les qualités les plus hautes de l'homme : énergie*, effort, dévouement, courage, grandeur* ; il crée la beauté* morale, tandis que la sagesse conseille d'être comme tout le monde ;

• par la psychologie : il faut demander beaucoup pour obtenir peu ; valeur de mythe* des héros, leur puissance d'exaltation (cf. Epopée) ;

2. Objections :

• ce culte de l'énergie* est dangereux (cf. Grandeur d'âme) et peut même aboutir au paradoxe de l'héroïsme dans le crime (cf. Beauté, Energie) ;

• le héros n'est pas tout l'homme : il convient d'encourager d'autres qualités que l'héroïsme, en particulier parce que celui-ci ne suffit pas à résoudre certains problèmes psychologiques ou moraux (ex. chez Molière ; cf. Humanité, Vertu) ;

• le héros est trop difficile à imiter ;

• on ne vit pas tous les jours dans un climat héroïque : l'héroïsme sert-il à résoudre les problèmes moraux que pose Molière ?

• l'héroïsme s'oppose parfois à la bienséance* sociale, il est dangereux à imiter (cf. Alceste ; la conduite de Polyeucte qui était en opposition avec celle que conseillaient les évêques aux premiers chrétiens).

HISTOIRE

A. La pluralité de ses aspects

1. Genre littéraire ou pas ? Jusqu'au XIXe s., histoire et littérature étaient confondues, dans la mesure où l'historien cherchait à faire œuvre générale. Aujourd'hui la césure s'est faite entre les deux domaines. Par conséquent l'histoire peut être :

• un récit qui reconstitue le déroulement des événements de la vie d'un individu, d'un peuple, etc., et cherche à donner une explication, que l'auteur présente comme étant la vérité, sur cette évolution (cf. Textes I) ;

• en cultivant à l'extrême l'aspect littéraire, un roman* historique (cf. Textes II) ;

• la présentation d'une évolution en longue durée de phénomènes culturels, économiques, psychologiques ou le panorama d'un moment embrassant tous les aspects d'une période (cf. Textes III) ; cette tendance contemporaine n'affiche aucune prétention littéraire.

TEXTES :

I. **Commynes,** *Mémoires,* 1524-28. **Bossuet,** *Discours sur l'Histoire universelle,* 1681. **Saint-Simon,** *Mémoires, 1694-1752*, 1829-30. **Voltaire,** *Le Siècle de Louis XIV,* 1751 ; *Essai sur les mœurs*, 1756. **Michelet,** *Histoire de France,* 1833-67. **Marx et Engels,** *L'Idéologie allemande,* 1845-46.

II. **R. Martin du Gard,** *Les Thibault* (« L'été 14 »), 1922-1940. **Jules Romains,** *Les Hommes de bonne volonté,* 1932-1947. **Malraux,** *L'Espoir,* 1937. **Aragon,** *Les Cloches de Bâle,* 1934 ; *La Semaine sainte,* 1958. **H. Monteilhet,** *Néropolis,* 1985.

III. **Ph. Ariès,** *L'Enfant et la vie familiale sous l'Ancien régime,* 1960 ; *Essai sur l'histoire de la mort en Occident,* 1975. **F. Braudel,** *La Méditerranée au temps de Philippe II,* 1949. **G. Duby,** *Les Trois ordres ou l'imaginaire du féodalisme,* 1978. **E. Leroy-Ladurie,** *Montailou, village occitan*, 1976.

2. Les genres : histoire, annales, chronologie, fastes, éphémérides, archives, chroniques ; mémoires*, mémorial, commentaires ; relations, récits, anecdotes ; monographie, notice ; vie, biographie*, hagiographie ; roman* historique.

3. Les domaines d'étude : histoire universelle, nationale, régionale, provinciale, locale ; histoire ancienne, médiévale, sainte, moderne, contemporaine ; histoire des civilisations non européennes (pour lesquelles la périodisation Antiquité / Moyen Age / Epoque moderne / Epoque contemporaine ne fonctionne pas) ; histoire des rois, des cours, des gouvernants, des grands hommes, des héros ; histoire militaire ; histoire politique : politique intérieure, extérieure ; histoire économique, financière ; histoire des institutions ; histoire sociale ; histoire des religions, de la philosophie, de la littérature, des arts, de la musique, des sciences, des techniques ; histoire des mœurs ; histoire de la vie quotidienne : logement, ameublement, costume, travail, loisirs, etc. ; histoire des idées, des mentalités, des passions, du mouvement ouvrier, des syndicats, des idéologies ; histoire du paysage, de l'urbanisme.

B. Ses conceptions

Dans la mesure où l'histoire non seulement rapporte les événements mais comporte aussi une réflexion sur leur signification, elle est porteuse d'une philosophie propre à l'époque, à l'écrivain et à l'école historique à laquelle se rattache l'auteur (ex. l'école marxiste ; l'école des Annales).

1. L'influence des historiens de l'Antiquité n'est pas négligeable : *La Guerre du Péloponnèse* de Thucydide (v. 460-395 av. J.-C.) et les *Histoires* de Polybe (v. 202-125 av. J.-C.) sont déjà remarquables par leur « impartialité ».

2. Au Moyen Age et au XVIe s. : l'histoire s'inscrit dans une perspective autobiographique ou biographique (ex. Joinville, Commynes) qui rejoint l'individualisme de la Renaissance ;
• cette orientation ne permet pas l'évolution des méthodes critiques qui ne s'affirmeront qu'avec l'humanisme, quand les sciences auxiliaires se développeront ;
• l'histoire s'apparente parfois alors à un panégyrique ou une hagiographie (cf. l'intention didactique de Joinville à propos de Saint Louis) ;
• elle est conçue sous l'aspect d'un recueil de faits amusants, moraux, pittoresques ou édifiants (*Chroniques,* de Froissart). Cette conception se perpétuera jusqu'au XIXe s.

3. Aux XVIIe et XVIIIe s. : l'histoire est encore un genre littéraire et doit donc répondre aux critères de bienséance*, composition, etc. ;
• elle souffre du peu de confiance accordé au temps : c'est une discipline du contingent, du conjectural et la connaissance de la nature humaine est nécessaire pour appréhender l'histoire (ex. Bossuet, Fontenelle) qui d'ailleurs est impuissante à s'appuyer sur les raisonnements et l'expérience (ex. Pascal) ;
• cependant l'érudition se développe (archéologie, numismatique, sigillographie) et l'histoire devient, sinon scientifique, du moins savante ;
• elle bénéficie de la curiosité pour d'autres mondes (ex. Voltaire) ;
• jusqu'à cette époque, elle sert souvent à justifier une politique (ex. Commynes), une vue métaphysique ou religieuse (ex. le rôle de la Providence chez Bossuet), une théorie d'économie politique (ex. Montesquieu), des idées philosophiques (ex. Voltaire).

4. Au XIXe s. :
• pour certains (ex. A. Thierry), l'histoire consiste encore en une narration plus ou moins pittoresque aux préoccupations esthétiques (couleur, drame, récit), tout en manifestant un souci d'objectivité, un sens du concret, de l'individuel. Mais comme il est impossible de tout décrire, elle se limite volontiers à des monographies (cf. Barante, *Histoire des ducs de Bourgogne, de la maison des Valois,* 1824-1826), elle cherche peu à analyser les causes ou à faire la liaison entre les aspects multiples d'une époque ;

• pour d'autres (ex. Thiers, Guizot, Tocqueville, Quinet, Taine), elle tend déjà à l'analyse : le fait est considéré plus abstraitement ; ce qui compte, c'est l'explication de ses causes et de ses conséquences. On peut ainsi rendre compte d'un fait par tout un ensemble (à condition que la documentation soit assez large pour embrasser tous les aspects du réel) ; mais, la part d'interprétation personnelle étant plus grande, surgissent :
— le danger des idées préconçues (ex., en politique, Taine, Quinet, Guizot, Bainville, etc. ; en économie, les historiens marxistes) ;
— une tendance à trouver à l'histoire des lois, ou à dépouiller les faits de ce qui les rend particuliers, à négliger l'accident, le rôle des individus ;
— la nécessité de l'impartialité, des analyses complètes, de la prudence dans les hypothèses, du sens de ce qui individualise les faits (ex. Tocqueville, Fustel de Coulanges, Lavisse, etc.) ;
• pour Michelet, historien « romantique », elle se veut résurrection intégrale du passé. Le but est de retrouver et de faire revivre tous les aspects d'une époque, ce qui concilierait les avantages des deux méthodes précédentes, car on aurait à la fois tous les éléments pour comprendre les faits et on assisterait à ceux-ci dans leur réalité concrète. De plus, on revivrait cette époque de l'intérieur, car l'historien aurait pénétré son âme, et, grâce à son art, nous la ferait sentir ; d'où la nécessité d'une énorme érudition. Mais un seul homme peut-il suffire ? N'a-t-il pas tendance à pallier par l'imagination ou l'intuition les lacunes de la documentation ? Il serait nécessaire aussi de faire vivre le récit (cf. Description, Pittoresque). Mais l'historien peut se laisser entraîner par la poésie, spécialement l'épopée* (luttes symboliques, personnages simplifiés, agrandis, représentatifs : personnification de choses, etc.) et s'écarter de la vérité. Il faudrait enfin saisir intuitivement l'âme du passé : mais on risque d'exprimer ses propres émotions, ses sympathies, ses passions, de tomber ainsi dans le lyrisme*.
Cependant le travail de Michelet a permis d'élaborer une véritable méthode critique, bientôt mise au point par les positivistes ;
• l'histoire positiviste impose, après 1870, une conception vraiment scientifique : elle a un culte obstiné du fait, refusant toute profondeur déclarée hors de prise. En particulier, Langlois et Seignobos (cf. *Introduction aux études historiques,* 1897) énoncent un corpus de règles qui constituent une méthode critique : étudier attentivement le document (par qui, quand, où, comment a-t-il été écrit ?), et récuser le témoin unique. Cette méthode sera appliquée par les futures générations d'historiens.

5. Au XXe s. : les historiens cherchent à éviter les écueils de la subjectivité en s'attachant encore plus à la méthode critique. Pour ce faire, ils utilisent le travail par équipes, élargissent l'information à tous les domaines, cherchent à retrouver objectivement la mentalité d'une époque (cf. Lucien Febvre, *La Religion de Rabelais*). Mais il reste toujours une synthèse à faire, et toute connaissance historique demeure relative à l'état des informations à une époque donnée, au caractère passager des hypothèses, et, plus ou moins, à l'optique de son époque.
Les domaines d'intérêt se diversifient encore plus :
• l'historien moderne (hormis quelques « grands » tel F. Braudel) ne cherche plus à faire œuvre générale, mais s'attache à un thème sur une période précise, c'est-à-dire qu'on assiste en histoire à la même spécialisation des connaissances que dans les domaines scientifiques ;
• on parle d'une « nouvelle histoire », constituée de plusieurs courants :
— l'école des Annales (depuis 1929), tournée vers l'histoire des mentalités, des représentations idéologiques, des flux de population, des mœurs. Elle recourt systématiquement aux sources négligées par l'histoire officielle (minutes notariales, registres de baptême, mercuriales des marchés, livrets ouvriers, correspondance privée, etc.) ; — l'école braudélienne, issue des Annales, qui étudie, par-delà les événements, les évolutions sociales et économiques très lentes (ex. : l'écriture, les techniques agricoles, les transports, le fait urbain, l'art de bâtir ... des origines à nos jours) ; — l'école anglo-saxonne, qui étudie des secteurs sociaux ou des phénomènes précis sur des périodes assez courtes (ex. : les passions françaises au XIXe s., les paysans sous Napoléon III).

C. Son ambivalence

1. L'histoire est un art par les qualités qu'elle réclame :
• faire un choix dans la masse des documents ;
• avoir le sens de la composition ;
• afin de faire une exposition claire et démonstrative, maîtriser la clarté, la brièveté du style, l'art des formules ;
• pour analyser et expliquer, avoir de la psychologie, de l'intuition ;
• savoir donner de la vie au passé : couleur*, pittoresque*, descriptions*, drame* (cf. la « plume » de Duby, qui prouve qu'art et science ne sont pas incompatibles) ;
• poser une problématique : ne pas considérer comme normal tel ou tel événement, telle ou telle évolution.

C'est encore plus net dans le cas particulier du roman historique, qui réclame et les qualités visées supra et celles du roman (cf. Roman).

2. Est-elle une science ?

• elle a une méthode en ce qu'elle cherche à établir des faits grâce aux documents de sciences auxiliaires (objets, textes, témoignages) : bibliographie, paléographie, épigraphie, diplomatique, papyrologie, philologie, sigillographie, chronologie, ethnographie, géographie, numismatique, architecture, démographie, climatologie, archéologie (actuellement portée sur toutes les périodes historiques ; on parle beaucoup d'archéologie industrielle pour le XIXe s. et le début du XXe s.), et grâce à la critique externe et interne de ces documents pour juger de leur valeur ;
• elle vise à une synthèse : elle cherche à classer et expliquer les faits, mais elle ne dégage pas de lois, elle constate tout au plus des similitudes ;
• elle se heurte au problème de l'objectivité : comme l'historien actuel tend à accumuler les sources d'information, il devient de plus en plus spécialisé ; on peut supposer que cette pluralité d'informations garantit l'impartialité. Mais comme, dans le même temps, il n'y a pas d'observation directe des faits et que les circonstances à démêler sont multiples, on laisse une large part à l'intuition et à l'imagination.
Le caractère scientifique de l'histoire peut donc être mis en doute. Les historiens actuels insistent tous sur ce point que, si forte que soit la volonté d'objectivité, tout récit historique obéit à une idéologie ou aux interrogations de l'époque (cf. le féminisme d'après 1968, qui a donné naissance à des études centrées sur la femme, l'amour maternel ; ex. les ouvrages d'E. Badinter).

D. Son intérêt

1. Les limites : si les reproches faits jadis à l'histoire (ex. Valéry) sont désormais récusés, il n'en reste pas moins vrai que :
• ce n'est jamais une science exacte (cf. C 2) ; les conclusions sont toujours contestables ;
• elle ne donne jamais de leçon, le passé ne se renouvelant pas ;
• elle peut être exploitée, servir de matériau à une propagande ;
• elle peut nuire à la liberté*, si l'on veut soumettre l'homme à une prétendue évolution de l'histoire, car la liberté est révolte* contre l'histoire (cf. Camus, *L'Homme révolté*).

2. Les apports :
• elle offre une évasion* et une source d'inspiration pour les écrivains.

Ainsi Hugo (*Préface de Cromwell*) et les Romantiques insistent sur l'utilisation de l'histoire pour la couleur locale ;
• elle approfondit la culture en apportant :
— une instruction pour ceux qui sont appelés à gouverner, à administrer (cf. Bossuet, *Oraison funèbre d'Henriette d'Angleterre*), des leçons de civisme, de patriotisme pour les citoyens (ex. Montesquieu) ;
— un moyen d'accéder à la culture* dans la mesure où celle-ci vient du passé et se rattache à lui (cf. le succès du roman d'U. Eco, *Le Nom de la rose*) ;
— une explication du présent dans la mesure où celui-ci dépend du passé ;
• elle donne une formation morale en faisant naître chez l'individu :
— un sentiment national (ex. Chateaubriand, Barrès, Michelet ; cf. Nation) : chaque peuple croît comme un être, « ignorer l'histoire, c'est rester à jamais enfant » (Michelet) ;
— un sentiment universel : connaissance, d'où compréhension et respect des autres peuples ; solidarité avec les hommes de notre temps engagés comme nous dans l'histoire ;
— une connaissance de l'homme : répertoire de faits humains qu'un certain recul dans le temps permet de mieux saisir ; ces faits sont réels et particuliers, alors que la morale donne des principes généraux et la littérature invente ;
— le sentiment de la relativité ;
— un art* de vivre : exemples moraux, idée que si notre temps ne nous paraît pas parfait, le passé ne l'a pas été non plus (cf. R. Pernoud, *Pour en finir avec le Moyen Age*).

HOMME

C'est le thème central de toute pensée humaniste, donc l'une des préoccupations constantes des écrivains qui ont envisagé la condition humaine avec optimisme, ou pessimisme, suivant les époques et leur tempérament personnel.

A. Comment étudier l'homme ?

1. Comme individu, l'intérêt porte : — sur son corps : forme, beauté, santé, hygiène, éducation physique, etc. ; — sur son esprit : intelligence*, sensibilité*, volonté*, chaque homme ayant des traits moraux individuels qui font son caractère ; — sur son âme : cf. Religion, Surnaturel.

2. Comme membre d'un groupe social, il faut envisager : — sa famille ; — le milieu* d'où viennent ses mœurs qui, avec son caractère*, déterminent sa physionomie morale individuelle ; — son métier ; — sa nation : — l'espèce humaine, ensemble des habitants de la Terre.

3. Les méthodes : — en s'étudiant soi-même (ex. Montaigne) ; — en vivant avec les autres hommes et en les observant (ex. les Moralistes, La Bruyère, La Rochefoucauld) ; en voyageant ; — par les livres (cf. Biographie, Histoire, Littérature) ; — par les sciences dites de l'homme : biologie, anatomie, physiologie, médecine, hygiène ; ethnologie, psychanalyse, sociologie, philosophie, histoire, géographie humaine, linguistique, sciences juridiques.

B. L'homme en question

Il s'agit ici de dégager quelques problématiques que les écrivains ont posées en réfléchissant sur l'homme. Il ne sera pas question de traiter philosophiquement ces thèmes mais de mentionner en C les réponses complexes apportées par chaque siècle telles que nous les transmettent les œuvre littéraires.

1. L'homme ou des hommes ? Certes il y a des traits communs à tous les membres de l'espèce humaine :
— dans le corps : conformation, fonctions, etc. ;
— dans l'esprit* : raison*, passions*, etc. ;
— dans la situation de notre espèce par rapport à l'univers.
Toutefois, nous avons devant nous des individus dont aucun ne ressemble exactement à un autre ni par le corps, ni par les façons de penser, le caractère, la conception du monde, le degré de civilisation, la religion, les mœurs sociales, nationales, etc. Faut-il penser qu'il n'y a là que de simples accidents et que, sous des variations dans le temps et dans l'espace, il demeure une forme générale de l'homme ? Ou ces différences sont-elles irréductibles et faut-il admettre que chaque homme concret, chaque groupe particulier sont radicalement originaux ?
Cette question sous-tend plusieurs problèmes abordés par la littérature :

• est-il possible de retrouver dans le temps et dans l'espace, c'est-à-dire dans les œuvres du passé et celles des littératures étrangères, des héros semblables à nous ? Peut-on appliquer, *mutatis mutandis,* les réflexions, voire l'expérience, les leçons tirées de ces lectures à notre cas ou toute mise en relation est-elle inutile ?
• s'il y a une nature humaine universelle, il n'est plus question de classer et hiérarchiser les hommes : le racisme, l'oppression d'une catégorie d'hommes par une autre sont impossibles (cf. le nègre du Surinam chez Voltaire, *Le Meilleur des Mondes* d'Huxley).

2. Que vaut la condition humaine ? Suivant que l'on voit en l'homme plutôt ses qualités ou plutôt ses défauts (est-il bon ? est-il méchant ?), on considérera avec optimisme ou pessimisme son rapport avec la divinité, sa place dans l'univers et son devenir.

3. Corps, esprit et âme : faut-il privilégier une de ces trois composantes humaines ou les traiter à égalité ?

4. Autres questions :
• les rapports de l'homme et de la nature (cf. Nature) ;
• les rapports de l'homme et de la société (cf. Humanisme, Humanité, Société, Solitude).

C. Les réponses de chaque siècle

1. XVIe siècle :
• tous les hommes ont des traits communs : en étudier un, c'est commencer à les décrire et à les instruire tous (cf. Montaigne : « Chaque homme porte en soi la forme entière de l'humaine condition »). Mais le sentiment de la diversité entre les hommes est également exprimé chez Montaigne et Rabelais ;
• après le Moyen Age, réhabilitation de l'homme sous l'influence de la pensée antique (cf. *Gargantua, Pantagruel* ; *Essais,* III, 13) : la vision est optimiste, car il n'y a pas d'incompatibilité entre l'épanouissement terrestre et le destin surnaturel : Dieu a fait « tout bon » (Montaigne). Il en découle un souci de culture qui crée un art de vivre. Pourtant le doute dans l'homme rejaillit parfois (cf. *Apologie de Raymond Sebon* qui évoque le « profond labyrinthe » et la « misère de notre condition ») ;
• le corps, l'esprit sont aussi importants que l'âme (ex. Rabelais, Montaigne). On manifeste un goût pour le corps et les plaisirs.

2. XVIIe siècle :
• la nature humaine a des traits généraux dans l'espace et dans le temps (cf. Universel, Vraisemblance).

• la position se partage entre exaltation et critique : un certain pessimisme se dégage, car l'homme, sur la terre, souffre d'une imperfection due à sa chute.
Il est donc une image de corruption par :
— les faiblesses de sa chair, de sa sensibilité*, de ses passions* (ex. Pascal, les dramaturges, La Rochefoucauld, La Bruyère, etc.). Ainsi Racine a peint surtout la faiblesse de l'homme, mais aussi sa grandeur (cf. Monime, Burrhus, Joad, etc.). Corneille n'a pas ignoré ses faiblesses (cf. Félix, Maxime, Prusias, Attila, etc.). Racine n'est pas plus vrai que Corneille parce qu'il a peint des êtres plus faibles : les hommes qui ressemblent aux héros raciniens sont peut-être plus nombreux, mais il y a, dans la vie, des êtres cornéliens (cf. Grandeur d'âme, Héros) ;
— les imperfections de sa raison* : puissances trompeuses, imagination*, erreurs des sens, coutume, etc. (cf. Pascal, *Pensées*) ; la raison ne peut comprendre l'univers (cf. Pascal, les libertins) ; légèreté, instabilité : divertissement (Pascal) ; mode (La Bruyère) ; folie, obstination (Molière), etc. ;
— l'imperfection de la société humaine : Pascal, La Fontaine, La Bruyère, Molière, les prédicateurs (cf. Critique sociale) ;
— la vanité de la condition humaine et des grandeurs devant la mort : Bossuet. Mais il y a en l'homme des traces de grandeur grâce à :
— sa raison* : Descartes, Molière, etc., et Bossuet (cf. *Sermon sur la mort* II), la grandeur des inventions humaines ;
— sa volonté*, son héroïsme* (ex. Corneille et même Racine), son intuition de sa propre misère (ex. Pascal), son besoin de Dieu (cf. Religion) ;
• intérêt pour l'aspect psychologique et moral de l'homme plutôt que pour son corps et pour ce qui chez lui est déterminé socialement. Ce qui ne veut pas dire que ce siècle a peint un homme « abstrait », c'est-à-dire sans corps, sans milieu* et sans caractère* individuel : il a su distinguer les différences dues au temps et au lieu (cf. Vraisemblable) et, sans décrire le physique (cf. pourtant La Bruyère), créer des caractères puissamment individuels (cf. Néron, Polyeucte, Tartuffe, etc.) ;
• le rôle de la littérature, c'est de témoigner de ce qu'est l'homme en le peignant en lui-même et dans ses rapports avec ses semblables. D'où prédominance de la psychologie, soit dans l'analyse générale de traits humains (cf. Moraliste), soit dans la création de personnages individuels. Moralement, peu d'espoir en un progrès collectif de l'humanité dont la condition métaphysique* et sociale est immuable. Mais en éclairant les individus, on peut espérer leur inspirer : la sagesse* (ex. La Fontaine, Molière) ; la bienséance* et l'honnêteté (ex. Molière ; cf. Honnête homme) ; la religion* (ex. Bossuet, Pascal).

3. XVIIIe siècle :

• conscience de sa diversité : on rompt avec une conception systématique d'une certaine essence de l'homme pour l'étudier par l'expérience*, tel qu'il apparaît en fait. D'où l'idée de sa diversité selon les lieux : cosmopolitisme, étranger*, métier, etc. ; et selon les temps : sens historique chez Montesquieu, Voltaire ; d'où relativité des mœurs (cf. *Lettres persanes*), des lois (cf. *De l'Esprit des lois*), de la morale (ex. Diderot), des littératures (ex. Mme de Staël) : cf. Couleur locale ;

• tendance à défendre l'homme : — en le libérant du poids du surnaturel* : cf. Voltaire contre Pascal, critique de la métaphysique* ; de la condamnation portée contre sa sensibilité* (cf. aussi Enthousiasme, Passion) ; — en essayant d'édifier un homme nouveau en remontant à ce qu'il était avant toute civilisation pour retrouver sa vraie nature (cf. Nature, deuxième sens) ; ou au contraire en le perfectionnant par la civilisation* : d'où foi dans le progrès*, définition des bonnes institutions (ex. Montesquieu, Voltaire), de l'économie rationnelle (ex. Voltaire) ; humanité*. Mais, dans tous les cas, recherche d'une morale qui ne soit plus fondée sur la métaphysique, mais qui corresponde aux possibilités réelles de l'homme et aux besoins de la vie en société ;

• la littérature manifeste peu d'intérêt pour une psychologie de l'homme éternel, mais se veut littérature d'action : — pour proposer une morale ; — pour juger les institutions ; — pour inciter l'homme et la société à se transformer ; ce qui explique le goût pour les personnages qui sont des symboles ou des regards sur le monde (cf. Personnage) plutôt que des êtres vivants et fortement individualisés.

4. XIXe siècle :

• l'héritage des deux siècles précédents crée : — pour les Romantiques, la foi en un homme universel* ; — le sentiment de la diversité de l'homme selon les lieux, l'histoire (cf. Couleur locale, Exotisme, Roman) ; — un désir de construire cet homme universel : critique* sociale, socialisme, rêves humanitaires, héros symboliques ;

• le siècle se partage entre foi et doute, et tire son originalité de ce que la connaissance de l'homme est fondée scientifiquement : — Pour son corps : physiologie, médecine, etc ; — Pour son esprit : psychologie expérimentale. En littérature, détermination de la psychologie par la biologie (cf. Naturalisme, Réalisme), par le milieu*, etc. ; connaissance de l'homme historique, national. D'où peinture d'un homme complet et particularisé dans le lieu et le temps. A l'extrême limite, la tentative de tout expliquer par le déterminisme ramène les personnages à être les exemplaires d'une espèce, exclut les caractères* originaux, crée des êtres concrets, mais non individuels (cf. Naturalisme) ; — Pour l'organisation sociale (cf. la sociologie d'A. Comte, et, en littérature, l'importance de l'étude historique de la société). Essai d'organisation rationnelle et scientifique de la société, passage de la métaphysique, c'est-à-dire des vues utopiques du XVIIIe s., à un scientisme du socialisme, de l'économie, etc. D'où le danger d'oublier l'homme comme individu et de l'assujettir à la société, considérée comme la seule réalité.

5. XXe siècle :

• la connaissance de civilisations multiples et le brassage des peuples orientent plus la pensée vers la reconnaissance d'un « droit à la différence », sans toutefois poser le problème d'une nature humaine universelle. La tendance est à l'individualisation plutôt qu'à la description des types ;

• la vision de la condition humaine s'inscrit encore souvent dans la tradition humaniste (ex. Saint-Exupéry, Camus...), mais se fait parfois plus tragique, en particulier à cause des fléaux et des menaces propres à ce siècle. Le sentiment de l'absurde* développe aussi par réaction la défense de l'homme (cf. infra) ;

• le siècle voit s'épanouir toutes les sciences humaines, en particulier la psychanalyse, qui insiste sur l'inconscient, liaison entre le corps et l'esprit ;

• cependant la littérature réagit contre la psychologie expérimentale, en rompant avec les excès du déterminisme* pour revenir à une psychologie fondée sur la liberté de l'esprit, tantôt assez classique (ex. Mauriac, Martin du Gard), tantôt orientée vers des domaines nouveaux (ex. Proust, le Surréalisme*, le rêve*, l'enfance, l'adolescence, etc.) ; contre la sociologie et l'histoire, par le goût pour les problèmes moraux individuels (ex. Gide) ou la révolte* (ex. Camus).
Elle insiste sur les problèmes moraux, par exemple : — l'homme et la civilisation (ex. Duhamel) ; — l'individu et la société (cf. Engagement) ; — l'homme devant l'absurdité de l'univers (ex. Malraux, Camus, Sartre) ; — la liberté et les fondements de l'action morale (cf. Existentialisme, Humanisme). D'où une littérature souvent philosophique qui, à la création des caractères, préfère la peinture des attitudes (cf. Caractère). Mais le roman moderne montre un homme plus vrai, plus réel que les héros d'autrefois : le Léopold Bloom de Joyce, le consul de Malcolm Lowry, les personnages de Céline, ceux des romans américains, du Nouveau Roman.

HONNETE HOMME

L'expression et la notion sont caractéristiques du XVIIe s., qui vit leur épanouissement, mais on peut en distinguer les prémisses et aussi en étudier l'évolution postérieure.
L'honnête homme est un modèle intellectuel et moral d'inspiration aristocratique qui se substitue à l'idéal chevaleresque.

TEXTES : **Montaigne,** *Essais,* 1560-95. Les personnages de Philinte, Cléante, Clitandre, Dorante in **Molière,** *La Critique de l'Ecole des Femmes,* 1663. Britannicus in **Racine,** *Britannicus,* 1689. **Pascal,** *Pensées,* 1669. **Boileau,** *Art poétique,* IV, 4, 1674. Le duc de Nemours in **Mme de La Fayette,** *La Princesse de Clèves,* 1678. **La Bruyère,** *Les Caractères,* 1688-1696. **Rousseau,** *Lettre à d'Alembert,* 1758.

A. Au XVIe siècle

Dès la parution en 1528 du *Courtisan* de l'italien B. Castiglione, qui recommande à l'homme de cour de fuir l'affectation, de s'accommoder de tout sans se déshonorer, la notion devient à la mode.
Chez Montaigne, l'honnête homme est aussi ce qu'on appelle le sage chez lequel on trouve :

1. L'homme « mêlé » qui doit s'essayer à tout, s'ouvrir à tous grâce à l'amitié, au voyage. Il se distingue par son cosmopolitisme. Cette curiosité développe son esprit critique ;

2. L'homme naturel qui exalte la liberté du corps et cherche les plaisirs, mais dans la tempérance. Le « bon sauvage » est un exemple (cf. *Essais,* III, 13) et le sage est « un avide chercheur de richesses naturelles ».

3. Un art de vivre : fuir le mal, maîtriser l'angoisse ; s'accommoder du monde et en fréquenter les réalités ; avoir la passion du voyage, nourrir son esprit critique, croire au progrès, être toujours en apprentissage. Sur le plan intellectuel, il doit manifester son mépris de la mémoire (I, 9), de l'érudition (II, 10), de la spécialisation professionnelle (III, 9), de la science livresque (III, 3), son goût pour le « jugement naturel », l'activité libre de l'esprit, pour sa curiosité, sa variété, sa souplesse, pour l'expérience de la vie qu'il préfère à la science, pour la courtoisie, la sincérité, la tolérance dans la conversation (III, 3 et 8).

Il ne doit pas avoir d'ambition destructrice, pas de passions excessives, pas de présomptions, c'est-à-dire se méfier de tous les excès, en particulier des « inhumaines sagesses » (ex. le stoïcisme). Il s'agit donc de fuir toute aliénation, de pratiquer le dilettantisme, de cultiver un aimable égoïsme.

B. Au XVIIe siècle

La notion fait contrepoint à l'exaltation de l'homme telle que la prône l'héroïsme* (ex. Corneille) comme à sa dévaluation ou sa peinture sévère (ex. Pascal, La Bruyère, La Rochefoucauld) : on l'accepte tel qu'il est.

1. Il a des qualités sociales : éducation faite par le monde ; sens des bienséances* ; charme dû à des vertus sociales telles que naturel, bonne grâce, courtoisie, galanterie ; antonymes : fâcheux, provincial, bourgeois*. « C'est un homme poli et qui sait vivre » (Bussy-Rabutin).

2. Il a des qualités intellectuelles :
— culture* sans spécialisation ni pédantisme ; antonymes : pédant, cuistre, spécialiste (poète, mathématicien). « L'honnête homme se ne pique de rien » (La Rochefoucauld.)
— justesse d'esprit alliant raison et esprit de finesse ; antonymes : sot, fat.

3. Il a des qualités morales : modération, modestie, discrétion, pas d'étalage du moi*. Si l'on n'insiste pas sur les autres vertus morales (ex. probité, sincérité), ce n'est pas qu'elles soient inutiles, mais elles sont sous-entendues, dans la mesure où elles sont nécessaires à la vie sociale et à la bienséance*. Cf. Méré : [L'honnêteté n'est rien de moins] « que la quintessence de toutes les vertus... peu s'en faut que nous ne comprenions sous ce mot les plus belles qualités du cœur et de l'esprit ». Mais il ajoute que l'honnêteté impose avec ces vertus « certaines manières de les appliquer... Il sied d'être vertueux et de s'en cacher ».

C. Evolution de la notion

A partir du début du XVIIIe s. « honnête homme » prend le sens moderne « d'homme probe » et, plus généralement, d'homme vertueux (cf. Vertu) ; Rousseau (cf. *Lettre à d'Alembert*) préfère Alceste à Philinte, appelle l'honnête homme du XVIIe s. « l'homme du monde », lui trouve « beaucoup de suffisance, une fortune aisée, des vices applaudis », lui reproche de ne haïr que les ridicules, alors que le vrai honnête homme doit « haïr les vices ».

Dans un sens courant, l'expression a conservé la signification de personne cultivée qui allie une certaine noblesse de sentiments aux qualités de probité, discrétion, goût qui rendent sa compagnie agréable.

HUMANISME

A. Au sens historique

Ce terme désigne le mouvement intellectuel qui a pris forme au XVIe s., en réaction contre une époque supposée barbare et obscure (le Moyen Age), pour apporter une lumière nouvelle. L'élan a été donné par des érudits dont les plus célèbres sont : Budé, Erasme, Lefèvre d'Etaples, Robert et Henri Estienne. Ce mouvement se traduit par :

1. Un effort pour connaître la culture antique et biblique :
— en établissant des textes authentiques, corrects et complets : érudition*, critique* des textes ;
— en créant les instruments de travail nécessaires pour les comprendre : ex. Collège de France, grammaires, dictionnaires, etc. ;
— en les traduisant bien : ex. Calvin, Marot, Amyot ;
— en revenant à une lecture personnelle et directe de ces trésors.

2. Un effort pour vivre cette culture : en intégrant la culture antique à la vie, ce qui amène les Humanistes à reclasser toutes les valeurs, à reconsidérer tous les problèmes : homme*, éducation*, politique, religion*. Ce culte des Anciens ne signifie donc en aucun cas stagnation.

3. Des conséquences :
— tendance à la réforme religieuse, pour revenir à la pureté de la religion primitive ;
— développement de la philologie, de l'histoire ;
— nouveautés en philosophie, en morale : ex. Rabelais, Montaigne ;
— imitation* littéraire des Anciens : ex. la Pléiade.

4. Un état d'esprit humaniste, caractérisé par :
— un esprit de découverte ;
— un éloge du savoir ;
— l'activité de la raison qui impose d'incessantes remises en cause ;
— un idéal de justice et de raison qui se heurte aux réalités cruelles de l'histoire ;

— une confiance profonde en l'homme soutenue par la conviction qu'il est un être perfectible.

B. Au sens large

Ce sont ces valeurs (cf. A 4) que l'on va retrouver dans l'humanisme moderne et que l'on pourrait ainsi définir : « Mérite donc d'être appelé humanisme tout mouvement de notre esprit par lequel nous rejetons les habitudes de pensée, les principes, les enseignements de l'époque immédiatement précédente, à la seule condition que l'esprit pour se renouveler, pour rajeunir, veuille puiser dans la nature humaine » (F. Robert, *L'Humanisme, essai de définition,* 1946).

1. L'objet d'étude :

- exclusivement l'homme ; c'est un anthropocentrisme réfléchi, qui, même si l'homme n'est pas au centre du monde, même s'il n'est qu'un accident absurde dans un monde absurde, le met délibérément au centre de ses préoccupations, par exemple en le préférant à la théologie, aux sciences physiques, à l'étude de la nature, des animaux, etc. : Socrate faisant descendre la philosophie des cieux sur la terre ; préoccupations purement humaines de Rabelais et de Montaigne ; Diderot passant de l'étude des sciences physiques à celle de l'homme ;
- mais tout l'homme*, dans le passé comme dans le présent, en tous lieux, universellement ; sous toutes les formes, même les plus bizarres, les plus contradictoires, car tout ce qui émane de l'homme est un témoignage sur lui : par exemple, Montaigne accueillant toutes les légendes, toutes les coutumes (cf. *Essais,* I, 31) et méditant sur elles en tant que faits humains.

2. Les buts :

- connaître, et, de ce fait, comprendre, respecter, tolérer, aimer tout ce qui manifeste l'essence de l'homme (réserves : cf. 3) ;
- mettre en valeur. L'humanisme traditionnel postule qu'il y a une nature de l'homme éternelle, une essence humaine permanente qui apparaissent, sous tous les accidents, comme une sorte de perfection commune à tous les hommes et qu'il leur est possible d'atteindre. Pour cela, l'humanisme s'oppose à l'assujettissement de l'homme au supra-humain ou à l'infra-humain, il veut être une culture*, il développe et améliore la cité des hommes, fonde un droit, une politique, afin d'améliorer les conditions de son existence terrestre.

3. Difficultés et contradictions :

• le dilettantisme : tout comprendre, tout aimer de l'homme, pour peu que le sens moral s'émousse, n'est-ce pas jouir en dilettante sans agir ni choisir ? C'est ainsi qu'apparaît parfois Gide, et ce sont les critiques de Sartre (cf. *La Nausée*) : l'engagement* est nécessaire et impose un choix qui répudie une partie du tout, donc l'attitude humaniste théorique ;

• le déséquilibre, la démesure : en essayant de porter au maximum ce qu'il y a d'humain en nous, nous pouvons arriver à concevoir comme pleinement humain un type d'homme qui domine et écrase les autres (cf. le condottiere, le Malatesta de Montherlant, le surhomme de Nietzsche ; cf. Energie, Grandeur d'âme, Héros) ;

• une vue bornée de l'homme : l'homme a aussi un côté surnaturel que l'humanisme laïque néglige. L'humanisme chrétien (ex. Pascal, Mauriac) prétend présenter un homme plus complet et hiérarchiser les valeurs humaines. Mais, ce faisant, ne risque-t-il pas de mépriser certaines valeurs et de s'orienter vers le supra-humain ?

• l'individualisme, l'égoïsme (ou par réaction, l'assujettissement de l'individu à la société) : danger de la forme trop personnelle d'humanisme qu'est l'égoïsme*, passivité du dilettantisme. L'époque moderne (comme d'ailleurs le XVIIIe s.) insiste sur la nécessité pour l'homme de développer ses qualités sociales, sa solidarité avec les autres hommes : ex. Saint-Exupéry pour qui l'humanisme est tentative de communion par la sympathie, la responsabilité collective, l'échange, l'accueil de ce qui est divers, avec l'idée d'une unité à atteindre en s'élevant vers l'Homme-Esprit (cf. *La Citadelle*). En allant plus loin, on peut concevoir une mise en valeur de l'homme non en tant qu'individu, mais par l'établissement d'une société idéale à son service : d'où la primauté de l'engagement* social et des formes d'humanisme qu'on a pu appeler humanisme radical, socialiste, communiste, etc. Mais n'est-ce pas tourner le dos à l'humanisme traditionnel que de proclamer la primauté du social sur l'individu ? La perfection de la société peut-elle résoudre tous les problèmes individuels ? Et n'est-il pas dangereux d'asservir, voire de sacrifier, des individus existants et réels à une entité sociale future et théorique (cf. Camus, *L'Homme révolté*) ?

• l'immobilisme et l'hypocrisie : y a-t-il vraiment une « essence » humaine ? Et assigner pour idéal à l'homme de se conformer à cette essence, n'est-ce pas prendre ses désirs pour des réalités ou, si l'on se fonde sur l'histoire, le condamner à répéter le passé ? Il n'y a pas « un homme » abstrait, mais « des hommes » divers, et l'homme « n'est

rien d'autre que ce qu'il se fait », comme disent les Existentialistes. Déjà Malraux avait montré que l'homme peut tout, et que lui seul donne un sens à sa vie (par l'action*, par la révolte*, par la révolution, ce qui fait penser à la forme sociale de l'humanisme, puis par tout geste qui atteste sur terre la permanence humaine). Sartre, à son tour, critique l'humanisme traditionnel, abstrait et hypocrite (cf. *La Nausée*) et prétend que « l'Existentialisme est un humanisme » parce qu'il laisse à l'homme une entière liberté qui lui permet de se créer à tout moment tel qu'il veut être ou au moins tel que ses actions le définissent. Mais l'humanisme peut-il se ramener à une liberté absolue, sans référence à des valeurs permanentes ou admises par tous les hommes ?
Aussi des contemporains, tels que Valéry, déjà, et surtout Camus, essaient-ils d'échapper à ces diverses difficultés. Sans affirmer qu'il y ait une « essence » de l'homme, ils essaient de découvrir certaines valeurs permanentes ou postulées par tous les hommes, parfois dans leur révolte* : parmi elles ils admettent les valeurs sociales, mais se refusent à aliéner l'individu à la société et à l'histoire, et se préoccupent d'établir ce qui est possible à l'homme ; s'ils prônent l'action, l'engagement* total, ce n'est que dans la mesure de ce possible, et dans le réel, le concret, avec lucidité, même sans espoir (cf. Camus, *La Peste* et *L'Homme révolté*).

4. Les menaces : le XXe s., en particulier, a vu se développer des phénomènes ou des systèmes qui nient l'individu et sa valeur d'homme : la guerre devenue carnage grâce aux moyens techniques, les totalitarismes (nazisme, communisme...) qui subordonnent l'homme à une doctrine (cf. la remise en cause de G. Orwell dans *1984*).

HUMANITE

Premier sens : la culture classique et les conséquences morales que cette culture doit comporter. Ce sens découle du mot « humanitas » employé par les écrivains latins classiques (en particulier Cicéron), et que l'on retrouve dans l'expression vieillie « faire ses humanités ». La culture vous rend plus humain, contribue à former un homme digne de ce nom. Il s'agit donc d'un idéal qui allie culture intellectuelle et élégance morale. C'est cette conception qui sous-tend l'humanisme*.

Deuxième sens : l'ensemble des hommes sur terre. En cela, le mot propose une vue plus large de la position de l'homme : il doit dépasser l'honneur personnel, le moi, la famille, le clan, la nation, pour devenir, comme Montaigne, « citoyen du monde ». Mais cette humanité se compose de plus de morts que de vivants : les écrivains (cf. Auteur), les génies*, les artistes*, les philosophes*, les grands hommes (cf. Grandeur d'âme), les héros*, les hommes d'action*, les saints, tous ceux qui contribuent à notre culture*, ont déterminé, par l'histoire*, le monde et la civilisation* où nous vivons, nous proposent un art* de vivre, une morale (cf. Moraliste, sens 1 et 3).

A. Sa destinée

Elle peut être envisagée : — d'un point de vue théologique avec le thème de la chute suivie de la rédemption (cf. Hugo, *Feuilles d'automne ; Les Contemplations ; La Légende des Siècles* ; Péguy, *Eve*) ; — d'un point de vue historique en étudiant son évolution (cf. Histoire, Progrès).

B. Son service

Cf. Troisième sens.

Troisième sens : sentiment que l'on éprouve en face des maux subis par l'humanité (deuxième sens) et qui pousse l'homme à s'en épargner, à les soulager, y remédier. Elle fait appel aux qualités de bonté, douceur, bienfaisance, sensibilité*, pitié, compassion, etc., et peut déboucher sur l'humanitarisme, c'est-à-dire l'action plus ou moins utopique pour parvenir au bien universel des hommes (cf. Homme, Humanisme, Liberté, Progrès).

A. Comment servir l'humanité ?

• en contribuant à sa culture* : rôle du savant, de l'écrivain, du génie sans frontière (ex. Hugo) ;
• en améliorant son bien-être ;
• en lui apportant une morale, un exemple : rôle de l'homme d'action*, du grand homme (cf. Grandeur d'âme), du héros* ;
• en favorisant le développement de la société civile, de l'internationalisme (ex. Montesquieu) par le respect et la tolérance des autres peuples, par la connaissance de l'étranger*, etc. ;

• en traitant chaque homme, quel qu'il soit, avec humanité et dans un esprit d'humanitarisme.
Mais l'humanité est une notion assez abstraite, alors qu'on a autour de soi des hommes particuliers. D'autre part, l'amour de tous les hommes ne doit pas être un prétexte pour oublier les proches.

B. Les formes possibles :

• critiquer le fanatisme, la cruauté, l'injustice, l'esclavage, la guerre, la peine de mort, le despotisme, la tyrannie, le paupérisme ;
• défendre l'enfance qui souffre, la femme victime de la société ;
• revendiquer les libertés*, l'égalité*, la tolérance, le bien-être économique, etc. (ex. Montaigne, Montesquieu, Voltaire, Hugo, Martin du Gard, Duhamel, Sartre) ;
• combattre la faim, la torture, le racisme, etc.

IDEALISME

Premier sens : doctrine philosophique qui enseigne que la seule existence dont on puisse être sûr est celle de la conscience, c'est-à-dire des idées (ex. Berkeley au XVIIIe s.).

Deuxième sens : attitude morale qui consiste à estimer que l'homme doit agir en fonction d'un idéal, c'est-à-dire une conception de la perfection qu'il se forge dans sa pensée, mais dont le monde réel ne lui donne aucun exemple (antonymes : utilitarisme, matérialisme).

Troisième sens : conception esthétique qui s'oppose au réalisme*, et qui pose comme principe que l'art n'a pas pour mission de reproduire exactement les objets, mais de transformer la nature* :
• en la rendant conforme au beau moral (cf. Beauté, Beaux sentiments) ou au beau idéal (cf. Beauté) ;
• ou en exprimant non l'apparence des choses, mais leur essence, par choix des traits les plus caractéristiques ;
• ou en exprimant l'univers* de l'artiste.
C'est de l'idéalisme au sens 3 que traite la suite de l'article.

TEXTES : Les pièces de **Corneille.** Les romans de **Balzac. George Sand,** *La Mare au diable,* 1846 ; *La Petite Fadette,* 1849. **Baudelaire,** *Les Fleurs du mal,* 1857. **Dostoïevski,** *Crime et Châtiment,* 1865 ; *Les Frères Karamazov,* 1880.

A. Les arguments

1. Tout art est choix : le réalisme* absolu est impossible.

2. L'art a une mission : son but est la beauté* ou la morale. « Nous croyons que la mission de l'art est une mission de sentiment et d'amour » (George Sand).

3. L'art exprime une vision : il est l'expression, non de l'univers réel, mais d'une vision de l'artiste. Ou, s'il exprime le réel*, ce n'est pas celui du réalisme*, c'est-à-dire l'univers apparent, celui que nous voyons tous, mais un réel qui est caché derrière l'apparence, qui constitue la vraie nature individuelle des choses et ne peut être découvert que par l'intuition de l'artiste. « L'art n'est pas une étude de la réalité positive, c'est une recherche de la vérité idéale » (George Sand).

B. Idéalisme et réalisme

1. Remarque préliminaire : la discussion entre les tenants des deux positions est souvent faussée par le fait que les mots recouvrent des attitudes très diverses (par exemple, pour l'idéalisme, aussi bien celle de Baudelaire que des auteurs à beaux* sentiments), et qu'interviennent des notions accessoires comme le beau et le laid, le vrai et le faux.

2. Limites de la distinction : on constatera :
- qu'il ne saurait y avoir de réalisme absolu, l'art étant toujours choix ;
- ni non plus d'idéalisme absolu, l'art choisissant toujours dans une certaine nature* extérieure à l'artiste ;
- que l'idéalisme n'a pas le monopole de la beauté : il peut y avoir un réalisme beau et un idéalisme de la laideur, par exemple le grotesque* romantique qui n'est pas le réel, mais une exagération du laid ;
- que le réalisme n'a pas le monopole de la vérité : s'il y a un idéalisme faux (cf. Beaux sentiments), nous admettons parfaitement l'idéalisme de l'épopée* et, si particulier que soit l'univers* d'un artiste, il n'en atteint pas moins l'universel*.

3. Essai de définition : cela étant, on pourrait tout de même distinguer deux attitudes générales :
• l'attitude réaliste (cf. Réalisme), qui consiste à s'en tenir à l'apparence des choses, à nous donner le plus l'impression de la vie de tous les jours, de ce que tout le monde voit ;
• l'attitude idéaliste, qui essaie de nous faire voir les choses à la manière de l'artiste, en découvrant ce qui est caché derrière l'apparence.
Mais les deux attitudes ne seraient valables que si elles nous donnaient une impression de vérité, la première, parce que notre expérience personnelle coïncide avec celle de l'artiste, la deuxième, parce que, si particulière que soit la vision proposée, elle peut prendre un caractère universel*.
Le réaliste (ex. Flaubert, Zola) tendrait au général en ce sens qu'il peint des apparences extérieures reconnues pour vraies par tous les hommes, l'idéaliste (ex. Dostoïevski, Balzac) tendrait, lui, au particulier, en ce sens qu'il dévoile l'intérieur des choses avec son caractère unique, irréductible, et qui pourtant s'impose à nous avec la force de l'universel*.

4. Positions de Proust et de Bergson : dans *Le Temps retrouvé* et *Le Rire,* ils ont refusé la réalité de l'univers peint selon la conception réaliste. Selon eux, ce que nous voyons et que peignent les Réalistes, ce n'est pas l'univers réel, mais un ensemble d'apparences rendues abstraites pour qu'elles soient utiles. Entre la réalité et nous, un voile est interposé par la nécessité de la vie, qui est d'agir, de n'accepter des objets que l'impression utile pour y répondre par des réactions appropriées. L'individualité des choses et des êtres nous échappe toutes les fois qu'il ne nous est pas matériellement utile de l'apercevoir. Les mots désignent des genres. Ainsi l'art n'aurait « d'autre objet que d'écarter les symboles pratiquement utiles, les généralités conventionnellement et socialement acceptées, enfin tout ce qui nous masque la réalité, pour nous mettre en face avec la réalité même ». Resterait à savoir si, comme semble le penser Proust, cette réalité n'est jamais que la personnalité profonde de l'artiste, sa vision unique du monde, ou si, comme l'affirme Bergson, l'artiste peut, par intuition, pénétrer l'individualité des réalités qui lui sont extérieures.
Mais, en tout cas, l'opposition entre réalisme et idéalisme ne serait plus désormais qu'un malentendu causé par la fausse conception du réel que s'est fait l'école dite réaliste. Et Bergson conclut : « L'art n'est sûrement qu'une vision plus directe de la réalité. Mais cette pureté de perception implique une rupture avec la convention utile, un désintéressement inné

et spécialement localisé du sens ou de la conscience, enfin une certaine immatérialité de vie, qui est ce qu'on a toujours appelé l'idéalisme. De sorte qu'on pourrait dire, sans jouer aucunement sur le sens des mots, que le réalisme est dans l'œuvre quand l'idéalisme est dans l'âme et que c'est à force d'idéalité seulement qu'on reprend contact avec la réalité. »

IMAGE

Premier sens : représentation sensible d'un sujet quelconque (personne, objet ...). Ce peut être un dessin, une gravure, une photographie ... L'expression par l'image recouvre des domaines divers : le tableau, l'affiche, la photographie, la bande dessinée, le roman-photo, le film ... Elle obéit à des règles liées, d'une part, à la structure de l'image isolée (plan, prise de vue ...), d'autre part à la succession des images (montage ...). Pour la définition de ces termes, cf. Cinéma.

Deuxième sens : en littérature, procédé de description qui prend plusieurs formes.

A. Définitions

Le dénominateur commun est la volonté de traduire concrètement un ensemble, une idée ...

1. Représentation vive et sensible d'un ensemble par un écrit, l'image évoque assez brièvement, mais concrètement. La description* est plus détaillée, précise, savante, parfois sans couleur. (Synonymes : peinture, tableau, fresque, portrait, médaillon).

2. En rhétorique, représentation d'un objet par un autre objet qui rend le premier plus facile à saisir, à comprendre. L'image peut être :
• une comparaison : rapprochement de deux objets souligné par un terme comparatif qui unit les deux termes toujours mentionnés.
Ex. : « Cette femme *(comparé 1)* est belle *(point de comparaison)* comme *(terme comparatif)* un ange *(comparant 2)* » ;

ou « Comme le champ semé en verdure foisonne ... *(comparant 2)*
Ainsi de peu à peu crût l'empire romain *(comparé 1)* » (Du Bellay) ;
• ou une métaphore : sur la base d'une comparaison implicite, fusion des deux termes de la comparaison en un seul. Le comparant se substitue au comparé en éliminant le terme comparatif et le point de comparaison. La métaphore impose l'univers de la pure analogie.
Ex. : « Cet ange *(comparant 2)* me regarda. »
Si on développe l'image, elle devient symbole, allégorie, apologue, parabole.
Mais on dit surtout qu'il y a image lorsqu'au lieu d'insister sur un rapport purement intellectuel entre deux termes, on essaie de donner le sentiment du concret en évoquant la couleur, la forme, le mouvement, etc.
Ex. : « Il est des parfums frais comme des chairs d'enfants
Doux comme les hautbois, verts comme les prairies [...] »
(Baudelaire, « Correspondances »).

B. Ses fonctions

1. En général :
• expliquer, faire comprendre l'abstrait par le concret (ex. Du Bellay, *Antiquités*), mieux dégager le sens de sa pensée ;
• décrire, peindre : « La rosée avait laissé sur les choux des guipures d'argent », Flaubert, *Madame Bovary* ; (cf. Couleur, Pittoresque) ;
• élargir, suggérer : — en parlant à l'imagination (ex. [la lune] « cette faucille d'or dans le champ des étoiles », Hugo), procédé surtout romantique ; — en intégrant un mot à un domaine qui lui était normalement étranger : par exemple on associera « femme » au champ lexical de « fleur » (ou l'inverse) en raison des nombreux poèmes (ex. Ronsard) qui ont développé cette comparaison ;
• orner et embellir, en particulier dans le style baroque ;
• étonner : — par un rapprochement inattendu qui constitue l'esprit* (ex. [la lune sur le clocher] « comme un point sur un i », Musset) ; — par un rapport encore plus saugrenu pour celui qui n'est pas initié, et dont le sens ne se comprend que dans l'univers de l'auteur (ex. dans le vocabulaire de la préciosité*, le violon est « l'âme des pieds ») ; — en revigorant certaines métaphores qui étaient devenues tellement usuelles dans le langage courant et technique qu'on ne percevait plus leur saveur : c'est ce que font les poètes modernes Desnos, Queneau et en particulier Prévert (ex. « Il a reçu un éclat de rire dans l'œil ») ;
• émouvoir : c'est le rôle de l'image lyrique (cf. Lyrisme).

2. Chez les Symbolistes :

• suggérer, non comme les Romantiques en conservant une certaine logique de la pensée, mais plutôt en utilisant le mot parce qu'il s'impose par sa richesse en images latentes et en le combinant avec d'autres mots en harmonie, de façon à créer une symphonie d'évocations aux multiples résonances (ex. Mallarmé) ;
• faire comprendre la vraie nature des choses, substituer à leur nom, à leur forme, à leurs usages apparents, une représentation qui corresponde à leur essence, crée des correspondances* (cf. Baudelaire, « Les Chats », « Bohémiens en voyage », etc.) ;
• restituer, par le flou, la tonalité d'un état d'âme ressenti, mais non intellectuellement analysé (cf. Verlaine, *Art poétique*) ;
• créer un monde neuf : le poète, devenu voyant par le dérèglement des sens, libère une floraison d'images qui détruit le monde traditionnel et exprime un nouvel univers (ex. Rimbaud).

3. Chez les Surréalistes : pour eux, qui poussent à l'extrême le procédé de Rimbaud, l'image ne sert pas à « doubler une idée », à « aiguiller les sens dans la même voie que l'intelligence », mais c'est « un groupe de mots correspondant uniquement à une chose vue, sans rien qui en marque la liaison avec l'ensemble de notre vision, sans rien qui contribue à l'intégrer dans notre système intellectuel ». Elle détruit le monde faux de la raison et lui substitue le monde réel de la vie inconsciente d'où elle jaillit : « Le vice appelé surréalisme est l'emploi déréglé et passionnel du stupéfiant image, ou plutôt la provocation sans contrôle de l'image pour elle-même et pour ce qu'elle entraîne dans le domaine de la représentation de perturbations imprévisibles et de métamorphoses ; car chaque image, à chaque coup, vous force à réviser tout l'univers » (Aragon, *Le Paysan de Paris*).

IMAGINATION

Cette faculté que possède notre esprit se présente sous trois formes :
• l'imagination reproductrice : c'est la faculté de reproduire des images venues directement des sens ou conservées par la mémoire ;
• l'imagination créatrice : il s'agit de la faculté de combiner des images qui, bien qu'elles soient empruntées à la nature, forment un ensemble qui n'existait pas dans la réalité ;

• au sens pascalien : le pouvoir qu'ont, sur notre raison, des images reçues, reproduites ou créées.

TEXTES : **Montaigne,** *Essais,* II, 12 et III, 2, 1560-95. **Molière,** *Le Misanthrope,* II, 5, 1666. **Pascal,** *Pensées,* 1669. **Baudelaire,** « Salon de 1859 » in *Curiosités esthétiques,* 1868. **Lautréamont,** *Les Chants de Maldoror,* 1869. **Rimbaud,** *Une Saison en enfer,* 1873 ; *Illuminations,* 1886 ; *Poésies,* 1891. **Breton,** *Manifestes du Surréalisme,* 1924-53. **Michaux,** *Espace du dedans,* 1944.

A. Le réquisitoire

L'imagination est suspecte ou même condamnée dans la pensée de certains auteurs (surtout ceux du XVIIe et du XVIIIe s.) pour ces motifs :

1. Elle empêche la raison d'atteindre la vérité : c'est elle qui fabrique les illusions, fausses croyances, préventions, chimères*, visions, utopies, rêves qui entravent notre jugement (ex. Montaigne, Pascal). Elle provoque aussi les malades imaginaires (ex. Molière), les jaloux en imagination (ex. Proust), les fausses idées de soi, autant d'inquiétudes qui troublent le bonheur.

2. Elle est à la base des erreurs sur les hommes :
• on juge sur l'extérieur, sur la mine, sans tenir compte du mérite personnel (cf. *Les Précieuses ridicules*) ;
• elle favorise les impostures sociales : juges, médecins (ex. Molière, Pascal) ; les admirations injustifiées (cf. Orgon pour Tartuffe) ;
• elle est sollicitée dans toutes les tentatives d'embrigadement des esprits : propagandes, préjugés, phobies, guerres, etc.

3. Elle aide la vanité qui oriente l'homme vers les activités du « paraître » : richesse, conquête, gloire, etc. (cf. *Le Bourgeois gentilhomme, Don Quichotte, Madame Bovary,* Balthazar Claës, etc.).

B. La défense

1. L'imagination reproductrice fait renaître les souvenirs et met en valeur leur agrément (cf. Autobiographie).

2. L'imagination créatrice, en particulier, est jugée très positive, car :
• elle est à la source de la création littéraire et artistique ; pour Baudelaire, c'est la « reine des facultés » et, vers la fin du XIXe et au XXe s.,

certains poètes lui donnent une place privilégiée (cf. Michaux pour qui elle est en quelque sorte « l'espace du dedans » ou René Char : « Imagination mon enfant. ») ;
• elle est une composante essentielle de l'invention* pour le savant, le technicien, le penseur ;
• elle donne à tous les hommes le moyen d'échapper aux tristesses de la vie ; en particulier au XIXe s., « l'imagination mélancolique rend heureux un moment en faisant rêver l'infini » (Mme de Staël, *De la littérature,* II, 15) ; cf. Evasion, Exotisme, Fantaisie, Fantastique, Féerie, Poésie, Rêve, Roman, Théâtre, etc. ;
• elle crée le bonheur* (cf. Amour, Chimères) en permettant la possession, par l'imagination, de plaisirs inaccessibles ; en rendant les êtres et le monde plus beaux que dans la réalité (ex. Rousseau) ;
• elle donne un idéal ;
• elle enrichit la sensibilité* : source d'émotion dans ce qu'on imagine au-delà de la raison, obscurité, mystère, inquiétudes vagues (ex. Diderot) ;
• elle est un principe d'action*.

IMITATION (ORIGINALITE)

Premier sens : « Mimésis » (mot grec qu'emploie Aristote dans sa *Poétique*) c'est-à-dire théorie suivant laquelle le principe de tous les arts est dans l'imitation de la nature, puisque « les hommes ont une tendance à trouver du plaisir aux représentations ».
Cette théorie, adoptée par les Classiques, soulève plusieurs problèmes :
• qu'entend-on par nature ? (cf. Nature) ;
• comment l'art reproduit-il le réel ? (cf. Art, Idéalisme, Réalisme, Vrai) ;
• certaines formes d'art consistent à se détourner de la nature (ex. artifice, préciosité*, fantaisie*, fantastique*).
On pourra consulter la vaste enquête d'E. Auerbach, précisément intitulée *Mimésis*, 1968, qui montre comment l'imitation de la réalité historique et sociale par les écrivains majeurs de la littérature occidentale révèle la vérité de chaque civilisation.

Deuxième sens : le fait de prendre pour modèle l'œuvre d'un écrivain antérieur ou étranger.

A. Comment la pratiquer ?

Anciennement, l'imitation était un genre pédagogique qui reposait sur le principe d'« innutrition » : « se nourrir » de textes anciens jugés essentiels pour les comprendre, et les exploiter en prolongeant et revivifiant de manière personnelle leurs réussites. Cette conception se retrouve chez Valéry : « Rien de plus soi que de se nourrir d'autrui. Le lion est fait de mouton assimilé » (*Cahiers*). Dans cette optique, imiter n'a rien d'infâme, c'est même un devoir.

1. L'imitation totale et directe est préconisée par la Pléiade.
• elle concerne essentiellement « les exemplaires grecs et latins », mais aussi les poètes italiens, surtout Pétrarque ;
• elle emprunte la forme* (cf. l'ode de Pindare et d'Horace reprise par Ronsard, le sonnet pétrarquiste) comme le fond* ;
• cependant elle ne se veut pas servile (Du Bellay critique la vogue pétrarquiste qui imite jusqu'aux tics rhétoriques) : il s'agit pour le poète de poursuivre le perfectionnement formel de ses modèles.

2. L'imitation partielle :
• on emprunte des genres, des thèmes, des vérités générales, des « endroits pleins d'excellence » (La Fontaine) ; les Classiques font des emprunts chez les Anciens, les Romantiques chez les Anglais, les Allemands, les Espagnols ;
• au XVIIIe s., au XIXe on imite la forme* seulement, la pensée étant moderne (cf. Chénier : « Sur des pensers nouveaux, faisons des vers antiques » ; les Parnassiens* et les Anciens) ;
• on imite par contamination, compilation.

3. L'imitation indirecte : en méditant sur les œuvres du passé on dégage :
• des règles (ex. les Classiques français et les Anciens) ;
• ou une conception de l'art : ex. Symbolisme* et romantisme allemand.

B. Pourquoi imite-t-on ?

1. Une raison négative : la stérilité d'invention entraîne la copie, l'emprunt, le plagiat, le démarquage. Ce procédé est en général condamné, même par la Pléiade qui réprouvait l'imitation des Français par les Français, sauf dans le cas d'un jeune écrivain faisant ses classes.

2. Des raisons positives :
• pour contrefaire un écrivain (pastiche, parodie*). « Tout grand art commence par le pastiche » (Malraux) ; ex. La Fontaine ;

• par admiration pour une œuvre (cf. les amoureux de la culture italienne qui l'importèrent en France au XVIe s.) ;
• pour renouveler la littérature de son temps, en son pays, par l'exemple d'une littérature étrangère : ex. Pléiade ; Romantisme* ;
• en vertu de la croyance à la beauté idéale, aux règles* qui seraient permanentes : ex. Chénier ; cf. Classicisme*.
• parce que certaines vérités sont éternelles et qu'un auteur croit possible de les reprendre en leur donnant un nouveau jour : ex. La Bruyère imitant Théophraste ; ce n'est qu'une illusion de la part de l'écrivain de vouloir échapper aux modèles humains déjà existants, car ils sont toujours vrais ;
• par exigence esthétique : imiter est plus difficile, car il faut dépasser les Anciens ;
• parce que l'auteur prend son bien où il le trouve et transforme par son génie ce que ses devanciers n'ont pas su exploiter : ex. Molière.

C. Imitation et originalité

L'imitation pose le problème de la création littéraire ou artistique : est-il souhaitable et même possible de créer ce qui n'a jamais existé ? L'originalité ne se conçoit-elle que dans la rupture ?

1. L'imitation est condamnable pour des raisons :
• morales : le plagiat qui ne s'avoue pas tel est le vol d'une propriété, d'ailleurs passible de peines, et alimente la chronique de quelques « scandales » littéraires ou artistiques (cf. les faux de Réal Lessard vendus par Fernand Legros) ;
• historiques : ce qui a plu à une époque ne plaira pas obligatoirement à une autre ;
• esthétiques : l'imitation peut signifier l'académisme ou la stérilité.

2. Mais quel est l'écrivain qui n'imite pas ? Il n'y a pas de naïf en littérature : comme l'écrivain est déjà un lecteur imprégné d'habitudes, de codes, de réminiscences, sa création utilisera ce substrat. D'ailleurs « l'écrivain original n'est pas celui qui n'imite personne » (Chateaubriand). Si on étudie avec attention les rapports entre les œuvres et leurs modèles (La Pléiade et l'Antiquité ; Corneille et l'Espagne ; Racine et la Grèce ; La Fontaine et Esope ; les Romantiques et Byron ; Balzac et Walter Scott ; Rimbaud et Hugo ...), on constate que l'imitation est souvent utile :

- parce que le jeune écrivain fait, en imitant, ses exercices de style, et se prépare à découvrir son originalité (ex. Montaigne et Sénèque ; La Fontaine ; les pastiches de Proust ; Valéry et Mallarmé) ;
- parce que la rencontre d'un écrivain antérieur peut éveiller une création nouvelle : il ne s'agit plus, dès lors, d'imitation, mais de source.

3. L'imitation n'empêche pas l'originalité :

- même en cas d'imitation totale, de littérature à littérature, il existe une part personnelle de l'adaptateur ou du traducteur qui transpose dans sa langue l'œuvre étrangère (ex. création d'une langue et d'un style nouveaux par la Pléiade et Chénier) ; en outre, l'imitateur opère un choix, un mélange de certains éléments ;
- en cas d'imitation partielle, « s'appuyer sur » n'est pas « transposer » ; donc ce choix est encore plus net, auquel peut se mêler l'invention (ex. La Fontaine, La Bruyère) ; apparaissent des éléments nouveaux dus au pays et à l'époque de l'écrivain (ex. chez Ronsard, transformation du paysage antique en paysage vendômois ; chez Racine, Andromaque, mère chrétienne ; critique* sociale et esprit français chez La Fontaine ; pensée moderne chez Chénier) ; il y a véritablement apport du génie* de l'écrivain qui dépasse l'imitation (ex. thèmes personnels de la Pléiade ; Molière et la farce* ; l'univers de Balzac introduit dans le plan de Walter Scott ; celui de Proust dans le type de chronique conçu par Saint-Simon et Balzac).

4. Qu'est-ce véritablement que l'originalité ?

- certainement pas une façon obscure de s'exprimer comme le sont bizarreries, hermétisme, artifices, ésotérisme, préciosité* ;
- elle ne réside pas non plus dans l'expression de pensées que personne n'a jamais eues, mais dans « une pensée qui a dû venir à tout le monde et que quelqu'un s'avise le premier d'exprimer » (Boileau, *Préface de 1701*). C'est pourquoi elle pose les problèmes du rapport du génie* avec son siècle (cf. Classicisme, Moi, Univers, Vérité) ;
- l'œuvre originale reste inimitable dans le fond* et dans la forme*.

MPERSONNALITE (OBJECTIVITE)

On parle d'œuvres impersonnelles quand on ne peut distinguer les idées ou les goûts de l'auteur dans le texte, ni deviner quelque information sur sa vie. On peut considérer comme des œuvres impersonnelles :

• celles dont l'auteur est inconnu ou presque (cf. *Poèmes homériques ; Bible ; De Natura Rerum* de Lucrèce ; *Imitation de Jésus-Christ* ;
• celles dont l'auteur a soigneusement caché au public sa vie personnelle : — en choisissant de peindre objectivement tout ce qui n'est pas lui (ex. théâtre* et moralistes* classiques, romans du Réalisme* et du Naturalisme*) ; — ou en n'exprimant ses propres sentiments que sous une forme générale et impersonnelle (ex. Vigny, Art* pour l'art ; Parnasse).
Les genres propices à l'impersonnalité sont le théâtre*, l'épopée*, les genres moralistes.
Par opposition consulter : Autobiographie, Littérature, Moi, Subjectivité.

A. Arguments en faveur de l'impersonnalité

1. Du point de vue de l'auteur :
• le moi* est haïssable ;
• exposer au public l'intimité de son cœur, ce que Malraux appelle « son misérable tas de petits secrets », est une profanation, un manque de pudeur, une insolence qui choque la bienséance* ;
• c'est inutile, car, sa curiosité malsaine une fois satisfaite, le public se détourne de ce qui est trop particulier ;
• l'art est surtout le fruit de l'intelligence, de l'imagination (cf. Inspiration) ; c'est une science, un métier (cf. Travail de l'écrivain) qui n'a rien à voir avec l'étalage du cœur ;
• il vise à la beauté* ou à la vérité* : celles-ci ont quelque chose d'éternel au-dessus du personnel et du passager ; idée de Baudelaire, des Symbolistes, de Vigny (cf. Classicisme, Parnasse, Réalisme).

2. Du point de vue du lecteur :
• si le lecteur s'intéresse à la personnalité de l'auteur plutôt qu'à l'œuvre, il perd la jouissance purement esthétique pour tomber dans l'érudition, la psychologie, ou la curiosité indiscrète ;
• s'il cherche dans la personnalité de l'auteur une explication de l'œuvre, il fait de la critique explicative, avec ce que cette activité peut avoir de décevant (cf. Critique littéraire), et se détourne encore de la jouissance esthétique ;
• confidences et anecdotes égarent le lecteur vers la personnalité de l'auteur (ex. les Romantiques et en particulier Lamartine, Musset) et le détournent de la beauté* et de la vérité* de l'art qu'il ne peut percevoir que dans les œuvres.

B. Discussion

Certaines écoles littéraires (le Parnasse*, le Réalisme*) ont fait de l'impersonnalité un point de doctrine. Cependant, cela ne suffit pas à résoudre les problèmes suivants :

1. L'impersonnalité totale est-elle possible ? Toute œuvre est, d'une certaine manière, une confession, car :
• c'est une vue trop étroite que de limiter la « personnalité » de l'auteur aux effusions de son cœur et aux allusions à sa vie. Intelligence, idées, création d'un univers*, style* expriment aussi la personnalité de l'écrivain. Et, en ce sens, toute œuvre (même celles citées supra) a une personnalité, par opposition aux œuvres qui sont une simple photographie du réel (ex. personnalité de Flaubert, par opposition à Champfleury). Il est vrai qu'elle se dégage de l'œuvre et non de la vie de l'auteur et, selon Proust (cf. Critique littéraire), la personnalité de l'artiste est foncièrement différente de la personnalité de l'homme ;
• même en prenant le mot « personnalité » au sens étroit (c'est-à-dire ce qui permet de définir l'homme par opposition à l'artiste), on constate que l'œuvre est nourrie de la vie personnelle de l'auteur*. En effet, l'imagination poétique consiste à « revenir sur ses pas, suivre jusqu'au bout les directions extrêmes » (Bergson, *Le Rire*) par rapport aux choix que la vie impose (ex. la tragédie racinienne) ;
• l'auteur réussit-il jamais à être objectif et impassible ? Il laisse toujours échapper quelque confidence (ex. La Fontaine, Boileau, jusqu'à Flaubert qui se voulait le chantre de l'impassibilité et qui s'écrie : « Madame Bovary, c'est moi ! »), il intervient directement (par ex. à travers les constatations pessimistes de Leconte de Lisle, de Flaubert) ou indirectement (ex. les descriptions par un narrateur omniscient chez Balzac), et, même s'il veut se cacher, le choix même de ses thèmes le révèle (ex. Flaubert, Maupassant, Leconte de Lisle, Vigny). Même l'art pour l'art peut être un engagement* et donc un aveu. Cependant, il faut distinguer, avec Proust (*Contre Sainte-Beuve*), le « moi public » et le « moi profond » de l'écrivain (cf. Auteur).

2. L'impersonnalité est-elle souhaitable ?
• les œuvres personnelles n'encourent pas toujours les reproches vus en A (cf. Moi, Subjectivité) ;
• pour certains, la sensibilité*, le moi* sont une source d'inspiration ;
• connaître la personnalité de l'auteur sert à comprendre l'œuvre et à accroître la jouissance esthétique (cf. Critique littéraire).

3. Impersonnalité et objectivité ?

• certes, en excluant le moi*, l'impersonnalité favorise l'objectivité, pour décrire exactement le réel (cf. supra) ;
• mais l'objectivité peut exister aussi quand l'œuvre est soumise à la vérité* et à la nature* : en ce sens, on peut parler de l'objectivité de Montaigne bien qu'il parle de lui (cf. Moi, Sincérité). Cela exclut les préoccupations morales (même si, chez les Classiques, il y a réflexion morale sur le réel) et cela suppose une vision du réel conforme à l'apparence généralement admise pour vraie ;
• l'objectivité totale est-elle possible ? Cela dépend de ce qu'on entend par nature*, réel*, vérité* (cf.Idéalisme)...

INFINI

Le terme d'infini recouvre trois notions proches :
• à proprement parler, l'infini est ce qui n'a ni commencement ni fin, ni limite, donc Dieu, le divin, le surnaturel (cf. « l'appel de l'infini ») ;
• par extension, est appelé infini ce dont on ne conçoit pas la fin, que l'on suppose pouvoir se développer sans bornes, toujours plus grand que ce qu'on peut concevoir (ex. l'infini de grandeur et l'infini de petitesse chez Pascal, l'infini mathématique) ;
• ou encore ce qui, par son intensité, son importance, sa durée, son absence de limites précises paraît, à celui qui le contemple ou l'éprouve, un monde où il se perd, où il n'a plus l'impression d'être retenu dans des limites humaines (ex. l'infini des cieux, l'infini de l'amour).
C'est sous ces diverses formes que l'homme éprouve le « sentiment de l'infini ».

A. Moyens d'éprouver le sentiment de l'infini

1. Au-delà de l'homme :

• par l'accès au surnaturel : en trouvant Dieu (ex. Pascal, Bossuet ; cf. Mysticisme, Religion) ; en l'appelant au terme d'une méditation sur l'homme, sur l'incomplet de la destinée humaine, les mystères de la religion, etc. (ex. Chateaubriand et les Romantiques) ;
• par l'accès à la perfection surhumaine : — sur le plan esthétique, la beauté idéale de Baudelaire (cf. Correspondance, Mysticisme) ; le

sublime* du génie pour les Romantiques (ex. Hugo, et Chateaubriand : « Dans le poète et dans l'artiste il y a de l'infini. C'est cet ingrédient, l'infini, qui donne à cette sorte de génie la grandeur irréductible ») ; — sur le plan moral, l'idéal ; l'essence derrière l'apparence : platonisme, Pléiade, Lamartine (*Isolement*) ; la perfection des créatures ; l'âme vue derrière le corps : pétrarquisme, Pléiade, Lamartine ; l'héroïsme* ; le sublime* moral.

2. Dans les limites humaines :
- par le rêve* (ex. Nerval) ;
- par la contemplation de l'univers, de l'infiniment grand et de l'infiniment petit (ex. Pascal) ;
- par l'impression d'une plénitude extraordinaire dans la vie : voluptés des sens (ex. Baudelaire), joie de l'énergie*, intensité de la passion*.

3. Négativement :
- par l'inquiétude (cf. Angoisse), le sentiment de l'imperfection, le goût d'autre chose (cf. Mal du siècle) ;
- par le dégoût de la vie, l'aspiration à l'éternel ;
- par le goût du néant, le désespoir (ex. Leconte de Lisle).

B. Valeur de ce sentiment

Il est :
- une preuve de Dieu ;
- une preuve de la petitesse et de la grandeur de l'homme, de sa destinée surnaturelle (ex. Pascal, Chateaubriand) ;
- une preuve de la qualité de son âme (cf. Angoisse) ;
- une source de lyrisme* ;
- une source de déceptions, d'angoisses* ;
- parfois un symptôme d'inadaptation, de manque de sagesse* (cf. le déséquilibre romantique) ; une rêverie vague et bête, fruit d'une inaptitude à vivre sainement (cf. Emma Bovary).

INSPIRATION

Etymologiquement, c'est le fait de recevoir un souffle divin qui fait naître l'enthousiasme créateur. Par extension, l'inspiration serait ce don qu'a l'écrivain d'inventer ce qu'aucune technique littéraire ne peut, à elle seule, découvrir (synonymes suivant les époques : enthousiasme*, délire, fureur, ivresse, démon, Muse, verve, etc. ; cf. Verlaine, *Poèmes saturniens*).

A. Nature de l'inspiration

Suivant les Anciens (ex. Platon), le poète était animé par les dieux d'une sainte fureur qui en faisait leur interprète parmi les hommes. Depuis, les écoles littéraires se sont attachées à définir cette notion en déterminant :

1. La part d'irrationnel :

• pour certains, c'est bien un délire divin, une exaltation de notre esprit (cf. Pléiade) ; un « don du ciel », une sorte de prédestination à un certain genre de poésie (cf. Boileau, *Art poétique*, I) ;

• pour d'autres, elle n'est pas d'origine divine et ils cherchent à préciser sa source :

— pour Diderot, (cf. *Second Entretien sur le Fils naturel*), elle vient de l'« enthousiasme » ; celui-ci est provoqué par un objet de la nature (ou par tout ce qui peut troubler vivement notre sensibilité : cf. Barbare) qui échauffe l'imagination, émeut la sensibilité physique et morale, et fait jaillir « un torrent d'idées » ;

— pour les Romantiques, c'est aussi le cœur, c'est-à-dire la sensibilité, qui donne l'inspiration (cf. Musset, *La Nuit de Mai* : « Ah ! Frappe-toi le cœur, c'est là qu'est le génie ») ;

— Baudelaire appelle aussi « enthousiasme » la source de la poésie. Mais il critique les « fatalistes de l'inspiration » qui « affectent l'abandon, visant au chef-d'œuvre les yeux fermés, pleins de confiance dans le désordre » (*Notes nouvelles sur Edgar Poe,* 1857). Le mot « enthousiasme » n'évoque nullement pour lui la passion, l'ivresse de la sensibilité. Il désigne une extase « faite de volupté et de connaissance » où la personnalité disparaît et l'objectivité se développe chez le poète si anormalement que la contemplation des objets extérieurs lui fait oublier sa propre existence et qu'il se confond avec eux (cf. « Elévation »). Cette extase lui fait découvrir la « surnature » où chaque objet a un sens profond (cf. Correspondance). On retrouve la même idée chez Rimbaud, qui cherche l'extase par le dérèglement de tous les sens, chez Claudel, pour qui elle vient de l'intuition mystique ;

— pour les Surréalistes*, la poésie jaillit de la libération de l'insconcient.

2. La part de la raison :

• Diderot (cf. *Paradoxe sur le Comédien* ; cf. Acteur) s'oppose à lui-même en disant que ce n'est pas le cœur de l'artiste, mais sa tête qui fait tout ;

• Verlaine ironise sur l'inspiration : « Ah ! l'Inspiration, on l'invoque à seize ans / Nous qui ciselons les mots comme des coupes / Et nous qui faisons des vers émus très froidement / ... Ce qu'il nous faut à nous, c'est, aux lueurs des lampes / La science conquise et le sommeil dompté ... / C'est l'Obstination et c'est la Volonté » (épilogue des *Poèmes Saturniens*). Il sera suivi en cela par Mallarmé qui, par un dur labeur linguistique, cherche à « abolir le hasard » ;

• Valéry (cf. *Variété I, Au sujet d'Adonis*) pense que « l'enthousiasme n'est pas un état d'écrivain ». Pas d'inspiration irrationnelle, chez l'artiste, au moment de la création, mais un maximum de lucidité qui ne formule pas une pensée dans l'absolu, mais l'établit dans une forme, aux prises avec les contraintes*, grâce à une sorte d'interaction de l'idée et des mots.

3. Essai de conciliation :

• peut-on distinguer d'après les genres ? Par exemple le lyrisme*, poésie des effusions du cœur, paraît donner raison aux Romantiques. Et pourtant tout homme qui souffre autant que Victor Hugo de la perte de sa fille n'écrirait pas « A Villequier ». L'émotion ne suffit donc pas. Réciproquement, le théâtre, le roman, genres plus impersonnels, pourraient faire croire qu'il suffit d'observer rationnellement pour créer. Or l'expérience des œuvres prouve le contraire et rien ne nous dit que la personnalité émotive de l'artiste, même le plus impersonnel, ne nourrit pas son œuvre (cf. Impersonnalité) ;

• rapporter l'inspiration à une seule faculté est donc simpliste : elle engage toutes les facultés de l'artiste qui, pour des raisons personnelles ou de circonstance, sont, à un certain moment, particulièrement stimulées ;

• mais il faut aller plus loin : l'inspiration ne saurait être un état pur d'où sortirait sans effort la création. Pas d'inspiration qui ne se manifeste par la création, mais celle-ci n'est possible que par la mise en œuvre des ressources de l'art pour donner à la pensée une forme, un style (cf. Art, Contraintes, Langue, Règles, Style). Ainsi pourrait s'expliquer la contradiction apparente de Diderot : à l'origine de l'œuvre, il peut y avoir un bouleversement de la sensibilité (ex., pour Victor Hugo, la douleur de perdre sa fille), mais il y a œuvre lorsque l'écrivain donne une forme artistique à ce qu'il éprouve et, dès lors, la raison, le travail* conscient jouent leur rôle.

B. Inspiration et art

D'une part, il n'y a pas de recette pour fabriquer un chef-d'œuvre. D'autre part « toute œuvre littéraire se construit à partir d'une inspiration (c'est tout du moins ce que son auteur laisse entendre) qui est tenue à s'accommoder tant bien que mal d'une série de contraintes et de procédures » (F. Le Lionnais, *Oulipo, la littérature potentielle*). A partir de là, toutes les écoles littéraires reconnaissent que l'inspiration ne s'exprime qu'avec l'aide de l'art, mais elles diffèrent sur l'importance du rôle de l'inspiration. Deux théories extrêmes s'opposent :

1. L'inspiration est nécessaire, mais ne suffit pas :

• pour la Pléiade, le poète apprendra à s'exprimer en mettant au service de son délire un art conscient fruit de l'imitation*, de l'étude des genres*, de l'application de certaines règles ;

• pour les Classiques, l'inspiration est aidée par la raison* qui observe la vérité et l'amène à son maximum de clarté*, qui choisit la forme adéquate et respecte les règles ;

• on retrouve la même attitude :

— chez Diderot ;

— chez Baudelaire pour qui, dans l'extase devant la surnature, un « art conscient » doit « s'emparer immédiatement, sur cette terre même, d'un paradis révélé », c'est-à-dire exprimer la découverte du poète par l'utilisation méthodique de la langue, des analogies, des métaphores, des correspondances*, de façon à créer le symbole* ;

— chez les Réalistes ;

— chez les Parnassiens, chez les Symbolistes et Mallarmé qui veulent réaliser l'inspiration (en la dépersonnalisant s'il y a lieu) dans une forme artistique ;

• Valéry va plus loin puisque, selon lui, il n'y a pas d'inspiration, mais une interaction, dans la création, entre idée et contraintes ;

• pour l'Oulipo, le travail doit, en opposition avec la théorie de « l'inspiration », profiter du concept de contrainte* pour supprimer tout hasard, et c'est en imaginant de nouvelles formules contraignantes ou en pratiquant toutes celles qui existent déjà que l'on obtiendra de nouveaux chefs-d'œuvre (cf. le lipogramme en E de G. Perec, *La Disparition*) ;

2. L'inspiration est importante :

• pour les Romantiques, qui y voient une marque d'élitisme, un privilège. Cependant l'art existe, mais il ne consiste pas en contraintes* préétablies. Et ils croient l'inspiration assez puissante pour donner à chaque écrivain « son art », c'est-à-dire lui fournir une façon de s'exprimer. D'où

le mépris de Lamartine pour les règles de la langue, de Hugo pour la rhétorique. Mais pourtant les Romantiques admettent certaines contraintes (cf. Romantisme) ;
• pour les Surréalistes, l'inspiration est essentielle : ils y voient une spontanéité créatrice qui est une faculté innée chez tous puisqu'elle provient du dynamisme de l'inconscient. Elle n'est donc pas une présence étrangère, mais, sans elle, le talent qui s'acquiert par le travail* est impuissant. Cependant les Surréalistes n'échappent pas à une contradiction, car la poésie est pour eux une « chimie verbale », donc un acte volontaire qui nécessite le contrôle du langage. L'art reprend donc ses droits.
En conclusion, l'art seul ne suffit pas et aboutit à l'artifice, au procédé (cf. Préciosité). Mais, seule, l'inspiration, en admettant qu'elle réussisse à s'exprimer, risque de tomber dans l'informe, l'énorme (cf. Liberté). Il lui faut donc des contraintes*, des règles* pour choisir, ordonner, concentrer, intensifier...

INTELLIGENCE

Premier sens : en philosophie, l'intelligence englobe toutes les facultés de l'esprit qui ont pour objet la connaissance, c'est-à-dire :
• la sensation ;
• l'association, la mémoire ;
• l'imagination* ;
• l'entendement. Synonymes : au XVIIe s., esprit*, esprit géométrique (ex. Pascal), de nos jours raison raisonnante, qui désigne l'ensemble des opérations discursives de la pensée, de l'esprit logique : concevoir, juger, raisonner ;
• l'esprit de finesse : intuition, jugement, discernement, tact, qui désignent un instrument d'appréciation plus subtil et nuancé que l'entendement ;
• la raison : faculté qui permet à l'homme d'établir des rapports entre les choses, de comprendre l'univers et de concevoir les idées métaphysiques les plus générales grâce aux principes à la base de toute connaissance réfléchie.

Deuxième sens : dans le langage courant, l'intelligence désigne la faculté de comprendre.
Raison* et ses synonymes désignent plutôt la faculté de penser et d'agir conformément aux règles de la vérité et du bien ; esprit (synonymes : talent, génie*) s'applique à la capacité de créer, d'inventer.

A. Son usage

L'intelligence permet à l'homme de :

1. **Sentir :** étude des sensations ;

2. **Comprendre :** percer ou pénétrer les choses (sagacité, psychologie, perspicacité...) ; créer les rapports qui les lient entre elles (réflexion, ingéniosité...) ; adapter consciemment ses moyens à une fin, de sorte qu'il y a des formes d'intelligence différentes selon les ordres d'activité : ex. intelligence pratique de l'artisan, du commerçant (habileté, adresse, savoir-faire...) ; du militaire, du politique ; intelligence spéculative du penseur, du savant, du philosophe... ;

3. **Penser et agir :** conformément à la vérité et au bien (jugement, discernement, tact, bon sens...) ;

4. **Créer :** imagination*, invention*, génie*.

B. Ses rapports avec les autres facultés humaines

1. Intelligence et sensibilité :
• la sensibilité* influe sur l'intelligence : — en ce qu'elle peut aiguiser certaines facultés (augmenter l'acuité des sensations, la mémoire) ; aider à comprendre, à voir la vérité, le bien ; à découvrir (cf. Cœur, Enthousiasme, Passion) ; — elle met parfois l'intelligence à son service (cf. Passion) ; — elle éveille l'ambition ; — elle fausse aussi l'intelligence ou la raison par la passion, les préventions, l'antipathie, le fanatisme ;
• mais la raison* est capable de modérer la sensibilité (ex. Montaigne), voire de l'atrophier.

2. Intelligence et action :
• on reproche à l'intelligence d'empêcher d'agir, car elle développe le doute*, l'esprit* critique ;
• mais elle éclaire l'action* et, souvent, lui confère sa valeur (cf. Energie).

Premier sens : dans les sciences et techniques, l'invention est la création de quelque chose d'original et de nouveau, auquel personne n'avait encore pensé.
L'invention se distingue de la découverte, qui consiste à trouver ce qui existait, mais qui demeurait caché, inconnu, ignoré.

A. Le processus intellectuel

1. La démarche de l'esprit : il commence par l'observation d'où sort l'idée ou, au contraire, part d'une idée qui provoque l'attention, tournée vers l'observation. Puis il échafaude une hypothèse qu'il essaie de réaliser à travers une expérience*. Celle-ci entraîne une rectification de l'idée, de nouvelles observations, de nouvelles approximations de ce qui sera, et ainsi de suite jusqu'à la mise au point.

2. Les qualités requises :
• l'attention toujours braquée vers un but, exploitant souvent un hasard (ex. Newton, Papin) ;
• l'imagination* : dans la découverte de l'idée, dans l'organisation de l'expérience, dans l'utilisation des données de l'observation, etc. ;
• l'intelligence*, pour comprendre, lier les réflexions, juger en utilisant son esprit* critique, en pratiquant le doute*, pour raisonner ;
• l'inconscient, qui permet à la réflexion de mûrir et de préparer des illuminations ;
• l'énergie* et les qualités morales, qui permettent de persévérer et réussir ;
• parfois la sensibilité* et l'enthousiasme*, qui font agir en fonction d'un idéal, par exemple le service de l'humanité.

B. Figures de l'inventeur

1. Génie solitaire ou équipe ? Les deux cas se rencontrent : ex. les inventions de Bernard Palissy, de Pasteur et celles qui sont le fruit d'un travail d'équipe, parfois organisé par l'Etat, ou plus encore quand il y a collaboration internationale.

2. Types littéraires d'inventeurs : chez Balzac, Balthazar Claës (*La Recherche de l'Absolu*), David Séchard (*Illusions perdues*) ; Viaur dans *Les Hommes de Bonne Volonté* de Jules Romains.

Deuxième sens : en littérature, l'invention est la création du fond* et de la forme*.
Elle met en œuvre les mêmes qualités, et pose les problèmes suivants :
• quelle est la part de l'inspiration*, du génie* ? (cf. ces mots et aussi Artiste, Auteur, Poète) ;
• la création est-elle l'œuvre d'un individu ou subit-elle des influences extérieures ? (cf. Critique littéraire, Ecole, Génie, Littérature, Milieu...) ;
• sur quoi porte l'invention ? sur les sujets, les thèmes, les genres*, l'action*, les personnages*, l'univers*, le style* ?
• l'invention peut-elle être totale ? (cf. Imitation) ;
• consiste-t-elle à faire « quelque chose de rien » (Racine) ? c'est-à-dire à n'inventer ni sujet, ni thème, ni personnage, ni règles de l'art, et pourtant à créer une action*, des personnages* vivants, un style*, un univers* ; ou, dans le lyrisme*, à renouveler un lieu commun par sa personnalité, sa vision du monde, son style ?
• en quoi consiste l'« invention verbale » ? C'est :
— l'art de découvrir, de créer, de lier des mots* : richesse et variété du vocabulaire chez Rabelais, les poètes de la Pléiade, Mallarmé, Joyce, Michaux, San Antonio ;
— la création d'une grammaire chez Rabelais, les poètes de la Pléiade, Chénier ;
— la découverte de figures*, en particulier d'images*, de métaphores chez La Bruyère, Hugo, Mallarmé, les Symbolistes... ;
— la découverte de rythmes*.
Est-ce un moyen de mieux exprimer une pensée ? ou un pur formalisme ? ou un vide sonore ? (cf. Mot).

Troisième sens : en rhétorique, l'invention consiste à trouver ce qu'on doit dire pour persuader. Elle s'oppose à la disposition (le plan) et à l'élocution (la manière de s'exprimer).

IRONIE (HUMOUR)

Premier sens : étymologiquement, l'ironie est l'action d'interroger en feignant l'ignorance. C'est le procédé utilisé par Socrate pour amener son interlocuteur à énoncer une absurdité qu'il devra rectifier.

Deuxième sens : figure de rhétorique qui consiste à donner pour vraie et sérieuse une proposition manifestement fausse ou inadmissible. En ce sens, l'ironie englobe l'humour, qui n'en est qu'une variété (cf. C).

Troisième sens (sens commun) : attitude moqueuse (synonymes : raillerie, dérision).

TEXTES : **La Fontaine,** *Fables,* 1668-94. **La Bruyère,** *Les Caractères,* 1688-96. **Montesquieu,** *Les Lettres persanes,* 1721. **Swift,** *Modeste proposition concernant les enfants des classes pauvres,* 1729. **Voltaire,** *Candide,* 1759 ; *Traité sur la tolérance,* 1763 ; *De l'horrible danger de la lecture,* 1765. **Rivarol,** *Les Actes des Apôtres,* 1790. **Lafargue,** *Le Droit à la paresse,* 1880. **Vian,** *Lettre à sa Magnificence le Baron J. Mollet... sur les truqueurs de la guerre,* 1962.

A. Ses moyens d'expression

L'ironie peut s'exprimer par :

1. Une figure de mots : antiphrase (Dorine appelant Tartuffe « le pauvre homme »), métaphore ou périphrase (la Terre, « le meilleur des mondes » in *Candide*) ;

2. Une figure de pensée qui consiste à enchaîner des propositions contraires à la vérité :
- par un fonctionnement logique essentiel qui réduit jusqu'à l'absurde une proposition ;
- en accentuant le contraste entre les faits et la justification qu'on en donne (ex. « M. le baron était un des plus puissants seigneurs de la Westphalie, car son château avait une porte et des fenêtres » in *Candide*) ;
- plus généralement, en exagérant ;
- par la répétition (ex. « Tout est pour le mieux... ») et parfois des sonorités cocasses (cf. *Candide,* I) ;
- par l'écart entre le langage poétique (périphrases, raffinement des comparaisons qui créent une certaine éloquence) et la réalité qu'il suggère (ex. La Fontaine) ;
- par le paradoxe (ex. « Malgré d'inquiétantes menaces de paix » de Prévert).

L'ironie est avant tout un art du porte-à-faux, du décalage.

B. Ses effets

1. Ce que l'ironie implique :

• quelque scepticisme à l'égard des hommes et des choses ;
• un certain art de réduire à l'absurde les choses ou les façons d'agir ; souvent en supprimant toute explication intérieure, pour faire jaillir, par l'incohérence de l'apparence, ce qu'il y a de mauvais ou de relatif (ex. l'ironie des *Lettres persanes*) ;
• un art de se moquer d'autrui en le mystifiant ou en le persiflant sans qu'il puisse s'en offenser ;
• de l'esprit* critique et de l'esprit* (au sens 3) dans la façon de tourner les choses ;
• une connivence entre l'auteur et son public.

2. Son rôle :

• elle permet de bouleverser l'ordre habituel qui prévaut dans l'organisation du monde ; par là, elle libère l'esprit des fausses valeurs et développe en lui le sens de la relativité par l'exercice du doute*, débouche ainsi sur la critique* sociale ;
• elle écarte le réflexe de désarroi ou de désespoir et oppose aux lois immuables de la nature un flegme apparent ;
• elle détache des passions, du fanatisme, elle donne une philosophie. Le sourire détend, apaise, l'ironie rend la vie aimable (ex. Anatole France).
Ainsi l'ironie apparaît comme une marque d'extrême civilisation, de raffinement intellectuel, mais elle comporte aussi :

3. Des dangers : elle risque de mener au scepticisme absolu, à une « insoutenable légèreté » (cf. Kundera), au non-engagement*.

C. Ironie et humour

Tous deux sont une forme de comique de mots fondée sur une transposition entre le réel et l'idéal, mais la différence apparaît si l'on considère les procédés et les buts de chaque forme.

1. L'humour paraît surtout consister dans une forme de satire scientifique : on l'accentue en descendant de plus en plus à l'intérieur du mal pour en noter les particularités, d'où l'emploi de termes concrets, de détails techniques, de faits précis, l'affectation d'une indifférence objective chez celui qui note.
Son but paraît être essentiellement de nous faire douter du réel :
• parfois en créant une absurdité gratuite qui nous détache, nous libère, nous rend indifférents ;

• parfois en nous dégoûtant, ce qui provoque en nous la révolte ;
• parfois en donnant une telle impression d'illogisme que la cohérence du monde rationnel ne nous apparaît plus, que nous avons le sentiment de vivre dans un monde surréel qui, ou bien nous libère du réel, ou bien est comme une aggravation de celui-ci : ex. l'humour noir de Lautréamont, de Michaux (qui traite avec légèreté les rapports entre la vie et la mort ou souligne l'absurdité de la vie), l'humour surréaliste employé comme moyen de détruire le monde de la raison (cf. la définition de B. Vian : « L'humour, c'est la politesse du désespoir. »).

2. L'ironie paraît plus précisément engagée et suppose toujours présent à l'esprit un idéal exprimé ou non ; elle ne nous fait pas douter du réel, mais souligne le désaccord entre ce qui est et ce qui devrait être, en insistant soit sur la sottise des responsables, ce qui provoque la moquerie ou le mépris, soit sur leur mauvaise foi, ce qui provoque l'indignation : dans ce dernier cas, elle prend souvent une forme oratoire, due à une sorte d'échauffement intérieur à l'idée du bien qui pourrait être, ce qui aboutit à de véhémentes explosions (ex. chez d'Aubigné, Pascal, Rousseau, Hugo).

JALOUSIE

La jalousie est le sentiment douloureux qui naît quand un être voit « l'objet de son désir » possédé par un autre ; cet « objet » peut être :
• d'ordre matériel ou social (argent, honneurs, réussite ...),

> TEXTES : **La Rochefoucauld,** *Maximes,* 1665. **Molière :** les maîtres de musique, de danse, d'armes, de philosophie in *Le Bourgeois gentilhomme,* 1670 ; Trissotin et Vadius in *Les Femmes savantes,* 1672. **Saint-Simon,** *Mémoires,* 1829-1830. **Balzac,** Anastasie et Delphine in *Le Père Goriot,* 1833 ; *La Cousine Bette,* 1847.

• mais surtout d'ordre amoureux, quand l'amour est inquiet ou frustré.

TEXTES : **Shakespeare,** *Othello,* 1604. **Molière :** Arnolphe in *L'Ecole des Femmes,* 1662 ; Alceste in *Le Misanthrope,* 1666. **Racine :** Hermione, Oreste, Pyrrhus in *Andromaque,* 1667 ; Néron in *Britannicus,* 1668 ; *Phèdre,* 1677. **Mme de La Fayette :** Le Prince de Clèves in *La Princesse de Clèves,* 1678. **Marivaux,** *Le Jeu de l'amour et du hasard,* 1730. **Beaumarchais :** Bartholo in *Le Barbier de Séville,* 1775 ; Figaro et Almaviva in *Le Mariage de Figaro,* 1784. **Proust :** Swann et Marcel in *A la Recherche du Temps perdu,* 1913-1927. **A. Robbe-Grillet,** *La Jalousie,* 1967.

La jalousie se distingue de l'envie en ce qu'elle oppose rivaux, compétiteurs, alors que l'envie convoite des avantages auxquels l'envieux ne peut prétendre ; et de l'émulation, qui est le noble désir de rivaliser sans chercher à nuire (cf. les personnages cornéliens : Cinna et Emilie, Rodrigue et Chimène, Pompée et Sertorius...).
La suite de l'article concerne essentiellement la jalousie amoureuse.

A. Ses causes

1. L'amour* : la jalousie serait le signe d'un amour profond et exclusif. Selon Marivaux, c'est elle qui fait prendre conscience de la naissance de l'amour ; selon Stendhal, elle en est la cause et la cristallisation ; selon Proust, elle est l'expression même de l'amour qui n'existe que par elle et meurt avec elle.

2. Le caractère du jaloux ; la jalousie proviendrait de :
- l'égoïsme, qui serait une passion condamnable, un « vice contre nature » (Montaigne) qui rend indigne d'être aimé ;
- du tempérament, influencé par la culture du pays, peut-être le climat : ainsi les Orientaux, les Espagnols, les Italiens seraient plus susceptibles d'être jaloux (cf. *Lettres persanes, Les Mille et une Nuits, Bajazet*).

3. L'esprit du jaloux déformé par :
- la folie, l'obsession d'un esprit méfiant (cf. dans *Don Quichotte,* la nouvelle du *Jaloux extravagant*) ;
- la crédulité, qui le rend faible (cf. Othello).

4. L'orgueil :
- qui excite la fierté, la dignité face à une promesse faite, au sentiment que la possession est juste (cf. Médée, Hermione) ;
- qui éveille la volonté de puissance (cf. Roxane) ;

• qui compense un complexe d'infériorité, l'indignité de sa passion par une sorte de tyrannie (cf. Phèdre, les vieux barbons...).

B. Les réactions qu'elle provoque

• la souffrance (ex. Proust) ;
• un redoublement de l'amour ou le dépit amoureux (ex. Marivaux) ;
• une obsession : l'esprit ne peut se fixer sur aucune certitude (ex. La Rochefoucauld) ; il laisse l'imagination concevoir sans cesse de nouveaux soupçons (ex. Proust, cf. Phèdre) ; il polarise son attention sur des détails (ex. A. Robbe-Grillet) ; il entretient la méfiance et va jusqu'à l'espionnage (cf. Néron, Mithridate ; chez Proust, le narrateur et Charlus) ;
• la vengeance sous différentes formes : cruauté envers le rival (cf. Hermione, Roxane), machinations pour le perdre (cf. Claude Frollo, Eriphile), crime passionnel ou lucide (cf. Othello) ;
• l'activité pour se défendre (cf. Figaro) ;
• la jalousie vaincue par la fin de l'amour (ex. Proust), par la générosité : cf. Sévère, Mithridate, Don Carlos (cf. *Hernani*).

C. Son utilisation théâtrale

1. Comme élément de comique :
• la jalousie est présentée comme une manie, une manifestation de la vanité et de ses illusions (cf. Trissotin, Vadius) ;
• on se moque du jaloux dupé (cf. Arnolphe, Bartholo) ;
• on se réjouit avec le jaloux habile (cf. Figaro) ;
• on sourit quand la jalousie provoque un aveu involontaire (cf. marivaudage).

2. Comme élément de tragique :
• la pitié devant la souffrance qu'éprouve l'être jaloux ;
• la terreur en mettant en évidence la fatalité* de la passion.

JEUNESSE

Par jeunesse nous entendons ici le premier âge de la vie, jusqu'à 25 ans environ, qui comprend à la fois l'enfance et l'adolescence.

TEXTES : **Du Bellay,** *Les Regrets,* 1557. **Rousseau,** *Emile,* 1762 ; *Les Confessions,* 1781-88. **Chateaubriand,** *René,* 1802 ; *Les Mémoires d'Outre-tombe,* 1848-1850. **Stendhal :** Julien in *Le Rouge et le Noir,* 1830 ; Fabrice in *La Charteuse de Parme,* 1839 ; *La Vie d'Henry Brulard,* 1835-36 ; Lucien in *Lucien Leuwen,* 1894. **Balzac :** Félix in *Le Lys dans la vallée,* 1835 ; Lucien in *Illusions perdues,* 1843. **Flaubert,** *Mémoires d'un fou,* 1836 ; Frédéric in *L'Education sentimentale,* 1869. **E. Sue,** *Les Mystères de Paris,* 1842-43. **Hugo,** *Les Contemplations,* 1856 ; Cosette et Gavroche in *Les Misérables,* 1862. **J. Vallès,** *L'Enfant,* 1879. **Barrès,** *Le Culte du moi,* 1888-89-91. **Rimbaud,** *Poésies,* 1891. **J. Renard,** *Poil de Carotte,* 1894. **Gide,** *Les Nourritures terrestres,* 1897. **R. Rolland,** *Jean-Christophe,* 1904-12. **S. de Beauvoir,** *Mémoires d'une jeune fille rangée,* 1958. **Sartre,** *Les Mots,* 1964. **Sempé,** *Le petit Nicolas,* 1960. **N. Sarraute,** *Enfance,* 1983.

La jeunesse apparaît dans la littérature sous diverses formes :
• celle des écrivains qui tentent de la ressaisir à travers l'autobiographie* (ex. Rousseau, Chateaubriand, Stendhal, Sartre...) ou des confidences sur leur enfance (ex. Hugo, Rimbaud...) ;
• celle de personnages jeunes (cf. Cosette, Gavroche, Poil de Carotte, Fabrice, Lucien Leuwen, Lucien de Rubempré...) ;
• celle dont témoignent directement de jeunes écrivains (cf. le *Journal* d'A. Frank ; *L'Herbe bleue, Le Pavillon des enfants fous* de V. Valère) ;
• celle dont on parle, qu'on analyse (ex. Monsellier ; cf. Education) ;
• celle à qui on s'adresse, le public jeune pour lequel on écrit (ex. La Fontaine, Kipling, J. Verne, M. Aymé et toute la littérature dite « pour la jeunesse »).
Le thème a également été traité au cinéma :

FILMS : **C. Chaplin,** *The Kid,* 1921. **Christian Jaque,** *Les Disparus de Saint-Agil,* 1938. **M. Carné,** *Les Enfants du Paradis,* 1945. **V. de Sica,** *Le Voleur de bicyclette,* 1949. **L. Bunuel,** *Los Olvidados,* 1951. **R. Clément,** *Jeux interdits,* 1952. **F. Truffaut,** *Les Quatre cents coups,* 1959. **L. Malle,** *Zazie dans le métro,* 1960. **Y. Robert,** *La Guerre des boutons,* 1962. **L. Anderson,** *If,* 1968. **J. Losey,** *Le Messager,* 1971. **F. Truffaut,** *L'Argent de poche,* 1974. **J. Doillon,** *Le Sac de billes,* 1975. **C. Saura,** *Cria Cuervos,* 1975. **D. Kurys,** *Diabolo-menthe,* 1978.

A. Le double visage de la jeunesse

1. Le visage flatteur dessiné par certaines qualités que l'on attribue fréquemment à la jeunesse et, plus particulièrement, à l'enfance :

• l'innocence, la pureté, la candeur, la naïveté qui font de l'enfant un terrain neuf, vierge de toute souillure (cf. Marivaux, *La Dispute* ; ex. Rousseau, Baudelaire, Verlaine, Nerval), un sauveur du monde (cf. Hugo, « Fonction de l'enfant » in *Légende des Siècles* : « Il met du jour dans nos cœurs pleins d'orage et de nuit... / On croit voir une fleur d'où sort un coup de foudre ») ;

• la vérité par opposition à l'hypocrisie et au mensonge des adultes (les enfants « rendent les oracles », ironise Sartre) ;

• la sensibilité et le pouvoir d'émerveillement qui font assimiler l'enfant au poète (cf. Rimbaud, « Enfance ») ;

• l'imagination* et le rêve* (cf. Proust, *Du côté de chez Swann*) ;

• la vivacité (cf. Rousseau, *Emile*), le désir d'activité, l'ardeur (cf. supra, le « coup de foudre » vu par Hugo) qui s'accompagnent d'inconscience (il est comme un somnambule qui ne réalise pas les dangers), d'enthousiasme* (« L'enfant voit tout en nouveauté » pour Baudelaire) et d'ambition ;

• une aptitude au bonheur, à la sérénité dans l'illusion de la transparence du monde, des êtres et des mots (cf. Rousseau).

Parmi ces traits l'adolescence se caractérise plus particulièrement par la vivacité des impressions et des sentiments, le goût de l'aventure*, la propension au rêve, l'exigence d'absolu.

2. Le visage assombri à cause de ces différents aspects :

• la méchanceté et la violence : la société des jeunes n'est que l'ébauche de celle, tout aussi cruelle, des adultes (cf. Flaubert, *Mémoires d'un fou* ; W. Golding, *Sa Majesté des Mouches*) ;

• l'amoralisme : les enfants sont des caméléons qui prennent l'attitude qu'on attend d'eux afin de manipuler leur entourage ou d'avoir la paix (ex. Sartre) ;

• c'est le temps des illusions qui seront cruellement démenties par l'apprentissage de la vie, de l'ignorance par opposition à la sagesse de l'âge mûr ;

• c'est le temps de la faiblesse et de la servitude (cf. le problème des enfants malheureux, tyrannisés) par opposition à la force et la liberté de l'âge adulte.

B. Quelles visions de la jeunesse ?

Comme il n'y a guère de paroles d'enfants en témoignage direct, nous avons le plus souvent à lire des jeunesses recomposées par des auteurs qui font appel à leur mémoire affective. Il en résulte :

1. Une idéalisation qui fait apparaître la jeunesse comme un paradis dont on garde la nostalgie, mais Rousseau, Chateaubriand, Proust, Sartre ont su présenter à la fois la beauté du mythe et la démythification. On s'en fait une représentation mythique à l'opposé des sentiments de la vieillesse, du désespoir*, du péché, de la mort* ; la jeunesse signifie santé, vigueur, beauté, absence de souci, de responsabilité, promesse d'un avenir radieux où l'on réalise les plus grandes ambitions, et les autres aspects flatteurs vus en A 1. C'est le temps des jeux, des amitiés, des amours, des plaisirs (cf. Baudelaire : « innocent paradis plein de plaisirs furtifs » ; Rimbaud : « le vert paradis des amours enfantines »), le temps de la plénitude... mais fugace.
Il s'agit là d'un ensemble d'attitudes et de scènes prises dans le cadre de l'autobiographie*, mais ces représentations mythiques ont imprégné l'imaginaire collectif au point que tout un chacun dirait avec Ronsard : « Cueillez, cueillez votre jeunesse », fleur magnifique et fragile...

2. Une souffrance pour certains qui ne partagent pas le mythe de la jeunesse heureuse, soit parce qu'ils n'ont que haine et mépris pour leur enfance douloureuse et refoulée (cf. J. Renard, *Journal,* 1887-1910, *Poil de Carotte,* 1894), soit parce qu'ils ne prêtent aux enfants qu'un « visage assombri » (cf. A 2 ; Flaubert).

3. L'enfant, ange ou démon ? Les deux visions se sont succédé au cours des siècles selon les courants d'idées. Si l'enfant est un ange, c'est la société qui risque de l'avilir ; s'il est un démon, pervers dès sa naissance, il faut le corriger. L'éducation* reste primordiale (cf. F. Dolto).

C. Son influence

Les écrivains ont toujours souligné l'influence de leur jeunesse sur la formation de leur personnalité. Les travaux de Freud n'ont fait que confirmer cette conviction.
La jeunesse forme l'intelligence*, la sensibilité*, la volonté* ; fournit sujets, thèmes, idées, personnages, univers, style ; est sans cesse comparée à l'âge mûr et à la vieillesse.

Elle permet d'observer le rôle de la famille : Chateaubriand, Montaigne, Rousseau, Hugo, Stendhal ; du milieu* : Voltaire, Diderot, Rousseau ; du lieu* : Lamartine, Hugo, Chateaubriand ; du mode de vie : Rousseau, Chateaubriand, Gide ; de l'éducation* : Montaigne, Racine, Corneille, Rousseau.

JOURNAL (JOURNALISTE)

ŒUVRES : **Constant,** *Ecrits politiques sur la liberté de la presse,* 1815-1830. **Balzac,** *Illusions perdues,* 1843. **Maupassant,** *Bel Ami,* 1886. **R. Cayrol,** *La Presse écrite et audio-visuelle,* 1973. **Welles,** *Citizen Kane* (film), 1941.

Dans cet article, journal s'entend au sens de « publication quotidienne consacrée à l'actualité ».
Pour journal intime (cf. le *Journal* de J. Renard, d'Anne Frank, de Gide), on se reportera à Autobiographie.

A. Les différentes sortes de journaux

1. Selon leur périodicité : si, étymologiquement le journal est quotidien, on parle aussi d'hebdomadaire, de mensuel...

2. Selon leurs propos (et donc leurs lecteurs) : journal économique, sportif, officiel, satirique, d'information ; organe politique ; revue littéraire, scientifique ; magazine de mode ; bulletin paroissial...

3. Selon leur mode de diffusion ou support : presse écrite, journal parlé (radiodiffusé), télévisé.

B. Les genres d'articles

Tous les grands quotidiens de la presse écrite nationale ou régionale traitent un certain nombre de rubriques de manière plus ou moins approfondie : politique intérieure et extérieure, économie, questions sociales, faits divers, justice, étranger, spectacles, bourse, information, sports, critique (littéraire, scientifique) mode, vie mondaine, etc.

Ces informations sont traitées selon leur importance et leur teneur dans : — un éditorial, un article de fond ; — un reportage (accompagné de photos et d'interviews) ; — une chronique (mondaine, hippique, financière...) ; — le courrier des théâtres, des sports, de la mode...
Le journal offre aussi des services à ses lecteurs (carnet, petites annonces, météo...) ; des pages de jeux et de publicité...

C. Ce qu'on attend d'un article de journal

1. L'information :
• elle porte sur l'actualité tout entière et va jusqu'à la dénonciation de scandales (cf. l'affaire Watergate aux Etats-Unis qui a amené la démission du président Nixon). Y a-t-il des limites à ne pas franchir ? (cf. les rapports parfois difficiles entre la presse et le gouvernement, surtout en temps de guerre (cf. Censure) ;
• elle est claire, donne des explications et offre des commentaires ;
• elle attire l'attention grâce : — aux titres (plus ou moins gros selon les journaux ; ex. manchettes) ; — à la mise en pages ; — aux photos ; — puis de manière plus précise au style pittoresque (choix du détail typique, art de grossir, goût de la formule, jeux de mots...).

2. La correspondance avec une certaine opinion :
• il existe une grande interdépendance entre la « ligne » d'un journal et ses lecteurs, principalement dans les domaines politique, économique et social (cf. le courrier des lecteurs qui leur donne la possibilité de s'exprimer par rapport à une position prise par leur journal) ;
• cela influera sur le sens que le journaliste donne aux faits, sans que pour autant on ait l'impression qu'il fausse la vérité ;
• pour entraîner ses lecteurs (une certaine déontologie est cependant sous-entendue), le journaliste pourra avoir recours à : — une campagne de presse (cf. l'affaire Caillaux en 1914 ; la polémique se fait moins virulente depuis la dernière guerre) ; — la répétition d'un thème ; — la satire des adversaires, l'ironie*, l'humour ; — l'éloquence*, la passion (cf. les blocs-notes de Mauriac dans *Le Figaro*) ; — la véhémence, l'appel à la sensibilité, à l'humanité* (cf. « J'accuse » de Zola dans *L'Aurore* pour prendre la défense de Dreyfus).

D. Le rôle de la presse écrite

• elle subit la concurrence de la radio et surtout de la télévision (rapidité de l'information, importance de l'image) ;

• par nécessité elle offre une information moins complète, moins détaillée qu'un livre* ;
• elle essaie de compenser ces handicaps par : — sa diversité ; — ses qualités de sérieux ; — les services offerts aux lecteurs (cf. les nombreux suppléments en fin de semaine à l'imitation de la presse anglaise).

LANGUE

On distinguera la langue (système de signes spécifiques aux membres d'une communauté et système de règles) du langage (qui est l'aptitude à communiquer au moyen de signes vocaux codifiés) et de la parole ou du discours (qui représente l'utilisation effective de ces signes et de ces règles).

TEXTES : **Rabelais,** « Les paroles gelées » in *Quart Livre,* 1552. **Molière,** *Le Bourgeois gentilhomme,* II, 5, 1670. **Ionesco,** *La Leçon,* 1951. **Saussure,** *Cours de linguistique générale,* 1916. **Martinet,** *Eléments de linguistique générale,* 1960. **Benveniste,** *Problèmes de linguistique générale,* 1966.

A. Ses caractéristiques

1. **Après son apprentissage, son fonctionnement** permet de faire référence à n'importe quelle situation, et dans des domaines très divers.

2. **Elle s'articule** en réseaux d'unités distinctes se combinant entre elles :
• les phonèmes, étudiés en phonétique ;
• les graphèmes, éléments abstraits du système d'écriture qui peuvent se présenter sous plusieurs formes (lettre majuscule ou minuscule, idéogramme...) ;
• les morphèmes, dont les variations sont étudiées en morphologie ;
• les mots, dont l'ensemble forme le lexique ;
• les syntagmes ;
• les phrases.

Ces trois derniers sont étudiés par la syntaxe (la morphologie et la syntaxe constituant elles-mêmes une partie de la grammaire) et le sens l'est par la sémantique (et la sémiotique dite aussi sémiologie).

3. Elle est comprise par tous les membres d'une même communauté linguistique : « La langue est le signe principal d'une nationalité » (Michelet).

4. Elle permet à l'individu de penser et de communiquer avec autrui, c'est-à-dire d'échanger des informations, chacun étant alternativement destinateur (émetteur) et destinataire (récepteur).

B. Ses modifications

1. Suivant son évolution, déterminée par :
• la géographie et l'histoire : — formation d'une langue par corruption locale d'une autre, par combinaison de deux langues ; — érection d'un dialecte en langue ; — influence étrangère, principalement de la langue anglaise (cf. la polémique entre Etiemble qui condamne le franglais et d'autres linguistes comme Claude Hagège, qui insistent sur l'enrichissement qu'apportent ces emprunts) ;
• la civilisation matérielle, intellectuelle et morale, créant des termes nouveaux (néologismes), des nuances nouvelles, en négligeant d'autres qui deviennent des archaïsmes et en imposant à la langue un appauvrissement ou un enrichissement correspondant à son idée de l'art (cf. Classicisme, Romantisme), de la politesse (cf. Préciosité) ; il est à noter à cet égard le rôle spécial de la littérature (création et sanction) ;
• l'usage (variations de forme, de sens, etc.) ;
• les réformateurs et les grammariens qui créent, ralentissent ou sanctionnent l'usage (cf. *Dictionnaire de l'Académie*).

2. Selon la matière ou le milieu* : elle risque alors de ne pas être comprise par les « non-initiés » (ex. langue technique : informaticiens, médecins...) et peut dégénérer en « langue de bois » (politiciens), langue populaire (qui a inspiré des écrivains : Céline, Queneau) ou patois (utilisé chez Maupassant par exemple), argot (ou langue verte) fonctionnant naguère comme un code entre membres d'une même profession ou entre voyous (cf. Hugo, *Les Derniers Jours d'un condamné* ; Balzac, *Splendeur et misère des courtisanes* ; ex. Céline ; cf. San Antonio), mais qui s'est de plus en plus infiltré dans la langue commune, jusqu'à la remplacer parfois, et qui n'est donc plus perçu comme un code (ex. le verlan).

C. La langue française

1. **Son histoire** se forme à partir du latin. Par l'arrêt de Villers-Cotterêts, en 1539, François Ier l'impose comme langue officielle des actes de justice ; puis :

- la Pléiade l'enrichit et lui donne sa dignité de langue littéraire ;
- le XVIIe s. l'épure selon l'usage, la rend plus logique, précise (ex. Malherbe, Vaugelas, Académie, les Précieux, Port-Royal, les Classiques) ;
- le XVIIIe s. accentue cette évolution, ajoute souplesse et esprit, impose le français à l'Europe, mais restreint et fige la langue poétique ;
- le XIXe s. libère la langue littéraire et l'élargit (cf. Hugo mettant « un bonnet rouge au vieux dictionnaire » ; Réalisme et Naturalisme introduisent le vocabulaire technique dans l'écriture) ;
- au XXe s. cette hétérogénéité s'accroît et l'on voit coexister une langue inspirée du Classicisme* (ex. Montherlant) et une langue populaire (ex. Céline, Queneau).

2. **Ses qualités :** même s'il est difficile de porter un jugement de valeur sur une langue (cf. Martinet, « Peut-on dire d'une langue qu'elle est belle ? »), la langue française s'est communément vu attribuer :

- une richesse, suffisante pour désigner les choses matérielles, très grande pour les nuances intellectuelles et morales (abondance des synonymes abstraits) ; la précision ; l'aspect logique de la phrase et de la syntaxe ; d'où la clarté*, la finesse, l'esprit ;
- des faiblesses : à certaines époques (XVIIe, XVIIIe s.), la langue littéraire et distinguée a pu paraître appauvrie ; en général, d'autres langues sont plus riches en termes concrets, et le français, par sa précision intellectuelle, manque de termes vagues suggérant les impressions floues du cœur ou le mystère des choses ; il est difficile de créer des mots composés, de violer les règles ; la rigueur syntaxique gêne les mouvements poétiques ; un autre lieu commun (répandu d'ailleurs par Fénelon, *Lettre à l'Académie,* et Rousseau) est de dire que le français est moins musical que d'autres langues, ce qui limite son usage en poésie ;
- son universalité : pour ses qualités intrinsèques (clarté, précision, politesse) ; à cause du rayonnement de la civilisation française à partir du XVIIe s. D'où son usage en Europe aux XVIIIe et XIXe s. comme langue diplomatique, et son extension dans le monde (surtout en Afrique), liée à la colonisation au XIXe s. Cette francophonie a conduit à un enrichissement culturel en faisant surgir de nouvelles littératures (ex. Senghor, Césaire).

Même si son rayonnement décroît à l'heure actuelle (problème du français comme langue scientifique) et qu'elle est supplantée par l'anglais dans les échanges internationaux, il n'en reste pas moins vrai qu'elle est parlée par plus de gens aujourd'hui qu'à l'époque classique.

D. La langue et l'écrivain

Au-delà de la communication, la langue a une fonction esthétique que l'écrivain cherche à mettre en valeur (cf. Poésie, Roman, Théâtre). Cette relation de l'écrivain à la langue est passionnelle : il peut se laisser porter par elle, mais, plus souvent, il la vit comme une contrainte, la force, la travaille.

1. La langue est une entrave car :
• elle manque de mots pour toutes les nuances de la pensée ;
• le souci du purisme gêne l'inspiration : mépris des écrivains du cœur (ex. Lamartine) pour les recherches formelles empêchant la spontanéité ; le tour correct n'est pas toujours le plus pittoresque, le plus émouvant (à noter par exemple, les libertés prises par Lamartine, Balzac) ; le bonheur de certains néologismes ; l'usage de l'argot de nos jours ;
• la clarté et la précision peuvent contraindre la poésie (cf. Symbolisme).

2. Mais cette entrave, typique de la culture française respectueuse de la norme (à la différence de l'anglo-saxonne, par exemple), est bénéfique :
• elle oblige à un surcroît de rigueur (cf. Fond, Forme) ;
• elle impose la discipline de chercher, de choisir le mot précis ou le plus évocateur, d'utiliser les ressources des synonymes, de la litote, etc. :
• cette dialectique contrainte/liberté génère en fin de compte le travail* de l'écriture (ex. Flaubert, Ponge ; cf. Inspiration).

E. La linguistique

Par rapport à toutes les positions quelque peu normatives évoquées en B, C, D, la linguistique décrit la langue dans tous ses états, d'un point de vue objectif, sans souci de « purisme », sans imposer de carcan. Ses différentes branches ont enrichi l'étude des œuvres (cf. Critique littéraire) :
• la phonétique a permis des apports importants dans l'étude des textes poétiques ;
• la narratologie (ex. G. Genette) a repéré et schématisé les structures du récit ;

• la sémiotique étudie les éléments et mécanismes de la signification (cf. les recherches de J. Kristeva) ;
• la poétique relève les traits caractéristiques des formes littéraires (cf. R. Jakobson ; H. Meschonnic, *Pour la poétique* ; sur la prose, les études de T. Todorov, *Littérature et signification* ; G. Genette, *Figures* I, II et III) :
• la pragmatique décrit le langage en termes de relations sociales (cf. les travaux d'A. Searle).
Toutes ces recherches ont donné naissance à de nouveaux éclairages sur les textes, comme le dialogisme (les textes « dialoguent » entre eux, l'un rappelle l'autre ou lui répond), la polyphonie (il y a plusieurs niveaux d'énonciation, plusieurs « voix », dans un texte), etc. (cf. J.-M. Adam, *Linguistique et discours littéraire*).

LETTRE

A. La lettre, la correspondance

Mme de Sévigné, Diderot, Voltaire, Stendhal, Balzac, Flaubert, Alain-Fournier et Jacques Rivière, etc., sont des épistoliers célèbres.

1. Pourquoi écrit-on des lettres ?
• pour informer (autrefois la lettre remplaçait le journal). Actuellement, concurrencée par d'autres moyens de communication (surtout le téléphone), elle perd beaucoup de son importance ;
• pour exprimer ses sentiments, sa pensée, car elle permet de réfléchir et de se corriger ;
• pour plaire ou se divertir à écrire.

2. Ce qu'y cherche le lecteur :
• la peinture d'un homme* et en particulier, s'il s'agit d'un écrivain*, la genèse de son œuvre*, des idées sur l'art (cf. Critique littéraire) ;
• la peinture d'un milieu*, d'une société* ;
• une pensée : goût* littéraire, philosophie*, religion*, etc. ;
• un art* du récit, de la description*, du badinage* et de l'esprit * ; une façon d'exprimer des idées ; un bon usage de la poésie*, du lyrisme*, de l'éloquence*, de la conversation, de la politesse, etc.

B. Le roman par lettres

Richardson, *Clarisse Harlowe,* 1748. **Rousseau,** *La Nouvelle Héloïse,* 1761. **Choderlos de Laclos,** *Les Liaisons dangereuses,* 1782. **Balzac,** *Les Mémoires de deux jeunes mariées,* 1841. **M. Yourcenar,** *Alexis ou le Traité du vain combat,* 1929. **Rousset,** « Une forme littéraire : le roman par lettres » in *Forme et Signification,* 1963.

Cette technique permet de donner à la fiction une apparence authentique : « Le roman épistolaire rapproche le lecteur du sentiment vécu tel qu'il est vécu » (Rousset).
De plus, les personnages peuvent faire part de leurs réflexions sur un certain nombre de points théoriques sans que cela nuise au déroulement de l'intrigue (cf. l'éducation*, l'égalité sociale, la religion* — thèmes chers à Rousseau — dans *La Nouvelle Héloïse*).
Dans *Les Liaisons dangereuses,* les lettres ne se contentent pas de raconter, mais sont les instruments même du récit et de l'action.

C. La lettre ouverte

Maurois, *Lettre ouverte à un jeune homme,* 1964. **Barjavel,** *Lettre ouverte aux vivants qui veulent le rester,* 1978.

Elle associe la forme d'une lettre et la force d'un pamphlet : l'auteur s'adresse au destinataire qu'il vise, mais surtout au public (d'où le terme « ouverte »).

Cette notion peut se comprendre sur différents plans, qui sont successivement abordés par les rubriques suivantes.

A. Absence de contraintes

C'est, au sens général, l'état dans lequel on ne subit aucune contrainte.

1. Charme et bienfaits :
• se libérer des habitudes de tous les jours permet de trouver un intérêt nouveau à la vie, de laisser libre cours à sa curiosité, sa fantaisie, sa gaieté ;
• la cessation provisoire ou définitive du travail (ex. la retraite) favorise les loisirs (cf. Cinéma, Livre, Musique) ;
• se libérer des bienséances trop étroites assure franchise, spontanéité, familiarité, amitié ;
• s'affranchir des règles morales, sociales ou religieuses (« Fais ce que voudras », Rabelais) fait naître le plaisir, encourage le culte du moi (cf. Egotisme), avantage l'épanouissement de l'être (ex. Stendhal, Gide), laisse s'exprimer la nature*, met fin à l'hypocrisie ;
• en se libérant des préjugés intellectuels on devient un « esprit libre » (cf. Esprit critique ; ex. Montaigne, Gide) ;
• abolir la domination d'autrui garantit dignité et indépendance.

2. Des réserves surgissent :
• seule la contrainte fait goûter la liberté par contraste ;
• la liberté totale a pour risque l'ennui. On est libre, mais pour quoi ? On cherche un but, et tout but est plus ou moins une contrainte (cf. les engagements de Gide, le dégoût devant la disponibilité totale chez Sartre, *La Nausée*) ;
• il faut que l'individu soit assez consciencieux et responsable moralement pour que la liberté ne devienne pas licence : ainsi l'abbaye de Thélème ne s'adresse qu'à une élite. L'humanisme* peut se permettre cette confiance, car il croit en l'homme* et oriente la liberté vers la conquête de biens matériels et moraux qui ne peuvent lui nuire.

B. Les libertés politiques et sociales

C'est le droit de faire tout ce dont l'interdiction n'est pas justifiée par la nature de l'homme et la préservation de la société.

1. Les diverses sortes de liberté :
• liberté physique (ne pas être esclave ou prisonnier) ;
• liberté civile (nul homme ne peut être détenu que selon la loi) ;
• liberté politique (droit de concourir à la formation de la loi) ;
• libertés publiques : de conscience, de réunion, de la presse, d'association, du travail ;
• liberté dans l'ordre international : indépendance, autonomie (cf. Stendhal, *La Chartreuse de Parme* ; Hugo, *Les Orientales* ; la littérature des minorités ; cf. Engagement).

2. Les conditions de leur exercice :
• esclavage, tyrannie, despotisme, autocratie, arbitraire, dictature, colonialisme, impérialisme entravent ces libertés ;
• les libertés sont assurées : — dans la nation : avant 1789, par les lois fondamentales limitant l'autocratie ; les pouvoirs intermédiaires, le clergé, les parlements ; par les franchises ; après 1789, par la séparation des pouvoirs (cf. Montesquieu, *L'Esprit des lois*), la déclaration des droits de l'homme, la constitution, etc. ; — dans l'ordre international, par le droit international, l'O.N.U. ;
• sont limitées par : — la loi qui préserve la société ; — la liberté des autres ; — la nécessité d'éviter des excès : anarchie, licence.

3. La liberté économique :
• se manifeste par le libre-échange, le commerce libre, la production, la vente, les prix libres, etc., la loi de l'offre et de la demande ;
• pose un problème : consiste-t-elle à pouvoir théoriquement tout acheter et tout vendre ? ou à ne pouvoir acheter ou vendre que certaines choses essentielles, mais de façon qu'on soit réellement sûr de pouvoir se les procurer par la rémunération de son travail, selon ses besoins, et compte tenu des intérêts de la collectivité ?
• a des excès (coalition d'intérêts privés, accaparement, spéculation, etc., tyrannie de l'argent, désordre économique) qui ont obligé les gouvernements à prendre des mesures de restriction : prohibitions diverses, dirigisme, étatisme, collectivisme, etc. C'est tout le débat entre capitalisme libéral et socialisme ou communisme.

4. La liberté de pensée :
• consiste en la liberté de conscience (la religion), d'opinion (les idées politiques et sociales), de la presse ;
• s'oppose à l'inquisition, au fanatisme, à la censure*, à la tradition (cf. « Liberté » d'Eluard) ;
• est défendue par les libres penseurs et les philosophes* et permet qu'existent la tolérance, la libre* pensée.

C. La liberté dans l'art

• elle consiste à refuser les règles* (cf. Romantisme).
• elle a l'avantage : — de ne pas imposer de bornes à l'inspiration*, à la sensibilité* ; — de rapprocher l'art* de la vie ; — de favoriser la fantaisie*, les hardiesses, l'originalité ; — de varier le plaisir du lecteur ;

• elle comporte des dangers : — tomber dans l'informe, l'énorme, la facilité, la négligence (cf. Contraintes, Langue, Règles) ; — ne pas être compris par le public.

D. La liberté philosophique

Elle consiste à ne pas subir de contraintes et agir conformément à sa volonté et à sa nature.

1. Les obstacles sont nombreux et de tous ordres :

• sur un plan métaphysique, la fatalité* antique, la prédestination, la grâce toute-puissante ou refusée (cf. Jansénisme ; ex. Pascal, Racine) ;

• en général, le matérialisme* (cf. *Jacques le Fataliste, Le Rêve de d'Alembert*), le déterminisme* de la nature*, de l'histoire* ; les contraintes sociales, le conformisme, les préjugés ; la tyrannie du corps, la physiologie, l'hérédité ; les passions* (ex. Racine).

2. Elle est défendue par :

• le stoïcisme, le christianisme, Corneille (la liberté est adhésion consciente de la volonté aux actes que réclame la gloire), l'existentialisme* (la liberté consiste, dans une situation, à assumer une attitude qui pose les valeurs qu'on veut créer et qui fait être celui qu'on veut être : cf. Oreste, dans *Les Mouches* de Sartre) ;

• la lucidité et la raison pour apprécier le possible, pour concevoir ce qui doit être fait ;

• la volonté* pour réaliser ce qui est conçu (cf. Engagement, Existentialisme).

3. Elle pose un problème psychologique : même lorsque nous agissons consciemment et volontairement, notre volonté n'est-elle pas déterminée par diverses raisons intérieures ou extérieures ? Ou ce que nous faisons est-il toujours imprévisible parce que nous créons ? Autrement dit, notre volonté est-elle comme une balance qui penche du côté où pèsent les motifs et les mobiles les plus lourds, ou, tout en tenant compte de ceux-ci, les dépassons-nous par un acte conscient qui exprime notre personnalité unique ?
A la limite, la liberté absolue ne serait possible que dans l'acte gratuit (ex. le crime de Lafcadio ; cf. Déterminisme).

LIBRE PENSEE (LIBERTINAGE)

• au XVIIe s., la libre pensée a un sens très précis : elle s'applique essentiellement au domaine religieux. Le libre penseur (Saint-Evremond, Ninon de Lenclos) est celui qui, en matière religieuse, ne se fie qu'à la raison, ne veut être influencé par aucun dogme établi, en l'occurrence celui de l'Eglise catholique ; c'est un libertin, un athée. Cette attitude entraîne une telle hostilité que l'on en vient à considérer que ce libertinage de pensée s'accompagne de libertinage dans les mœurs ;
• puis, au XVIIIe s., la libre pensée s'applique toujours à la religion, mais aussi à d'autres domaines (cf. Lumières, Philosophe). Le libertinage devient alors uniquement synonyme d'immoralisme (cf. *Les Liaisons dangereuses*) ;
• au XIXe s., libre pensée et libertinage sont deux termes disjoints.

A. En religion

1. Au XVIIe s., des écrivains comme Pascal (*Pensées*) et La Bruyère (*Caractères,* « Des esprits forts », 15, 16) critiquent violemment cette attitude. Et Molière, s'il accorde de la grandeur à Dom Juan, n'en maintient pas moins son châtiment (cf. *Dom Juan*, V, 6).

2. Au XVIIIe s., il existe encore une méfiance des philosophes à l'égard de l'athéisme, mais la religion tend vers le déisme (ex. Voltaire, Rousseau).

B. Dans les autres domaines

1. En philosophie, elle correspond :
• au rationalisme (foi en la raison* comme moyen de critique et de connaissance) ;
• mais la raison elle-même est aussi critiquée, aboutissant parfois à un certain irrationalisme : incohérence de l'univers, de l'homme, philosophie de l'absurde ;
• ou encore au naturalisme* : foi en la nature, sens des forces instinctives.

2. En morale : il n'existe pas de morale révélée. La morale est laïque et fondée sur :
• la raison (essence de l'homme ; impératif catégorique de Kant) ;
• ou l'utilité sociale (ex. Diderot, Voltaire) ;
• ou la nature* (bonté des passions*, de l'instinct ; ex. Diderot, Rousseau).

Le danger réside dans le dérèglement, l'excès, la jouissance effrénée de la vie, ou encore l'inquiétude. Il y aura donc un effort constant pour donner à la morale un fondement en dehors de la révélation.

3. En politique : toutes les conceptions (sauf celle du gouvernement théocratique et de l'histoire providentielle), du machiavélisme à l'anarchie, du despotisme à la démocratie, etc., sont acceptées.

IEU

On entend par lieu le paysage, le site, le pays évoqué par l'auteur.

A. Les lieux réels

1. Que l'on admire :

• pour leur beauté naturelle (paysage, ciel, mer ; cf. Pittoresque) ou due aux hommes : architecture, urbanisme ; ouvrages d'art (ex. le Pont du Gard) ;

• pour les souvenirs littéraires, historiques, etc., qui s'y rattachent (ex. la Grèce, l'Italie, Combourg) ;

• parce qu'un artiste ou un écrivain nous ont appris à les voir d'une certaine façon (ex. la Provence vue par Daudet, Van Gogh, Giono, Char).

2. Que l'on aime, où l'on aimerait vivre :

• parce qu'ils sont liés : — à l'enfance (ex. le petit Liré de Du Bellay, le Milly de Lamartine) ; — à des souvenirs agréables ou précieux (ex. l'amour in « Le Lac », le bonheur de Rousseau aux Charmettes) ;

• parce que ce sont des lieux conformes : — à notre bien-être physique (ex. Gide et l'Afrique du Nord) ; — à notre sentiment de la nature (ex. Rousseau et la forêt de Montmorency) ; — à notre sensibilité, notre conception de la vie et du bonheur (ex. Stendhal et Milan) ; — à notre rêverie esthétique (ex. Proust et Venise) ; — à notre activité (ex. Voltaire et Ferney).

B. Les lieux transfigurés

1. Le lieu cristallise la sensibilité de l'artiste par :

• le souvenir (ex. Nerval et le Valois), la nostalgie (ex. Baudelaire et les Tropiques), l'évasion* (ex. Leconte de Lisle) ;

• une conformité (ou une opposition) avec son état d'âme (cf. « L'Automne », « Le Vallon », « La Tristesse d'Olympio »).

2. Il enrichit : les lieux que l'artiste connaît lui permettent, sans qu'il cherche à reproduire une réalité précise (cf. Description, Evasion), de nourrir :
• son œuvre (ex. Maupassant et la Normandie, Mauriac et la région de Bordeaux) ;
• et son imaginaire (ex. Hugo et l'Espagne ; cf. la rêverie esthétique sur les noms de lieux chez Proust).

LITTERATURE

La littérature (du latin « litteratura » : écriture) pourrait se distinguer de l'ensemble de la production écrite pour un souci esthétique. Le terme « lettres » désigne tout ce qui a rapport à la culture de l'esprit, sans être information, science*, art* ou technique* et sans création.
Voir aussi Livre pour ce qui concerne les rapports entre la littérature et les lecteurs.

TEXTES : **Sartre,** *Qu'est-ce que la littérature ?* 1948. **Proust,** *Contre Sainte-Beuve,* (pub. 1954). **Camus,** *Discours de Suède,* 1957. **J. Gracq,** *En lisant, en écrivant,* 1981. **Ionesco,** *Notes et contre-notes,* 1962. **J.-L. Curtis,** *Questions à la littérature,* 1973. **Cl. Roy,** *Défense de la littérature,* 1968.

A. Sa spécificité

La définition relativement simple donnée supra doit être précisée, tant la littérature est protéiforme.

1. Par rapport à l'information : elle échappe au quotidien en ce qu'elle « s'occupe du temps qui dure » (J. d'Ormesson) et vise à l'essentiel, à l'universel, alors que Proust reproche aux journaux « de nous faire faire attention tous les jours à des choses insignifiantes ».

2. Par rapport à la science* et à la technique :
• elle n'est pas directement utile en ce sens qu'elle ne transforme pas le mode de vie des gens. Elle paraît désarmée face aux fléaux alors que la science peut apporter quelques soulagements (ex. la recherche médicale) ;

• la littérature a une démarche synthétique et poétique : elle va « toujours du simple au complexe, restituant leur éblouissante fraîcheur aux formules parlées de la foule, célébrant l'inépuisable richesse du réel et l'irremplaçable originalité des choses et des êtres » (M. Tournier), alors que la science traditionnelle tend à simplifier, à classer, à uniformiser ;
• elle complète la science dans la formation de l'homme (cf. D) : celle-ci met les choses au service de l'homme, lui donne des moyens d'agir, alors que la littérature le rend à lui-même, l'aide « à découvrir son être et sa vocation sur terre », c'est-à-dire ses fins. En particulier, elle « empêche les hommes d'être indifférents aux hommes » (Ionesco).

3. Par rapport à l'art* : elle exploite toutes les potentialités du langage, en étant particulièrement attentive à la valeur des mots* (cf. Langue).

4. Elle est expression de l'humain : moyen privilégié de communication (cf. D).

B. Pourquoi écrire ?

1. Pour soi-même :
• parce que l 'écrivain, tel Montaigne, affirme être « moi-même la matière de mon livre » (Préface des *Essais* ; cf. Autobiographie) ;
• parce que l'on veut se délivrer : « c'est le moyen qu'on a trouvé de respirer mieux, d'être un peu moins mal à l'aise dans le monde, d'être soi-même avec plus de joie ; ou bien l'on a envie de donner une forme à ses hantises, pour les exorciser, à ses songes, pour mieux les retenir » (J.-L. Curtis).

2. Pour l'ensemble des hommes :
• pour communiquer avec eux, faire partager ses souffrances : « Une œuvre est toujours le cri dans le désert, un pigeon lâché avec un message à la patte, une bouteille jetée à la mer » (F. Mauriac) ; il y a effectivement la volonté d'échapper à la solitude (ex. Cl. Roy) ;
• pour poser des questions, « pour tenter d'éclairer la part d'ombre qui nous échappe » (Ionesco) ;
• pour créer des mondes différents qui concurrencent le réel* puisque la littérature, comme tout art* n'en est jamais la parfaite reproduction.

C. Influences réciproques de la littérature et du monde

1. La littérature est déterminée par :
• le climat, selon les idées de Mme de Staël et Taine (cf. Critique litté-

raire ; ex. Chateaubriand et la Bretagne, Barrès et la Lorraine, Mistral et la Provence) ;
• l'époque (cf. Milieu) qui fait évoluer les mentalités, celle de l'auteur comme celle du public* ;
• une langue* qui offre des avantages spécifiques dans chaque pays ; le registre choisi par l'écrivain lui impose des limites supplémentaires ;
• une société (cf. Milieu) qui lui fournit sa matière (ex. La Fontaine, La Bruyère, Molière, Balzac) et lui impose un public* lui-même déterminé, qui l'influence par son goût*. Cependant, il faut remarquer que sociétés et époques sont assez variées pour laisser de nombreuses possibilités à la liberté de choix de l'écrivain (cf. Classicisme, Romantisme), et d'autre part, que l'esprit d'un grand écrivain peut dépasser son temps (cf. Chef-d'œuvre, Critique littéraire, Génie).

2. Elle influence l'époque et la société :
• elle force son temps à prendre conscience de ses aspirations : (ex. Voltaire et le XVIIIe s., Lamartine et 1820) ;
• elle lui impose : des façons nouvelles de s'exprimer (cf. Langue) ; des idées (ex. Rousseau) ; des modes ; une sensibilité jusque là inconnue (ex. Rousseau, Chateaubriand ; cf. Romantisme, Symbolisme) ; un goût* nouveau (ex. Malherbe ; cf. Romantisme) ; l'univers* de l'écrivain ; ou une image de la société plus vraie que la réalité historique (ex. Balzac) ; elle lui révèle des mondes nouveaux (cf. Mysticisme, Surréalisme) ;
• elle fait revivre le passé* et maintient des traditions ;
• elle cherche à agir sur le futur, non seulement parce qu'elle a une fonction d'avertissement (cf. D), mais aussi parce qu'une société se découvre parfois dans un écrivain du passé méconnu en son temps (ex. Stendhal).

D. Les fins de la littérature

« La littérature est parfaitement inutile : sa seule utilité est qu'elle aide à vivre » (Cl. Roy). Elle y parvient de multiples façons.

1. Elle est plaisir : par le divertissement, l'évasion* qu'elle procure (cf. R. Escarpit, *Sociologie de la littérature*) et la beauté* qu'elle crée (cf. Art).

2. Elle est connaissance :
• pour l'écrivain lui-même qui se libère de ses obsessions (cf. Moi, Subjectivité) et peut découvrir l'unité de sa personnalité, de sa vision du monde (ex. Proust) ou créer le monde dont il rêve (ex. Stendhal, Balzac) ;

• pour tous : elle aborde les choses, l'homme* et la société*, soit objectivement (cf. Classicisme, Naturalisme, Réalisme), soit à travers le moi* de l'auteur (cf. Romantisme).
En particulier, elle offre une vision du monde dans toute son étendue temporelle (cf. Histoire, Passé, Science-fiction), spatiale (cf. Exotisme), et même dans les domaines où il échappe à la connaissance rationnelle et à la science (ex. Nerval, Baudelaire ; cf. Surréalisme, Symbolisme).

3. Elle est formation dans la mesure où :
• elle offre à l'homme « un miroir critique », qui lui permet de descendre dans les profondeurs du moi*, de prendre conscience de ses potentialités. Le rôle de l'écrivain est aussi de « tenter de donner conscience à des hommes de la grandeur qu'ils ignorent en eux » (Malraux) ;
• elle effectue une « catharsis » des passions, et par là « inspire des sentiments nobles et courageux » (La Bruyère) et nous élève à la vertu.

4. Elle est interrogation portée sur le monde. En cela elle permet la « co-naissance » (selon le jeu de mots de Claudel) du lecteur et de l'auteur, car la part d'ambiguïté qu'elle laisse subsister fait réfléchir, peut même déranger, choquer : pour Cioran « Un livre doit remuer les plaies, en provoquer même. Un livre doit être un danger. » (cf. Gide qui affirmait que son rôle était « d'inquiéter » ; même opinion chez Ionesco, Cl. Roy). Cependant, le risque est de tomber dans l'anticonformisme systématique qui détruit plus qu'il ne construit.

5. Elle est construction : elle essaie de transformer le monde (cf. Science-fiction) et de travailler pour la société :
• en étant une arme pour l'esprit humain (ex. le XVIIIe s.) ;
• en dirigeant les masses (cf. Poète) ;
• en prenant parti dans les luttes de son temps (cf. Engagement).

Proust résume ainsi le pouvoir de la littérature : « La vraie vie, vie enfin découverte et éclaircie, la seule vie par conséquent vraiment vécue, c'est la littérature, c'est la vie qui en un sens habite à chaque instant chez tous les hommes aussi bien que chez l'artiste » (*Le Temps retrouvé*).

LIVRE (LECTURE)

La découverte de l'imprimerie au XVe s. annonce une ère intellectuelle nouvelle (cf. Humanisme). Jusqu'au XIXe s., les livres seront réservés à

une élite éduquée, mais, avec l'enseignement obligatoire, ils deviendront accessibles à tous, en particulier grâce à la multiplication des éditions de poche (cf. Chef-d'œuvre, Culture, Education).
D'un point de vue strictement technique, on peut adopter, comme définition du livre, celle que propose Butor (« Le livre comme objet » in *Essais sur le roman*) : « Le livre, tel que nous le connaissons aujourd'hui, c'est donc la disposition du fil du discours dans l'espace à trois dimensions selon un double module : longueur de la ligne, hauteur de la page, disposition qui a l'avantage de donner au lecteur une grande liberté de déplacement par rapport au "déroulement" du texte ».

A. Diversité des livres

Ils sont très divers, à la fois par :
• leur présentation : ex. livres d'art comportant des reproductions, livres de poche, atlas, livres de classe, bandes dessinées ;
• leurs sujets : ex. littérature, sciences ;
• leur but : divertir, informer (ex. livres de référence comme les dictionnaires, les guides), émouvoir...

B. La spécificité du livre

1. Par rapport aux autres médias, le livre offre ces particularités :
• il est maniable, ce qui permet de trouver des références plus facilement, tâche facilitée par les chapitres, index, tables des matières : « L'unique, mais considérable supériorité que possède non seulement le livre, mais toute écriture sur les moyens d'enregistrement direct, incomparablement plus fidèles, c'est le déploiement simultané à nos yeux de ce que nos oreilles ne pourraient saisir que successivement. L'évolution de la forme du livre, depuis la table jusqu'à la tablette, depuis le rouleau jusqu'à l'actuelle superposition de cahiers, a toujours été orientée vers une accentuation plus grande de cette particularité. » (Butor) ;
• on peut facilement revenir en arrière sans manipulation compliquée ;
• il n'est pas éphémère comme les journaux* ou les émissions de radio ou télévision ;
• il permet d'aborder des sujets divers (cf. A) et complexes.

2. Le livre subit la concurrence de l'audio-visuel, surtout dans des domaines où l'image ou la rapidité de l'information sont primordiales.
• pourtant certaines émissions audio-visuelles ont plutôt servi et popularisé les livres qu'elles ne leur ont causé du tort : ex. : « Le Masque et

la Plume » à la radio, et « Apostrophes » à la télévision, émission à laquelle nombre d'écrivains doivent le succès commercial de leur œuvre ;
• actuellement le livre fait encore un effort d'adaptation à cette nouvelle ère de communication : les livres-cassettes se développent ;
• de nombreuses œuvres littéraires sont adaptées au cinéma* ou à la télévision (cf. *Le Rouge et le Noir, Autant en emporte le vent, Les Misérables, L'Insoutenable légèreté de l'être*). La psychologie des personnages* peut s'en trouver affaiblie (suppression des monologues* intérieurs, des analyses), mais les évocations de paysages, les grandes scènes historiques en sortent parfois enrichies (voir cependant l'opinion de S. de Beauvoir dans l'article Cinéma).

C. Intérêt de la lecture

1. C'est un plaisir : Valery Larbaud parlait d'« un vice impuni ». Elle a un grand pouvoir de distraction : (Je n'ai) « jamais eu de chagrin qu'une heure de lecture ne m'ait ôté » (Montesquieu).

2. Elle aide à la formation intellectuelle (cf. Education) **et morale** (cf. Sartre, *Les Mots*). En effet, non seulement « un livre est quelqu'un » (Hugo), mais la lecture nécessite une conceptualisation que ne requièrent pas les moyens audio-visuels, et qui développe la capacité de réflexion.

3. Elle développe librement l'imagination* (cf. Evasion).

4. C'est un acte créatif, car elle donne l'illusion d'un dialogue avec l'auteur :« La lecture de tous les bons livres est comme une conversation avec les plus honnêtes gens des siècles passés qui en ont été les auteurs et même une conversation étudiée, en laquelle ils ne nous découvrent que les meilleures de leurs pensées » (Descartes). Pour Sartre, le lecteur, par son interprétation, est créateur au même titre que l'auteur, en particulier, parce qu'il donne corps aux personnages, parce que c'est lui qui peut comprendre le contexte quand il y est seulement fait allusion, parce qu'il apporte une nouvelle interprétation de l'œuvre (cf. les différents aspects de la critique* littéraire).

5. Elle est dangereuse : une culture exclusivement livresque risque de couper du réel et de se substituer à l'expérience* (cf. *Madame Bovary* ; cf. Mal du siècle).

LUMIERES (PHILOSOPHIE et SIECLE)

TEXTES : **Cassirer,** *La Philosophie des Lumières,* 1932. **Pomeau,** *L'Europe des Lumières,* 1966.

Ce mouvement qui, en France, caractérise le XVIIIe s. est surtout marqué par les noms de Voltaire, Diderot, d'Alembert.
En se fondant sur l'expérience*, la science* (ex. Fontenelle), et en faisant confiance à la raison*, les philosophes* vont affirmer leur foi dans le progrès* (cf. *l'Encyclopédie*) et procéder à une révision critique des notions fondamentales concernant le destin de l'homme (cf. Fatalité) et l'organisation de la société*. Ces idées seront pour la plupart reprises par la Révolution de 1789. Les philosophes s'opposent :

1. En philosophie , à la métaphysique, aux systèmes, à l'innéisme.

2. Sur le plan religieux, au fanatisme (cf. « Ecrasons l'infâme » de Voltaire), à l'intolérance (cf. l'affaire Calas) ; ils croient en l'existence d'une divinité (déisme).

3. En politique, à l'absolutisme, au despotisme aveugle ; ils aimeraient pouvoir influencer selon leurs idées les « despotes éclairés » (ex. Voltaire et Frédéric II ; Diderot et Catherine de Russie).

4. En littérature, au goût du XVIIe s. pour une littérature surtout psychologique et esthétique qui n'est pas une arme pour l'esprit humain.

5. Discussion :
• n'y a-t-il pas eu des « lumières » dès le XVIIe s. ? (ex. Descartes, la libre* pensée des libertins, la critique sociale, La Fontaine, La Bruyère) ;
• n'y a-t-il pas d'autres lumières que celles de la raison et de l'expérience, par exemple celles de la foi ? (ex. Pascal, Bossuet) ;
• persistance au XVIIIe s. de la religion (ex. Buffon), de la métaphysique*, des systèmes, d'une littérature psychologique et esthétique.

YRISME

Le mot lyrisme vient du mot « lyre » et désignait, dans l'Antiquité, l'expression poétique qui utilisait cet instrument en accompagnement.

Au sens moderne, le lyrisme naît de tout ce qui provoque dans l'âme (cf. B) une émotion si forte qu'on sent le besoin de l'exprimer dans un certain style (cf. C).
Tout ce qui favorise le développement de la sensibilité prépare aux émotions lyriques, par exemple : — l'enthousiasme collectif, l'espoir, la joie de vivre d'une époque (ex. le XVIe s.) ; — les crises de la raison et de la volonté (ex. préromantisme et romantisme*) ; — les époques de trouble, de souffrance*, d'inquiétude*, de désespoir* (cf. Barbare, Mal du siècle).
On rencontre le lyrisme surtout en poésie, mais aussi en prose :
• dans le roman (cf. *La Nouvelle Héloïse, Mémoires d'Outre-tombe, Le Lys dans la vallée, Les Misérables*...) ;
• au théâtre (lyrisme de la jeunesse* et de l'action* chez Corneille) ;
• dans l'œuvre de Montaigne, Pascal, Bossuet, Fénelon...

A. Les genres lyriques

Ils sont variés : ode héroïque (ex. Ronsard) ; ode légère, bachique, odelette (Pléiade) ; dithyrambe, hymne (Pléiade) ; psaume (ex. Marot, Malherbe ; lyrisme religieux) ; élégie (Pléiade, classicisme, romantisme) ; chant, chanson (à toutes les époques) ; ballade, rondeau, madrigal (Moyen Age et classicisme) ; lied (romantisme) ; discours (à toutes les époques depuis le XVIe s.) ; méditation, contemplation (romantisme) ; iambes (ex. Chénier ; romantisme).

B. Les thèmes lyriques

Le lyrisme se situe entre deux extrêmes : l'aveu des impressions ou des sentiments les plus individuels et l'expression des sentiments collectifs (ex. Hugo ; la poésie unanimiste). Mais les deux formes se mêlent, soit que le poète dégage d'un sentiment personnel ce qui peut toucher tous les hommes, ou communique son émotion (cf. Moi), soit que, dans le lyrisme collectif, il introduise ses sentiments personnels ou l'originalité de son art (cf. Sincérité).

1. Le lyrisme collectif illustre :
• l'amour pour Dieu : adoration, louange (ex. Lamartine) ;
• l'enthousiasme pour : — les héros (ex. Pindare), les dieux (lyrisme grec), les grands (ex. Ronsard) ; — la patrie*, l'humanité* (ex. Hugo) ; — la civilisation*, la paix (ex. Lamartine, Hugo ; l'unanimisme) ;
• des lieux communs sur la mort (cf. Malherbe, *Consolation à M. du Périer*).

2. Le lyrisme personnel évoque :

• des sujets chargés d'émotion : — l'amour* ; — l'amitié (ex. La Fontaine) ; — la souffrance*, le sentiment d'avoir manqué sa vie (ex. Villon, Verlaine) ; — la mort* (« Au pied de l'échafaud, j'essaye encore ma lyre », Chénier, *Iambes*) ;

• des thèmes épicuriens : jouissances de la vie ; brièveté de la jeunesse, de la vie, du bonheur ; sentiment de vieillir, etc. (ex. Ronsard ; cf. Romantisme) ;

• des sentiments puissants : — l'insatisfaction ; — la solitude (quelquefois accompagnée de mépris pour la société) ; — la mélancolie* ; — la joie, l'enthousiasme* pour un idéal (ex. Lamartine) ou pour l'humanité* ; — la colère, la malédiction (cf. *Les Châtiments*) ;

• des thèmes métaphysiques : — Dieu qu'on cherche (ex. Lamartine, Musset), qu'on renie (ex. Vigny), avec qui on dialogue (ex. Lamartine, Hugo, Verlaine) : foi, remords, prière ; — l'énigme de la destinée, l'inquiétude devant l'infini*, l'angoisse* devant la condition humaine (cf. Romantisme) ; — le sentiment de la fatalité* (cf. Romantisme) ;

• la communion avec la nature* (ex. Rousseau ; cf. Romantisme) ; l'émotion devant la création (ex. Claudel), les rapports entre l'âme et les symboles de l'univers (cf. Symbolisme) ;

• l'impuissance poétique (ex. Mallarmé) ;

• le délire dans le rêve* (ex. Nerval), dans ses visions (ex. Rimbaud).

C. Le style lyrique

Pour communiquer à son lecteur l'émotion qu'il ressent, l'auteur a recours :

• à la prédominance du vocabulaire affectif ;

• à la dislocation de phrases en bouleversant la syntaxe logique : ellipses, brachylogies, etc. (ex. le style de Michelet) ;

• à des images et des figures ne décrivant pas d'une façon pittoresque et objective, mais : — résultant d'une émotion qui met devant l'imagination un spectacle ; — ou destinées à provoquer une émotion, par leur couleur ou leur force ; — ou exprimant une vision du monde en accord avec un état d'âme ;

• à des mouvements oratoires passionnés : interrogations, invocations, exclamations, apostrophes, répétitions, inversions, etc., éloquence* ; coupes, rejets, passages au style direct ;

• à des rythmes particuliers : strophe, stance, couplet, alternance élégiaque de vers longs et courts ;

• dans le symbolisme de Verlaine : à des images indécises et à un rythme doucement musical, symbole d'un chant de l'âme non intellectualisé.

MAL DU SIECLE

TEXTES : **Chateaubriand,** *Le Génie du Christianisme,* I, II, 9, 1802. **Senancour,** *Oberman,* 1804. **Constant,** *Adolphe,* 1816. **Lamartine,** *Méditations poétiques,* 1820. **Vigny,** « Moïse » (in *Poèmes antiques et modernes,* 1822-29), *Les Destinées,* posth. 1864. **Musset,** *Rolla* 1833 ; « Les Nuits », (in *Poésies nouvelles,* 1840) ; *Lorenzaccio,* 1834 ; *La Confession d'un Enfant du Siècle,* 1836. **Hugo,** *Hernani,* 1830. **Sainte-Beuve,** *Volupté,* 1834. **Balzac,** *Le Lys dans la Vallée,* 1835. **Baudelaire,** certains poèmes des *Fleurs du Mal,* 1857.

A. Ses manifestations

Le mal de René, héros autobiographique de Chateaubriand (« On habite avec un cœur plein un monde vide, et sans avoir usé de rien on est désabusé de tout »), va devenir le mal du siècle. Il se traduit par :

1. Une crise de la raison : le doute (cf. *Rolla*) ;

2. Une crise de la volonté : l'impuissance à agir (cf. *Adolphe ; Volupté*) ;

3. Une hypertrophie de la sensibilité :
- cœur plein de passions sans objet à cause de leur immensité et de la nullité de l'époque ;
- tentative de trouver un sens à l'existence dans la vie du cœur ; recherche d'un absolu dans l'amour*, la nature*, Dieu ; déséquilibre, alternance, échecs ;
- d'où ennui, désenchantement, mélancolie*, inquiétude maladive (cf. Angoisse), goût de la mort ;
- essais d'évasion* ;
- sentiment d'une fatalité* mauvaise condamnant à l'échec ; orgueil d'être distingué par cette fatalité (cf. *Hernani,* III, 4), sentiment du moi*, révolte*.

B. Ses causes

Elles se confondent en partie avec celles du romantisme*.

1. Ce sont celles du vague des passions selon Chateaubriand :
- inaction de la jeunesse ;
- scepticisme développé chez elle par le rationalisme du XVIIIe s. ;

• influence alanguissante des femmes ;
• dégoût de la terre et besoin d'infini inspirés par le christianisme.

2. Après 1815, selon Musset, le mal du siècle est lié à :
• la déception d'une jeunesse frustrée de ses rêves de grandeur par la chute de l'Empire ;
• la perte de la religion ;
• la médiocrité de la vie politique ;
• l'incertitude entre le passé et un avenir encore informe.

C. Ses remèdes

1. C'est la religion et la charité pour Chateaubriand qui désavouera la postérité de René (cf. *Mémoires d'Outre-Tombe,* II, I, 11). A la fin de *René,* le Père Souel critique ainsi le jeune homme : « On n'est point, monsieur, un homme supérieur parce qu'on aperçoit le monde sous un jour odieux. [...] Quiconque a reçu des forces doit les consacrer au service de ses semblables ».

2. C'est l'activité, pour beaucoup, après 1830 : cf. les personnages de Balzac.

3. Les écrivains réagissent par :
• le labeur littéraire, la création (ex. Hugo, Balzac) ;
• l'action sociale (ex. Hugo, Lamartine, George Sand, Michelet, etc.) ;
• la foi religieuse (ex. Lamartine) ou philosophique et humanitaire (ex. Vigny).

MATERIALISME

Premier sens : c'est une doctrine selon laquelle il n'existe pas d'autre substance que la matière, qui est donc indépendante de l'homme pensant.

TEXTES : **Diderot,** *Lettre sur les aveugles,* 1749 ; *Le Rêve de d'Alembert,* 1769. **Condillac,** *Traité des sensations,* 1754. **D'Holbach,** *Système de la nature,* 1770. **Flaubert,** *La Tentation de saint Antoine,* 1874.

A. Ses principes

1. Le matérialisme s'inspire des philosophies d'Epicure et de Lucrèce, mais s'est surtout épanoui au XVIIIe s. avec le mouvement des Lumières* qui rejette la primauté des croyances religieuses.

2. Il s'oppose au spiritualisme et à toute philosophie qui croit à l'existence d'un être supérieur, à la prééminence de l'esprit sur le corps, à la finalité, à la liberté*.

3. Il affirme :
• il n'y a pas de Dieu créateur, seulement un jeu de transformations qui crée l'univers où l'origine de la vie dépend d'un processus chimique ;
• notre monde n'est qu'un accident passager de l'éternel mouvement ;
• l'homme n'est pas une créature divine douée d'une conscience et d'une âme, mais un hasard dans la matière en évolution ;
• la pensée est provoquée par des phénomènes physiologiques ;
• la matière est sensible : il n'y a pas d'esprit qui existe en soi.

B. Ses conséquences

1. Sur un plan moral et philosophique :
• le matérialisme implique l'athéisme et aiguise l'esprit* critique (cf. Libre pensée) ;
• il n'y a pas d'individus : l'homme est une machine provenant d'« une seule substance diversement modifiée » (cf. La Mettrie, *L'Homme machine,* 1748) ;
• la morale, la métaphysique dépendent seulement de l'état de nos organes ; il est alors possible, puisque l'homme est libéré de toute instance supérieure, d'orienter la morale vers le bonheur* (cf. deuxième sens) et l'humanité* (« le matérialiste ne maltraitera point ses semblables », dit La Mettrie) ;
• cette doctrine, même si elle semble nier la liberté*, est donc un acte de confiance en l'homme, une forme d'humanisme*.

2. Sur un plan littéraire :
• il permet d'épuiser tout le champ des possibles en imitant la perpétuelle mutation du monde ;
• c'est ainsi que Diderot affectionne les dialogues où la vérité se cherche, où la forme est très souple ;
• mais la rationalité trop austère de cette pensée amène, par réaction, le spiritualisme enflammé du romantisme*.

Deuxième sens : par extension, en morale, c'est le goût de jouissances matérielles.

TEXTES : **Vigny,** *Chatterton,* 1835. **Villiers de l'Isle-Adam,** *Contes cruels,* 1883. **Claudel,** *L'Otage,* 1911 ; *Le Pain dur,* 1918 ; *Le Père humilié,* 1920. **Perec,** *Les Choses,* 1965.

Les personnages se livrent à une recherche frénétique de la santé, du plaisir, des richesses, du bien-être, du confort, sans pour autant trouver le bonheur*.

Troisième sens : qualifié d'« historique » ou de « dialectique », matérialisme est le terme employé par Engels pour désigner l'idée de Marx, selon laquelle l'évolution de l'histoire des mentalités et des idéologies est déterminée par des phénomènes économiques.

Cette pensée a influencé un grand nombre d'écrivains du XXe s. (ex. Aragon, Sartre, Nizan, le groupe Tel Quel).
Cependant, Sartre émet quelques réserves (cf. *Les Temps modernes,* n° 9, 1er juin 1946) : il craint de devoir renoncer « aux droits de libre critique, à l'évidence, à la vérité enfin » par discipline envers sa conviction politique.

MELANCOLIE

TEXTES : **Montaigne,** *Essais,* 1560-1595. **Rousseau,** *La Nouvelle Héloïse,* 1761 ; *Les Confessions,* 1782 ; *Les Rêveries du promeneur solitaire,* 1782. **Chateaubriand,** *René,* 1802. **Lamartine,** *Méditations poétiques,* 1820. **Hugo,** *Les Feuilles d'automne,* 1831 ; *Les Contemplations,* 1856. **Nerval,** *Sylvie,* 1853. **Fromentin,** *Dominique,* 1862. **Flaubert,** *L'Education sentimentale,* 1869. **Baudelaire,** *Les Fleurs du mal,* 1857. **Verlaine,** *Poèmes saturniens,* 1866 ; *Romances sans paroles,* 1874. **Apollinaire,** *Alcools,* 1913.

Mélancolie

Etymologiquement et à l'époque classique, c'est une dépression morale et physique qui provoque une sombre tristesse (cf. la mélancolie d'Alceste) ; nous dirions « neurasthénie », et ce sens est gardé en psychiatrie.
Depuis le XVIIIe s., mais en particulier à l'époque romantique, c'est une tristesse adoucie, intérieure, souvent pour des causes assez vagues, et qui n'est pas sans charme : « C'est le bonheur d'être triste » (Hugo).
Pour Baudelaire, la mélancolie fait place au spleen, qui ressemble à l'angoisse*.

A. Ce qui la provoque

1. Chez les Romantiques, il peut s'agir de :
- l'impression des paysages sur l'âme (automne, mer, certaines heures, ruines) ;
- la nostalgie du passé*, de la jeunesse* (ex. Lamartine), du souvenir, des lieux* ;
- la lassitude de la vie, l'ennui, le dégoût du réel (cf. Mal du siècle).

2. Chez Baudelaire, elle est due :
- à l'insatisfaction de soi ;
- à la vision d'un Paris triste ;
- au sentiment d'une nausée due à l'existence, par opposition aux rêves d'infini, d'éternité.

3. Chez les Symbolistes, elle se teinte de décadence.

B. Sa valeur

1. Son charme :
- à condition de ne pas tomber dans une mélancolie maladive (cf. Mal du siècle), elle procure un état assez doux et vague, qui accentue le sentiment d'exister, donne au monde de nouvelles couleurs ;
- elle est liée aux plaisirs du souvenir*, de l'imagination*, de la rêverie*, de la solitude*, des chimères*, des aspirations à l'infini*, à l'idéal ;
- elle peut s'accompagner parfois de quelque pose (cf. Emma Bovary).

2. Sa grandeur et son aspect fécond. Elle témoigne :
- d'un esprit insatisfait, donc critique et parfois supérieur. Elle fait penser : prise de conscience de l'imperfection métaphysique et terrestre de l'homme ; d'où critique, méditation ;
- d'un grand cœur riche et sensible, blessé par la médiocrité du réel. Elle stimule l'imagination*, aide à concevoir l'idéal, favorise l'évasion*.

Elle enrichit la sensibilité*, d'où lyrisme*, poésie du souvenir*, de la souffrance*, confidence, intimisme.
Mais quel grand caractère saurait se limiter à la mélancolie sans agir ?

MERVEILLEUX

Ce terme qualifie le registre où le surnaturel se mêle de façon harmonieuse à la réalité pour enchanter le lecteur.

TEXTES : **I. Le Tasse,** *Jérusalem délivrée,* 1580-1587. **Milton,** *Le Paradis perdu,* 1667-1674. Poèmes héroïques chrétiens du XVIIe s. **Chateaubriand,** *Les Martyrs,* 1809. **Lamartine,** *La Chute d'un Ange,* 1838. **Vigny,** « Eloa », in *Destinées,* 1864. **Flaubert,** « Légende de saint Julien l'Hospitalier », in *Trois contes,* 1877. Poèmes et théâtre de **Claudel,** entre 1889 et 1929.

II. Ronsard, *La Franciade,* 1572. **Shakespeare,** *Songe d'une nuit d'été,* 1595 ; *Macbeth,* 1600 ; *Les Joyeuses commères de Windsor,* 1602. **Molière,** la statue du gouverneur in *Dom Juan,* 1665. **La Fontaine,** *Psyché* et *Fables,* 1668-1694. **Voltaire,** *Contes.* **Leconte de Lisle,** *Poèmes antiques,* 1852. **Cocteau,** *La Machine infernale,* 1934. **Giraudoux,** *La Guerre de Troie n'aura pas lieu,* 1935.

III. L. Carroll, *Alice au pays des merveilles,* 1865. **Lagerlöf,** *Le Merveilleux voyage de Nils Holgersson,* 1906-1907. **Aragon,** *Le Paysan de Paris,* 1926. **Breton,** *Nadja,* 1928. **Tolkien,** *Le Seigneur des anneaux,* 1949. **Dhôtel,** *Le Pays où l'on n'arrive jamais,* 1955.

A. Formes traditionnelles

1. Le merveilleux chrétien, représenté par les œuvres citées en I, se traduit par le surnaturel du christianisme : Dieu, Vierge, saints, anges, démons ; allégories chrétiennes : vertus, péchés ; féerie, si elle a rapport au christianisme.
Il connaît des fortunes diverses :

• prôné à l'époque classique par Desmarets de Saint-Sorlin, comme plus émouvant, plus vraisemblable et plus moral que le merveilleux païen ;
• critiqué par Boileau, comme impie et sans charme ;
• loué par Chateaubriand.

2. Le merveilleux païen, représenté par les œuvres citées en II, se traduit par la présence de divinités païennes (cf. Anubis chez Cocteau, Iris, messagère des dieux chez Giraudoux), de créatures mythologiques, d'allégories (ex. la Mort chez La Fontaine), de fées (cf. *Songe d'une nuit d'été*), de sorcières (cf. *Macbeth*), etc. : toutes les ressources de la féerie, de la magie et, en particulier, du merveilleux oriental.
Lui aussi connaît des fortunes diverses :
• loué par les Classiques, s'il est vraisemblable, et jugé supérieur au merveilleux chrétien, car il est plus séduisant et n'a rien d'impie (cf. Boileau, *Art poétique,* III, v.) ;
• critiqué par Chateaubriand parce qu'il transforme l'univers en machine d'opéra (cf. Michaud et Van Thieghem, *Le Romantisme*).

B. Evolution du registre

Les œuvres citées en III n'appartiennent pas aux deux formes traditionnelles du merveilleux (I et II), ainsi que :

1. Le fantastique* : à partir de l'époque romantique, « le fantastique en littérature est la forme originale que prend le merveilleux lorsque l'imagination, au lieu de transposer en mythes une pensée logique, évoque les fantômes rencontrés au cours de ses vagabondages solitaires » (P-.G. Castex). Le fantastique diffère donc du merveilleux :
• d'abord parce que le surnaturel ne s'assume pas comme tel, mais que le lecteur hésite entre une explication rationnelle et une explication surnaturelle des événements ;
• ensuite parce que ces événements sont vécus de façon inquiétante, voire angoissée (cf. *Le Horla*).
Le fantastique est plus la création propre d'une imagination obsédée par le mystère du surnaturel, qui évoque ou décrit ses hallucinations et leurs effets, faisant intrusion dans la vie réelle.

2. La vision de Victor Hugo (cf. Visionnaire) est proche du fantastique par son aspect hallucinatoire, mais partant du réel doué d'une vie surnaturelle que le poète transforme , agrandit, anime (ex. le burg dans *Eviradnus*).

3. Le merveilleux surréaliste (cf. Aragon, Breton parodiés par Jules Romains, « Vorge contre Quinette » in *Les Hommes de bonne volonté*) vient de la nature, des objets qui nous entourent, mais seulement lorsque nous dépouillons ces objets de leur aspect habituel et utilitaire pour les regarder en eux-mêmes comme des choses insolites qui éveillent notre imagination, cristallisent les appels de notre inconscient, ce qui leur donne une puissance de suggestion en accord avec notre réalité profonde et celle des choses.

4. Le merveilleux moderne (ex. Carroll, Lagerlöf, Tolkien, Dhôtel...) continue parfois le merveilleux des Surréalistes : c'est la vie banale qui fait surgir l'inhabituel ; mais il opère aussi une fusion des mythes venus de divers pays (les Celtes par exemple chez Tolkien) pour recomposer un merveilleux qui échappe aux traditions, même s'il garde ses conventions propres (ex. les jeux de rôles). Il ne subsiste plus guère que dans la littérature pour enfants, les adultes préférant souvent le fantastique* au merveilleux.

C. Ses utilisations

1. Pour amuser, émerveiller : cf. Fantaisie, Féerie.

2. Pour instruire : au même titre qu'un mythe*, un symbole*, une allégorie ou une fable*, s'il s'agit du merveilleux païen. Le merveilleux chrétien, lui, se présente comme la vérité pour les fidèles. Il trouve sa vraisemblance dans son respect de la tradition et dans la vérité humaine qu'il exprime.

3. Pour dépayser, faire sortir du réel :
- par la contemplation de la beauté ;
- par la fantaisie* (ex. l'Arioste), tantôt comme un pur jeu, tantôt en suspendant l'esprit critique et en provoquant une sorte d'extase esthétique ou poétique (variable selon l'âge, la culture, etc. : par exemple les enfants croient au merveilleux du conte, les gens cultivés s'enchantent à l'imaginer), mais sans jamais viser à nous donner une croyance permanente à l'irruption des forces occultes dans notre vie, à la différence du fantastique.

4. Pour libérer l'inconscient : chez les Surréalistes, en passant parfois par l'intermédiaire du poème (écriture automatique).

METAPHYSIQUE

Etymologiquement, le mot désigne la partie des œuvres d'Aristote qu'on cataloguait « meta ta physica biblia » (c'est-à-dire après la physique) et qui était consacrée à l'étude des choses divines, des principes des sciences et de l'action.
Par la suite, au Moyen Age, le mot garde ce sens et désigne la science qui s'appuie sur la raison*, par opposition à la théologie, qui s'appuie sur la révélation.
D'où le sens moderne de connaissance par la raison des êtres et des choses immatériels, des problèmes qui dépassent la connaissance expérimentale, la science, les données des sens.
Cette connaissance prétend atteindre les choses en soi, l'essence des phénomènes, alors que la connaissance par l'expérience n'atteint que l'apparence des choses (exemples de problèmes métaphysiques : qu'est-ce que la matière, l'esprit, la liberté de l'homme ? Dieu est-il ou non ?).
La métaphysique est donc une partie de la philosophie.

A. Au XVIIIe siècle

1. Contre la métaphysique : avec les philosophes* (ex. Voltaire), le mot métaphysique prend un sens péjoratif : ce n'est que creuse rêverie, « ballons remplis de vent » (Voltaire) pour les motifs suivants :
• elle est vouée à l'échec, car elle ne s'appuie pas sur l'expérience* : c'est une construction gratuite, a priori, de l'imagination plutôt que de la raison ; d'ailleurs, la connaissance des choses en soi paraît impossible (cf. Voltaire, *Lettres philosophiques,* où il critique Descartes) ;
• elle est dangereuse : — elle entrave la science ; — en matière de religion, ou bien elle apporte des certitudes qui provoquent imposture, fanatisme, intolérance (cf. *Candide*) ; ou bien elle n'en apporte pas : l'homme est alors malheureux, angoissé ;
• il faut donc lui substituer la connaissance expérimentale, et « cultiver notre jardin », c'est-à-dire ne pas raisonner sur le monde et notre nature, mais construire notre nature et organiser le monde (cf. *Candide,* fin).

2. Elle subsiste néanmoins :
• au sens classique, sous les formes du déisme de Rousseau, de Voltaire, de l'occultisme, du spiritisme, etc. Mais il est à remarquer que ces vues métaphysiques sont en général subordonnées à une morale dont elles ne sont guère que l'appui ;

• au sens d'Auguste Comte (*Cours de Philosophie positive,* 1830-1842), le XVIIIe s. a tendance à créer des abstractions pour donner des explications purement verbales des choses, au lieu de se contenter d'observations positives. Par exemple, la « nature », l'« état de nature », le « contrat social », le « bon sauvage », la « conscience », etc., autant d'abstractions qui gênent la morale, la sociologie, l'économie politique, l'ethnologie, etc., cherchent des causes au lieu de donner des lois ;
• au sens des encyclopédistes et idéologues qui conçoivent une nouvelle métaphysique, laquelle, se détournant des choses en soi, réfléchit sur la nature et l'esprit humain, et essaie, par la raison seule, mais sans contredire l'expérience, d'arriver à une théorie de l'esprit et des principes de tout art et de toute science, ce qui annonce la philosophie moderne, l'étude des principes de la connaissance.

B. Au XIXe siècle

1. A l'époque romantique, une réaction se dessine en faveur de la métaphysique classique (ex. Joseph de Maistre, Hugo dans les *Contemplations*) ; et on voit éclore spiritualisme, occultisme, illuminisme notamment chez Balzac.

2. A l'époque positiviste, on condamne toutes les formes de métaphysique, mais, par réaction, on perçoit son renouveau chez des écrivains comme Bergson. Il n'y a pas de systèmes logiques, a priori ; on cherche à suivre dans l'expérience des « lignes de faits » que le raisonnement prolonge pour aboutir à des probabilités.

C. Au XXe siècle

1. Des définitions très diverses de la métaphysique tendent toutes à la considérer comme un effort pour dépasser, par la raison* ou l'intuition, les connaissances purement expérimentales, pour tenter d'élaborer une théorie sur le problème de la connaissance, de la matière et de l'esprit*, de la liberté* et de Dieu.

2. Dans le roman contemporain en particulier (ex. Malraux, Sartre, Camus...), on rencontre cet aspect métaphysique : au lieu de peindre des caractères*, on évoque des « attitudes », c'est-à-dire des façons d'être par rapport à une certaine vue de la condition humaine, de la place de l'homme dans l'univers, de sa liberté, de son existence ou de son essence, etc.

MILIEU (MOMENT)

On entend par milieu non seulement les choses et les êtres qui entourent un personnage*, mais aussi l'influence que cet environnement exerce sur lui, comment il le conditionne, le détermine.
Le milieu et son influence ont particulièrement été étudiés par Balzac, les réalistes, les naturalistes, les populistes, les unanimistes, qui pratiquaient déjà ainsi une forme de sociologie.

A. Les composantes du milieu

1. Le milieu physique et le climat, c'est-à-dire les conditions :
• géographiques (ex. la montagne dans *Le Médecin de campagne,* le Sud-Ouest pour Rastignac, la campagne dans *Les Paysans* et *La Terre*) ;
• climatiques qui influent sur les caractères (cf. Boileau : « Les climats font souvent les diverses humeurs. » ; la théorie des climats de Montesquieu in *L'Esprit des Lois,* livres XIV-XVIII).

2. Le milieu social :
• l'habitat : l'opposition entre Paris et la province (cf. chez Molière déjà, divers types de provinciaux ; Rastignac, Emma Bovary) ;
• la profession (cf. *Germinal, La Bête humaine*) ;
• la famille (cf. *Les Rougon-Macquart*) ;
• la classe sociale (ex. dans *Le Père Goriot,* nuances entre Mmes de Bauséant, de Restaud, de Nucingen au sein de la noblesse (cf. Société) ;
• l'éducation (cf. *Madame Bovary*) ;
• les fréquentations (cf. *Gil Blas* ; cf. le monde de la presse, dans les *Illusions perdues* ; les relations de Frédéric dans *L'Education sentimentale*).

3. Le moment, c'est-à-dire les circonstances historiques qui peuvent déterminer un être, et qui sont constituées par :
• des événements historiques (ex. la fascination plus ou moins horrifiée qu'exerce Napoléon sur le XIXe s. ; la Première Guerre mondiale sur la mentalité des années 1920-1930 ; la guerre du Vietnam sur le cinéma américain) ;
• les sciences (ex. la médecine expérimentale et le naturalisme* du XIXe s. ; le développement des moyens audio-visuels et le livre*) ;
• les découvertes (ex. l'imprimerie à la naissance de l'humanisme* ; la bombe atomique et le sentiment de l'absurde) ;

• la civilisation* et les façons de vivre (ex. l'importance de la vie sociale au XVIIe s. ; le développement des voyages ; cf. Exotisme) ;
• l'économie (ex. Balzac et le capitalisme libéral) ;
• la politique (ex. la littérature dirigée au temps d'Auguste, de Louis XIV, de Napoléon ; le réalisme socialiste dans les pays de l'Est et en Chine ; les dictatures sud-américaines et les œuvres de Neruda, Vargas Llosa...) ;
• les idées morales, religieuses, sociales (ex. la religion et le classicisme* ; le mouvement des Lumières*) ;
• les arts (architecture, musique*, peinture, cinéma*...) et l'idée du beau* d'une époque ;
• plus particulièrement pour les écrivains, l'état de la littérature (évolution des genres*, des thèmes, du style*, des modèles... ; cf. Génie).

B. Les conséquences de l'étude du milieu

En littérature, on constate les phénomènes suivants :

1. Une tendance à faire une zoologie humaine : le personnage tend à ne plus être un individu isolé, mais le représentant d'une espèce sociale. Il joint à un caractère personnel des traits spécifiques (cf. Goriot, César Birotteau, Grandet, Emma Bovary) ; il n'est parfois qu'un spécimen (cf. Poiret, in *Le Père Goriot* ; petits bourgeois, employés, paysans de Balzac).

2. Des innovations pour les personnages :
• on les multiplie, car ils représentent les variétés d'une même espèce ;
• on invente un personnage cyclique, vivant d'une vie sociale qui paraît échapper à la littérature et devenir réelle, en apparaissant dans plusieurs romans (cf. Vautrin).

3. Le milieu devient même une sorte de personnage qu'on étudie en lui-même : Paris, la petite ville, le monde des artistes, du théâtre (ex. les Goncourt), l'administration (ex. Balzac), la mine, la bourse, les affaires (ex. Zola), le salon proustien, etc. :
• pour dégager des lois qui déterminent les personnages ou l'évolution du milieu ;
• pour créer une sorte de mythologie du milieu, en faire un personnage épique (ex. le grand magasin chez Zola) ;
• pour étudier l'âme unanime du milieu (ex. Jules Romains).

4. Des dangers : la personnalité individuelle du héros tend à se dissoudre (cf. Idéalisme, Naturalisme, Réalisme).

C. Le milieu d'un écrivain

C'est-à-dire la sphère dans laquelle il vit, considérée comme un des éléments expliquant son génie (cf. Taine, *Introduction à l'Histoire de la Littérature anglaise,* et aussi *La Fontaine et ses Fables*).

1. Les composantes du milieu :
• le milieu physique, le climat, le milieu social et le moment vus en A ;
• mais aussi la race, la jeunesse*, les lieux* ;
• des influences plus particulièrement littéraires : — au XVIIe s. : salon, cour*, ville, cabaret, théâtre, la société des libertins, etc. ; — au XVIIIe s. : salon, club, café, librairie, milieu philosophique, scientifique, etc. ; — au XIXe s. : salon, bohème, artistes et ateliers, cafés littéraires, cabarets, éditeurs, revues. etc. (cf. Ecole littéraire).

2. L'influence du milieu :
• il fournit la matière sur laquelle travaille l'écrivain et qu'il a tendance à reproduire : paysages, lieux*, hommes, société*, problèmes moraux et sociaux (ex. La Bruyère et la cour ; Loti et la mer ; Proust et l'aristocratie, la bourgeoisie ; Saint-John Perse et les Antilles ; Joyce et Dublin, présent dans ses livres alors qu'il est en exil ; A. Cohen et la S.D.N., etc.).

3. Il forme son génie :
• en déterminant son goût (ex. goût bourgeois de Boileau ; goût mondain de Mme de Sévigné) ;
• ses façons de penser (ex. différences entre Montesquieu, Voltaire, Rousseau) ;
• sa sensibilité (ex. Chateaubriand et Combourg ; Stendhal et l'Italie) ;
• son caractère (ex. les Jésuites et la volonté cornélienne) ;
• son art* de vivre (ex. Gide et les protestants) ;
• son style* et la vision de son univers* ;
• en lui proposant une conception de la littérature, des leçons d'art (cf. la sociologie de la littérature de Goldmann, Bénichou, Barberis et la sociocritique).
Notons toutefois que l'écrivain se pose souvent en réaction contre son milieu (cf. les raisons données par Sartre dans *Les Mots* sur son engagement).

4. Mais le milieu n'explique pas tout l'écrivain (cf. Critique littéraire, Génie).

MODERNE

Premier sens : ce mot, pris dans le contexte du XVIIe s. et plus précisément entre 1687 et 1714, désigne les écrivains qui refusent les modèles de l'Antiquité.
Les « Modernes » s'opposent aux « Anciens », en particulier grecs et latins, ou à leurs héritiers, dans une querelle historique dite « Querelle des Anciens et des Modernes ».

A. Les partisans

1. **Le choix d'un clan** se fait en fonction de différents critères :
- une appartenance sociale ;
- des idées politiques ;
- un goût esthétique ;
- des amitiés, des inimitiés, des rivalités personnelles.

2. **Les Anciens** se recrutent plutôt parmi l'aristocratie, la haute magistrature (ex. Condé, Conti, Lamoignon), la bourgeoisie privilégiée, à tendance conservatrice. Du côté des écrivains, les plus en vue sont Boileau, Racine, La Fontaine, Bossuet, La Bruyère et les « doctes » (érudits*, hellénistes).

3. **Les Modernes** se rencontrent dans les salons parisiens où l'on cultive la liberté d'esprit et le brio des Précieux, parmi les hauts fonctionnaires qui, loin de renier la monarchie absolue et la religion chrétienne, veulent renforcer la puissance de l'Etat par la science et les techniques (ex. Charles Perrault).
Corneille et Fontenelle, par opposition aux prestigieux Anciens, se déclareront Modernes, ou par goût d'une littérature divertissante, Benserade, Saint-Evremond, Houdar de la Motte ; dans la presse : cf. *Le Mercure galant*.

B. Les termes précis de la « Querelle »

1. **Les points d'accord entre les deux partis :**
- la littérature doit être moderne par sa langue et son esprit ;
- dans les sciences, les Modernes ont dépassé les Anciens.

2. **Les points en litige :**
- pour leurs partisans, les Anciens servent de maîtres et de modèles en littérature et en art, en guidant la raison dans sa recherche de la vérité artistique et en lui enseignant à plaire ;

• pour les Modernes (la plupart cartésiens et mondains), les écrivains du siècle de Louis XIV ont su se servir de la raison mieux que les Anciens, même en littérature et en art, et ont inventé des beautés supérieures à celles de l'Antiquité en découvrant les raffinements de la politesse et l'art subtil de la bienséance* mondaine.

3. Quelques exemples de débats :
• faut-il créer une épopée* moderne qui utilise le merveilleux* chrétien ?
• doit-on mettre les inscriptions en français sur les monuments ?
• doit-on adapter Homère en français ?
• doit-on accepter les nouveaux genres que les Modernes pratiquent : opéra, conte, roman, poésie sentimentale ?

4. La victoire (relative) des Modernes a des conséquences :
• en montrant comment art, littérature, sciences et techniques sont modifiés par les progrès de la raison et les conjonctures matérielles et morales de leur époque, les Modernes découvrent l'idée de relativité qui sera féconde en critique* littéraire (cf. Beauté) ;
• mais ils confondent relativité et progrès*, assimilent à tort art et sciences, méconnaissent l'irrationnalisme de la poésie et l'originalité du génie* ;
• en fait, ils orientent le goût vers une littérature d'idées claires, d'une parfaite évidence, que ne voilent pas les fantaisies de la sensibilité ou de l'imagination, le mystère de la poésie, mais qu'orne l'éclat tout rationnel de l'esprit* et de la finesse mondaine.
A force de raisonner sur tout, l'écrivain considère la littérature comme une arme (cf. XVIIIe s.). Par ailleurs, l'estime considérable dans laquelle les Modernes tiennent l'esprit français provoque un certain repli sur des valeurs nationalistes, créant ainsi un nouvel académisme.

C. Dans un cadre plus large

L'opposition entre Anciens et Modernes dépasse la querelle historique et porte aujourd'hui sur les points suivants :

1. Pour la culture* et l'éducation*, quelle place accorder à la connaissance du passé* ? Quel équilibre trouver entre les sciences et techniques modernes (chimie, informatique...) et le patrimoine culturel ?

2. L'art doit-il s'inspirer des Anciens et en général du passé, ou doit-il résolument innover ? Problème lié à la relativité de la beauté*, à la détermination de la littérature* par la société, à l'imitation*, à la liberté* dans l'art. On remarquera :
• que toutes les écoles littéraires ont voulu plus ou moins être modernes ;

• qu'en fait, elles n'ont jamais été libérées complètement de l'influence plus ou moins grande du passé*, celle-ci pouvant être féconde (ex. la Pléiade) ou paralysante (ex. le postclassicisme) ;
• qu'on ne saurait, en art, parler de progrès*, mais de formes différentes.

3. Autres questions que se pose encore de nos jours la critique littéraire : écrit-on pour l'élite ou pour tous ? Peut-on établir des hiérarchies et des classements entre les genres* ? (ex. la bande dessinée, genre mineur ?) Les œuvres de critique (cette discipline naît précisément à l'époque de cette querelle à la faveur de controverses dont les journaux se font l'écho) ne constituent-elles pas un genre à part entière ?

Deuxième sens : au sens courant, moderne qualifie ce qui est en accord avec l'aspect le plus récent de notre civilisation et, par extension, qui l'annonce ; synonymes : présent, actuel.

En particulier, en parlant d'un artiste, d'un écrivain mort, il est :
• présent, s'il donne l'impression de vivre parmi nous, d'être lié intimement à notre vie ;
• actuel, s'il exerce une influence effective, traite les problèmes les plus brûlants de notre époque ;
• moderne, s'il pense ou s'exprime de telle façon qu'il nous paraît encore tout récent, presque de notre temps, ou précurseur de notre temps.
De l'adjectif moderne dérivent les deux noms :

A. Le modernisme

Ce terme s'applique plutôt à tout ce qui caractérise la vie moderne, relativement à chaque époque.

1. Des exemples :
• au XIXe s., l'originalité spécifique de la vie moderne, telle qu'elle se manifeste dans la ville (ex. Paris chez Balzac), dans le développement économique (ex. les grands magasins dans *Au Bonheur des dames*), dans le machinisme (ex. la locomotive dans *La Bête humaine*) ... devient un des thèmes favoris des écrivains ;
• au XXe s., les exemples sont fréquents : — la civilisation* matérielle (confort domestique dans *L'Ecume des jours,* la motocyclette de Mandiargues, le supermarché dans *Les Géants* de Le Clézio...) ; — l'organisation politique, économique et sociale : démocratie ou dictature (cf. *1984*), libéralisme ou économie dirigée... ; — les sciences (le rayon laser, les clonages, les chimères biologiques...) ; — l'éducation* ; — la « nouvelle » philosophie.

2. Le jugement :
• certains écrivains se sont faits les historiens de ce modernisme sans émettre de jugement de valeur (ex. Balzac, Zola, Jules Romains...) ;
• d'autres l'ont exalté (J. Verne) ou ont montré les aspects négatifs du monde industriel et de la société de consommation (cf. Villiers de l'Isle-Adam, *Contes cruels* ; Céline, *Le Voyage au bout de la nuit* ; Vian, *L'Ecume des jours* ; Perec, *Les Choses* ; Le Clézio, *La Guerre*...).

B. La modernité

Le terme désigne la volonté d'être résolument de son temps, et toute manifestation de cette volonté. Il a connu une certaine vogue avec Baudelaire : « La modernité, c'est le transitoire, le fugitif, le contingent, la moitié de l'art dont l'autre moitié est l'éternel et l'immuable. » (*Les Curiosités esthétiques*) ; de nos jours « La modernité, c'est tout ce qui nous déprend des forces archaïques. » écrit B.-H. Lévy.

1. Les obstacles : ces « forces archaïques » sont le parti pris, l'attachement à sa jeunesse ; le mépris du présent qu'on voit avec ses difficultés et ses petitesses, en contraste avec l'idéalisation du passé ; le snobisme qui fait suivre ce qui est à la mode sans chercher à discerner le caractéristique et l'essentiel de l'époque.

2. Sa valeur : pourquoi rechercher la modernité ? Baudelaire y encourage l'artiste afin d'être en accord avec le génie de son temps et d'en faire œuvre d'art : « Il s'agit de dégager de la mode ce qu'elle peut contenir de poétique dans l'historique, de tirer l'éternel du transitoire. » Cette recherche est également prônée par R. Barthes : « Seul le Nouveau ébranle la conscience. [...] Le Nouveau n'est pas une mode, c'est une valeur, fondement de toute critique. [...] Le Nouveau, c'est la jouissance. » (*Le Plaisir du texte*)
Mais elle encourt les mêmes critiques que le modernisme si elle est mal pratiquée ; c'est pourquoi elle est l'occasion de créer :

3. Un nouvel art de vivre :
• se conformer aux usages et aux modes par bienséance, mais sans snobisme ni excès ;
• s'informer des problèmes de son temps ;
• s'engager s'il le faut (cf. Engagement) ;
• rattacher la pensée moderne à la tradition culturelle du passé (cf. Culture) ;
• adapter au monde actuel un art* de vivre personnel.

MŒURS

Premier sens : au XVIIe s., les mœurs se rattachent au caractère* et désignent les façons de parler et d'agir d'un personnage.

Deuxième sens (moderne) : habitudes, usages, aussi bien sur le plan moral que social, d'une classe d'hommes, des habitants d'un pays, qui sont dus à l'influence du milieu* et du moment ; synonyme : coutumes.

TEXTES : *Le Roman de Renart.* **Rabelais,** *Gargantua,* 1534. Le théâtre de **Molière. La Fontaine,** *Fables,* 1668-1694. **La Bruyère,** *Caractères,* 1688-1694. **Lesage,** *Histoire de Gil Blas de Santillane,* 1715-1735. **Montesquieu,** *Lettres persanes,* 1721. **Voltaire,** *L'Ingénu,* 1767. **Balzac,** *La Comédie humaine,* 1841. **Flaubert,** *Bouvard et Pécuchet,* 1881. **Zola,** *Les Rougon-Macquart,* 1870-1892. **Proust,** *A la Recherche du temps perdu,* 1913-1927. **Cohen,** *Belle du Seigneur,* 1968.

A. La peinture des mœurs

Elle consiste à :

1. Peindre un milieu* et un moment à travers : le vêtement, le langage*, les modes ; les métiers, la vie quotidienne ; les idées ; les sentiments ; la morale, l'art de vivre ; le folklore.

2. Décrire les mœurs de différents groupes : une nation (ex. les Turcs de *Bajazet*, les Français et les Persans de Montesquieu ; cf. Etranger, Exotisme) ; une ville, un lieu ; diverses classes sociales (cf. Bourgeois, Cour, Monde, Société) ; des professions ; divers milieux* : préciosité, femmes savantes, artistes, journalistes, politiciens...

B. Ses buts et ses procédés

Selon qu'elle se veut seulement informative ou franchement satirique, cette peinture des mœurs use de procédés différents.

1. Pour informer, elle agira comme pour donner la couleur* locale : choix et précision des détails, goût du pittoresque*.

2. Pour être satirique, elle utilise toujours la couleur* locale (orientale, par exemple chez Montesquieu), mais pour faire passer des critiques

très hardies ; elle a aussi recours à des procédés plus particuliers :
• le détour par un regard neuf, amusé et parfois stupéfait (ex. les cannibales de Montaigne, le Persan de Montesquieu, le Huron de Voltaire ; cf. Etranger, Exotisme) ;
• une désinvolture, une légèreté pour traiter des questions sérieuses, qui donnent plus de sel aux remarques critiques et provoquent le comique ;
• l'ironie*, la raillerie.

C. Son intérêt

La peinture des mœurs est un thème inépuisable pour les moralistes*, les satiriques, les chroniqueurs et les romanciers, car elle offre de l'intérêt à divers titres :

1. Historique : montrer les hommes d'une époque tels qu'ils ont été dans des milieux divers.

2. Psychologique :
• peindre chez un personnage* non seulement sa nature, mais tous les éléments extérieurs qui l'ont influencé, son caractère et son comportement (cf. Milieu) ;
• retrouver les passions humaines durables sous la forme éphémère des mœurs d'un temps (ex. préciosité et snobisme ; déformation professionnelle, etc. ; c'est l'attitude de La Bruyère, par rapport à Théophraste).

3. Scientifique : étudier l'influence des mœurs sur la formation du régime politique, juridique, social (ex. Montesquieu) ou sur la littérature (ex. Mme de Staël ; cf. Critique, Littérature).

4. Philosophique : montrer la relativité de chaque société et ses conséquences (ex. Montaigne, Montesquieu, le XVIIIe s.). Ce sont « les hommes » qui existent réellement et non « l'homme » en général.

5. Moral, social et politique : en partant de ce sens de la relativité, confronter les mœurs de son groupe ou de son pays avec la morale, la religion ou la société idéales, les critiquer pour essayer d'améliorer le comportement et les conditions de vie de l'homme. C'est l'attitude des prédicateurs et des moralistes* au XVIIe s., des philosophes* du XVIIIe s. (cf. Bienséance, Critique sociale).

6. Comique : cf. la comédie de mœurs.

OI

L'étude du moi ne se conçoit qu'en fonction du développement de l'individualisme : une personne est définie isolément, dans son originalité propre, par rapport à un groupe, et l'on tend à exalter sa singularité en opposition aux exigences de la collectivité.

A. La question du moi

Le moi fait l'objet de l'attention des écrivains depuis le XVIe s., époque où l'humanisme* a provoqué la prise de conscience de l'existence de l'individu.

1. Elle impose diverses questions :
• quelle est la condition humaine ? (cf. Fatalité, Homme, Mort) ;
• quelle est la place de l'homme dans l'univers ? (cf. Nature) ;
• l'introspection du moi est-elle utile ? (cf. C) ;
• quel art* de vivre peut-on élaborer ?
• l'individu peut-il s'épanouir au sein de la société* ?
• doit-il s'engager dans les affaires de son temps ? (cf. Engagement).
Sans répondre exhaustivement à ces questions traitées aux différents articles signalés supra, voici une réponse globale.

2. Les conceptions du moi se sont d'abord appuyées sur la pensée antique et sur le christianisme, jusqu'au moment où nos contemporains ont remis en cause ces valeurs à la lumière du marxisme, de l'existentialisme*, du structuralisme, de la psychanalyse* ;
• une vision d'abord exaltée du moi au XVIe s. (l'homme est un géant à la façon des personnages de Rabelais, capable de tout assimiler et d'agir comme il voudra) fait place, avec Montaigne, à un certain scepticisme ;
• le XVIIe s. se partage entre un idéal aristocratique, essentiellement personnel, qui repose « sur les victoires éclatantes du moi » (Bénichou, *Morales du grand siècle,* 1948 ; cf. les personnages de Corneille) et un examen impitoyable, désenchanté, souvent amer de la condition humaine : le moi est un fantoche creux et abusé de toutes les vanités que lui propose, comme des pièges, l'amour-propre (ex. Pascal, La Rochefoucauld, les Moralistes*) ;
• au XVIIIe s., l'étude du moi intéresse beaucoup moins que la raison*, la science* et la réforme de la société. Seul Rousseau en fait le centre de son discours, car « il fonde la morale non sur des règles imposées

par la société, mais sur l'élan intérieur vers le Bien. » (cf. Bos, Horville, Lecherbonnier, *Littérature et langages*) ;
• aux XIXe et XXe s., « le problème du moi » se pose à partir de la découverte angoissée de « l'existence » (cf. Mal du siècle) : comment occuper un monde si vaste où tout paraît vide et vain (cf. *Oberman, René*) ? Aucune certitude religieuse ou métaphysique ne vient définir le moi : il doit se créer lui-même par ses propres choix. Pour Sartre, il est la somme de ses actes, qui l'engagent lui et l'humanité tout entière (cf. Engagement), alors que la position de Camus (un moi conscient de ses limites, mais qui se bat jusqu'au bout) rejoint celle de l'humanisme*.

B. Le procès du moi

1. Le réquisitoire : selon la formule de Pascal, « le moi est haïssable » :
• pour les Chrétiens et pour les Moralistes, qui voient dans la tendance à faire de soi le centre du monde la voie qui conduit à l'égoïsme, au narcissisme, empêche l'abnégation, le dévouement, la charité ;
• au nom des bienséances* : le « moi » empêche d'être « honnête* homme » (cf. chez Molière les condamnations de l'égoïsme du point de vue de la bienséance) ;
• au nom des vertus sociales : égoïsme, individualisme excessif empêchent le civisme, l'engagement*, l'humanité*, etc.

2. La défense : tout en condamnant les excès du « moi », on peut objecter que :
• l'intérêt que porte l'homme à lui-même est parfaitement légitime, c'est un moyen d'échapper aux puissances qui voudraient le limiter, voire l'anéantir (cf. Absurde, Métaphysique, Religion) ;
• la connaissance* de soi est fondamentale pour élaborer une éthique personnelle, un art* de vivre (cf. Socrate posant le « Connais-toi toi-même » comme principe de sa philosophie, maxime reprise par Montaigne) ;
• la quête de l'identité, la volonté d'« être soi » constituent une règle morale tout à fait légitime, car elles peuvent déboucher sur la responsabilité (cf. Engagement), l'autonomie, la liberté*, voire la révolte*.
Ainsi l'individualisme peut être fécond et dynamique.

C. Les formes littéraires d'expression du moi

Suivant le but qu'il poursuit et la conception qu'il a de la littérature, un écrivain peut peindre son « moi » à travers :

1. Une autobiographie* qui répond à :
• un souci de connaissance* de soi (ex. Montaigne) ;
• un désir de se justifier (cf. Rousseau, *Les Confessions*) ;
• un plaisir à s'entretenir de soi qui confine au narcissisme et traduit une haute idée de sa personne (on se croit ou on se veut supérieur, unique, intéressant).

2. La poésie lyrique* qui exprime :
• des sentiments proches de ceux de tous, dont le poète se fait le porte-parole : c'est le cas des Classiques (cf. Classicisme) ;
• des sentiments personnels à propos d'un événement particulier, mais en laissant dans l'ombre tout ce qui est trop accidentel, trop intime, ou même en modifiant le réel, pour donner à l'œuvre un tour et une valeur significatifs pour tous les hommes : c'est le cas des Romantiques (cf. « Le Lac »; « Pauca meae » ; *Les Nuits*) ; d'Apollinaire (cf. *Alcools*) ; et de Supervielle (cf. *Gravitations*).

3. Un témoignage, une sorte de document qui serve à étudier avec objectivité les problèmes de personnalité à travers des faits auxquels on laisse leur caractère personnel et particulier. Dans cette catégorie, on trouve également :
• des œuvres lyriques, qui expriment une personnalité inquiète, en proie aux tourments de l'âme (cf. *La Nouvelle Héloïse ; Oberman ;* « Fragments du Narcisse ») ;
• des œuvres à morale égotiste, qui mettent en lumière l'individu supérieur (cf. les romans de Stendhal ; Barrès, *Le Culte du moi* ; Gide, *Les Nourritures terrestres* ; cf. Egotisme) ;
• des œuvres à caractère analytique, qui tentent de construire une identification du moi malgré les obstacles du temps, de la mémoire affective, de la pression de la société et de la condition humaine (ex. Proust ; cf. Valéry, *Monsieur Teste* ; Sartre, *La Nausée* ; Modiano, *Rue des boutiques obscures*) ;
• des œuvres qui peignent les conflits entre l'individu et la société (cf. Société).

D. Discussion autour de l'expression du moi

L'écrivain doit-il parler de lui ? ou ne livrer que des œuvres paraissant vivre par elles-mêmes, sans liaison avec son moi et ses aventures personnelles ? C'est un aspect du problème général de la subjectivité* en art, ou de l'impersonnalité*.

1. Contre cette expression : en plus des arguments moraux vus supra et de ceux étudiés dans l'article Impersonnalité, on peut ajouter :
• le peu d'intérêt pour le lecteur de certains détails personnels qui n'ont d'importance que pour celui qui les rapporte (ex. Montaigne) ;
• l'agacement de voir un auteur se croire unique, intéressant, trouver matière littéraire dans tout ce qui le regarde (ex. Rousseau, Chateaubriand, Musset), en particulier parce qu'il n'analyse pas ce qu'il éprouve et que le lecteur n'en retire aucun intérêt psychologique ;
• les Classiques se désintéressent de tout ce qui est trop particulier pour nourrir le fonds commun de l'homme qu'ils veulent établir ;
• le réalisme* et le naturalisme* veulent peindre tous les aspects du réel et le moi de l'auteur n'en est qu'une infime partie ;
• Baudelaire, Mallarmé et les Symbolistes ne pensent, en disant « je », qu'à « un moi absolu », pur de toute détermination et, par conséquent, dépouillé de tout ce qu'il a de personnel.

2. En faveur de cette expression : se débarrasser totalement de son moi est impossible, mais, de plus, il est bon que l'écrivain parle de lui :
• parce que c'est la seule chose authentique qu'il ait à proposer ;
• parce qu'il a souvent une personnalité originale et riche (aspect fécond de son angoisse*, de sa mélancolie*, de sa sensibilité*, de son expérience* (idée de Mme de Staël, illustrée par les grands Romantiques). Ces écrivains privilégient la révolte, la découverte, l'individualisme par opposition à la modestie classique.
Mais une réserve cependant : ils pourraient aussi bien transposer ce qu'ils ont à dire dans des genres impersonnels, et trop de personnages insignifiants se prennent volontiers pour de « grands esprits » ;
• parce que, enfin, « tout homme porte en lui la forme entière de l'humaine condition » (Montaigne) ; cf. Hugo à son lecteur : « Insensé qui crois que je ne suis pas toi. » En ce sens, parler de soi, c'est parler de l'Homme. Et toutes les formes du témoignage humain sont irrécusables et intéressantes pour un humanisme* qui veut connaître l'Homme* et les hommes.

MONDE (MONDAIN)

Ne sont envisagés dans cet article que les deux sens du mot les plus fréquents en littérature.

Premier sens : l'ensemble de ce qui existe sur terre, c'est-à-dire les êtres (synonyme : humanité*), mais aussi les choses (cf. Milieu, Société).

A. Ses caractéristiques

Chaque écrivain, ou du moins chaque courant littéraire, a sa propre vision du monde, aussi est-il difficile de dégager un aspect universel. Pour certains dominent :

1. L'harmonie et l'organisation, surtout sensibles pour les hommes du XVIIe s. (cf. Sganarelle tentant de montrer à Dom Juan que le monde est admirable).

2. La diversité et l'instabilité : « la branloire pérenne » de Montaigne fait naître le sentiment de la relativité chez tous ceux qui constatent que, dans l'espace et dans le temps, il n'y a pas de modèle unique, même si on retrouve des structures identiques d'une société à l'autre.

3. L'absurdité, particulièrement ressentie par les écrivains du XXe s. (ex. Camus, Sartre, Céline, Cioran...)

B. Bienfaits et dangers

1. Une autre dimension :

- à la question : « D'où êtes-vous ? », Socrate répondait : « Du monde » ; il voulait ainsi échapper à « l'esprit de clocher », aux particularismes étroits, et s'élever aux idées générales. Montaigne reprend cette conception : « Il se tire une merveilleuse clarté pour le jugement humain de la fréquentation du monde. [...] Nous sommes tous contraints et amoncelés en nous et avons la vue raccourcie à la longueur de notre nez. [...] Ce grand monde, c'est le miroir où il nous faut regarder pour nous connaître de bon biais. » (*Essais*, I, 26) ;
- le monde est une « tragédie pour l'homme qui sent ». Les êtres sensibles éprouvent de multiples blessures dans leurs sentiments intimes au contact d'autrui (ex. Rousseau) : c'est une « comédie pour l'homme qui pense », car l'attitude du penseur nous détache de nous-mêmes et des êtres particuliers, nous permet de voir la vanité des êtres et des choses, et parfois de la dominer par l'ironie* ou de la châtier par le comique* (ex. Voltaire, Molière ; cf. Comédie). Mais la pensée peut en être aussi attristée.

2. Un éparpillement qui nous menace si nous parcourons trop le monde :

« Méfie-toi des abus du monde : ne prends pas à cœur les futilités, car cette vie est transitoire. » (Rabelais, *Pantagruel*).

3. **Une entrave à l'épanouissement** pour nombre de ceux qui limitent le sens de « monde » à la société des hommes, par opposition à la solitude*, à l'individualisme, au moi*, à l'égotisme* :
• les autres nous imposent leur conformisme ;
• ils dénaturent notre personnalité (ex. Rousseau) ; cf. Sartre, *Huis clos* : « L'enfer, c'est les autres » ;
• ils nous blessent ou nous corrompent par leur malignité (cf. Société) ;
• mais ils développent aussi chez nous des vertus (cf. Société).

Deuxième sens : la partie la plus élevée de la société, distinguée par la naissance, la qualité, les dignités ou les richesses.

A. Sa composition

1. Les milieux mondains :
• sous l'Ancien Régime, la cour*, la noblesse et les riches bourgeois* qui fréquentent les salons de Paris et de province, les châteaux (Vaux, Chantilly, Sceaux...) ;
• après 1789 et jusque vers 1950, la noblesse et la cour (jusqu'en 1870) ; mais surtout les riches bourgeois, les hauts fonctionnaires, les gens riches, à la mode, le Tout-Paris, qui fréquentent les salons, les sociétés de province (ex. Proust ; cf. Balzac, *La Muse du département*), les villes d'eaux, les stations balnéaires distinguées. Cette société s'est nettement diversifiée : monde politique, monde des affaires, monde du spectacle, du sport, des médias...

2. Les lieux mondains :
• traditionnellement, les réceptions, soirées, bals, rallyes, dîners, cocktails, concerts, vernissages, premières, courses prestigieuses ;
• plus récemment, les défilés de haute couture, les clubs de sport (golf, tennis...), les boîtes de nuit, certaines stations de ski, certains « paradis terrestres » (Papeete après Saint-Tropez...).

3. Les gens du monde :
• le mondain fréquente le grand monde et s'y plaît (cf. Voltaire, *Le Mondain*) ;
• l'homme du monde est, au XVIIe s., synonyme d'honnête* homme, de galant homme ; il a les qualités intellectuelles, sociales et morales

qu'exige et donne le monde, mais, selon Rousseau, il s'oppose à l'honnête homme au sens moderne, c'est-à-dire à l'homme probe, voire vertueux, dans la mesure où l'esprit mondain l'écarte du vrai goût et surtout de la vraie vertu (cf. *Lettre à d'Alembert* opposant Alceste à Philinte ; et, déjà, La Bruyère, *Caractères,* II) ;
• le snob affecte les opinions, les manières de ce qu'il croit le grand et le beau monde, et se targue de ses relations : cf. Cathos, Magdelon, Mascarille, Armande ; et, chez Proust, Legrandin, Bloch, Mme Verdurin.

B. Ses caractéristiques à travers la littérature

1. L'esprit mondain : il se définit par ses exigences et ses faiblesses :
• politesse ; savoir-vivre ; bienséance* ; esprit* et art de plaire ; art de la conversation ; galanterie. Antonymes : pédant (cf. Erudition), provincial, bourgeois*, populaire ;
• esprit de caste, de coterie ; snobisme ; moquerie, médisance, malignité, envie, futilité, mode ; hypocrisie, parfois cruauté ;
• la convenance ou la bienséance préférées à la morale ou à la vertu ; refus de ce qui est spontané, sincère ; masque souriant ; conformisme de l'esprit de groupe.

2. Le goût mondain : souvent peu cultivés, les mondains ont cependant une énorme influence, surtout avant la démocratisation de la littérature :
• ils jugent l'œuvre d'art plutôt par le plaisir qu'elle donne que d'après sa perfection technique ;
• leur plaisir n'est pas toujours purement esthétique, mais consiste aussi à apprécier les œuvres qui reflètent leur idéal moral et social (cf. B 1) : ex. les romans précieux ;
• ils préfèrent les Modernes* ;
• ils aiment l'élégance, l'esprit, la psychologie, tout ce qui est rare, délicat, original, nouveau, socialement assimilable, intellectuel plutôt que sentimental, intime ou poétique (cf. Badinage, Préciosité) ; d'où parfois, une prédilection pour les petits genres.

C. Le sage, l'écrivain et le monde

1. Il faut fuir le monde, car il est le lieu :
• du temps perdu à des frivolités (ex. Proust), du divertissement (ex. Pascal), du libertinage (ex. le salon de Ninon de Lenclos ; cf. Libre pensée) ;
• du goût étroit, non artiste (cf. B 2) ;
• de l'ennui dû à la médiocrité, aux modes et au conformisme (cf. B 1).

2. **Mais le monde apporte :**
• un champ d'observation (ex. La Bruyère, La Rochefoucauld, Saint-Simon, Montesquieu, Balzac, Proust, H. James, Cohen) ;
• des qualités esthétiques (cf. B 2) qui donnent parfois l'impulsion à de nouvelles formes d'art ou à de nouveaux styles ;
• des qualités morales et sociales qui constituent un art de vivre ;
• un repère qui aide à la connaissance* de soi (cf. Artiste, Société).

MONOLOGUE

A. Au théâtre

Propos qu'un personnage, seul sur la scène, s'adresse à lui-même pour révéler ainsi au spectateur des faits ou des sentiments.

TEXTES : **Shakespeare,** *Hamlet,* vers 1660. **Corneille,** Rodrigue in *Le Cid,* I, 4, 1636 ; Auguste in *Cinna,* IV, 2, 1640. **Molière,** Harpagon in *L'Avare,* IV, 7, 1668. **Beaumarchais,** Figaro in *Le Mariage de Figaro,* V, 3, 1784. **Hugo,** *Hernani,* I, 4 ; IV, 2 ; 1830 ; *Ruy Blas,* II, 2 ; III, 4 ; IV, 1 ; V, 1 ; 1838. **Ch. Cros,** *Autrefois,* 1878. **Giraudoux,** le lamento du jardinier in *Electre,* 1937. **Anouilh,** le Prologue in *Antigone*, 1946.

1. La spécificité du monologue : le jeu dramatique suppose un dialogue, une communication. Or, l'une des conventions* du théâtre classique est d'ignorer la présence du spectateur en simulant l'isolement des personnages dans le théâtre. Le monologue brise donc la convention puisque le spectateur devient le seul destinataire du message émis par le personnage. En ce sens, il a la même fonction que les apartés qui, eux aussi, s'adressent au public et renvoient à la réalité de la représentation théâtrale.

2. Son emploi : très utilisé dans le théâtre classique et romantique pour les fonctions citées infra, il connaîtra une vogue particulière à la fin du XIXe s., comme genre à part entière, avec Charles Cros et Coquelin Cadet, puis Labiche, Feydeau, Villiers de l'Isle-Adam. Il profite de la renaissance du théâtre de société et d'une réaction contre les thèmes naturalistes (« Quand nos petits-neveux, dégoûtés par la malpropreté des romans naturalistes, seront tentés de nous condamner, ils se souviendront que nous avons inventé le monologue et nous serons absous. » Lefranc, *Etudes sur le théâtre contemporain*).

3. Sa fonction par rapport à l'action :
• il sert d'exposition (cf. *Cinna, Les Plaideurs, Amphitryon, Antigone*) ou renseigne sur l'action passée dans l'intervalle d'un acte (cf. *Ruy Blas,* IV, 1 ; V, 1) ; en cela il remplace une scène avec confident ;
• il prépare une action future (cf. *Hernani,* V, 4 ; *Britannicus,* III, 2), un coup de théâtre (cf. *Andromaque,* II, 3), une scène à faire (cf. *Cinna,* III, 3), le dénouement (cf. *Andromaque,* V, 1) ; et plus spécialement dans la comédie*, il met le spectateur au courant des ruses qu'on machine. En anticipant ainsi sur le déroulement de l'action, il contribue à déjouer l'attente du spectateur, voire à détruire le suspens (cf. le Prologue d'Anouilh, *Antigone*) ;
• il fait le point de l'action (cf. *Andromaque,* V, 4), parfois dans un débat au terme duquel le personnage prend une décision qui fait progresser cette action (cf. infra) ;
• il meuble parfois une scène vide en attendant le retour d'un personnage (cf. *Phèdre,* III, 2).

4. Sa fonction par rapport aux caractères. Il permet :
• l'analyse d'un état d'âme complexe (cf. *Bajazet,* III, 7 ; V, 7 ; *Horace,* III, 1 ; *Mithridate,* IV, 5) ;
• le « dialogue intérieur », lutte incertaine de deux sentiments ou de raisons pour et contre (cf. *Le Cid,* I, 4 ; *Cinna,* IV, 2) ;
• de prendre une décision (cf. *Bajazet,* IV, 4 ; *Mithridate,* IV, 4) ;
• de résumer une évolution jusqu'à un état final, une décision, un changement (cf. *Andromaque,* V, 4 ; *Horace,* IV, 4 ; *Phèdre,* IV, 5).

5. Les autres formes d'intérêt :
• le lyrisme*, quand le personnage, au lieu de s'analyser, exprime simplement son émotion (c'est une forme chère à Hugo). Il peut s'y mêler raisonnement et lyrisme, avec délibération et parfois décision (cf. les stances de méditation et prière in *Polyeucte,* IV, 2) ;
• le comique, grâce à la mimique (cf. *L'Avare,* IV, 7 ; *Amphitryon,* I, 1) ;
• l'épique (cf. *Hernani,* IV, 2) ;
• l'exposé d'idées : le monologue de Figaro ou celui du personnage de Ch. Cros, qui mettent en cause le destin, la société, l'absurdité du monde...

6. Monologue et mise en scène : la longueur du morceau, son côté artificiel posent un incontestable problème de mise en scène. Trois cas se présentent :

• de nombreuses didascalies indiquent les jeux de scène (cf. *Ruy Blas,* V, 1) ;
• le monologue lui-même contient implicitement des indications (cf. *L'Avare,* IV, 7) : c'est, déjà à cette époque, une façon de prendre ses distances par rapport aux conventions, qui sera sciemment exploitée par le Prologue d'Anouilh ;
• le metteur en scène doit tout imaginer : gestes, déplacements, rythme... pour remédier à l'aspect statique du monologue et traduire le déchirement intérieur qu'il exprime souvent.

B. Monologue intérieur dans le roman moderne

Déjà, dans le roman du XIXe s. (cf. Mazarin in *Vingt ans après,* Dumas, 1845, et Du Poirier in *Lucien Leuwen,* Stendhal, 1894), mais plus encore dans le roman moderne (ex. Joyce, Sartre, Larbaud, Nouveau Roman...), le monologue intérieur est utilisé :

1. Comme au théâtre :
• pour récapituler le passé et annoncer l'action à venir (cf. Du Poirier) ;
• pour analyser un état d'âme (cf. Mazarin).

2. Plus spécifiquement :
• par rapport au temps de la narration, il permet la narration simultanée des événements au fur et à mesure qu'ils se produisent (cf. *Les Manigances,* Elsa Triolet, 1962) ;
• il se substitue à l'analyse psychologique faite par un romancier omniscient et rend compte, de manière phénoménologique, du retentissement qu'ont les événements dans la conscience du personnage. Il y a peu ou pas de débat : c'est l'expression psychologique de la conscience du personnage (idées, images, etc.), une tentative pour reconstituer l'évolution psychique d'un homme qui pense tout seul.

MORALISTE

Ce terme désigne :
• **un écrivain qui peint les mœurs***, c'est-à-dire aussi bien les caractères*, les passions*, l'homme* en général que les coutumes, les usages d'un groupe ;
• **un écrivain qui propose une morale** soit théorique, soit tirée de sa peinture des mœurs, en rédigeant éventuellement une œuvre à thèse.

EXEMPLES : **Rabelais, Montaigne, La Rochefoucauld, La Bruyère, Pascal, La Fontaine ;** les prédicateurs du XVIIe s., en particulier **Bourdaloue et Massillon ; Boileau, Chamfort, Montesquieu** (*Lettres Persanes*), **Voltaire** (*Contes*), **Stendhal** (*De l'Amour*), **Balzac** (*Physiologies*), **Amiel, Gide, Camus, Sartre.**

A. L'expression d'une morale

Au nom « moraliste » on associe fréquemment l'adjectif « austère », car le terme est connoté par une vision pessimiste de l'homme auquel il faut imposer une morale stricte pour le « remettre dans le droit chemin ».

1. Quelle morale ? Toute morale est liée à la conception que l'on a de l'homme* et des moyens d'améliorer sa nature.

• c'est pourquoi, au XVIe s., entre l'extrême optimisme de Rabelais, qui ne propose comme règle que le « Fais ce que voudras » de Thélème, et le scepticisme de Montaigne qui, lui, fait douter de toute règle universelle, on ne peut dégager une morale dominante, si ce n'est une relative confiance en l'homme ;

• le XVIIe s. est bien plus le siècle des Moralistes. En effet, l'aspiration de la bourgeoisie à un ordre moral prudent et éclairé, inspiré de la tradition catholique, est un des appuis du classicisme*. Descartes, le premier, a tracé les lignes d'une « morale par provision » (cf. *Discours de la méthode,* 1637) qui concilie un doute* systématique et une nécessaire adaptation à l'ordre social : obéir aux lois et coutumes de son pays, être le plus ferme et le plus résolu dans ses actions, s'efforcer de se vaincre plutôt que de se laisser guider par les caprices de la fortune : « Travaillons donc à bien penser : voilà le principe de la morale. » Cette morale mesurée, relativement optimiste, sera aussi celle de Molière, La Fontaine, qui prônent le bon sens, la mesure, l'équilibre et le respect de la liberté d'autrui. A la fin du siècle, cette conception de la morale débouchera sur une volonté de la réformer (ex. Bayle, Fontenelle), puisque « chacun a sa vérité » qu'il faut respecter à condition qu'on agisse vertueusement. Face à ce courant modéré, deux morales sont plus radicales :

— la morale aristocratique, qui exalte l'énergie*, l'héroïsme*, le moi*, tout en respectant le code de l'honneur ;

— la morale chrétienne qui préfère l'esprit à la matière, l'âme au corps, et condamne nos passions et convoitises (ex. Pascal, Bossuet, Boileau, qui fustigent la décadence morale en dénonçant le prestige accordé au « paraître »). La morale janséniste est plus pessimiste, qui voit en l'homme

un être déchu, dépourvu de la grâce, conduit au crime ou à la folie (ex. Racine).
La Rochefoucauld a une position un peu particulière qui annonce le désarroi postérieur. Certes, comme les moralistes traditionnels, il dénonce l'hypocrisie (les vertus ne sont que des masques adoptés par l'amour-propre), mais il suspecte tout idéal éthique et semble affirmer le néant de toute valeur ;
• les siècles suivants seront plus sensibles à la relativité de la morale (cf. Musset, *Lorenzaccio*) et trouveront d'autres moyens d'exprimer leurs idées (cf. B).

2. Par quels moyens ?

• « L'arme du moraliste est la moquerie. » (Collinet, *Le Monde littéraire de La Fontaine,* 1970). Effectivement, elle est plus efficace que l'indignation : ironie, sarcasme (ex. La Rochefoucauld, La Bruyère, pamphlets de Boileau), gaieté, rire (ex. Molière) dominent ;
• l'étude psychologique des façons de penser, d'éprouver, d'agir ;
• la maxime, la pensée et, dans un certain sens l'aphorisme qui, sous leur forme lapidaire, brève, ciselée, pleine d'audace verbale, jouant du paradoxe avec brio, « dissèquent et renversent » : ex. Pascal, La Rochefoucauld, R. Char, Cioran ;
• le portrait (chez La Bruyère, il présente souvent les mêmes qualités littéraires que la maxime) qui ne peint pas des individus particuliers, mais des types possédant tous les traits de l'espèce, et veut exprimer des vues générales sur le comportement humain, valables pour tout un groupe et d'où l'on peut tirer des maximes de conduite. La comédie* s'en rapproche, car elle aussi peint les personnages les plus représentatifs d'une classe d'êtres.

B. Qui n'est pas moraliste ?

Bien qu'on puisse qualifier de « moraliste » tout écrivain qui apporte des lumières sur la psychologie de l'homme et développe une morale, que ce soit en parlant de lui-même ou en créant des personnages, il faut écarter :

1. Au XVIIIe s., les philosophes* :

• ils s'intéressent plutôt à l'univers physique qu'à l'homme ;
• ils abandonnent la psychologie pour étudier la société ou les facultés humaines en elles-mêmes, et non dans les façons de penser et d'agir ;
• ils veulent construire l'homme au lieu de l'analyser ;
• leurs personnages incarnent plutôt des attitudes de l'auteur que des êtres réels.

Ils s'opposent en particulier aux moralistes du XVIIe s. par leur conception différente de l'homme* (cf. toutefois certains moralistes du XVIIIe s.).

2. Aux XIXe et XXe s., tous ceux qui remplacent l'analyse psychologique et la morale par :
- l'effusion lyrique (romantisme) ;
- les théories sociales ;
- le déterminisme scientiste (naturalisme, réalisme) ;
- la sociologie (cf. Homme). Il y a toutefois des moralistes au XIXe s. et au XXe s. (ex. Gide ; cf. Homme, Humanisme).

MORT

C'est un des thèmes majeurs à toutes les époques, qu'elle soit envisagée d'un point de vue religieux et spiritualiste ou en dehors de ces assurances.

TEXTES : **Villon,** *Poésies,* 1456-1461. **Montaigne,** *Essais,* I, 13-14, 1580-1588-1595. **D'Aubigné,** *Les Tragiques,* 1616. **Bossuet,** *Sermons,* 1659-1662. **Pascal,** *Pensées,* 1670. **La Fontaine,** *Fables,* VIII, 1678. **Hugo,** *Les Contemplations,* 1856. **Vigny,** « La Mort du loup » in *Les Destinées,* 1864. **Malraux,** *Les Conquérants,* 1928. **Camus,** *L'Etranger,* 1942 ; *Caligula,* 1944 ; *La Peste,* 1947. **Vian,** *L'Ecume des jours,* 1947. **Ionesco,** *Le Roi se meurt,* 1962. **Beauvoir,** *Une Mort très douce,* 1964.
A CONSULTER : **Vovelle,** *Mourir autrefois,* 1974. **Ariès,** *Essai sur l'histoire de la Mort en Occident,* 1975.

A. Comment est-elle décrite ?

1. De manière réaliste : dans la tradition des danses macabres qui ont suivi les grandes pestes du Moyen Age, on ne répugne à aucun détail : cf. « la chair dévorée et pourrie », les os devenus « cendre et poudre » (Villon, *Epitaphe*) ; « Je n'ai plus que les os, un squelette je semble » (Ronsard, *Derniers vers,* 1585) ; la mort très présente chez d'Aubigné, *Le Printemps.* C'est aussi la tradition de l'art baroque qui se plaît à donner la mort en spectacle, et on retrouve cette évocation réaliste au XXe s., chez

A. Cohen par exemple, qui évoque sous le visage radieux de ses personnages le cadavre futur (cf. *Belle du Seigneur*).

2. De manière elliptique : surtout chez les écrivains des XVIIe et XVIIIe s., la mort n'est plus évoquée que par des euphémismes, des périphrases (ex. : « La Faucheuse », « le dernier souffle », « passer dans l'autre monde »). Chez Ronsard aussi, elle peut être occultée, masquée : cf. « afin que vif et mort, ton corps ne soit que roses » (*Sur la mort de Marie,* 1556).

B. Comment est-elle utilisée littérairement ?

1. En poésie, elle est un thème lyrique* qui prend les aspects vus en C.

2. Au théâtre, elle est un ressort de la tragédie (pitié, terreur), du pathétique.

3. Dans le roman, elle fournit :
- un intérêt psychologique : révélation définitive d'un personnage, couronnement de son évolution ; ou effet sur les autres (ex. les morts des personnages balzaciens, en particulier l'effondrement momentané de Vautrin à la mort de Lucien) ;
- une source de pathétique (ex. la mort de Manon) ;
- un intérêt moral : cf. C 2 et D.

C. Comment est-elle perçue ?

1. Sous sa forme lyrique : les mêmes caractères, négatifs ou positifs, se retrouvent à toutes les époques. La mort est :
- inévitable et toute-puissante : c'est « le but de notre carrière », « le port commun » (cf. Ronsard, *Derniers vers* ; Maynard, *Ode à Alcippe,* 1642) ; quelque pouvoir ou richesse que nous possédions dans la vie, elle nous attend, inflexible (cf. « La Mort et le mourant ») ;
- imprévisible : bien qu'elle nous donne parfois des avertissements (ex. La Fontaine), elle peut aussi trancher brutalement le fil d'une vie (ex. Henriette d'Angleterre ; cf. Chénier, « La Jeune Captive ») ;
- cruelle : mort des enfants (cf. Hugo, « Pauca meae »), des jeunes filles (ex. Chénier, Hugo), des êtres jeunes et heureux (cf. Bossuet, *Oraison funèbre d'Henriette d'Angleterre*) ;
- une séparation qui provoque apparemment la fin de l'amitié ou de l'amour et le regret des morts (ex. Lamartine, Hugo, Proust) bien que, souvent, l'amour soit considéré comme plus fort que la mort, et que

les amants soient réunis dans l'au-delà (cf. Tristan et Iseut, Chatterton et Kitty Bell ; cf. « La Mort des Amants ») ;
• une menace sur la vie qui souligne : — la vanité de celle-ci (ex. Bossuet, Pascal) ; — sa brièveté, d'où l'épicurisme et la volonté de jouissance (ex. la Pléiade) ;
• un anéantissement terrifiant (cf. Hugo, « Soleils couchants », III) ou désiré (ex. Leconte de Lisle) ;
• une consolation, une délivrance, en particulier pour les Romantiques (cf. Keats : « la mort suprême récompense de la vie », sa « plus grande ivresse »), car elle leur apporte des espoirs surnaturels (cf. Lamartine, « L'Immortalité » ; Hugo, « Mors »...), et même une évasion*, une seconde naissance (cf. Baudelaire, « Le Voyage », « La Mort » : « Verse-nous ton poison pour qu'il nous réconforte [...] Plonger ... Au fond de l'inconnu pour trouver du nouveau ») ;
• une hantise de l'au-delà qui favorise le fantastique*.

2. Sur le plan moral, le sens de la mort dépend de la métaphysique*, voire de la religion personnelle de l'écrivain :
• elle est un « événement léger » pour Montaigne qui relate sa chute de cheval (*Essais,* I, 14), un moment où l'on « se laisse couler doucement », beaucoup moins effrayant qu'il ne le croyait ;
• après elle, il n'y a que le néant : c'est la position de l'épicurisme (ex. Lucrèce), du stoïcisme (ex. Sénèque), du matérialisme, reprise par Cyrano de Bergerac par exemple (cf. *Les Etats et Empires de la lune et du Soleil,* 1662) et Maeterlinck (*La Mort,* 1913) ;
• il y a survie de l'esprit, métempsycose, ou survie passagère dans l'esprit du groupe (cf. Jules Romains, *Mort de quelqu'un*) ou le cœur d'autrui (ex. Proust), ou par la pérennité de l'œuvre (cf. Proust : mort de Bergotte) ;
• elle assure un accès à la vie surnaturelle : pour les chrétiens (ex. Pascal, Bossuet, Claudel, Bernanos, Mauriac), elle prouve la vanité de l'homme sur terre, justifie la Providence en même temps qu'elle offre un espoir surnaturel qui incite à vivre religieusement ;
• selon les athées, elle prouve l'absurdité du monde (ex. Malraux, Camus, Sartre), l'inexistence de la Providence, de Dieu (cf. la mort des enfants chez Dostoïevski, *Les Frères Karamazov*, et Camus, *La Peste*).

D. Attitudes devant la mort

1. Différentes solutions :
• se préparer à l'affronter en y pensant toujours : stoïcisme ;
• s'y préparer en chrétien et l'attendre avec joie (cf. Pauline et Polyeucte) ;

• l'oublier, « nature y pourvoira » : épicurisme ; Montaigne qui a d'abord eu l'attitude stoïcienne (« Le savoir mourir nous affranchit de toute sujétion et contrainte », *Essais,* I, 20) adopte ensuite une philosophie de la vie (« Si nous avons su vivre constamment et tranquillement, nous saurons mourir de même », *Essais,* III, 12) ;
• la mépriser en vivant comme si on ne devait jamais mourir, car trop penser à la mort empêche de donner à sa vie un but qui la dépasse et oriente vers un épicurisme jouisseur ou un renoncement résigné, alors qu'agir sans tenir compte de la mort implique les vertus du dévouement à autrui et de l'héroïsme* : idée de Vauvenargues, qu'on retrouve chez Vigny et, plus tard, chez Malraux ou chez Camus.

2. La mort donne-t-elle son sens à la vie ? Oui :
• parce qu'on ne peut juger une vie qu'une fois achevée ;
• parce que la mort est l'heure où l'on révèle la vérité de sa personne (cf. morts chez Balzac ; Malraux ; mort de Mathieu chez Sartre, *Les Chemins de la Liberté,* III) ; où l'on voit la vraie sagesse (cf. Julien Sorel devant la mort) ; où l'on choisit l'engagement suprême.
Mais n'arrive-t-on pas souvent à la mort diminué, incapable d'être soi ? Bien mourir prouve-t-il qu'on a su bien vivre ?

OT

A. Aspects techniques

1. D'un point de vue linguistique, c'est un signe composé d'un « signifiant » (l'aspect matériel d'un mot : lettres et sons dits phonèmes) et d'un « signifié » (l'objet auquel renvoie le mot et qui lui donne son sens). Saussure (1857-1913) a établi « l'arbitraire du signe », c'est-à-dire qu'il n'y a aucune relation naturelle entre la forme graphique ou sonore du mot et son sens : ce n'est qu'une question de convention, de code, reconnu et accepté par les membres d'une communauté linguistique. Cependant, les onomatopées (ex. « crac, boum, flash, toc »), les mots composés échappent quelque peu à ce principe, qui, par ailleurs, n'est pas toujours admis par les écrivains (cf. B).

2. D'un point de vue grammatical, c'est un monème, ou morphème, dont on étudie les variations grâce à la morphologie (cf. Langue) : le lexème est la partie constante du mot, le grammatème permet d'identifier la déclinaison (s'il y a lieu), la conjugaison, les marques de genre et de nombre (ex. « chantons » = « chant- », lexème, + « ons », grammatème). On peut aussi considérer le mot selon sa nature ou sa classe (ex. nom, verbe, adjectif...).

3. D'un point de vue lexical, le mot est envisagé pour son signifié : étymologie, registre de langue, formation (préfixe, radical, suffixe), mots composés, néologismes, mots-valises, champ lexical, champ sémantique (sens propre, figuré, étendu...), dénotation, connotation...

B. Le pouvoir des mots

Tout un chacun, même s'il n'est pas écrivain, est soumis au pouvoir des mots dès qu'il entend et qu'il s'exprime.

1. L'impact de leur signifié permet aux mots d'agir à travers :
- les textes et slogans publicitaires (cf. le prospectus pour la Pâte des Sultanes rédigé par César Birotteau ; la force des publicités de radio ou télévision qui utilisent les ressources des mots : cf. C 1) ;
- la propagande ou le conditionnement (cf. *Le Meilleur des Mondes*) ;
- la fascination qu'ils exercent quand on les découvre avant de les comprendre : ils stimulent alors la curiosité, l'envie de se les approprier (ex. « presbytère » pour Colette ; « anticonstitutionnellement » pour Pagnol ; Sartre découvrant « les mots durs et noirs » à travers les livres de la bibliothèque de son grand-père, cf. *Les Mots*).

2. En eux-mêmes, ils font rêver grâce aux qualités :
- de leur signifiant : sonorités (ex. les noms de lieux in *Du côté de chez Swann*), forme graphique (ex. les idéogrammes occidentaux de Claudel, *Œuvres en prose*) ;
- de leur signifié : connotations (ex. les noms de lieux pour Proust ; cf. A. Ayguesparse, *Encre couleur du sang* ; J. Giono, *Rondeur des jours*) ; variété qui ouvre « dans notre esprit pensif / Des griffes ou des mains ou des ailes » (cf. Hugo en D 2).

3. Ils donnent matière à créer, en jouant :
- sur les sons (ex. les néologismes du « Grand Combat » in *Qui je fus,* Michaux) ;
- sur les composants (cf. les mots-valises créés par L. Carroll, *De l'autre côté du miroir* ; l'Oulipo ; Finkielkraut, *Ralentir : mots-valises !*) ;
- sur les significations (ex. les « paroles gelées » de Rabelais ; les jeux

de mots de San Antonio ; les images de la langue populaire pour Prévert ; l'emploi d'un mot pour un autre : chez Tardieu, *Le Professeur Froeppel* ; chez Ionesco, *La Leçon*).

C. Les ressources offertes par les mots

Elles sont étudiées ici sous leur aspect littéraire plus traditionnel.

1. L'adéquation des mots à la pensée est parfaite si le choix en a été fait :
• avec justesse, clarté* ;
• en employant au besoin l'euphémisme, la litote, l'hyperbole ;
• en évitant les impropriétés, l'emphase, la prolixité, l'obscurité*.

2. La valeur esthétique tient à :
• la « classe sociale » du mot (noble, technique, familier, argotique...) ;
• la puissance sur l'imagination grâce à l'exotisme*, l'archaïsme, la couleur* locale ..., la rareté (ex. l'emploi de mots étrangers pour décrire le banquet des mercenaires dans *Salammbô,* les poèmes du Parnasse) ;
• l'influence sur la sensibilité (cf. Lyrisme) ;
• la liaison avec les mots voisins (harmonie, contraste, alliances de mots, cohérence...).

3. La valeur musicale est produite par :
• la longueur du mot, sa sonorité, sa musique propre ;
• des effets de rimes, d'assonances, d'allitérations (ex. l'harmonie imitative des vers de Racine (cf. *Andromaque*) : « Pour qui sont ces serpents qui sifflent sur vos têtes... ») ;
• des effets de répétition ;
• le rythme.
Ces ressources bien utilisées provoquent :
• des effets descriptifs (ex. le monde extérieur décrit par La Fontaine, les Parnassiens ; les passions — colère, désarroi, volonté — rendues par les vers de Corneille, de Racine) ;
• des effets oratoires pour persuader ;
• des effets suggestifs, sorte de contrepoint musical de l'idée ou du sentiment, qui peut aussi bien être burlesque (ex. La Fontaine) que mélancolique (ex. « Ariane, ma sœur... » in *Phèdre*) ;
• une harmonie pure qui charme l'oreille ;
• des correspondances* entre les sons et les images qui aboutissent au symbole* (ex. Baudelaire ; cf. Symbolisme).

D. Son utilisation par les courants littéraires

1. Les Classiques veulent que les mots :
- soient soumis à la pensée pour lui donner un sens précis ;
- respectent la bienséance* et la morale ;
- créent la musique et l'harmonie (cf. Boileau, *Art poétique,* I) ;
- établissent la cohérence des associations et des images (l'image classique est une somme des mots et de leur sens).

2. Les Romantiques ont à peu près la même conception, mais :
- ils veulent élargir le vocabulaire (cf. Hugo, « Réponse à un acte d'accusation » in *Contemplations,* I, 8) ;
- ils préfèrent le pouvoir de suggestion des images à leur cohérence.

Pour Hugo en particulier, les mots sont des êtres vivants : « Ils fourmillent ... Rêveurs, tristes, joyeux, amers, sinistres, doux ... Les mots sont les passants mystérieux de l'âme ». Par conséquent, il en utilise toutes les ressources ; il voit concrètement les choses qu'ils expriment et enchaîne des images plus qu'il ne respecte la rigueur de la pensée philosophique. C'est pourquoi on lui a reproché de remplacer la pensée par les mots (à la différence de Vigny).

3. Balzac et les Réalistes ont une confiance totale dans le pouvoir des mots qui doivent décrire le monde dans sa vérité la plus intime.
Dans *Louis Lambert,* 1833, Balzac prête à son personnage sa propre fascination face à la vie d'un mot : c'est pour lui « l'occasion d'une longue rêverie », « de délicieux voyages » ... Il refuse même l'arbitraire du signe, comme Claudel décrivant ses idéogrammes occidentaux : « La plupart des mots ne sont-ils pas teints de l'idée qu'ils représentent extérieurement ? ... L'assemblage des lettres, leurs formes, la figure qu'elles donnent à un mot, dessinent exactement des êtres inconnus dont le souvenir est en nous. »

4. Les Symbolistes montrent peu d'intérêt pour la valeur de pensée banale et utilitaire des mots.
Cependant, pour Mallarmé, « c'est avec des mots que l'on fait des vers ». Les Symbolistes s'efforcent donc de :
- rechercher leur puissance suggestive et musicale (ex. Verlaine) ;
- leur donner une vie libérée de l'usage utilitaire (cf. Mallarmé : « donner un sens plus pur aux mots de la tribu ») ;
- leur « céder l'initiative » (Mallarmé), c'est-à-dire partir de schèmes verbaux qui s'imposent, sans soumettre les mots à un sens logique (description ou récit), et exploiter leurs richesses de sonorité, de suggestion, d'association avec une idée.

5. Les Surréalistes attaquent l'usage social du langage et lui opposent une parole « sans réserve », « les mots sans rides » (selon le titre de l'ouvrage de Breton) : il s'agit « de considérer le mot en soi ; d'étudier d'aussi près que possible les réactions des mots les uns sur les autres ». Cette attention aux mots est inspirée par l'expérience de Rimbaud attribuant une couleur aux voyelles : on ne s'occupe plus de ce que signifient les mots, il faut les traiter « autrement que ces petits auxiliaires pour lesquels on les avait toujours pris », car l'émancipation des mots modifie les structures de la pensée, libère l'imagination, suscite une autre vision du monde et confère au langage un pouvoir créateur.

6. Les Modernes ont une position double à l'égard des mots :

• ils sont tout aussi fascinés que leurs prédécesseurs (ex. Michaux, Tardieu...) ; Sartre est même assez proche de Hugo quand il dit que, pour le poète, les mots « restent à l'état sauvage » ;

• mais ils se méfient aussi de leur capacité de résistance, de leur trahison envers la pensée humaine, voire de leur vanité (ex. Ionesco, Sartre).

MUSIQUE

Cet article traite de la musique seulement dans ses rapports avec la littérature.

TEXTES : **Diderot,** *Les Bijoux indiscrets,* 1748 ; *Le Neveu de Rameau,* 1762-1780 (pub. 1891). **Rousseau,** *Lettre sur la musique française,* 1753. **Flaubert,** Emma Bovary et Léon à l'opéra de Rouen in *Madame Bovary,* 1856. **Baudelaire,** « La musique », *Les Fleurs du mal,* 1857 ; « Lettre à Wagner », 17 février 1860. **Mallarmé,** « L'Après-midi d'un faune » in *Poésies,* 1887. **Proust,** *Les Plaisirs et les jours,* 1896 ; la sonate de Vinteuil in *A la recherche du temps perdu,* 1913. **R. Rolland,** *Jean-Christophe,* 1904-1912. **Gide,** *La Symphonie pastorale,* 1919. **Duhamel,** la pianiste Cécile in *Chronique des Pasquier,* 1933-1941. **Valéry,** *Cahiers,* XIX, 878, 1937. **Prévert,** « Carmina burana » in *Choses et autres,* 1972. **M. Déon,** *Un Taxi mauve,* 1973.

A. Musique et littérature

1. Le théâtre utilise la musique de façon partielle : c'est le cas de la tragédie antique où les propos du chœur sont chantés ; des divertissements royaux et de la tragédie-ballet qui associent Molière et Lully ; de la comédie musicale.

2. La musique s'approprie une œuvre littéraire : c'est ainsi que Debussy compose son *Prélude* sur le poème de Mallarmé, *L'Après-midi d'un faune* ; que Mozart et Rossini transposent en opéras les pièces de Beaumarchais ; que Boulez compose une de ses œuvres les plus célèbres sur *Le Marteau sans maître,* de René Char ; que des poèmes de Hugo, Aragon ont été mis en chansons par G. Brassens, J. Ferrat, L. Ferré ...

3. La littérature parle de la musique :
• d'une manière critique : les philosophes du XVIIIe s. ont fait de la musique un art à part entière, même si, dans la « querelle des bouffons », ils optent pour la musique italienne avec quelque injustice pour Rameau et les musiciens français. Ils ont en particulier donné naissance à une critique musicale qui rejoint leurs conceptions esthétiques, surtout celles de Diderot. Par la suite, Baudelaire s'est fait le défenseur de la musique wagnérienne, Valéry s'est penché sur la spécificité de la musique en général, Sartre et Boris Vian se sont intéressés au pouvoir du jazz ;
• d'une manière purement littéraire : des œuvres mettent en scène la musique (ex. Flaubert, Rolland, Proust, Gide) et montrent ses pouvoirs.

B. Ses pouvoirs

1. Ceux liés à sa puissance évocatrice : dans la mesure où la musique est imitation, comme tout art* :
• elle parle à l'imagination en suggérant des décors, une atmosphère, en provoquant l'évasion (cf. Emma Bovary) ;
• elle parle à la sensibilité :
— elle suggère ou décrit certains sentiments par des mouvements passionnés (ex. la musique romantique) ;
— elle provoque certains sentiments actifs (ex. l'ardeur guerrière par la musique militaire ; la ferveur religieuse) ;
— elle crée des correspondances avec certains sentiments (ex. pour Stendhal, il y a complicité entre l'opéra italien et l'amour) ;
— elle s'associe avec certains moments de notre vie conservés par la mémoire affective (cf. Proust, *Du côté de chez Swann*, où la petite phrase de la sonate de Vinteuil symbolise l'amour de Swann pour Odette).

2. Ceux qui lui sont propres :

• elle prend, fascine, enlève, subjugue (cf. Baudelaire : « La musique me prend comme une mer ») ;

• elle procure une volupté liée au plaisir de se laisser envahir par elle ;

• elle « nous ramène à nous » (Valéry) et nous semble familière, dès la première audition, si elle doit être notre musique, notre propre expression ;

• elle exalte « la meilleure part de nous-mêmes, la plus sèche, la plus libre, celle qui ne veut (que) l'éclat assourdissant de l'instant » (Sartre à propos du jazz) ; elle fait sentir « la majesté d'une vie plus large que la nôtre » (Baudelaire à propos de Wagner) ; elle sublime l'âme ;

• elle fait vibrer en nous toutes les passions et les purifie, les apaise : « traversé par une frénésie, on sort de la musique un peu usé, un peu ivre, mais dans une sorte de calme abattu, comme après les grandes dépenses nerveuses » (Sartre) ;

• elle est un langage international : « frontières effacées sur les atlas des sons » (Prévert) ;

• elle tient de la magie (cf. le héros du *Taxi mauve* commentant l'amour de Swann).

C. Sa spécificité

La musique est un « sytème de signes qui a son existence propre et trouve sa justification dans sa cohérence interne » (*Littérature et langages*). Par conséquent :

• elle peut paraître plus inaccessible que d'autres formes d'expression artistique, plus difficile à comprendre par les non-initiés, « un art insaisissable qui ne supporte que la liberté » (M. Déon) ;

• on peut concevoir une musique qui, sans garder aucun rapport avec la description de la nature ou le monde des sentiments, cherche à bâtir un univers de sons et d'harmonies qui ait une valeur en soi, par la beauté et la nécessité de leurs rapports, sans rien évoquer. C'est l'ambition de nombreux musiciens modernes ;

• en ce sens, la musique crée un univers pur, car, à la différence des mots*, les sons ne portent aucun sens intellectuel et utilitaire ;

• d'où leur pouvoir d'exprimer ce qui est le plus irrationnel, l'unité originale de l'âme d'un artiste (cf. Proust, *La Prisonnière* : la sonate de Vinteuil) ; ou un monde nouveau, absolu, ce qui donne à la musique une sorte de valeur métaphysique.

MYSTERE

Premier sens : au Moyen Age (XVe s.,) pièce de théâtre qui met en scène toutes sortes de sujets religieux.

TEXTES : **Gréban,** *Le Mystère de la Passion,* vers 1450. **Michel,** *La Passion d'Angers,* 1486. **Claudel,** *L'Annonce faite à Marie,* 1912.
TEXTES CRITIQUES : **Baty,** *Le Masque et l'encensoir,* 1926. **Rey-Flaud,** *Le Cercle magique,* 1973.

A. Ses caractéristiques

1. L'origine du mot est imprécise : on ne sait s'il vient de *mysterium*, « initiation ésotérique », ou de *ministerium,* « service, cérémonie ». De là découlent à la fois l'intérêt et les problèmes que posent ces représentations théâtrales originales.

2. Les aspects sont divers et nombreux :
• un texte inexistant ou très réduit ;
• une combinaison de tableaux vivants et d'épisodes mimés ;
• pour sujets, à l'origine, la Nativité et la Résurrection, puis la Passion et enfin tous les faits marquants que l'on peut tirer des deux Testaments et des vies de saints ;
• de nombreux personnages ;
• un mélange de comique et de tragique, de réalisme* pathétique et de ferveur mystique ;
• le surnaturel et le merveilleux* chrétien, qui pénètrent les actions humaines.

3. La mise en scène est originale :
• l'action se déroule sur plusieurs journées ;
• les décors sont juxtaposés (lieux et mansions), parfois réduits à des signes, mais avec un souci du détail réaliste pour les accessoires ;
• elle joue de tous les registres (solennel, pathétique, burlesque*, tendre...) et donne la parole à tous ;
• elle utilise tout le personnel dramatique (Dieu, diable) jusqu'aux mannequins et aux monstres mécaniques.

B. Sa portée

1. Une fonction difficile à cerner en raison de l'originalité de ce spectacle-cérémonie qui donne lieu à une vaste fête où domine la joie, mais où on montre la souffrance : le mystère a d'abord été protégé par l'Eglise, puis interdit en 1548 par le pouvoir royal, qui se méfie du théâtre. Il semble que le mystère veuille avant tout enseigner : faire voir la Bible en images vivantes et émouvantes, mais aussi faire comprendre (d'où le nombre de débats). Cela traduit une « ambition de globalité » (Darcos, Robert, Tartayre) : montrer toutes les apparences du monde, tous les sentiments humains en manifestant notamment un grand sens du pathétique.

2. Une évolution se fait sentir par rapport à A. Gréban chez J. Michel qui « humanise » le genre en donnant un message plus moral que métaphysique : l'homme ne cherche plus tant sa vérité en Dieu qu'en lui-même et conjure par le mystère son angoisse de la mort. Claudel a en partie repris cette tradition.

Deuxième sens (courant) : ce qui n'est pas accessible à la connaissance.

A. Ses formes

1. Dans l'Antiquité gréco-latine, on appelait « mystères » les doctrines et les cérémonies secrètes d'une religion ésotérique que seuls les initiés pouvaient connaître et pratiquer.

2. Dans les autres religions (le christianisme en particulier), ce sont les dogmes, les vérités surnaturelles, révélés, mais inaccessibles pour notre raison (ex. les mystères de la Trinité, de la Rédemption...).

3. Au sens général, tout ce qu'il y a de secret, incompréhensible, obscur, caché, inconnu dans :
- la nature (ex. la transmission, la continuation de la vie) ; la mort (cf. Hugo, « Mors ») ; l'âme des bêtes et des choses (cf. Hugo, « Le Crapaud », « Ce que dit la bouche d'ombre ») ;
- la pensée humaine : par exemple le mystère du poète, du génie, de la création littéraire (cf. Hugo, *William Shakespeare*) ; le monde irrationnel au-delà de la connaissance scientifique (ex. Baudelaire) ; l'unité mystique du monde (cf. Correspondance, Symbolisme) ; l'inconscient (cf. Surréalisme) ;

• le monde surnaturel : fantastique*, fatalité*, destin, Dieu (cf. Hugo, « La Fin de Satan », « Dieu »), les âmes (cf. Hugo, « Ce que dit la bouche d'ombre »), la création, les miracles, etc. ;
• la création artistique : le talent de l'écrivain ou de l'artiste réussit à faire naître le mystère alors qu'il est parfaitement maître de sa création (ex. dans le roman*, chez un personnage*).

B. Attitudes devant le mystère

1. On est attiré vers lui par :
• la curiosité ;
• l'inquiétude qu'il provoque ;
• la foi (l'obscurité des mystères, cf. A 2, est une preuve pour le croyant ; ex. Pascal) ;
• l'évasion qu'il procure vers l'étrange, avec l'idée qu'on y trouvera une explication métaphysique de l'homme (ex. Nerval et les mystères antiques) ;
• la stimulation qu'il donne à l'imagination*.

2. On réagit en adoptant :
• une attitude scientifique : éclaircir tout ce que l'on peut par la raison et la science, en négligeant provisoirement ce qui reste obscur ;
• une attitude irrationnelle : essayer d'entrevoir l'obscur par d'autres moyens que la raison et la science, par exemple l'intuition, la poésie*, l'occultisme et parfois essayer de l'exprimer, même avec obscurité ;
• une attitude religieuse : admettre ce qui est révélé à la foi et s'incliner.

MYSTICISME

Le mysticisme, au sens religieux, consiste à croire en la possibilité d'une union intime et directe de l'esprit humain avec Dieu, union qui nous fait connaître Dieu intuitivement.
Par extension, on parlera de mysticisme pour toute attitude qui, en matière de croyance ou de doctrine, repose sur l'intuition ou le sentiment plus que sur la raison.
La mystique est l'ensemble des pratiques par lesquelles l'âme entre en contact avec le divin. Mais, par extension, on qualifie de mystique la conviction absolue, plus passionnée que rationnelle, qui se forme autour d'une doctrine, d'un parti ou d'une personne.

Mysticisme

A. Les formes

1. De mysticisme :
• en religion : cf. Sainte Thérèse d'Avila, Pascal, le quiétisme, Jeanne d'Arc ;
• dans l'occultisme ;
• en amour : platonisme, pétrarquisme (cf. Lamartine, « Isolement » ; Balzac, *Le Lys dans la vallée* ; Zola, *Le Rêve* ; Morgan, *Sparkenbroke*) ;
• en poésie (cf. D).

2. De mystique :
• mystique de l'honneur (cf. *Le Cid*), de la gloire, du héros (ex. Corneille) ;
• mystique de Zola : « Fécondité, Travail, Vérité, Justice » ;
• mystiques politiques, sociales (socialisme romantique, chimères* de Rousseau), révolutionnaires (cf. Dostoïevski, *Les Démons*)...

B. Comment parvenir à l'union mystique ?

Pour atteindre l'effusion, il faut que la passivité et la sensibilité prédominent. Si l'on se reporte à certains écrits mystiques inspirés par la religion (ex. Bernanos, Claudel ; cf. les poésies et *Le Château intérieur* écrits par Sainte Thérèse d'Avila à partir de 1562 ; *Le Mémorial* relatant l'extase mystique de Pascal du 23 novembre 1654) ou, de façon plus diffuse, par l'ensemble de la création (cf. *René*), il est possible de distinguer des attitudes qui favorisent l'union mystique :
• se plonger dans la méditation (cf. René), faire taire la raison qui s'en tient aux aspects superficiels, et se laisser entraîner, souvent passivement, par les appels profonds de la sensibilité, de l'imagination, de l'intuition ;
• chercher, au-delà des apparences, à prendre contact avec une réalité plus essentielle : Dieu, les idées (ex. Platon), la beauté (ex. Baudelaire), l'inconscient (ex. les Surréalistes) ;
• contempler et comprendre intuitivement : le surnaturel (ex. l'ordre de la charité, chez Pascal) ; le monde naturel saisi dans son unité profonde ;
• se méfier du langage impuissant devant l'ineffable (ex. les phrases elliptiques du *Mémorial* : « Joie, joie, joie, pleurs de joie. ») ;
• préférer une attitude de vie nourrie de la contemplation, parfois faite d'extase et d'effusion (ex. quiétisme), parfois plus active, avec un effort vers l'ascétisme (ex. vertus de la contemplation*, de l'amour*, de l'enthousiasme*, du dévouement).

C. Critique

Mysticisme et mystique ont été dénoncés à plusieurs titres :
• c'est une illusion de la sensibilité ou de l'imagination contre laquelle protestent les Positivistes, c'est-à-dire ceux qui, à la fin du XIXe s., considèrent qu'il ne faut établir ses certitudes que sur l'expérience (ex. Michelet à l'égard de Jeanne d'Arc ; Zola) ;
• leur caractère irrationnel favorise le charlatanisme, les chimères*, l'utopie, le fanatisme (ex. Voltaire).
• Ils conduisent à une contemplation inactive (critique du quiétisme par Bossuet).

D. Mysticisme et poésie

1. Certaines conceptions affirment que l'inspiration* serait due à la présence du divin dans l'âme et le cœur du poète ; c'est ainsi que sont présentés :
• le poète*, selon Platon (*Ion*) et La Pléiade ;
• le poète* mage du romantisme* français ;
• le poète voyant du romantisme allemand (ex. Nerval ; cf. A. Béguin, *L'Ame romantique et le Rêve*) et du symbolisme* français (surnature et extase chez Baudelaire) ; poésie, contemplation d'un autre univers chez Rimbaud et Lautréamont ; essai d'explication de l'univers chez Mallarmé.
On peut également se demander dans quelle mesure le surréalisme* n'est pas aussi une mystique. Il y a en effet des analogies entre les attitudes vues en B et la démarche créatrice, au moment de l'inspiration, selon certains poètes surréalistes.

2. Cependant le poète crée le poème par l'intermédiaire du langage, alors que le mystique éprouve des difficultés à exprimer son expérience (cf. ce qui a été dit du *Mémorial* en B). Par ailleurs la part de l'intelligence*, de la raison*, du travail* est considérable dans la création poétique. L'assimilation semble donc abusive.

MYTHE (MYTHOLOGIE)

TEXTES : **Freud,** *L'Interprétation des rêves,* 1899-1900. **Caillois,** *Le Mythe et l'homme,* 1938. **De Rougemont,** *L'Amour et l'Occident,* 1939. **Camus,** *Le Mythe de Sisyphe,* 1942. **Barthes,** *Mythologies,* 1957. **Eliade,** *Mythes, rêves et mystères,* 1959 ; *Aspects du mythe,* 1963 ; *Le Mythe de l'éternel retour,* 1969. **Lévi-Strauss,** *Anthropologie structurale* (I et II), 1958, 1973. **Marañon,** *Don Juan et le don juanisme,* 1958. **Mauron,** *Des métaphores obsédantes au mythe personnel,* 1962. **Vernant, Vidal-Naquet,** *Mythe et tragédie en Grèce ancienne,* 1977. *Dictionnaire des mythologies,* sous la direction d'**Yves Bonnefoy,** 1981.

A. Les différentes acceptions du mot

1. Un récit fabuleux :

• exemplaire, que l'on peut répéter, destiné à expliquer les énigmes du monde, de la civilisation ou d'un groupe d'individus (ex. le mythe d'Œdipe, de Tristan et Iseut). Ayant le même propos, mythe et religion* se recoupent constamment ;

• pour les hommes des sociétés archaïques étudiés par les ethnologues, c'« est une histoire vraie qui s'est passée au commencement des temps et qui sert de modèle aux comportements des humains » (Eliade). Pour eux, le mythe n'est pas une « fable », selon le sens courant moderne.

2. L'expression d'une idée philosophique sous la forme d'un récit (synonymes : symbole*, allégorie) : ex. le mythe de la caverne de Platon ; les mythes de Vigny : « La Mort du Loup », « la Bouteille à la mer », etc.

3. Le rôle d'un personnage, historique ou non (Jeanne d'Arc, Napoléon, Don Juan), ou d'une idée (l'argent, la technique) amplifiés par l'imagination populaire.

4. Pour les Surréalistes, c'est un objet quelconque, de la vie de tous les jours, qui sert de condensateur aux rêves profonds de l'inconscient (cf. Merveilleux).

5. Chez un individu, c'est le thème récurrent, voire obsédant, qui traduit une croyance profonde, mais idéalisée ; en littérature, cette « expression de la personnalité inconsciente et de son évolution » (Mauron), ce « mythe personnel » se révèle par superposition des textes et produit une image du « monde intérieur » de l'écrivain.

B. Le sens des mythes

Comme il fournit une matière très riche à l'imaginaire des hommes, il varie et se renouvelle :

1. Selon les époques :
• des œuvres nouvelles lui donnent un sens nouveau : ex. Antigone vue par Sophocle (elle défend les droits sacrés contre les lois de la cité) et par Anouilh (elle cherche avant tout à préserver sa pureté) ; Electre est différente chez Sophocle, Euripide ou Giraudoux ;
• on interprète à la lumière de la pensée moderne le mythe que raconte une œuvre du passé : la *Phèdre* de Racine est-elle un drame d'amour ? une tragédie de la fatalité ? de la grâce ? de l'hérédité ? exprime-t-elle la lutte du spirituel et du charnel ? le refoulement et la névrose ? (cf. les différentes mises en scène et les polémiques qu'elles peuvent susciter) ;
• l'étude du mythe doit donc faire la part : — du sens originel ; — de l'aspect éternel ; — de ce qu'ajoute l'interprétation nouvelle selon l'époque (ex. Iphigénie et Andromaque christianisées par Racine, selon Chateaubriand).

2. Selon les points de vue : le mythe d'Œdipe a souvent été repris en littérature (ex. Hölderlin ; cf. Cocteau, *La Machine infernale*), mais il a aussi été étudié par la psychanalyse (pour Freud, Œdipe est la représentation de notre histoire inconsciente ; il s'aveugle pour avoir commis ce que chaque homme désire et refoule dans son enfance : l'inceste et le parricide) ou par l'anthropologie (cf. Lévi-Strauss).

C. L'intérêt des mythes

Il est à la fois :

1. Scientifique (cf. la mythologie en D) ;

2. Littéraire, car les mythes sont source :
• de beauté (vision plastique, évasion*, couleur* locale, passé*, héroïsme* : ex. Leconte de Lisle et les mythes chez les Parnassiens) ;
• mais aussi d'émotion et de pensée, car ils représentent :
— un symbole épique* : cf. Ulysse, Énée, Roland, Moïse de Vigny ; Napoléon de Hugo ; Jeanne d'Arc de Michelet ;

— un élément dramatique : cf. 3 ;
— un thème lyrique : ornement philosophique dans l'ode triomphale de Ronsard ;
— une source d'émotion : cf. Baudelaire, *Le Cygne* ; Leconte de Lisle, *Niobé* ; Hugo, « O soldats de l'an II... ».

3. Plus particulièrement théâtral : la plupart des grands mythes de l'Antiquité sont représentés au théâtre, car, à cette époque, « l'ordonnance du spectacle (demeure) celle d'un office sacré » (R. Pignarre).
Dans les pièces ultérieures, ils apportent :
• une intrigue non inventée pour les besoins de la cause comme dans la pièce à thèse, se développant dans une interprétation assez libre ;
• de grands personnages symboliques, propices à l'optique* théâtrale, en dehors du temps, susceptibles de significations variées ;
• une beauté de la poésie et du passé* (cf. *Phèdre*).

D. La mythologie

1. Le mot signifie :
• dans son sens le plus large, l'étude de l'origine des mythes, de leur signification, de leur développement, de leurs rapports avec l'histoire, les phénomènes physiques, la religion, le langage, la philosophie, etc. (cf. Michelet, *La Bible de l'Humanité*) ;
• dans un sens plus restreint, le récit de la vie fabuleuse des dieux, demi-dieux, héros de l'Antiquité ou de peuples divers. Dans notre littérature, il s'agit surtout de mythologie grecque et latine : cf. toutefois la mythologie orientale chez La Fontaine et Voltaire (*Contes*) ; indienne, persane, égyptienne chez Leconte de Lisle ;
• d'après le sens 3 du mot mythe, pour Barthes, la mythologie est l'ensemble des fausses apparences qui constituent « l'opinion publique, l'esprit majoritaire, le consensus petit-bourgeois » ; cette « doxa mythologique » déguise le réel et doit donc être démasquée par le mythologue.

2. Elle est utilisée comme thème artistique et littéraire, car elle apporte des éléments :
• plastiques : contemplation* ou évasion* : ex. La Pléiade, Chénier, Leconte de Lisle ; cf. La Fontaine, « Adonis », Hugo, « Le Satyre », Mallarmé, « L'Après-midi d'un faune », Valéry, « La Jeune Parque », etc. ;
• merveilleux* ;
• burlesques*, de badinage* ou de parodie* ;
• psychologiques : « Elle exprime des conflits psychologiques de structure individuelle ou sociale et leur donne une solution idéale. » (Caillois) ;

• philosophiques : dans la fable*, l'allégorie, le symbole* ; on fait l'étude des mythes antiques pour déchiffrer le mystère de l'homme à travers leur sens ésotérique (ex. Nerval) ;
• stylistiques :
— personnification poétique de sentiments ou d'idées ; procédé pour ennoblir (ex. Malherbe) ;
— simple périphrase ou figure (ex. les métaphores précieuses) ;
— images concrètes (ex. La Fontaine, Chénier) ;
— fantaisie* (ex. La Fontaine, Voltaire).

NARRATION

La narration désigne généralement un récit d'événements, mais change quelque peu de sens suivant le genre dans lequel elle apparaît :
• dans les pièces de théâtre, elle expose ce qui se passe en dehors de la scène : elle se justifie par rapport à la bienséance*, à l'optique* théâtrale, à l'action*, à la vraisemblance*, mais peut avoir une valeur poétique (ex. le récit de Théramène dans *Phèdre,* V) ;
• dans le genre oratoire, elle sert à relater les faits, après l'exposé du sujet (« proposition ») et avant celui des preuves (« confirmation ») ;
• dans les genres narratifs (roman*, histoire*, épopée*...), on nomme narration le récit des faits utiles à l'action, par opposition aux descriptions*, analyses psychologiques, réflexions et commentaires.
Au sens littéraire du mot, la narration est la manière de raconter et se distingue de la fiction (ce qu'on raconte).
La suite de l'article concerne exclusivement ce dernier sens.

A CONSULTER : **Genette,** *Figures III,* 1972. **Brunel, Madelénat, Glik-sohn, Couty,** *La Critique littéraire,* 1977.

A. Le temps de la narration

Nous entendons par là le moment où se situe l'acte de narration par rapport au déroulement réel de l'histoire et le rythme où il se fait.

1. L'ordre :
• la narration ultérieure expose les événements déjà passés ; elle utilise les temps de l'histoire : passé simple, imparfait, plus-que-parfait ; cf. *Zadig* : « Du temps du roi Moabdar il y avait à Babylone... ») ;
• la narration simultanée fait le récit des événements au fur et à mesure qu'ils se présentent ; elle utilise les temps et les pronoms du discours (présent, passé composé, je...), et a souvent recours au monologue* intérieur ; elle met en évidence que les événements sont relatés en fonction de l'importance qu'ils ont dans la conscience du personnage (cf. E. Triolet, *Les Manigances* : « La maison, le bureau du notaire sont sens dessus dessous : on y fait des travaux. J'ai failli m'asseoir sur un sac de plâtre ») ;
• la narration antérieure raconte des événements qui ne se sont pas encore produits au moment de la narration : elle utilise généralement le futur, parfois le présent ; elle est assez rare (cf. *Le Nouveau Testament* : « Ils feront la guerre à l'agneau et l'agneau les vaincra », « Apocalypse de Jean », XVII, 14) ;
• la narration intercalée situe le récit dans les intervalles qui séparent les différentes phases de l'action ; elle mélange histoire et discours, et se rencontre le plus souvent dans le roman par lettres* ou le journal* (cf. Anne Frank, *Journal*).
Ces décalages ne sont pas sans importance pour l'organisation des récits, dont certains instaurent un jeu permanent entre l'ordre de la narration et la chronologie des événements rapportés (cf. *A la Recherche du temps perdu ; Sylvie*).

2. Le rythme : c'est le rapport entre le temps* vécu (le temps réel) et le temps romanesque (le temps de la narration) : suivant la longueur du texte consacré à l'épisode, on constate une coïncidence totale (qui reste théorique) ou plus souvent des accélérations ou des ralentissements. Ces variations permettent d'étudier la psychologie des personnages à travers leur perception des événements, et par là même, les intentions de l'auteur.

B. Le narrateur

Il ne se confond pas avec l'auteur*, même si son mode d'expression reflète une volonté de celui-ci.

1. La 1re personne : l'emploi du pronom « je » indique que le narrateur est confondu avec le héros*. Ce mode d'expression permet de commenter (discours) tout en racontant (récit) les événements. Il correspond à :

• un désir de « faire vrai », en particulier au XVIIIe s. où l'on souhaite arracher le roman à la fiction, le faire passer pour un document réel afin de convaincre le lecteur (cf. *Manon Lescaut, La Nouvelle Héloïse*) ;
• une prédominance de l'expression personnelle : ne plus avoir de narrateur omniscient qui statue à jamais sur la psychologie des personnages, mais faire surgir l'individu dans sa complexité (ex. au XXe s. le Nouveau Roman).

2. La 3e personne désigne des personnages inventés dont on raconte l'histoire (énoncé historique) :
• c'est la forme la plus simple de la narration, celle qui affiche le roman comme fiction, jusqu'à la fin du XVIIe s. (cf. *L'Astrée*) ;
• mais cet emploi peut aussi correspondre à un souci d'objectivité et de réalisme (au XIXe s.) : la 3e personne semble garantir l'absence de subjectivité (ex. Stendhal, Balzac, Flaubert, Zola). Cependant, le narrateur peut se trahir par des jugements, des incises à caractère de maximes qui expriment la vision du monde de l'auteur (ex. Balzac ; cf. Impersonnalité*, Moi*).

3. La 2e personne est employée dans *La Modification* (Butor). Le « vous » essaie de traduire le progrès de la conscience du personnage : il se regarde naître à sa véritable identité.

C. Le point de vue

Définir le point de vue consiste à étudier le roman en posant la question « Qui voit ? », à partir de quel foyer l'univers est-il représenté (Genette parle de « focalisation ») ?

1. La focalisation zéro correspond à la multiplicité de foyers : il est impossible de situer qui voit, à moins que ce ne soit Dieu ou un narrateur omniscient (cf. les romans de Balzac, de Mauriac, critiqués en cela par Sartre).

2. La focalisation interne se produit quand le narrateur est un personnage : le monde est vu par son regard et les choses existent au fur et à mesure qu'il les découvre (cela correspond à la caméra subjective au cinéma). Ce procédé se généralise au XVIIIe s., car on admet la pluralité des opinions et la relativité des croyances : le « regard » est donc accordé à différents personnages. Ce changement de point de vue est très utilisé par Stendhal (cf. Fabrice à Waterloo), Flaubert, et correspond à leur souci d'effacer le narrateur.

3. La focalisation externe traduit une volonté encore plus grande de refuser toute interprétation subjective. Le narrateur en dit encore moins que n'en sait le personnage et ne décrit la réalité que réduite à ses apparences, sans explication. Le roman américain entre 1920 et 1939 (ex. Hemingway, Dos Passos, Steinbeck) et le Nouveau Roman (cf. *La Jalousie*) en ont fait particulièrement usage.

NATION (PATRIE)

La nation est une société humaine regroupée sur un territoire (ex. les Etats-Unis dont les habitants ont des origines diverses) et constituant une communauté linguistique (ex. la nation polonaise au XIXe s. dont le territoire était démantelé entre plusieurs puissances étrangères), politique et souvent religieuse (cf. Français).

La patrie est un synonyme de nation, mais ajoute à ce terme une notion d'attachement à ses valeurs spirituelles (on peut avoir une deuxième patrie, une patrie d'adoption).

A. Le patriotisme comme thème

• Lyrique (ex. amour du pays natal chez du Bellay, Lamartine) ;
• Epique (ex. sentiment du passé* et des héros nationaux : Michelet, Hugo, Barrès, Péguy ; cf. Epopée) ;
• Tragique (cf. le sacrifice du bonheur personnel dans *Horace*) ;
• Romanesque (cf. débats psychologiques ou conflits dramatiques : Vigny, *Servitude et grandeur militaires* ; difficulté du choix entre patriotisme et internationalisme chez R. Rolland).

B. Valeur morale du patriotisme

1. Quels sont ses fondements ? Est-ce :
• l'honneur ?
• la fidélité au souverain (ex. Montesquieu) ?
• le civisme qui est moins entaché de passion et d'opposition à l'étranger que le patriotisme (ex. Voltaire, dont le but est d'enrichir son pays par son travail, d'éviter le fanatisme ; cf. Rousseau, *Le Contrat social*) ?
• le sentiment de la nation, de son unité, de son idéal ?
• un attachement irraisonné à ses origines ?

2. Il entraîne les vertus :
- du dévouement, de l'amour* ;
- de la solidarité ;
- de l'héroïsme* (chez Corneille il est lié à la gloire, à l'amour de la vie dangereuse, individualisme un peu hautain auquel notre temps préfère les vertus du civisme ou du sacrifice) ;
- de la recherche d'un idéal.

C. Les excès du patriotisme

- Il risque de devenir chauvinisme ou nationalisme ; la nation est alors prise comme la valeur suprême et tous les problèmes politiques sont envisagés en fonction de son indépendance et de sa grandeur (ex. Barrès, Maurras, L. Daudet).
- Il peut aboutir vite au fanatisme, à l'impérialisme, à la guerre* (cf. le rôle du pangermanisme au début de la Seconde Guerre mondiale) ou à l'isolationnisme.
- Des écrivains comme Lamartine (cf. *La Marseillaise de la paix*), R. Rolland, France, Martin du Gard, Jules Romains, Proust, Breton, Sartre se sont élevés contre le nationalisme (cf. Français).

NATURALISME

En philosophie, il s'agit d'une doctrine selon laquelle rien n'existe en dehors de la nature.
En art, ce terme désigne la reproduction de la nature.
Ce mot désigne surtout une école littéraire de la fin du XIXe s., dont Zola fut le chef de file et le théoricien. C'est la pointe extrême de la tendance qui consacre l'art au vrai* plutôt qu'au beau, mais ce vrai est relatif, déterminé par certaines circonstances, et différent du vrai que conçoivent les Classiques (cf. Réel).

TEXTES : **Zola,** *Les Rougon-Macquart,* 1870-1893 ; *Les Soirées de Médan* (œuvre collective),1880. **Maupassant,** *Contes et Nouvelles,* 1880-1890 ; *Une Vie,* 1883. **Daudet,** *Jack,* 1876 ; *Le Nabab,* 1877. **Vallès,** *Jacques Vingtras,* 1879-1886. **Becque,** *Les Corbeaux,* 1882.

A. La doctrine

1. La théorie a été définie par Zola : « Notre héros n'est plus le pur esprit, l'homme abstrait du XVIIIe s., il est le sujet physiologique de notre science actuelle, un être qui est composé d'organes et qui trempe dans un milieu dont il est pénétré à toute heure... ». Sous l'influence de Claude Bernard et de Taine, Zola prétend appliquer la méthode des sciences expérimentales à l'étude des réalités humaines et s'attache à peindre surtout les milieux populaires.
A l'observation méthodique et objective du réalisme* s'ajoute donc un parti pris scientifique : déterminisme du moral par le physique, l'hérédité, le milieu* ; les hommes sont considérés comme des choses ; les caractères de l'espèce prédominent sur la personnalité individuelle ; l'écrivain doit classer les divers exemplaires de la zoologie humaine, dégager des lois scientifiques (ex. celles de l'hérédité) au lieu de défendre des idées morales.
Zola expose sa théorie dans *Le Roman expérimental* :
• un fait social ou individuel suggère une observation ;
• le romancier invente une situation qui constitue l'hypothèse et en déduit « mathématiquement tout le volume » ;
• il y fait se mouvoir ses personnages pour montrer que la succession des faits y sera telle que l'exige le déterminisme des phénomènes mis à l'étude par l'expérience.

2. Le romancier devra :
• s'intéresser aux faits divers, aux histoires vécues ;
• étudier soigneusement les milieux sociaux et les lieux* (cf. la documentation de Zola sur les mines du Nord pour écrire *Germinal*).
• il utilisera divers moyens littéraires pour traduire le mieux possible le réel des situations par : le portrait des personnages vus comme les variétés d'une espèce se développant dans un certain milieu ; — la description minutieuse des choses matérielles, physiques, même avec leurs détails répugnants s'ils sont vrais (cf. *L'Assommoir*) ; — la transcription directe du langage parlé (cf. le patois normand chez Maupassant).

B. Ses limites

1. Dans la doctrine :
• les prétentions scientifiques du naturalisme sont limitées : si le savant contrôle des faits qu'il ne peut pas modifier, le romancier, malgré son

souci d'objectivité, invente toujours plus ou moins les actions de ses personnages ; peut-on donc parler d'expérience scientifique ?
• comme Zola donne trop volontiers la prééminence aux instincts, ses héros sont souvent des êtres frustes ou impulsifs dont on ne saisit tout d'abord que les traits extérieurs.

2. Dans le mouvement lui-même :
• un certain nombre de disciples de Zola lui reprochent les outrances du naturalisme (cf. *Manifeste des Cinq,* 1888) ;
• ce que le naturalisme peut avoir d'absolu est toutefois tempéré :
— par le tempérament propre du romancier (ex. la sensibilité de Daudet, la folie de Maupassant) ;
— ses vues philosophiques (ex. le pessimisme de Maupassant, le matérialisme de Zola) ;
— ou sociales : ex. le socialisme de Zola ; l'anti-militarisme ; le pacifisme ;
— sa vision esthétique du monde : ex. le tempérament épique de Zola (cf. sa définition de l'art : « Un coin de la création vu à travers un tempérament. »).

3. Les réactions contre le naturalisme :
Certains écrivains ont réagi au nom :
• du romantisme, de l'idéalisme, de la religion, d'un idéal politique : ex. Barbey d'Aurevilly, Huysmans ;
• du classicisme : ex. Brunetière, Lemaître, Faguet ;
• du symbolisme : ex. Remy de Gourmont ;
• de la psychologie : ex. Bourget.

NATURE

Premier sens : la partie de l'univers, indépendante de l'homme, que l'on considère affectivement ou esthétiquement.
C'est cette réalité physique qu'étudient les sciences de la nature telles que l'astronomie, la physique, la chimie, la biologie, etc. :

- par opposition à la métaphysique*, dont elles n'ont pas toujours été séparées (ex. Descartes, Spinoza, Leibniz) ;
- par opposition aux sciences de l'homme* et à l'humanisme*.

A. Un objet de description

La nature provoque un sentiment esthétique : on prend conscience de sa beauté, à travers ses couleurs, ses formes, son harmonie, sa grandeur, son paysage cultivé ou sauvage ... et on tente d'en faire la description*.

1. Les moyens de la description sont ceux évoqués dans les articles Description, Peintre, Pittoresque ; mais ce peut être aussi un rythme* qui crée un équivalent musical du paysage (cf. Rousseau, *Rêveries,* « Cinquième Promenade »).

2. Les différentes perceptions de la nature :
- avant le XVIIIe s., il n'y a pas d'orientation particulière dans la manière de percevoir la nature ; elle est peu décrite, et Saint-Amant, La Fontaine se contentent de quelques notations simples, voire d'énumérations ;
- au XVIIIe s., le paysage fait son apparition dans la sensibilité littéraire, essentiellement à travers Rousseau qui perçoit la nature comme un lieu édenique, surtout empreint de majesté (ex. Bernardin de Saint-Pierre). Diderot la considère comme le « séjour sacré de l'enthousiasme » et affectionne davantage ses aspects tourmentés, propices à l'exaltation ;
- avec les Romantiques, la nature est toujours décrite en fonction des battements de leur cœur (cf. B) ;
- les Réalistes, par réaction, veulent faire de la nature une description objective et exacte. Comme la théorie des milieux* est alors florissante, paysages et régions sont surtout vus comme des facteurs déterminants pour la psychologie des individus. Balzac, Flaubert, Zola insèrent donc des descriptions* très longues dans leurs romans, puisque la peinture des lieux aide à mieux connaître les personnages ;
- chez les Symbolistes, la nature n'est plus décrite pour elle-même, mais pour sa valeur symbolique (cf. D) ;
- comme les peintres impressionnistes qui cherchent moins à reproduire le réel* qu'à en traduire les « impressions » de lumière, Maupassant, Verlaine, Rimbaud fixent ce que le regard enregistre, des apparences fugitives (ex. un brouillard, des nuages, un reflet de soleil...) ;
- au XXe s., la nature est surtout décrite pour elle-même et sa vie propre, indépendante de l'homme, est fréquemment soulignée (cf. les arbres chez Mauriac, Tournier ; le nuage chez Supervielle).

B. Le sentiment de la nature

Le mouvement de sensibilité* qu'on appelle « sentiment de la nature » apparaît au XVIIIe s., en particulier chez Rousseau.

1. Un miroir de la sensibilité :
• la nature est un cadre privilégié pour éprouver certains sentiments : la solitude*, la rêverie sentimentale (ex. Mme de Sévigné ; cf. Rêve), le bonheur* (cf. Rousseau, *La Nouvelle Héloïse*), l'amour* (cf. Lamartine, *Jocelyn* ; Rousseau aux Charmettes, etc.) ;
• elle suscite ou favorise certains états d'âme : l'inspiration* (ex. Diderot, Chénier, Rousseau) ; la mélancolie* (cf. Rousseau, *Les Rêveries du promeneur solitaire,* II) ; la joie ou la sérénité (cf. Hugo, « Aux arbres », « A Villequier ») ; l'amour* (cf. Vigny, « La Maison du berger », I ; Hugo, *Hernani,* V ; Zola, *La Faute de l'abbé Mouret*) ; l'effroi, l'angoisse* ; le souvenir* ; l'admiration*, (cf. Lamartine, *Harmonies* ; Hugo, *Contemplations*) ;
• pour les Romantiques, elle est liée à ce qu'il y a de plus intime dans l'homme ; le paysage est un véritable « état d'âme » :
— soit par une sorte d'affinité, de prédestination ;
— soit parce que l'homme voit la nature à travers son état d'âme ;
— soit parce qu'un aspect de la nature est le meilleur symbole d'un état d'âme (cf. Sénancour, *Oberman* ; Chateaubriand, l'automne à Combourg ; Lamartine, « L'Automne », « Le Vallon » ; paysages exotiques et d'automne chez Baudelaire, Verlaine).

2. Personnifiée, elle joue un rôle :
• elle sert de confidente (ex. Rousseau) ;
• elle console l'homme des duretés de l'existence (cf. Lamartine, « Le Vallon ») et lui offre un refuge :
— contre les vicissitudes inhérentes à la condition humaine (par exemple contre la fuite du temps, car elle conserve le souvenir ; cf. Lamartine, « Le Lac ») ;
— contre les maux causés par la civilisation* (progrès*, pollution, technique ; cf. Vigny, « La Maison du Berger ») ;
• elle donne l'impression d'être silencieuse, indifférente à l'homme et provoque sa révolte (cf. Vigny, « La Maison du Berger », III).

3. Elle manifeste sa présence divine :
• elle provoque une extase sentimentale et déiste (cf. Rousseau, *La Profession de foi du vicaire savoyard* ; Lamartine, *Harmonies*) ;
• pour les Romantiques, la complexité et la grandeur de la nature sont

une preuve de l'existence de Dieu, voire la divinité elle-même (cf. le panthéisme de Hugo, « La Vache ») ;
• pour quelques-uns (dont Vigny, Leconte de Lisle), elle est cependant le signe du néant divin, Dieu ayant abandonné les hommes à leur sort.

C. Un appel à la méditation

1. La nature est pour l'homme un objet de curiosité intellectuelle et d'étude (cf. Rousseau herboriste ; les sciences de la nature citées supra). Mais dans la mesure où elle s'oppose à lui...

2. Elle l'invite à méditer sur sa propre place dans l'univers :
• la nature est déterminée par des lois, alors que l'homme paraît libre ; mais n'est-il pas lui aussi déterminé (cf. Déterminisme, Liberté) ?
• l'homme est à l'image de Dieu, souverain de la nature faite pour lui (cf. anthropocentrisme de Buffon) ;
• la nature est toute-puissante et insensible, alors que « l'homme est un roseau pensant » (Pascal), et se souvenant (cf. Hugo, « Tristesse d'Olympio » ; Musset, « Souvenir ») ;
• elle est inhumaine ; l'homme doit s'en détourner pour se pencher vers ses semblables qui souffrent (cf. Vigny, « La Maison du Berger », III) ou créer ses propres valeurs (cf. Humanisme, Révolte) ; elle inspire à l'homme des leçons de courage (ex. Musset), de stoïcisme* (ex. Vigny), de philosophie (ex. Hugo) ;
• elle est éternelle, alors que l'homme est mortel ; c'est un des thèmes lyriques (ex. la Pléiade, Rousseau, Hugo) : le spectacle des ruines incite à méditer sur la mort, la vanité de la gloire (cf. « Athènes au soleil levant » in Chateaubriand, *Itinéraire de Paris à Jérusalem*).

D. La nature comme symbole

Par opposition à l'homme, encore, la nature se fait porteuse de symboles :
• non encore souillée par l'homme, la ville* ou la civilisation* néfastes, elle est la pureté, la simplicité, un lieu de vie idéale, innocente (cf. *Paul et Virginie*) ; les bêtes*, les paysans donnent des leçons morales (ex. George Sand) ;
• elle est une image du flux, du changement perpétuel de toutes choses (cf. Diderot, *Jacques le Fataliste* ; Musset, « Souvenir ») ;
• pour les Symbolistes, elle est un « dictionnaire plein de hiéroglyphes » (Baudelaire), donc une source de correspondances*, un livre où l'on déchiffre le sens profond de l'univers*. Une mystérieuse unité la régit, tout en elle devient un signe de l'au-delà.

Deuxième sens : la force, souvent personnifiée, qui anime la création (dont l'homme fait partie) et la régit suivant un certain ordre.

A. Les entraves à la nature

1. Composantes et modifications :

• ce concept de nature est un peu flou ; il s'agit non de l'environnement, du paysage, mais des lois de la vie contre lesquelles l'homme ne peut rien : — les fonctions naturelles et le plaisir qu'elles procurent (manger, dormir, etc.) ; — les besoins de notre sensibilité*, de notre activité (vouloir, conquérir, etc.) ; — la conscience, la raison*, un certain sens inné du vrai, du bien, du juste ;

• ces manifestations de la nature en nous n'ont-elles pas été modifiées, voire entravées par l'éducation*, la coutume, la civilisation*, la religion*, la morale, les excès de nos passions* (parfois encouragés par la civilisation) ou de notre raison*, qui se confectionne des morales anti-naturelles ?

2. Comment découvrir la nature en nous ?

• en nous-mêmes : par la connaissance* de soi (cf. Montaigne, en particulier, *Essais,* III, 13). Mais n'avons-nous pas plusieurs natures ? ce que nous sommes, ou croyons être sans effort, est-il ce que nous sommes vraiment, ce qui est authentique, inné, essentiel en nous ? (cf. « Nature et Culture » dans l'article Culture). Il ne faut pas non plus négliger le rôle de la raison qui observe, de l'intuition et de l'instinct qui sentent ;

• en dehors de nous, en observant des hommes qui ont échappé aux influences citées supra, les paysans et les sauvages (ex. Montaigne) ; d'où l'idée de l'état de nature, c'est-à-dire l'état de l'homme antérieur à toute civilisation. Mais existe-t-il encore des hommes à l'état de nature ? et ne confond-on pas cet état qui devrait être de fait, avec une vue idéale de l'essence de l'homme (cf. B) ?

3. Que faire de cette nature, une fois découverte ?

• est-elle bonne, faut-il en faire un doux guide ? (ex. Rabelais, Montaigne, Molière ; les libertins du XVIIe s., les philosophes du XVIIIe s.) ;

• est-elle imparfaite, à cause du péché originel, ou même mauvaise (selon Hobbes, à l'état de nature, l'homme est un loup pour l'homme) ? et faut-il dès lors s'en détourner, ou, au moins, s'en méfier ?

• si la nature est bonne : — sur quel caractère de l'homme fondera-t-on la morale ? sur la raison (cf. Stoïcisme) ? sur la sensibilité * (cf. les écrivains du XVIIIe s., les Romantiques) ? sur l'action*, l'énergie* ? ou sur leur équilibre (cf. Art de vivre) ? — Devra-t-on se garder des déformations de la civilisation* ou s'aider de ses bienfaits ? — Pourra-t-il y avoir un idéal universel de l'homme naturel, ou chacun ne peut-il être que lui-même ? — Et comment concilier la morale naturelle avec les nécessités de la vie sociale exprimées par d'arbitraires lois positives ?

B. La nature de l'homme et l'état de nature, le droit naturel et la nature d'un homme

1. Qu'est-ce que la nature de l'homme ? autrement dit selon la nature définie ci-dessus (sens 2), quelle est l'essence de l'homme ?

• est-ce la « nature corrompue » (Pascal), c'est-à-dire un mélange imparfait de grandeur et de misère après le péché originel ? (cf. supra et Homme) ;

• ou la « pure nature », c'est-à-dire l'homme tel que Dieu l'avait voulu avant le péché originel, donc un être doué pour le bien ? Mais où trouver l'image de cette « pure nature » ? (cf. supra) ;

• de ce fait « l'état de nature » est ambigu : cette expression particulièrement employée par les philosophes du XVIIIe s. peut désigner un simple état de fait, ou un état idéal dans lequel l'homme jouissait de toutes les qualités qui correspondent à son essence selon l'ordre de l'univers.

2. Le « droit naturel », en principe, repose sur une idée de la nature de l'homme indépendamment de toute convention ou législation de fait :

• mais si l'état de nature n'est qu'un état de fait dans lequel l'homme n'a pas forcément une idée du bien et du mal, le droit naturel recouvre tout ce qui est possible, en bien ou en mal, dans cet état et, dès lors, civilisation et droit positif peuvent réprimer le droit naturel dans la mesure où il rend la vie sociale impossible ;

• au contraire, pour les philosophes du XVIIIe s., le droit naturel recouvre l'ensemble des droits qui, reconnus ou non par le droit positif, sont inaliénables parce qu'ils appartiennent à l'homme par essence (ex. droit à la vie, à la liberté, à l'égalité, etc.). La Déclaration des droits de l'homme tente de faire passer les droits naturels dans le droit positif.

3. La nature d'un homme qui unit inné et acquis, et suppose des traits distinctifs, soulève quelques questions, outre celles abordées supra (cf. Nature, Culture) relatives au caractère* de la nature de l'homme :
• chaque individu a-t-il une originalité irréductible ou n'est-il qu'un exemplaire de l'humaine condition ?
• y a-t-il une morale essentialiste correspondant à une nature humaine (cf. Humanisme) ou n'y a-t-il pas d'essence de l'homme ? sommes-nous libres d'être ce que nous voulons ?

Troisième sens : les choses telles qu'elles sont dans l'ordre de l'univers, par opposition aux créations humaines produites par l'art* et par la technique.

A. La nature et l'art

1. La nature est-elle plus belle que l'œuvre de l'homme ?

• l'homme risque d'enlaidir la nature par un mauvais usage des progrès* techniques (ex. usine, chemin de fer chez Vigny, « La Maison du Berger »), et la civilisation* enlèverait à la nature beauté et poésie, l'altérerait du point de vue moral ;
• mais l'homme la rend aussi plus belle :
— en la corrigeant (ex. médecine, technique, éducation*) ;
— en lui donnant un sens humain, en accordant ses œuvres avec elle (ex. les paysages reflets de l'homme ; architecture, châteaux, parcs, etc.) ;
— en inventant des choses plus belles et plus ingénieuses que les créations naturelles (cf. Science).

2. L'art* prétend reproduire la nature

• pourtant il s'en écarte souvent :
— en la mutilant, en n'en voulant voir qu'une partie ;
— en la faussant : exagération, embellissement, caricature, conventions ;
— en la négligeant pour l'artificiel, le formalisme*, la littérature*, l'imitation stérile, les conventions*, les théories abstraites, etc. ;
• de ce fait, certains auteurs font des efforts périodiques pour ramener l'art à la nature (ex. la Pléiade contre les rhétoriqueurs, Malherbe contre l'érudition de la Pléiade, Régnier contre le purisme de Malherbe, les Classiques contre les Précieux, les Romantiques contre le postclassicisme, etc.) ;

• mais cela pose divers problèmes :
— l'art ne peut pas reproduire exactement la nature ; il est la « vérité choisie » (cf. Art). Tout est dans la nature, mais l'art a-t-il le droit de tout imiter ? (cf. Beauté) ;
— doit-il s'en tenir à l'apparence exacte des choses ou essayer d'aller au-delà, de leur donner un sens ? (cf. Idéalisme, Réalisme). Quel que soit l'objet imité, appellera-t-on naturel le style qui dit les choses le plus directement possible et cherche avant tout à se faire comprendre, à restituer tout le réel, même dans son désordre, sans viser à la beauté ? ou celui qui concilie l'impression de vérité avec une aisance souple et discrète qui n'exclut pas la recherche esthétique ?

B. La nature et les écoles littéraires

Nature, dans ce cas, prend un sens plus particulier : l'idée de la vérité* telle que l'exprime et la suggère l'art. Mais chaque école littéraire a conçu à sa façon la nature.

1. La nature classique :
• elle est un choix dans le réel* :
— avant tout l'homme et surtout au sens moral ;
— avec un effort pour atteindre l'universel*. L'art a pour but de dévoiler aux hommes ce qu'ils ne voyaient pas et qu'ils trouvent vrai* lorsqu'on le leur a montré, parce que leur raison le reconnaît pour tel (cf. Boileau, *Préface* de 1701 ; *Art poétique,* III, 369, 372 ; *Epîtres,* IX, 85, 86) ;
— dans les limites de la bienséance* qui exclut moralement les choses basses et grossières ;
— en négligeant aussi ce qui n'a pas d'intérêt psychologique (cf. La Bruyère, *Caractères,* I, 52) ;
— et en tâchant de mettre en relief l'essentiel et de l'embellir.
En particulier à partir de 1660, le goût classique appelle nature ce qui, dans les limites indiquées ci-dessus, est ordinaire, se voit tous les jours, se confond avec la vraisemblance*, par opposition à l'extraordinaire et à la fantaisie ;
• elle a un style qui :
— s'oppose à la préciosité, à l'emphase, au burlesque, au pédantisme ;
— est le fruit de la correction, de la pureté, de la justesse auxquelles se joint l'agrément de la clarté, de la brièveté, de la diversité, de l'harmonie, de la décence et de l'adaptation du style aux qualités qu'exige chaque genre.

2. La nature romantique :
• elle désigne tout le réel* : hommes et choses, corps et esprit, beau et laid, moral et immoral ; ordinaire et extraordinaire ; l'homme* et les hommes divers dans l'espace et dans le temps ; les sentiments communs et personnels, etc. ; c'est pourquoi elle réclame la liberté* dans l'art, mais a besoin d'un art qui transfigure le réel en visant moins la beauté que le caractéristique* ;
• elle a un style qui :
— emploie tout le vocabulaire (cf. Hugo, *Réponse à un acte d'accusation*), prétend tout dire (cf. Michaud-Van Thieghem, *Romantisme*), mais respecte la grammaire et une certaine décence ;
— vise à l'effet violent, coloré ou pathétique (procédés voisins du baroque*).

3. La nature réaliste et naturaliste :
• conçoit la nature comme étant tout le réel*, de même que les Romantiques, mais en particulier ce qui est ordinaire, qui peut être constaté objectivement par tous les hommes (cf. Naturalisme, Réalisme) ;
• est un art objectif, sans lyrisme ni imagination, décrivant avec une précision scientifique l'apparence des choses tout en ayant le sens de la « vérité choisie » et d'une certaine beauté formelle.

4. La nature symboliste est la surnature (cf. Surnaturel) cherchée au-delà de l'apparence des choses, ou l'univers* de l'artiste, ou le formalisme préféré à la nature (cf. Symbolisme).

5. La nature surréaliste est l'inconscient et ses manifestations. Mais l'art ne donne plus un ordre ou une beauté à la nature, il n'est plus qu'un moyen par lequel elle s'exprime (cf. Surréalisme).

NOUVELLE

La nouvelle fait partie des récits de fiction et s'est peu à peu dégagée, comme genre ayant ses règles propres, des formes voisines : le roman* et le conte *.
Au XVe s., la nouvelle est le court récit d'une aventure que l'on raconte aux contemporains pour la première fois (cf. le sens de « nouvelle » dans le domaine journalistique). Dès le XVIIe s., le terme (qui se rapproche de l'anglais « novel », roman) désigne un roman court, à caractère historique (cf. *La Princesse de Clèves*), alors que le roman est long et inventé

(cf. *Le Grand Cyrus*), et que le conte accentue le côté fantaisiste, merveilleux* et moral. Le genre s'est particulièrement épanoui au XIXe s., même si les œuvres s'intitulent encore souvent « contes » (cf. infra).

TEXTES : **Marguerite de Navarre,** *L'Heptaméron,* vers 1545. **Diderot,** Récits intercalés in *Jacques le Fataliste,* 1796. **Mérimée,** *Mateo Falcone,* 1829 ; *La Vénus d'Ille,* 1837 ; *Lokis,* 1869. **Daudet,** *Contes du lundi,* 1873. **Maupassant,** *Contes et nouvelles,* 1880-1890 ; *Le Horla,* 1887. **Henry James,** *Daisy Miller,* 1879. **Joyce,** *Gens de Dublin* 1906. **Aymé,** *Le Vin de Paris,* 1947. **Buzzati,** *Le Rêve de l'escalier,* 1973 ; *Le K,* 1966. **Matheson,** *Les Mondes macabres,* 1977. **F. Scott Fitzgerald,** *La fêlure,* 1936. **W. Faulkner,** *Nouvelles,* 1950. **G. Garcia Marquez,** *L'incroyable et triste histoire de la candide Erendira et de sa grand-mère diabolique,* 1972.

A. Ses composantes

1. L'action est simple, brève, centrée autour d'un seul événement dont on étudie les répercussions psychologiques sur les personnages : une crise (cf. *Mateo Falcone*), une courte aventure (cf. Mérimée, *La Prise de la redoute*), une impression (cf. Maupassant, *La Peur*). Les faits sont présentés comme vrais ou vraisemblables, dans leur réalité historique, vécue, qu'elle semble extraordinaire ou non (cf. *Le Horla*).

2. Les personnages sont peu nombreux, à la différence du conte*, et ont une réalité, une épaisseur psychologiques.
• les personnages secondaires sont tous nécessaires et subordonnés au héros ;
• on ne connaît qu'un moment particulier de la vie du héros (celui narré dans la nouvelle), et qu'un fragment de sa vision du monde : par exemple le narrateur analysant une impression (cf. Maupassant, *Sur l'eau*) ; un groupe et ses réactions d'un moment (cf. *La Peur* ; *Nef de mort*) ; la brève réaction d'un être ou un moment intense de sa vie (cf. *Boule de suif*) ; un être simple réduit à un seul trait (cf. *Mateo Falcone*).

3. Le décor campe les détails nécessaires pour faire comprendre l'histoire, sans autre renseignement superflu (ex. le Sahara dans *La Peur*).

B. Ses caractéristiques

1. Une concentration : peu d'événements, de personnages, de descriptions, mais tous les détails concourent à rendre l'effet envisagé, à entretenir le suspens.

2. Un style descriptif : la nouvelle expose avec précision l'extérieur des êtres et des choses, rapporte des paroles naturelles tendant vers le dialogue dramatique et présente une analyse psychologique.

3. Un appel à l'intelligence du lecteur : dans la mesure où les effets sont précis et rapides, utilisant parfois la «chute » (ex. Matheson ; cf. Buzzati, *Pauvre petit garçon*), l'auteur de nouvelles sollicite une participation active du lecteur. Il y a même, chez Mérimée surtout, une forme de détachement, voire d'ironie* qui contribue à faire lire le récit « au deuxième degré ».

4. Une intention réaliste (cf. supra) et parfois une morale.

5. Une possibilité d'ouverture sur la conscience profonde des personnages, le mystère*, le fantastique* (surtout à partir du XIXe s.) : on part à chaque fois de l'action ou de la psychologie réelles (aucune invention, contrairement au conte* qui crée un monde fictif). Mais c'est l'interprétation qu'on en donne qui sera anormale ou étrange.

C. Sa richesse

La nouvelle a connu son âge d'or à la fin du XIXe s. en France, mais, au XXe s., elle fait figure de parente pauvre du roman alors qu'elle semble plus prisée à l'étranger (Italie, Etats-Unis, littérature des pays de l'Est, d'Orient et Moyen-Orient...).

Pourtant dans un article du *Monde,* « Eloge du genre », A. Bragance montre précisément toutes les qualités de la nouvelle, insistant sur :

- sa concision et son efficacité : « peu de mots », mais chargés « de toute leur violence expressive, du plus fort coefficient de nécessité » ;
- sa liberté « vertigineuse d'exister en dehors des codes et conventions » et de « tout dire » ;
- sa profondeur pour « saisir le tournant du destin », « lorsque la croûte de la conscience se lézarde »...

OBSCURITE

Au-delà des apparences accessibles à la raison et à la science, des zones d'obscurité leur échappent :

- en nous : la durée de notre vie psychologique, le subconscient, l'inconscient, l'instinct, notre personnalité, notre liberté, nos rêves*, etc. ;

• en dehors de nous : le mystère de l'univers, de l'Etre (cf. Métaphysique), le fantastique*, l'unité mystique des choses ; la religion* peut aider l'homme face à l'inconnu, mais non de manière rationnelle et intelligible, car elle est elle-même mystère*.

A. L'obscurité, matière de l'art

1. Les Classiques s'y opposent dans les idées et dans le style au nom de la clarté*.

2. Selon Diderot (*Les Salons,* 1767), l'obscurité est une source d'« enthousiasme* », un coup de fouet pour l'imagination et la sensibilité. Il s'agit du mystère du monde extérieur qui peut provoquer l'émotion de l'artiste sensible : aux notions d'éternité, d'infini, d'idéal ; à la religion ; aux énigmes de la nature ; aux spectacles inquiétants inexplicables (nuit, orage, mer, etc.) et en général aux thèmes romantiques propices au bouleversement lyrique (fantastique*, mystère*, rêve*, merveilleux*). Mais il ne s'agit pas de déchiffrer cette obscurité.

3. Pour d'autres artistes (ex. le mystère chez Hugo ; la surnature, les correspondances chez Baudelaire ; cf. Mysticisme, Poésie) ; ou d'autres mouvements littéraires (cf. Surréalisme, Symbolisme), le but de l'art n'est plus d'exprimer lyriquement l'émotion devant l'obscur, mais de pénétrer et d'essayer de connaître cette obscurité. En fait, l'art ne saurait aboutir à une clarté rationnelle impuissante à rendre compte de l'irrationnel. Il suggérera le mystère, proposera des intuitions, mais ne pourra tout expliquer (ex. dans le roman, obscurité psychologique du personnage*). Toutefois, pour parler de l'obscur, le style n'est pas forcément obscur (ex. Hugo ; Racine et l'inconscient ; cf. Valéry, *La Soirée avec Monsieur Teste*).

B. L'obscurité, qualité du style

• exprimer clairement l'obscur n'est-ce pas le trahir ? Les mystiques*, les Surréalistes*, même avec l'écriture automatique, avouent pouvoir difficilement exprimer l'ineffable. Un style clair fait peut-être sentir intellectuellement l'obscur, mais ne le transcrit pas tel qu'il est par le symbole du poème ;
• une obscurité relative rendra le flou, la pénombre de la vie psychologique intime (cf. Verlaine) ; ou le mystère du destin (cf. Nerval, « El Desdichado ») ; l'authenticité de l'inconscient s'exprimera par un merveilleux* intelligible à la raison (cf. Surréalisme) ;

• l'obscurité peut donc être un bien. Elle correspond d'ailleurs pour certains (cf. Mallarmé, *L'Art pour tous*) à la nature de la poésie* qui, exprimant le mystère, a besoin d'un langage mystérieux pour dérouter le profane, attirer l'attention des initiés, restituer aux mots* leur puissance suggestive et mystique ;
• mais la mission de l'art n'est-elle pas de déchiffrer au maximum même l'obscur, s'il ne veut pas devenir un langage personnel incommunicable ? (cf. l'échec partiel du surréalisme*, l'hermétisme de Mallarmé qui s'oppose à la communication que Baudelaire* a su garder avec le lecteur, même quand il exprime le mystère).

OPTIQUE THEATRALE

C'est la façon dont le théâtre nous fait voir la réalité, en la déformant pour qu'elle « passe la rampe ». Nous savons que ce que nous voyons au théâtre est faux et pourtant nous réagissons de manière très émotionnelle (c'est le rôle de la catharsis).

A. Ses raisons

Au-delà du fait que tout art* est « vérité choisie », le théâtre obéit à des règles propres, différentes de celles du roman* ou du cinéma* :
• l'action est limitée dans le temps (la durée de la représentation) et dans l'espace (la scène, certains metteurs en scène utilisant aussi la salle) ;
• il est fondé sur un dialogue et des mouvements entre des personnages interprétés par des comédiens (cf. Acteur) ;
• le contact avec le public* présent est immédiat (cf. Bienséance, Vraisemblance) : la convention théâtrale semble pourtant l'ignorer (sauf dans les apartés, les monologues*...), mais il doit pourtant réagir tout de suite et collectivement, alors que le roman s'adresse à un individu qui a tout le temps de le lire dans la solitude ;
• en outre, chaque genre théâtral a ses lois propres (cf. Comédie, Drame, Farce, Tragédie).

B. Ses moyens

1. En général, comme l'attention du public doit être constamment sollicitée et maintenue, il est nécessaire de :

• simplifier et décomposer l'action ;
• grossir les effets (cf. Caractéristique) : « Il faut qu'à cette optique de la scène, toute figure soit ramenée à son trait le plus saillant, le plus précis, le plus individuel » (Hugo) ;
• éclairer et faire progresser les intrigues.

2. En particulier, le théâtre* repose sur un certain nombre de conventions*, celles :
• du sujet et de l'action* :
— une des contraintes principales étant la durée de l'action (contrainte accentuée à l'époque classique par la règle* des 24 heures), l'action doit se passer en une seule journée, sauf si l'auteur choisit délibérément de l'étendre sur plusieurs jours, voire plusieurs années (cf. théâtre shakespearien ou romantique français) ; on assiste donc le plus souvent à une période de crise, dont certaines raisons sont annoncées dès la scène d'exposition (alors que le roman* peint souvent une évolution, donc une durée), et à des coups de théâtre qui accélèrent l'action ;
— l'action est découpée en scènes, car celle-ci ne découle pas de « la logique interne d'un seul personnage dominant (comme dans le roman*), mais (de) la confrontation des divers personnages (qui) suscite sans cesse des situations nouvelles évoluant par leur propre logique » (Touchard, *L'Amateur de théâtre*) ;
— l'analyse de l'action ne doit pas interrompre le mouvement et la progression : elle se fait par l'intermédiaire de monologues* (l'intensité est devenue telle que le personnage, mais surtout le spectateur, a besoin de suspendre la tension), ou de confidences ;
• des personnages* :
— souvent représentés au paroxysme de leurs passions (chez les Classiques, toute la partie de la vie du héros étrangère à la crise est supprimée) ;
— incarnés par des comédiens (cf. le jugement de Diderot sur l'acteur*) auxquels le spectateur demande d'être si bons qu'il « puisse oublier qu'il est en présence d'un comédien et puisse se retrouver, tout compte fait, face à lui-même, à ses propres conflits, à son propre drame ou à son propre plaisir. Il vient voir un truquage auquel il demande de lui donner le sentiment d'être plus vrai que la vérité » (Touchard) ;
• du style, dans la mesure où la compréhension du public doit être immédiate : — les passions les plus désordonnées sont exposées clairement ; — le comique* peut être outré ; — les personnages n'hésitent pas à faire des apartés ; — certains auteurs abusent des mots d'auteur ;

• du décor*, du maquillage, des gestes qui doivent servir la pièce.
En conclusion on pourrait dire que « la meilleure représentation est celle où l'on oublie l'auteur, le metteur en scène, le comédien, le décorateur, le musicien, l'électricien, les machinistes, pour vivre, en tête à tête avec des personnages, une aventure intérieure » (Touchard).

PARNASSE

C'est entre 1860 et 1866 que se constitue le groupe des poètes parnassiens, rapprochés par des aspirations communes : la recherche de la perfection formelle et le culte de « l'art pour l'art » préconisé par Gautier, dans la préface de son poème « Albertus » (1832) et dans celle de son roman *Mademoiselle de Maupin* (1835), en réaction contre l'engagement des Romantiques.

TEXTES : **Leconte de Lisle,** *Poèmes barbares,* 1862-1878. **Banville,** *Ballades joyeuses à la manière de Villon,* 1873 ; *Petit traité de versification française,* 1872. **Heredia,** *Les Trophées,* 1893. **Sully-Prudhomme,** *Les Solitudes,* 1869.

Gautier, Baudelaire, Verlaine, Mallarmé ont aussi figuré dans *Le Parnasse contemporain* (1866). Mais ces trois derniers se distinguent du Parnasse et s'en éloignent par la suite. Baudelaire n'a pas pour but la perfection formelle et plastique ; sa beauté n'est pas la beauté apparente des formes, mais la beauté mystique : il renie l'art impassible. Verlaine, sensible quelque temps au Parnasse (cf. *Les Fêtes galantes*), s'y oppose dans son « Art poétique », in *Jadis et Naguère*.
Quant à Mallarmé, s'il prône la technique de la forme, elle est orientée vers la mystique symboliste.

A. Conception de la poésie

Les Parnassiens recherchent :
• l'impersonnalité* : goût pour la description*, le récit, le mythe* ;
• l'art pour l'art* ;

• le rapprochement de la poésie et de la science* : histoire (ex. Leconte de Lisle, José-Maria de Heredia), géographie (ex. Leconte de Lisle), sciences expérimentales, philosophie (ex.Sully-Prudhomme), etc. ;
• l'art raisonné : — précision, couleur du vocabulaire ; — images et descriptions plastiques, poésie de l'érudition* ; — science du rythme, surtout descriptif et oratoire : pas de licences poétiques, recherche de la rime.

B. Les limites du Parnasse

• il est difficile pour les écrivains d'être impersonnels (ex. pessimisme et aveux chez Leconte de Lisle) ;
• le Parnasse a surtout été critiqué par les Symbolistes qui n'apprécient pas :
— une poésie trop descriptive et intellectuelle, de l'extérieur des choses ;
— trop d'idées claires s'opposant à la vision mystique du monde et au flou des états d'âme ;
— trop d'éclat, de précision, de sonorité dans l'éloquence par opposition aux harmonies mystérieuses de l'âme et des choses.

PARODIE (PASTICHE)

La parodie est l'imitation d'une personne ou d'une œuvre d'art, célèbre ou sérieuse, dans le but d'obtenir un effet plaisant ou burlesque* (cf. Comique).
Le pastiche est une œuvre littéraire ou artistique dans laquelle l'auteur a imité la manière ou le style d'une œuvre originale, mais sans chercher à en ridiculiser le créateur.

TEXTES : *Aucassin et Nicolette,* 1re moitié du XIIIe s. (parodie des romans courtois). *Le Roman de Renart,* fin du XIIe s., (parodie de l'épopée*). **Sorel,** *Le Berger extravagant,* 1627 (parodie du roman pastoral, de *L'Astrée*). **Scarron,** *Le Virgile travesti,* 1648 (parodie de *L'Enéide*) ; *Le Roman comique,* 1651-1657. **Proust,** *Pastiches et Mélanges,* 1919. **Fourest,** *La Négresse blonde,* 1948 (parodie du *Cid*). **Eco,** *Pastiches et postiches,* 1988.

A. L'imitation pure et simple

C'est celle du pastiche qui a pour but : — d''amuser ; — de réussir un petit tour de force ; — de s'entraîner à imiter ; — de montrer le charme ou les faiblesses de ce qu'on imite.

B. L'imitation parodique

1. Elle s'accompagne de charge, voire de caricature* : chez Molière, parodie du langage des médecins, des précieux, des dévots ; chez Rabelais et Beaumarchais, des juges ; Pangloss, chez Voltaire est la parodie du philosophe optimiste.

2. Elle prend une œuvre à contre-pied : par exemple, *Le Virgile travesti* ridiculise un modèle vénéré de l'Antiquité par des familiarités triviales (Didon devient « la grosse dondon »), des anachronismes... De la discordance entre l'original et le « modèle » naît le burlesque (cf. l'opéra et l'opéra-bouffe).

3. Son intérêt :
- elle amuse le lecteur et sollicite sa connivence ;
- elle empêche l'écrivain de se prendre trop au sérieux (Du Bellay, après avoir été sensible au pétrarquisme, le parodie dans « A une dame », 1558) et favorise ainsi le non-conformisme ;
- elle met en valeur l'automatisme des procédés d'écriture ;
- elle inverse les valeurs en dénigrant ce qui est élevé et noble : « Dieu ! soupire à part soi la plaintive Chimène, Qu'il est joli garçon l'assassin de Papa » (Fourest) ;
- elle dénonce les fausses élévations, les impostures : révolte du bon sens et de l'esprit* critique contre le faux ;
- comme l'imitation* dont elle est une forme, elle entraîne l'auteur, le prépare à l'art : « Tout grand art commence par le pastiche. » (Malraux).

ASSE

A. Son rôle

1. Sur le plan personnel, il peut être lié :
- au charme de la jeunesse vue avec plus ou moins de nostalgie et de regret (ex. Gide, Proust) ;

• à un essai pour expliquer sa personnalité (ex. Rousseau) ;
• à une tentative pour retrouver le « temps perdu » ;
• à l'évasion* hors d'une vie actuelle insupportable ;
• au mystère des origines : Nerval, Baudelaire (thème de la vie antérieure).

2. Sur le plan général, pour mieux comprendre le passé on s'intéresse :
• à l'histoire (évolution de l'humanité*, progrès*) ;
• à la culture* (rôle de l'imitation* en art : ex. Querelle des Anciens et des Modernes ; cf. Moderne).

B. Faut-il connaître le passé ?

1. C'est utile, car :
• ignorer ses origines, ses racines, ne permet pas de vivre le présent avec sérénité (cf. Anouilh, *Le Voyageur sans bagages*) ;
• l'histoire* donne à une nation* sa cohésion en développant le sentiment d'appartenir à une même communauté ;
• c'est accomplir un voyage dans le temps aussi formateur que ceux dans l'espace (cf. R. Pernoud, *Pour en finir avec le Moyen Age*) : on y découvre le sens de la relativité, la tolérance, le respect des autres (cf. Histoire) ;
• un recul dans le temps favorise le développement de l'esprit* critique et de l'objectivité.

2. Ce n'est pas indispensable, car :
• trop de circonstances actuelles imposent une rupture complète entre passé et présent ;
• le passé peut entretenir des hostilités anciennes (cf. *Roméo et Juliette,* l'esprit de revanche entre pays jadis ennemis) ;
• on risque d'être passéiste, de mépriser son époque, aussi bien sur un plan scientifique qu'esthétique (cf. Artaud : « Les chefs-d'œuvre du passé sont bons pour le passé ; ils ne sont pas bons pour nous »).

C. Rupture avec le passé

L'homme rompt :

1. Avec son propre passé, car :

• il désire commencer une nouvelle vie (thème fréquent dans les romans policiers) ;
• il refuse le regret ou la délectation morose sur l'irrémédiable : on est ce qu'on se fait dans le présent (cf. Action).

2. Avec le passé historique, pour des raisons :
• culturelles (cf. supra et Liberté) ;
• morales, par désir d'être soi et de ne pas imiter des personnages tout faits (ex. Gide) ;
• générales, par attrait pour le progrès* ou refus de la tradition et des préjugés (ex. les philosophes du XVIIIe s.).

PASSION

Premier sens :

• **Jusqu'au XVIIe s.,** passion a pour synonymes : sentiment*, émotion, selon la définition d'Aristote. « La nature, qui n'est pas sensible, n'est pas susceptible de passion » (Pascal).
Selon Descartes (cf. *Traité des passions*), les passions sont causées par des esprits animaux présents dans le corps. L'âme les subit passivement et elles touchent surtout la vie affective.

• **Dans le langage littéraire,** la passion est un sentiment éprouvé par un personnage* (cf. Caractère, Sensibilité), mais aussi par le lecteur ou le spectateur face à une œuvre d'art (cf. les passions tragiques : la terreur et la pitié et, d'après Corneille, l'admiration ; cf. Tragédie).

• **Dans l'ancienne rhétorique,** c'est l'ensemble des moyens pour émouvoir la sensibilité (cf. Eloquence).

Deuxième sens (sens moderne) :

C'est une tendance d'une certaine durée, assez puissante pour dominer la vie de l'esprit. Employé absolument, le mot passion désigne l'amour*.

C'est ce sens qui retiendra surtout notre attention dans le développement de l'article.

Passion

A. Sa diversité

• son terrain d'élection est l'amour* vécu comme une fatalité et porteur de mort (ex. Tristan et Iseut, Phèdre ; cf. Jalousie) ;
• mais elle s'exerce aussi dans d'autres domaines : l'ambition, l'avarice (ex. Grandet), l'orgueil, l'envie, la haine, le désir de vengeance (ex. Dantès) ;
• on peut aussi parler de passion pour l'honneur, la gloire, la découverte (cf. Balzac, *La Recherche de l'Absolu*) ;
• ces diverses passions peuvent s'opposer : ex. amour et honneur (cf. *Le Cid*), vengeance et amour (cf. Emilie), ambition et amour (cf. Julien Sorel), cupidité, hypocrisie et luxure (cf. Tartuffe).

B. Ses caractères

1. Elle est, dans l'ordre affectif, ce qu'est l'idée fixe dans l'ordre intellectuel (cristallisation de la vie psychique autour de la passion ; d'où utilisation dans le comique ou dans le tragique).

2. Elle conduit à l'aveuglement de la raison, de la sagesse (cf. *Un Amour de Swann*) tout en mettant à son service les ressources de l'intelligence et de l'énergie* (cf. Action, Enthousiasme), du dévouement, mais aussi de la violence pouvant aller jusqu'au crime (cf. *Thérèse Raquin*).

3. Elle excite la sensibilité* (violence, plaisir, souffrance, émotion) et force à exprimer ce qu'on éprouve (cf. Lyrisme).

4. Elle peut entraîner l'accablement chez un individu écrasé par la souffrance devant les obstacles qui séparent la passion de son objet : passivité, gémissement, égocentrisme, désespoir (ex. Lamartine, Musset) ; passion sans objet (cf. Mal du siècle).

C. Ses causes

Elles peuvent êtres dues à des raisons :
• physiologiques : liées au corps (ex. Descartes) ou à l'hérédité (ex. Zola) ;
• extérieures : le climat (ex. Montesquieu, Mme de Staël, Stendhal), le milieu*, l'époque (ex. Mme de Staël, Mérimée) ; l'éducation* ; les lectures (cf. Emma Bovary) ; la propagande, les préjugés ;
• intérieures : la nature* morale (ex. l'amour-propre chez La Rochefoucauld), les instincts, l'égoïsme, le développement excessif de la sensibilité aux dépens de la raison et de la volonté ;

• occasionnelles : émotion, coup de foudre, injure, offense, désir ; rôle de l'imagination* (cf. Amour, Jalousie), de l'accessibilité de l'objet.

D. Sa valeur

1. Au XVIIe s., les Classiques ont un préjugé défavorable à cause de l'origine physiologique de la passion, de sa passivité, de ses excès, de son opposition à la raison* : le passionné est un malade (ex. Racine, les moralistes, les sermonnaires ; cf. *La Princesse de Clèves*). Il faut distinguer toutefois :
• une conception pessimiste (chrétiens, jansénistes, Pascal, Racine) : toutes les passions sont mauvaises ; élément du tragique racinien, la fatalité* des passions dégrade l'individu (avec toutefois chez Racine une « intime complaisance » pour la passion, qui consiste à lui donner la place prépondérante, à l'analyser longuement, à insister sur sa fatalité et parfois sur ses charmes) ;
• une conception qui ne croit pas que toutes les passions soient en elles-mêmes mauvaises, si la raison réussit à les régler sans les amputer (ex. le libertinage épicurien selon Montaigne et son art* de vivre) ; Descartes qui établit une hiérarchie des passions d'autant meilleures qu'elles sont épurées des influences du corps par la volonté raisonnable qui peut les utiliser pour le bien (cf. *Traité des passions*) ; Corneille qui admet une part de passion dans la gloire et éprouve de l'admiration pour la passion, même mauvaise, si elle s'accompagne de grandeur* d'âme (cf. Cléopâtre).

2. Au XVIIIe s., en théorie, on condamne les excès et l'immoralité de la passion (cf. *Manon Lescaut, La Nouvelle Héloïse*). Mais on constate :
• un développement de la tendance optimiste déjà sensible au XVIIe s. (ex. Voltaire, Vauvenargues) : les passions sont utiles, développent par exemple les arts, le luxe ;
• une réhabilitation de la sensibilité* capable, spontanément, même sans le secours de la raison, d'atteindre le bien et le beau (ex. Vauvenargues, Diderot, Rousseau ; cf. Enthousiasme, Sensibilité) ;
• l'affirmation du bonheur de la passion même condamnable, du sentiment d'exister par elle pleinement et de n'exister que par elle (cf. Des Grieux, Saint-Preux) et même d'un rachat moral possible par la passion (cf. Manon) ;
• l'approbation de la beauté du passionné, pour sa grandeur et l'unité de son caractère (ex. Diderot).

3. Au XIXᵉ s., c'est l'exaltation totale de la passion par les Romantiques :
• elle fait exister, le héros n'est que passion ;
• elle donne le bonheur, même coupable (cf. Ruy Blas, Julien Sorel) ;
• elle purifie, devient morale parce qu'elle engage tout entier (cf. Marion Delorme, Marguerite Gautier) ;
• elle pousse à l'action utile (cf. Ruy Blas, patriote par amour), exalte l'énergie, fait les sociétés (ex. Balzac) ;
• elle inspire le poète (cf. Inspiration), suggère les grandes idées morales (cf. Humanité), confère l'unité, la beauté, le caractéristique* aux personnages.
D'où l'idée que « les grandes œuvres vivent par leurs côtés passionnés » : passion de l'auteur (beautés du lyrisme*) ; passion des personnages* (vie et unité) ; passions éveillées chez le lecteur.

4. A partir de Flaubert, les passions sont analysées, de manière clinique ou réaliste, perdent parfois leur prestige et ne gardent que leurs manifestations douloureuses et dégradantes (ex. Zola ; cf. *Madame Bovary* ; *A la Recherche du temps perdu* ; *Thérèse Desqueyroux*).

PEINTRE (PEINTURE)

Ces notions ne sont envisagées dans cet article que sous leur aspect littéraire, c'est-à-dire quand elles permettent de qualifier un écrivain de « peintre ».

A. Une spécificité

Par opposition aux écrivains qu'on qualifie de philosophes* ou de moralistes*, on dit d'un écrivain qu'il est un peintre quand il privilégie les descriptions*, ce qui l'amène à faire des choix (examinés en B).
Cependant, peindre ajoute à « décrire » l'idée d'expressions vives qui donnent au style pittoresque* et couleur*. Décrire suppose plus d'objectivité, d'exactitude précise, et le désir de faire comprendre ou de donner une idée générale. Il est également possible de dire d'un moraliste* qu'il « peint » les passions quand il évoque leurs effets, qu'il les met en scène devant nos yeux, comme des personnages individuels nettement caractérisés et en action (ex. Pascal, peintre de l'imagination ; La Rochefoucauld, de l'amour-propre).

B. Une technique

1. Le choix des sujets : un écrivain qui veut « peindre » préfère l'individuel au général, l'apparence extérieure à l'analyse des mobiles intérieurs, la diversité à l'unité abstraite.

2. Le choix des moyens s'impose par conséquent et comporte : le sens du concret, du physique (choses, milieux*, êtres ; personnages à clés ; portraits, descriptions) ; l'art de décrire l'extérieur pour révéler l'âme ; dans l'analyse psychologique, le goût de ce qu'il y a d'abstrait et de général, mais de ce qui est unique, particularisé, déterminé, irréductible (ex. La Bruyère, Stendhal, Balzac, Flaubert ; cf. Personnage).

3. Un style caractérisé par : un vocabulaire concret, précis, coloré ; des images* descriptives et non explicatives, du pittoresque*, de la couleur*, de la vie* ; de la vérité du langage, des dialogues, etc.

PERSONNAGE

Un personnage est une personne fictive dans une œuvre littéraire, cinématographique ou théâtrale (synonymes : héros, protagoniste, interlocuteur).

Cet article envisage le personnage sous ses aspects les plus généraux et tel qu'il apparaît surtout dans le roman* ; pour les personnages de chaque genre* particulier, il convient de se reporter aux articles les concernant : cf. Acteur, Comédie, Conte, Epopée, Nouvelle, Roman, Tragédie, Théâtre.

A. Présentation d'un personnage

Il s'agit de donner l'illusion d'une personne réelle grâce à un certain nombre de moyens.

1. « Faire concurrence à l'état-civil », tel était le souhait de Balzac qui cherchait à donner à chaque personnage une identité mise en évidence par :
- un nom et éventuellement un prénom (cf. Lucien de Rubempré) :
- un passé, une origine (cf. les années de bagne de Vautrin) ;
- un physique déterminant des traits moraux (ex. chez Balzac, Zola) ou les reflétant (ex. chez La Bruyère, Balzac) ;

• une situation sociale : ouvrier (ex. Zola) ou bourgeois (ex. Balzac), exploiteur ou exploité (cf. *Le Voyage au bout de la nuit*), maître ou esclave (cf. *La rue Cases-Nègres* ; *Pluie et vent sur Télumée Miracle*)... ;
• un métier (cf. Coupeau couvreur, Etienne Lantier chômeur) ;
• des mœurs*, reflétant son métier ou déterminées par son milieu*, son temps, qui peuvent faire de lui un simple exemplaire d'une espèce sociale (cf. les employés chez Balzac) ou joindre aux caractères spécifiques des traits individuels physiques (ex. Zola) ou moraux (cf. César Birotteau, Grandet, Goriot) qui lui donnent une personnalité ;
• un caractère* en rapport avec son physique ou avec ses mœurs*, qui le définit comme :
— un type* (cf. infra), une sorte d'abstraction qui réunit tous les traits de l'espèce (cf. Ménalque, Onuphre), plus ou moins particularisé, soit qu'il ne représente qu'une variété de l'espèce (cf. Arsinoé dans *Le Misanthrope*), soit parce qu'il est nuancé par des traits physiques ou des mœurs (cf. Monsieur Jourdain) ;
— ou au contraire comme une personnalité individuelle, unique, vivante (cf. B 3), tout en rappelant les caractères et les mœurs d'une espèce (cf. Tartuffe, Grandet, Goriot) ;
• un langage, un style en rapport avec les mœurs et le caractère ;
• une évolution souvent déterminée par le caractère.

2. Des procédés tels que :
• faire un portrait physique et moral (cf. le père Goriot) ;
• décrire un comportement, rapporter des paroles effectives ou intérieures (cf. Lennie et George ; cf. Monologue) ;
• analyser, commenter l'intériorité des sentiments, d'un caractère (cf. *La Princesse de Clèves, La Chartreuse de Parme*) ;
• rapporter les jugements ou les réactions des autres personnages sur celui qu'on veut présenter (ex. l'arrestation de Vautrin) ; le présenter par le regard d'un autre (cf. Albertine).

3. Les conceptions qui commandent le choix de tel ou tel procédé s'affrontent :
• éclairer le personnage de l'intérieur et nous expliquer tous les rapports cohérents entre ses différents traits de caractère : tradition des psychologues français (ex. Corneille, Racine, Mme de Lafayette, Stendhal, Balzac, Mauriac) qui tend à la clarté, à la vérité et à la nécessité, mais repose sur une convention, car, dans la vie, les êtres ne nous apparaissent pas de cette façon ;

• laisser subsister le mystère de la vie : le personnage agit sans qu'on nous dise pourquoi. Cela provoque une impression de vécu et l'intérêt de l'inattendu (ex. Dostoïevski, Proust ; cf. les personnages de Sartre qui n'ont pas un caractère, une essence, mais se font, ont un devenir). Cependant, le personnage garde sa nécessité et son unité, car si sa décision est imprévisible, elle n'est pas gratuite, à la différence de certains héros romantiques, comme Hernani (cf. Caractère) ; son action finale l'explique, nous le découvrons alors et comprenons qu'il ne pouvait pas être autrement.

On remarquera que la première conception n'exclut pas complètement le mystère ou l'inattendu : nous pouvons supposer, derrière ce que dit ou laisse entendre l'auteur, des influences plus profondes ou mystérieuses (cf. la façon dont chaque époque interprète différemment le même personnage, comme Alceste ou Julien Sorel).

C'est cette attitude que pousseront à l'extrême les romanciers américains de l'entre-deux-guerres (ex. Dos Passos, Hemingway, Steinbeck ; cf. Narration) et les partisans du Nouveau Roman*, qui réduisent même parfois leur personnage à un regard (cf. *La Jalousie*), une voix (ex. Beckett).

B. Ses fonctions

1. Le système des personnages s'organise suivant :

• les rapports qu'ils ont entre eux : ils se mettent en valeur les uns les autres par contraste ou complémentarité (cf. Don Quichotte et Sancho Pança ; Jacques et son maître ; Vautrin et Rastignac...) ;

• leur rôle dans l'action : ils sont sujet (celui qui est à l'origine de l'action), objet (le but de l'action), adjuvant (qui aide le sujet), opposant (qui fait obstacle à l'action du sujet), destinateur (qui commande l'action au sujet), destinataire (le bénéficiaire de l'action) ;

• des oppositions de types d'après : — le comportement actif ou passif, fort ou faible, idéaliste ou calculateur, etc. ; — la situation sociale (cf. supra) ; — l'isolement ou l'appartenance à un groupe (cf. *La Métamorphose*) ; — l'âge (les jeunes, les adultes...) ; — l'idéologie (ex. révolutionnaires ou traîtres in *La Condition humaine*).

2. La valeur du personnage provient du désir de l'écrivain :
ce que dit Thibaudet du roman* : « Le vrai roman est comme une autobiographie du possible. [...] Le génie du roman fait vivre le possible, il ne fait pas revivre le réel » est valable pour toute œuvre. Le personnage peut prendre une valeur :

• psychologique : il est un type* (ex. La Bruyère, Molière), il sert à analyser l'âme humaine, il exprime des sentiments lyriques (cf. René, Lorenzaccio) ;
• symbolique : il signifie :
— une condition, une relation (cf. *Chatterton*) ;
— un conflit religieux, politique, moral (ex. tragédies de Voltaire ; romans de Victor Hugo, de Bourget) ;
— une époque (cf. Hernani, Ruy Blas) ;
— une vertu, un sentiment (cf. Moïse, Hernani : cf. Epopée) ;
• mythique (cf. Mythe) ;
• philosophique : un regard posé sur le monde (cf. Gil Blas, Candide, Zadig, les héros des contes*) ou un porte-parole d'idées (cf. Emile, Saint-Preux, Figaro, les honnêtes gens de Molière).
Mais le personnage est aussi porteur des désirs du public (cf. C).

3. Personnage et personne sont en principe distincts, malgré le souhait de Balzac, puisque le personnage n'existe que par l'effet des conventions et procédés vus supra. Cependant, il peut nous donner l'impression d'être vivant, d'exister par lui-même, ce qui ne l'empêche pas de devenir un type*, un mythe*, voire un symbole (cf. Julien Sorel, Fabrice ; les héros de Balzac, Mauriac, Martin du Gard ; Tartuffe, Alceste, Emma Bovary, le baron de Charlus, etc.). Cela se produit :
• s'il est complexe, car la vie n'est pas logique et juxtapose les oppositions (cf. Tartuffe, Alceste, Goriot, etc.) ;
• s'il a en même temps une unité (cf. Caractère) qui lui donne une façon personnelle de voir le monde et d'agir, et s'il donne une impression de vérité* ;
• s'il évolue selon les nécessités de sa personnalité ;
• s'il nous est dépeint avec des détails précis et particuliers qui font qu'il ne ressemble à personne ;
• parfois le personnage a aussi une vie purement extérieure faite d'agitation, de mouvement (cf. Figaro, le Neveu de Rameau) ;
• le personnage vivant nous donne ainsi l'impression d'être : unique, libre, nécessaire, et pourtant d'avoir certains traits communs avec nous (cf. Universel).

4. Le personnage en question : c'est précisément cette prétention à rivaliser avec la réalité que vont dénoncer le Nouveau Roman et d'autres auteurs contemporains (cf. Sartre, « M. François Mauriac et la liberté » in *Situations* I). Les personnages ne sont-ils pas que des créatures de papier, aussi irréelles que les mots qui les dessinent ? Comment croire un écrivain qui dit que son personnage lui échappe, se gouverne tout seul, déterminé par son caractère, alors qu'il n'est que le fruit de l'imagination de l'auteur ? Comment lui prêter un destin, comment le juger ? A ces questions, A. Robbe-Grillet ajoute qu'à l'époque où l'homme n'est plus qu'un numéro-matricule, il faut aussi faire tomber le personnage du piédestal où l'avait placé le XIXe s. (cf. Narration, Roman).

C. Personnage et public

En fait, le personnage ne prend corps qu'entre les mains du lecteur (cf. Livre) qui le considère comme :

1. Un « alter ego », projection de ses désirs profonds. L'identification s'opère aussi bien :
• si le personnage est proche du héros* : — il est porteur d'un rêve lyrique (cf. les héros romantiques, Ruy Blas, Cyrano) ; — il symbolise un idéal (cf. Hernani) ; — il punit les méchants ou les sots (cf. Dantès, les valets de Molière) ;
• s'il attendrit le lecteur par ses aspects « humains, trop humains » : — des traits séduisants : beauté, grâce de la jeunesse (cf. Rodrigue, Chimène, Junie, Julien Sorel) ; — ou rouerie, malice, rondeur (cf. les valets de Molière ; Figaro) ; — prestige, personnalité (cf. Dom Juan) ; — la grâce du malheur (cf. Hernani, Ruy Blas, personnages romantiques) ou le pathétique de sa situation (cf. Mme de Clèves, Manon, Eugénie Grandet, Andromaque, Phèdre...).

2. Un miroir qui permet de mieux comprendre les mécanismes de l'âme humaine. Cette spécificité qu'offre le livre de pouvoir pousser toujours plus loin l'analyse psychologique, de rendre compte de tous les mouvements intérieurs, le rend supérieur au film. Pourtant, au cinéma, le spectateur manifeste la même tendance à s'identifier au personnage.
La vérité* psychologique va même jusqu'à occulter l'aspect moral (par exemple on croit à Tartuffe même s'il est odieux).
Le personnage aide parfois à comprendre également les conventions* d'une époque, et même ses vices (ex. l'abbé Dubois et le Régent dans le film de B. Tavernier, *Que la fête commence*).
Toutes ces raisons justifient cette confidence de Stendhal dans une lettre à sa sœur Pauline Beyle (3 août 1806) : « Dans les romans, l'aventure ne signifie rien. Ce qu'il faut au contraire se rappeler, ce sont les caractères ».

PEUPLE (POPULAIRE)

Le mot peuple a plusieurs acceptions ; il peut désigner :
• l'ensemble des citoyens habitant sur un même territoire (synonyme : Nation*) ;
• la majorité des citoyens, par opposition à une élite intellectuelle ou sociale (synonymes : public*, le grand public ; cf. B) ;
• les classes les plus défavorisées de la société, qui précisément composent cette majorité, c'est-à-dire les paysans, les artisans, les ouvriers, les employés, par opposition, suivant les époques, aux nobles (cf. Monde), au clergé, aux bourgeois*...
Populaire se dit de ce qui caractérise le peuple ou de ce qui plaît au peuple (le public).
Populiste désigne exclusivement les auteurs et les œuvres (en littérature, en art*, au cinéma*, au théâtre*) qui parlent du peuple, c'est-à-dire qui, en réaction contre la psychologie bourgeoise et mondaine, s'attachent à exprimer la vie et les sentiments des milieux populaires (cf. les romans de Carco, le film *Hôtel du Nord* de Carné).
L'article envisage la notion de peuple dans ses aspects littéraires, sans en approfondir la signification politique.

A. Le peuple comme thème littéraire

Jusqu'au XVIIIe s., le peuple n'occupe qu'une place réduite dans la peinture des classes sociales et il est le plus souvent évoqué de manière annexe (cf. Pierrot, Mathurine et Charlotte in *Dom Juan,* Martine in *Les Femmes savantes*).
C'est à partir du XIXe s. qu'il fait l'objet de peintures plus larges, plus approfondies.

TEXTES : **Marivaux,** *L'Ile des esclaves,* 1725. **Beaumarchais,** Figaro in *Le Barbier de Séville,* 1775 ; *Le Mariage de Figaro,* 1784, **Diderot,** *Jacques le Fataliste,* 1796. **Lamennais,** *Le Livre du peuple,* 1837. **Sue,** *Les Mystères de Paris,* 1842-1843. **Michelet,** *Le Peuple,* 1846. **Hugo,** *Les Misérables,* 1862. **Goncourt,** *Germinie Lacerteux,* 1867. Les romans de **Zola,** en particulier *L'Assommoir,* 1876 ; *Germinal,* 1885. **Vallès,** *L'Insurgé,* 1885. **Aragon,** *Les Cloches de Bâle,* 1934 ; *La Semaine sainte,* 1958. Les œuvres de **Carco, Bruant, Fallet, Lanoux,** au XXe s.

1. Ses traits caractéristiques, vus de manière globale et souvent déformés par une idéologie conservatrice ou socialisante, tendent à façonner une image mythique ; on évoque :

• la masse qu'il forme, peu individualisée, même si quelques figures se détachent de temps en temps (une femme, un enfant ; ex. Zola) ;

• sa force instinctive, un peu sauvage, proche des éléments naturels, qui le rend redoutable quand elle le pousse à la révolte ;

• son travail : il travaille pour les autres, ce qui, chez Lamennais, élargit la notion à tout le genre humain, si on excepte quelques privilégiés ;

• sa misère, surtout au XIXe s., qui soulève l'indignation de Hugo (*Discours à l'Assemblée,* 30 juin 1850), Lamartine, Dickens, et qui implique souvent sa saleté (nombreuses allusions à la sueur du peuple, symbole de son travail comme de sa pauvreté) ;

• sa langue, que certains ont essayé de reproduire : ex. le parler paysan de Martine, Pierrot chez Molière, l'argot du Chourineur chez E. Sue ;

• ses qualités morales : son aptitude à la gaieté, sa tendance à faire aveuglément confiance (ex. le peuple pendant la Révolution, aux yeux de Michelet), sa générosité, mais aussi sa sottise (ex. Flaubert), comme pour d'autres classes sociales d'ailleurs, sa capacité de destruction (ex. le sac du Palais des Tuileries dans *L'Education sentimentale*) ;

• ses mœurs assez grossières (cf. sa langue), mais bon enfant ;

• ses vices : propension à l'alcoolisme, l'orgie (ex. Flaubert, Zola).

2. Sa valeur de symbole est celle qu'on lui prête ; il apparaît comme :

• une source de pathétique, qui « parle à l'intérêt, à l'émotion, à la pitié » (ex. les Goncourt) ;

• l'opprimé, dans ses relations et ses revendications face aux privilégiés (ex. Marivaux, Beaumarchais, Aragon) ;

• pour Michelet, l'agent essentiel de l'Histoire, qui progresse comme un combat de la liberté contre la fatalité : ce combat est mené par le peuple, force muette, à laquelle il faut enfin donner une voix pour que la puissance qui lui vient de sa vie ne reste plus stérile. Le peuple est donc « un mystère de puissance inconnue, une fécondité cachée » ;

• un facteur d'unité pour les écrivains du XIXe s. : « Parler pour les pauvres, ce n'est pas parler contre les riches » affirme Hugo (*Discours à l'Assemblée*) et cette volonté d'unifier le pays en ne laissant plus le peuple dans une misère que l'on feint d'ignorer est partagée par Lamartine, Michelet ;

• une force nouvelle sous l'influence de la pensée de Marx : d'autres notions politiques sont introduites (prolétariat, prolétarisation, exploitation du peuple, lutte des classes...), mais ne donnent lieu qu'à des allusions, sans fournir, à proprement parler, la trame de l'œuvre (cf. les grèves dans les romans d'Aragon, dans *L'Espoir* de Malraux) ;
• un poète pour Prévert qui insiste sur le talent populaire de transformer la langue (cf. Prévert, Pozner, *Hebdromadaires*).

B. Être populaire

En quoi une œuvre, un auteur sont-ils populaires, c'est-à-dire lus par le peuple ou par un très vaste public (ex. La Fontaine, Molière, Voltaire, Hugo, Dumas, Balzac, Zola, Rostand, Prévert) indépendamment de ceux qui, de nos jours, profitent de la publicité des médias (cf. Livre) ?

1. Les genres populaires varient selon les époques :
• ce fut jadis l'épopée*, totalement délaissée aujourd'hui ; le mélodrame, tombé quelque peu lui aussi en disgrâce ;
• de tous temps, le lyrisme*, qui s'est toujours fait l'écho des thèmes les plus populaires (cf. infra) ; la fable* ; le théâtre comique* ;
• le roman* depuis qu'il est à la mode, et plus précisément le roman historique ces dernières années, le récit d'aventures, les sagas ;
• le cinéma, qui est devenu un loisir populaire, sans différer foncièrement dans ses sujets, thèmes, personnages, etc. (cf. infra) de ce qui avait fait le succès du roman.

2. Les sujets et thèmes populaires ne sont pas forcément ceux qui parlent du peuple, mais ceux qui sont simples, faciles à comprendre, sans érudition* ; qui touchent tous les hommes (ex. amour, famille, patrie, humanité*, progrès*, vie quotidienne ; cf. Quotidien) ; et d'une façon assez frappante, dramatique*, pathétique, propre à émouvoir* ; en faisant appel à la sensibilité*, au bon sens, à l'imagination*, au plaisir, au rire, etc.

3. Les personnages populaires ne sont pas forcément les humbles : un personnage doit avoir un certain prestige pour parler à l'imagination du peuple, du panache et de l'humour, voire une certaine insolence (cf. Fanfan La Tulipe) afin que le public puisse s'identifier à lui ou projeter en lui ses désirs profonds (cf. Personnage). Ils sont :
• souvent présentés de manière simple, mais contrastée ;
• symboliques ;
• très sympathiques ou très antipathiques ;

• ils incarnent une idée, un idéal ou soulèvent une passion en littérature (cf. Renart, les animaux de La Fontaine, Chimène, Rodrigue, Gavroche, d'Artagnan, héros de Hugo, de Zola) comme au cinéma (ex. le policier s'il est dynamique et a le sens de l'humour, l'aventurier « sans peur et sans reproche », le voyou au grand cœur, etc.).

4. Les idées populaires allient :
• la sagesse de bon sens, claire et frappante (ex. La Fontaine, Molière) ;
• et les idées simples, sans nuances, mais illustrées clairement par des symboles, souvent en contrastes et toujours très émotives grâce à cette sorte de communion que créent l'épopée, le drame et le lyrisme* (ex. jeunesse, amour, générosité, vaillance, patrie, etc.).

5. Le style populaire se caractérise par :
• sa simplicité, sans allusions, ni mots rares, ni figures savantes, etc. ;
• sa clarté ;
• sa puissance émotive : images frappantes, réalisme violent, antithèses, merveilleux, lyrisme, couleur ; rythme éloquent : tirades, stichomythies, vers qui se répondent, formules à effet, vers mnémotechniques (souvent liés aux souvenirs scolaires : importance de l'enseignement dans la création de l'auteur « populaire » ; ex. La Fontaine).

PHILOSOPHE

Ce mot a connu différentes acceptions au cours de l'histoire.

A. Dans l'Antiquité

C'est un sage qui a acquis un savoir :
• fondé sur la raison ;
• englobant toutes les connaissances humaines de son époque aussi bien dans le domaine scientifique que métaphysique ou moral (ex. Socrate, Platon, Aristote).

B. Au XVIIe siècle

Pour le *Dictionnaire de l'Académie,* c'est à la fois :

1. Un savant « qui s'applique à l'étude des sciences et qui cherche à en connaître les effets par leurs causes et par leurs principes » (ex. Pascal) ;

2. Et un penseur, « un homme sage qui mène une vie tranquille et retirée hors de l'embarras des affaires » (cf. La Fontaine, *Fables*).
Pour La Bruyère (*Des Biens de fortune,* 12), le philosophe est à la fois métaphysicien, savant, penseur chrétien, moraliste, honnête homme, homme de cœur.
La religion reste le point de référence (ex. La Bruyère, Pascal) et la métaphysique n'en est pas séparée : les systèmes philosophiques sont fondés plutôt sur la raison que sur l'expérience, ne s'opposent pas à la foi et même la renforcent (ex. Descartes, Malebranche, Leibniz, Hobbes).

3. Un autre sens, déjà noté par Pascal (pour lui les philosophes sont des sages païens et leurs émules, les libres penseurs, des libertins qui expliquent tout sans la religion), est enregistré par le *Dictionnaire de l'Académie* de 1694 et annonce le sens donné à ce mot au XVIIIe s. : le philosophe est celui qui agit par « libertinage d'esprit » (cf. Libre pensée) et qui parfois exerce un certain type de critique* sociale.

C. Au siècle des Lumières*

C'est à cette époque que les mots « philosophe » et « écrivain » se rapprochent le plus.
Selon la définition de *L'Encyclopédie,* « le vrai philosophe est donc un honnête homme qui agit en tout par raison, et qui joint à un esprit de réflexion et de justesse les mœurs et les qualités sociables ».

1. Le philosophe s'appuie sur l'expérience :
- c'est un adepte de la science* (ex. Montesquieu, Voltaire, Diderot, Buffon, d'Alembert) qui a recours à la méthode expérimentale ;
- il s'intéresse aux techniques, aux métiers (ex. Diderot, principal promoteur de *L'Encyclopédie*) ;
- il découvre les qualités des cultures étrangères (cf. *Les Lettres philosophiques* de Voltaire ; cf. Exotisme) ;
- il fait confiance à la nature*, débarrassée des préjugés de la religion (« La superstition met le monde en flammes ; la philosophie les éteint », Voltaire) et des abus du droit positif (cf. le mythe du bon sauvage), et tente d'expliquer l'esprit humain de manière empirique (ex. Locke, Condillac) ;
- il critique violemment les systèmes et la métaphysique* : « Toute la métaphysique, à mon gré, contient deux choses : la première est tout ce que les hommes de bon sens savent ; la deuxième ce qu'ils ne sauront jamais » (Voltaire).

2. Il exerce sa raison*. A partir de l'expérience, il peut : remonter des faits aux principes ; opposer le jugement à l'erreur, la raison à l'usage, donc se livrer à la critique* sociale.
Mais cette pensée n'est pas encore suffisamment positive et recouvre des aspects encore trop systématiques ou erronés (cf. les erreurs de Voltaire à propos des fossiles).

3. C'est un honnête homme qui veut être utile :
• en faisant du bien (« Le vrai philosophe défriche les champs incultes, augmente le nombre des charrues, et par conséquent des habitants, occupe le pauvre et l'enrichit, encourage les mariages, établit l'orphelin » (Voltaire ; cf. son activité à Ferney) ;
• en faisant l'éloge du commerçant, de la prospérité, du progrès*, de la technique* ;
• en apportant culture*, information et méthode ;
• en libérant l'homme* : liberté* ; égalité* ; tolérance ; humanité* ;
• en édifiant la cité des hommes : théories politiques ; civisme (cf. idées de Montesquieu ; Rousseau, *Le Contrat social*) ;
• en cherchant à libérer et construire l'homme* plutôt qu'à le connaître ; l'art utile est préféré à la pure beauté, le social au moral.

4. Il cherche à plaire :
• par ses qualités (cf. Honnête homme) : vie mondaine et sociale des philosophes (« Il n'y a que le méchant qui soit seul », Diderot).
Rousseau s'oppose aux philosophes par sa solitude, ses idées sur le progrès*, la civilisation*, le théâtre* ; sa sensibilité, sa religiosité ;
• par les genres littéraires agréables et accessibles au public qu'il choisit pour répandre ses idées : poésie, théâtre (ex. Voltaire, Beaumarchais, Diderot), roman (ex. Montesquieu, Diderot, Rousseau) ; pamphlet (ex. Voltaire) ; dictionnaire ; idées mêlées à des récits, des anecdotes, etc. ;
• par un effort pour : être clair : simplifier, illustrer (cf. planches de l'*Encyclopédie*) ; intéresser et amuser : ironie*, esprit*, réduction à l'absurde*, etc.

D. Au sens général moderne

Ce terme est réservé à un « technicien » de la philosophie :
• le philosophe se fonde uniquement sur la raison* (par opposition au penseur chrétien et à la religion*) ;
• il s'occupe encore de la métaphysique* (ex. Hegel, Kant, Heidegger) ;

• mais il n'est plus un savant : alors que les sciences étudient des domaines particuliers, le philosophe tâche d'arriver à une synthèse, un système, de ramener le savoir à un certain nombre de principes directeurs et d'en tirer une vue de l'univers, de l'homme et de l'esprit humain.

PITTORESQUE

Le mot vient de l'italien « pittore », peintre, et s'applique donc à l'origine à un paysage ou à une scène intéressants par leurs couleurs (vives, variées...) et par leur caractère (beauté, étrangeté, éclairage, contraste, forme...), donc dignes d'être peints.
Par extension, en littérature, pittoresque s'emploie pour qualifier une description* qui donne une sensation vive et directe des choses, que ce soit en créant des images sensibles (visuelles ou autres), ou en relevant les expressions caractéristiques* d'une manière d'être.

A. Des aspects

1. **Le pittoresque d'un lieu, d'une scène** tient à la qualité de sa description* (cf.B).

2. **Le pittoresque moral** consiste en l'art de dépeindre des choses abstraites (ex. passions, sentiments) :
• en décrivant des détails concrets et physiques qui caractérisent le moral (ex. silhouettes de La Fontaine, La Bruyère, Balzac) ;
• en peignant directement l'abstrait, mais dans un langage plein de couleur* qui en concrétise chaque détail, personnifie et anime les choses morales (ex. la peinture de l'imagination chez Pascal).

3. **Le pittoresque d'un personnage** se ressent quand physique, langage, mœurs, caractère ont quelque chose de frappant ou d'étrange, de bizarre, ou sont stylisés (ex. les originaux de Molière, de La Bruyère, le Neveu de Rameau, le Capitaine Fracasse).

4. **Le pittoresque du langage** est ce qui le rend caractéristique d'une manière de parler d'un personnage ou d'un groupe social (ex. chez Molière, le langage des servantes, des médecins, etc. ; chez Balzac, l'argot, la langue provinciale, etc.).

B. Une technique

1. **L'intérêt** porte sur la forme du sujet à décrire, mais surtout sur la couleur, ce qui distingue le pittoresque du style plastique : outre les sensations visuelles, il ne néglige pas les sons en usant de la valeur musicale des mots*, ni les parfums (ex. Baudelaire, Colette).

2. **L'image* pittoresque présente les qualités suivantes :**
• exactitude, force concrète. En ce sens le pittoresque de l'expression peut s'ajouter au pittoresque de l'objet, par exemple dans le cas de l'exotisme* (ex. Bernardin de Saint-Pierre, Gautier ; cf. Couleur locale) ;
• choix, vivacité qui nous suggèrent l'aspect frappant de l'objet, nous disent moins ce qu'il est que ce à quoi il ressemble et même nous font voir d'une façon nouvelle ce qui, en soi, n'a pas de pittoresque (ex. chez Hugo, la lune « faucille d'or dans le champ des étoiles » ; cf. Caractéristique) ; en ce sens, le pittoresque peut amener au merveilleux*, aux correspondances*, au symbole* ;
• à l'extrême, vision non de la chose, mais de son apparence, d'une autre chose que l'on voit à sa place (cf. Description) : ex. impressionnisme de Proust, pointillisme de couleur des Goncourt.

POESIE

Selon qu'elle raconte, exprime des sentiments, les met en scène ou réfléchit à leur sujet, et selon la forme adoptée, la poésie se divise en différents genres*.

A. L'essence de la poésie

Définir la poésie est délicat en soi et l'est encore plus si l'on envisage toutes les pratiques possibles que l'on peut en faire : la lire, la dire, la déclamer, la réciter, la chanter ou ... l'expliquer.
Entre toutes les définitions proposées, qui se veulent souvent aussi « poétiques » que leur objet, il semble que l'on pourrait la voir comme :
• une façon différente de réagir (cf. l'anecdote de Caillois à propos du mendiant aveugle sur la pancarte duquel un passant avait écrit, à la place de « Aveugle de naissance » : « Le printemps va venir, je ne le verrai pas ») ; une manière d'être et d'ouvrir les yeux qui révèle que « la poésie n'est en rien nulle part, sauf dans ce regard qui assure la souveraineté de l'homme sur les choses de la création » (Reverdy) ;

• une façon différente de parler : quand Y. Bonnefoy dit « Et dans son rêve il y avait de la jeune fille », ou quand Zola écrit « cette nuit de la terre qu'ils dormiraient », ils imposent à la langue habituelle une rupture qui fait naître la poésie. Claudel d'ailleurs définissait la poésie comme « agrammaticale » par rapport à la prose. La poésie serait « le langage ordinaire auquel on a tordu le cou », un discours qui en dit plus (cf. B). La poésie devance le mot : « le poète ne peut pas longtemps demeurer dans la stratosphère du Verbe. Il doit se lover dans de nouvelles larmes et pousser plus en avant dans son ordre. » (R. Char, « Feuillets d'Hypnos », in *Fureur et Mystère,* 1948).

B. Ses moyens d'expression

1. La création poétique est-elle basée sur l'inspiration* ou sur le travail* d'écriture ? Voir ces articles, mais aussi Enthousiasme, Impersonnalité, Moi, Mystère, Mysticisme, Obscurité, Sensibilité, Souffrance.

2. Elle fait appel à autre chose qu'à la raison*, l'intelligence*, la logique ; chez le lecteur et surtout l'auditeur, elle sollicite l'irrationnel : imagination*, associations, intuition, sensibilité*, enthousiasme*, rêve*, mysticisme*, envoûtement, bien-être physique, bonheur.
La poésie est là pour combler une attente, créer une obsession.

3. Les thèmes poétiques sont :
• ceux qui justement paraissent propres à toucher en nous l'irrationnel (exotisme*, obscurité*, barbare*, mélancolie*, mysticisme*, rêve*, idéal, infini*, mystère*, sensibilité*, souffrance*, grandeur*, beauté*, etc.) de telle sorte qu'on a appliqué le qualificatif de poétique à tout ce qui dépasse la connaissance claire et nous touche obscurément (ex. la lune, source de rêverie, de mystère nocturne, d'exaltation lyrique) ;
• mais il y a aussi une poésie des idées claires (ex. Lucrèce, Racine), des circonstances les plus ordinaires (la poésie intimiste), des choses vulgaires ou laides (ex. Prévert). La poésie n'est pas forcément dans les choses, mais dans une certaine manière de les voir et de les exprimer.

4. Un style poétique peut se définir à travers :
• ses éléments (le mot* ; la syntaxe ; les figures* ; la mesure du vers ; son rythme* : rimes, accents, pauses ; les groupements de vers ; la musique* des sons), dont certains appartiennent aussi à la prose. La poésie ne se réduit donc pas à la simple versification (dont elle se distingue, en outre, par le fait qu'elle n'est pas uniquement un style, mais une attitude devant les choses), et il existe une prose poétique ;

• un langage poétique que chaque époque a cru pouvoir définir :
— à l'époque classique, on prône la noblesse du langage ;
— les Romantiques ont rompu avec la noblesse, les figures artificielles, tout en respectant la syntaxe, en conservant l'image* et la métaphore qui donnent la couleur*, l'hyperbole et l'antithèse qui donnent la force, en conférant de nouveaux rôles à l'adjectif (cf. Romantisme) ;
— à leur tour, les Symbolistes ont critiqué la rhétorique romantique ou parnassienne, ont rendu la liberté au mot*, joué sur l'obscurité*, assoupli la syntaxe, renoncé à la cohérence logique des métaphores, cherché des correspondances* (cf. aussi l'évolution de l'image*, du merveilleux*), une nouvelle musique* ;
— de nos jours, chez un poète comme Prévert, on trouve, côte à côte les mots les plus vulgaires, les tours syntaxiques les plus populaires, des énumérations qui établissent des rapprochements inattendus, des images qui, sans altérer métaphoriquement l'objet, transfigurent le monde en une sorte de séquence cinématographique, des alliances ou des dissociations de termes, des coq-à-l'âne, lapsus, calembours, ellipses qui disloquent le réel et substituent à notre vision logique ou routinière une nouvelle optique.
Il est donc vain de vouloir limiter à une forme donnée le langage poétique. Il se distingue de la prose parce que, quels que soient les moyens qu'il emploie, il vise à suggérer au-delà de la pensée logique ; ou à condenser, à styliser à l'extrême ; ou à éveiller les puissances irrationnelles (évoquées en 2), mais, en même temps, à donner à l'expression une sorte de nécessité qui condamne les ornements de pure rhétorique, et que renforce le fait que le langage est enchâssé dans le vers.

C. Ses missions

1. Décrire : Horace disait « ut pictura poesis », la poésie est une peinture, c'est-à-dire que la poésie prend pour sujets ceux de la description* et utilise les formes (poésie plastique), les couleurs (cf. Pittoresque) et les sons (cf. Musique) ;
• c'est celle qu'ont pratiquée la Pléiade, Régnier, Boileau (cf. *Satires,* II, VI, X, etc.), La Fontaine, l'abbé Delille, Chénier, le pittoresque romantique, Hugo (cf. *Les Orientales, La Légende des siècles*), Musset, Gautier, les poètes intimistes (ex. Sainte-Beuve, Coppée), le Parnasse, Baudelaire (pour les êtres et paysages parisiens), Mallarmé (pour les objets), Ponge, Prévert.

• comment juger cette poésie descriptive ?
— elle a contre elle ceux qui assignent d'autres buts à la poésie (cf. infra), et en particulier ceux qui pensent que la poésie décrit mal, car « mesure et rime » (Buffon) gênent la liberté du pinceau, alors que la prose est plus précise, variée et colorée. En cherchant l'exactitude, la poésie devient prosaïque et perd son prestige, qui est de faire rêver ou d'exprimer l'essence des choses et non l'apparence. De plus, « la poésie est une chanson selon le poète et qui exprime premièrement la nature du poète et disons même son corps. Cette chanson ne se soumet jamais à la chose extérieure ; au contraire, elle la plie et la déforme selon l'inflexible chant » (Alain) ;
— mais la poésie descriptive n'est pas condamnée à être, comme elle le fut par l'abbé Delille par exemple, une « poésie qui décrit beaucoup sans faire rien paraître » (Alain). Les moyens de la poésie permettent de faire apparaître, de « dévoiler », de faire voir les choses pour la première fois et pour toujours (cf. les images descriptives de Chénier, Hugo ; le réalisme poétique des modernes comme Prévert, pour qui il n'y a pas d'« objets poétiques », toute chose pouvant devenir poésie par la manière dont on l'exprime). Le poète peut aussi passer de la description à l'essence (ex. Baudelaire) ou à la suggestion*.

2. Orner et mettre en valeur une pensée claire :
• c'est la conception du XVIIe et du XVIIIe s. (ex. Corneille, Racine, La Fontaine, Boileau, Voltaire), la pensée pourrait appartenir à la prose, la poésie est dans la forme (valeur mnémotechnique du vers, images, rythme oratoire, musique des mots*) ;

• la poésie philosophique en est une illustration particulière : elle met en valeur des maximes gnomiques (ex. vers dorés de Solon), un système organisé (ex. Lucrèce, Voltaire, Chénier) ; c'est une poésie vibrant d'une passion philosophique (ce qui ajoute à la pensée le cœur : cf. 3 ; ex. Vigny, Hugo), qui se sert des symboles* (cf. Vigny, *Moïse* ; *La Bouteille à la mer*) ; elle condense alors la pensée, lui donne plus de force et d'éclat (cf. Vigny, « La Maison du Berger », II) ;

• cette poésie trouve sa grandeur dans la richesse et la beauté des idées ; (ex. Hésiode, Virgile, Dante, et, de nos jours, Patrice de la Tour du Pin, Aragon ; cf. *La Diane française*), mais elle est critiquée par les partisans des autres missions de la poésie (cf. infra) et les Modernes du XVIIIe s., qui pensent que les ornements irrationnels de la poésie affaiblissent la rigueur de la pensée.

3. Exprimer les émois du cœur, comme le fait la poésie lyrique telle que l'ont surtout conçue les Romantiques : le poète exprime son monde intérieur et sert en même temps d'« écho sonore » à tous les sentiments humains (cf. Lyrisme, Moi) ;
• comme pour la conception 2, la forme est surtout un ornement (cf. Eloquence) ; mais la sensibilité, par son caractère irrationnel, devient une attitude poétique qui saisit ce qui échappe à la raison claire ;
• elle rencontre l'opposition de ceux qui considèrent que la sensibilité n'a rien à voir avec la poésie (cf. Inspiration) ou qui penchent pour les autres conceptions (cf. infra).

4. La poésie est connaissance, ou plutôt « co-naissance », selon Claudel (cf. Littérature) : c'est-à-dire qu'en revenant à l'étymologie du mot, elle « fait », elle recrée les choses ;
• elle « est un moyen de connaissance, un des moyens d'apprendre le monde » (Guillevic). L'attitude poétique ne consiste pas seulement à exprimer les choses dans un certain style, mais à les voir d'une façon fondamentalement différente de celle du prosateur. La poésie est la « connaissance du réel incréé » (R. Char). Au monde logique que peuvent connaître science, raison, esprit de finesse, la poésie préfère le domaine de l'irrationnel qu'elle seule peut explorer, car l'état poétique est voisin de l'état mystique (cf. Mysticisme), et donc essentiellement différent de l'émoi de la sensibilité et de la pensée claire) ; par ailleurs, seule la poésie peut, sinon éclairer, du moins faire entrevoir par intuition, grâce à la magie irrationnelle de son langage ;
• le poète* est un voyant ; par conséquent, il nous offre un monde qui n'est que « merveilles » (c'est la position d'Eluard). Cette conception est partagée par Platon, la Pléiade qui, en théorie du moins, voient dans le poète un « vates », un devin (en fait, la poésie de la Pléiade se rapproche plutôt des conceptions 1, 2, 3 ou 5) ; c'est aussi le poète voyant ou mage de Hugo hanté par des visions qui lui donnent une intuition du mystère* qu'il transcrit en images ou en idées (cf. « La Pente de la rêverie », « Ce que dit la bouche d'ombre », *La Fin de Satan, Dieu*), ou le poète symboliste (cf. Symbolisme), alors que chez les Romantiques on trouvait déjà Nerval, explorateur du rêve*, et que Baudelaire cherchait à déchiffrer la surnature et les correspondances* (cf. Mysticisme) ;
• elle est aussi connaissance des hommes (cf. Poète), en particulier dans ses zones obscures, irrationnelles (cf. Rimbaud : « Je fixais des délires »), et connaissance de l'absolu, d'un au-delà dont la poésie ouvre la porte (ex. Baudelaire ; cf. Correspondance). La tentation est alors celle de la

poésie pure qui, débarrassée de l'inutile besoin de signifier, hante certains écrivains (ex. Mallarmé) : on privilégie alors l'image et le rythme. « La poésie, surtout la poésie moderne, n'a nullement pour mobile la pensée [...] alors qu'en prose on cherche à fixer, à immobiliser la pensée. » (Supervielle). Mais cette conception risque de détourner la poésie de l'humain et de l'éloigner du grand public par son aspect obscur.

5. Elle est un chant de l'âme : le poète n'intellectualise pas ses sentiments, mais rend musicalement un certain nombre de rythmes profonds qu'il sent en lui ;

• la poésie est donc musique et accessoirement image, la pensée claire importe peu et le sens ne se rattache que vaguement à l'effet suggestif de l'ensemble (ex. Verlaine, Apollinaire ; cf. Symbolisme) ou même n'existe pas, la poésie n'étant que libération de l'inconscient (cf. Surréalisme) ;

• cette conception présente le danger de limiter l'univers à celui du poète ; la communication devient alors difficile, la poésie renonce à ses autres missions et on peut même penser qu'il y a, chez les Surréalistes, disparition de tout travail artistique.

6. La poésie engagée cherche à entraîner, à pousser à l'action*, à éveiller l'enthousiasme*. C'est une forme de la poésie qui exprime le cœur (cf. 3) mais qui se veut active ;

• la poésie a longtemps été didactique (cf. Ronsard, *Les Hymnes, Discours* ; La Fontaine, *Fables*) et se veut de nouveau pédagogique au XIXe s., en particulier avec Lamartine (elle « doit se faire et devenir populaire ») et Hugo (cf. *Les Châtiments*). Au XXe s. les œuvres de Claudel, Péguy militent pour leur foi alors qu'un des plus beaux exemples de cette poésie engagée est sans conteste celle de la Résistance (ex. Aragon, Eluard, Char). Le poète chilien Neruda va même jusqu'à dire : « La poésie est une insurrection » et, effectivement, elle est souvent un moyen d'expression privilégié pour les opposants aux régimes totalitaires ;

• ses procédés favoris sont le recours aux sentiments simples, aux thèmes mobilisateurs (la liberté, la justice...), aux images frappantes (cf. *Les Châtiments*), aux symboles* élémentaires, à l'obsession du rythme* ;

• on a beaucoup critiqué cette poésie, depuis les Classiques (qui prônent le bon sens, la discrétion, la litote), jusqu'à ceux qui jugent l'engagement comme une régression, une prostitution de la muse : Gautier et le Parnasse, Baudelaire, Mallarmé (pour qui la vulgarisation de l'art est une impiété, un gâchis), Valéry, Pasternak (« Le poète est comme un arbre dont les feuilles bruissent dans le vent, mais qui n'a le pouvoir de conduire personne. »)...

D. La poésie en question

1. Elle est rejetée par :

• ceux qui se méfient de sa puissance (ex. Platon ; cf. Poète) ;
• ceux qui sont exaspérés par ses formes dégénérées (cf. Vigny, *La Maison du Berger,* II), ses débordements (Flaubert, dans son *Dictionnaire des idées reçues*, définit « poète » comme un « synonyme noble de nigaud ») ;
• ceux qui lui reprochent son caractère ésotérique, qui semble en faire un art aristocratique, élitaire ;
• ceux qui la méprisent parce qu'ils sont rationalistes et que seules comptent pour eux les idées claires (ex. Montesquieu) ;
• tous les « béotiens » sensibles uniquement à l'utilité pratique.

2. Elle est utile car :

• elle procure un plaisir :
— physique, par sa cadence, sa musique, son chant, son émotion... ;
— de l'imagination (évasion*, fantaisie*, mystère*, rêve*, etc.) ;
• elle crée la beauté en renouvelant la vision des choses rendues plus essentielles, plus neuves ;
• elle offre un accès aux choses intellectuelles, aux idées, aux mondes obscurs, aux profondeurs de soi-même (cf. Claudel lisant Rimbaud) ; à ce qui dans autrui n'est pas rationnellement communicable et ne peut être suggéré que par intuition ;
• elle affine et enrichit la sensibilité ; l'enflamme et l'incite à l'action ; console, apaise (cf. *Les Nuits*) ; permet la communication entre les hommes ;
• elle a donc une valeur morale, car elle purifie les passions, exalte l'héroïsme, le dévouement national ou social ;
• elle a aussi une valeur civilisatrice comme en témoigne l'importance de la poésie dans les civilisations antiques (cf. Poète).

POETE

Il faut le distinguer du versificateur, puisqu'il ne se contente pas de faire des vers corrects, mais sait, par sa façon de voir les choses et de les exprimer, susciter les puissances de la poésie*. Mais en quoi diffère-t-il fondamentalement des autres écrivains ?

A. Les conceptions du poète

A travers les époques et les courants littéraires, diverses conceptions s'opposent ou se complètent : le poète apparaît comme :

1. Celui qui est inspiré, c'est-à-dire le « vates », le devin qui interprète, auprès des hommes, les puissances divines et les voix de la nature ; le favori des Muses (cf. Platon, *Ion* ; la Pléiade ; La Fontaine ; les Romantiques, en particulier Hugo, *Odes* (Préface), *Les Feuilles d'Automne* et *Pan*). Il chante surtout la poésie religieuse (ex. Lamartine, Claudel) ou interprète les voix de la nature (cf. Hugo, « Ce qu'on entend sur la montagne » ; « Le Satyre » ; « Paroles sur la Dune ») et il a le pouvoir de déchaîner les passions (cf. Poésie).

2. Un artiste comme les autres soumis aux règles de la raison et du goût, et se distinguant seulement par des dons naturels qui le rendent apte à tel ou tel genre (cf. Boileau, *Art poétique*, I, début), par les libertés et par le langage particulier qui caractérisent la poésie. Cette conception insiste sur le caractère suprarationnel de l'inspiration qui ajoute quelque chose à la pensée par l'expression, mais ne se manifeste qu'à travers une clarification de l'idée et un travail de la forme ;

• ce point de vue est surtout celui des Classiques (ex. Malherbe, La Fontaine), mais a trouvé des échos chez le Parnasse, Mallarmé, Valéry (cf. *Charmes*), Ponge (cf. *Le Parti pris des choses*) pour qui le poète est non seulement l'artisan lucide, maître des artifices du langage, qui travaille sa matière première, les mots*, et sait faire jouer l'interaction de la pensée et des contraintes (ex. Valéry ; cf. Contraintes, Forme, Inspiration), mais aussi un « magicien du verbe », un jongleur entre mots et images (cf. Eluard, *Capitale de la douleur*). Dans ce cas, la pensée claire est moins essentielle et, au lieu de se livrer à l'illustration ornementale de la vérité, le poète a pour but de créer la beauté* (cf. Parnasse), un objet neuf, le poème, doué des puissances de la poésie* (ex. Mallarmé, Valéry) ;

• il peut s'ensuivre une conception dégénérée d'après laquelle certains procédés remplaceraient l'inspiration, et la poésie ne serait qu'une rhétorique (ex. rhétoriqueurs, pétrarquisants ; Préciosité*, postclassicisme).

3. Celui qui sent, grâce à une sensibilité privilégiée, un moi qui est un « écho sonore » et révèle les autres à eux-mêmes ; c'est l'idée de Du Bellay (« Faire indigner, apaiser, réjouir, doloir, aimer, haïr, admirer, étonner, bref [tenir] la bride de nos affections ») et des Romantiques ; cf. Hugo, « Ce siècle avait deux ans », *Contemplations* (Préface).

4. Celui qui sait et a pour mission de communiquer son savoir aux autres

hommes ; c'est en ce sens qu'Eluard définit le poète comme « celui qui inspire bien plus que celui qui est inspiré ». Il prend les aspects :
• du prophète, du mage : il puise dans son enthousiasme, dans son génie* surhumain et dans sa sensibilité universelle, le pouvoir de découvrir ce qui échappe aux autres hommes (ex. Dieu, le surnaturel*, le mystère*, l'avenir, etc.) sous forme de visions ou de pensées qui le hantent (cf. Hugo, « Ce que dit la bouche d'ombre », « Les Mages », *Dieu*) ;
• du penseur qui, vivant doublement par le cœur et par l'esprit, a le pouvoir de condenser sa pensée en symboles, de l'enchâsser dans une forme poétique (cf. Vigny, *La Maison du Berger* ; ex. Dante, Milton, Lucrèce) ;
• de l'explorateur du rêve* (ex. Romantiques allemands, Nerval ; cf. Surréalisme) ;
• du déchiffreur de symboles (ex. Baudelaire, Mallarmé, Claudel ; cf. Symbolisme) qui y parvient non par le mystère d'une inspiration géniale ou les intuitions de sa sensibilité (ex. Hugo), mais par une alliance de mysticisme et d'intelligence (cf. Correspondance, Mysticisme, Symbole) et qui n'a pas pour but de découvrir des idées ou des visions, mais de suggérer, par l'art, la beauté ou la réalité supérieures entrevues et saisies ;
• ou de voyant (ex. Baudelaire, Rimbaud, Claudel) : cette attitude est assez proche de celle du visionnaire* (ex. Hugo) qui entre en communication avec le surnaturel et l'invisible (cf. le « prophète » vu supra), mais va au-delà, car le monde entrevu l'est à travers les correspondances*, le dérèglement des sens (ex. Rimbaud), ou la vision mystique.

5. **Celui qui chante** ses obsessions ou ses rythmes intérieurs, sans se préoccuper d'autres missions, en particulier à l'égard du public (ex. Verlaine, Apollinaire).

B. Le poète comme homme

1. **Les qualités nécessaires** pour répondre aux missions évoquées supra, celles qui font qu'une voix particulière vous habite, sont essentiellement :
• une sensibilité exacerbée (cf. A 3) ;
• une imagination qui sait briser le carcan des réalités habituelles, explorer les zones obscures de l'âme humaine (cf. Michaux, *L'Espace du dedans*) et recourir à de nouveaux procédés (ex. le vertige chez Rimbaud, l'écriture automatique des Surréalistes) ;
• l'ingénuité : garder un esprit d'enfant, un don de s'étonner, de s'émerveiller, la capacité de contempler l'univers d'un œil avide (cf. Apollinaire, *Alcools, Calligrammes* ; Supervielle, *Gravitations*) ;

• la soif d'absolu qui permet d'échapper à la médiocrité ; en effet la poésie sert à nier le monde, ses apparences et ses lois, de telle sorte que le poète offre un mode de vie intégral (ex. Saint-John Perse).

2. Le poète vu par la littérature, c'est-à-dire soit l'écrivain qui se met lui-même en scène, soit un personnage de fiction, peut revêtir différents aspects.

TEXTES : **Marot,** *Poésies,* 1518-1536. **Du Bellay,** *Les Regrets,* 1558. **Hugo,** *Les Orientales,* 1829 ; *Les Feuilles d'automne,* 1831 ; « Les Mages », 1856. **Vigny,** *Chatterton,* 1835. **Balzac,** « Les Deux poètes » in *Illusions perdues*, 1837-1843. **Baudelaire,** « L'Albatros » in *Les Fleurs du Mal,* 1857. **Mallarmé,** *Poésies,* 1865. **Cocteau,** *Orphée,* 1926. **Char,** *Fureur et Mystère,* 1948 ; *La Parole en Archipel,* 1962.

C'est successivement ou de façon récurrente :

• un courtisan (ex. Marot), voire un versificateur, un « rimailleur » prétentieux (cf. Trissotin) ;

• un rêveur, ami des plaisirs, chantre de la beauté et de l'amour (ex. Ronsard, La Fontaine) ;

• un être exceptionnel par sa nature, supérieur au vulgaire, égal aux rois, maître de conférer l'immortalité (ex. la Pléiade, Malherbe).

• au XVIIe s., on critique le poète dans la mesure où il s'écarte de la bienséance* sociale (ex. Régnier, Boileau), aliène sa liberté et son travail par besoin d'argent (ex. Boileau), confond le non-conformisme extérieur avec le talent : le poète doit être honnête* homme (cf. Boileau, *Art poétique,* IV) ; chez les Modernes* et Montesquieu (*Lettres persanes,* XLVIII), le poète est un « grotesque du genre humain », car, pour ces rationalistes, la poésie n'est, par nature, qu'une extravagance qui rend fou et insociable ;

• pour Villon déjà et les Romantiques, le poète est un être exceptionnel : voué à la solitude (cf. *Moïse*), à l'incompréhension, au sarcasme (cf. *Chatterton* ; « L'Albatros »), à la pauvreté, à la malédiction (cf. « Bénédiction »), à la souffrance, car il est trop sensible (cf. « Nuit de Mai » ; « Le Pélican »), aux tortures de la stérilité (cf. *Chatterton* ; « L'Azur », « Le Cygne »), incapable de vivre dans notre monde ; de ce fait, on excuse sa singularité, sa vie de bohème, ses passions, etc., pourvu qu'elles correspondent à son génie et à sa mission.

C. Le poète et la cité ; l'utilité sociale du poète

1. Il est dangereux : on doit le bannir, car il a trop de puissance occulte pour figurer dans un ordre qui doit être raisonnable (cf. Platon, *La République*).

2. Il est inutile pour l'Etat :
• c'est la conception de Malherbe et des Classiques, et cela correspond à leur idée que l'art* n'a pas à innover, mais à célébrer ou à divertir : le poète peut avoir une fonction morale, mais non sociale ;
• même en admettant que les écrivains aient leur mot à dire dans l'Etat, la poésie n'ajoute rien d'utile à la prose : idée des Modernes, du XVIIIe s., combattue par Chénier (cf. *Invention*) et par Vigny ;
• le domaine de la poésie est autre que celui de la politique : c'est la beauté (cf. Parnasse ; Art pour l'art), l'amusement, ou la connaissance de l'irrationnel (cf. Poésie).

3. Il est utile :
• parce que sa nature inspirée le rend capable de susciter les sentiments nationaux, de conseiller les rois (ex. la Pléiade) ;
• grâce à la valeur civilisatrice de la poésie* : le moral sert le social (cf. Fénelon, *Lettre à l'Académie* ; les Classiques) ;
• comme « écho sonore » qui cristallise le sentiment national ou social (ex. Hugo, poète de la patrie, du progrès ; la poésie de la Résistance) ;
• comme « penseur » : sans s'engager directement dans la politique, il découvre ou rappelle les grandes vérités utiles à l'humanité et leur donne une forme éclatante et durable, c'est un pilote (cf. Vigny, *La Maison du Berger,* II ; *Chatterton*) ; mais le poète est aussi un « Prométhée » qui nous incite à la révolte (ex. la poésie de la Résistance ; Neruda) ;
• comme « prophète » et « mage » : il voit l'avenir et suscite les forces qui le créent (cf. Hugo et la poésie sociale des Romantiques).

Laissons Marguerite Yourcenar conclure avec lucidité : « Les poètes nous transposent dans un monde plus vaste ou plus beau, plus ardent ou plus doux que celui qui nous est donné, différent par là même et en pratique presque inhabitable » *(Mémoires d'Hadrien).*

PRECIOSITE

Historiquement, le terme n'apparaît qu'en 1654. Il ne désigne pas à proprement parler une école* ou une doctrine littéraire, mais plutôt un

courant qui a déterminé, au début du XVIIe s., en France et en Europe (cf. D), une manière de vivre, de penser, de parler.
Bien évidemment, le terme vient de l'adjectif « précieux » : la préciosité consiste donc à donner du « prix » à sa personne.

TEXTES : Les sonnets de **Voiture.** Les blasons de **Benserade. Mlle de Scudéry,** *Le Grand Cyrus,* 1649-1653 ; *Clélie, histoire romaine,* 1654-1661. **Abbé de Pure,** *La Précieuse ou le Mystère des ruelles,* 1656. **Baudeau de Somaize,** *Dictionnaire des Précieuses,* 1661. **Molière,** *Les Précieuses ridicules,* 1659 ; *Les Femmes savantes,* 1672.
A CONSULTER : **René Bray,** *La Préciosité et les Précieux de Thibaut de Champagne à Jean Giraudoux,* 1948.

A. Ses caractéristiques

1. C'est une réaction des milieux aristocratiques :
• contre le désœuvrement dans lequel les laisse l'accalmie politique qui suit la Fronde ;
• contre les mœurs grossières et bourgeoises qu'avait propagées la cour d'Henri IV.
Dès 1600, les courtisans, amateurs de politesse, de conversations raffinées, de littérature, en bref « des choses de l'esprit », prennent l'habitude de se réunir dans des hôtels aristocratiques.

2. Ses formes :
• la langue :
— cherche à être aussi correcte et pure que possible, rejetant avec horreur les mots bas ou réalistes (cadavre, cracher, balai) ;
— choisit subtilement son vocabulaire (propriété des termes : ex. « aimer une dame », mais « goûter le melon » ; goût du mot rare ; néologismes) ;
— cultive la complexité de la phrase et l'art des détours pour témoigner de l'ingéniosité (pensée d'un tour original ; périphrases : « les commodités de la conversation » pour « le fauteuil » ; métaphores : « duel » pour « guerre », « équitation » pour « chasse », « jeu » pour « art » ; « un dédale » pour « un peigne » ; alliances du concret et de l'abstrait, des adjectifs et des noms ; hyperboles) ;
• une expression littéraire qui privilégie donc la forme*. Les précieux affectionnent la poésie galante, les bouts-rimés, les portraits, mais aussi les petits genres à forme fixe (madrigal, élégie, énigme, rondeau, impromptu) et la prose (maxime, lettre, roman) ;

• le goût précieux :
— impose le mépris des Anciens, des provinciaux, des bourgeois et des pédants, le mélange de considérations esthétiques et de bienséance mondaine ;
— s'attache aux questions psychologiques et morales ;
— cultive les divertissements littéraires et l'art de la conversation ;
• les manières : les précieux instaurent un nouvel art de vivre. On s'amuse à faire des plaisanteries et à des jeux de société, on suit la mode, parfois jusqu'à l'extravagance, on soigne son apparence physique (ex. fards, mouches, parfums), on cherche à rendre sa physionomie la plus expressive possible (faire la moue, rouler des yeux), on manifeste une politesse parfois excessive ;
• les sentiments et les idées, car l'amour est le principal sujet des précieux, un amour idéal, épuré de toute sensualité vulgaire et de passion aveugle, voire une tendre amitié spirituelle. Pour les hommes, il s'agit de mener une cour qui observe toutes les conventions de la galanterie précieuse, toutes les complications illustrées par la Carte du Tendre (cf. *La Clélie, histoire romaine*). Les femmes y répondent en dosant austérité, pruderie et coquetterie pour savourer les nuances du sentiment. Cette conception de l'amour révèle un certain féminisme qui donne le droit pour la femme de disposer librement d'elle-même, proteste contre la tyrannie du mariage et lance même des thèses hardies (divorce, mariage à l'essai).

3. Où cultive-t-on la préciosité ? Dès 1604, Catherine de Vivonne, dite « l'incomparable Arthénice », reçoit dans son salon de l'hôtel de Rambouillet, remarquablement décoré (en particulier la « Chambre bleue »). Puis d'autres salons connaissent la notoriété (ceux de Mlle de Scudéry, Mme de Sablé, Mlle de Montpensier, Mme Scarron) et, après 1650, le phénomène gagne la province : « ronds » et « ruelles » se multiplient.

B. Son apport

1. Les bienfaits :
• littéraires : la préciosité favorise la libération à l'égard des règles des doctes. La seule règle, qui est celle de plaire, permet la promotion des Modernes*, la mise à la mode de genres, de thèmes nouveaux (débats psychologiques, toute-puissance et délices de l'amour ; ex. Racine) et fait travailler l'écriture, comme les « exercices de style » des Surréalistes ; en ce sens, elle assure l'élégance croissante de la langue.

• moraux : outre le respect de la femme (cf. supra), « la préciosité est tendue vers un idéal de dépassement ». C'est un effort pour assurer la suprématie de l'esprit, encourager ses audaces (les salons précieux accueillent les libertins). Elle fait progresser la politesse, l'art de vivre, le goût des arts et de la littérature. Elle annonce ainsi l'honnête* homme.

2. Les excès : — elle outre certaines attitudes des mondains (cf. Monde) ; — le refus de toute banalité débouche sur le snobisme ; — le raffinement du langage tourne au galimatias ; — les petits genres se perdent dans la casuistique amoureuse, les allusions à l'actualité ; — la poésie y est remplacée par un langage conventionnel ; — elle instaure les partis pris d'un goût qui se prétend irrationnel et souverain ; — la psychologie romanesque est plus idéale et bienséante que réelle : héros parfaits, idéal loin du bon sens et de l'humain, ce qui est encore plus dangereux lorsque la préciosité s'infiltre chez les bourgeois.

3. L'influence sur les autres mouvements littéraires :
• par rapport au baroque*, la préciosité partage avec lui « l'horreur d'une réalité trop vulgaire » (J.-C. Tournand, *Introduction à la vie littéraire du XVIIe s.*) ; comme lui, elle sait ménager la surprise, stimuler l'esprit, mais elle pousse au paroxysme certaines tendances (goût de la pointe, du raffinement du détail...) ; « Le Baroque imagine et invente ; la Préciosité réduit l'invention à l'ingéniosité, à la prouesse ». (J. Rousset, *La Littérature à l'âge baroque en France*) ;
• le classicisme* doit beaucoup à la préciosité : « analyse, goût de plaire, souci de l'expression, [...] finesse et bienséances qui disciplinent le génie » (Darcos, Tartayre).

C. Molière et la préciosité

Molière a-t-il été le porte-parole des précieux ?
Apparent paradoxe si l'on pense aux *Précieuses ridicules,* à *La Comtesse d'Escarbagnas,* à *La Critique de l'Ecole des femmes,* aux *Femmes savantes,* à Oronte, etc. : Molière semble formuler les critiques exposées en B 2 et Boileau l'approuve. Mais Molière s'acharne surtout sur les précieuses ridicules, c'est-à-dire bourgeoises, provinciales, ou sur les pédants, et étudie les méfaits de la préciosité chez les bourgeois. Or les précieux haïssent provinciaux, pédants et bourgeois. Les mondains ont d'ailleurs acclamé *Les Précieuses ridicules*. Molière est souvent d'accord avec les précieux : — moralement (cf. *Les Femmes savantes, L'Ecole*

des femmes) ; — socialement (raillerie du provincial et du pédant), dans le langage (cf. l'élégance d'Elmire, de Célimène), dans le goût (cf. supra) ; il préfère le plaisir aux règles, a foi dans le goût des honnêtes gens (cf. *La Critique de l'Ecole des femmes*).
Il n'est évidemment pas question de faire de Molière un précieux. S'il est sensible à ce qu'il y a d'élégant dans le monde, c'est plutôt en artiste qu'en mondain, et ses conceptions morales, son goût d'artiste peuvent concorder parfois avec ceux des Précieux.

D. L'éternelle préciosité

1. A l'étranger, ce courant s'est déjà manifesté sous la forme de l'alexandrinisme dans l'Antiquité, de l'euphuisme en Angleterre, du gongorisme en Espagne, du marinisme en Italie.

2. En France, c'est une des tendances de notre esprit qui se manifeste dès la littérature courtoise, puis chez les poètes de la Pléiade, chez Malherbe, La Fontaine, Marivaux, Baudelaire, Mallarmé, Valéry et Giraudoux (cf. C.-E. Magny, *Précieux Giraudoux*).

3. L'attitude du précieux, selon R. Bray, consisterait en « une danse devant un miroir », assez désespérée, car l'écrivain précieux est un solitaire (ex. Mallarmé, Giraudoux) qui cherche d'abord sa propre approbation. Il y a bien une « solitude du précieux » :
• son esprit brillant et gratuit se limite à un groupe très restreint, le minimum indispensable pour renvoyer à l'écrivain l'image de sa propre perfection ;
• son univers est artificiel, lui seul en a la clé (cf. Image) ;
• c'est un pur jeu d'esprit, créé gratuitement, sans rapport avec un monde mystique*, qui ne lui donne rien de réel si ce n'est son propre reflet, à la différence du symbolisme*.
Mais le précieux a tout de même besoin :
• d'un groupe comme juge : il se soumet donc à une certaine bienséance* classique ;
• de ses semblables pour l'apprécier : cela tend à le rendre honnête* homme ;
• d'observer l'homme en lui : il devient psychologue, ce qui le rapproche encore du classicisme.
D'autre part, la préciosité moderne, celle de Mallarmé par exemple, ne tend-elle pas à la découverte et à l'expression d'un monde supérieur symbolique ?

PROGRES

« Le progrès est le mode de l'homme ; le pas collectif du genre humain s'appelle le progrès. » (Hugo, *Les Misérables,* VI, 20). Reste à savoir si ce pas en avant vers de plus grands pouvoirs amorce simultanément une marche vers un plus grand bonheur. Toute la problématique du progrès réside dans cette distinction. De ce fait, ce thème est lié à la question de la confiance en la nature humaine.

Le progrès se manifeste sous plusieurs aspects :

• scientifique et technique (à l'époque actuelle, les connaissances et les applications en ces domaines doublent tous les cinq ans) ; ils ont pour conséquence le progrès matériel : amélioration des conditions de vie, confort (cf. Civilisation) ;

• intellectuel et culturel : les moyens d'accès et de diffusion de la culture se développent et l'analphabétisation recule ;

• social et politique : peu à peu chaque peuple doit acquérir plus de libertés et plus de droits ;

• moral : bien que le jugement sur ce point soit très subjectif, on peut l'envisager (cf. Art de vivre, Humanisme, Humanité, Philosophie, Sagesse, Vertu).

A. La vision du progrès à travers les siècles

1. C'est au XVIe s. que l'idée de progrès fait son apparition : la Renaissance se caractérise en effet par sa foi en l'homme ; les humanistes* sont persuadés que la civilisation* évolue continûment et presque régulièrement vers des lendemains meilleurs, conviction qui remplace d'ailleurs insidieusement la croyance en l'au-delà (cf. la lettre de Gargantua à Pantagruel in *Pantagruel,* VIII, et l'éloge du Pantagruélion in *Tiers Livre,* LI).

2. Au XVIIe s., Descartes veut rendre l'homme comme « maître et possesseur de la nature » par la science : c'est l'un des principes fondamentaux, mais dangereux (cf. B 1) pour concevoir le progrès.

3. Au XVIIIe s., surgit le désir de transformer radicalement la société au lieu de s'en accommoder (cf. Sagesse). La raison*, l'esprit* critique (cf. Critique sociale), la science* sont exaltés comme des forces de progrès, lequel semble indéniable dans les domaines social, politique et même moral (cf. Montesquieu, *Lettres persanes* ; Voltaire, *Lettres philosophiques ;* Diderot, *Encyclopédie*). Rousseau est le seul à douter du progrès moral (pour lui, la société corrompt l'homme ; cf. *Discours sur les* *sciences et les arts*), mais il croit possible une société plus juste et en fournit les principes dans *Du contrat social*.

4. Au XIXe s., l'idée de progrès devient véritablement un mythe* en raison du fulgurant essor scientifique. Si la première génération romantique idéalise par réaction l'Ancien Régime, elle est cependant consciente des bouleversements que va apporter la science sur les plans politique, social et moral (cf. Chateaubriand, *Mémoires d'Outre-tombe,* XLIV, 3, où il voit que le peuple, de plus en plus instruit, ne supportera plus les trop grands écarts sociaux, et que le développement des transports fera aussi voyager les idées). Avec la Révolution de 1848, les Romantiques* lient l'idée de progrès à celle de démocratie (cf. Lamartine, *Ode sur les Révolutions* ; Michelet, *Histoire de France* ; Hugo, *Les Châtiments, Les Misérables, La Légende des siècles, L'Homme qui rit, Quatre-vingt-treize*). Vigny émet bien quelques inquiétudes sur la marche forcée de la civilisation (cf. l'évocation du chemin de fer dans *Les Destinées*), mais veut croire à l'« élixir » de la science (cf. « La Bouteille à la mer »), au « Dieu des idées ».
Au milieu du siècle, Baudelaire, malgré son culte de la modernité, rejette l'idée de progrès, car la nature humaine lui semble mauvaise, et il pratique, avec le dandysme, un culte de l'individualisme qui résiste, au nom des valeurs intellectuelles, à cette volonté de progression collective. A l'opposé, les romans de J. Verne (cf. *Le Tour du monde en 80 jours, De la Terre à la Lune*) exaltent la science et la technique, et Zola, même au creux de la défaite (l'échec de la grève dans *Germinal,* la Commune vaincue dans *La Débâcle*), espère déjà la victoire future d'« une France à refaire ».

5. Au XXe s., ce consensus s'effrite en même temps que l'optimisme humaniste : si le progrès matériel s'accélère, le progrès moral ne le suit pas du même pas et c'est aujourd'hui que se posent les problèmes évoqués en B (cf. Absurde, Homme).

B. Les questions posées par le progrès

1. Nature et progrès ? Longtemps les sociétés humaines ont été écrasées par les forces de la nature*, acceptant les fléaux, les cataclysmes comme inévitables. Désormais les sociétés civilisées se sont persuadées que ce rapport de forces évoluait en faveur de l'homme et que la nature serait domestiquée. Mais la transformer équivaut trop souvent à la détruire et l'homme s'est trop naïvement imaginé qu'il pouvait faire d'elle ce qu'il voulait (cf. Caillois, *Le Fleuve Alphée*), au point de devenir lui-même parfois le cobaye d'expériences incontrôlées (cf. Valéry, *Regards sur* *le monde actuel*). Le cri d'alarme poussé par les écologistes sera-t-il entendu ? L'homme comprendra-t-il qu'il doit cesser la guerre contre la nature ?

2. Avantages ou périls ? C'est l'ambiguïté fondamentale du progrès. Les arguments pour et contre abondent :

• le progrès est bénéfique si l'on considère : — les résultats en biologie : l'espérance de vie est plus longue, il n'y a plus de maladie « mortelle », seulement des maladies contre lesquelles on n'a pas encore trouvé le remède (ex. le sida) ; — l'éducation : la diffusion du savoir permet une élévation du niveau culturel ; — les conditions de vie : le travail devient moins pénible et le confort s'accroît ; — les relations humaines : l'urbanisation offre l'occasion de multiplier les contacts, les voyages permettent d'apprécier les autres cultures, etc. ;

• mais le monde est aussi « en danger de progrès » : — pollution de la nature* (cf. B 1) ; — la consommation galopante fait de nous les esclaves de la modernité, du confort, de la convoitise (cf. B. Vian, *La Complainte du progrès* ; G. Perec, *Les Choses*) ; — l'uniformisation nous guette : quel goût aurons-nous encore du monde quand nous retrouverons partout le même paysage de gratte-ciel et d'autoroutes (cf. C 1 ; Levi-Strauss, *Tristes Tropiques* ; cf. Exotisme) ? — que devient la vie spirituelle dans un monde qui ne laisse plus guère de place au silence et à la méditation (F. Mauriac, *Bloc-notes* du 16 octobre 1964 : « Le monde inhumain, c'est cela qui frappe ») ? ; — à quoi sert le progrès, l'homme peut-il le dominer ? (cf. les ouvrages de science-fiction).

3. Y a-t-il un progrès en littérature et en art comme en science ? Ce problème, qui était déjà l'un des points d'affrontement entre Anciens et Modernes* pendant leur Querelle, semble résolu :

• il est devenu évident que les diverses sortes de progrès influent sur la littérature et l'art dans la mesure où ceux-ci reflètent la civilisation*, par exemple : — les progrès techniques sur l'architecture, la mise en scène, la musique ; — le progrès scientifique sur la rigueur de la pensée, sur les thèmes littéraires (cf. Art) ; — le progrès intellectuel : public plus vaste et plus cultivé, écrivains plus nombreux ; — le progrès social et moral : idée de l'homme plus nuancée, plus exacte ; — il y a même un certain progrès à l'intérieur des techniques proprement artistiques ou littéraires (par exemple, utilisation de l'informatique en critique littéraire ou en linguistique) ;

• toutefois en littérature et en art, le progrès technique n'est pas continu : quand, dans chaque genre, un certain point de perfection a été atteint, il faut faire autre chose (cf. Epopée, Drame, Tragédie). D'autre part, il ne faut pas confondre le progrès dans la pensée avec le progrès esthétique. Sans doute les Modernes disent-ils quelque chose de plus que les écrivains du passé, mais cela n'annule pas, comme pour la science, ce que ceux-ci ont dit. En art, le message du passé garde une valeur permanente que le présent peut même renouveler et enrichir (cf. Chef-d'œuvre). Chaque civilisation ne crée pas, à travers les œuvres qui la marquent, une beauté supérieure, mais une beauté qualitativement différente.

4. Le culte du progrès conduit-il à tourner le dos au passé* ? Par sa marche, le progrès matériel, scientifique, intellectuel et social rend certaines idées et façons de vivre périmées : on ne va plus en carrosse, on ne croit plus aux esprits animaux, on ne tolère plus illettrés ou esclaves. Il est certain aussi que les bouleversements ou les révolutions comportent nécessairement un facteur de destruction (cf. Lamartine, *L'Ode sur les Révolutions*). Mais faut-il pour autant faire « table rase » du passé ? L'histoire* des sciences, des comportements, etc., est une leçon féconde pour les chercheurs, et tous les hommes de progrès se sont d'ailleurs appuyés sur le passé (ex. Montaigne, Voltaire, Montesquieu, Hugo, Michelet).

5. Le progrès moral avance-t-il du même pas que le progrès technique ? On remarquera d'abord que le progrès n'est pas forcément continu : les civilisations sont mortelles (ex. Valéry), il peut y avoir des reculs vers la barbarie. Peut-on affirmer néanmoins que, globalement, l'humanité a tiré un profit moral du progrès ?

• Oui, si l'on pense à l'instruction, la culture, l'humanité, etc., et en ce sens, comme le pensait Voltaire, le progrès matériel contribue au progrès moral en libérant l'homme des servitudes qui l'obligeaient à lutter pour sa vie, en lui donnant le loisir de se cultiver et de devenir meilleur.

• Et pourtant le progrès matériel ne suffit pas, contrairement à ce que pensaient les scientistes du XIXe s., à donner sagesse et bonheur (cf. folies et angoisses du XXe s., après la période scientiste). Il peut même décupler les moyens de la barbarie et lui faire anéantir tout progrès moral (cf. le nazisme). Ne s'oppose-t-il pas d'ailleurs fondamentalement à la vertu et au bonheur de l'homme ? Selon Rousseau, il a créé l'inégalité (cf. Civilisation). Ne suscite-t-il pas aussi le matérialisme, un fâcheux égalitarisme, des besoins toujours grandissants, etc. ?

C. Les réponses possibles

Comme Valéry le remarquait (cf. *Discours au collège de Sète*), l'avenir est impossible à imaginer. Les auteurs de science-fiction ont déjà fait alterner les visions optimistes et pessimistes de l'an 2000 : décider si ce sera « le meilleur des mondes » (sans ironie) ou « la grande peur » tient du pari de Prométhée : le feu chauffe et éclaire autant qu'il brûle ! C'est à nous de choisir la bonne réponse :

1. Les principales esquives :
• la fuite en avant : continuer sur sa lancée en croyant à la toute-puissance de la technique ;
• le divertissement, au sens pascalien ;
• le rêve* (cf. le succès actuel de la magie, du fantastique) ;
• le passéisme (cf. le mythe* du « bon vieux temps », la mode rétro, le succès du roman historique).

2. Une palette de solutions s'offre :
• suspendre provisoirement le progrès : c'est ce qu'ont voulu faire, par exemple, les biologistes en demandant un moratoire et en instituant des commissions d'éthique, mais arrêter définitivement le progrès est-il possible ? ;
• alors, à quoi sert de le condamner si l'on ne peut rétrograder ? Faut-il s'en détourner avec indifférence, soit en le fuyant pour retrouver la vie la plus simple possible (retour à la nature, enracinement), soit en cherchant à se forger un art de vivre qui en tient compte comme d'une simple donnée, ne prend que ce qu'il peut avoir de bon, pallie ses insuffisances notamment par la solidarité (ex. Valéry, Saint-Exupéry), permet d'accomplir un progrès intérieur (Rabelais : « Science sans conscience n'est que ruine de l'âme ») et cherche ailleurs ses satisfactions ?
• ou faut-il l'approuver, l'encourager, l'aider avec l'espoir que la technique saura trouver elle-même des solutions aux problèmes qu'elle suscitera (les machines robotisées n'accomplissent-elles pas actuellement des tâches jadis pénibles pour l'ouvrier ?) et qu'on pourra mettre le progrès au service de l'homme (ex. Voltaire, Lamartine, Hugo, les scientistes, les savants modernes) ?

UBLIC

C'est l'ensemble des personnes qui lisent un livre, assistent à un spectacle, regardent une émission..., c'est-à-dire les lecteurs, les spectateurs, les téléspectateurs...
Aux XVIIe et XVIIIe s., le public était le plus souvent limité à la cour*, aux mondains*, aux bourgeois* cultivés, en général aux gens de la ville. Depuis, et surtout au XXe s., avec le développement des médias (ex. l'émission « Apostrophes »), il s'est élargi, mais on distingue encore le « grand public » des initiés, une élite composée de spécialistes et de gens dits cultivés (cf. Culture).

A. Le public et l'artiste

Leurs rapports ne sont pas toujours harmonieux, car :

1. Le public oppose à l'artiste : des habitudes, des goûts traditionnels contre lesquels il doit lutter, mais dont il lui faut tenir compte ; une inertie, une indifférence.
Mais il y a chez lui une attente confuse qui demande à être comblée et représente l'état d'esprit du milieu et du moment (cf. Milieu, Littérature). Toutefois, ces tendances du public sont incertaines (ex., au XIXe s., la lassitude du public à l'égard du romantisme se manifeste par un retour à la tragédie classique, alors que le vrai renouveau, dû aux artistes, sera le réalisme ou le Parnasse).

2. L'artiste se distingue du public : certes il subit, comme le public, l'influence du milieu, du moment (cf. Milieu), mais il a, seul, en plus, l'intuition des choses nouvelles à exprimer, la force de les créer (cf. Génie) ; cependant il lui arrive parfois d'adopter une forme* hermétique qui détourne le grand public de son œuvre (ex. la peinture, la critique modernes ; le Nouveau Roman).

3. Mais l'artiste ne peut créer sans public : le propos de l'art n'est pas d'être incommunicable ; tout écrivain s'adresse à son frère lecteur (ex. Hugo, Baudelaire), ce qui provoque son désir de plaire, d'être compris par son époque et de répondre à ses aspirations. Actuellement la diffusion de la culture et la qualité des explications restreignent en principe les risques d'incompréhension entre artiste et public.
Mais cela ne résout pas la question de savoir pour quel public écrire (cf. Goût).

B. La réception d'une œuvre

Une fois l'œuvre produite, quel accueil, quelle « réception » le public va-t-il lui réserver ?

1. Le public ratifie l'œuvre de l'artiste : — il se reconnaît en elle, la trouve vraie (cf. Classicisme), conforme à ses aspirations intellectuelles (ex. XVIIIe s.), sentimentales (ex. Chateaubriand, Lamartine) ; — il réagit en pensant ou en sentant comme l'artiste lui a appris à le faire (critique, ironie au XVIIIe s., sensibilité romantique) ; — il encourage l'artiste ; — il enrichit son œuvre, y découvre toujours du nouveau (cf. Chef-d'œuvre).

2. Le succès n'est pas acquis, car : — l'artiste a dû imposer au public une œuvre neuve (ex. la Pléiade, les Classiques) ; — il doit se renouveler, car le public tend à le figer dans l'image qu'il se fait de lui (ex. Lamartine, Hugo) ; — il doit dépasser son pays et son temps, et ne devient classique que par des traits universels.

3. La réception est un scandale : le public est indigné des audaces de l'artiste (cf. le rejet de « dérobé » au début d'*Hernani* ; le « Merdre », premier mot d'*Ubu roi* ; la réception des films de Godard).
L'étude du phénomène sociologique de la réception constitue d'ailleurs l'une des tendances les plus récentes de la critique (cf. H.-R. Jauss, *Pour une esthétique de la réception,* 1979).

QUOTIDIEN

On englobe sous le terme « quotidien » les drames, problèmes, événements d'une très grande banalité qui touchent la plupart des hommes, tous les jours, dans leur vie individuelle, familiale, sociale : ex. ennuis du métier, rapport avec des êtres ordinaires, vie dans un décor sans rien qui soit exceptionnel, pas même les objets familiers de ce décor (cf. Perec, *Les Choses*).
A noter que la perception du « quotidien » évolue avec l'époque et avec le milieu (ex. le quotidien d'une période de guerre ou de révolution n'est pas celui du temps de paix).

A. Son intérêt littéraire

1. Sa richesse est due :
• à la vraisemblance* ou à la vérité* qu'il apporte à l'œuvre ;
• à la généralité : l'œuvre porte une part de tout le monde ;
• à son pouvoir d'intériorité : l'événement extérieur, ne retenant pas l'attention, permet un art tourné vers l'intérieur de l'âme (ex. art classique ; cf. Intimisme) ;
• ou au contraire, à son attention à l'aspect extérieur des choses ; ce quotidien permet des effets divers : présence des choses, du réel (ex. Balzac), monotonie, ennui, désespoir (cf. Réalisme), nausée (ex. Sartre), mais il peut aussi être source : — de poésie*, par le regard neuf que nous sommes amenés à porter sur notre environnement (cf. Ponge, *Le Parti pris des choses, Pièces* ; ex. Supervielle) ; — d'humour (ex. Saint-Amant, Ponge) ; — de tragique (cf. Prévert, « Déjeuner du matin ») ;
• à la psychologie qu'il révèle : les habitudes, le décor familier, le comportement à l'égard de l'environnement contribuent à peindre le personnage.

2. Ses dangers existent pourtant : — il contrarie le goût du public pour l'évasion* ; — si l'art ne lui donne pas un style*, il tombe dans la banalité (ex. échec des « tranches de vie » naturalistes).

3. Son exploitation apparaît : — dans la tragédie racinienne (cf. Nature), mais le quotidien, c'est surtout le fait que le crime ou le sentiment dépeints se rencontrent fréquemment. Ce quotidien est stylisé par le mythe*, la qualité des personnages, la violence et la richesse des passions, la poésie de la tragédie ; — dans le roman* psychologique ; — dans la poésie intimiste (cf. Verlaine, *Sagesse,* I, 8) ; — dans l'art réaliste* et naturaliste* ; — dans le Nouveau Roman (cf. Butor, *La Modification*) où la description du quotidien et du personnage dans ce milieu vient remplacer les analyses psychologiques du roman classique.

B. Sa valeur morale

Celle que lui prêtent les œuvres qui utilisent le quotidien repose sur : — la grandeur de la vie humble sans orgueil : vertus de modestie, de patience, de simplicité, d'amour*, de dévouement, de charité, d'humilité (cf. Verlaine, *Sagesse* ; Flaubert, *Un Cœur simple*) ; — la bienséance* : cf. Molière et sa critique de ceux qui préfèrent l'exceptionnel au quotidien (cf. Orgon, M. Jourdain, Philaminte) ; — le réalisme et le bon sens.

RAISON

Premier sens (le plus général et philosophique) : la faculté qui permet à l'homme d'établir des rapports entre les choses, c'est-à-dire de comprendre l'univers ; autrement dit : l'ensemble des principes qui servent de fondement à la connaissance réfléchie (cf. Esprit, Intelligence ; le titre in extenso de Descartes est : *Discours de la méthode pour bien conduire sa raison*).

Deuxième sens : dans le langage courant, c'est la faculté de bien juger, de discerner le vrai du faux, le mal du bien, le beau du laid (cf. Intelligence).

A. Ses moyens et sa démarche

Selon Pascal, la perception de la vérité passe par un équilibre entre : — l'esprit géométrique, c'est-à-dire la déduction logique à partir de principes simples quoiqu'ils ne soient pas toujours évidents (synonymes : entendement, raison raisonnante) ; — l'esprit de finesse, analyse fine et délicate du réel en tenant compte d'une multitude de faits et de principes (synonymes : jugement, discernement, tact, sens, bon sens).

B. Ses limites

L'emprise de la raison est contrainte par : — l'empire qu'ont sur elle les préjugés, la coutume (ex. Montaigne) ; — les puissances qui l'égarent : imagination*, passions*, erreurs de sens (cf. Montaigne, *Essais,* II, 12 ; Pascal, *Pensées*) ; — les démentis qu'inflige l'expérience à ses constructions a priori, à sa tendance à s'élever à l'universel (cf. Expérience, Philosophe) ; — les domaines qu'elle ne peut pas pénétrer : le monde de la sensibilité*, l'inconscient, le rêve* (cf. Surréalisme), le surnaturel*, la religion*.

C. Ses domaines d'application

1. En morale, la raison discerne le bien du mal :

• son action : — elle essaie de déterminer le souverain bien : a priori ? (ex. Kant) ; par l'observation de l'homme, de la société ? (ex. La Fontaine, Molière, morales sociales du XVIIIe s., cf. Bienséance) ; en jugeant les résultats pratiques de telle ou telle conduite ? — elle aide à la connais-

sance* de soi, à la sincérité* ; — elle éclaire la volonté* et l'aide aussi à lutter contre les forces qui lui masquent le bien : passions, coutume, etc. ; — elle donne un sens à la vertu*, car peut-il y avoir une vertu qui ne serait pas consciente ? (ex. Montaigne).
Elle contribue donc, en général, à établir la morale et, chez les individus, à harmoniser leur conduite avec ce qu'elle leur a appris à reconnaître comme bien et bon ;
• ses effets : — elle conduit vers la sagesse*, si elle tient compte des limites des forces humaines (ex. Molière, La Fontaine, Montaigne) ; la raison peut condamner les folies humaines tout en reconnaissant qu'elle ne peut pas toujours les guérir (ex. Molière, Racine) ; — mais elle pousse aussi à l'héroïsme*, si elle voit le bien et veut le faire à tout prix (ex. Corneille).

2. En science et en philosophie :
• la raison critique : — elle prend conscience de ses limites (cf. B) ; — elle agit pour dénoncer l'erreur et établir la vérité (cf. Doute, Esprit critique, Libre pensée) ;
• la raison construit : — par l'esprit géométrique (cf. Science) ; — par l'esprit de finesse (ex. l'étude de l'homme par les moralistes) ; — mais, dans les deux cas, l'expérience* reste nécessaire, sans laquelle la raison est « ployable en tous sens » (ex. Montaigne ; cf. Philosophe) ;
• cependant : — n'y a-t-il pas des domaines où la raison peut se passer de l'expérience ? (cf. Métaphysique) ; — n'y a-t-il pas des domaines interdits à la raison ? (cf. B) ; — n'y a-t-il pas d'autres moyens que la raison pour arriver à la vérité ? (cf. Cœur, Mysticisme, Religion, Sensibilité).

3. En art, elle discerne le beau du laid (synonyme : bon goût) ; elle joue surtout un rôle important :
• pour les Classiques (synonyme : bon sens) selon qui : — ce n'est pas uniquement la raison logique, l'esprit géométrique, cartésien, que les Modernes* opposent aux partisans des Anciens (cf. Contraintes, Règles) ; c'est aussi le jugement, le goût, l'esprit de finesse appliqués à l'esthétique et ajoutant, à la vérité dans la pensée, l'imitation des Anciens, le sens des bienséances*, l'intuition des nécessités de l'œuvre d'art ; — elle sert de fondement aux règles* et soumet l'inspiration à ses contraintes* : elle condamne les excès de l'imagination, l'anormal, l'invraisemblable, l'obscur, ce que la sensibilité peut avoir de trop particulier, etc., et postule une vérité générale ; elle exige de l'art l'unité* d'effet et une certaine idéalisation qui atteint l'universel* par opposition à une littérature qui se plaît à exprimer toute la diversité du réel*.

Toutefois, malgré ce rationalisme esthétique (auquel se joint un rationalisme moral et philosophique), l'art classique ne se limite pas au culte exclusif de la raison (cf. Classicisme) ;
• après le Classicisme, ceux qui s'opposent à la raison le font au nom de la sensibilité*, du moi* (cf. aussi Barbare, Inspiration, Mysticisme, Réel).

REALISME

Premier sens (large) : c'est une forme d'art qui se refuse à peindre autre chose que le réel* ou le vrai par opposition à l'idéalisme*. En ce sens, on peut parler du réalisme des Classiques, qui essaient d'atteindre une généralité (ex. Racine, Molière, La Fontaine) ; de Stendhal, Balzac, Proust..., par opposition aux romans précieux, idéalistes (ex. Sand), de fiction, d'aventures (ex. Dumas), aux drames (ex. Hugo), à la littérature des beaux* sentiments.

A. Ses caractères

1. Il est marqué par :
• le goût de la vérité*, c'est-à-dire de ce que la majorité des hommes croit, admet comme possible, dans les événements, le cadre, les personnages*, la morale ;
• l'aversion pour ce qui est purement imaginaire, rare, invraisemblable, rendu plus beau ou plus pur que nature.

2. Il se différencie des deux sens suivants (dans la mesure où l'art est une vérité choisie), car l'auteur a la possibilité d'intervenir sur la réalité pour lui donner une unité. Le réalisme peut :
• ne peindre qu'une partie de la réalité (ex. réalisme psychologique de Racine qui ne peint pas les corps), ou subordonner le physique au moral (ex. La Bruyère, à la différence du naturalisme*) ;
• transposer la réalité, l'agrandir dans le mythe (ex. Racine), dans des personnages symboliques ou extraordinaires (ex. Stendhal) ;
• admettre l'exceptionnel dans les événements (ex. romanesque de *La Chartreuse de Parme*), chez les héros (ex. les personnages de Corneille) à condition qu'ils nous paraissent possibles et vrais dans certaines circonstances. Racine n'est pas plus réaliste que Corneille, ses héros sont d'une qualité aussi rare, il peint simplement des passions plus courantes.

L'important est que les caractères gardent leur vérité (cf. Caractère, Personnage), ce qui n'est pas toujours le cas des héros de Hugo ;
• en un sens très large, englober tout ce qui échappe à la connaissance positive, par exemple la foi, le mysticisme, les attitudes métaphysiques (en ce sens on peut parler du réalisme de Bernanos, de Claudel).

Deuxième sens : dans l'histoire de la littérature, c'est un courant (ex. Furetière, Marivaux et ses romans, Diderot et ses drames bourgeois) mais c'est plus particulièrement la doctrine littéraire de certains auteurs, auxquels on peut rattacher Flaubert (malgré lui), les Goncourt, puis les Naturalistes*, qui se réclament d'autres écrivains comme Restif de la Bretonne, Balzac, Murger, Sue.

A. Ses caractères

Il veut rendre tout le réel, tel qu'il est, dans sa diversité et sous ses aspects les plus ordinaires. « Donc, après les écoles littéraires qui ont voulu nous donner une vision déformée, surhumaine, poétique, attendrissante, charmante ou superbe de la vie, est venue une école réaliste ou naturaliste qui a prétendu nous montrer la vérité, rien que la vérité et toute la vérité. » (Maupassant, Préface de *Pierre et Jean*, 1884.)

1. Son goût va aux sujets vécus (cf. *L'Education sentimentale*) ou tirés de faits divers (cf. *Madame Bovary*) ou fondés sur une documentation positive (cf. *Salammbô*).

2. Les personnages sont ordinaires, vraisemblables ou vrais, en général médiocres : déterminés par leur physique et le milieu* (ceux-ci étant minutieusement décrits), d'où l'importance des mœurs* aux dépens de l'originalité des caractères (cf. Milieu), ce qui réclame l'impersonnalité* de l'auteur.

3. La morale est absente : constatation des lois biologiques de la société ; dégoût pour sa médiocrité.

4. Le style est axé sur : — la composition : action psychologique encadrée dans la description d'un milieu ; — l'évocation des choses concrètes, en termes précis, techniques ; le pittoresque* ; — le langage qui sera conforme au milieu* des personnages ; — la vérité des dialogues.
Le travail de l'écriture devient primordial et peut même remplacer l'inspiration*.

B. Ses rapports avec le Romantisme

Le réalisme est en réaction contre le romantisme :
• sur un plan esthétique : contre l'invraisemblance, le moi* : « Tu prendras en pitié l'usage de se chanter soi-même. [...] L'artiste doit s'arranger de façon à faire croire à la postérité qu'il n'a pas vécu » (Flaubert, *Lettre à Louise Colet,* 18 août 1846) ;
• sur un plan moral : contre la déception des illusions romantiques (ex. Flaubert).
Mais le romantisme était déjà sensible à la diversité du réel, aux choses matérielles, à la vérité historique et sociale (ex. Balzac).

C. Son dépassement

• il est dépassé par le goût de l'anormal, de l'exceptionnel (ex. chez les Goncourt) ou se tourne vers la beauté du passé* (cf. Evasion ; ex. Flaubert) ou du style (goût du formalisme ; cf. Flaubert qui voulait faire « un livre sur rien, [...] qui tienne debout par le style ») ;
• en fait le réalisme absolu est impossible (cf. Art, Impersonnalité), car, même si l'on admet un art qui ne veut rendre que les apparences, il ne peut s'empêcher d'exprimer la réalité intérieure de l'artiste, son univers (ex. Balzac, Flaubert, Proust).

Troisième sens : c'est la tendance à ne représenter que le côté matériel et grossier des choses :

• ce choix fait partie du réalisme (sens 1) dans la mesure où il veut exprimer tout le réel, mais il s'y oppose aussi (sens 1 et 2), car, si l'on ne peint que ce qui est matériel et grossier, on ampute le réel, et, si on l'exagère, on atteint un véritable idéalisme de la laideur ;
• les buts de ce réalisme sont :
— la satire de l'idéalisme éthéré (ex. burlesque*, parodies* de romans précieux) ;
— le comique* de farce* ;
— l'épopée de la matière, l'épanouissement d'un naturalisme qui chante le corps (ex. Rabelais) ;
— le désir de souligner par le physique la laideur du moral (cf. Gnathon de La Bruyère), le cynisme, le vice (ex. certains romans du XVIIIe s.) ;
— le goût du contraste entre les deux aspects de la réalité (cf. Caractéristique, Grotesque, Sublime) ;

— le parti pris matérialiste (ex. Zola) ; le souci moral : révolte contre l'idéalisme (ex. Gide, les romans actuels de l'aveu) ; l'expression de l'angoisse existentielle (ex. Sartre) ;
— la projection du moi, de son spleen, de son sentiment du péché ou du fini (cf. Baudelaire, « La Charogne », « Le Mort joyeux »).

EEL

Le réel et le vrai

Le réel, c'est tout ce qui existe dans l'univers, même si notre esprit ne le perçoit pas aussi bien que peut le concevoir la connaissance positive ou au-delà (cf. le surnaturel, ou ce que les Symbolistes ont appelé la surnature ou le surréel).
Le vrai (cf. Vérité), c'est ce que notre esprit sélectionne dans le réel et conçoit comme existant ou conforme à la nature des choses réelles.

L'art est un choix dans le réel (cf. Art). Un écrivain peut refuser de suivre le réel (cf. Marmontel : « Pour voir le monde tel qu'il est, nous n'avons qu'à le voir en lui-même ; c'est un monde nouveau qu'on demande aux arts, un monde tel qu'il devrait être, s'il n'était fait que pour nos plaisirs. C'est donc à l'artiste de se mettre à la place de la nature, à disposer les choses suivant l'espèce d'émotion qu'il a dessein de nous causer. »), mais d'autres courants littéraires privilégient le réel et on peut distinguer des attitudes très différentes.

1. Le réel est individuel. Si le réel est particulier, divers, d'une originalité irréductible, l'art qui prétend au réel devra :
• peindre l'individu déterminé par les circonstances (cf. Milieu) dans tout ce qui le particularise, le distingue (ex. couleur* locale du romantisme ; cf. Naturalisme, Réalisme) ;
• éviter au maximum l'élaboration artistique, en supprimant la subjectivité du moi, la stylisation, la généralisation ; rester près du concret, et à la dimension exacte de l'objet : ce qu'essayent de faire les Réalistes et les Naturalistes, mais non les Romantiques (cf. Caractéristique).

2. Le vrai peut être conforme à l'essence du modèle et non à son apparence :
• Il peut donc s'accommoder de la suppression de certains traits qui,

quoique réels, ne paraissent pas essentiels (ex. la vérité du caractère d'un avare peut être indépendante des circonstances historiques) ;
• pour être plus frappant, il exige la concentration et le grossissement de l'essentiel. L'écrivain tend alors à une certaine généralité, au type*, au mythe* (ex. la tragédie classique).

3. Les écoles littéraires se rapprochent plus ou moins de chacune de ces attitudes :
• le classicisme* — surtout dans la tragédie* et chez les Moralistes — est plus vrai (cf. 2) que réel ; cependant la comédie (La Bruyère, La Fontaine) n'omet pas de peindre l'individu dans tout ce qui le particularise ;
• le romantisme* tend à particulariser en cherchant même à être exhaustif sur le sujet ; il cultive la subjectivité du moi, n'hésite pas à amplifier l'objet décrit, à concentrer, à en faire un type*, un mythe* ;
• réalisme* et naturalisme* peignent l'individu déterminé par des circonstances et cherchent à effacer le moi* (cf. 1) dans certaines limites.

REGLES

Ce sont des principes qui prétendent déterminer les conditions dans lesquelles l'œuvre d'art peut parvenir à la beauté*.

A. Les règles du Classicisme*

1. Leurs fondements proviennent :
• des Anciens (ex. Aristote) ;
• de la raison et de la prise de conscience des moyens de plaire, des buts et des procédés de l'art en fonction des genres ;
• de la nature humaine : la vérité n'est sensible au public que grâce à une certaine stylisation que les règles rendent possible.

2. Leurs domaines d'application :
• en général, pour tous les genres, il faut respecter la moralité dans l'art, la vraisemblance* historique et générale, la bienséance*, la séparation des genres*, l'unité* de l'œuvre d'art ;
• il faut s'exprimer dans un style correct (cf. Langue, Versification) ;
• il faut se soumettre à l'unité d'action* et de merveilleux* pour l'épopée (cf. Boileau, *Art poétique,* III) ; aux trois unités* pour le théâtre*.

3. Que penser des règles ?

- sont-elles des nécessités que constate la raison lorsqu'elle étudie la nature et les buts de chaque genre ? Ont-elles, dès lors, une valeur absolue et universelle ? C'est l'opinion des doctes ;
- seraient-elles de pures conventions totalement artificielles ?
- ne sont-elles pas plutôt des recettes pratiques tirées de l'expérience et permettant d'obtenir le succès et de donner le plaisir comme le pensent les artistes (cf. Molière, *La Critique de l'Ecole des femmes*). Mais suffit-il, pour réussir, d'appliquer mécaniquement les règles : lorsqu'à l'époque postclassique, les règles deviennent de pures recettes que des écrivains trop cartésiens appliquent sans inspiration personnelle, sans intuition de la beauté, sans étude directe des Anciens, la littérature devient formelle et sans vie.

4. Leur intérêt :

- elles correspondent bien à certaines nécessités de l'art* en général telles que : concentration, unité, moralité, rapports avec le public, technique propre à chaque genre* ;
- elles répondent aux conceptions du classicisme* sur la nature*, l'homme*, l'idéalisation du réel parfait, l'idée du vrai (en ce sens les unités de temps et de lieu, au théâtre, sont une exigence de la raison qui veut faire coïncider le spectacle sur scène avec un spectacle réel ; cf. Vraisemblable) ;
- elles aident les artistes : en leur donnant des recettes pour plaire, en renforçant leur inspiration par des contraintes*.

5. Leurs limites :

- elles donnent lieu à des interprétations diverses (cf. Nature), ou se contredisent parfois (cf. Bienséance, Vraisemblable). Le goût* les corrige de ces nuances (cf. Classicisme), en particulier dans le style où les règles sont beaucoup plus souples ;
- elles ne sont guère une fin que pour les doctes : pour le public et les artistes ce sont uniquement des moyens de plaire ; un artiste peut les dépasser pour atteindre la beauté (cf. Molière, *Critique de l'Ecole des femmes* ; La Fontaine, Préface des *Fables* ; Boileau, *Art poétique,* III, 21-26 ; Racine, Préface de *Bérénice,* La Bruyère, *Caractères,* I, 61).

B. Les Romantiques et les règles

1. Ils attaquent les règles classiques :

- à cause de la sclérose du postclassicisme, du besoin d'une littérature nouvelle pour une société nouvelle ;

• au nom de leur idée de l'homme* qu'il faut peindre : totalement, au physique et au moral, dans sa diversité historique.

2. Ils exigent donc :
• une idée nouvelle de la vérité, image réaliste, complexe et directe de l'homme et des choses (cf. Michaud et Van-Tieghem, *Le Romantisme*) ;
• et des genres nouveaux ayant leurs lois propres : le désir de reproduire le réel intégral oblige à fusionner les genres qui se limitaient à en peindre un seul aspect : d'où condamnation de la séparation des genres* ; les unités de temps et de lieu rendent le théâtre artificiel, alors qu'on veut représenter le concret, la couleur locale, la variété des lieux, etc. ; le drame, genre nouveau, correspond à un temps nouveau et doit donc avoir ses lois propres, ainsi que la poésie lyrique, philosophique, etc.

3. Ils croient à l'inspiration* et au génie* qui ont le droit d'inventer leurs propres règles.

4. Ils maintiennent certaines règles : l'unité d'action* ou d'intérêt, la moralité, la correction de la syntaxe (cf. Hugo, *Réponse à un acte d'accusation*).

5. Ils essaient d'en créer d'autres : le mélange des genres, la caractéristique*, la couleur* locale, l'engagement*, etc.

C. Après le Romantisme

Il n'y a plus de règles au sens formel du mot, mais toujours des contraintes*, résultant :
• des lois permanentes de l'art (unité*, concentration, vraisemblable*, bienséance*, moralité, etc.) ;
• des impératifs de la langue, de la grammaire, de la rhétorique, de la versification* et du rythme* ;
• des conventions* et des convenances du goût de chaque époque et de chaque école.

RELIGION

C'est l'ensemble d'actes rituels liés à la conception du sacré et destinés à mettre l'âme humaine en rapport avec Dieu.
Il existe de nombreuses religions polythéistes (animisme, fétichisme) ou

monothéistes (judaïsme, islam, bouddhisme, christianisme). Cet article étudiera surtout le christianisme, car la littérature française reflète le problème de la religion surtout sous les aspects qu'il revêt dans un pays de tradition judéo-chrétienne.

A. Les aspects

La religion s'appuie sur :

1. Un dogme :
• fondé sur la révélation (Bible, Evangile, Pères de l'Eglise, conciles, etc.) ;
• posant l'existence d'un Dieu qui s'est révélé exclusivement à cette religion, et des croyances dont certaines sont des mystères* (ex. Trinité, Rédemption, Incarnation, grâce qui sauve même les pires pécheurs dans les romans de Mauriac, providence, prédestination, etc.).

2. Des pratiques : culte, sacrements, prières , pèlerinages, macérations...

3. Une église, à la fois :
• puissance spirituelle (précisant le dogme, donnant des règles de vie) ;
• temporelle (sa richesse a été l'une des raisons de la Réforme) ;
• formée de toutes les âmes (saints, martyrs, bienheureux... ; cf. *Polyeucte, Dialogues des Carmélites*), d'un corps de prêtres et d'un ensemble de fidèles.

4. Une morale, fondée sur : les commandements de Dieu, de l'Eglise ; la charité ; les vertus personnelles et sociales, etc. ; une formation religieuse qui, même si l'on s'en détache par la suite, a une valeur éducative (ex. Gide, Chateaubriand).

5. Un état d'âme : en ce sens on dit « la religion d'une personne », c'est-à-dire sa façon d'être à l'égard de Dieu ;
• il naît de la foi en Dieu (l'amour de Dieu conduit à l'extase, à la béatitude pour les mystiques, ou au contraire, à l'angoisse si l'homme se sent abandonné) et de la foi dans le dogme ;
• il pousse le fidèle à la dévotion (sans tomber dans la bigoterie et le faux ascétisme : cf. Tartuffe), à la vertu, à la résignation, au renoncement (cf. *Journal d'un curé de campagne*).

B. Les fondements de la croyance en Dieu

Tout ce qui est du domaine de la foi est par essence inexplicable, mais des écrivains ont essayé d'expliciter certains points en s'appuyant sur :

1. La raison (surtout aux XVIIe et XVIIIe s.) :
• elle prouve Dieu par : — un syllogisme (ex. Descartes) ; — l'observation de l'ordre ou la beauté de l'Univers (ex. Voltaire ; harmonies de la nature de Bernardin de Saint-Pierre et Lamartine) ; — la nécessité de Dieu pour garantir la morale (ex. Voltaire).
Il est à noter que si ces raisonnements peuvent encourager un chrétien dans sa croyance (ex. Descartes, Malebranche, Bossuet, Lamartine), ils peuvent aussi favoriser le déisme (ex. Voltaire) ;
• elle prépare à chercher Dieu : — par l'étude de l'homme imparfait et contradictoire, limité dans sa raison (ex. Pascal ; cf. Homme, Raison), de la société, qui paraît absurde (ex. Pascal ; cf. Critique sociale), de l'univers (cf. les deux infinis de Pascal), des contradictions des philosophes, de l'histoire* (providence pour Bossuet, preuves historiques du christianisme, vérification des prophéties pour Pascal), de la religion même qui explique l'homme (ex. Bossuet, Pascal) et le fait bien vivre (ex. Pascal) ; — par le calcul des probabilités (cf. le pari de Pascal).
2. La sensibilité (à l'époque préromantique et romantique) :
• elle postule un absolu, un Etre suprême qui répondra à son appel : — exaltation sentimentale dans la nature (ex. Rousseau, Chateaubriand ; cf. Lamartine, *Harmonies*) ; — besoin d'évasion, d'infini (ex. Chateaubriand ; cf. Mal du siècle ; « Isolement » ; *Oberman*) ; — amour (cf. « Isolement », « Crucifix », « Immortalité ») ; — émotions devant les cérémonies et l'art religieux (cf. *Le Génie du christianisme, Madame Bovary*) ; — aspiration au bien (ex. la conscience morale selon Rousseau) ; — sentiment du panthéisme ; — Dieu confondu avec le bien, l'idéal, l'esprit (ex. Hugo) ;
• elle renforce la religion chez un croyant (ex. Chateaubriand, Lamartine), mais peut conduire au déisme sentimental, à la religiosité, au panthéisme ou au sentiment d'un conflit avec la raison (cf. *Oberman*).
3. L'intuition du surnaturel :
• elle est irrationnelle, mais ne se confond pas avec les besoins de la sensibilité, car elle est d'un tout autre ordre : elle s'explique uniquement par le dogme et les mystères, et aboutit à un contact direct avec Dieu (c'est ce que Pascal appelle le cœur*) ;
• elle est réclamée par notre raison et notre cœur, et par certaines expériences de la vie, sans signification pour certains, mais prouvant, pour les croyants, l'intrusion du surnaturel dans ce monde : — l'angoisse devant la condition humaine et les incertitudes de la raison (cf. Pascal : « cherche en gémissant ») ; — l'angoisse devant le péché, la hantise du mal, du diable (ex. Baudelaire, Bernanos) ; — l'angoisse existentielle

(cf. G. Marcel et l'existentialisme chrétien) : — la souffrance et les passions (ex. Mauriac) ; — la révolte, le besoin d'un autre univers (cf. Claudel « converti » par la lecture de Rimbaud) ; — l'anarchie morale sans la religion ;
• elle est préparée et fortifiée par la tradition, l'éducation (ex. Chateaubriand), l'exemple, la pratique, même sans croire, pour humilier la raison en appelant Dieu (« abêtissez-vous » conseille Pascal) ;
• elle est donnée par la brusque illumination de la grâce (cf. *Polyeucte* ; ex. Claudel) : — le contact mystique* avec Dieu (cf. Pascal et *Le Mémorial*) ; — le sens soudain que prend la vie : certitude, joie de l'effort, humbles récompenses de la vie morale (cf. Port-Royal), vision sereine d'un ordre chrétien (ex. Bossuet), du surnaturel derrière la nature (ex. Claudel) ; — la hantise même de Dieu dans la vie (ex. Bernanos).

C. Les attitudes possibles à l'égard d'une religion

1. La croyance peut être nuancée :
• on se sépare de la religion sur des points de dogme importants (hérésie : ex. jansénisme, Port-Royal, Montherlant), secondaires (hétérodoxie), ou de l'Eglise en même temps que du dogme (ex. le protestantisme ; ex. d'Aubigné, les persécutions des protestants chez Voltaire : *Le Siècle de Louis XIV, L'Ingénu, Traité sur la tolérance*) ;
• on forme une église séparée, mais on reste d'accord sur le dogme, tout en différant sur quelques points de pratique : c'est le schisme (ex. anglicans, orthodoxes) ;
• on croit en Dieu, mais absolument, sans admettre ni dogme, ni mystères, ni Eglise, ni pratiques, en retenant tout au plus des préceptes moraux : c'est le déisme ;
• on aspire à Dieu vaguement, on est ému par certains aspects du culte, mais sans croire à un dogme, ni pratiquer, ni adopter une morale : c'est la religiosité ;
• on s'en tient à une pratique extérieure, sans foi profonde ni amour : c'est le conformisme ;
• on se limite à un mysticisme sans œuvres, à un abandon à Dieu sans rigueur morale ; c'est par exemple le quiétisme ;
• on affirme que Dieu est partout, on l'identifie avec la nature : c'est le panthéisme.

2. Le reniement ou la séparation irréductible : c'est l'athéisme (cf. Libre pensée ; *Lettre sur les aveugles à l'usage de ceux qui voient*) qui s'accompagne parfois d'un sentiment de l'absurde : ex. Camus, Malraux.

REVE (REVERIE)

Le rêve est l'activité psychique, non soumise à la volonté, qui a lieu pendant le sommeil (cf. A).
Lorsqu'il se produit à l'état de veille, c'est une construction de l'imagination qui cherche à échapper au réel : on parle alors de rêverie (cf. B et C).

A. Les différentes interprétations du rêve

1. La connaissance de l'avenir : dans l'Antiquité, il était un message envoyé par les dieux (ex. le rêve de Nausicaa). Dans la tragédie, il préfigure un destin implacable, mais encore assez obscur pour laisser place à la terreur (cf. *Polyeucte, Athalie*).

2. La connaissance de l'inconscient, libéré de l'empire de la raison : au XIXe s., avec Freud et la psychanalyse (cf. *L'Interprétation des rêves*), le rêve est étudié de manière scientifique : il est à la fois « gardien du sommeil » et « réalisation d'un désir » souvent refoulé par l'individu conscient.
Pour certains écrivains le rêve nous révèle ce que nous sommes réellement, notre moi profond (ex. Nodier, Proust, Surréalistes). Il est un moyen d'atteindre des vérités cachées à la raison (ex. Hugo, Rimbaud, Breton, Michaux).

3. Une connaissance métaphysique : c'est une idée chère aux Romantiques allemands (cf. Béguin, *L'Ame romantique et le rêve*) et à Nerval : « Le rêve est une seconde vie ». Une certitude irrationnelle nous persuade que nous échappons à notre existence pour saisir un réel plus profond qui fait partie d'une unité originelle. D'où l'idée que si nous pouvions percer les portes de ce réel, en explorant le rêve, nous nous connaîtrions vraiment, et nous saisirions aussi notre destin et l'ultime réalité.

4. L'essor de l'imagination :
• pour certains (ex. Saint-Amant, Baudelaire), le rêve est plus beau que la réalité (cf. Chimère, Evasion, Fantaisie) ;
• pour d'autres, l'imagination, dans le rêve, crée des mythes*, une féerie*, en partant de l'inconscient, de l'inavoué ; en exprimant ces créations, on exorcise l'inconscient (ex. Nodier).

B. Les formes de la rêverie

TEXTES : **Rousseau,** *Les Confessions,* 1782 ; *Les Rêveries du promeneur solitaire,* 1782. **Senancour,** *Oberman,* 1802. **Chateaubriand,** *René,* 1802 ; *Le Génie du christianisme,* 1802. **Hugo,** *Les Feuilles d'automne,* 1831 ; *Les Contemplations,* 1856. **Nerval,** *Sylvie,* 1853 ; *Les Chimères,* 1854. **Baudelaire,** *Les Fleurs du mal,* 1857 ; *Petits poèmes en prose,* 1869. **Verlaine,** *Poèmes saturniens,* 1866 ; *Les Fêtes galantes,* 1869 ; *Romances sans paroles,* 1874. **Proust,** *A la Recherche du temps perdu,* 1913-1927.

La rêverie, ce vagabondage de l'esprit, est un élément essentiel de la vie* intérieure, enrichie par la sensibilité*, nourrie de souvenirs et du spectacle de la nature. Elle se caractérise par :

1. Un abandon plus ou moins passif aux sensations extérieures :
• sans aucune arrière-pensée pour jouir de la sensation en elle-même ; le vrai plaisir, c'est la volupté de se sentir exister, de vivre dans la durée de son moi profond en se suffisant à soi-même (cf. Rousseau, *Cinquième Rêverie*) ;
• en jouissant consciemment et vivement de la beauté des sensations (ex. Rousseau) ;
• en se tournant vers l'extérieur pour s'ouvrir à une multiplicité de sensations ou se perdre dans une seule, ressentie intensément, ce qui libère de la réalité et semble faire participer à la vie plus profonde et plus vaste des choses (cf. *Oberman*).
Cet état aboutit à l'extase (ex. Baudelaire), à la contemplation* (ex. Hugo), voire à l'ivresse panthéiste (ex. Hugo), mais ces dernières supposent une conscience et une activité de l'esprit qu'il n'y a pas dans la rêverie ;

2. Aux sensations internes : écouter en soi les mélodies de l'âme (cf. Verlaine, *Romances sans paroles*) avec l'idée que ces rumeurs intérieures sont comme l'écho, dans une âme individuelle, de la grande voix de l'univers : ex. Maurice de Guérin (cf. Béguin, *L'Ame romantique et le Rêve*) ;

3. A des associations d'images ou d'idées conscientes qui naissent :
• d'une rêverie sentimentale autour d'un être aimé (ex. Mme de Sévigné, aux Rochers, rêvant à sa fille).

• de passions (ex. rêver d'un idéal, d'un absolu satisfaisant le besoin d'infini, d'évasion), ou d'une idée (cf. Chateaubriand, *René*) ;
• de la méditation ou de la contemplation philosophique (cf. Hugo, « La Pente de la Rêverie ») ;
• de la hantise de certaines idées (ex. la rêverie du « penseur » chez Hugo);
• de la création de chimères* : vivre en idée avec des êtres selon son cœur ou s'enchanter à bâtir des utopies (ex. Rousseau à Montmorency) ;
• de la création par l'imagination* d'un monde plus beau (cf. Musset, « Sur trois marches de marbre rose »), grâce au dérèglement systématique des sens, la rêverie tendant alors vers la vision (ex. Rimbaud) ;
• du souvenir*, de la mélancolie* (cf. Hugo pensant à ses filles), de la prise de conscience du bonheur (cf. Montaigne, *Essais,* III, 13).

C. La valeur de la rêverie

1. Ses dangers : souvent teintée de mélancolie*, d'ennui, elle est néfaste dans son aspect passif. Encore plus que la contemplation* et la vision qui supposent concentration de l'esprit sur l'objet, la rêverie :
• détourne de l'action*, de la création littéraire (car les grands écrivains reconstituent leur rêverie, après coup, mais celle-ci n'est pas, par elle-même, créatrice), du réel (en particulier, danger des chimères*) ;
• est propice à l'idée fixe, à la délectation morose de la passion, de la souffrance.

2. Ses charmes : elle apporte :
• le repos du corps et de l'esprit ;
• la volupté, la liberté ;
• les joies et les richesses de l'imagination*, de la fantaisie*, de l'évasion*, des chimères*, de la sensibilité*, de la passion*, de la mélancolie*, du souvenir* ;
• la valeur de connaissance : découverte d'idées par association ; approfondissement d'une idée qui s'impose, s'enrichit ; de ses sentiments ; de la voie pour parvenir à saisir son moi profond, son inconscient, pour passer du monde des apparences à la vision ou au sentiment de la réalité profonde de l'univers (cf. A) ;
• la préparation à la création, le chemin vers l'invention* : les rêveries des savants, voire l'extase, la contemplation*, la vision — états eux-mêmes préparatoires à la création poétique — le fourmillement d'idées,

d'images, de sensations, de sentiments — matière de création poétique, de découverte psychologique, voire scientifique. Mais l'attention doit les interpréter, les utiliser, et la puissance de création artistique les regroupe, leur donne une forme, un style.

REVOLTE

C'est un fait collectif (cf. la révolte des esclaves menée par Spartacus) ou individuel (l'être refuse catégoriquement une intrusion jugée intolérable dans ce qui lui paraît le plus personnel). La suite de l'article concerne surtout ce point.
Le révolté est sûr de son bon droit et invoque ce qu'il y a en l'homme à quoi il peut s'identifier, ne fût-ce qu'un temps ; et cela devient le bien suprême, plus cher que la vie.
La notion d'individu est replacée désormais dans un idéal commun et, par opposition aux philosophies historiques, « l'analyse de la révolte conduit au moins au soupçon qu'il y a une nature humaine » (Camus).

TEXTES : **Molière,** *Dom Juan,* 1665. **Baudelaire,** *Les Fleurs du mal,* 1857. **Rimbaud,** *Une Saison en enfer,* 1873. **Gide,** *Les Nourritures terrestres,* 1897 ; *L'Immortalité,* 1902. **Breton,** *Manifestes du surréalisme,* 1924-1953. **Céline,** *Le Voyage au bout de la nuit,* 1932. **Sartre,** *La Nausée,* 1938. **Camus,** *Le Mythe de Sisyphe,* 1942 ; *L'Homme révolté,* 1951. **Anouilh,** *Antigone,* 1943. **Vian,** *L'Ecume des jours,* 1947. **S. de Beauvoir,** *Mémoires d'une jeune fille rangée,* 1958.

A. Les diverses révoltes

Si les révoltes collectives se font surtout contre un ordre social, les révoltes individuelles se font plutôt contre un ordre moral ou métaphysique.

1. La révolte humaniste défend les valeurs de l'homme (cf. Humanisme, Humanité) contre les excès des institutions, des morales, de la religion (cf. Métaphysique) qui le briment (ex. Montaigne, les libertins du XVIIe s., les philosophes du XVIIIe s.).

2. La révolte romantique :
• contre la société, les Romantiques défendent : — l'individu, le moi*, limité dans ses aspirations, sa sensibilité (ex. George Sand, Balzac ; cf. *Hernani, Ruy Blas, Chatterton*) ; — une idée de l'homme : contre l'injustice sociale, au nom de l'humanité* (ex. Lamartine, Hugo, George Sand, Michelet, Lamennais) et contre l'esclavage social, les fatalités du monde moderne (matérialisme, démocratie, argent, etc.), au nom de la beauté, de la pureté, de la liberté, de la poésie (cf. Vigny, *Chatterton, Les Destinées* ; ex. Flaubert, Leconte de Lisle) ;
• sur le plan métaphysique, ils s'élèvent contre : — Dieu (ex. Musset, Vigny, Baudelaire, Lautréamont) ; — la condition humaine (ex. chez Chateaubriand, les limites de l'homme, le vague des passions ; les héros de Balzac cherchant l'absolu) ; — le monde de l'ennui des Réalistes (ex. Baudelaire, Lautréamont, et, plus tard, la tentative symboliste de connaissance de l'absolu de Rimbaud).

3. Les révoltes modernes s'opposent :
• aux morales, au nom de la vie et de la nature (ex. Gide) ;
• à la métaphysique, c'est-à-dire au temps (ex. Proust), à la condition humaine (ex. Malraux), à l'histoire qui asservit l'homme, ou aux vues théoriques irréalisables qu'on prétend tirées de l'histoire (ex. Camus).
Idée essentielle de l'humanisme* moderne, la révolte est féconde, car, si elle nie l'inadmissible, elle pose des valeurs communes à tous les hommes, ce qui la distingue du nihilisme sous sa double forme d'une négation absolue et d'un asservissement total à l'histoire (cf. Absurde).

B. Art et révolte

1. Certaines formes d'art nous présentent une forme de révolte, car elles n'admettent pas l'ordre établi, mais suggèrent une autre idée de l'homme*, de la société*, de la beauté* (cf. A ; Romantisme). N'appartiennent pas à ces genres artistiques les arts collectifs, le classicisme*, les arts mineurs, la poésie de circonstance trop pénétrée d'intimisme.

2. Mais, en général, tout art est révolte contre le réel (ex. Camus) :
• parce qu'il n'admet pas le réel tel qu'il est (cf. Art, Idéalisme, Optique théâtrale, Personnage) ;
• parce que, sans se détourner de ce réel (ce qui en ferait un pur formalisme), il lui donne une unité*, un style* (cf. Contraintes, Règles, Univers).

ROMAN

Le mot roman a commencé par signifier, au Moyen Age, un récit, en prose ou en vers, en langue vulgaire (le « roman » et non le « latin »), puis dès le XVIe s., il a désigné un récit, en prose, d'aventures imaginaires.

A CONSULTER : l'article « Roman » in *Encyclopaedia Universalis.* **H. Coulet,** *Le Roman jusqu'à la Révolution,* 1985. **M. Raimond,** *Le Roman depuis la Révolution,* 1985. **M. Robert,** *Roman des origines et origines du roman,* 1972. **J. Laurent,** *Roman du roman,* 1980. **A. Robbe-Grillet,** *Pour un nouveau roman,* 1963. **M. Butor,** *Essais sur le roman,* 1968.

A. Ses caractères spécifiques

1. Comme récit :
• il s'étend sur une certaine durée qui permet de rendre compte de l'évolution d'une conscience, à la différence de la nouvelle* qui n'expose pas la psychologie totale des personnages* ;
• il fait vivre des personnages qui donnent l'impression d'une existence réelle, de la totalité d'une âme, à la différence du conte* (cf. C) ;
• il représente le monde extérieur (cf. l'espace en C).

2. Par rapport aux autres genres et moyens d'expression : il présente à la fois des ressemblances et des divergences :
• par rapport à la poésie*, il offre des similitudes quand son style se fait lyrique, fantastique, surréaliste (cf. les métaphores et le symbolisme de Proust ; le surréalisme ; la préciosité de Giraudoux).
Mais il en diffère, car certains genres de romans tournent le dos à la poésie (cf. B) : l'intrigue, l'objectivité, le personnage vu dans sa totalité, l'analyse psychologique, le dialogue dramatique sont des composantes essentiellement romanesques et non pas poétiques ;
• par rapport au théâtre*, il présente des ressemblances profondes : — mise en scène de conflits, constitution de types*, image d'une destinée ; — les personnages sont devant un décor, en un lieu, à une époque ou pris dans un milieu familier pour le roman et la comédie ; ils sont définis par leurs rapports mutuels ; ils parlent pour expliquer leur action ou agissent en parlant ; leurs caractères sont centrés autour d'une passion forte. D'ailleurs il y a eu interpénétration des deux genres (ex. théâtre romanesque au XVIIe s., roman dramatique au XIXe).

Cependant les différences apparaissent :
— le théâtre concentre l'action en une crise, le roman peint souvent une durée, une évolution ;
— le théâtre simplifie et grossit, ne perce pas le secret des âmes (à l'exception du théâtre racinien), ne s'explique que par des paroles ; le romancier analyse, pénètre l'intimité des personnages ;
— le personnage de théâtre est plus proche de nous physiquement que le héros de roman qui nous paraît plus lointain, car il appartient au monde réel de la scène et nous nous contentons de le juger, alors que nous nous identifions au héros de roman ;
— le public de théâtre exige que son attention soit sollicitée et maintenue, ce qui nécessite de gros effets ; il réagit collectivement, ce qui soumet le théâtre à la bienséance* ; le roman s'adresse à l'individu qui peut le lire dans la solitude et sans limite de temps : il peut donc être plus souple et moralement plus libre ;

• par rapport à l'histoire*, on a pu dire que le romancier est « l'historien du présent », l'historien « le romancier du passé », et la vogue du roman historique prouve que les deux genres s'interpénètrent :
— dans l'un et l'autre cas, on peint l'homme dans le temps, diversifié dans le réel, la société (ainsi Balzac veut combler la lacune qu'est l'omission de « l'histoire des mœurs », et de même Zola) ;
— la méthode, les postulats sont analogues : définition de la causalité matérielle qui détermine l'homme ; hypothèses psychologiques ; découpage dans le réel du fait historique et du fait romanesque ;
— les moyens se ressemblent : descriptions, portraits, lettres, dialogues, analyses psychologiques, etc. ; personnages représentatifs.
Cependant :
— l'histoire cherche la vérité, exprime la réalité humaine, est une science alors que le roman a d'autres fonctions (cf. E). Même dans le cas du roman historique, l'histoire part des documents, par induction ; le romancier déduit souvent le personnage de ses conceptions. Le roman vise plutôt l'homme, la société ;
— le romancier est plus libre : il peut inventer là où l'historien manque de documents ; il peut serrer de plus près le quotidien, l'anonyme, l'historien est astreint à certains thèmes : politique, guerre, etc. ; l'historien, soumis aux documents officiels, se limite à la constatation des événements extérieurs, alors que le romancier décrit les motivations des actions de l'homme ; le tableau du romancier peut être plus vivant (cf. Caractéristique, Type) ; si, de ce fait, le roman paraît parfois plus vrai, l'histoire demeure plus réelle et l'historien est plus près du concret ; mais surtout,

le romancier ne crée pas l'histoire, il explore ses zones d'ombre, l'histoire lui fournit son arrière-plan ;

• par rapport à la critique*, on peut repérer certaines analogies entre celle qui se veut explicative et le roman réaliste ou naturaliste. La méthode scientifique est similaire : documentation ; classement des esprits ; postulat du déterminisme (cf. Milieu) ; lois (ex. évolution des genres* chez Brunetière ; hérédité chez Zola) ; sérieux, rigueur du travail.
Et les reproches qu'on peut leur adresser sont identiques (pas de notion de la liberté, de l'indéterminé), et ils ont eu la même influence (sens de l'enquête, reconnaissance d'un certain déterminisme) ;

• par rapport au cinéma*, des rapprochements s'imposent puisque :

— tous deux ont une même vocation narrative et sont plus aptes que d'autres genres à reproduire le réel* (la fonction référentielle du cinéma est particulièrement forte ; cf. 3) ;

— certains cinéastes ont transposé des romans (ex. Jean Renoir et les romans de Flaubert, Maupassant, Zola), s'en sont inspiré (ex. le *Blow up* d'Antonioni en 1967 puisé chez J. Cortazar) ou ont collaboré avec les auteurs (ex. A. Resnais et M. Duras pour *Hiroshima mon amour*) ;

— certaines techniques narratives du roman ont trouvé leur transposition au cinéma : ainsi la voix « off », dans le *Journal d'un curé de campagne* adapté par Bresson en 1951, « manifeste, au-delà de l'image, la présence d'un narrateur qui, à l'instar du texte romanesque, accompagne l'événement passé de sa méditation actuelle » (cf. *Encyclopaedia Universalis*), ou bien les films à la 1re personne ou à divers narrateurs, inspirés des romans américains de l'entre-deux-guerres (cf. O. Welles, *Citizen Kane,* 1941) ; ou bien l'on a repéré dans les romans des procédés prétendus cinématographiques : la restriction de champ chez Stendhal (cf. la focalisation dans la narration*), le montage en parallèle chez Dickens, les « mouvements de caméra » chez Proust.
Cependant, d'autres aspects les séparent :

— l'image est radicalement différente du signe linguistique, parce qu'un plan filmique correspond plutôt à une phrase qu'à un mot isolé ;

— la question du temps* pose un obstacle infranchissable à la transposition des romans, dont il faut sacrifier des parties ;

— le cinéma s'oriente vers une narration autonome en adaptant les techniques des romanciers modernes. Ses propres moyens d'expression (point de vue toujours localisé de la caméra, image, son, cadre, hors-cadre, voix « off », montage...) lui permettent de jouer sur l'illusion et le réel : par exemple l'image affirme et le montage, visuel ou sonore, détruit ces affirmations jusqu'à nier totalement l'histoire (cf. les films d'Antonioni, Robbe-Grillet, Duras, Godard).

3. Le roman est un genre protéiforme :

• car il véhicule tous les courants d'idées, exprime tous les modes de sensibilité, se plie à toutes les circonstances et constitue un matériau d'étude pour les philosophes, les historiens, les sociologues. C'est d'ailleurs grâce à son statut ambigu qu'il a souvent précédé les découvertes ou vulgarisé les résultats des sciences humaines : par exemple, il suit l'évolution de la psychologie (il décrit la vie affective des « passions », cf. *La Princesse de Clèves, Manon Lescaut*), de la psychopathologie (cf. *Le Horla*), de la psychanalyse en évoquant l'émergence de l'inconscient dans le conscient (ex. Dostoïevski, Proust et plusieurs écrivains du XXe s.), les comportements (cf. le roman américain de l'entre-deux-guerres) ;

• pour cette raison, c'est le genre-roi : « Passé du rang de genre mineur et décrié à une puissance probablement sans précédent, il est maintenant à peu près seul à régner dans la vie littéraire. [...] Semblable par bien des traits à la société impérialiste où il est né, il tend irrésistiblement à l'universel, à l'absolu, au tout des choses et de la pensée : par là sans aucun doute il uniformise et nivelle la littérature, mais d'un autre côté, il lui fournit des débouchés inépuisables puisqu'il n'y a rien dont il ne puisse traiter. » (M. Robert) ;

• il cherche à reproduire le réel* (cf. Naturalisme, Réalisme) et ne recule pas devant la mystification (cf. Defoe, *Robinson Crusoé*), même s'il relate des faits imaginaires à la différence de l'histoire* (cf. supra). Mais il prétend exprimer une certaine vérité, la vraisemblance* ou vérité artistique. C'est en tout cas ce qu'affirment divers romanciers des XIXe et XXe s. (cf. Stendhal : « On ne peut plus atteindre au vrai que dans le roman » ; « Un roman est un miroir qu'on promène le long d'un chemin », 1830 ; George Sand, Préface d'*Indiana,* 1842 ; Balzac, Avant-propos de *La Comédie humaine,* 1842).

Il semble restituer les faits et les gens comme si nous en étions contemporains (vérité historique) et nous faire mieux comprendre le sens de cette réalité (vérité psychologique) : « Ce que ces histoires imaginaires nous donnent peut-être, c'est la véritable histoire de la vie réelle » (Cl. Roy). D'ailleurs Balzac ne prétend pas tant copier le réel qu'en dégager le sens ;

• cependant cette prétention n'est qu'imposture et le roman est plutôt un « mentir-vrai », selon l'expression d'Aragon : il falsifie la vie, car, comme tout art*, il choisit dans le réel et le recrée (cf. Maupassant, Préface de *Pierre et Jean* : « Faire vrai consiste donc à donner l'illusion

complète du vrai, suivant la logique ordinaire des faits »). Mais, ce faisant, comme le note M. Butor, « il est un des constituants essentiels de notre appréhension de la réalité » ;
• par ailleurs, le roman présente la particularité de ne pouvoir se réduire à l'histoire même qu'il raconte : « Le génie du romancier est dans la part, du roman qui ne peut être ramenée au récit » (A. Malraux, *L'Homme précaire et la littérature*). Il faut tenir compte aussi du style*, du langage, du rythme*, de la construction qui sont les siens (cf. C).

B. Les divers genres de romans

1. Les romans tournés vers le monde extérieur observent :
• la technique picaresque : un personnage traverse divers milieux sociaux (cf. Gil Blas ; cf. Céline, *Le Voyage au bout de la Nuit* ; Joyce, *Ulysse*) ;
• la technique du réalisme* et du naturalisme*.

2. Le roman historique distingue :
• le réalisme historique qui veut reconstituer le passé dans sa réalité et se rapproche de la technique du réalisme (cf. *Salammbô*) ;
• le romanesque historique pour qui le passé n'est qu'un moyen de dépayser le lecteur et d'atteindre d'autres fins du roman, par exemple : l'intrigue (ex. A. Dumas : vers le roman d'aventures), la psychologie (cf. Balzac, *Les Chouans* ; A. France, *Les Dieux ont soif* ; romans de B. d'Aurevilly), la pensée philosophique (cf. Vigny, *Cinq-Mars*), la poésie (cf. Couleur, Epopée, Evasion, Fantastique, Imagination, etc.).

3. Le roman psychologique évoque toute l'âme d'un personnage (de l'intérieur, dans son évolution et non comme un objet déterminé de l'extérieur). Mais il ne faut pas absolument séparer ce genre des autres formes romanesques : présence du monde extérieur ou de l'intrigue dans les grands romans psychologiques (ex. Stendhal, Balzac, H. James), de la psychologie dans le réalisme (ex. Flaubert), importance accordée aux déterminations extérieures dans les romans psychologiques après le naturalisme (ex. Martin du Gard). On distingue :
• le roman autobiographique, d'un ton parfois lyrique (cf. *René, Oberman, Adolphe, Le Lys dans la Vallée, Volupté, Dominique*) ;
• le roman confession, autobiographique ou inventé (cf. Gide, *L'Immoraliste* ; Mauriac, *Le Nœud de Vipères*) ;
• le roman journal (cf. Gide, *La Symphonie pastorale* ; Duhamel, *Journal de Salavin* ; Sartre, *La Nausée* ; Bernanos, *Journal d'un Curé de Campagne*) ;

• le roman par lettres* (cf. *Les Liaisons dangereuses, La Nouvelle Héloïse*) ;
• le roman, récit de la vie des autres : — récit d'une aventure ou d'une vie sans conflit dramatique : ex. roman de l'expérience (ex. Gœthe, *Les années d'apprentissage de Wilhelm Meister*), roman métaphysique (cf. *La Nausée, Le Voyage au bout de la nuit*) ; — conflit dramatique ou crise, qui peuvent exister aussi dans les genres décrits supra (cf. *La Porte étroite ; La Princesse de Clèves ; Les Frères Karamazov ; Crime et Châtiment ; Le Père Goriot)*).

4. Le roman d'intrigue donne une importance primordiale à l'action* qui est subordonnée à une autre fin que dans les formes précédentes. Il s'agit de romans qui visent :

• le mystère (ex. E. Brontë, *Les Hauts de Hurlevent* ; Gide, *Isabelle* ; Daphné du Maurier, *Rébecca*), le surnaturel*, le fantastique* hantant les personnages (ex. B. d'Aurevilly, Bernanos) ;
• l'aventure* sous la forme de :
— faits inattendus ne découlant pas de la psychologie des personnages (cf. *Robinson Crusoé, Les Trois Mousquetaires*) ;
— l'aventure sentimentale : obstacles extérieurs séparant un amour parfait de sa satisfaction (ex. le roman de chevalerie) ;
— l'aventure pure : imaginée à partir de la science (cf. J. Verne, *Voyage au Centre de la Terre* ; Wells, *La Guerre des Mondes*) ; exploration de la terre (cf. Poe, *Aventures d'A.G. Pym* ; J. Verne, *Le Tour du Monde en quatre-vingts jours*), du ciel (romans de Saint-Exupéry), des espaces interplanétaires (cf. Science-fiction), etc. ;
— l'aventure intérieure : elle ne vient pas des événements eux-mêmes, mais de l'importance qu'ils prennent pour une imagination qui les accueille comme étranges et inexplicables, par exemple : le monde imaginé par un enfant (cf. *Le Grand Meaulnes*), l'obsession du surnaturel (cf. Bernanos, *Sous le Soleil de Satan*), la naissance chez un être du sentiment de l'existence (*La Nausée*). Il faut aussi mentionner :

• le roman-feuilleton, au caractère psychologique ;

• le roman policier, qui oscille entre deux pôles : le roman-problème qui insiste sur l'énigme et pousse le lecteur à la déduction, au raisonnement (ex. C. Doyle, A. Christie, M. Leblanc, G. Leroux) ; le roman à suspens, roman noir, « thriller », où la terreur domine (ex. D. Hammett, J. Cain, H. Mac Coy). Mais ce schéma peut se compliquer, par exemple d'intrigue amoureuse, de comique, par la création d'un personnage central (cf. Sherlock Holmes, Rouletabille, Maigret), par l'adjonction de mystère

et d'aventures, d'une peinture de mœurs ou d'atmosphère (ex. Simenon), d'une volonté parodique (ex. Fr. Dard, la série des *San Antonio*) ;
• le roman d'espionnage qui apparaît après la Première Guerre mondiale et est à la fois historique, d'aventures, policier : il s'appuie sur une réalité, l'importance des services secrets dans un conflit international, et fait appel, sur le mode imaginaire, au goût du public pour les grands enjeux stratégiques (ex. P. Nord, J. Bruce, I. Fleming, G. de Villiers).

5. Le roman pur (cf. Gide, *Les Faux Monnayeurs* et *Journal des Faux Monnayeurs*) serait celui qui renoncerait à décrire la réalité extérieure pour ne peindre que l'évolution intérieure d'une conscience : réaction contre le réalisme*. Mais peut-on rendre la durée intérieure sans l'accrocher à une réalité extérieure ? l'âme d'un personnage ne s'exprime-t-elle pas à propos d'événements extérieurs et par la façon dont il voit le monde (cf. Gide, *L'Immoraliste,* romans de Sartre) ? sinon le roman se ramènerait à peindre le courant de conscience par une série d'images sans rapport avec une réalité extérieure et deviendrait poésie (cf. Blanchot, *Thomas l'Obscur ; Aminadab*). De plus, il existe des formes incontestablement romanesques (cf. supra) dont l'intérêt n'est pas uniquement psychologique.

C. Les techniques romanesques

1. L'intrigue :
• elle est souvent stéréotypée : — une série d'épreuves dont on sort victorieux (ex. les romans de chevalerie) ou dégradé (ex. le roman réaliste ou naturaliste) ; — les péripéties sont affrontées sans transformer le héros (ex. le roman picaresque) ou, au contraire, provoquent sa maturation (ex. le roman d'apprentissage) ; — elle s'organise du crime à l'enquête et à la découverte de la vérité dans le roman policier, alors qu'elle aboutit inexorablement à la mort dans le roman noir ;
• elle s'organise suivant des séquences (cf. C. Brémond, *Logique du récit*), c'est-à-dire des suites d'actions s'enchaînant logiquement, parmi lesquelles on peut relever : le contrat rompu ou réalisé ; l'épreuve réussie ou ratée ; le bienfait récompensé ou ne rencontrant que l'ingratitude ; le méfait châtié ou pardonné ; l'amélioration parfois suivie de dégradation et vice-versa...

2. La composition :
• elle est linéaire dans : — le roman passif qui se fonde sur l'unité de l'existence humaine qu'il raconte et paraît se conduire selon les exigen-

ces de la vie de ses héros, qui se forment peu à peu (cf. *Gil Blas ; Le Rouge et le Noir ; La Chartreuse de Parme* ; les romans de Dickens ; les romans des enfances : *Les années d'apprentissage de Wilhelm Meister ; Illusions perdues ; L'Education sentimentale ; Les Thibault* ; mais s'il accepte le divers, le foisonnement d'expériences, il élimine l'inintéressant ; une ordonnance donne un sens à un destin, se limite : vie brève, enfance, événement capital (cf. *Anna Karénine*), etc ; une stylisation nécessaire garde l'apparence d'une réalité vécue ; — le roman actif, bâti selon un ordre qui n'est pas donné par l'unité d'une existence humaine, mais créé par une libre disposition du romancier ; il s'ordonne autour d'une aventure (cf. *L'Atlantide ; Les Trois Mousquetaires*), d'un caractère* ou d'une attitude à mettre en valeur (cf. *Le Père Goriot ; La Cousine Bette*), d'une crise provoquant l'affirmation de caractères ou d'attitudes (cf. *La Princesse de Clèves ; Adolphe* ; les romans de Malraux ; *Les Chemins de la liberté*) ;

• elle est en rosace chez Proust : le récit n'est pas vraiment chronologique. L'auteur prend conscience de l'unité de son moi en éprouvant l'identité de deux sensations séparées dans le temps. Il essaie de retrouver cette unité en recréant le « temps perdu », c'est-à-dire en retrouvant le contenu de sa mémoire affective. Le roman se développe donc par ondes concentriques autour de sensations retrouvées, modifiées par tout ce qu'a apporté la durée jusqu'au présent : un passé qui n'est ni objectif ni chronologique, mais se groupe par lambeaux autour de souvenirs affectifs. Toutefois, un effort de l'imagination est nécessaire pour donner aux personnages une existence et une durée objectives propres (cf. l'histoire de Swann) ainsi qu'une collaboration de la mémoire intellectuelle pour combler les lacunes et introduire quelque cohérence chronologique dans l'évolution du récit ;

• elle est symphonique : quand les personnages sont multiples ou quand le roman couvre toute une époque donnée. Il existe de faux romans symphoniques :

— ceux de Balzac qui ordonnent des romans linéaires où se retrouvent quelques personnages, l'unité étant donnée « après coup » sans qu'on ait l'impression de la durée d'une société ;

— ceux de Zola qui établissent une liaison familiale artificielle entre les personnages dont les aventures linéaires se juxtaposent.

Il y a vraiment composition symphonique :

— quand le destin d'un héros coïncide avec une certaine durée sociale et que cela permet des explorations concentriques dans la société qui lui est contemporaine (cf. *Gil Blas ; Les Misérables ; Jean-Christophe*) ;

— quand l'étude d'un phénomène social détermine le destin de plusieurs personnages (ex. l'argent, la mine, un grand magasin dans les romans de Zola) ;
— dans le cas du roman d'une famille ou de plusieurs familles qui permet : une psychologie du groupe, des destinées parallèles se recoupant ; un élargissement à divers milieux sociaux ; un rapprochement avec l'histoire, la durée du récit coïncidant avec celle d'une époque (cf. Tolstoï, *Guerre et Paix* ; Galsworthy, *Forsyte Saga* ; Duhamel, *Chronique des Pasquier* ; Martin du Gard, *Les Thibault*). Cependant, on peut objecter (cf. la Préface des *Hommes de bonne volonté*) que l'étude d'une famille ne permet qu'une vision partielle d'une époque, sauf si l'on accepte l'artifice d'une ambition exhaustive ;
— dans le cas de la composition unanimiste (cf. *Les Hommes de bonne volonté*), qui met en scène une foule de personnages dont les destinées parallèles se recoupent parfois, sont influencées par les événements sociaux, ou se perdent, ce qui évite la multiplication des intrigues. Cette étude peut s'élargir à un regard unanimiste sur les divers groupes sociaux ;
• le contrepoint littéraire consiste en un rapprochement de scènes éloignées dans l'espace pour des effets moraux ou psychologiques de contraste ou d'harmonie (ex. Jules Romains, *Les Hommes de bonne volonté* ; Huxley, *Contrepoint*) ou même en un rapprochement dans le temps, le présent précédant souvent le passé qui l'explique (cf. Huxley, *La Paix des profondeurs* ; Louis Guilloux, *Le Jeu de patience*) ;
• le découpage de l'intrigue peut être apparent (volume, livre, partie, chapitre, paragraphe) et correspondre à des nœuds du récit, en particulier dans le roman-feuilleton, pour lequel c'est un élément de suspens ;
• le roman peut s'organiser sur une séparation nette entre narration*, et description* (ex. les romans de Balzac), ou, au contraire, passer insensiblement de l'une à l'autre (cf. *La Jalousie*) ;
• le roman se partage entre éléments variants et invariants qui permettent des scènes analogues dont les rapprochements sont significatifs (cf. la structure de *Madame Bovary* où il y a deux scènes de bal, deux déménagements, etc.).

3. Les personnages : la question est déjà traitée dans l'article Personnage ; cependant, en ce qui concerne le roman, on peut ajouter :
• le héros parfait : historiquement, épopée et roman étant d'abord confondus, le personnage romanesque a eu les qualités du héros épique (cf. Epopée). Quand le roman se distingua par la multiplication des aventures devenues d'un moyen une fin, son héros garda longtemps

simplicité et perfection, en particulier dans le romanesque sentimental (cf. les romans pastoraux et historiques du XVIIe s.). Mais, en dehors de cette tradition fortement combattue dès la Renaissance, le roman garde des héros parfaits, car :
— on veut qu'ils incarnent un idéal moral (cf. Beaux sentiments) ;
— ils sont idéalisés par la « cristallisation » que fait autour de leur personnalité un autre personnage (cf. Mlle de Galais dans *Le Grand Meaulnes*) ou l'auteur (cf. *Le Lys dans la Vallée ; Dominique*) ;
— ils appartiennent à un univers déjà idéalisé par l'auteur (ex. le monde de George Sand, de la comtesse de Ségur) ;
— ils ne sont qu'une image, une représentation subjective de nos émotions et des événements de la vie, et, sans exister par eux-mêmes, ils sont prétexte à nous émouvoir, en incarnant par exemple le personnage de type épique (cf. Jean Valjean, Quasimodo), une image bouleversant la sensibilité (cf. Cosette), un héros confondu avec son aventure (cf. d'Artagnan, Robinson Crusoé, Sigognac) ;
• les contacts du héros avec la réalité : le héros doit paraître un personnage réel* (c'est la conception du réalisme* et du naturalisme*), mais il risque alors d'être médiocre : il faut donc une stylisation pour donner au personnage personnalité, unité, destin complet (cf. Emma Bovary). Il incarne la vérité* (cf. Réalisme, Réel) et la vie (cf. Personnage). Cette impression de vie vient souvent de ce que Thibaudet appelait le « romanesque psychologique », qui « apparaît lorsque les sentiments et les actions des personnages font éclater et démentent tous les cadres préconçus dans lesquels le lecteur pouvait les prévoir et aussi dans lesquels ils pouvaient le moment auparavant se prévoir eux-mêmes » (ex. Julien Sorel, Fabrice ; les héros de Gide, de Proust, de Dostoïevski). Mais cette liberté ne doit pas offenser la vérité, car ce qui était imprévisible doit paraître, après coup, possible ;
• le héros est supérieur : — à l'auteur : il vit d'une vie plus parfaite que lui, est ce qu'il eût voulu être (ex. les personnages de Stendhal, de Balzac) ; il va jusqu'au bout de son destin ; — au lecteur : il est, avec une grande intensité, ce que le lecteur pourrait être, voudrait être ou craindrait d'être ; il a une unité que notre vie fragmentaire n'a pas ; — à la réalité et aux hommes ordinaires : intensité des traits, concentration, unité. Même s'il semble un anti-héros, il est, par sa « perfection » littéraire, par la concentration de sa vie et de ses traits de caractère, supérieur — car plus significatif — à une personne considérée dans sa vie réelle ;
• son originalité : être individuel, vivant, complet, exceptionnel toutefois et tendant vers le type*, il diffère du héros du conte*, de la nouvelle*,

de l'épopée*, et aussi du caractère* du moraliste ; et à la différence du personnage de théâtre*, il n'est pas l'homme d'une seule action ou dont la personnalité s'exprime dans une crise. Il est dans le temps : on donne, en général, sa conception du monde totale, sa psychologie détaillée, son évolution. D'où, dans le roman, une impression de fatalité moindre qu'au théâtre (cf. le roman des enfances où un personnage se forme et se découvre, varie au contact du réel) ;

• sa présentation : sera-t-il clair ou opaque ? défini par son identité sociale (ex. Balzac) ou par son comportement (cf. le Nouveau Roman en D et Personnage) ? Selon Malraux, présenter les personnages en les faisant se raconter ou s'analyser ne peut que les fausser. Ce que peut faire le romancier, c'est créer un monde à lui, comme tout autre artiste, et faire concurrence non à l'état civil, mais à la réalité, celle de la vie, en montrant des attitudes (les siennes, qu'il prête à des personnages) qui s'y soumettent ou la transforment. A cela on objectera le fait que le romancier est hanté par ses héros qui vivent en lui d'une vie propre ou se substituent à sa propre vie (ex. Balzac), dédoublement ou sublimation qui est l'essence même de la création romanesque ;

• la querelle du personnage a commencé avec Gide (cf. *Les Faux-Monnayeurs*) en France et V. Woolf en Angleterre : il n'est plus question de créer des types*, de déterminer le personnage si ce n'est par des « myriades d'impressions ». Tout un courant d'écrivains s'étaient déjà attachés à exprimer, chez un personnage, « le spasmodique et le manqué » (ex. Flaubert, Kafka, H. James, J. Conrad). Le roman américain, lui aussi, décompose le personnage ; cette tendance trouve son apogée avec le Nouveau Roman (cf .D).

4. L'espace :

• il est situé ou représenté brièvement jusqu'au XIXe s., mais ensuite il fait l'objet de descriptions* abondantes et significatives ;

• il varie : — selon l'époque et la représentation du monde qu'il a : il est centré sur la capitale (cf. *La Princesse de Clèves*) ou a une dimension planétaire (ex. la science-fiction*) ; — selon le genre : le roman picaresque impose de nombreux déplacements, le roman intimiste le réduit à un seul lieu ; — selon la sensibilité de l'auteur ;

• s'il est dynamique, il permet un itinéraire qui répond à un désir d'exil ou de fuite (cf. *Madame Bovary*), d'errance (cf. *Gil Blas ; Sur la route*), de périple (cf. *Germinal*), d'initiation, de conquête. Ou alors, s'il est statique, il offre un spectacle : le paysage est soumis au regard des personnages qui établissent parfois une relation entre lui et leur état d'âme ;

• il s'organise souvent sur des oppositions à valeur symbolique :

clos / ouvert (cf. *Le Procès ; La Condition humaine*), ville / campagne (ex. Balzac), dedans / dehors (cf. *La Peste*), réel / rêvé (cf. *Madame Bovary*), le chemin labyrinthique perdu / retrouvé (cf. *Le Nom de la Rose*).

5. Le temps (cf. Temps).

6. Le narrateur et le lecteur (cf. Narration).

D. Le roman en question

1. Les critiques traditionnelles remontent à son apparition (le roman fut d'abord un genre mineur et méprisé) et subsistent depuis lors. On reproche au roman d'être :
• menteur dans l'intrigue et dans les personnages (ex. les romans précieux ; cf. Bossuet, *Oraison funèbre d'Henriette d'Angleterre,* qui leur préfère l'histoire) ;
• sot à cause de la niaiserie des personnages, par le plaisir vulgaire qu'il donne (ex. Delly, romans-feuilletons) ;
• moralement dangereux : il rend les passions séduisantes et contagieuses, il idéalise tout et laisse l'âme désarmée devant le réel (cf. l'effet fâcheux des romans sur Don Quichotte et Emma Bovary).

2. La crise du roman est liée, juste après son apogée au XIXe s., à celle qui affecte plusieurs valeurs fondamentales :
• le positivisme, donc la volonté de représenter le réel*, est battu en brèche par la montée du spiritualisme, du fantastique* ;
• la société n'offre plus les mêmes espoirs de réussite qu'au temps de Balzac : il n'y a plus de place pour le héros ambitieux et pas encore pour le héros révolté (cf. les personnages flaubertiens) ;
• la notion d'individu disparaît au profit de celle de masse (ex. le marxisme ; cf. Peuple) : le personnage n'a bientôt plus de raison d'exister.
Les prémices de cette crise apparaissent chez Flaubert, qui veut faire des romans « sur rien ». La métamorphose s'accentue chez Proust, car le monde n'y est plus un bien à conquérir, mais une apparence à élucider ; le roman devient initiatique. Au cours du XXe s., il se fait de plus en plus l'écho des inquiétudes suscitées par les guerres et les remises en question (romans de l'évasion, de la condition humaine...) : « Pourquoi écrivez-vous ? », demandent les Surréalistes.

3. Le Nouveau Roman est « une appellation commode mise en circulation par les journalistes pour désigner un certain nombre de tentatives qui, dans l'anarchie des recherches individuelles, ont convergé dans le refus de certaines formes romanesques » (M. Nadeau). Ce mouvement a trouvé son précurseur en J. Joyce, l'auteur d'*Ulysse,* en 1922.

TEXTES : **A. Robbe-Grillet,** *Les Gommes,* 1953 ; *La Jalousie,* 1957. **N. Sarraute,** *L'Ere du soupçon,* 1956. **M. Butor,** *La Modification,* 1957. **M. Duras,** *Moderato Cantabile,* 1958. **Cl. Simon,** *La Route des Flandres,* 1961.

Il s'agit de refuser le roman traditionnel de type balzacien, ses conventions, c'est-à-dire « quelques notions périmées » (A. Robbe-Grillet) :
• le romancier ne doit plus être omnipotent, mais s'effacer du récit et se limiter au rôle de narrateur anonyme ;
• le personnage doit faire place à une « conscience plus vaste, moins anthropocentriste » (cela reflète la crise de l'individualisme au XXe s.) ; il est donc parfois réduit à un regard (cf. *La Jalousie*) ou une voix (cf. les romans de Beckett) ;
• l'intrigue est disloquée, car « raconter est devenu proprement impossible », étant donné que le « soupçon » est jeté sur toute anecdote ;
• l'espace et le temps doivent être perçus selon notre expérience humaine, c'est-à-dire avec des retours en arrière, des projets (cf. *La Modification, La Vie mode d'emploi...*) ;
• la forme doit être modifiée, et non le contenu, pour faire évoluer le roman ;
• l'engagement* consiste alors dans « la pleine conscience des problèmes actuels de son propre langage » ;
• le lecteur doit cesser d'être un « liseur », c'est-à-dire un passif ; ce que l'auteur lui demande, « ce n'est plus de recevoir un monde achevé, plein, clos sur lui-même, c'est au contraire de participer à une création, d'inventer à son tour l'œuvre », d'y découvrir une énigme et d'y déchiffrer un secret.
Même si les œuvres produites sont parfois d'une lecture ardue et peuvent sembler ésotériques, il est certain que l'entreprise a été féconde et a déclenché tout un travail formel, toute une recherche « textuelle » (cf. la revue *Tel Quel*), une relance linguistique.

E. Les fonctions du roman

Il faut néanmoins, pour répondre à ces critiques, souligner les pouvoirs du roman à travers ses fonctions. Il est à la fois :

1. Un jeu, un divertissement que l'on s'offre (cf. Livre), ne serait-ce que pour le plaisir de lire une histoire, de jouer sur les mots (ex. Rabelais, Queneau), de vibrer en partageant les émotions des personnages ou, dans le roman policier par exemple, d'exercer son raisonnement et de chercher la solution de l'énigme.

2. Une compensation, une évasion et un exorcisme : le roman fait appel à nos fantasmes tout autant qu'à la réalité. Le héros est parfois un double idéal de l'auteur ou du lecteur, ou bien encore une figure expiatoire. Le roman a donc une fonction cathartique (purgation des passions) ; il exprime, diffuse à la fois les désirs et les angoisses propres à un milieu, une époque ou une civilisation. C'est particulièrement vrai pour le roman policier, selon Boileau et Narcejac, car il conjure la peur qui, « dès qu'elle est exprimée, perd sa force torrentielle, son caractère de panique et devient progressivement un jeu ».

3. Un moyen de connaissance* :
• du monde : le roman peut servir de document historique (cf. *L'Espoir*), social (ex. les romans de Zola), de témoignage autobiographique (ex. Malraux, Saint-Exupéry) ; en cela il contribue à notre culture ;
• de l'homme : le roman, en particulier le roman d'analyse psychologique, est un miroir et toute expérience* vécue est objet de curiosité. C'est ainsi que nous avons parfois des « éblouissements » lorsque notre propre sentiment se trouve coïncider avec celui d'un personnage que l'auteur exprime à la perfection.

4. Une « leçon de conduite » (Cl. Roy) : le roman a, de manière plus ou moins avouée, une fonction didactique (cf. les romans engagés comme *La Nausée*) ; il véhicule des idées :
• soit que l'auteur intervienne directement par des dissertations (ex. Hugo, Balzac, George Sand) qui coupent le récit ;
• soit que les personnages se fassent porte-parole (cf. Balzac, *Le Médecin de Campagne* ; Rousseau, *La Nouvelle Héloïse,* ; Martin du Gard, *Jean Barois* ; les romans d'A. France, de Dostoïevski) ;
• soit que le roman illustre une thèse, c'est-à-dire qu'il se développe non selon les nécessités internes des personnages ou le hasard des aventures, mais en fonction d'une vérité à démontrer (cf. *Les Misérables* ; les romans de George Sand, de Bourget, de Zola).
Le danger en est la lourdeur fréquente de ces interventions : — les dissertations vieillissent plus vite que le drame humain ; — elles manquent souvent de vie ou de vérité ; — le romancier est juge et partie, il démontre ce qu'il veut bien, ne s'appuie pas sur des faits,

mais sur ce qu'il invente ; ce furent les critiques adressées à Zola (cf. Naturalisme). Il semble, comme le remarque Thibaudet, que la portée symbolique d'une œuvre est d'autant plus haute que la matière paraît comporter moins de possibilités de symbole (par exemple, pour lui, le roman réaliste et en particulier le « comice agricole » de *Madame Bovary* qui symbolise la bêtise bourgeoise et la servitude du peuple) ou que le symbole jaillit plus directement du particulier, des moyens propres à un art, sans l'intermédiaire d'une généralisation intellectuelle (cf. Diderot, *La Religieuse*). Pourtant, « le vrai roman, c'est celui dont la signification dépasse l'anecdote, la transcende vers une vérité humaine profonde, une morale ou une métaphysique » (A. Robbe- Grillet). Il nous offre aussi un art* de vivre (ex. Stendhal).

5. Une interrogation : en effet, bien que le romancier semble proposer une vision cohérente et réfléchie du monde, il s'agit pour lui d'éveiller l'inquiétude métaphysique (cf. *Oberman, René*), psychologique (ex. la provocante insensibilité de Meursault), sociale (cf. les romans de Zola). « Bien que chaque paragraphe d'un roman affirme, tout grand roman interroge. » (Malraux). Le but du roman serait donc de « nous forcer à penser, à comprendre le sens profond et caché des événements » (Maupassant, Préface de *Pierre et Jean*).

ROMANTISME

Le nom Romantisme dérive de l'adjectif romantique apparu en France dès le XVIIe s. et qui était alors un doublet de romanesque. Puis il a été utilisé par Mme de Staël pour traduire l'allemand « romantisch » (F. Schlegel) qui s'opposait à classique. Dès lors, le mot désigne toutes les formes de la littérature et de la pensée nouvelles par opposition aux formes classiques.
Entre 1820 et 1830, le mot Romantisme a supplanté romanticisme inventé par Stendhal (cf. *Racine et Shakespeare,* 1823) et qui a une signification plus large (« l'art de présenter aux peuples les œuvres littéraires [...] susceptibles de leur donner le plus de plaisir possible »).
En fait, le terme Romantisme n'a jamais reçu de définition précise, mais il sert à désigner l'état d'âme, la pensée et l'art de l'époque 1820-1850.

A. L'état d'âme romantique

Il présente :

1. Un aspect passif qui se caractérise :
• par une crise de la raison* et de la volonté* et une hypertrophie de la sensibilité* (cf. Mal du siècle) qui provoquent chez les Romantiques déséquilibre et inquiétude ;
• par la tentative d'exister alors dans la passion*, dans le lyrisme* de la nature*, dans la religion*, le mysticisme*, l'idéal, la religiosité ;
• par les échecs qui en résultent et qui engendrent désespoir*, mélancolie*, malédiction, satanisme ;
• par la recherche de l'évasion* dans le temps*, l'espace ; de la magie, du fantastique*, de la féerie ; du panthéisme ; de la débauche ; du dandysme* ; du goût de l'horreur, de la frénésie, du néant, de la mort ;
• par le sentiment aigu de la fatalité*, de la souffrance*, de l'orgueil, de la solitude*, du moi*, qui développe l'individualisme, de la révolte*.

2. Un aspect équilibré et actif qui se traduit par :
• le romantisme de l'intelligence qui développe la conscience de son temps (cf. *Le Globe* ; ex. Stendhal, Sainte-Beuve, Vigny, Baudelaire) et les spéculations de l'esprit (ex. Saint-Simon, Fourier) ;
• la conscience virile (ex. Vigny), le culte de l'énergie, de Napoléon (ex. Stendhal, Balzac, Hugo ; cf. Epopée) ;
• l'action sociale (ex. Hugo, Lamartine, Michelet), le travail littéraire (ex. Hugo, Balzac) ;
• le sens des disciplines spirituelles : ascèse lyrique, philosophique, mystique tournée vers une sorte d'absolu (cf. *Le Lys dans la Vallée, Louis Lambert, Stello, Daphné, Chatterton*, etc.).

B. La vision de l'homme et de l'univers

1. L'homme réel :
• allie corps et esprit, sublime* et grotesque* ;
• est engagé dans les idées du temps (ex. Stendhal) ;
• est rattaché à son histoire, à sa nation (ex. Mme de Staël ; cf. Couleur), à sa religion (ex. Chateaubriand ; cf. Préface de *Cromwell*).

2. L'homme, dans ce qu'il a de plus intérieur et de plus individuel, est remarquable par :
• sa sensibilité (cf. A 1 ; Lyrisme, Moi, Passion) ;
• ses états d'âme les plus ténus, le courant même de sa conscience (intimisme ; spleen, spiritualité de Baudelaire) ;

• son inconscient, ses rêves*, ses correspondances avec l'univers (ex. Baudelaire, Nerval, M. de Guérin), avec la vie antérieure, le surnaturel (cf. Fantastique, Mystique) ;
Cela provoque le spiritualisme et l'exaltation de l'individu : la passion se fait active (ex. Balzac), l'énergie, la volonté, le désir de gloire (ex. Stendhal) se développent et créent le surhomme.

3. Le monde extérieur :
• est décrit dans ses apparences réelles (cf. Couleur, Pittoresque) avec un certain réalisme ;
• est animé et transformé par le regard et la sensibilité du poète : l'imagination*, le sens du merveilleux*, le sentiment panthéiste s'y développent ;
• est un symbole de la vie cachée et universelle que découvre la poésie par la contemplation* (ex. Hugo), le rêve*, le déchiffrement des correspondances* (ex. Baudelaire).
Ce faisant, le romantisme ouvre la voie au symbolisme*.

4. La place de l'homme dans l'univers est une question qui pose :
• des problèmes métaphysiques tels que : — Dieu (ex. Lamartine, Vigny, Hugo, Baudelaire, Sainte-Beuve) ; — le bien, le mal, le manichéisme, la matière et l'esprit (cf. Hugo, *Les Contemplations, Dieu, La Fin de Satan*) ; — la fatalité*, les servitudes de la condition humaine (cf. Vigny, *Destinées*) ; — l'angoisse (ex. Vigny, Baudelaire) ; — l'homme et la nature* ; — le sens caché de l'univers (cf. 3) ; — l'aspiration à l'infini, la beauté idéale (ex. Baudelaire, Lamartine) ;
• des problèmes psychologiques et sociaux tels que : — l'amour, la femme, le couple (ex. Hugo, Vigny) ; — l'individu et la société ; — le poète* et la société ; — la religion et la société (ex. Balzac) ; — le socialisme (ex. Lamennais, George Sand) ; le progrès* (ex. Hugo, Lamartine) ; la liberté*, le peuple* (ex. Michelet), la religion de l'homme (ex. Vigny), l'humanité* ;
• des problèmes politiques : les Romantiques sont, à l'origine, des conservateurs (puisqu'ils sont en réaction contre le mouvement des Lumières) et prônent le royalisme (ex. Balzac ; cf. Hugo, *Odes*), le bonapartisme (ex. Hugo), le patriotisme ; puis ils évoluent vers la démocratie, l'internationalisme (ex. Lamartine, Hugo ; cf. Vigny, *La Maison du Berger,* II) ;
• des problèmes moraux : ils croient à la morale du cœur, à la purification par la passion*, au spiritualisme (cf. Esprit), à la morale de l'énergie*, à l'héroïsme*.

C. La conception de l'art

1. En général, par réaction contre le postclassicisme et surtout contre l'imitation des Anciens, les Romantiques ont :
• le sens de l'actualité, du modernisme (ex. Chateaubriand, Stendhal ; cf. Hugo, Préface de *Cromwell*) ;
• le sens de la tradition nationale : Moyen Age, chevalerie, religion ;
• un attrait pour les littératures étrangères : du Nord (Angleterre, Allemagne ; ex. Mme de Staël), mais aussi d'Espagne et d'Italie ;
• le sens de la diversité et du pittoresque du réel ; des couleurs et des formes (cf. Couleur) ;
• le sens de l'intériorité (ex. Mme de Staël, Baudelaire ; cf. B 2), de la couleur symbolique traduisant un état d'âme avec splendeur (cf. B 3).
• ils réhabilitent donc la poésie comme un moyen d'expression suprême ;
• ils cultivent l'idée de la supériorité du poète*, de la grandeur de l'inspiration* (cf. Vigny, *Chatterton* ; Hugo, *William Shakespeare*) ;
• ils prônent la liberté* dans l'art et remettent en question les règles*, les contraintes* ;
• leur art est expressionniste : il élabore et grossit le réel (cf. Caractéristique) ;
• ils encouragent l'individualisme (cf. Moi) tout en conservant l'idée que chaque homme reflète l'humanité (cf. Universel) ;
• ils proclament la nécessité de l'engagement* (sauf Musset, Gautier, les partisans de l'art pour l'art).

2. Les genres qu'ils renouvellent ou introduisent sont :
• la poésie* lyrique (cf. Lyrisme), intimiste, épique, philosophique (cf. la méditation de Lamartine, la contemplation de Hugo, le « poème » de Vigny), le poème en prose ;
• le roman* qui connaît son apogée pendant ce siècle ; il peut être : lyrique et biographique, historique, d'aventures, de mystère, social ou moral, poétique, avec des éléments réalistes ;
• le mélodrame, le drame*, le théâtre historique ;
• l'histoire* ;
• la critique* polémique ou explicative.

3. Le style se distingue par :
• un refus du style noble : ils démocratisent le vocabulaire (cf. Hugo, *Réponse à un acte d'accusation*), ils emploient des mots familiers, l'argot (ex. Hugo, Balzac) ;
• un respect de la syntaxe ;

• un renouvellement dans l'emploi de l'adjectif, de la métaphore et de l'image*, un recours au pittoresque*, à la suggestion* (cf. Mot, Symbole) ;
• un assouplissement de l'alexandrin obtenu en particulier en variant les rythmes*.

4. Les thèmes nouveaux sont ceux vus en B.

D. Nuances du romantisme français

Bien qu'ayant été fortement influencé par le romantisme allemand, et aussi anglais, le romantisme français a rapidement acquis son autonomie. Il se nuance en courants et ne renie pas aussi totalement que semble l'affirmer la doctrine certains aspects du classicisme.

1. Ses courants peuvent se distinguer ainsi :
• les purs coloristes (ex. Vigny à ses débuts ; Gautier ; cf. Hugo, *Les Orientales*) ; cela se manifeste surtout dans le roman historique ;
• les affectifs (ex. Lamartine, Musset) ;
• les actifs qui créent un monde visionnaire (ex. Hugo, Balzac), prônent une morale de l'énergie (ex. Stendhal, Balzac) et engagent une action sociale (cf. supra) ;
• les intellectuels (ex. Vigny, Sainte-Beuve) ;
• les mystiques* (ex. Baudelaire, Nerval) qui annoncent le symbolisme*.

2. Ses attaches avec le classicisme se révèlent à travers une admiration, qui pousse d'ailleurs à l'imitation*, pour :
• l'Antiquité : c'est le cas de Lamartine, fervent admirateur de Socrate et Platon ; de Musset, passionné par la Grèce ; de Hugo fortement influencé par Virgile, le panthéisme antique, comme en témoigne par exemple *La Légende des siècles* ; ne pas oublier non plus l'influence de la Bible, ni, par ailleurs, celle de Chénier sur le romantisme naissant ;
• le classicisme français : — les Romantiques éprouvent de l'admiration pour certains de ses auteurs (ex. Hugo et Musset pour Molière ; Hugo pour Corneille ; Musset pour La Fontaine) ; — ils apprécient leur esprit critique, la raillerie des outrances (ex. Musset) ; — on retrouve chez eux le même intellectualisme (en cela, ils se distinguent des romantiques allemands, sauf Nerval et parfois Baudelaire) qui permet une pensée claire, une intellectualisation des sentiments, une poésie éloquente ; — ils partagent le même sens de l'art (cf. Règles) : unité*, composition, clarté*, prétention à l'universalité*, travail* et contraintes* (ex. Baudelaire) ; — un vocabulaire postclassique persiste chez Lamartine, chez Hugo à ses débuts.

E. Préfigurations et survivances

1. Des préfigurations du romantisme se profilent :

• dans les conceptions de la Pléiade : elle aussi a accompli une révolution littéraire, a mis en valeur le poète* et la poésie*, a renouvelé les thèmes, le vocabulaire, la versification* ;
• dans l'art baroque, où le romantisme puise l'outrance et la surcharge, la frénésie, le goût du mystère ;
• chez Corneille, qui présente des caractéristiques propres au romantisme (irrégularité, énorme génie, jeunesse, héroïsme, générosité, énergie, tirades, vers à effet, poésie historique) ;
• chez Racine, où l'on retrouve passion totale, anxiété (cf. Angoisse), faiblesse, subconscient, goût de l'horreur, des monstres, fatalité*, poésie historique et suggestive.

2. Des survivances se maintiennent à travers :

• certains éléments : — le culte de l'humanité, le grand poème de l'homme (ex. Leconte de Lisle, Heredia, Zola, Jules Romains, Martin du Gard) ; le goût de l'histoire*, en poésie (le Parnasse), dans le roman* ; — le réalisme* ; — la critique* ; — l'art* pour l'art ;
• l'élaboration de certains aspects de sa conception de l'homme et de l'art ; en particulier, le romantisme a eu une influence très nette sur : — l'importance accordée à l'instinct (ex. Barrès, Gide, comtesse de Noailles, naturisme, unanimisme, freudisme) ; — le sens du concret, le contact immédiat avec la vie (ex. le bergsonisme) ; — l'angoisse métaphysique et la révolte* ; — la notion de surhomme ;
• l'éternité de l'âme romantique, en particulier dans la jeunesse*, mais aussi à travers toutes les manifestations de la sensibilité* : l'inquiétude, la mélancolie*, le désespoir*, l'angoisse ; l'enthousiasme*, le rêve d'idéal, d'absolu ;
• le charme de la littérature romantique qui sait particulièrement utiliser la couleur*, le pittoresque* ; favorise la poésie et l'évasion ; développe le goût de l'aventure* ; répond aux aspirations de la jeunesse* en faisant appel à ses qualités : sensibilité*, énergie*, générosité, panache, dynamisme, enthousiasme* ; crée des héros sympathiques (cf. Personnage) ; agit pour le bien de l'humanité* ...

Toutes ces raisons expliquent la popularité qu'a eue et peut encore avoir cet art.

F. Contre le romantisme

Cependant le romantisme a été violemment attaqué et a rencontré de nombreuses critiques.

1. Les artistes lui ont reproché :
- l'abus des effusions (c'est l'opinion de Gautier, Baudelaire, du Parnasse, de Rimbaud) ;
- trop de goût pour ce qui est vague (ex. le Parnasse, réalisme*, naturalisme*, néoclassicisme ; Maurras), à l'exception de Vigny ;
- l'intellectualisme et l'éloquence (critique venue du symbolisme* et de Verlaine, cf. *Art poétique*) ;
- d'être un art trop expressionniste : le mot précède et déborde la pensée ; il joue trop sur les effets de choc, d'entraînement, de contraste ;
- d'être un art sans mesure, ni rigueur, sans la force qui vient du respect des contraintes* (ex. Gide, Valéry), énorme, barbare* ;
- de ne se fier qu'à l'inspiration* du cœur sans critique ni travail de l'intelligence.

2. Les moralistes* lui ont reproché :
- son aspect morbide qui se complaît dans l'inadaptation à la vie ;
- d'être un art qui s'adresse aux faibles, aux adolescents, aux femmes ;
- de faire appel aux basses régions de l'âme humaine (passion, vague à l'âme, frénésie, cruauté, souffrance, nerfs, désespoir, etc.) ;
- d'accorder à la sensibilité une valeur morale ;
- de se perdre dans les rêves irréels, les chimères*, la bêtise sentimentale (ex. Flaubert).

3. Les politiques l'ont attaqué parce que :
- le romantisme s'est ouvert trop évidemment aux influences étrangères (cf. *Action française*) ;
- il n'a créé que des chimères* et développé un pathos sentimental sur la démocratie et le progrès*.

RYTHME

C'est la composante musicale de la langue, qui apparaît aussi bien en prose qu'en poésie. Le rythme permet de mettre en relief certains mots ou d'établir des correspondances entre les termes, fondées sur le sens ou sur les sons.

A. Les éléments constitutifs

1. En général :

• les accents : toutes les syllabes ne sont pas prononcées de la même manière ; certaines, dites « accentuées » ou « toniques », sont plus marquées, c'est-à-dire plus longues, plus fortes, plus aiguës que les autres, dites « atones ». Le français dispose : — d'accents fixes sur la dernière syllabe du mot quand il a une terminaison masculine, c'est-à-dire tout sauf un « e » muet (ex. jar**din,** gar**çon**) ; sur l'avant-dernière syllabe quand il a une terminaison féminine, c'est-à-dire « e » (ex. **va**che, o**ra**ge) ; — d'accents mobiles (libres, ils déterminent le rythme particulier du vers, cf. infra) ; — d'accents d'insistance (sur le début des mots) ;

• d'autres sons viennent définir la mélodie du texte : ce sont le diapason de la voix, aigu ou grave, la musique de la voix, la rapidité du débit ;

• le rythme proprement dit est créé par le retour d'un même phénomène à divers intervalles, en particulier par les accents toniques placés sur la dernière syllabe tonique d'un mot ou d'un groupe de mots qui forme une unité grammaticale (ex. « Juste **ciel !** Tout mon **sang** dans mes **vei**nes se **gla**ce », Racine, *Phèdre,* I, 3). Ces accents divisent la phrase en « mesures » délimitées par les coupes, indiquées par / (ex. « Juste ciel ! / Tout mon sang / dans mes veines / se glace / »). Mesurer le rythme signifie compter le nombre de syllabes prononcées contenues dans chaque mesure : pour l'exemple cité, cela donne : 3 / 3 / 3 / 3 ;

• les sonorités : elles n'ont pas un rapport précis avec les sentiments, mais leur retour crée un rythme d'allitérations ou d'assonances faisant naître une harmonie suggestive qui met en relief la phrase grâce à des sons qui conviennent à l'idée (ex. Bossuet : « O nuit désastreuse, ô nuit effroyable, où re**ten**tit tout à coup, comme un éclat de **ton**nerre, cette é**tonn**ante nouvelle. ») ou une harmonie imitative où les sons visent à évoquer un bruit en l'imitant (ex. Racine : « Pour qui **sont ces ser**pents qui **sif**flent **sur** vos têtes ? »).

2. En particulier, pour la poésie, s'ajoutent les effets :

• de la césure, c'est-à-dire de la coupe qui partage un alexandrin en deux hémistiches ;

• de la rime, voire de la rime intérieure ;

• des pauses, c'est-à-dire les arrêts nécessités par la syntaxe : — l'enjambement quand la phrase n'a pas même longueur que le vers (elle déborde au-delà de la césure, ou sur le vers suivant ; ex. Racine : « Je répondrai, Madame, avec la liberté / **D'un soldat** qui sait mal farder la vérité ») ; — le rejet (un élément court est rejeté au vers suivant ; ex. « l'escalier /

Dérobé » dans *Hernani*) ; — le contre-rejet (un élément court amorce, à la fin d'un vers, une phrase qui se développe au vers suivant ; ex. Verlaine : « Souvenir, souvenir, que me veux-tu ? **L'automne** / Faisait voler la grive à travers l'air atone »).

3. En particulier, en prose, le rythme donné par les accents est partiellement confondu avec celui des pauses, car toute pause coïncide avec la fin d'un mot, donc avec un accent tonique. Cependant la syntaxe joue un rôle important ; il faut prêter attention à :
- la longueur des phrases elles-mêmes, dans leur succession ;
- la longueur des groupes et leur disposition ;
- la répétition de mêmes constructions syntaxiques.

B. Etude des effets

Les coupes et les pauses divisent donc la phrase en morceaux qui nous paraissent avoir une certaine durée égale, croissante, décroissante, etc. On distingue en particulier :

1. Des effets d'équilibre donnés par :
- le rythme binaire : le vers ou les deux moitiés de vers sont divisés en deux mesures égales (ex. le premier vers de Racine cité en A 1) ;
- le rythme ternaire : le vers est divisé en trois mesures égales (ex. Hugo : « Je marcherai / les yeux fixés / sur mes pensées »).

Ces effets peuvent être créés en prose par les groupes syntaxiques. Ils suggèrent le plus souvent un mouvement régulier, une impression de calme, de durée pour un état agréable (ex. la sérénité) ou désagréable (ex. l'ennui). Le passage d'un rythme binaire à un rythme ternaire (cf. le trimètre romantique où les accents libres viennent étouffer celui de la césure) correspond souvent à un changement dans les faits ou les sentiments. Il évite la monotonie, ou met en valeur l'insolite, le pittoresque.

2. Des effets de déséquilibre donnés par :
- un rythme croissant : les mesures du vers (ou les groupes syntaxiques en prose) sont de plus en plus longues (ex. Du Bellay : « Ainsi / de peu à peu / crût l'empire romain »). Le but est de traduire un phénomène ou un sentiment qui s'amplifie ;
- un rythme accumulatif : le nombre d'accents toniques ou de pauses est supérieur à la moyenne (4 pour un alexandrin). Cela vise à rendre la succession d'actions rapides, le désordre des mouvements, la violence d'un sentiment ou la confusion d'un état d'âme ;

• les enjambements, rejets, contre-rejets, qui provoquent un effet d'insolite ou de mise en valeur d'un mot ou d'un groupe de mots (accompagné, chez les Romantiques, du désir de disloquer l'alexandrin), ou un effet de chaos qui a la même valeur que celui créé par le rythme accumulatif, ou, dans certains cas, le prosaïsme du discours familier.

SAGESSE

La notion de sagesse est héritée de l'Antiquité. Elle allie connaissance des choses, naturelle, ou acquise par raison ou inspiration divine, et conduite de vie exemplaire, alors que la philosophie s'applique à l'effort pour acquérir la sagesse uniquement par la raison.
C'est pourquoi la sagesse regarde la morale et propose le type idéal de la vertu parfaite.

TEXTES : **Montaigne,** *Essais,* 1580-1595. **Pascal,** *Pensées,* 1670. **La Fontaine,** *Fables,* 1668-1694. **La Bruyère,** *Caractères,* II, 1688-1694. **Lesage,** *Gil Blas,* 1715-1735. **Voltaire,** *Candide,* XXX, 1759. **Verlaine,** *Sagesse,* 1881. **M. Yourcenar,** *Mémoires d'Hadrien,* 1951.

A. Ses éléments constitutifs

Comme qualité de celui qui sait régler sa conduite, la sagesse repose sur :
• la raison appuyée sur l'expérience*, ce qui implique que les autres ne peuvent vous apporter la sagesse ; il faut l'acquérir par soi-même, en développant la connaissance de soi et des autres ;
• non pas tant l'absence de passions (ex. stoïcisme) que leur maîtrise ;
• le sens de la relativité, acquis à force de « fréquenter le monde » dans sa diversité, qui amène la tolérance : « Il n'y a que les fous certains et résolus. » (Montaigne) ;
• la modération (sens des limites, fléchir au temps, être sage avec sobriété : cf. Molière), parfois la prudence.

B. Sa mise en pratique

Des images exaltantes de la sagesse (ex. les sages antiques) donnent envie de la pratiquer. Car, le lien étant étroit entre connaissance et action, la sagesse ne se confond pas avec la contemplation.

1. Elle offre un art* de vivre équilibré, basé sur une vertu* active, c'est-à-dire une vertu qui accepte la mesure et la proportion. En effet, alors que la vertu* est absolue, veut le bien pour le bien, avec intransigeance, sans équilibre ni modération, la sagesse, plus raisonnable, a conscience de ses limites et se contente du possible. Cela ne signifie pas la résignation, le conservatisme étroit, l'égoïsme : le sage doit faire le bien, sans rêves impossibles, mais sans bassesse (ex. Montaigne, La Fontaine, Molière, La Bruyère).
La vie de Montaigne illustre assez bien cette réalisation complète et harmonieuse de sa nature sans amertume et sans fièvre. Cet équilibre se situe aussi loin de la seule science* qui, chez Montaigne, est même parfois présentée comme inutile (cf. *Apologie de Raimond Sebon*), car trop de savants à ses yeux « tout pituiteux, chassieux, crasseux » déclinent la vertu sans l'aimer (cf. D. Ménager, *Introduction à la vie littéraire du XVIe siècle*), que de l'héroïsme* ou de la révolution.
Le type humain idéal selon le sage, surtout en vogue au XVIe s., dessine déjà « l'honnête homme » du XVIIe s., aimable, cultivé, ouvert à tout, mais qui ne se pique de rien. Cette notion recule au XVIIIe s. dès que le thème du progrès* apparaît : le désir de transformer le monde l'emporte et pousse l'individu à s'accomplir dans l'action* (cf. Energie, Engagement, Philosophe).

2. Sagesse et folie : que vaut en définitive la sagesse ? N'est-elle pas un effort prométhéen, mais vain au regard des forces obscures dont l'homme est souvent le jouet (cf. Absurde) ? N'est-elle pas que folie devant Dieu (cf. Pascal) ? Ne serait-ce pas plutôt la folie qui assurerait vérité et bonheur ? Pour Pantagruel, en effet, celui qui sait « s'oublier soi-même, sortir de soi-même, débarrasser ses sens de toute passion terrestre, purger son esprit de toute préoccupation humaine et tout laisser de côté, chose qui est communément imputée à la folie » peut être réputé sage. Par ailleurs, la folie, l'enthousiasme ravissent l'être dans un élan peut-être plus fécond, plus propice au bonheur (cf. l'ouvrage cité supra de D. Ménager).

SATIRE

Premier sens : c'est un genre qui attaque les défauts littéraires, moraux, politiques de l'époque ou des individus.

TEXTES : **Du Bellay,** *Le Poète courtisan,* 1559. **Régnier,** *Satires,* 1608-1612. **Boileau,** *Satires,* 1666-1668. **Voltaire,** *Le Mondain,* 1736. **Chénier,** *Iambes,* 1794.

A. Ses éléments

1. Les objets d'attaque :

• la satire est un genre cultivé par les moralistes*, car elle raille les mœurs*, pratique la critique* sociale ;

• elle touche également à la critique littéraire, mais alors que celle-ci expose aussi ce qu'il y a de louable et essaie, en outre, de juger objectivement, la satire ne présente que les défauts en les rendant ridicules ;

• à la différence de la comédie, elle ne recule pas devant les attaques personnelles (ex. Voltaire, Boileau) : la satire nomme (cf. Boileau, *Discours sur la satire,* et *Satires,* IX).

2. Les formes d'expression allient le pittoresque* descriptif des mœurs, choses, personnages (cf. Boileau, *Satires,* III, VI) au lyrisme parfois teinté d'une passion amère (cf. les *Iambes,* qui se différencient aussi par leur forme métrique).

B. Son style

1. Il repose sur :

• la description* : portrait, tableau ; avec exactitude réaliste (ex. Boileau) ou agrandissement épique (ex. Régnier) dans les images, les sons, les rythmes ;

• le ton violent (à la façon de Juvénal ; cf. Boileau, *Satires,* I), enjoué, indulgent (à la façon d'Horace) ;

• la caricature*, la charge ;

• la verve : ironie*, humour, parodie*, rapprochements, antithèses, allusions à l'actualité, place des noms propres dans le vers (ce que Boileau appelait les « niches »), vigueur des traits, harmonies et rythmes cocasses ;

• la passion et le mouvement : colères, enthousiasmes, tirades oratoires, éloquence ;
• parfois des vers formules ;
• une inspiration morale : noblesse, sincérité*.

2. Il comporte des écueils :
• user et abuser de la grossièreté, des injures (cf. la satire dans la première moitié du XVIIe s. et chez les adversaires de Boileau) ;
• ne produire qu'une dissertation morale monotone et abstraite.

Deuxième sens (large) : tout écrit ou discours qui atteint le même but que la satire.

A. Les genres voisins

Il s'agit :
• de l'épigramme : brièveté, art de la pointe ;
• du coq-à-l'âne ;
• de la satire au sens du XVIe s. : mélange de prose et de vers s'attaquant aux mœurs publiques (cf. *La Satire Ménippée*) ;
• du libelle, pamphlet, factum, pasquin, encore plus personnels, violents, injurieux, voire diffamatoires que la satire (ex. *Factums* de Beaumarchais, libelles de Voltaire, pamphlets de P.-L. Courier) ;
• aujourd'hui, de la chanson, de la revue, du journal (cf. *Le Canard enchaîné*), voire de l'émission audio-visuelle ou du spectacle.

B. Son expansion

Cessant d'être pratiquée comme un genre particulier, la satire apparaît dans les autres genres et l'auteur y recourt chaque fois qu'il a besoin de critiquer violemment mœurs et personnages :
• en poésie : satire et lyrisme (cf. Du Bellay, *Les Regrets*) ; satire, épopée et lyrisme (cf. d'Aubigné, *Les Tragiques* ; Hugo, *Les Châtiments*) ;
• au théâtre : la comédie de mœurs peint le bien et le mal, et demeure dans une relative généralité ; la comédie satirique stigmatise le mal, attaque parfois des personnages ou des institutions précis, et avec véhémence (cf. Molière, *Tartuffe, Les Précieuses ridicules* ; Lesage, *Turcaret* ; Beaumarchais : satire des classes sociales, des institutions, des abus, de personnages réels tels que Bridoison) ; pour cela, elle se sert de l'action (conflits de personnages types) ou du discours (ex. le monologue de Figaro ; cf. Jarry, *Ubu Roi*) ;

• dans le roman : parodies de romans précieux au XVIIe s. : cf. *Le Berger extravagant ; Gil Blas ; Lettres persanes ; Le Neveu de Rameau* ; satire de personnages réels dans *La Comédie humaine,* de la congrégation chez Stendhal (cf. *Le Rouge et le Noir*), de Homais dans *Madame Bovary* ;
• chez les moralistes (ex. La Bruyère);
• chez les théologiens (cf. *Les Provinciales*).

SCIENCE

Par le terme de science, on considère l'ensemble des connaissances humaines sur la nature, l'homme, la société, la pensée...
Elle comporte les mathématiques, les sciences naturelles (ex. biologie) et physiques (ex. chimie), les sciences humaines (ex. histoire, psychologie) parmi lesquelles on distingue :
• les sciences abstraites (donnant des lois : ex. physique) et les sciences concrètes (classant des individus : ex. zoologie) ;
• les sciences spéculatives (ex. géométrie) et les sciences expérimentales (ex. chimie) ;
• les sciences appliquées (ex. technique).
Pour les rapports entre science et art : cf. Art.

A. Ses caractères

1. Son objet et sa démarche :
• elle se fonde sur la raison (par opposition à la religion) ;
• elle se spécialise dans un domaine précis (par opposition à la philosophie*) ;
• elle établit et étudie des faits positifs, c'est-à-dire donnés par l'expérience* (par opposition à la métaphysique*) ;
• elle classe ces faits, en donne une explication rationnelle, essaie de remonter du particulier au général si c'est possible (par opposition à la connaissance vulgaire) et parfois de découvrir une loi, ce qui postule le déterminisme ;
• chaque science a une méthode : raisonnement par déduction, induction, analogie ; observation, hypothèse, expérience* (pour la méthode historique, cf. Histoire) ;

• elle n'a pas de fin esthétique (par opposition à l'art*) ni utilitaire (par opposition à la technique, qui est l'application de la science à des fins pratiques).

2. Son apport intellectuel :
• elle développe des qualités : esprit logique, observation, imagination (qui sert à échafauder une hypothèse à partir des faits, à découvrir les expériences à faire, à favoriser l'invention*), précision, exactitude, méthode, ordre, faculté de généralisation et de synthèse, esprit* critique ;
• elle impose par conséquent l'objectivité, la soumission aux faits ; elle libère des préjugés, du fanatisme, de l'obscurantisme ; elle mène à l'honnêteté intellectuelle ;
• elle permet des progrès sur le plan moral, car elle requiert énergie, ténacité et dévouement à un idéal, apprend la modestie et le sens de ses limites, et favorise souvent l'esprit d'équipe ;
• mais elle méconnaît l'esprit de finesse, la sensibilité, l'irrationnel ;
• elle risque de tomber dans le scientisme et l'amoralisme (cf. C 1 et 5).

B. Ses bienfaits

« La science est la bienfaitrice de l'humanité » (M. Berthelot) ; outre les apports intellectuels (vus en A 2), elle est censée :

1. Contribuer au bonheur* de l'homme en développant la civilisation* matérielle, en permettant le progrès* et un plus grand confort (ex. hygiène, santé, transports, loisirs). Elle peut contribuer à la paix sociale, voire internationale.

2. Créer poésie et beauté :
• l'objet même de la science provoque une curiosité passionnée pour l'exploration de l'inconnu (cf. Histoire ; Romantisme* ; Naturalisme* ; ex. Buffon et les époques préhistoriques ; cf. Balzac, *La Recherche de l'absolu*) ;
• ses résultats stimulent notre esprit : — la beauté même de la construction scientifique (ex. l'atome, l'élégance des solutions mathématiques, l'ingéniosité des techniques) ; — la vue de l'univers ou de notre environnement qu'elle propose (ex. la photographie par satellite) ; — ce qui éveille l'imagination et la méditation (ex. Pascal, Diderot) ; — les réalisations techniques, belles en elles-mêmes ou permettant de découvrir et d'apprécier de nouvelles formes de beauté (ex. automobile, chemin de fer, avion, vidéo ; cf. la littérature des beautés de la technique : P. Morand, V. Larbaud) ;

• ses promesses éveillent : — nos rêves : découverte, exploration, espace futur (cf. Hugo, *Plein ciel*) : — notre enthousiasme (ex. Chénier, Lamartine, Hugo, Sully-Prudhomme) ; mais aussi voir infra (C).

C. La science en question

Dès son premier essor, la science s'est trouvée contestée : Montaigne lui porte peu d'intérêt (car la culture est pour lui formation philosophique et morale), Pascal l'oublie volontairement, Rousseau la critique (cf. *Discours sur les sciences et les arts*)... Quels sont donc les reproches adressés à la science ?

1. Elle n'est qu'une illusion :

• on constate la relativité de la science par rapport au temps : ce que nous croyons vrai aujourd'hui sera dépassé demain ; les contradictions des savants, qui résultent des faiblesses de notre raison (cf. Montaigne, *Essais,* II, 12) ; le mauvais usage que les sots font de la science (cf. *Bouvard et Pécuchet*) ;

• les excès du scientisme (qui, dans la deuxième moitié du XIXe s., a cru que la science était capable de tout expliquer et de résoudre tous les problèmes) et le pédantisme ont provoqué, par réaction, méfiance et raillerie à l'égard de la science : scepticisme (ex. Montaigne ; cf. Libre pensée), satire des médecins (ex. Molière ; cf. Jules Romains, *Knock*), angoisse, désespoir (cf. Flaubert et aussi l'irrationalisme, l'obscurantisme contemporains) ou révolte* (ex. celle de Camus contre le scientisme marxiste).

2. Elle est limitée : « Savoir ce que l'on sait, et savoir que l'on ne sait pas ce que l'on ne sait pas : voilà la véritable science. » (Confucius.) En effet la science n'éclaire pas certaines zones d'ombre : — religion*, métaphysique*, mystères* de l'univers ; — sensibilité, irrationnel ; — problèmes purement spirituels (elle a souvent des tendances matérialistes) ou strictement personnels (elle préfère le général à l'individuel). Il faut donc les explorer par d'autres moyens : mystique*, religion*, occultisme, littérature*, lettres*, poésie*, art*, etc.

3. Elle fait le malheur de l'homme :

• en favorisant tout ce qui l'asservit : guerre, matérialisme, accroissement des désirs (ex. la société de consommation dénoncée par G. Perec dans *Les Choses*), mécanisation, robots, travail à la chaîne, propagande, méfaits moraux de la civilisation*, impérialisme, etc. ;

• en détruisant tout ce qui est poésie et beauté (cf. Vigny, *La Maison du Berger,* I) : — les créations techniques enlaidissent la nature* (ex.

usines, chemin de fer, villes industrielles) ; — la science remplace le rêve*, la fantaisie*, les chimères*, le mysticisme*, la poésie* par une dure réalité ; — elle sert le matérialisme, l'utilité ; — elle crée l'uniformité, l'ennui, la tristesse, l'égalitarisme, elle tue l'individuel, l'original, l'unique.

4. Elle est inhumaine :
« La géométrie laisse l'esprit comme elle le trouve » disait Pascal, c'est-à-dire ne donne pas le sens religieux, métaphysique ou moral, l'esprit de finesse qui pénètre les individus, les qualités du cœur*, etc. La science se contente de constater les phénomènes de la nature ou ce qui, dans l'homme, est général (cf. l'« homo economicus » des économistes). Mais l'homme se révolte contre la dépersonnalisation et le déterminisme que prétend lui imposer la science.

5. Elle est amorale : « Toute découverte de la science pure est subversive en puissance : toute science doit parfois être traitée comme un ennemi possible. » (A. Huxley). Le problème de la science réside en effet dans l'utilisation qu'on en fait. La science et la culture scientifique n'éclairent pas sur le bien ni sur le mal. La science constate ce qui est et laisse à la morale le devoir de juger, elle sert le bien comme le mal (cf. nazisme et science ; marxisme et science ; les contradictions autour de la bombe atomique ; le problème moral de savoir si le savant a le droit de faire souffrir l'homme pour faire progresser la science).

C'est à l'homme d'assumer ce progrès scientifique qu'on ne peut arrêter (malgré les moratoires demandés récemment par les biologistes). Il faut donc que l'homme cesse de jouer les apprentis-sorciers, que le progrès moral (cf. les commissions d'éthique) aille de pair avec le progrès scientifique : « La science a fait de nous des dieux avant que nous ne fussions devenus des dieux. » (J. Rostand). Pour acquérir cette culture morale, le savant est aidé par les qualités que développe la culture scientifique (cf. A), en particulier par l'esprit* critique.

SCIENCE-FICTION

L'expression vient d'un terme américain importé vers 1950 et désigne les récits d'imagination scientifique, ce qui signifie que la fiction se construit à partir de faits scientifiques réels ou possibles.

Science-fiction

Le terme français le plus proche est roman d'anticipation, mais il est plus restreint puisqu'il semble limiter ses projections à l'avenir.

TEXTES : **J. Verne,** *De la Terre à la Lune,* 1897. **J.-H. Rosny Aîné,** *La Guerre du feu,* 1911. **H.-G. Wells,** *La Guerre des mondes,* 1932. **A. Huxley,** *Le Meilleur des mondes,* 1936. **R. Barjavel,** *Ravages,* 1945. **A. E. Van Vogt,** *Le Monde du non-A,* 1950. **A. Bradbury,** *Chroniques martiennes,* 1952. **Cl. Simak,** *Demain les chiens,* 1959. **P. Boulle,** *La Planète des singes,* 1963. **Ph. K. Dick,** *En attendant l'année dernière,* 1971. **F. Herbert,** *Dune,* 1975.

A. La science au service de la littérature ?

Il peut sembler paradoxal que la science se prête à la fiction romanesque.

1. Les détracteurs n'ont donc pas manqué, soutenant que :
- la science n'était qu'un alibi pour développer ses fantaisies ;
- la science-fiction était fausse et ne reposait sur aucune donnée sérieuse ;
- les œuvres comportaient des développements scientifiques ennuyeux et pédants ;
- les problèmes évoqués concernaient la collectivité et non l'individu ;
- les personnages étaient sans épaisseur ;
- l'écriture était sommaire.

2. Les arguments favorables :
- en fait toute la littérature a une vocation mythique à laquelle la science-fiction répond (cf. C) ;
- la dignité littéraire de la science-fiction a été démontrée dès Rabelais (cf. les îles allégoriques du *Quart Livre*), Cyrano de Bergerac (cf. *Les Etats et Empires de la Lune et du Soleil*), Swift (cf. *Les voyages de Gulliver*), Voltaire (cf. *Micromégas*) et plus particulièrement, J. Verne et J.-H. Rosny Aîné (disciple de Zola), qui, se fondant sur les découvertes scientifiques de leur époque (la paléontologie pour Rosny Aîné), donnent un nouvel essor à l'imagination romanesque soit sous la forme de l'anticipation, soit sous celle de l'écriture d'une histoire mythique de l'humanité ;
- à côté de ces écrivains qui s'inspirent de la science, les scientifiques eux-mêmes, les chercheurs (ex. Asimov, Clarke) ont parfois des idées

qui ne trouvent pas place dans les revues scientifiques parce qu'elles ne sont pas démontrables dans l'état actuel des recherches. Ils se tournent alors vers la nouvelle de science-fiction ;
• par ailleurs, comme le roman* prétend reproduire le réel, la science renforce la vraisemblance du récit : la science-fiction « facilite la suspension volontaire de l'incrédulité de la part du lecteur en utilisant une atmosphère de plausibilité scientifique » (S. Moskovitz). D'autres considèrent que la part de la science est réduite à la rationalité du développement : « à partir de prémisses irrationnelles, les faits s'enchaînent d'une manière parfaitement logique » (T. Todorov, *Introduction à la littérature fantastique,* 1970).

B. Un genre littéraire

1. Ses genres :
• l'utopie, c'est-à-dire le récit de voyage vers des pays imaginaires (ex. Rabelais, Cyrano de Bergerac, Swift, Voltaire) ;
• l'anticipation sur les applications prévisibles des découvertes de la science (ex. J. Verne) ;
• l'anticipation sur ses résultats qui tend à la prospective généralisée sur l'évolution de la société dans son ensemble (cf. les productions depuis 1945) ;
• la politique-fiction, anticipation qui développe une hypothèse politique réalisable à court terme (cf. *Le Meilleur des mondes ; 1984*) ;
• l'opéra cosmique (« space-opera »), récit d'aventures ayant pour cadre, non pas la Terre, mais l'espace galactique (cf. Asimov, *Fondation*).

2. Ses formes :
• le roman* représente une forme privilégiée autorisant la vraisemblance nécessaire pour accréditer le récit de science-fiction ;
• mais, dans la mesure où elle se rattache à la littérature fantastique*, la science-fiction a volontiers recours à la nouvelle* qui permet une concentration des effets (ex. G. Klein) ;
• elle adopte volontiers l'allégorie, en particulier dans le long développement qui clôt fréquemment l'histoire comme une morale.

3. Ses thèmes favoris :
• le voyage spatio-temporel ;
• la quatrième guerre mondiale ;
• la conquête de l'espace ;

- les êtres et les sociétés non humains (cf. le mythe des « extra-terrestres ») ;
- le bouleversement des structures temporelles ;
- le dépassement des limitations biologiques ou psychiques ;
- la destruction de l'homme, de la planète ou de l'univers.

4. Science-fiction, merveilleux et fantastique se distinguent dans la mesure où le merveilleux* se confond complètement avec l'irrationnel ; le fantastique* mêle l'irrationnel au rationnel, ce qui crée le sentiment d'angoisse ; la science-fiction transforme le rationnel lui-même en source de vertige, d'angoisse ou d'émerveillement.

C. Sa signification

Au-delà de la simple anticipation et du plaisir de créer et de raconter, la science-fiction est :

1. Une réflexion :
- sur la science : au début elle refléta la foi dans les pouvoirs de celle-ci et donna des œuvres optimistes (ex. J. Verne) ; la science apparaissait magique, apte à résoudre tous les problèmes ; mais dès 1900 en Europe, et vers 1940 aux Etats-Unis, « la science, cessant de représenter une protection contre l'inimaginable, apparaît de plus en plus comme un vertige qui y précipite. On dirait qu'elle n'apporte plus clarté et sécurité, mais trouble et mystère » (R. Caillois) ;
- sur l'avenir : la prospective généralisée provoque une critique de la société puisque décrire les évolutions possibles, c'est déjà porter un jugement sur les tares actuelles du système social.

2. Une contestation fondée sur l'angoisse que suscitent la mécanisation, la surpopulation, les conflits mondiaux, un développement des sciences et des techniques que l'homme ne sait pas toujours maîtriser (ex. l'énergie atomique, les armes bactériologiques, les manipulations génétiques). La science-fiction est souvent fascinée par un imaginaire catastrophique ou apocalyptique : le progrès* provoque le naufrage de la civilisation (cf. Barjavel, *La Nuit des temps* ; Boulle, *La Planète des singes*).

3. Une mythologie du monde moderne qui met aussi en valeur les rêves universels de l'humanité : utopie sociale, âge d'or, conquête de l'immortalité (cf. Barjavel, *Le Grand Secret*). C'est ainsi que R. Caillois dit, à propos du fantastique, au sens large, dont fait partie la science-fiction, qu'il exprime « la tension entre ce que l'homme peut et ce qu'il souhaiterait pouvoir » (cf. *Au cœur du fantastique,* 1965).

SENSIBILITE

C'est la capacité d'éprouver intensément l'ensemble des phénomènes affectifs, actifs ou passifs : plaisir, douleur, émotion, sentiment, inclination, passion*, par opposition à l'intelligence* et à la volonté*. Quand elle devient excessive, on parle de sensiblerie, sentimentalité ou sentimentalisme, ou d'exaltation romanesque ou romantique.

A. Son étude

1. Pour un personnage, elle comporte :
• son aptitude à jouir ou à souffrir de certaines sensations (cf. Intelligence) ; les plaisirs et douleurs que lui donnent ses sens, son cœur, son esprit, son action ; la façon plus ou moins forte et durable dont il les éprouve ; ce qui en résulte : émotion ? passion ? oubli rapide ?
• son émotivité, ses inclinations, ses sentiments ;
• ses passions* ;
• son subconscient, son inconscient.

2. Pour une époque, il faut envisager :
• les mêmes composantes que pour la sensibilité d'un personnage ;
• la place que l'époque lui accorde moralement et esthétiquement (cf. B) ;
• les thèmes qu'elle inspire.

B. Son intérêt

Elle a tour à tour été dénigrée, rejetée et portée aux nues. C'est au XVIIIe s. qu'elle devient un thème à la mode : Diderot se partage encore entre sa mise en accusation et son éloge, mais, sous l'influence de Rousseau, la peinture de la sensibilité de l'âme devient le grand sujet des œuvres préromantiques et romantiques (cf. Bernardin de Saint-Pierre, *Paul et Virginie* ; Senancour, *Oberman* ; Chateaubriand, *René* ; Lamartine, *Méditations* ; Balzac, *Le Lys dans la vallée* ; Nerval, *Sylvie*).

1. Sa mise en accusation s'opère :
• sur le plan intellectuel : — elle obnubile la raison*, empêche l'esprit* critique ; elle masque la vérité ; Diderot la définit comme une « disposition, compagne de la faiblesse des organes, (...) à n'avoir aucune idée du vrai, du bon et du beau, à être injuste, à être fou » ; — elle favorise les préjugés et le fanatisme qui poussent les hommes à se déchirer ;

• sur le plan moral : — elle offre le même danger que les passions* en créant un déséquilibre, des états maladifs, en rendant inadapté au monde (cf. Romantisme) ; — elle désintègre la personnalité comme le pensent Montaigne, qui se réjouit d'« une complexion stupide et insensible [qu'il a] aux accidents..., laquelle complexion [il] estime l'une des meilleures pièces de [sa] naturelle condition » (*Essais,* II, 37), les Classiques et surtout Racine (cf. Passion), mais aussi Diderot, qui affirme qu'elle est « la qualité dominante des êtres médiocres », un homme sensible étant « un être abandonné à la discrétion du diaphragme » (*Le Rêve de l'Alembert*) ; — elle rend passif, car elle annihile la volonté (cf. Romantisme) ; — la sensiblerie n'est souvent qu'hypocrisie ;
• sur le plan artistique : — elle ne donne pas l'inspiration, la gêne même (cf. Acteur, Inspiration) ; — elle aboutit au particulier, à l'individuel (et encourt les reproches adressés au moi*), à un art qui n'est pas impersonnel (cf. Impersonnalité) ; — ce n'est pas le meilleur moyen d'éveiller le sens critique (cf. les commentaires déclamatoires de Diderot sur Greuze dans ses *Salons,* la sentimentalité esthétique d'Emma Bovary).

2. Son panégyrique utilise les mêmes thèmes :
• sur le plan intellectuel : — elle active la vie de l'esprit, la concentre, l'oriente vers les intuitions (Rousseau, Chateaubriand, Hugo, Michelet, Proust lient leur pensée à leur sensibilité) ; — par conséquent, elle aide à comprendre les idées ; l'âme sensible, pour Diderot, a une conscience immédiate qui la guide vers la vérité : « La philosophie n'est que l'opinion des passions. » ; — elle suggère de grandes idées que notre raison ne découvrirait pas toute seule : c'est l'opinion de Vauvenargues, Diderot, Rousseau (cf. la voix de la conscience dans *Emile,* IV), des Romantiques ;
• sur le plan moral : — elle est l'expression de la bonté de la nature* (ex. Vauvenargues, Diderot, Rousseau, les Romantiques) ; — l'âme sensible perçoit comme instinctivement la qualité d'une vertu* (ex. Rousseau, Diderot) et la cultive donc ainsi que l'héroïsme*, la grandeur* d'âme, la révolte* contre l'injustice, qu'elle ressent particulièrement ; elle met sur la voie de la religion* ;
• sur le plan artistique : — elle peut prendre part à l'inspiration* ; — elle est à la source du lyrisme* ; — elle permet de prendre conscience du moi* ; — c'est un ressort pour plaire et émouvoir* ;
• dans la vie quotidienne : — c'est ce que nous avons de plus personnel, de plus intime, nous n'existons que par elle (cf. Des Grieux, Saint-Preux ; ex. les Romantiques) ; — elle aide à comprendre les hommes : le cœur* rend sociable ; — elle élargit l'être, car elle nous engage tout

entiers et nous vivons doublement dans la passion (cf. Vigny, *La Maison du Berger,* II ; ex. Stendhal) ; — elle engendre l'activité (ex. Balzac, Stendhal, l'héroïsme cornélien, le romantisme*) ; — elle est à la source de nos jouissances : amour*, sentiment de la nature*, mélancolie*, passion*, tristesse*, etc.
C'est même pour cette raison que Valéry (cf. *Variété*) s'inquiète pour la sensibilité de l'homme moderne, compromise par les conditions actuelles de sa vie : la dissipation, l'abus de tout émoussent cette « faculté fondamentale [qu'on a] opposée à tort à l'intelligence » alors qu'elle en est la « véritable puissance motrice ».

SINCERITE

La sincérité, c'est-à-dire la volonté de ne pas tromper autrui ou soi-même sur ce qu'on éprouve ou qu'on pense authentiquement, peut s'appliquer, aussi bien à un personnage, et être exploitée comme thème littéraire par opposition à l'hypocrisie et au mensonge (cf. A), qu'aux auteurs (cf. B, C).

A. Sincérité et hypocrisie : un thème littéraire

TEXTES : **Molière,** *L'Ecole des femmes,* 1662 ; *Tartuffe,* 1664 ; *Dom Juan,* 1665 ; *Le Misanthrope,* 1666. **La Rochefoucauld,** *Maximes,* 1665. **Stendhal,** *Le Rouge et le Noir,* 1830 ; *Lucien Leuwen,* 1894.

L'apologie de la sincérité passe le plus souvent, dans la littérature, par la dénonciation de ses contraires : l'hypocrisie, le masque, le mensonge, car il est plus facile de condamner le vice que de vanter la vertu (cf. Moraliste).

1. La puissance de l'hypocrisie :

• tient au fait qu'elle est un « vice à la mode » (*Dom Juan*) et plus particulièrement qu'elle est une contrainte sociale, surtout à la cour*. En effet, dès le XVIIe s., les auteurs montrent que la société* des hommes est une jungle cruelle et cynique où les ruses, les parjures, les hypocrites et les flatteurs ont plus de chances de réussir (cf. La Fontaine, « Le Corbeau et le Renard » ; ex. La Rochefoucauld ; Molière). Au XVIIIe s., cette tendance générale au mensonge est également dénoncée par Montesquieu

qui s'ingénie, dans les *Lettres persanes,* à faire tomber les masques de la société parisienne ; Diderot souligne à quel point tout le monde, sauf le roi, participe à cette « danse » (cf. *Le Neveu de Rameau*). « Dans le monde, et surtout dans un monde choisi, tout est art, science, calcul, même l'apparence de la simplicité, de la facilité la plus aimable », de sorte qu'il est impossible d'y « montrer le fond de son âme » (cf. Chamfort, *Maximes et pensées*). La bourgeoisie imposant par la suite ses normes, le XIXe s. dénoncera le règne de l'hypocrisie, et ce sera un des thèmes de la révolte romantique (ex. Byron) que de refuser cette aliénation (en ce sens Dom Juan, en lutte contre l'hypocrisie sous toutes ses formes, est un héros romantique) ;
• l'hypocrisie peut donc servir à masquer une « surabondance d'orgueil et d'appétits égoïstes », « une convoitise démesurée », mais aussi un manque, un vide, un défaut d'être : c'est ainsi que J. Starobinski analyse la dénonciation qu'en fait la Rochefoucauld (cf. *La Rochefoucauld et les Morales substitutives,* 1966).

2. L'impossible sincérité est pourtant prônée par nombre d'auteurs :
• le théâtre de Molière affirme qu'elle est une norme vitale pour l'harmonie de l'individu et de la société* et s'il montre des hypocrites (cf. Tartuffe), c'est toujours pour les démasquer ; le champion de la sincérité est même Alceste, mais chacun des personnages du *Misanthrope* illustre le conflit entre la nature authentique des êtres et le masque qui la dissimule ;
• la sincérité, en particulier dans l'amour, est encore liée à cette dialectique de l'être et du paraître chez Marivaux ; elle a parfois paradoxalement besoin du déguisement pour triompher (cf. *Le Jeu de l'amour et du hasard*), mais elle amène les personnages à leur vérité, loin des préjugés sociaux ;
• elle est un des aspects de la « virtù » chez Stendhal, c'est-à-dire de ce courage moral qu'ont certaines âmes énergiques qui ne s'enlisent pas dans la médiocrité de la société française sous la Restauration (cf. la position de Byron supra).

B. La sincérité chez les auteurs

« Tout écrivain qui se raconte aspire à la sincérité : chacun a la sienne qui ne ressemble à aucune autre. » (S. de Beauvoir, Préface à *La Bâtarde,* 1964). La sincérité est une question qui se pose essentiellement au sujet des autobiographies.

TEXTES : **Rousseau,** *Les Confessions,* 1782. **Gide,** *Les Faux-Monnayeurs,* 1925. **Chateaubriand,** *René,* 1802. **Senancour,** *Oberman,* 1804. **Stendhal,** *Vie de Henry Brulard,* 1890 (posth.) ; *Souvenirs d'égotisme,* 1892 (posth.). **A. Robbe-Grillet,** *Le Miroir qui revient,* 1988.

1. Ses aspects :

• la sincérité de la vocation qui fait qu'on écrit parce qu'on ne peut pas ne pas écrire (cf. Boileau, *Satires,* VII, IX) ;

• la sincérité envers le monde extérieur : on le peint tel qu'on le voit ou qu'on croit qu'il est, sans descriptions « littéraires », sans convention* (ex. la connaissance de l'homme selon les Classiques, les romans de Balzac, de Flaubert, les Nouveaux Romans ; cf. Impersonnalité) ;

• la sincérité envers soi-même : on ne dit que ce que l'on pense ou éprouve. Mais comment ?
— par la confidence, la confession, le lyrisme* personnel, c'est-à-dire par l'expression du moi* et, dans ce cas, la sincérité est la qualité naturelle de celui qui ne sait pas tromper (ex. Villon, Boileau, La Fontaine, Musset, Lamartine). On risque de tomber dans l'insignifiance, l'indiscrétion, voire l'indécence, mais, le plus souvent, on est surtout victime des illusions du soi, du désir de se rendre intéressant, de se justifier ;
— par un effort sur soi-même : pour se connaître, s'éclaircir, arriver à la véracité (ex. Montaigne) ; pour réaliser l'accord de sa vie et de son œuvre. En ce sens, la sincérité peut consister non à se raconter tel qu'on a vécu, mais à vivre tel qu'on se racontera, c'est-à-dire en s'identifiant au portrait idéal qu'on souhaiterait de soi, en étant « tel qu'on se veut » (ex. Rousseau ; Gide pour qui chaque récit est une prise de conscience des possibilités de son être ; Montaigne pour qui les *Essais* sont à la fois prise de conscience et formation de soi) ;
— même dans l'impersonnalité la plus absolue, il y a une relation intime et secrète de l'œuvre avec son auteur dont elle transpose les idées et les sentiments (ex. l'œuvre de Racine, Molière, Beaumarchais, Balzac, Flaubert, Leconte de Lisle ; cf. Impersonnalité) ;

• la sincérité de l'expression qui se traduit par : — l'accord du mot et de l'idée : le mot ne précède pas l'idée, mais est nécessairement appelé par elle, par opposition à l'emphase, à la déclamation, au baroque, à l'outrance ; — la nécessité du mot, de la phrase, du personnage, de l'œuvre : l'écrivain en est hanté et doit s'en délivrer, le public les intègre à son univers.

2. Son intérêt :
• elle permet de découvrir l'homme et non l'auteur* ;
• l'œuvre paraît vraie* ; pour certaines écoles, elle est, par conséquent, belle (cf. Beauté) ;
• la littérature n'est plus un jeu, un divertissement, mais peint la vie, s'intègre à elle, devient un art* de vivre.

C. Y a-t-il une sincérité totale ?

1. Elle est difficile :
• pour l'auteur, à cause des entraves à la connaissance* de soi ; on peut sincèrement se mentir à soi-même (ex. Rousseau, et même Montaigne) ;
• pour le critique qui doit l'établir : on connaît mal l'auteur ; l'œuvre reste, l'auteur change.

2. Est-elle utile ? On se plaît à des œuvres dont on ne sait pas si elles sont sincères (cf. Impersonnalité) ou qui sont manifestement sans sincérité (cf. Evasion, Vraisemblance). Par contre, ce qui est sincère peut être sans intérêt ou même odieux.

3. Est-elle artistiquement possible ? (cf. Stendhal : « L'œuvre d'art est un beau mensonge. »). Elle semble impossible : — par la nature de l'art*, vérité choisie ; — par la nature du personnage* de roman*, de théâtre* (ex. les personnages de Stendhal sont souvent ce qu'il aurait voulu être) ; — par la concentration ou la généralisation nécessaires, même dans le lyrisme (ex. fusion, dans *Les Nuits,* de diverses amours ; chronologie des *Contemplations*) ; — du fait de la dépersonnalisation qu'exigent certains genres comme le théâtre, le roman.

4. Conclusion : il ne faut donc pas se limiter à une notion trop étroite de la sincérité, qui consisterait à dire ce qu'on a réellement éprouvé, tout cela et rien que cela. On peut parler : — de la sincérité de l'expression et de l'art, qui se confond avec la nature* et la vérité* ; — de la sincérité dans la vision des êtres et des choses, c'est-à-dire de la libération de toute convention* qui permet de peindre le réel dans son objectivité ; — d'un accord entre le monde de l'artiste et celui du public qui permet à l'œuvre d'éveiller la sincérité du lecteur au lieu de lui fournir une occasion de se dérober à soi-même ou de s'évader de soi.

SOCIETE

Par opposition à l'individu, la société représente :
• un groupe auquel il appartient, déterminé par sa famille, sa classe sociale, son milieu*, sa profession ;
• des rapports avec les autres hommes et des mœurs* dont il subit l'influence ;
• des institutions qui régissent le groupe ou la nation (régime politique, organisation économique, etc.) ;
• d'une façon plus générale, tous les autres hommes, c'est-à-dire l'humanité*.

A. Critique et défense de la société

1. Les critiques :

• la société civile est, selon Rousseau (cf. *Discours sur les sciences et les arts, Discours sur l'origine de l'inégalité parmi les hommes*), mais aussi selon Diderot (cf. *Supplément au voyage de Bougainville*), la source de l'inégalité (cf. Egalité) ;
• toute société engendre, toujours selon Rousseau, les méfaits du luxe, de la civilisation* (cf. le mythe du « bon sauvage ») ;
• la société porte les hommes à être hypocrites (cf. Sincérité) ou à se haïr pour des rivalités d'intérêt (cf. querelles de famille, questions d'argent, aveuglement des masses, guerre, le monde social de Balzac) ;
• pour les Romantiques, elle brime l'individu : c'est le lieu d'élection des préjugés, des contraintes, des injustices, des sentiments bourgeois, ou médiocres, qui empêchent l'héroïsme (ex. Stendhal) ; elle fabrique des parias, (cf. *La Nouvelle Héloïse ; Hernani ; Les Misérables*), elle provoque donc la révolte* ;
• en particulier, pour Vigny, elle est la source des fatalités sociales : esclavage de l'individu, matérialisme, machinisme, démocratie, industrialisme, mépris de la pensée et du poète (cf. *Chatterton ; La Maison du Berger*) ;
• Vigny est ainsi le précurseur des Modernes qui dénoncent le despotisme, le collectivisme, l'anonymat, les préjugés, la guerre*... Elle apparaît comme le royaume de l'absurde* (cf. les romans de Kafka, Sartre ; cf. Fatalité) et de nombreux écrivains de science-fiction* mettent en garde contre toutes les oppressions ou la déshumanisation, la perte de la liberté qu'elle peut engendrer (cf. *Le Meilleur des mondes ; 1984*) ;
• toute société close (famille, nation, église) peut développer l'égoïsme et une tendance au fanatisme et empêcher d'accéder à l'humanité.

2. Les solutions possibles consistent :
- à préférer la fuite et la solitude (ex. Rousseau, Vigny, Flaubert) ;
- à se lancer dans la révolte*, la destruction, l'anarchie ;
- à s'engager pour l'améliorer par le socialisme, la révolution, la construction de l'homme social ;
- à s'efforcer de concilier la nature* et la société.

3. Les arguments de la défense :
- la société est nécessaire, il faut s'en accommoder (cf. B ; ex. Montaigne, Molière) ;
- l'inégalité existait dès l'état de nature, et la société contribue aussi à la diminuer (cf. Egalité) ;
- elle est la condition « sine qua non » des bienfaits de la civilisation*, de la science*, de la technique, de l'art*, de la littérature* ;
- elle perfectionne l'individu : en réprimant ses défauts naturels (ex. égoïsme, volonté de puissance), en développant en lui d'autres vertus (ex. humanité* et politesse), sans empêcher les plus hautes qualités individuelles qui ne sont pas forcément asociales (ex. Corneille, Vauvenargues ; cf. Héroïsme) ;
- un art asocial est stérile (cf. B 2 ; Engagement, Romantisme).

B. L'individu et la société

1. Evolution de la position :
- au XVIe s., la société est conçue comme un organisme semblable au corps humain, souvent ébranlé par des maladies ; chacun y joue un rôle et l'humaniste désire participer à la vie civile (d'où l'importance de l'éducation*), même s'il préserve son individualisme ; il s'agit donc de trouver une « juste mesure » (Montaigne) entre société et individu, surtout pour éviter le fanatisme ;
- au XVIIe s., l'honnête* homme se plie aux conventions*, respecte les bienséances*, tient son rôle social ;
- au XVIIIe s., le philosophe va jusqu'à se mettre au service de la société puisqu'il est persuadé de ses défauts (ex. Voltaire, Rousseau), mais aussi de la possibilité de la corriger. Il naît même alors une sorte de religion du devoir civil ;
- les Romantiques l'ont d'abord rejetée (cf. A 1), puis se sont tournés vers un militantisme social (ex. Lamartine, Hugo) ;
- au XXe s., les écrivains jugent difficile de se soustraire à la société pour des raisons aussi bien matérielles (elle et la civilisation* sont omniprésentes désormais) que morales (cf. Engagement).

2. Peut-on s'abstraire de la société ?
• on rencontre les mêmes problèmes que pour la solitude* ;
• cela n'est guère possible parce que l'homme : — a des sentiments sociaux (amour*, amitié, humanité*, sensibilité*) ; — est solidaire des autres hommes (cf. Engagement) ; — ne peut pas vivre sans quelque relation avec ses semblables (d'où politesse, bienséance*) ; — et, même, en ne vivant que pour lui, retrouverait en lui la forme de l'humaine condition (cf. Humanisme) ;
• l'artiste* peut donc fuir les hommes, il ne peut fuir l'humanité* : même s'il souffre (cf. Souffrance), cela est profitable à son art. Par ailleurs, on ne peut concevoir qu'il n'écrive pas pour un public*. En outre, bon nombre d'écrivains ont réussi à vivre solitaires sans fuir l'humanité (ex. Montaigne, Rousseau, Pascal, La Bruyère, Martin du Gard, Proust à la fin de sa vie, Cl. Simon, J. Gracq...).

SOLITUDE

Le terme solitude désigne : — soit le lieu solitaire ; — soit les effets de ce lieu, c'est-à-dire l'état de celui qui est seul ou qui se sent seul avec lui-même dans quelque cadre qu'il se trouve (la nature, sa chambre, la ville, la société des hommes...).

TEXTES : **Racan,** *Stances à Tircis,* 1617-1618. **Saint-Amant ,** « Ode à la Solitude », 1618. **La Fontaine,** « Le songe d'un habitant du Mogol », « Le Juge arbitre, l'Hospitalier et le Solitaire » in *Fables*, 1668-94. **Rousseau,** *Les Rêveries du promeneur solitaire,* 1782. **Chateaubriand,** *René,* 1802. **Lamartine,** « L'Isolement » in *Méditations poétiques,* 1820. **Vigny,** « Moïse » in *Poèmes antiques et modernes*, 1822 ; « Le Mont des Oliviers », in *Les Destinées,* 1864. **Mauriac,** *Thérèse Desqueyroux,* 1927. **Green,** *Adrienne Mesurat,* 1927. **Garcia Marquez,** *Cent ans de solitude,* 1967.

A. Ses caractéristiques

1. La solitude physique est provoquée :
• par un lieu solitaire qui est généralement décrit pour sa beauté sauvage, son calme, sa paix, son silence, son aspect secret, parfois pour

son immensité, voire ses ruines, pour le prestige que lui confère l'absence d'hommes ; on y ressent la majesté écrasante de la nature, de l'inhumain ;
• par la disparition des vivants pour des raisons plus ou moins obscures (cf. Bérenger seul à la fin de la pièce *Rhinocéros*) ; mais il s'agit souvent d'un isolement moral (cf. 2).

2. La solitude morale est due :
• à la mélancolie*, au mal* du siècle, au fait d'être incompris (cf. Alceste ; le héros romantique : Oberman, René ; Thérèse Desqueyroux ; l'Antigone d'Anouilh) ; elle pousse l'individu à fuir le monde*, cette société qui le rejette, il part alors vers d'« agréables déserts, séjours de l'innocence » (Saint-Amant) et sa solitude morale devient aussi physique ;
• à la souffrance* ou à la mort (cf. Antigone ; Katow à la fin de *La Condition humaine*).

B. Sa valeur

1. Sa « douceur secrète », car elle procure :
• le repos loin de l'agitation des hommes ;
• la sécurité loin des méfaits de la société* (cf. Alceste ; ex. Rousseau) et l'innocence : on ne peut pas faire du mal à autrui ;
• la tranquillité : — pour méditer sur soi-même, mieux se connaître, s'interroger (ex. Montaigne) ; — pour échapper aux dangers du monde*, pratiquer la vie spirituelle, l'ascèse (cf. les solitaires de Port-Royal) ; — pour travailler, créer, échapper au temps perdu dans le monde (ex. Flaubert, Martin du Gard, Stendhal, Vigny, Proust) ; — pour penser à ceux qu'on aime (ex. Mme de Sévigné aux Rochers) ; — pour vivre librement, jouir de soi, dormir, goûter la rêverie* (ex. La Fontaine), se promener, contempler la nature (ex. Rousseau) ; — pour se mettre à l'abri des passions, ou aimer sans gêne ni jalousie (solitude des amants) ;
• l'épanouissement : — de l'esprit libéré de tout souci, de toute contrainte, jugeant avec détachement ou recul : méditation créatrice (ex. Descartes devant son « poêle », Vigny dans la « maison du berger ») ; contemplation* ; souvenir* ; rêverie (cf. Rêve) ; imagination ; évasion*, fantaisie* ; chimères* ; — de la sensibilité : exaltation, volupté de l'isolement (ex. Rousseau) ou angoisse d'être seul ; volonté d'être selon son cœur (ex. Rousseau) ; vague des passions (cf. *René*) ; rêverie amoureuse, cristallisation (cf. Fabrice, Julien Sorel en prison) ; sentiment de la nature* ; sentiment mystique*, religion* ; — du moi : libération du conformisme, de « l'enfer des autres » (Sartre) ; égotisme*, découverte de soi.

2. Ses dangers apparaissent quand elle est subie et non pas recherchée ou quand c'est une âme pas « assez grande, assez forte » qui la cultive. Elle risque de provoquer :

• l'ennui (cf. Célimène, « La solitude effraie une âme de vingt ans. ») ;

• l'isolement, l'abandon, la peur dus au fait qu'on n'a plus de contact avec la chaleur humaine (cf. Vigny, « Moïse »), qu'on perd certaines facultés essentielles (cf. Robinson qui ne sait plus sourire dans *Vendredi ou les limbes du Pacifique*), qu'on peut sombrer dans l'angoisse métaphysique de la déréliction (cf. « Le Mont des Oliviers ») ;

• une inadaptation à vivre avec les autres (insociabilité, impolitesse, égoïsme) ; de ce fait, elle est en butte à la réprobation morale : « Il n'y a que le méchant qui vive seul. » (Diderot) ;

• une exaltation malsaine : orgueil, égocentrisme ; folie de la persécution, illusions, idées fausses ; vie dans l'irréel ; vague des passions ; sauvagerie, misanthropie (cf. Chateaubriand : « La solitude est mauvaise à celui qui n'y vit pas avec Dieu ; elle redouble les puissances de l'âme en même temps qu'elle leur ôte tout sujet de s'exercer. ») ;

• une angoisse de considérer sa condition métaphysique qui, selon Pascal, pousse les hommes à avoir recours au divertissement (cf. les personnages du *Misanthrope* qui cherchent tous à fuir la solitude) ;

• pour l'artiste : l'égocentrisme, la pauvreté d'inspiration, la privation de ce qu'apporte le monde ; il lui faut donc échapper à la solitude totale, soit en partant avec l'âme sœur (ex. Eva près de Vigny dans *La Maison du Berger*), soit en fréquentant la société*.

SOUFFRANCE

A. Sa peinture

1. Ses aspects : la douleur peut être physique ou morale et causer des tourments (cf. Angoise, Désespoir, Fatalité, Mal du siècle, Mélancolie, Tristesse).

2. Ses causes sont :

• une certaine prédisposition, un état d'âme (cf. Sensibilité) ;

• les passions*, en particulier l'amour (cf. *Tristan et Iseult ; Andromaque ; Phèdre ; Les Lettres portugaises ; Manon Lescaut ; A la recherche du temps perdu...*) ;

• la société* qui provoque la misère, l'injustice, l'inégalité, qui voit des parias dans le poète* (cf. *Chatterton*), l'inventeur (cf. *Illusions perdues*), la femme*, les hommes du peuple* ;
• la guerre* (ex. Voltaire, Zola, Jules Romains, Céline) ;
• la maladie (cf. *La Douleur*).

B. La souffrance apporte une connaissance

1. Psychologique :
• le choc de la douleur est révélateur : — il nous épure, nous montre ce qui en nous est accidentel, superficiel, sans importance ; — il nous fait approfondir notre moi*, découvrir ce qui en nous est essentiel, ce à quoi nous tenons ; — il nous renseigne sur nos capacités, nos qualités : courage ou lâcheté, égoïsme, etc. ; — en un mot, il nous apporte une expérience* (cf. Connaissance ; ex. Montaigne et la douleur physique ; Musset après sa souffrance d'amoureux ; cf. Hugo, « A Villequier ») ;
• la douleur exalte nos facultés : — la volonté*, pour résister, se libérer, réagir ; — l'intelligence* : réflexion sur les causes de la souffrance, sur les moyens pour y échapper ; — concentration de la pensée autour de la douleur (cf. chez Proust les intuitions psychologiques du jaloux) ; — la sensibilité* : elle est affinée, élargie (on sympathise avec la douleur d'autrui), exaltée (confidence*, lyrisme* ; cf. C) ;
• la douleur nous donne un vif sentiment d'exister.

2. Du monde : l'individu sort de son isolement car :
• il prend conscience de l'existence de celui qui le fait souffrir ;
• il éprouve de la sympathie pour celui qui souffre ;
• il ressent une inquiétude qui le fait critiquer les idées reçues, la vue traditionnelle des choses, qui l'empêche de s'accommoder du monde tel qu'il est (cf. Baudelaire, « Bénédiction »).

3. Métaphysique : pourquoi souffre-t-on ?
• la souffrance produit l'angoisse métaphysique (ex. Baudelaire) ;
• pour un chrétien, la souffrance est une épreuve providentielle envoyée par Dieu (ex. Pascal, Mauriac), un avertissement sur l'imperfection du monde terrestre (cf. Chateaubriand, *René*) ;
• elle provoque une prise de conscience de la condition humaine vouée à l'insatisfaction (ex. Chateaubriand), à l'absurde* (ex. Malraux, Camus).

C. Sa valeur

1. Morale : deux attitudes s'opposent :
• selon les idées chrétiennes (ex. Bossuet, Pascal) ou stoïciennes

(ex. Montaigne, Vauvenargues, Vigny), la souffrance est à la fois châtiment et réhabilitation, car : — elle purifie en rachetant les fautes particulières, en compensant les fautes collectives (ex. J. de Maistre) ; — de ce fait, elle permet l'exercice des vertus chrétiennes, en particulier la pitié ; — elle ennoblit, distingue (ex. Chateaubriand, Musset), élève (cf. Baudelaire, « Bénédiction ») celui qui l'éprouve, car il obtient par là le respect des autres ; — par contraste, une fois passée, elle fait mieux goûter les plaisirs de la vie : vue épicurienne (cf. Musset, « Nuit d'Octobre ») ;
• selon les idées humanistes, elle provoque d'abord la prise de conscience d'une fraternité dans la condition humaine, contre Dieu, la nature (ex. Vigny), l'absurde (ex. Camus), puis, par conséquent, des réactions qui se traduisent par la critique* sociale, l'action pour l'humanité*, l'engagement* fraternel (ex. Vigny, Baudelaire, Camus, Malraux).

2. Poétique : la souffrance est :
• une occasion de sincérité* (la poésie exprime la vie : cf. Musset, « Nuit de Mai »), une source de la poésie du cœur (cf. Lyrisme) ;
• un enrichissement pour la pensée, à laquelle elle donne de la profondeur, de la pureté ;
• mais donne-t-elle l'art de s'exprimer (cf. Inspiration) ? Il ne suffit pas de souffrir pour être un grand poète. Même si on a le talent, ne faut-il pas un certain recul pour exprimer sa souffrance ? (cf. Musset, « Nuit d'Octobre », fin) ; il faut veiller à éviter la complaisance.

SOUVENIR

Cet article traite du thème du souvenir et non de la forme littéraire des souvenirs, qui est abordée dans l'article Autobiographie*.

TEXTES : **Lamartine,** *Méditations poétiques,* 1820. **Hugo,** *Les Feuilles d'automne,* 1831 ; *Les Contemplations,* 1856. **Musset,** « Souvenir » in *Poésies nouvelles*, 1840. **Nerval,** *Sylvie,* 1853. **Apollinaire,** *Alcools,* 1913. **Proust,** *A la Recherche du temps perdu,* 1913-1927. **Colette,** *La Maison de Claudine,* 1922. **Aragon,** *Le Roman inachevé,* 1956. **Bonnefoy,** *Rue Traversière,* 1977. **Modiano,** *Rue des boutiques obscures,* 1978.

A. Ses formes

Le souvenir est un des éléments de la vie* intérieure et un aliment de la sensibilité*.
Il peut être :
• intellectuel : mémoire locale, auditive, visuelle, des noms, des dates, des faits, etc. ; association d'idées, réminiscence ;
• affectif : saveur unique des sensations ou des sentiments retrouvés (cf. Proust) ;
• de la fausse réminiscence (cf. Nerval : « Il est un air... » ; Baudelaire : « J'ai longtemps habité... »).

B. Sa valeur

1. Ses avantages se révèlent sur plusieurs plans :
• en lui-même : — il conserve auprès de nous les êtres aimés (fidélité, amour ; cf. *Andromaque* ; ex. Hugo) et notre passé*, qu'il soit fait de bonheur (cf. « Le Lac », « Milly », « Tristesse d'Olympio », « Souvenir ») ou de malheur (ex. *Andromaque*) ; — il embellit ce passé* ou au moins le stylise, en garde les traits les plus émouvants, lui donne un sens, semble le fixer, lui conférer le charme de ce qui a été et ne reviendra plus ; ce faisant, il permet de nier la fuite du temps* ; — il commande le présent, nous permet de l'apprécier, ou de nous en évader ;
• sur le plan psychologique : — il nous donne le sentiment d'exister intellectuellement : il permet la connaissance* (ex. Montaigne, Rousseau, Stendhal) et l'explication du moi* (cf. Sainte-Beuve, *Volupté* ; ex. Stendhal) ; il justifie donc la passion que nous mettons à le reconstituer (ex. Chateaubriand) surtout quand il doit servir à nous justifier (ex. Rousseau) ; — il nous fournit des raisons d'être dans le présent (ex. culte du passé, fidélité comme la vengeance d'Emilie dans *Cinna*) ; — il nous construit : c'est dans le souvenir affectif que nous pouvons rechercher et retrouver l'unité de notre moi* (ex. Proust) ;
• sur le plan métaphysique : — l'œuvre d'art produite par le souvenir est une expression de l'unité du moi (ex. Proust ; cf. Roman) ; — l'homme prend conscience qu'il n'existe que par le souvenir, par opposition à la nature, à Dieu (cf. Hugo, « Olympio » ; Musset, « Souvenir ») ; — il offre une remontée à l'enfance, au rêve*, à la pureté des êtres et des choses (ex. Nerval), à la tradition (ex. Chateaubriand, Barrès) ;
• sur le plan artistique : — il est un des facteurs du lyrisme* en produisant regret, mélancolie, nostalgie, et est donc lié aux thèmes de la fuite du temps*, de l'écoulement des choses, de la jeunesse*, de l'amour et

du bonheur qu'on veut immortaliser, du passé*, de la nature* indifférente (cf. « Tristesse d'Olympio », « La Maison du Berger ») ou qui paraît conserver le souvenir (cf. « Le Lac ») ; — il favorise l'évasion*, l'imagination *, la description* (reconstituer le passé, l'embellir) ; — il participe à la création de soi comme personnage littéraire (ex. Chateaubriand).

2. Ses dangers apparaissent dès que le culte qu'on lui porte est excessif, car :
• le souvenir est inexact, incomplet, trompeur et nous entraîne vers le monde de l'illusion (ex. Rousseau) ;
• il favorise souvent une attitude trop passive : — on s'évade sans agir ; — on construit sa vie dans le passé, on lui donne a posteriori un sens moral ou esthétique, ce qui est facile ; — et on se refuse à vivre dans le présent : pas d'engagement*, pas de construction de soi ;
• il nous fait oublier ce que Gide appelle la « saveur de l'instant présent » : « Le plus beau souvenir ne m'apparaît que comme une épave du bonheur. » (*Les Nourritures terrestres*).

STOICISME

C'est une doctrine établie par le philosophe grec Zénon, né à Citium (Chypre) vers 336-264 av. J.-C., et par ses disciples.
Elle établit un système philosophique complet mais la partie qui a le plus influencé la littérature est sa morale.

TEXTES : **Montaigne,** *Essais,* 1580-1588-1595. **Pascal,** *Pensées,* 1670. **Vigny,** *Les Destinées,* 1864.

A. La morale stoïcienne

• pour le stoïcisme, l'homme est le seul être à la fois mortel et raisonnable : le microcosme humain reproduit la structure du monde, il porte en lui une parcelle du « logos » universel, c'est-à-dire l'âme ;
• pourtant, que peut-il faire dans un monde gouverné par le destin (l'«heimarménê ») ? Le stoïcisme cherche à concilier l'infaillibilité du déterminisme avec la liberté humaine et la légitimité du jugement moral ;
• la vertu* est le seul bien à rechercher pour lui-même, car elle suffit

au bonheur* ; le vice, disposition pervertie de l'âme, est le seul mal ; tout le reste (vie et mort*, santé et maladie, pauvreté et richesse, plaisir et souffrance*) est dit « indifférent ». Par conséquent, les passions* qui en découlent ne sont que des erreurs de jugement et constituent des maux à extirper, non pas des sources d'énergie ;
- la sagesse* est donc dans l'accord avec la nature* ; elle valorise la lucidité, la maîtrise de soi ;
- on a reproché au stoïcisme d'être une morale de l'acceptation, de la résignation, de promettre une liberté* qui ne serait qu'un esclavage intériorisé. En fait, il se veut une morale de l'homme en situation (cf. Existentialisme), c'est-à-dire que le maître stoïcien est un directeur de conscience qui apprend à son disciple à concilier les exigences de la vertu avec les responsabilités que lui confère son insertion dans la société*, l'humanité*.

B. Ses applications littéraires

- le stoïcisme a été « essayé » par Montaigne, qui semble y puiser sa force pour « apprendre à soutenir (la mort) de pied ferme et à (la) combattre » : pour ce faire, il faut lui ôter son étrangeté, la pratiquer, s'y accoutumer, se raidir et s'efforcer. Cependant il a abordé cette question de la mort par l'affirmation du plaisir, quête qui est épicurienne et non stoïcienne ;
- il a été critiqué par Pascal qui reproche précisément à Montaigne sa « nonchalance du salut, sans crainte et sans repentir » ; il voit dans le couple Epictète-Montaigne le symbole de la grandeur et de la misère humaines ;
- il a été loué par Vigny (cf. *La Mort du loup*) qui voit dans la « stoïque fierté » le seul moyen d'échapper à la fatalité de la condition humaine et le point de départ d'un optimisme conquis de haute lutte qui croit en un avenir radieux pour l'humanité.

STYLE

Le style est parfois compris, en particulier en milieu scolaire, comme une parfaite conformité à l'usage, aux règles de grammaire, à la rhétorique. En fait il s'oppose à la langue*, car il est un choix personnel fait par le locuteur, parmi tous les moyens qu'elle lui offre, de ceux qui ajoutent à la formulation la plus logique et la plus simple (ce que Barthes appelle le « degré zéro »), l'expression de son originalité et de ses conceptions. (synonymes : forme*, manière, plume, écriture, procédés, technique ; cf. Travail).

A CONSULTER : **R. Barthes,** *Le degré zéro de l'écriture,* 1953. **L. Spitzer,** *Etudes de style,* 1970. **M. Riffaterre,** *Essais de stylistique structurale,* 1971.

A. Ses caractéristiques

1. Les éléments qui créent un style sont : un vocabulaire (les champs lexicaux utilisés), une syntaxe (cf. Langue), des figures* (en particulier des images), un rythme* ; dans l'expression orale, une prononciation et un débit.

2. Il exprime une originalité par rapport au langage commun :
• un ton particulier correspondant à certains sujets, à certains sentiments, à un certain public : ex. la langue commune littéraire, écrite, soutenue, familière, populaire, etc., et, en rhétorique, le style familier, simple, tempéré, fleuri, relevé, noble, pompeux, sublime et aussi lyrique, épique (du conte, de la nouvelle, etc.) ;
• une conception esthétique correspondant à une idée de l'art* (synonyme d'écriture ; ex. style classique, romantique, impressionniste, artiste), à un temps (c'est en ce sens qu'on parle de « style » pour les objets, en particulier les meubles ; ex. style Louis XV, style Empire), à un pays, à un groupe social (ex. style mondain, phraséologie) ;
• la personnalité d'un écrivain : alors que les idées abstraites, peuvent se transmettre, appartenir à tout le monde, même vieillir, être dépassées, « le style est de l'homme même » (Buffon). Un écrivain n'est souvent que le porte-parole des idées de son temps (cf. Génie), mais c'est sa qualité d'expression qui le fait distinguer du commun. Sa façon d'écrire exprime son moi*, son milieu*, l'influence des lieux* où il a vécu, sa culture, son tempérament, sa sensibilité*, la qualité de ses sensations, sa vision du monde, son univers* (cf. correspondances entre le style et la personnalité de Montaigne, Diderot, Voltaire, Lamartine, Musset, Hugo, Balzac, etc.). Même si l'écrivain se veut impersonnel, son œuvre porte la marque d'une personnalité dont le style est un élément capital (ex. le théâtre de Racine, Corneille, la poésie parnassienne, les romans de Flaubert ; Fond, Impersonnalité).

B. Les attitudes face au style

1. Les écrivains se partagent entre :
• les formalistes : la forme* est l'essentiel ;
• les stylistes : quel que soit le fond, la forme doit être parfaite ; c'est en particulier le cas de Flaubert qui en est obsédé, car les sujets de ses œuvres sont dépourvus de beauté intrinsèque : il entreprend d'éliminer les impropriétés, les discordances sonores, travaille le rythme* et la couleur*, et s'attache à ménager entre descriptions et narrations des transitions imperceptibles afin de donner une impression de coulée continue (« La continuité constitue le style comme la constance fait la vertu. ») ; mais sa conception du style va au-delà de l'aspect formel (cf. C) ;
• ceux qui subordonnent le style à l'invention, à la vision du monde, au fond* : parce que la forme est une contrainte* que la pensée doit vaincre (c'est le cas du classicisme*) ; parce que la pensée est apte à créer n'importe quelle forme nouvelle qui lui convienne (c'est la position du romantisme* ; cf. Fond).
En réalité, il n'y a pas de fond qui ne s'exprime dans une forme, et la perfection du style peut désigner aussi la nécessité avec laquelle, dans sa forme propre, l'écrivain exprime et compose son univers : d'où l'élargissement de la notion de style (cf. C).

2. L'étude du style par les critiques peut se faire :
• en repérant les champs lexicaux les plus abondants chez l'écrivain, les figures*, etc. (cf. A 1), c'est-à-dire tous les écarts par rapport à la langue commune ou, au contraire, une volontaire adéquation à la langue commune (cf. l'absence de style qui fait le « style » de *L'Etranger*) ; encore faut-il définir cette norme ;
• grâce à la conception de M. Riffaterre qui permet de contourner cet obstacle de la « norme » ; pour lui le style est « la mise en relief qui impose certains éléments de la séquence verbale à l'attention du lecteur, de telle manière que celui-ci ne peut les omettre sans mutiler le texte et ne peut les déchiffrer sans les trouver significatifs et caractéristiques » ;
• par la recherche de L. Spitzer qui découvre, intuitivement, le phénomène linguistique caractéristique du style d'un auteur, qui consiste en un détail formel apte à conduire à l'essentiel.

C. Langue, style et écriture

1. La langue* est « en deçà de la littérature », « un réflexe sans choix, la propriété indivise des hommes et non pas des écrivains » (R. Barthes), c'est-à-dire qu'il s'agit de la langue commune, utilisée comme un objet social, sans intention particulière.

2. **Le style** peut prendre un sens plus large que celui vu supra, en dépassant sa définition purement formelle, en fondant forme* et fond*. C'est « cette correction que l'artiste opère par son langage et par une redistribution d'éléments puisés dans le réel [qui] donne à l'univers recréé son unité et ses limites » (A. Camus, *L'Homme révolté*).
Flaubert concevait déjà le style comme « une manière absolue de voir les choses », l'expression d'une vision du monde particulière à l'artiste, comme Proust le montrera dans *Le Temps retrouvé*. C'est lui octroyer une valeur métaphysique, le seul moyen de structurer ce chaos des apparences, de lui donner un sens durable ;
• le style englobe alors les sujets, les personnages*, la conception des passions, des rapports humains, les leitmotive, l'atmosphère, le climat, les constructions, les cadences... (cf. Univers) ;
• il s'oppose au réalisme* absolu (cf. Idéalisme) et aussi au formalisme. Il puise dans le réel pour créer un monde propre à l'artiste (ex. les Classiques, Balzac, Stendhal, Proust) ; en ce sens, il est révolte* ;
• pour Barthes, il se forme « un langage autarcique qui ne plonge que dans la mythologie personnelle et secrète de l'auteur » ; de ce fait, ce langage se révèle une nécessité biologique et non un choix délibéré : « il est la "chose" de l'écrivain, sa splendeur et sa prison, il est sa solitude ». En cela il échappe au « pacte qui lie l'écrivain à la société ».

3. **L'écriture,** en revanche, se définit, par rapport à ces « forces aveugles » que sont la langue et le style, comme « un acte de solidarité historique », « le rapport entre la création et la société, [...] le langage littéraire transformé par sa destination sociale » (R. Barthes). C'est ce qui explique que des écrivains de la même époque puissent avoir des « écritures » si différentes (ex. Mérimée et Lautréamont, Mallarmé et Céline, Gide et Queneau, Claudel et Camus), car ils font « un choix de l'aire sociale » au sein de laquelle ils décident de situer leur langage.
Cependant, en dehors de la pensée de Barthes, « écriture » et « style » sont souvent confondus (cf. Travail).

D. Stylisation

1. Le fait de donner un style au réel*
• dans la mesure où reproduire exactement le réel est impossible, si on veut lui être fidèle, la stylisation est une nécessité pour toute œuvre

d'art, qu'elle appartienne au classicisme* (choisir dans le réel), au romantisme* (tout garder du réel, mais tout transfigurer), au symbolisme* (métamorphoser le réel) ou même au réalisme* ou au naturalisme* (cf. Art, Réel, Fond, Révolte) ;
• c'est ainsi que Maupassant travaille la structure de la nouvelle* pour épurer la réalité avec une netteté classique ; que les Goncourt compensent la laideur du sujet par la qualité de l'écriture ; que Flaubert fait rentrer la réalité dans le roman en l'intériorisant, en la maîtrisant.

2. La représentation de la nature sous une forme schématique, simplifiée, qui en dégage l'essence, car elle est plus symbolique que concrète (synonyme : schématisation) :
• c'est ainsi qu'on stylise : — le décor* au théâtre* ; — le personnage* dans le conte*, le roman*, la nouvelle*, l'épopée*, au théâtre*, dans la tragédie*, la comédie* ;
• bien que les partisans du réel* s'y opposent, elle est utile pour provoquer : — la réflexion (ex. le conte) ; — l'émotion (ex. l'épopée, certains romans) ; — l'éveil de l'imagination (ex. le conte ; cf. Suggestion, Symbole) ;
• elle est plus nécessaire à certains genres : conte* , épopée*, tragédie*, fable*, mais elle permet à tous d'atteindre l'unité, la concentration qui rendent l'œuvre particulièrement significative (cf. Caractéristique, Réel, Règles) ;
• cette stylisation n'empêche pas forcément la vie (cf. Personnage).

SUBJECTIVITE

Tout ce qui est du domaine de la sensibilité (cf. Moi), des idées personnelles, de la façon d'agir est subjectif, c'est-à-dire appartient à un sujet : « Ces fameuses réactions subjectives, haine, amour, crainte, sympathie. » (Sartre).
Chez un auteur elle s'exprime :
• directement (confidence, confession, autobiographie*) ;
• indirectement, en s'incarnant dans un autre (ex. Chateaubriand et René, Rousseau et Saint-Preux, et même Flaubert : « Madame Bovary, c'est moi ! »), en exprimant ses idées (ex. La Bruyère, La Fontaine, Beaumarchais, Voltaire, Diderot), en donnant un style* à son œuvre.

A. Sa relativité

Elle se manifeste par rapport :

1. Aux genres :
• grande subjectivité dans le lyrisme*, l'intimisme, certaines formes de poésie* ;
• subjectivité moindre dans le roman*, le théâtre*, car il faut être un autre (mais on peut prêter son âme à autrui) ;
• encore moins de subjectivité dans l'épopée*, le conte*, l'essai philosophique (sinon pour les idées).

2. Au tempérament de l'écrivain : différence entre subjectivité affective et subjectivité intellectuelle (on peut faire partager ses idées).

3. Au temps :
• les Classiques proscrivent la subjectivité affective, bien qu'elle existe chez eux (cf. Classicisme) ;
• même remarque pour les Réalistes, les Parnassiens, certains Symbolistes ;
• les Romantiques la prônent.

B. Ses limites

Elle est dépassée par :
• l'universel : les indiscrétions de l'histoire littéraire exagèrent souvent l'impression de subjectivité que donnent certaines œuvres (ex. « Le Lac », *Les Nuits*) ;
• l'objectivité : utilisation du subjectif comme élément de réalité que redistribuent le roman, et en général, l'œuvre d'art ; on devient soi-même un document (ex. Stendhal, les Réalistes).

SUBLIME

Selon Alain, « le sublime est toujours le sentiment intime d'une puissance de l'homme », puissance qui dépasse les grandeurs de la nature, soit par la peine et le triomphe de la volonté (sublime moral), soit par la maîtrise volontaire avec laquelle l'artiste lui donne un style (sublime esthétique qui ne consiste ni dans l'éloquence* ni dans les figures* de rhétorique). Il se rencontre :

• dans les choses : grandeur* des idées, des actions, des sentiments moraux (ex. Corneille, Bossuet ; cf. Boileau, *Epître VII*) ; étendue, puissance de certains spectacles (mer, nuit, tempête, orage, etc.), violence, exaltation du lyrisme*, de l'enthousiasme*, du pathétique, de l'émotion ; ouverture sur l'infini (surhumain, immensité de la nature, surnaturel*, Dieu, religion*, mystères*) ;
• dans l'expression : simplicité d'une formule totale (ex. Corneille : « Qu'il mourût »), grandeur et puissance des images (cf. Hugo, « Booz endormi »), de la vision (ex. Hugo, Claudel), du merveilleux*, puissance émotive du style, pathétique, lyrisme*.

A. Ceux qui ont été sensibles au sublime

1. Les Classiques (cf. La Bruyère, *Les Caractères,* I, 55 ; Boileau, *Préface à la traduction de Longin*) pour qui il est élévation et noblesse (on le trouve donc surtout dans les grands genres) :
• mais il peut s'accommoder d'une simplicité dépouillée ;
• « il peint (la vérité) tout entière, dans sa cause et dans son effet ; il est l'expression ou l'image la plus digne de cette vérité » (La Bruyère) ;
• il bouleverse l'esprit : dépassant le beau, au lieu d'apaiser, il évoque l'infini.

2. Victor Hugo pour qui le sublime (antonyme : grotesque*) désigne, en plus du sublime proprement dit, l'âme, le tragique, la beauté, l'harmonie, l'idéalisme (ex. la générosité et la loyauté d'Hernani ; l'amour et le sacrifice de Ruy Blas ; l'âme de Quasimodo ; la bonté de Jean Valjean ; la femme ange ; l'amour paternel de Triboulet). « Ce qu'il y a de plus sublime dans les œuvres de l'esprit humain est peut-être aussi ce qu'il y a de plus naïf. » (Hugo).
Il faut le rapprocher de l'idéalisme balzacien : amour de Goriot, sacrifice d'Eugénie Grandet (cf. Mysticisme).

B. Ses limites

• il ne doit pas être continu, car c'est une pointe effrayante du génie humain ; s'il dure trop, il paraît artificiel ;
• il laisse de côté ce qui dans l'âme humaine est ordinaire et moyen ;
• il nous fait songer à l'infini par le grand, le violent, l'énorme, sans nous y introduire par l'intuition intime, le rêve : d'où peu de sublime chez les Symbolistes.

Elle consiste à évoquer une chose sans la décrire, à laisser une marge d'indétermination et de rêverie au profit du lecteur.

A. Ses buts

1. En général, elle essaie :

• d'orienter l'imagination vers des paysages, des scènes, des images (cf. Evasion, Exotisme, Passé) ;
• de faire deviner un état d'âme qu'on laisse incertain et inavoué (cf. Personnage), qu'on ne peut analyser, mais qu'on essaie de faire plus ou moins éprouver (ex. Verlaine ; cf. Poésie, Symbolisme) ;
• de provoquer une réaction intellectuelle ou sensible devant le réel : dégoût, pitié, critique, révolte*, etc. ;
• d'évoquer le monde invisible au-delà du visible : surnaturel*, fantastique*, merveilleux*, féerie*, intuition du sens profond des choses ou de l'univers (cf. Symbolisme).

2. Plus particulièrement en poésie*, elle apparaît comme une des ressources essentielles. Mallarmé, par exemple, répond à un journaliste en 1891 : « Il faut [...] qu'il n'y ait qu'allusion. [...] Les Parnassiens, eux, prennent la chose entièrement et la montrent : par là ils manquent de mystère ; ils retirent aux esprits cette joie délicieuse de croire qu'ils créent. Nommer un objet, c'est supprimer les trois quarts de la jouissance du poème qui est faite de deviner peu à peu : le suggérer, voilà le rêve. [...] Il doit y avoir toujours énigme en poésie, et c'est le but de la littérature — il n'y en a pas d'autres — d'évoquer les objets. »

B. Ses moyens

Ce sont :
• les mots* pour leur valeur évocatrice (histoire, exotisme, légende ; cf. les noms propres chez Racine, Chénier, les Parnassiens ; les mots rares dans *Salammbô*) ; esthétique (sens rares, imprécision, équivoque) ;
• les tours grammaticaux incertains (ex. Mallarmé, Verlaine ; cf. Symbolisme) ;
• les figures* (métonymie, périphrase ; image*, symbole*, correspondances*, etc.) qui apportent une valeur affective, un essor à

l'imagination, une impression de flou (cf. Verlaine, *Art poétique*) qui s'accompage d'obscurité*, de demi-teintes, de rapprochements, de correspondances ;
• le rythme* et la musique des mots*.

SURNATUREL

On considère comme surnaturel ce qui est au-dessus de la nature et ne peut être expliqué. Il appartient au domaine de la religion* (résurrection, immortalité de l'âme) ou de la féerie* (visions, fantômes, apparitions).

TEXTES : **Poe,** *Nouvelles histoires extraordinaires,* 1845 (traduites par Baudelaire en 1857). **Nerval,** *Aurélia,* 1855. **Hugo,** *La Légende des siècles,* 1859-1877-1883. **Rimbaud,** *Une Saison en enfer,* 1873 ; *Les Illuminations,* 1886. **Villiers de l'Isle-Adam,** *Contes cruels,* 1883. **Cocteau,** *Orphée,* 1926.

A. Ses conceptions

Pour certains, c'est :

1. Dieu (cf. Pascal, qui souligne la différence de nature entre les ordres de la chair et de l'esprit et les ordres surnaturels) et les êtres surnaturels qui l'entourent (les anges, les saints, les âmes) ou s'opposent à lui (les démons) ;
• il se manifeste par la grâce (cf. *Pensées ; Polyeucte*), la providence et le miracle (ex. Bossuet ; cf. *Athalie*) ;
• Il est l'explication de l'histoire, de l'homme, de la condition humaine, de la nature, de la vie, de la morale, de tout le monde réel (cf. Mysticisme) : Balzac, Barbey d'Aurevilly, Péguy, Claudel (cf. *Le Soulier de Satin*).
• l'homme l'entrevoit par les intuitions mystiques, le cœur* (ex. Pascal), l'inquiétude, les souffrances de la vie (ex. Mauriac, Bernanos, Claudel), la tentation démoniaque, la révolte* (ex. Baudelaire, Rimbaud), les besoins de la sensibilité (cf. Religion).

2. La « surnature », c'est-à-dire le mystère de l'univers que n'explique pas la science (cf. Mythe), mais qui peut être pressenti par certains procédés irrationnels comme : — l'occultisme, la magie, la superstition ;

— le rêve* ; — le mysticisme*, le fantastique* ; — l'intuition poétique (ex. Baudelaire, Rimbaud ; cf. Symbolisme).

B. Sa négation

• ou il est le fruit de la superstition, ou la science l'expliquera un jour : cf. les philosophes du XVIIIe s. et spécialement Voltaire ; Zola essayant d'expliquer naturellement le mysticisme (cf. *Le Rêve*) ou le miracle (cf. *Lourdes*) ;
• le surréalisme* s'élève contre surnaturel et mystique.

SURREALISME

Ce mouvement littéraire et artistique doit son nom à Apollinaire auquel Breton emprunta ce néologisme en 1924 pour désigner la tentative de divers poètes et artistes, qui est à la fois révolte et rupture, ainsi définie : « Un automatisme psychique pur et par lequel on se propose d'exprimer soit verbalement, soit par écrit, soit de toute autre manière, le fonctionnement réel de la pensée. Dictée de la pensée, en l'absence de tout contrôle exercé par la raison, en dehors de toute préoccupation esthétique ou morale. » (A. Breton.)

A CONSULTER : **Breton,** *Manifeste du surréalisme,* 1924. **Du Plessis,** *Le Surréalisme,* 1950. **Nadeau,** *Histoire du surréalisme,* 1945. **Durozoi, Lecherbonnier,** *Le Surréalisme,* 1972. **Abastado,** *Le Surréalisme,* 1975.

A. Ses caractéristiques

1. Le but :
• exprimer « la vraie vie » : pour cela il faut libérer l'homme de la raison, des contraintes, d'une civilisation utilitaire, en mettant en œuvre le jeu désintéressé de la pensée, les forces de l'inconscient ;
• par conséquent, il faut remettre en question la matière, le langage et la signification de l'art*.

2. Des méthodes et des moyens nouveaux : pour imposer des formes nouvelles, pures, non polluées par les modes et les traditions. Il s'agit essentiellement :

• de l'écriture automatique et du compte-rendu de rêves ; tous deux permettent d'enregistrer sans contrôle des états d'âme, des images et des mots surgis par hasard (cf. le jeu du cadavre exquis) ;
• de toute technique d'exploration de l'inconnu, de l'ailleurs situés aussi bien dans l'univers que dans la conscience humaine, donc : — le voyage (ex. Cendrars) ; — la démence authentique (ex. Artaud), voire simulée ou provoquée ; — la veille prolongée ; — le cinéma qui apparaît comme un support privilégié, une technique de voyage au pays de l'insolite ;
• de l'humour (cf. Ironie), du merveilleux, de l'image*, du mythe* ;
• de faire table rase de tout (cf. Aragon : « Plus rien, rien, RIEN, RIEN, RIEN ») et ne pas hésiter à provoquer.

3. Ses caractères :
• l'art n'est pas un but en soi, mais un moyen, entre autres, d'élargir et de libérer l'homme ;
• le surréalisme revendique un aspect scientifique : le domaine exploité est naturel ; on utilise des facultés naturelles (cf. B), et une méthode de recherche ; ces expériences sont sans rapport avec l'occultisme ou l'ésotérisme ;
• en revanche, il présente des rapports avec le mysticisme* : faire le vide en soi, se méfier de l'art, refuser le monde ordinaire. Pour le mystique, il n'y a pas deux mondes, mais le monde terrestre s'éclaire par le surnaturel. Pour le surréaliste, il n'y a pas non plus deux mondes, mais si le monde apparent s'éclaire aussi par un monde caché, celui-ci est purement terrestre ;
• la poésie paraît la plus apte à mener cette recherche ;
• le surréalisme n'a pas volonté d'être une école, il ne définit pas d'art poétique (malgré ses *Manifestes*), car il lui semble impossible d'enfermer dans une doctrine ce qui doit être une « libération » par la pratique individuelle du « défoulement » freudien : « la vraie révolution, pour les Surréalistes, c'est la victoire du désir » (M. Nadeau) ;
• donc des thèmes tels que le rêve, l'amour fou (cf. les poèmes à Gala, Nush, Dominique, Elsa), le désir, la folie, l'occultisme, la voyance... ;
• il est d'abord une explosion de violence pure qui veut accumuler les expériences techniques sur le mystère du langage en liberté, mais il évolue, pour certains (cf. B 4), vers l'expression plus simple d'une émotion collective, d'une communion humaine ;
• il est une « inquiétude existentielle et créatrice » (cf. Breton demandant : « Pourquoi écrivez-vous ? ») ; il est aussi un questionnement vif et exalté qui attire les jeunes artistes (cf. A 4).

4. Les noms les plus connus de cette période sont :
• des écrivains : Breton (le théoricien et le chef de file), Soupault, Eluard, Aragon, Crevel, Desnos, Artaud ainsi que Leiris, Queneau, Prévert, tandis que Char, Reverdy, Jacob, Supervielle, Michaux peuvent être considérés comme proches du mouvement ;
• des artistes : Picabia, Ernst, Arp, Bellmer, Brauner, Dali, Delvaux, Magritte, Chirico, Tanguy, Picasso, Giacometti, Miró, Masson ;
• des photographes : Man Ray ;
• des cinéastes : Buñuel, et Cocteau par certains aspects...

B. Historique

1. Les rapports avec le XIXe s. : ils sont d'autant plus évidents que celui-ci avait signifié sa volonté de rupture à travers le romantisme*, mais surtout les recherches de Baudelaire (cf. « Au fond de l'Inconnu pour trouver du nouveau »), Nerval, Rimbaud, Lautréamont. Cela se retrouve :
• chez les poètes, par l'exploration d'un univers irrationnel, la lutte contre l'intelligence logique, l'effort pour aller au-delà des apparences, la foi dans les correspondances*, les moyens d'exploration souvent passifs ;
• chez les savants et les philosophes par le fait que : le domaine exploré appartient au réel et non au surnaturel ; la méthode scientifique, comme chez Bergson, est « ouverte » : exploration du réel intérieur correspondant aux forces profondes du monde ; les domaines de la connaissance et de la raison s'élargissent par des facultés naturelles (facultés poétiques, imagination, instinct, associations) ; des rapports s'établissent avec le freudisme et des lois de l'inconscient.

2. Les précurseurs sont plus particulièrement :
• Apollinaire, qui a annoncé nombre d'idées chères aux Surréalistes : il a participé à toutes les nouveautés (cf. le manifeste de *L'Antitradition futuriste*) ; il a osé des hardiesses thématiques et syntaxiques (cf. « La Chanson du mal-aimé ») qui anticipent sur l'écriture automatique ; son imagination est étonnante ; il a créé le mot « surréaliste » (cf. *Les Mamelles de Tirésias*) ;
• Cendrars dont la devise « bourlinguer », l'inspiration puisée à des sources exotiques (cf. l'art nègre) et la foi dans le cinéma rejoignent les démarches surréalistes pour explorer tous les possibles (cf. *La Prose du Transsibérien et de la petite Jehanne de France*).

3. Le dadaïsme, au sortir de la guerre de 14-18 (qui a marqué tous les jeunes écrivains et a semblé leur faire comprendre que la seule révolte possible était d'ordre philosophique et esthétique), à Zurich, se définit comme dégoût et veut montrer la faillite de la culture occidentale en détruisant « les tiroirs du cerveau et ceux de l'organisation sociale, [...] démoraliser partout et [...] rétablir la roue féconde d'un cirque universel dans les puissances réelles et la fantaisie de chaque individu » (T. Tzara, *Manifeste dada,* 1918). L'entreprise se veut pourtant positive par les révélations qu'elle provoque. Ce mouvement marquera surtout le surréalisme en l'entraînant à ne respecter rien ni personne jusqu'à ce que Breton ne se lasse de ce nihilisme et de la provocation incessante.

4. Les déviations se traduisent :
• en littérature pure, par le culte du mystère, du rêve, le fantastique, le terrifiant, le merveilleux (de même pour le cinéma) ;
• en science, par le freudisme ;
• en politique, par le communisme officiel (ex. Eluard, Aragon) que Breton refusera comme tout contrôle (cf. Breton, *Position politique du surréalisme,* 1935) et qui provoquera la désagrégation du groupe surréaliste. Cependant cet engagement donnera à la poésie d'Eluard et d'Aragon une nouvelle source d'inspiration, la chaleur et la simplicité de la solidarité humaine.

C. Réactions et influence

1. Les critiques n'ont pas manqué :
• on lui a reproché ses excès (les premières manifestations dada et surréalistes visaient essentiellement à choquer), son incommunicabilité, son obscurité, sa subjectivité, le fait qu'il ne prônait que l'individualisme et la pure révolte ;
• on a crié à l'imposture ou à la naïveté (cf. Jules Romains, *Les Hommes de bonne volonté,* XVII, « Vorge contre Quinette ») ;
• les artistes (ex. Valéry) ont objecté que l'art doit élucider, donner une forme, alors que le surréalisme ne donne que des matériaux bruts.

2. Son influence a été grande sur la poésie, même s'il n'a pas fait école, car :
• il a créé un climat littéraire nouveau qui a favorisé les expériences parallèles et fécondes de la poésie moderne (ex. Reverdy, Supervielle, Char...) ;
• il a appris à la poésie à ne pas être un art, mais une attitude de vie ;
• il lui a enseigné la révolte* contre le monde et l'existence aliénée (la révolte surréaliste est une exaltation de notre liberté que nous possédons et qui nous fait nier le monde apparent, le détruire pour affirmer

une autre vérité, ce qui est assez près de l'optimisme romantique ; elle diffère de l'angoisse existentialiste pour qui la liberté est le seul bien qui nous reste, l'affirmation que nous faisons parce que nous ne pouvons pas vivre dans un monde absurde*) ;

- il a établi la souveraineté des images ;
- et il a montré qu'il n'y a pas de monde réservé à la poésie, le réel le plus ordinaire pouvant fournir des mythes et du merveilleux*.

SYMBOLE

C'est l'expression indirecte d'une idée par une image ou un récit présentant avec elle une analogie : « Vieil océan, tu es le symbole de l'identité. Toujours égal à toi-même. » (Lautréamont). « Un symbole est, en somme, une comparaison prolongée dont on ne nous donne que le second terme. » (J. Lemaître).
Il se rapproche de :

- **l'allégorie :** elle développe une idée dans tous ses détails en faisant correspondre à chacun d'eux une image ou une expression qui ne doivent pas être prises dans leur sens réel, mais dans leur sens caché ; elle correspond à une intention nette, précise, détaillée (cf. *Le Roman de la Rose* ; la « carte du Tendre »). Le symbole se développe plus librement et, en général, avec d'autant plus de beauté qu'il a une vie propre, n'est pas étroitement lié au propos ;

- **l'allusion :** elle consiste à dire une chose pour faire penser à une autre, mais sans faire découvrir derrière le sens littéral un sens caché, qui doit en être dégagé et n'existe que par lui ; « Sonnez, sonnez toujours... » de Hugo, (cf. *Les Châtiments*), exprime par un symbole le triomphe de la pensée sur la force, et fait une allusion au despotisme de Napoléon III ;

- **l'apologue, la parabole, la fable* :** ce sont des formes de symbole ou d'allégorie d'une idée morale ;

- **du mythe*, de l'épopée*, du conte* :** ils tendent par leur nature même à devenir des sources de symboles, mais le récit compte avant tout. Ils peuvent avoir des sens multiples et ne deviennent des symboles que dans la mesure où l'écrivain les stylise pour en dégager une idée.

Symbole

A. En général

1. Ses formes :
• des images, des comparaisons : — brèves (ex., chez Homère, la force du lion exprimant la force d'Achille ; cf. Musset, « Nuit d'Octobre » : « La joie a pour symbole une plante brisée... ») ; — ou plus développées (ex. la caravane humaine chez Lamartine, *Jocelyn* ; le pélican chez Musset) ;
• des récits : — mythiques ; — épiques (cf. Vigny : « Moïse », « La Bouteille à la Mer », « La Colère de Samson » ; Hugo, *Les Châtiments* : « Sonnez, sonnez toujours... ») ; — lyriques (ex. Lamartine, « Le Chêne », *Harmonies* ; cf. Baudelaire, « Le Cygne ») ; — dramatiques (cf. Vigny, *Chatterton*) ; — romanesques (cf. *Cinq-Mars, Stello*) ;
• des personnages* (cf. Conte, Epopée, Mythe, Roman, Théâtre).

2. Ses buts :
• mettre en valeur l'idée par la force de l'image (ex. Hugo, « La Vache ») ;
• ou au contraire la cacher : — en donnant une préfiguration mystique (cf. les « figures de la Bible ») ;
• orner l'idée, la relever des beautés de la description* ;
• éviter la confession personnelle en transposant le drame individuel de l'auteur dans un récit ou un personnage semblables, mais qui paraîssent objectifs.

3. Manières de traiter le symbole :
• on donne la prééminence au récit, développé pour sa beauté et suggérant une idée d'une façon générale (ex. les symboles parnassiens) ;
• on oriente le récit vers la suggestion d'une idée précise, ce qui conduit parfois à modifier sa forme traditionnelle (cf. Vigny, « Moïse ») ;
• on dégage les analogies par un commentaire en forme de méditation (cf. « La Mort du Loup ») ou de comparaison (ex. le pélican, l'albatros). Mais il n'y a pas fusion entre l'image et l'idée du symbole : — ni dans le fond (il y a tout au plus une analogie intellectuelle, ou une comparaison ; ou l'image concrète n'est qu'un cas d'espèce, ou un type d'une généralité intellectuellement claire, sans appel à une réalité mystérieuse sous-jacente) ; — ni dans la forme (malgré des équivalences, des rapports, parfois une organisation du récit, les deux parties s'expriment objectivement, indépendamment).

B. Rénovation du symbole chez Vigny et les Symbolistes

1. Interférences dans la forme entre les deux parties du symbole : on applique au concret ce qui convient à l'abstrait et réciproquement :

• déjà chez Vigny, déformation du concret en pensant à l'abstrait (cf. « La Mort du loup », I ; *Moïse,* « La Maison du Berger », I, strophes 2, 5, 6) ;
• chez Mallarmé, associations savantes de mots et d'images fondant les deux parties (cf. « Le vierge, le vivace... ») ; parfois fusion de plusieurs symboles. D'où, au lieu de la cohérence des métaphores, recherche de rapports subtils, de points communs entre diverses métaphores, le symbole exprimant, suggérant, accentuant ces analogies, avec, pour résultat, la suggestion*, le mystère, l'obscurité* ou la splendeur des idées revêtues « des somptueuses simarres des analogies extérieures ».

2. Identité postulée entre les deux parties du symbole : l'objet concret représente réellement ce que voit derrière lui le poète. Le symbole est, dès lors, une apparence à déchiffrer d'une réalité plus essentielle, mais cachée. La même réalité peut s'exprimer par divers symboles, d'où recherche des correspondances* (ex. Baudelaire, Mallarmé) ;
• le poète déchiffre le symbole : ex. pour Baudelaire, les Bohémiens sont, tout comme le grillon, l'instinct, la vie naturelle ;
• le poète voyant et démiurge (ex. Rimbaud, Claudel) se sert de symboles pour recréer un monde nouveau plus vrai avec les débris de l'ancien (cf. Correspondance). Et, dans les deux cas, la forme utilisée est celle que nous analysons en 1.

3. Moyen d'expression d'un état d'âme : si l'on veut rendre un état d'âme dans sa couleur, sa musique, sa durée sans l'intellectualiser, le symbole en est un équivalent imagé et musical. Cette attitude existait en germe dans le romantisme (paysage-état d'âme), mais si les Romantiques exprimaient directement le sentiment et l'analysaient intellectuellement, les Symbolistes le transposent dans une sorte d'objet poétique, le symbole, destiné à éveiller un écho équivalent dans l'âme du lecteur (cf. Verlaine, *Art poétique*). De plus, les sentiments du romantisme* font place à des sentiments ténus, vagues, inanalysables, à une mélancolie grise (cf. Symbolisme).

SYMBOLISME

Dans un sens large, le symbolisme désigne tout emploi du symbole. Dans un sens plus strict et sur le plan littéraire, il s'agit :

• d'un courant (subissant les influences d'Hoffmann, Swedenborg, Poe, Wagner) qui regroupe les poètes de la fin du XIXe s. comme Baudelaire, Nerval, et surtout Lautréamont, Mallarmé, Verlaine, Rimbaud ;
• d'une école regroupant, vers 1880, les décadents, les vers-libristes, les instrumentistes (ex. Laforgue, Cros, Corbière, Nouveau), et les symbolistes proprement dits (ex. Kahn, Stuart Merril, Viélé-Griffin, René Ghil, Samain, Moréas).
Cet article sera consacré à ce deuxième sens.

A. Les tendances générales

1. C'est un mouvement de réaction contre :
• le positivisme, la science*, qui donnent une vue trop limitée de l'univers ;
• les Romantiques, jugés trop sentimentaux ;
• le réalisme* ;
• le Parnasse*.

2. Il cherche à saisir :
• le sens de la vie intérieure profonde (contre le Parnasse*), non intellectualisée (contre le romantisme*), du mystère* derrière les apparences, des correspondances* ;
• la poésie dans son essence, en la détachant de l'éloquence descriptive (Parnasse) ou intellectuelle (romantisme).

3. Il s'attache au symbole* : à la musique, au flou, à l'obscurité* et invente une versification nouvelle (usage du vers libre ; on voit s'effacer progressivement la distinction entre le vers et la prose rythmée).

B. Les formes particulières

1. La poésie est :
• un chant de l'âme, tout en suggestions*, dont les thèmes sont la vie immédiate, murmurée, la nostalgie du passé, la mélancolie fin de siècle, la décadence, parfois l'humour triste (ex. Laforgue) et dont la phraséologie évoque le Moyen Age, le crépuscule, la légende, le folklore, les faunes, les sirènes, les cygnes, etc. ;
• une connaissance de la surnature (beauté ou idée), par l'extase de l'art, les correspondances*, le symbole*, la musique.

2. Le poète est :
• intelligent, déchiffreur de symboles : il rend le monde des essences (Mallarmé dont le dessein est de créer avec un rien un monde fait de

mots : tendance vers le formalisme, les Symbolistes proprement dits, Claudel, Valéry) ;
• voyant : il dérègle ses sens pour accéder à la vision d'un monde neuf (ex. Rimbaud), préfigurant le surréalisme*.

C. La fortune du symbolisme

1. On a réagi contre le symbolisme au nom :
• de la couleur et de la forme (néoclassiques, école romane, Moréas, Régnier) ;
• de la vie et de la passion (ex. Gide, comtesse de Noailles) ;
• de la poésie sociale (ex. Verhaeren ; unanimisme) ou religieuse (ex. Péguy).

2. Il connaît :
• un certain échec et ne parvient pas à créer le poème total retrouvant l'idéalité suprême du monde. Il en reste : — des « débris épars » (réussites formelles ; idées de Mallarmé chamarrées de symboles ; révoltes, visions de Rimbaud) ; — une influence sur les successeurs (Claudel qui déchiffre l'univers chrétien, Valéry qui donne une forme à la pensée, aux mythes) ;
• mais aussi une influence durable : — la poésie n'est plus un discours rationnel, ni une effusion sentimentale, mais tend à exprimer ce qui est inaccessible à la science et à la connaissance claire : d'où obscurité* ; — elle devient une attitude vitale et au lieu de se contenter d'être un art pur et simple, elle aspire à la connaissance métaphysique ; — elle a son langage propre : image*, symbole*, musique.

TEMPS

A. Un élément de la narration romanesque

Il ne faut pas confondre le temps vécu et le temps romanesque, celui de la fiction. Mais dans le temps vécu lui-même, il convient de distinguer le temps mesurable, celui de la chronologie, de la montre, et le temps subjectif, perçu par la personne.

A CONSULTER : **J. Pouillon,** *Temps et roman*, 1946. **G. Genette,** *Figures III,* 1972. **H. Weinrich,** *Le Temps,* 1973.

1. Comment situer les événements dans le temps ? Il n'est pas toujours aisé de reconstituer l'ordre chronologique des faits (cf. la structure complexe de *Sylvie*), mais on peut le faire :
• d'après leur datation absolue (ex. « le 15 janvier 1932 ») ;
• d'après leur datation relative à une date ou à un événement historique (ex. « le lendemain » comme on l'annonce parfois dans un film, « le jour du coup d'Etat ») ;
• en se repérant à des signes extérieurs de l'écoulement du temps : mouvement de l'horloge (cf. le même procédé au cinéma), changement de saisons, fêtes, vacances, événements sociaux, travaux agricoles...

2. Monde commenté et monde raconté : telle est la distinction qu'opère le linguistique allemand H. Weinrich pour tout énoncé. Le « monde commenté », qui utilise le présent, le passé composé et le futur, se rencontre essentiellement dans l'essai, la poésie, le commentaire scientifique et met le lecteur en état d'éveil ; le « monde raconté », qui utilise les autres formes temporelles (imparfait, passé simple, plus-que-parfait...), est représenté par les diverses formes de récit (roman, nouvelle, conte...) dans lesquelles le passé simple sert à mettre en relief les actions les plus importantes alors que l'imparfait « décrit » les actions d'arrière-plan. Les écarts par rapport à cet usage sont significatifs : ainsi *L'Etranger* est presque entièrement au passé composé, le personnage racontant l'histoire comme s'il la commentait.

3. Les décalages entre l'ordre du discours et celui du récit apparaissent sous trois formes :
• des retours en arrière, qui peuvent « signifier une idéologie déterministe chez le romancier, la nostalgie du héros, ou appartenir à la technique du roman policier, des mémoires » (*Littérature et langage* ; ex. les nombreuses rétrospectives dans *A la Recherche du Temps perdu*) ;
• des anticipations qui « signifient soit le fatalisme du narrateur, soit l'espoir du héros, ou appartiennent à la technique du roman noir, de la prophétie, de l'utopie » ;
• les ellipses, c'est-à-dire le fait de passer sous silence un fait soit parce qu'il n'a aucune importance, soit parce qu'il en a trop (cf. les romans bâtis comme une « psychanalyse » ; cf. B. Lozerech, *L'Intérimaire*).

4. Le rythme de la narration varie en fonction du décalage entre le temps réel d'un événement dans l'histoire (schématisé par TH chez Genette) et sa longueur dans le récit (schématisé par TR). Le romancier peut en effet raconter une journée en une ligne ou en sept cents pages (cf. Joyce, *Ulysse*). Le rythme s'accélère ou ralentit selon le nombre de lignes ou de pages consacrées au même laps de temps (cf. la même observation pour le cinéma*). On distingue :
• la pause : TH, le temps de l'histoire, est nul alors que le récit s'attarde ;
• la scène : TR et TH coïncident ;
• le sommaire : TR est inférieur à TH (c'est le résumé de l'action) ;
• l'ellipse (cf. supra) où TR est nul alors que le temps de l'histoire (TH) avait une durée certaine.

5. Les jeux entre le temps de la fiction et celui de la narration : ils s'établissent suivant le type de texte, et le moment, situé précisément ou non, où le narrateur est censé raconter le récit, a son importance dans la structure et les intentions de l'œuvre (cf. *L'Ile au trésor*, dont le narrateur, Jim, cherche à faire passer l'histoire pour véridique).
On distingue particulièrement :
• le récit historique pour lequel le moment de la narration n'est pas précisé, mais supposé postérieur aux événements décrits ;
• les mémoires, souvenirs ou le journal intime pour lesquels le moment est fixé, une fois pour toutes ou au jour le jour, et plus ou moins éloigné des événements, mais toujours postérieur ;
• le monologue intérieur dans lequel temps de la fiction et temps de la narration coïncident.

B. Le temps théâtral

Dans la mesure où la représentation théâtrale dure en général entre deux et quatre heures, les contraintes de temps sont encore plus impératives que dans le roman.

1. La durée de l'action peut :
• soit se rapprocher le plus possible de la durée réelle de la représentation, ce qui justifie l'unité* de temps chez les Classiques ;
• soit être éclatée en moments choisis pour leur richesse de signification.

2. Les contraintes temporelles justifient précisément l'existence de conventions particulières au théâtre :
• le prologue ou la scène d'exposition sont dus à la difficulté de tout dire par le seul déroulement de l'action ;

• la division en actes ou épisodes permet les entractes, sortes de temps morts dans l'intervalle desquels l'auteur peut accumuler autant d'événements qu'il veut.

C. Un thème littéraire

TEXTES : **Villon,** « Ballade des dames du temps jadis » in *Le Testament*, 1461. **Ronsard,** « Mignonne, allons voir... » in *Odes,* 1553 ; « Comme on voit sur la branche... » in *Sur la mort de Marie*, 1556 ; *Sonnets pour Hélène,* 1578. **Lamartine,** « Le Lac » in *Méditations poétiques,* 1820. **Hugo,** « Tristesse d'Olympio » in *Les Rayons et les Ombres,* 1840. **Chateaubriand,** *Mémoires d'Outre-tombe,* 1849. **Baudelaire,** *Les Fleurs du Mal,* 1857. **Apollinaire,** « Le Pont Mirabeau » in *Alcools,* 1913. **Proust,** *A la Recherche du temps perdu,* 1913-1927. **Supervielle,** *Gravitations,* 1925. **Aragon,** *Le Roman inachevé,* 1956. **Modiano,** *Rue des boutiques obscures,* 1978.
A CONSULTER : **Poulet,** *Etudes sur le temps humain,* 1950. **Richard,** « Les volumes du temps » in *Paysage de Chateaubriand,* 1967.

1. Le temps est perçu comme un « obscur ennemi » (Baudelaire) dans la mesure où il est :
• toujours perdu par une fuite irrémédiable (ex. Villon, Ronsard, Lamartine, Apollinaire) ;
• destructeur : ses atteintes à l'intégrité de l'univers sont multiples (dégradation de nos sentiments, de nos passions ; dégénérescence d'un décor oublieux ; effondrement de sociétés brillantes comme Athènes ; vieillissement et mort des hommes) : « O douleur, ô douleur, le Temps mange la vie. » (Baudelaire).
De ce fait il est un des éléments déterminants de la condition humaine, dont il constitue la limite la plus insupportable.

2. Les réactions sont variées :
• se résigner et gémir ; c'est l'un des thèmes favoris du lyrisme* romantique (ex. Lamartine, Baudelaire) ;
• retrouver le passé* par le souvenir*, les mémoires (cf. Autobiographie), l'histoire*, la reconstruction de sa jeunesse* (ex. Rousseau, Chateaubriand, Proust ; la psychanalyse) ; cette attitude nostalgique peut tourner au culte passéiste ou déboucher sur une action plus positive ;

• se révolter et chercher l'éternité (cf. le mythe de Faust) ;
• nier l'écoulement irrépressible du temps en cultivant l'instant, en le « cueillant » (ex. Ronsard) ; cette attitude épicurienne (« Carpe diem ») s'oppose au thème du souvenir* et du regret, même si la mémoire affective peut restituer des instants privilégiés, tel l'épisode de la madeleine chez Proust ;
• apprivoiser le temps en se familiarisant avec la mort*, en « s'en avoisinant » (ex. Montaigne) ;
• le vaincre, essentiellement par l'art*, l'écriture (ex. Proust) qui sont les seuls moyens de le soumettre à l'ordre humain : la mort ne peut rien contre l'idée, contre la création, et le langage réduit le temps à un système cohérent, produit exclusivement par l'homme : « Quand on raconte la vie, tout change. » (Sartre).

THEATRE

A CONSULTER : **Rousseau,** *Lettre à d'Alembert sur les spectacles,* 1758. **Artaud,** *Le Théâtre et son double,* 1938. **Ionesco,** *Notes et contre-notes,* 1962. **P.-A. Touchard,** *Dionysos ; l'amateur de théâtre,* 1968. **J. Duvignaud,** *Le théâtre contemporain : culture et contre-culture,* 1975.

A. Sa nature

1. Ses éléments :

• un auteur*, appelé un dramaturge, qui doit présenter les qualités évoquées infra ;
• une pièce qui appartient à différents genres : opéra, opéra-comique, opéra-bouffe, opérette, tragédie*, tragi-comédie, drame*, mélodrame, pièce à tableaux, mystère*, comédie*, farce*, vaudeville ; mime, pantomime ; pastorale ; pièce en un acte, saynette, intermède, sketch ; revue, ballet, féerie ;
• un décor* qui contribue à créer le spectacle : celui-ci doit donner l'illusion d'une union parfaite entre le réel et l'imaginaire ;

• des acteurs* et un metteur en scène, le médiateur, qui concrétise la réalité du texte écrit (notons qu'au XXe s., le metteur en scène a tendance à prendre de plus en plus de liberté à l'égard du texte écrit ; l'autonomie et disons même l'audace des « adaptations » font frémir les puristes, mais assurent la pérennité du genre théâtral quand les dramaturges se font plus rares) ;
• un public* qui est dans une situation différente de celle des spectateurs de cinéma* ; en effet, on lui demande d'être complice de toutes les conventions qui règlent la manifestation théâtrale (cf. A 2) ; il est donc plus actif qu'au cinéma.

2. Sa spécificité : Ionesco compare une pièce de théâtre à un match. En effet :
• le théâtre, sans doute plus que tout autre genre, est un art vivant ;
• il est le lieu d'un conflit qui crée le drame, le « drama » des Grecs, c'est-à-dire l'action : ce conflit a lieu entre l'individu et la société ou met en lumière les contradictions internes de l'homme ou de la société ;
• alors que le roman* (et le film à la rigueur) nécessite une lecture individuelle, le théâtre a besoin de médiateurs (cf. supra) et d'un public pour vivre ; c'est donc un texte dialogué lié à une création collective, en dehors de laquelle il n'existe pas. Ainsi, Mauriac souligne : « Il n'y a pas de théâtre sans incarnation » ;
• c'est pourquoi Camus parle également de la « camaraderie qu'il a trouvée au théâtre et nulle part ailleurs » (*Pourquoi je fais du théâtre*) ;
• du fait qu'il est une fête collective, le théâtre a un aspect rituel qui lui confère un caractère magique (« C'est le grand avantage du théâtre sur la vie, il ne sent pas le rance » dit un personnage de *Ondine* ; ex. Artaud), à condition qu'on respecte une certaine distance (ex. Sartre) et que la manifestation théâtrale ne soit pas trop familière ;
• il y a en effet une concentration telle au théâtre qu'il peut prétendre à l'universel* : « Les sentiments de tous et de tout temps, dans des formes toujours neuves, c'est à la fois le visage de la vie et l'idéal du bon théâtre » (cf. Camus, *Manifeste de l'Equipe*) ;
• les impératifs scéniques concourent à renforcer sa spécificité : pour réaliser une pièce dynamique qui se laisse regarder sans ennui, il faut des rebondissements et une action très concentrée (cf. Optique théâtrale) ; de plus, tout doit être exprimé par les personnages, ce qui justifie les messagers et surtout les confidents* (qui compensent les analyses psychologiques des romans) ; enfin, les techniques de mise en scène viennent compléter voire supplanter le texte grâce aux effets de décor*, de costumes, du jeu des acteurs*.

3. Le théâtre et les autres genres : ils sont comparés dans chacun des articles Roman, Cinéma. Par ailleurs le théâtre admet le lyrisme* :
• issu du lyrisme choral (cf. la tragédie grecque), il en garde certains traits (cf. les mystères* du Moyen Age, les tragédies lyriques du XVIe s., les pastorales, les opéras et tragédies du XVIIe s. : *Le Cid, Polyeucte, Athalie, Esther)* ;
• il utilise le lyrisme dramatique : — comme repos ou réaction après le choc de l'action (cf. *Le Cid,* v. 985 sq. ; *Polyeucte,* v. 570 sq.) ; — comme moyen de toucher et donc de persuader sans argumenter (cf. *Andromaque,* v. 997 sq. ; *Phèdre,* v. 661, 662 ; *Hernani,* v. 978 sqq. et le théâtre de Hugo ; cf. Monologue) ; — comme vision du monde lorsque, à partir du romantisme, le drame veut non plus représenter une action, mais exprimer la totalité des rapports des êtres entre eux et avec le monde ; la sensibilité déborde le drame et exprime le héros tout entier (ex. le théâtre de Hugo ; cf. *Lorenzaccio, Fantasio* ; le dialogue lyrique de toutes les créatures et de l'univers dans le *Théâtre en liberté* de Hugo ou chez Claudel). Cependant le lyrisme risque d'entraver l'action et d'affaiblir le caractère de certains personnages.

B. Ses personnages

1. Les différents genres :
• les fantoches et les marionnettes : — par exagération, stylisation de la mimique humaine ; — par simplification, fixation dans un emploi, une réaction, un aspect de l'esprit (cf. Pierrot, Arlequin, Pantalon, pères nobles, ingénues, valets) ; la stylisation extrême les déshumanise. Ils servent surtout : — à créer des situations : farce, vaudeville, mélodrame ; — à cristalliser des sentiments sommaires : amour, haine, sympathie (cf. Guignol, Colombine, le traître) ; — à représenter des aspects secondaires de l'univers* d'un auteur : psychologiques (ex. Marivaux) ; sociaux (ex. Beaumarchais, Anouilh).
On peut renouveler l'emploi des fantoches en leur donnant un caractère ou une individualité (ex. chez Molière, passage de la farce* à la comédie de caractère ; le passage du valet de comédie à Frontin ou Figaro ; cf. Pirandello, *Six Personnages en quête d'auteur* : le drame du personnage vivant qu'on veut figer sous le masque d'un emploi) ;
• le personnage symbolique qui n'est pas déshumanisé. Mais, très simplifié, il incarne surtout un trait qui provoque une émotion ou une idée. Il est grossi pour porter l'effet au maximum. Il n'est donc ni complet, ni cohérent, mais passe la rampe dans la mesure où il éveille l'émotion

collective ou la sympathie (cf. Personnage) : — il coïncide avec une idée (cf. les raisonneurs de Molière, les personnages intelligents de la pièce à thèse, les personnages de Giraudoux) ; — c'est un personnage épique, symbole d'un temps, d'une classe, ou d'un idéal moral, social (cf. Hernani, la plupart des héros de Hugo, l'Aiglon, Flambeau, Cyrano) ; il plaît parce qu'il accomplit ce qui exalte ; — ou un personnage lyrique : l'amoureux parfait (cf. Ruy Blas, Cyrano) ; — ou l'incarnation d'une « attitude » (cf. Caractère), philosophique ou métaphysique (cf. héros de Claudel, Montherlant, Camus, Sartre) ;
• les caractères, moins stylisés, plus vivants et humains que les marionnettes, plus vraisemblables, complets, cohérents que les personnages symboliques ; ils ne sont pas toutefois très individualisés, car ils représentent un aspect général de l'homme, des traits communs à plusieurs individus, et nous n'avons pas une vision totale de leur âme (cf. personnages de Térence, de Marivaux, jeunes gens plus individualisés chez Molière, Racine ; types de mœurs fréquents dans la comédie* ou le théâtre moraliste*). Ce sont les reflets d'un univers psychologique, moral ou social ;
• les individus (cf. Hamlet, Alceste, Tartuffe, Phèdre) qui tirent leur origine d'une histoire, d'un mythe ou d'une création de l'auteur. Ils sont individualisés, vivants et ont une forte personnalité (cf. Personnage).
• le héros du mythe* est un cas particulier (cf. Mythe).

2. Leurs caractéristiques :
• ils sont moins parfaits que les héros d'épopée (cf.Boileau, *Art poétique,* III, 104), « ni tout à fait coupables ni tout à fait innocents » (Racine), sublimes et grotesques (ex. Hugo). Cela les rend plus vivants et plus vrais, et provoque des conflits dramatiques, en éveillant pitié et terreur (on notera toutefois que chez Hugo, le contraste entre grotesque et sublime est plus symbolique que dramatique, car il ne se résout pas dans une unité de décision après le conflit, tandis qu'il peut y avoir chez Corneille un héros presque parfait qui provoque le pathétique de l'admiration*) ;
• bien que, comme les personnages de roman*, ils soient plus parfaits que dans le réel, aient une unité, un destin qui a un sens, les personnages de théâtre sont plus simplifiés : on ne nous donne pas toute leur vision du monde, mais surtout leur conflit essentiel (ce qui n'empêche pas de suggérer une âme totale) ; on ne nous les peint qu'à un moment, ils ont une psychologie de crise, non de durée, s'incarnent en une action et peuvent, auparavant, rester dans l'ombre ;
• ils sont plus grossis (cf. Optique théâtrale ; cf. Harpagon et Grandet),

plus stylisés, plus typiques ; ils supportent plus difficilement une médiocrité qui ne toucherait pas le public ;
• ils sont soumis plus étroitement à la bienséance*, car le théâtre est un divertissement social et collectif ;
• ils appartiennent plus étroitement à un univers* (cf. D) ;
• le héros théâtral permet au spectateur de s'identifier à lui, car il présente certains caractères intemporels qui en font un type* : le public peut se glisser dans sa « peau » et ainsi se découvrir. Mais « parmi les personnages offerts, ni les vilains, ni les cyniques, ni les repus ne font recette » (J. Charon, *Moi, un comédien*) : le public attend de la noblesse, de la pureté, de la passion, de la tendresse.

C. Ses fonctions

1. Divertir :
• la première fonction est, en effet, étroitement liée au spectacle qu'offre le théâtre. Il s'agit avant tout de rompre les amarres avec la vie réelle, de subir des chocs émotifs ; c'est ce que voulaient Artaud, Brecht, Cocteau également, qui attendait d'être « enchanté », Pagnol, qui affirmait que le public vient au théâtre « se faire ses songes » ;
• il s'agit donc bien d'un divertissement, y compris au sens pascalien du terme : c'est cette fonction qu'illustrent surtout les féeries, le fantastique (ex. Shakespeare), la fantaisie (ex. le théâtre de Giraudoux ; cf. Comédie). « Le mot comprendre n'existe pas au théâtre », le public doit ressentir (cf. la conception des Romantiques pour qui le théâtre doit solliciter la sensibilité avant tout).

2. Offrir un miroir :
• le théâtre veut représenter la réalité la plus exacte (ex. drame* bourgeois, théâtre réaliste du XIXe s., tranches de vie), c'est-à-dire une image révélatrice du monde et de l'homme (cf. Shakespeare, *Hamlet,* III, 2). En particulier le théâtre est plus privilégié que d'autres genres pour explorer l'âme humaine (cf. la représentation des mœurs chez Molière, Lesage, Dumas, Pagnol, Jules Romains, le théâtre de caractères au XVIIe s., celui de Musset, de Montherlant qui disait : « Une pièce de théâtre ne m'intéresse que si l'action extérieure réduite à la plus grande simplicité n'est qu'un prétexte à l'exploration de l'homme .») ;
• mais le théâtre exprime aussi l'affrontement de l'homme avec son destin (cf. en particulier la tragédie*) et en offre une image révélatrice (cf. infra) ;

• cependant, ce miroir est nécessairement déformant puisque l'art est une « vérité choisie » (Vigny), d'autant plus quand il s'agit du théâtre qui obéit à des conventions*, respecte son optique*. C'est pourquoi le théâtre « n'est pas le pays du réel* », mais « le pays du vrai* » (Hugo) : même s'il n'atteint jamais la quasi parfaite illusion du cinéma*, il tend vers le vraisemblable* et représente un réel* stylisé, épuré, voire onirique. Ainsi Giraudoux soutient paradoxalement que le propre du théâtre « c'est d'être réel dans l'irréel » (*L'Impromptu de Paris*) et J.-L. Barrault suggère qu'il est « comme la vie, un songe, sans trop nous soucier du mensonge » (*Nouvelles réflexions sur le théâtre*).

3. Enseigner :
• représenter des idées dans des pièces à thèse où l'on a fait la démonstration d'une idée par l'action et l'évolution des personnages, que cette idée soit d'ordre politique (cf. le théâtre grec des origines ; certaines pièces de Corneille ou des Romantiques ; *Lorenzaccio* ; le « théâtre de situations » engagé de Sartre), ou moral (c'est la préoccupation des Classiques : « Instruire et plaire » ; cf. la conception du drame* chez Diderot ; cf. D 3) ;
• en effet le théâtre a toujours paru « un art civilisateur au premier chef dont la portée est incalculable, quand il a pour base la vérité*, pour but la morale, pour auditoire le monde entier » (Dumas) : c'est aussi l'opinion de Giraudoux, de Jouvet qui justifie ainsi cette fonction : « Condamnés à expliquer le mystère de la vie, les hommes ont inventé le théâtre. » (*Témoignage sur le théâtre*) ;
• mais cette vocation ne va pas sans écueils, notamment celui du sermon moralisateur (cf. les drames* de Diderot) ou le double emploi avec l'idéologie. Par ailleurs, la célèbre critique de Rousseau à l'égard de Molière, « qui n'a point voulu corriger les vices mais les ridicules » (*Lettre à d'Alembert*), montre toute l'ambiguïté de cette morale en action (cf. D 3). En fait, il faut que la leçon de théâtre soit « au-delà des leçons » (Ionesco), c'est-à-dire...

4. Poser des questions plutôt qu'apporter des réponses : en ce lieu privilégié de contestation globale de la société (ex. Artaud), il est plus habile et sans doute plus efficace de solliciter, d'éveiller la réflexion du public plutôt que de lui assener des solutions toutes faites : « Une œuvre vivante est celle qui surprend tout d'abord son propre auteur, qui lui échappe, qui met l'auteur et les spectateurs en déroute en quelque sorte, en contradiction avec eux-mêmes. » (Ionesco).

5. Opérer une « catharsis » :
• de l'auteur, qui exprime ses fantasmes, projette sur la scène son univers* : « C'est dans mes rêves, mes angoisses, dans les désirs obscurs, dans les contradictions que, pour ma part, je me réserve le droit de prendre cette matière théâtrale. » (Ionesco, *L'Impromptu de l'Alma*) ;
• du spectateur, qui effectue une prise de conscience et peut améliorer la maîtrise de soi, « éprouver sans cesse les limites extrêmes de sa puissance ou de sa faiblesse » (P.-A. Touchard).
Toutes ces fonctions (didactisme, critique, libération, enchantement...) ne sont pas incompatibles et se combinent pour former la richesse culturelle du théâtre.

D. Ses problèmes

1. Qu'est-ce qui est essentiel au théâtre ?
• est-ce l'intrigue (ex. tragi-comédie, comédies d'intrigue de Corneille, Molière, Beaumarchais ; drame romantique ; Dumas, Labiche, Grand Guignol, drame policier) ? Mais la psychologie risque alors d'être conventionnelle alors qu'on goûte une pleine étude des âmes dans la simplicité d'action de Molière et de Racine ; il est difficile de concilier une intrigue bien conduite avec les mouvements de l'âme (cf. les dénouements peu satisfaisants du *Cid*, du *Misanthrope,* de *Dom Juan* ; la trame lâche de *Bérénice*, du *Misanthrope,* de *Cinna,* du théâtre de Montherlant).
Il n'en reste pas moins vrai que la situation dramatique est importante pour connaître le personnage, que l'intrigue, même compliquée, est nécessaire pour bien saisir les nuances de l'âme (cf. *Nicomède, Rodogune*) ;
• est-ce le personnage ? Il jouit d'un certain prestige dû à sa « présence » sur la scène (cf. Alceste, Tartuffe, Ruy Blas, etc.), à la puissante aptitude du théâtre à créer des types*, d'où l'idée que, le personnage une fois conçu, l'intrigue est bâtie pour lui.
Mais il y a des pièces où le personnage, dans sa vie propre, n'est pas l'essentiel à cause : — de la primauté d'un système dramatique (cf. *Othello ; Hernani*) ; — la force d'un système d'idées (ex. Corneille, Diderot, Gide, Sartre) ; — l'ampleur d'un univers dramatique, du monde de l'auteur (ex. Racine, Marivaux, Claudel, Montherlant, Anouilh) ; — la rigueur d'un univers stylisé où le personnage n'est qu'un « emploi » (cf. comédie latine, farce, comédie italienne ; cf. Sganarelle, Arlequin, Colombine, etc.).
Même vivant individuellement, le personnage dramatique ne prend son

sens que dans la pièce : il ne devient type* qu'à travers l'intrigue et grâce à ses rapports avec les autres. Il n'est que cela, car, à la différence du personnage de roman, nous ne savons de lui que ce que nous dit l'action.

2. Le théâtre n'est-il qu'un langage ?

• le langage théâtral repose sur des paroles (dialogues, monologues), des silences. Obéit-il à un souci de réalisme, compte tenu de l'optique* théâtrale, ou à une stylisation poétique, compte tenu de l'intérêt mnémotechnique de la versification, de la mise en valeur poétique de la pensée par le vers (ex. Corneille), de la correspondance avec certains sentiments (lyrisme, rythme, enthousiasme, etc.), de l'univers poétique (ex. Racine, Claudel) ?
• il offre des ressources : — il est action ; au théâtre, agir, c'est parler (cf. Tragédie) ; — il suffit pour rendre présents tous les événements qu'on ne voit pas ; — il crée le décor*, réaliste ou poétique, et même le spectacle.
Il faut tenir compte aussi de la mise en scène, du jeu des acteurs, des effets scéniques (cf. Décor) et du public*.

3. Le théâtre est-il moral ?

• il est amoral, indifférent : — parce que certains genres sont trop loin de la réalité pour nous toucher (ex. mime, farce ; cf. Tragédie) ; — parce que le théâtre n'a pour but que le divertissement et meurt d'intentions moralisantes (ex. drame bourgeois de Diderot ; cf. Beaux sentiments). Mais le théâtre, en tant que spectacle, émeut et cette émotion a une valeur morale : il montre, en général, de grands conflits psychologiques et moraux qui ne peuvent nous laisser moralement indifférents, d'autant plus qu'il suscite des réactions collectives qui influent fortement sur l'individu ;
• il est immoral : — par le spectacle même : son aspect profane, mondain, la beauté et l'immoralité des acteurs (idée du XVIIe s. et en particulier des Jansénistes) ; — par sa nature : il émeut nos passions et nous pousse à les considérer comme bonnes (idée de Pascal, cf. *Pensées*) et souhaitables (ex. Bossuet).
La tragédie représente et exalte la partie déraisonnable et instable de notre âme (idée qu'avait déjà Platon), la comédie ridiculise la vertu (ex. Bossuet, Fénelon, Rousseau) et fait aimer le vice (cf. effectivement le ridicule d'Alceste, d'Orgon, la sympathie pour les rusés et les trompeurs, chez Molière). Mais l'excès de vertu n'est-il pas un vice ?
• il est moral : — pour l'individu (cf. C 3) par l'exemple de la purification des passions dans la tragédie*, par sa valeur d'avertissement qui nous

fait connaître l'homme et la vérité ; sa valeur de leçon (vice puni ou pris en horreur ; pitié pour les bons ou exaltation de la vertu, héroïsme, contact avec la grandeur ; cf. Grandeur d'âme) ; — pour l'individu et la société, d'une part à cause de la bienséance, d'autre part parce que le théâtre est une forme de vie sociale raffinée par elle-même, civilisatrice, qui calme les passions par la substitution du spectacle à l'action ; il met en contact le public avec les conflits humains les plus élevés, plus directement que le roman ou la poésie, et en marquant par la vie unanime et collective qu'il provoque.
Cette ambition morale du théâtre s'est même trouvée élargie après le Romantisme, car on a voulu peindre un homme plus complet, avec son côté de ténèbres et ses conflits avec la société, explorer l'histoire, exalter les valeurs nationales, patriotiques, sociales, humanitaires, y mêler la philosophie (ex. Giraudoux, Sartre, Camus), la religion (ex. Claudel).

4. Représentation ou trahison ? Comme nous avons vu que la mise en scène, au XXᵉ s., allait vers de plus en plus d'autonomie par rapport au texte écrit (cf. A 1), le risque grandit de trahir l'intention originelle de l'auteur. Certaines mises en scène (de Vitez, de Planchon notamment) ont provoqué de vives critiques. Cette polémique est liée à celle de toute « lecture » d'une œuvre : quand est-elle ou n'est-elle plus légitime ? Cl. Lévi-Strauss déclare : « Je ne supporte pas qu'un metteur en scène ou des acteurs traitent l'œuvre d'autrui comme la matière première de la leur. » Mais où placer la limite ?

ITRE

C'est le nom, la désignation d'un livre ou d'un chapitre, d'un article de journal, d'une pièce de théâtre, d'un film, d'une œuvre artistique, etc. Il lui appartient en propre (les titres sont déposés).

A. Ses aspects

1. Titre et incipit : en littérature, l'usage du titre ne s'est généralisé qu'au XIXᵉ s. : tant que les ouvrages ont été copiés à la main (Moyen Age), seul l'incipit, c'est-à-dire les premiers mots du texte, faisait fonction de titre (ex. « Heureux qui comme Ulysse... » pour un poème de Du Bellay).

2. Titre et sous-titre : ils appartiennent à ce qu'on appelle en linguistique le « paratexte ». Le sous-titre vient compléter, préciser, ou corriger l'information (cf. B) contenue dans le titre (cf. Voltaire, *Candide ou l'Optimisme* ; L. Goldmann, *Le Dieu caché, Etude sur la vision tragique dans les Pensées de Pascal et dans le théâtre de Racine*).

B. Ses fonctions

1. Une fonction informative : le titre précise quels sont le lieu (cf. *La Chartreuse de Parme*), l'époque (cf. *La Vie quotidienne des Aztèques à la veille de la conquête espagnole*), les personnages (cf. *Madame Bovary*), le contenu moral ou philosophique de l'œuvre (cf. *L'Education sentimentale, La Nausée*).

2. Une fonction incitative : le titre, première appréhension de l'œuvre (avec la couverture pour le livre, la bande-annonce pour le film...) par le lecteur ou le spectateur potentiel, doit le séduire, le pousser à lire, à voir le film, etc. Il établit ainsi un « contrat de lecture » et l'œuvre est censée répondre aux attentes crées par un titre « alléchant ». Cet « appétit » peut être stimulé par un titre :
- poétique (cf. *Les Fleurs du mal*) ou symbolique (cf. *La Bête humaine* ou *L'Homme mangeur de l'homme,* initialement envisagé par Zola pour cet ouvrage) ;
- humoristique ou parodique (cf. *La guerre de Troie n'aura pas lieu*) ;
- énigmatique (cf. *Le K ; S/Z*) ;
- provocateur (cf. *Les Fleurs du mal* ; *J'irai cracher sur vos tombes*).

3. Une fonction interrogative : « embrigader » ou « embrouiller » ? U. Eco, à propos du titre de son roman *Le Nom de la rose,* sans rapport avec le contenu, répondit : « Un titre doit embrouiller les idées, non les embrigader. » Il signifiait ainsi que le titre ne doit pas être univoque et imposer une idée préconçue sur l'œuvre, mais laisser ouvertes la possibilité de choix, la pluralité de « lectures », la « polyphonie ». Ainsi *Le Nom de la rose* se présente comme une énigme à « débrouiller » (cf. les romans policiers) et le titre incongru est emblématique de l'œuvre. Par ailleurs, certains titres ne sont pleinement compris qu'une fois la lecture achevée (cf. *Germinal,* dont le lecteur ne saisit toute la portée qu'à la fin du roman) ; d'autres ne font qu'ajouter à la perplexité du public, déjà désorienté par l'œuvre elle-même.
Ainsi ce sont les capacités d'interrogation, d'« interpellation » (cf. certains titres d'articles journalistiques) qui sont ici privilégiées, celles qui

donnent à la lecture, mais aussi à toute contemplation artistique, une valeur active et créatrice qui en font une « re-création ».
On pourra consulter sur cette question le livre de G. Genette, intitulé *Seuils* (paru aux éditions du Seuil en 1987).

TRAGEDIE

A. L'essence du tragique

• l'homme a besoin du tragique, car il est inhérent à sa condition mortelle ; il éprouve une fascination pour le tragique comme il en éprouve pour la mort ;
• mais il n'y a pas de tragique sans fatalité* et sans lutte désespérée contre celle-ci : « Qu'est-ce que le tragique sinon le sentiment d'une résistance obscure et insensée contre laquelle se brise la force de la liberté et de raison qui est en l'homme ? » (P.-H. Simon, *L'Homme en procès*).
C'est ce qui différencie la tragédie du drame* ; elle se caractérise donc par un effort pour isoler, rendre intelligible ce qui provoque terreur, pitié ou admiration.

B. Ses aspects

1. Les sujets :

• ils tirent leur origine de la légende, du mythe* (cf. *Phèdre*), de l'histoire religieuse (cf. *Athalie*), ancienne (cf. *Britannicus*), des pays lointains (cf. *Bajazet*) ;

• leur caractère extraordinaire est dû à l'éminence de personnages capables d'actions exceptionnelles et sanglantes mettant en jeu de grands intérêts, à la violence des événements qui souvent dépassent l'homme : fatalité des familles, raisons d'Etat, etc. ;

• ils ont cependant un rapport avec l'ordinaire et le quotidien, car : — les personnages magnifient les drames de certains hommes parfois rares (les cornéliens : ex. Polyeucte, l'homme appelé par une vocation), parfois plus fréquents (les passionnels de Racine, les amoureux) ; — les événements sont des agrandissements de ceux de la vie : faits divers (ex. crime de jalousie), débats moraux qui, d'ordinaire, ne vont pas jusqu'au sang (cf. Quotidien ; cf. *Le Cid,* fâcheries de parents séparant des amoureux) ; — donc rien d'étonnant si le même thème peut être repris dans d'autres genres que la tragédie (ex. le vieillard amoureux ; cf. *Mithridate, L'Ecole des femmes, Hernani* ; la confidence surprise ; cf. Néron, Junie, Britannicus ; Orgon, Tartuffe, Elmire ; *Mithridate,* III, 5 ; *L'Avare,* IV, 3) ; — leur vraisemblance touche le public par quelque analogie avec ce qui lui paraît réel ;

• leur originalité provient : — de l'élimination de ce qui fait rire ou sourire (ce n'est pas le cas dans le drame romantique) ; — du choix d'événements et de situations exceptionnels éveillant terreur et pitié (ou parfois admiration). Aristote distingue quatre formes de sujets : on connaît celui qu'on veut perdre et on le fait périr (cf. *Médée* de Corneille et les pièces de Racine) ; on le fait périr sans le connaître ; on voulait le faire périr et on le reconnaît à temps (genre que préfère Aristote pour son pathétique) ; on connaît le mal, on entreprend et n'achève pas (genre que préfère Corneille : *Le Cid, Cinna, Rodogune, Héraclius, Nicomède*) ; — du grossissement du vécu humain : le sérieux de la vie est remplacé par le terrible (ce qui distingue encore la tragédie du drame bourgeois), l'ordinaire est symbolisé par l'extraordinaire et le frappant ; — de l'éclaircissement des sentiments : on explique les personnages, les événements, on convertit un fait divers en fait humain.

2. L'action :

• elle se caractérise par :

— un état de crise : les passions sont données (on ne peint pas leur origine), elles sont contraintes de se déclarer et d'agir immédiatement ;
— une abstraction du réel : on supprime tout ce qui n'est pas nécessaire à la crise : comique (cf. Genre), vie ordinaire, autres passions, spectacle des actions (cf. Bienséance), couleur locale, déplacements (cf. Unité), etc. ; cela donne une impression de conversation (qui a provoqué les critiques des Romantiques au nom du réel*), mais cette conversation est action (cf. Dramatique), d'autant plus intense que rien ne vient distraire de la lutte essentielle ;
— une action intérieure : aucun événement gratuit, purement inventé, ne change les données de la crise sauf pour l'accentuer (cf. *Phèdre*), ou la dénouer selon la bienséance* (cf. *Iphigénie*). Par conséquent

l'action de la tragédie est très simple, surtout chez Racine, car les drames d'amour sont plus intérieurs que les drames politiques, comme chez Corneille, soumis à l'événement historique ;
— une impression de fatalité à la différence du drame*, aucun événement inattendu ne donne une chance d'échapper au dénouement nécessaire. A noter les aspects différents de cette fatalité* : fatalité d'action, jeu nécessaire des passions, ou fatalité supérieure (cf. Fatalité). D'où la différence des réactions devant la fatalité : on la subit contre son gré (chez Racine, dégradation d'un personnage par ailleurs éminent ; cf. Oreste, Phèdre, Athalie, etc.), la volonté lutte contre elle et est vaincue (cf. Cléopâtre dans *Rodogune*) ou triomphe (cf. *Cinna*), ou choisit et accepte un destin (cf. *Polyeucte*) ;

• elle fait appel au dramatique*, parfois au pathétique ; à la vraisemblance, mais aussi à l'extraordinaire ; aux règles* (cf. Bienséance, Genres, Unité, Vraisemblable) ; aux discours, aux monologues*, aux confidents*, au spectacle (cf. Théâtre).

3. Le personnage :
• il présente des rapports :
— avec le mythe* ou l'histoire qui le rendent extraordinaire, surhumain : par sa liberté, son impunité ; son affranchissement du réel et des circonstances communes, ce qui lui permet d'aller jusqu'au bout ; par la grandeur de ses actes ; par ses rapports avec ce qui le dépasse (hérédité, dieux, destin, nécessité historique) et qui lui confère la beauté et la grandeur de la poésie (cf. *Phèdre*) ;
— avec l'époque de l'auteur (cf. Bienséance, Vraisemblable) : ainsi la majesté royale d'Auguste, de Mithridate, d'Agamemmon est plus en rapport avec le XVIIe s. qu'avec l'histoire antique (cf. les passions du temps : politique, complots, duels chez Corneille ; les traits du Français : galant, amoureux, poli, courtois, courtisan, chez Racine) ;
— avec l'humanité ordinaire : par ses faiblesses ; parce qu'il incarne les comportements humains en les accentuant. Ainsi le personnage tragique présente une généralité de type*, non parce qu'il ressemble aux autres hommes, mais par sa vie individuelle, sa grandeur qui en font une image stylisée que l'on tient universellement pour vivante (cf. Universel) ;

• il a des traits originaux :
— il est stylisé : on ne le peint pas complètement (rien sur son physique); nous ne le voyons pas accomplir les gestes courants de la vie ;

il est dégagé des contraintes sociales ; il est plus grand que nature ; on ne nous décrit pas toute sa conception du monde, il est souvent ramené à une passion dominante, et on ne nous parle que d'elle ; nous ne le voyons que pendant un temps donné ;
— il est singulier, unique : par la particularisation du mythe ou de l'histoire (âge, condition, caractère, hérédité, aventure, etc.) ; par la particularisation de sa passion, en rapport avec certains traits de caractère* ou de mœurs* (cf. Jalousie) ; par le caractère unique de son passé qu'on suggère sans le décrire ;
— mais il nous est compréhensible : on nous explique ses mobiles, le fait divers devient un fait humain ; il est lucide, conscient, parfois d'une clairvoyance surhumaine qui accroît sa stylisation.

4. Le langage :

• il présente des rapports avec le réel : — certes il s'oppose au réalisme en supprimant de la conversation tout ce qui n'est pas dramatiquement nécessaire ; en transposant dans l'ordre et la poésie le désordre des mouvements passionnés ; en suivant la bienséance* ; parce qu'il est en vers ; — toutefois, il ne néglige pas les cris réalistes (cf. « Qui te l'a dit ? », etc.) ; il correspond au réalisme* psychologique ;

• il a pour fonction de créer l'action*, de respecter la bienséance* (il remplace le spectacle et la vision du passé) ; d'ordonner et transposer poétiquement le réel.
Mais la tragédie du XVIIe s. demande au langage des effets particuliers : — élégance, pureté, noblesse, pompe et même spectacle ; — beauté, poésie, grandeur : prestiges de l'éloquence (ex. Corneille), poésie du passé (ex. Corneille, Racine), merveilleux, féerie (ex. Racine), univers* poétique en rapport avec les personnages.

C. Sa finalité

Outre les fonctions générales du théâtre*, la tragédie vise plus particulièrement à :

1. Des fins esthétiques :
• plaire, en particulier par : la conformité à l'art, l'ordonnance esthétique, l'intérêt de l'action, des personnages, le langage (cf. supra), la féerie, le rêve, la poésie, etc. ;

• toucher par : la terreur, la pitié, l'admiration (ex. Corneille), en rendant ces passions non pas violentes, mais agréables (cf. Boileau, *Art poétique*, III, début).

2. Des fins morales :
• elle permet la « catharsis » : on est fictivement, au théâtre, ce qu'on ne sera pas dans la vie ; ou selon Boileau (cf. *Art poétique*, III, début), en se passionnant pour les malheurs de héros fictifs, on oublie ses raisons personnelles de tristesse ;

• elle donne une leçon de grandeur* : le héros tragique se bat pour que le monde soit meilleur ; s'il échoue (et il échoue toujours, puisque c'est une tragédie) les hommes auront néanmoins plus de courage et de sérénité (cf. Absurde). Il est une preuve que « le fatal n'est pas fatal ou ne le restera pas toujours » ;

• elle contribue à la valeur culturelle d'un art civilisé : elle forme l'esprit, crée un univers intellectuel, dépouillé du contingent, du vulgaire, paré de la poésie*.

D. Contre la tragédie

1. Des critiques morales : elle est trop loin de nous pour nous toucher (ex. Diderot, Rousseau, Beaumarchais) ; ou trop dans l'anecdote, pas assez en rapport avec nos drames intérieurs quotidiens ; d'ailleurs la pitié que nous éprouvons pour le personnage est passagère et vaine, et ne dure pas plus longtemps que l'illusion. « La tragédie ne mène qu'à une pitié stérile qui se repaît de quelques larmes et n'a jamais produit un acte d'humanité. » (Rousseau, *Lettre à d'Alembert sur les spectacles*).

2. Des critiques esthétiques :
• elle est trop stylisée et ne rend pas le réel, surtout à cause de : — l'invraisemblance des unités* de temps et de lieu ; — l'absence d'action sur la scène, de l'abondance des discours, des monologues*, des confidents* ; — la stylisation qui rend trop généraux et irréels des personnages éloignés de nos problèmes habituels, réduits à des passions abstraites, sans dimension historique, soumis à la bienséance* ; — la séparation artificielle des genres ; — l'absence de spectacle, de couleur* locale, de vérité de la vie ; — un style pompeux, artificiel, uniforme ;
• on explique ces critiques qui sont surtout le fait des Romantiques, et les raisons exposées par les Classiques, si on relève que les buts de la stylisation classique s'opposent à ceux de la stylisation romantique :

la vérité classique contre le réel* romantique, la psychologie de la tragédie classique contre l'art épique et symbolique du drame* romantique. On remarquera que les Romantiques ont conservé de la tragédie les monologues, les discours et souvent la poésie.

TRAVAIL (DE L'ECRIVAIN)

Cette notion s'allie à celle d'inspiration* pour permettre la création de l'artiste et, en particulier, celle de l'écrivain, mais s'y oppose également car elle implique l'idée d'un effort et non d'une création spontanée. Cet article traitera essentiellement du travail de l'écrivain, comme l'indique le titre, et non de tout travail artistique.

A. Sa pratique :

1. Il consiste à :

• s'informer par : — la lecture (étude des chefs*-d'œuvre, des modèles ; (cf. Etranger, Imitation) ; — l'observation de la vie, de soi-même ; — l'expérience*, la documentation (cf. Naturalisme, Réalisme) ; — la connaissance des genres*, des règles*, des ressources du langage (cf. Langue), de la versification* ;

• fournir un effort en s'astreignant à des exercices pour apprendre à écrire (cf. Imitation ; cf. Queneau, *Exercices de style*) ; en s'imposant des choix ; en respectant et utilisant les contraintes* (fussent-elles celles de l'écriture automatique comme chez les Surréalistes) afin d'atteindre le but visé, la justesse de la pensée, de l'expression, la beauté* (cf. B) ;

• réfléchir sur son art et se perfectionner en consultant d'autres écrits ; en montrant une certaine attention aux critiques (cf. Boileau, *Art poétique,* IV) ; en fréquentant les colloques (cf. « L'intervention à Royaumont » in *Essais sur le roman* de M. Butor) ; en remaniant, corrigeant, châtiant et « passant au gueuloir » son texte (ex. Flaubert).

2. Des exemples d'auteurs pour qui l'écriture est un effort : Malherbe, les Classiques, Chénier, Hugo, Vigny, Gautier, Balzac, Baudelaire, Mallarmé, Flaubert, Zola, Valéry, Gide, Martin du Gard, et des auteurs contemporains qui travaillent la matière de leur création ou « pétrissent » leur texte jusqu'à ce qu'il leur donne satisfaction.

B. Sa valeur

• le souci de la perfection du style* est surtout devenu problématique depuis Flaubert et Mallarmé. Pour Balzac, la littérature était un métier que l'on apprenait et que l'on exerçait. Mais, à la fin du XIXe s., comme l'écriture semble vouée à dire l'absolu des choses, elle devient une source intarissable de difficultés (F. Scott Fitzgerald a écrit une de ses plus célèbres nouvelles, *La Fêlure,* sur le thème de l'impossibilité d'écrire), une urgence et même une impossibilité qui mène presque au silence (cf. les « silences » de Flaubert comme signes suprêmes de sa modernité ; cf. l'article de G. Genette in *Figures I*) ;
• le remède est alors ce travail, cet effort pour atteindre une perfection plastique et sonore qui peut sembler académique, mais qui est la « récompense » de l'écrivain, sa justification. Ainsi Kafka peut dire : « Dieu ne veut pas que j'écrive, mais je sais que je dois écrire. » Le travail, le style sont la preuve inaliénable de cette « vocation interdite » qu'est l'écriture (cf. la correspondance de Flaubert). Ainsi la « valeur-travail » tend-elle à remplacer la « valeur-génie » (cf. Barthes, *Le Degré zéro de l'écriture*).

TRISTESSE

Elle naît : d'une souffrance* morale allant de l'inquiétude à l'angoisse* (cf. Mal du siècle) ; de chagrins ; d'un pessimisme intellectuel devant la vie (cf. Désespoir, Angoisse, Absurde ; dégoût du monde moderne chez les Réalistes et les Naturalistes) ; d'une humeur (cf. Alceste).

A. Attitudes devant la tristesse

On peut :
• la combattre comme un mal, la dominer en retrouvant l'équilibre, un art* de vivre (ex. Rabelais, Montaigne et le stoïcisme, Molière) ;
• l'exprimer : sous la forme d'un jugement pessimiste sur l'homme (cf. Homme ; tristesse foncière de Molière), pour s'en libérer (ex. tristesse lyrique des amoureux) ;
• en faire une source d'inspiration (cf. la tragédie* donnant du plaisir grâce à sa tristesse majestueuse) ;
• la cultiver.

B. Son intérêt

1. Ses ressources sont surtout évoquées par les Romantiques :
• elle enrichit l'esprit et le cœur en liaison avec l'inspiration de la souffrance*, de la solitude*, de l'inquiétude (cf. Angoisse), du désespoir*, du mal* du siècle et particulièrement de la mélancolie* ;
• elle a une valeur créatrice (cf. Lyrisme ; cf. *Tristesse d'Olympio*) ;
• elle se transforme en mélancolie voluptueuse chez les décadents et les Symbolistes ;
• le personnage triste est intéressant, car il porte en lui mystère*, fatalité* (cf. *Hernani ; El Desdichado*), supériorité, grandeur, caractère unique (cf. *Moïse*), et il attire sympathie et pitié.

2. Son principal danger : c'est une attitude stérile, une pose, un procédé facile pour nous intéresser à des personnages. Mais elle réclame cependant une part active de notre sensibilité, car la tristesse sans beauté a-t-elle une valeur artistique ?

YPE

On appelle type tout personnage reconnu comme représentatif d'une classe d'êtres.

A. Variétés de types

1. Les mythes* : sauf quand ils sont précisément issus de personnages de romans, de contes, de pièces de théâtre, ils préexistent à la création littéraire (cf. Andromaque, Roland, Tristan et Yseult, Iphigénie, Phèdre, Don Juan).

2. Les types proprements dits : créés par l'art, entièrement ou partiellement (personnages historiques : cf. Néron), ils apparaissent comme :
• des références connues des gens « cultivés » (cf. Gargantua, Arnolphe, Chrysale, Alceste, Onuphre et les caractères de La Bruyère, Gil Blas, Turcaret, René, Hernani, Ruy Blas, Grandet, Goriot, Rastignac, Vautrin, Chatterton, Emma Bovary, Homais, Charlus, etc.) ;

• ou des personnages populaires vivant presque indépendamment de l'œuvre à laquelle ils appartiennent (cf. Renard, Pathelin, Panurge, Tartuffe, Figaro, Manon, Carmen, d'Artagnan, Mimi Pinson, Gavroche, Tartarin, Cyrano, Joseph Prud'homme, etc.).
Le même phénomène s'observe pour les héros de films (cf. Cinéma) tels que Charlot, Zorro, Joss Randall, Indiana Jones, E.T., ...

B. Formation du type

Cela se produit :

1. Par accumulation : un seul personnage possède tous les traits communs aux individus de son espèce (ex. les types des moralistes comme les caractères de La Bruyère, Onuphre, Ménalque, etc.). Mais il risque de devenir un personnage trop abstrait, invraisemblable.

2. Par grossissement : certains traits spécifiques accentués font du type un exemplaire frappant. Il s'agit de traits :
• sociaux (cf. Poiret ; Cathos et Magdelon ; Brid'oison ; Javert ; Homais ; les personnages de Zola) ;
• moraux (cf. les personnages de comédie* : l'avare, l'étourdi, etc. ; cf. les personnages du *Roman comique* dont le nom annonce le caractère).
Ces personnages sont moins individualisés dans le conte* et dans la comédie* que dans la nouvelle* ou le roman* (cf. Personnage).

3. Par symbolisation : le type est alors moins un caractère* que l'incarnation d'une idée, d'une attitude, d'une condition, d'une relation ou d'une de nos aspirations (cf. Candide, Zadig, Hernani, Ruy Blas). On risque d'en faire un personnage à thèse, non vivant (ex. dans le drame* bourgeois). Ce type se rencontre fréquemment dans l'épopée*, le conte*, parfois au théâtre*, paré des prestiges de la poésie lyrique et épique, ou dans le roman*. Il s'impose à nous par sa puissance affective ou sa richesse d'idées (cf. Personnage).

4. Par la vie : le héros est individualisé et vivant (cf. Personnage). Il vit une vie propre et ne rappelle que par quelques traits une certaine catégorie d'hommes. C'est un type fréquent dans le roman, la nouvelle, la tragédie, parfois le drame ou la comédie de Molière (cf. Tartuffe, Alceste). Ce personnage individuel devient un type non parce qu'il est comme tout le monde ou comme beaucoup d'hommes de son espèce, mais parce que bien qu'il soit souvent au contraire très singulier, il est universellement accepté, universellement tenu pour vivant (cf. Universel).

C. Caractères généraux du type

1. Des traits contingents et particularisés : rien n'empêche le type d'être étroitement rattaché à son temps (ex. les types de Molière, de Balzac ; cf. aussi Pathelin, Figaro, Hernani, incarnations de leur temps) ; d'être individuel, particularisé et même fort singulier (cf. Hamlet, Othello, Tartuffe).

2. Une vie éternelle et universelle : il se détache de ses traits contingents :
• par son caractère frappant dû : à la simplification (répétition d'un trait parfois renforcé par contraste ; cf. les personnages de Hugo) ; à une vie supérieure ; à l'unité de caractère autour d'une passion dominante ou de la volonté (ex. Corneille) ; à un destin qui prend un sens (cf. B 4) ; sur ce point, le théâtre*, plus stylisé que le roman*, lui est supérieur ;
• par sa puissance émotive due : à la force de la vérité, de la présence (cf. B 4) ; à une force comique (cf. B 1, 2, 4) ; à une passion éveillée en nous ; à la cristallisation de notre sentimentalité (cf. Cyrano), de nos aspirations, de nos admirations (cf. Hernani), de notre affection (cf. Gavroche), de nos énergies (cf. Ulysse, Figaro), de nos aversions (cf. Tartuffe, Hulot) ;
• par une marge d'ambiguité qui laisse place à l'enrichissement : — parce que sa simplicité même le rend intemporel et donne une image à laquelle nous pouvons rapporter des traits de notre temps (ex. Manon ; cf. Mythe) ; — parce que sa complexité permet diverses interprétations, un apport de la postérité qui constitue la vie des chefs*-d'œuvre (ex. Phèdre, Alceste, les héros de Stendhal ; cf. ici encore supériorité du théâtre, par sa stylisation, sur le roman). Les types formés par accumulation ou grossissement (cf. B 1, 2) produisent rarement des effets de ce genre car ils sont trop précis et délimités : peu de types, tirés des romans réalistes et des romans psychologiques expliquent tout.

UNITE

A. Les trois unités

1. Il s'agit des règles* qui gouvernent, dans une pièce de théâtre :
— l'action*, le temps (durée de l'action, de vingt-quatre à trois heures) ;

— le lieu (comme conséquence de l'unité de temps) : une ville, un palais, une seule pièce.

2. Pour les unités : appliquées par les tragiques du XVIe s., uniquement parce qu'ils imitaient les Anciens, puis formulées comme une règle par les théoriciens vers 1628-1630, elles ont été reprises à partir de 1630 (Mairet, *Silvanire*), puis par Corneille ; les trois unités s'imposent à la tragédie et à la comédie, jusque-là irrégulières, et deviennent de plus en plus strictes ;
• le drame* bourgeois du XVIIIe s. les respecte ;
• elles ont le même fondement que les règles* mais on peut préciser qu'elles observent davantage l'exacte vraisemblance qui exige la coïncidence du temps et du lieu de ce qui est représenté avec le lieu et le temps de la représentation (cf. D'Aubignac, *Pratique du Théâtre*, 1657). C'est un des moyens d'apporter l'unité intellectuelle et la concentration à l'œuvre dramatique et d'arriver à l'universalité : le problème du temps et du lieu ne se pose pas, le drame se déroule à l'état pur, sans autre durée que la sienne, libéré des circonstances concrètes du réel.

3. Contre les unités : essentiellement les Romantiques, qui conçoivent le drame* comme illustration de ce refus (cf. Hugo, Préface de *Cromwell* ; Vigny, *Lettre à Lord**** ; Stendhal, *Racine et Shakespeare*) ;
• ils maintiennent l'unité d'action* élargie à l'unité d'intérêt ;
• mais ils critiquent l'unité de temps et de lieu : — en général, au nom de la liberté* et donc de l'opposition aux règles*, et en particulier au nom de ce que les Romantiques appellent vraisemblance et qu'on devrait appeler plutôt réel. Comment tout peut-il avoir lieu « dans l'antichambre ou dans le carrefour » ? Il y a des choses trop caractéristiques, trop intimes, trop locales pour y trouver place. En effet, pour les Romantiques, le vraisemblable*, c'est ce qui paraît réel, et non ce qui paraît intellectuellement possible. Aussi les unités de temps et de lieu doivent-elles faire place : au réel, c'est-à-dire au spectacle ; à la diversité des aspects de la réalité : lieux, moments, tableaux sociaux, politiques, etc. ; à l'évolution des caractères dans le temps et non plus aux passions en crise ;
• ne pas oublier toutefois *Chatterton,* dans lequel Vigny respecte intégralement les unités.

B. Le réel et l'unité dans l'œuvre d'art

La problématique tourne autour de deux conceptions différentes : l'art a-t-il pour mission de donner une unité au réel* ou doit-il restituer toute sa diversité ?

1. Donner une unité au réel : c'est la conception classique qui s'applique à la vision de l'homme* et à l'art (cf. Classicisme, Réel). Mais on la retrouve à travers toute notre littérature (cf. Romantisme, Réalisme).

2. Restituer toute la diversité du réel : c'est la tendance du romantisme à sentir et à rendre la diversité du réel*, mais avec des limites. Elle est encore plus nette dans le réalisme* et le naturalisme*.
Les influences qui ont poussé la littérature à coïncider avec le réel sont celles de l'histoire, facteur d'une nouveauté irréductible ; de la biologie, pour laquelle le vivant est une nouveauté de tous les instants ; de la psychologie (ex. Bergson) qui fait la même remarque en ce qui concerne le courant de notre conscience.
Cela donne naissance à des œuvres qui, au lieu de chercher des traits constants et universels (cf. Moraliste), veulent coïncider avec la diversité toujours renouvelée de l'évolution physiologique (ex. Zola) ou de la durée psychologique (ex. Proust, Joyce, Faulkner, Lowry). Pourtant ces écrivains croient à des lois scientifiques, qui ramènent la diversité du réel à des principes généraux, artistiques, qui sont nécessaires à la clarté et à la force du récit (cf. Règle).

UNIVERS

Il s'agit d'étudier, sous cette notion, aussi bien la vision de l'univers, du monde humain qu'ont les écrivains et la place qu'ils y accordent à l'homme (cf. A) que la façon dont ils créent à travers leur œuvre leur propre univers (cf. B).

A. La vision de l'univers

TEXTES : **Pascal,** *Pensées,* XV (« Disproportion de l'homme : les deux infinis »), 1670 . **Fontenelle,** *Entretien sur la pluralité des mondes,* 1686. **Voltaire,** *Micromégas,* 1752. **Hugo,** *Les Contemplations,* 1856. **Valéry,** *Charmes,* 1922. **Supervielle,** *Gravitations,* 1925. **Tournier,** *Vendredi ou les Limbes du Pacifique,* 1967.

1. Comment est fait l'univers ? (cf. Homme, Nature, Société)
— a-t-il été créé par Dieu ou résulte-t-il d'une évolution de la nature (cf. Matérialisme, Religion) ?

— est-il libre ou obéit-il à des lois fixées par avance (cf. Déterminisme, Liberté) ?
— est-il mouvant et complexe (c'est la position du XVIe s. qui voit dans la littérature l'occasion prodigieuse de l'appréhender par le jeu de l'expérience individuelle) ou est-il unifié (position du XVIIe s. classique) ?
— est-il harmonie (ex. le « cosmos ») et faut-il se plier à ses règles ; ou désordre, et alors tout devient possible (cf. Libre pensée) ?
— quelle y est la place de l'homme ? Est-il le microcosme à l'image du macrocosme (c'est la conception de Rabelais et des Humanistes) de sorte que, placé en son centre, il peut l'observer, l'étudier, le maîtriser (cf. Pic de la Mirandole, *De la dignité de l'homme*), ou est-il perdu dans un univers absurde ?

2. Les réactions de l'homme face à lui se partagent entre :
— la contemplation (ex. Hugo) ;
— le désir de le connaître (cf. Connaissance, Expérience) ;
— l'effroi devant son immensité qui semble écraser l'homme (ex. Pascal), mais aussi l'exaltation de le déchiffrer ;
— l'admiration devant son harmonie ou sa magnificence, qui en fait une source d'inspiration (cf. les poètes, en particulier Valéry, Supervielle, Saint-John Perse) ;
— le désir de le dominer, pour éventuellement le réformer : volonté* de puissance, esprit de conquête (cf. le Robinson de Tournier, les personnages de Conrad, de Malraux, d'Hemingway ; cf. Nature, Progrès).

B. La création d'un univers

1. Qu'est-ce que l'univers d'un écrivain ? L'univers dramatique, romanesque, poétique d'un écrivain est-il une vision ou une déformation du monde réel, la vision du surréel, du surnaturel, la création d'un monde imaginaire (féerie*, fantaisie*, fantastique*) ? Il se manifeste : — par le choix de certains sujets révélant des préoccupations dominantes (ex. la volonté chez Corneille, la fatalité chez Racine, l'argent chez Balzac) ; — par la création de certains personnages* qui se ressemblent (ex. le personnage épique chez Hugo, le personnage balzacien, stendhalien) ; — par une certaine constance dans les rapports entre ces personnages (ex. : la volonté de puissance chez Balzac, la cruauté, la jalousie chez Racine) ; — par une certaine attitude personnelle de l'écrivain devant la vie (ex. Baudelaire) ; — par une certaine conception du monde et de l'homme (ex. la gloire chez Corneille) ; — par l'obsession de certains rythmes, de certains spectacles, ou de certaines images (ex. chez Corneille, jeunesse, action, rythme volontaire ; chez Racine, légende, féerie, fatalité lourde, mystérieuse ; chez Hugo, antithèse, aspect énorme, sombre, merveilleux des choses, visions épiques ou surnaturelles ; chez Baudelaire, eau, marbre, métaux, reflets, regret du passé, du paradis perdu ; chez Mallarmé, transparences, glaciers, purs bijoux, hantise de l'azur, des miroirs, de la stérilité ; chez Valéry, eaux, fontaines, palmes, cyprès, colonnes, nature méridionale, etc.). C'est à partir du repérage de ces thèmes récurrents chez les écrivains que s'est construite la critique* thématique, en particulier les ouvrages de G. Durand, *Les Structures anthropologiques de l'imaginaire,* et de Ch. Mauron, *Des métaphores obsédantes au mythe personnel.*

2. La puissance de création de cet univers : c'est un élément de l'originalité (cf. Imitation), du génie*, du chef-d'œuvre* et elle constitue le but de l'art*. Si ces qualités atteignent un point optimal, l'univers d'un écrivain particulier devient universel*.

UNIVERSEL

Cette notion équivoque demande qu'on la précise, car il peut sembler qu'un écrivain universel est celui dont l'œuvre contient toutes les idées, tous les sentiments et toutes les formes d'art (comme l'on dit d'une encyclopédie, d'un dictionnaire, qu'ils sont universels). Seraient donc universels des écrivains qui, comme Hugo ou Voltaire, ont parfaitement reflété le monde de leur temps : en cultivant tous les genres, en touchant à toutes les idées, en embrassant tous les problèmes, en exprimant tous les sentiments.

Mais universel a un autre sens et qualifie un écrivain capable de toucher tous les hommes et d'être tenu pour vrai en tout temps et en tout lieu. De nombreux écrivains dits universels (dans ce sens) n'ont pas une œuvre aussi ample et complète que celle de Hugo (ex. Baudelaire, Cervantes, Dante). On peut en conclure que, si l'aspect encyclopédique de l'œuvre est peut-être un atout pour toucher tous les hommes, cela ne suffit pas. Et la question qui se pose est celle-ci : comment un écrivain, ou ses personnages*, ou ses sentiments, ou son univers*, si particuliers qu'ils soient, peuvent-ils parvenir à être vrais pour les hommes de tous les temps et de tous les pays, et à les émouvoir ?

A. Est-ce par une certaine généralité ?

C'est la conception des Classiques.

1. **Ses fondements :** cette opinion se justifie par la conviction que :
• au-delà des différences individuelles, il y a une nature humaine générale et commune ;
• et aussi, au-delà des accidents particuliers, une vérité générale accessible à tous les hommes (cf. Homme) ;
• il y a, enfin, une beauté*, une perfection absolues, sensibles à tous les hommes.

2. **Ses moyens :** l'universel s'atteint grâce à un art :
• qui préfère le vrai au réel, tout en demeurant réaliste* (cf. Réel) ;
• qui, par une certaine stylisation (cf. Classicisme), cherche à atteindre les lois générales de l'esprit, à échapper à l'individuel, au moi*, au physique, à la diversité des apparences matérielles ;
• qui essaie de fonder la beauté sur un type accessible à tous par la raison*, les règles*, la clarté*.

3. **Cependant quelques restrictions s'imposent :** à prendre cette position, on risque de tomber dans l'abstraction... Les Classiques français semblent y avoir échappé parce que leurs types* sont individuels, vivants et bien de leur temps, mais en fait, quand on examine attentivement les raisons du succès universel des Classiques français, et quand on tient compte du fait que des génies étrangers (ex. Shakespeare) doivent leur universalité à des qualités fort différentes, il convient de supposer que l'universalité est due plutôt à une spécificité assez particulière de l'univers que les écrivains proposent.

B. Est-ce par l'individualité, la force du réel ?

A condition qu'on perçoive, au-delà de l'individuel, une certaine généralité ? C'est la conception des Romantiques, et aussi des Réalistes et Naturalistes.

1. **Ses fondements reposent :**
• pour les Romantiques, sur l'idée qu'il y a une nature humaine générale et commune (cf. Moi), et donc une vérité générale, mais celle-ci est plus frappante lorsqu'elle est présentée à sa source même, liée au réel ; il n'y a pas toutefois de beauté absolue, chaque génie crée librement sa forme (cf. Romantisme) ;
• pour les Réalistes et Naturalistes, les raisons sont sensiblement les

mêmes : ils prétendent, tout en exposant le réel dans sa diversité, atteindre une certaine généralité : — par l'objectivité de leur vision et de leur peinture qui a quelque chose de scientifique et peut, de ce fait, être vérifiée par tous les hommes comme c'est le cas pour les observations scientifiques ; — par les lois scientifiques qu'ils veulent dégager de l'étude des faits particuliers.

2. Ses moyens passent alors par :
• un art qui préfère le réel au vrai (cf. Réel) ;
• mais qui pense que chaque parcelle du réel contient quelque chose qui peut frapper tous les hommes, soit par l'intellectualisation, le caractéristique*, le symbole*, soit par la généralisation ou même l'abstraction (cf. Moi, Sincérité ; la façon dont Lamartine, Hugo généralisent leur expérience personnelle) ;
• un art qui préfère au général le total, l'intégral, le complet (cf. Romantisme) ;
• et qui cherche à atteindre tous les publics : art populaire dans le cadre de la nation ; art humanitaire au-dessus des nations ; d'où l'idée que le génie est sans frontières, que le poète est le mage d'une humanité totale.

3. Quelques restrictions surgissent aussi : le danger d'abstraction est le même : pour le Romantisme, le symbole n'est pas vivant ; pour le réalisme, cf. Idéalisme.
Et la même interrogation revient sur la particularité de leur univers (cf. A 3).

C. Est-ce par la force du réel considéré comme irréductiblement particulier ?

Bergson (cf. *Le Rire,* III) considère que l'on identifie une vérité universelle, alors qu'elle est illustrée par des personnages très singuliers (cf. Hamlet) « à l'effort même qu'il nous amène à faire pour nous voir sincèrement à notre tour. La sincérité est communicative [...] La vérité porte donc en elle une puissance de conviction, de conversion même, qui est la marque à laquelle elle se reconnaît. [...] L'universalité est donc ici dans l'effet produit et non dans la cause. »

1. L'œuvre d'art ne serait donc pas universelle : elle exprime une généralité préétablie, mais crée cette généralité a posteriori par sa puissance même :
• en faisant vivre des types* : ceux-ci ne nous ressemblent pas à

l'avance, mais ils s'imposent à nous par leur vie et nous éclairent en nous faisant reconnaître en eux quelque chose de nous ; par exemple Hamlet, Don Quichotte, Alceste, Goriot sont très individuels, très nationaux, mais ils sont si vivants qu'ils nous obligent à nous demander ce qu'ils nous apprennent sur nous-mêmes ;
• en créant un univers inconnu de nous auparavant, qui nous devient nécessaire par la force de l'art : par exemple les univers de Racine, de Balzac, de Dostoïevski, de Proust, n'existaient pas avant eux, mais, après eux, ils s'imposent à nous, nous les croyons possibles ; leurs auteurs nous ont appris à voir les choses avec leurs yeux. L'universalité n'exclut donc pas la diversité : il ne s'agit pas de découvrir la seule et unique façon de voir le monde, mais les multiples façons, chacune irréductiblement unique.

2. Est universelle l'œuvre qui donne à tous les hommes des sens nouveaux :
• aussi l'universalité suppose-t-elle la communion : l'œuvre universelle n'uniformise pas les hommes, mais les oblige universellement à se poser des problèmes et à communier dans cette inquiétude : par exemple Montaigne, Voltaire, Hugo n'ont pas dit ce que tout le monde pense, mais, par la force de leur conviction, ils ont forcé tous les hommes à prendre position à leur égard ;
• enfin l'universalité n'est pas immédiate (ce qui serait le cas, si elle se bornait à découvrir une généralité préexistante) : elle s'impose par la culture, par l'effort pour s'assimiler à l'écrivain ; ni définitive : elle varie suivant les époques, car ce n'est pas une forme donnée pour toujours, mais une occasion pour chaque époque de se découvrir (cf. Chef-d'œuvre).

VERITE

A. Qu'appelle-t-on vérité ?

Un principe certain, sur lequel on est d'accord, qu'on ne met pas en doute.

1. Parce qu'il s'agit d'une révélation : tel est le cas des vérités religieuses fondées sur la révélation de Dieu, les livres saints, les Pères de l'Eglise, l'infaillibilité du pape, les conciles.

2. Parce qu'il s'agit d'un fait positif : notre raison peut en constater l'existence et les qualités, et elle le dit véritable ; cela concerne :

• les axiomes, ou lois, ou faits établis par la science*, par déduction, induction, analogie, méthode expérimentale ;
• les faits historiques (cf. Histoire) ;
• les événements constatés et établis par l'expérience*, l'observation collectives ou individuelles ;
• les conclusions de la raison* par déduction logique, par esprit de finesse, jugement, analyse.

3. Parce qu'on éprouve une certitude intérieure subjective : elle est le résultat :
• d'une intuition : — au sens cartésien : connaissance claire, distincte, immédiate d'un fait évident sans le secours du raisonnement (ex. le sentiment d'exister en tant qu'être pensant) ; — connaissance directe et immédiate : d'une sensation, ou d'un fait intérieur à notre conscience, ou de ce qui est transcendant (cf. Mysticisme) ; — au sens de Bergson : « espèce de sympathie intellectuelle par laquelle on se transpose à l'intérieur d'un objet pour coïncider avec ce qu'il a d'unique, d'inexprimable » ; — en général : sorte de divination des faits et des rapports abstraits (ex. en sciences : intuition de l'idée vraie ; dans la vie : pressentiment) ;
• d'une expérience interne : joie, espoir, bonheur, impression d'exister, qui entraîne la certitude à l'égard de ce qui paraît essentiel, réel (cf. Musset : « Rien n'est vrai que le beau. »)

4. Parce que la majorité des hommes admet le bien-fondé de l'affirmation : il s'agit alors, à proprement parler, d'un consensus, d'une habitude de pensée, qui ne donnent en fait aucune garantie de légitimité ; c'est ce qui fait dire à Pascal : « Vérité en deçà des Pyrénées, erreur au-delà ».

B. Relativité de la vérité

1. Les obstacles qu'elle rencontre sont à la fois :
• généraux : les forces telles que fanatisme, préjugé, égoïsme, intérêt, despotisme, violence, etc. ;
• spécifiques aux différents types de vérités, car ils s'opposent : — à la vérité révélée (cf. A 1) : la diversité des religions et de leurs révélations ; — à la vérité des faits positifs (cf. A 2) : les limites de la raison* et de la science* ; — à la certitude intérieure (cf. A 3) : la chimère*, l'impossibilité de vérifier ; les passions ; l'intérêt ; la difficulté de la connaissance* de soi ; l'influence des opinions communes qui fausse la sincérité de l'individu ; — à la vérité de consensus : la relativité du

moment, du lieu, du milieu*, de la nation, des passions collectives, du degré de culture, de la tradition, du goût, des préjugés, de la propagande, etc.

2. Peut-on arriver à la vérité ?

- les sceptiques et les pyrrhoniens la récusent ;
- le doute* et l'esprit* critique qu'il faut cultiver la remettent sans cesse en cause, mais ils préservent de l'erreur ;
- on ne peut pas ramener toutes les vérités au fait positif (cf. A 2), mais on peut rapprocher divers critères de la vérité : par exemple l'intuition de l'artiste (cf. A 3) vérifiée par l'adhésion du public (cf. A 4) ; l'intuition du savant (cf. A 3) vérifiée par la science (cf. A 2) ;
- enfin, il faut tenir compte du rôle du temps pour établir la vérité : il libère du despotisme, des passions, de l'intérêt, etc., augmente l'information, permet une collaboration des hommes chez qui le désir de savoir devient libre et désintéressé ; il soumet ce qu'on croit à l'épreuve de la durée, de l'expérience.

C. Attitudes devant la vérité

1. Elle est exigeante et dérangeante :

- elle heurte nos passions, notre intérêt ; notre orgueil, quand nous sommes convaincus d'erreur ; nos préjugés ;
- elle déçoit nos illusions, nos chimères*, nos rêves*, notre idéal : elle nous montre que ni le monde ni nous-mêmes ne sommes ce que nous voudrions ;
- elle bouleverse nos habitudes, provoque scandale, révolution, doute, désespoir, découragement.

Par conséquent, on serait tenté de préférer l'illusion confortable à une vérité si gênante.

2. Mais elle est un but nécessaire : d'ailleurs Molière en a fait la raison d'être de son théâtre et Zola affirme que l'humanité est en marche constante vers elle :

- elle est en effet utile à la science*, au progrès*, à la justice, à l'humanité*, à la paix ;
- elle est la dignité de l'homme (cf. Sincérité), car elle exerce la rigueur intellectuelle par la soumission de soi aux faits et par le courage d'appréhender les faits tels qu'ils sont.

Il faut donc fournir un effort pour connaître la vérité, pour agir personnellement selon elle, ce qui est vertu, et montrer de la prudence pour la répandre, ce qui est sagesse.

D. La vérité dans l'art

La problématique consiste à savoir si la création artistique cherche à reproduire la réalité ou si la vérité cherche à distinguer le vrai* du réel*. Quand on parle de la « vérité » de l'œuvre d'art, que celle-ci soit tournée vers la reproduction du réel ou vers une stylisation qui rend celui-ci plus vrai, il faut préciser si l'on entend par là :
• la vérité objective établie soit par l'authenticité des faits extérieurs à l'artiste, soit par l'authenticité du témoignage intérieur (cf. Sincérité, Vrai) ;
• ou l'impression de vérité qui entraîne le public à accueillir une œuvre, à lui donner son adhésion (cf. Réel, Type, Universel, Vrai, Vraisemblable).

VERSIFICATION

Son étude consiste à observer selon quelles règles s'élabore le texte poétique, quel parti il tire de ces règles et, éventuellement, comment il s'en libère.
Ses éléments sont : — la prosodie : sans valeur en français où le versificateur ne tient pas compte de la longueur ou de la brièveté des syllabes (malgré quelques tentatives de vers mesurés : ex. Baïf) ; — la métrique (cf. infra) ; — le rythme*.

A. La mesure des vers

Le vers étant un énoncé rythmé et mesuré, la métrique en étudie la mesure.

1. Son fondement n'est pas explicite : on a parlé d'un rapport avec le battement du cœur, avec la marche, avec les sensations produites par les organes de la parole. En tout cas son effet physique a souvent été étudié (cf. Alain).

2. Comment mesurer un vers ? Il faut compter les syllabes prononcées, mais le caractère stylisé de la mesure suppose une prononciation artificielle.
Prenons comme exemple ce vers de Hugo :
« C'était l'heure tranquille où les lions vont boire. »
Il comporte douze syllabes (ou pieds), car :

• on ne prononce pas le « e » muet si la syllabe qui le contient est en fin de vers (ex. -re de « boire ») ;
• on ne le prononce pas non plus si, à l'intérieur du vers le « e » se trouve devant une voyelle (ex. -le de « tranquille ») : on parle alors d'élision ;
• on le prononce si, à l'intérieur du vers, il se trouve devant une consonne ou un « h » aspiré (ex. -re de « l'heure ») ;
• on peut prononcer en deux syllabes ce qui est compté pour une seule dans la langue courante (ex. « lions ») : c'est une licence poétique appelée diérèse ; le contraire est la synérèse. La diérèse attire l'attention sur un mot important qu'on met ainsi en relief.

3. Les différents vers sont utilisés pour produire certains effets selon leur longueur :
• les vers de plus de douze syllabes, très rares (ex. Apollinaire, Aragon) : la phrase peut s'y étendre et l'écart avec la prose est ainsi atténué ;
• l'alexandrin : comme sa longueur (douze syllabes) correspond à la longueur moyenne d'une proposition en français, il est d'un emploi fréquent dans des genres très différents (récit épique, théâtre classique ou romantique, poésie moderne) ; dans sa structure classique, il comporte deux accents principaux qui le divisent en deux hémistiches de six pieds chacun, mais cette structure a souvent été modifiée (cf. Romantisme) ; il est considéré, à cause de son ampleur, comme le vers le plus noble ;
• les octosyllabes (huit pieds) et les décasyllabes (dix pieds) qui sont des mètres pairs fréquemment utilisés, car la mobilité de leur coupe offre une grande variété rythmique ;
• les heptasyllabes (sept pieds) et les vers de neuf et onze syllabes qui sont rares ; mais leur structure impaire leur confère une originalité et une légèreté qui les ont fait préférer par Verlaine, par exemple : « De la musique avant toute chose / Et pour cela préfère l'Impair / Plus vague et plus soluble dans l'air, / Sans rien en lui qui pèse ou qui pose. » (« Art poétique », *Jadis et naguère*) ;
• les vers dont le mètre est inférieur à sept pieds, très rares, dont la brièveté et la fréquence du retour à la rime marquent très fortement le rythme et les rapprochent de la chanson (ex. Prévert, « Page d'écriture », *Paroles*).

4. Le changement de mètre : il produit des effets selon sa régularité : variété (cf. « Le Héron ») et surprise ; amplification, en particulier quand il s'accompagne de répétitions (cf. R. Desnos : « avec vos yeux de pièges à loup / avec vos yeux couleur de nuit de jour d'aube et de marjolaine » in *Bagatelles*) ; balancement (cf. Baudelaire, « La musique », *Les Fleurs du mal*).

5. Les vers libres sont des mètres inégaux : non pas déterminés par une règle, mais par la recherche du rythme le plus adapté à la pensée, ils sont déjà employés au XVIIe s. (ex. La Fontaine), mais surtout depuis la fin du XIXe s. (cf. Symbolisme) et par les poètes modernes ;
• ils peuvent être très courts ou très longs : quand ils constituent de petits paragraphes séparés par des blancs, on parle de versets (ex. Claudel) ;
• la ponctuation est souvent absente, ce qui permet une grande diversité de rythme* et de très nombreuses interprétations ;
• la disposition dans la page est très significative et peut même aller jusqu'à figurer un dessin (cf. les *Calligrammes* d'Apollinaire).

B. La composition en strophes

Les vers sont assez fréquemment regroupés en strophes.

1. Une strophe se définit par :
• la disposition dans la page, signalée par les blancs ;
• le groupement des vers : toujours le même mètre ou alternance ;
• la disposition des rimes : plates ou suivies (aabb), croisées (abab) ou embrassées (abba) ;
• l'unité de sens, en principe autonome, qu'elle constitue.
Les principales strophes sont : le distique (deux vers), le tercet (trois), le quatrain (quatre), le quintil (cinq vers, assez rare), le sizain (six), le septain (sept vers, assez rare), le huitain (huit), le dizain (dix), le douzain (douze).

2. Les effets obtenus dépendent :
• du type de strophe choisi : une strophe courte donnera plus de rythme au poème, une strophe longue plus d'ampleur ;
• de la mise en valeur des derniers vers par des enjambements (cf. Rythme), des rejets... ;
• du sens, s'il est cohérent et complet, comme cela doit être, ou s'il est fragmenté ;
• de l'alternance des strophes par affinité ou antithèse (cf. l'opposition fréquente entre quatrains et tercets dans un sonnet) ;
• du rythme institué par un refrain éventuel, strophe qui revient régulièrement dans un poème (cf. « L'Invitation au voyage »).

3. Les poèmes à forme fixe sont :
• le sonnet (le plus connu), écrit en alexandrins, composé de deux quatrains et de deux tercets, dont les rimes se combinent le plus souvent selon le schéma : abba abba ccd eed ;
• le lai, le rondeau, la ballade, surtout en honneur au Moyen Age.

C. L'utilisation de ces moyens

Des règles délimitent l'emploi de ces moyens. Certaines ont varié avec les époques, d'autres demeurent, car elles correspondent au génie de la langue française. Mais toutes tendent à distinguer encore plus le langage poétique de la prose :
• en lui conférant une puissance mnémotechnique ;
• en renforçant ses effets ;
• en lui donnant une durée, tantôt courant musical nourri d'images qui va « vers une résolution que le cœur appelle » (Claudel), tantôt modèle dynamique qui impose sa forme et son impulsion à tout un poème ; cependant certains procédés de rythme (en particulier la rime) ont pu paraître nuisibles à cette durée qui souhaite parfois épouser le rythme même de la vie intérieure. C'est ce qui a provoqué les révoltes continuelles contre les rythmes, que l'habitude fait juger trop artificiels : par exemple les Romantiques contre la régularité de l'alexandrin classique, les Symbolistes contre l'éloquence romantique, et, depuis Mallarmé, le recours au vers libre (cf. supra), la suppression de la ponctuation, la recherche d'une disposition visuelle du vers. Mais ces tentatives risquent d'aboutir à réinventer la prose et les contraintes même de la poésie ne sont-elles pas une des conditions de sa nécessité, de sa force et de son pouvoir de transposer artistiquement la durée à l'état brut ?

VERTU / VICE

La vertu est la force avec laquelle l'homme tend à agir pour le bien, la disposition permanente à vouloir suivre la règle morale et les convenances (une bonne action isolée n'est pas vertu). Les vertus en sont les manifestations particulières.

Vertu

A. Sa pratique

La vertu s'exerce :

1. Sur le plan social : respect des lois et des autres (c'est ce que raillent les libertins : cf. *Dom Juan ; Les Liaisons dangereuses*).

2. Sur le plan moral : générosité, courage, honnêteté intellectuelle, mais La Rochefoucauld affirme que « nos vertus ne sont le plus souvent que des vices déguisés ». Plus particulièrement pour les femmes, il s'agit de la chasteté ou de la fidélité conjugale (du XVIIe au XIXe s., la littérature romanesque exalte la lutte de la vertu contre la passion : cf. *La Princesse de Clèves ; La Nouvelle Héloïse ; Le Lys dans la vallée*). De nos jours, les problèmes moraux se définissent en d'autres termes (honneur, pureté, responsabilité, solidarité).

3. Sur le plan religieux : il y a les vertus cardinales (prudence, courage, tempérance, justice) et théologales (foi, espérance, charité).

B. Ses caractères spécifiques

La vertu se caractérise-t-elle par :
• l'intransigeance, le fait d'aller jusqu'au bout dans le bien, sans tenir compte des circonstances ? La vertu s'oppose alors à la sagesse* ou à la bienséance* ;
• l'héroïsme (ex. Corneille) ? Mais n'y a-t-il pas des vertus communes (cf. Héros) ?
• le sacrifice de soi à la société ? Selon l'idée fréquente au XVIIIe s., « le prudent se fait du bien, le vertueux en fait aux hommes » (Voltaire). Mais n'y a-t-il pas des vertus purement personnelles et la résistance de l'individu à la société n'est-elle pas parfois vertu (ex. le mythe d'Antigone) ?
• l'effort ? « J'honore du nom de vertu l'habitude de faire des actions pénibles et utiles aux autres. » (Stendhal). Mais n'y a-t-il pas des vertus naturelles (ex. Corneille, Rousseau) ? La sainteté, perfection morale fondée sur l'amour et sur l'inclination, n'est-elle pas aussi vertu ? Et l'énergie* est-elle toujours morale ?
• l'instinct naturel (cf. *Emile*) ? Mais la nature* est-elle toujours bonne ? La vertu, comme toute morale, n'est-elle pas relative (cf. Diderot, *Supplément au voyage de Bougainville*) ? N'y a-t-il pas des vertus acquises par l'éducation* ?
• l'équilibre raisonnable ? Mais n'est-ce pas confondre la vertu avec la sagesse* et l'art* de vivre, dont pourtant elle se distingue ?

C. Son contraire : le vice

Cette disposition au mal s'oppose-t-elle à la vertu ?

1. La relativité du vice :

• comme la vertu, le vice dépend de notre perception du monde, de nos sens ; toute morale est donc relative (cf. Diderot, *Lettre sur les Aveugles* ; cf. Déterminisme) ;

• il est dû à la société* qui corrompt l'homme, le détourne de sa bonté naturelle (cf. Rousseau) ; c'est donc la société qu'il faut blâmer et non l'individu ;

• il suffit qu'il soit à la mode pour devenir vertu (cf. la tirade de Dom Juan sur l'hypocrisie) ; il en arrive même à jouir alors d'une « impunité souveraine » ;

• il semble un penchant naturel, d'autant plus que grâce à lui « on tire parti des défauts des autres » (cf. la critique de Rousseau sur les fables de La Fontaine dans *L'Emile,* II, 1762).

2. Les réactions à son égard se diversifient :

• s'en accommoder, parce qu'il fait partie de la nature humaine (cf. Homme) et de l'équilibre du monde (cf. *Le Neveu de Rameau*) ;

• ou en tirer parti, car une analyse objective de la société humaine constate son existence et révèle qu'il permet de réussir (cf. Vautrin et Rubempré ou Rastignac) : « il faut profiter des faiblesses des hommes et [...] un sage esprit s'accommode aux vices de son siècle » (Dom Juan) ;

• jusqu'à en faire l'apologie par provocation ou libre* pensée (cf. Dom Juan ; Sade) ; mais aussi parce qu'il est mal compris de l'opinion commune. Ainsi Sade rectifie : « La cruauté n'est autre chose que l'énergie de l'homme que la civilisation n'a point encore corrompue ; elle est donc une vertu et non pas un vice. » (*La Philosophie dans le boudoir* ; cf. C 1) ;

• mais aussi, et le plus souvent, en faire la satire* (cf. Comédie), le condamner et même chercher à le réformer par la peinture de ses méfaits qui doit mettre en garde le public (cf. Moraliste).

VIE

A. La vie d'une époque

Elle comprend des aspects : — matériels : les occupations quotidiennes (cf. Quotidien, Réalisme) ; les rapports des hommes avec le milieu* (climat, sol, lieu*) ; — sociaux : les mœurs*, la société*, le monde* ; — intellectuels (cf. Chef-d'œuvre, Critique) et moraux (cf. Civilisation) ; — sentimentaux (cf. Sensibilité).

B. La vie d'un homme

1. Qu'est-ce qui lui donne de l'intérêt ? — sa durée (cf. Temps) ? — le plaisir, le divertissement (cf. Balzac, *La Peau de chagrin*) ? — l'art* de vivre (ex. Montaigne ; cf. Egotisme) ? — l'étude*, le travail, la création, la découverte, l'invention (cf. les savants ; ex. Balzac. Proust) ? — les leçons qu'elle apporte : l'expérience*, la souffrance*, les voyages, le métier, l'aventure ? — l'enthousiasme*, la passion* ? (cf. Vigny, « La Maison du berger », II : « La vie est double dans les flammes ») ? — l'action*, le dévouement, l'engagement*, l'humanité* ? — la charité, la religion* ?

2. La vie intérieure :

• elle s'oppose : — à la vie purement végétative (ex. manger, boire, dormir) ; — à la vie sociale (cf. Cour, Monde, Société), familiale ; — à ce qui nous distrait de nous-mêmes (ex. le métier, les voyages, le divertissement, les loisirs) ; — à l'action* (mais voir infra) ;

• elle est constituée par le domaine subjectif et secret des pensées (cf. Contemplation), des sentiments (cf. Mélancolie, Moi, Sensibilité, Solitude, Tristesse), de l'imagination* (cf. Invention, Souvenir) et du rêve* (cf. Chimères) sans oublier le mysticisme* et la religion* ;

• elle a été peinte surtout par...

TEXTES : **Rousseau,** *Les Confessions,* 1781-1788, *Les Rêveries d'un promeneur solitaire,* 1782. **Sénancour,** *Oberman,* 1804. **Stendhal,** *Le Rouge et le Noir,* 1830 ; *La Chartreuse de Parme,* 1837. **Balzac,** *Le Lys dans la vallée,* 1835. **Chateaubriand,** *Mémoires d'outre-tombe,* 1848-1850. **Nerval,** *Sylvie,* 1853 ; *Aurélia,* 1855. **Baudelaire,** *Les Fleurs du mal,* 1857. *L'Art romantique,* 1869. **Alain-Fournier,** *Le Grand Meaulnes,* 1913. **Valéry,** *La Jeune Parque,* 1917 ; *Charmes,* 1922. **Proust,** *A la recherche du temps perdu,* 1913-1927. **Gide,** *Si le grain ne meurt,* 1926. **Mauriac,** *Thérèse Desqueyroux,* 1927. **Butor,** *La Modification,* 1957.

• elle n'est pas sans rapport avec l'action car elle comporte une part de création en elle-même (cf. ses constituants évoqués supra et analysés) et elle y prépare (cf. Action, Contemplation).

3. L'amour de la vie :
• il s'oppose : au goût de la mort*, au désespoir*, à une morale qui veut brimer les instincts, à la hantise du surnaturel*, à une existence figée dans les conventions, à la tristesse*, à la mélancolie*, à l'évasion ;
• il suppose : — une foi dans la bonté de la nature* et des instincts ; — un intérêt pour les problèmes de l'existence terrestre (ex. Montaigne) ; — le respect d'autrui et de toutes les formes de la vie (cf. Humanité) ;
• il se manifeste : — par un art* de vivre équilibré (ex. Montaigne) ; — ou par l'intensité avec laquelle on ressent toutes les manifestations de la vie (cf. Passion ; ex. Stendhal, les Romantiques) ; — ou par l'action*, l'engagement* (cf. la volonté cornélienne ; cf. Figaro, les personnages de Sartre, Camus, Malraux) ; — ou par la disponibilité devant toutes les formes de la vie (cf. Gide, *L'Immoraliste*) ;
• il s'exprime dans l'art par : — le pittoresque*, la couleur* des narrations et descriptions ; — des personnages* marquants ; — des saillies, du style direct, presque parlé (ex. Diderot) ; — le lyrisme* devant la nature*, la vie, la joie (ex. Rabelais, Montaigne, Hugo, Zola) ; — ou par des récits tournés vers l'action* (ex. Voltaire ; cf. Humanité).

VILLE

TEXTES : **Boileau,** « Les Embarras de Paris » in *Satires*, VI, 1666-1668. **La Bruyère,** *Les Caractères,* VII, « De la ville », 1688. **Montesquieu,** *Lettres persanes,* XXIV, 1721. **Diderot,** *Le Neveu de Rameau,* 1821. **Hugo,** *Notre-Dame de Paris,* 1831 ; *Les Misérables,* 1862. **Balzac,** *Le Père Goriot,* 1834 ; *Illusions perdues,* 1837-1843 ; *Splendeurs et misères des courtisanes,* 1838-1847 ; chronique parue in *Le Diable à Paris,* 1845. **Sue,** *Les Mystères de Paris,* 1842-1843. **Flaubert,** *Madame Bovary,* 1856 ; *L'Education sentimentale,* 1869. **Baudelaire,** « Tableaux parisiens » in *Fleurs du mal,* 1857 ; *Petits poèmes en prose,* 1869. **Zola,** *Le Ventre de Paris,* 1873 ; *L'Assommoir,* 1877 ; *L'Œuvre,* 1886 ; *Paris,* 1897. **Rimbaud,** *Illuminations,* 1886. **Verhaeren,** *Les Villes tentaculaires,* 1895. **Aragon,** *Le Paysan de Paris,* 1926 ; *Les Beaux Quartiers,* 1936 ; *Le Roman inachevé,* 1956. **Le Clézio,** *La Guerre,* 1970.

Ville

La ville, d'abord traitée comme un simple décor ou caricaturée, atteint son indépendance littéraire au XIXe s. quand le développement urbain se fait particulièrement sentir.

A. Sa peinture

1. La ville elle-même est décrite :
• dans sa connaissance et son développement prodigieux qui lui donne un dynamisme (cf. *Notre-Dame de Paris* ; la population de Paris double quasiment entre 1801 et 1845) ;
• dans son architecture : la verticalité la caractérise (cf. les travaux de Haussmann dans Paris vers 1860 ; l'arrivée des galériens à New York dans *Voyage au bout de la nuit* ; Sartre décrivant cette ville in *Situations,* III) ;
• dans son activité commerciale : « Le grand poème de l'étalage chante ses strophes de couleur. » (Balzac) ; cf. les Halles dans *Le Ventre de Paris,* les grands magasins dans *Au bonheur des dames* ;
• dans son rôle de capitale ou de métropole : dès le XVIIe s., Paris se distingue de la Cour* (ex. La Bruyère, Molière) et au XIXe s., l'opposition avec la province s'accentue. De ce fait, Paris attire les jeunes provinciaux ambitieux (cf. Julien Sorel, Rastignac, Rubempré) qui ne supportent plus ce qu'ils appellent la médiocrité et la bêtise de leur ville d'origine (cf. Rimbaud qualifiant Charleville de « suprêmement idiote entre les petites villes de province ») ;
• dans son opposition avec la campagne, toutes deux étant porteuses de valeurs morales divergentes (cf. B et Nature).

2. Les gens qui la peuplent sont évoqués :
• pour l'activité fourmillante qu'ils y créent, « le chaos des vivantes cités » (Baudelaire), les encombrements qui en résultent dès le XVIIe s. (cf. les embarras de Paris décrits par Boileau, la foule pressante chez Montesquieu ; le spectacle de Bahia in J. Amado, *Bahia de tous les saints*) ;
• pour les rencontres diverses que l'on peut y faire (cf. Baudelaire à sa fenêtre).

B. Sa symbolique

La ville est le plus souvent évoquée pour sa valeur mythique, aussi bien pour être louée que dénigrée.

1. Une valeur positive lui est accordée :
• elle apparaît comme le symbole de la civilisation* (ex. Montesquieu, Voltaire), porteuse de puissance, de lumière, d'énergie (ex. Verhaeren) ;
• dès le XVIIe s. elle est « le grand bureau des merveilles, le centre du bon goût, du bel esprit et de la galanterie » (cf. *Les Précieuses ridicules*), l'image du raffinement contre la rusticité de la province ; c'est de là (Paris, mais aussi désormais New York, Londres ou Berlin) que partent toutes les modes ;
• elle marque le choix délibéré du présent (ex. Baudelaire) alors que la nature est plutôt rattachée au culte du passé* (cf. les Romantiques) ; en elle passe le souffle de la modernité (ex. Verhaeren ; cf. Moderne) ;
• elle est le lieu d'élection de l'esprit, « la chaudière intellectuelle et morale » (P. Barberis, *Balzac : une mythologie réaliste,* 1971) ; « Oh, à Paris, là est la liberté de l'intelligence, là est la vie : une vie étrange et féconde, une vie communicative, une vie chaude, une vie de lézard et une vie de soleil, une vie artiste et une vie amusante, une vie à contrastes. » (Balzac in *Le Diable à Paris* ; cf. la vision de Paris au XXe s. : chez Apollinaire, *Alcools* ; Breton, *Nadja* ; Jules Romains, *Les Hommes de bonne volonté,* I et III ; Aragon) ;
• c'est aussi le champ clos propice à tous les grouillements, à toutes les intrigues, la Babel moderne ;
• c'est enfin l'objet de tous les fantasmes, où doivent s'accomplir tous les désirs (cf. l'image mythique de Paris in *Madame Bovary*).

2. Une valeur négative lui est parallèlement attribuée :
• elle est le creuset des passions et des vices (cf. *Manon Lescaut ; Le Neveu de Rameau,* Paris vu par Homais dans *Madame Bovary*) ;
• elle est malade d'elle-même (cf. ses « embarras », sa pollution) et symbolise la corruption, la décomposition : — physique (cf. « La ville » in *Eloges* de Saint-John Perse ; cf. la peur des maladies contractées à Paris pour Charles Bovary) ; — intellectuelle et morale : on y perd son honnêteté (cf. le Paris d'Homais, celui des *Illusions perdues*), sa dignité (cf. « Laisse toutes les villes » in « La Maison du berger »), son identité (ex. Rousseau)... ;
• elle est elle-même « servile » (ex. Vigny) et engendre l'aliénation, surtout pour les ouvriers (ex. Zola, Verhaeren).

C. Une source de poésie

Bien plus souvent qu'elle n'est décrite dans sa réalité :
• elle est ressentie comme un monde à part qui a sa poésie spécifique (cf. *Le Paysan de Paris*) ;

• elle atteint une dimension épique : par exemple, on passe sans transition des usines à des animaux fabuleux chez Verhaeren ;
• elle est l'objet de métaphores (ex. le géant, le monstre chez Hugo) ;
• elle est entièrement transfigurée (cf. « Le Cygne » de Baudelaire ; « Ponts », « Villes » de Rimbaud) ;
• elle devient imaginaire, recréée sous la forme d'une société parfaite, voire effrayante, (cf. *Utopie* de More ; l'abbaye de Thélème in *Gargantua* ; la ville radieuse in Barjavel, *Ravages* ; les cités martiennes in Bradbury, *Chroniques martiennes* ; Calvino, *Les Villes invisibles*).

VISIONNAIRE

En parlant d'un poète, d'un écrivain, on le dit :
• voyant, s'il apparaît comme une sorte de prophète, ou s'il découvre des choses réelles, mais cachées aux hommes ordinaires : « Le poète se fait voyant par un long, immense et raisonné dérèglement de tous les sens. » (Rimbaud) ;
• visionnaire, s'il invente un univers* ou si son esprit est hanté d'images hallucinatoires, irréelles.
Cependant, comme le montre la citation de Rimbaud, la distinction entre les deux notions n'est pas toujours très nette : l'article traitera donc des deux confondues sous le terme de visionnaire.

Il y a plusieurs façons d'être visionnaire :
• en peignant la réalité non telle qu'elle est, mais telle qu'on la voit, déformée selon son optique propre, en donnant toutefois l'impression que la peinture que l'on propose est vraie. En ce sens est visionnaire tout écrivain qui crée un univers* à lui : — soit que cet univers nous paraisse très réel (ex. Balzac, Stendhal) ; — soit qu'il nous paraisse très stylisé, embelli, baignant dans une atmosphère poétique (ex. Racine, Valéry, Proust, et la plupart des grands poètes) ;
• en créant, par une sorte d'hallucination, à partir de la réalité, un monde qui paraît irréel, imaginaire, fantastique*, merveilleux* (cf. le merveilleux de Hugo dans la *Légende des Siècles*) ;
• en subissant une sorte de hantise des idées (cf. les chimères* de Rousseau ; les songes de Hugo penseur : les idées sont vues sous formes d'images hallucinatoires) ou en organisant les images, de telle sorte

qu'images et idées agissent les unes sur les autres et donnent l'impression que certaines images ont un sens ou bien prophétique, ou bien révélateur d'idées cachées ; le visionnaire se confond alors avec le voyant, par exemple, les poèmes des *Contemplations* (« Ce que dit la Bouche d'ombre », « La Fin de Satan », « Dieu », etc.) ;
• en sortant du monde réel de la raison et des sens, pour accéder à un autre monde par : — le surnaturel* ou le religieux (ex. vision mystique*) ; — le rêve* (ex. Nerval) ; — la féerie*, le fantastique*, non plus imaginés cette fois, mais considérés comme réels (« Je m'habituais à l'hallucination simple : je voyais très franchement une mosquée à la place d'une usine, une école de tambours faite par des anges [...] Puis j'expliquai mes sophismes magiques avec l'hallucination des mots », Rimbaud, *Une Saison en enfer*) ; — la surnature, le mystère de l'univers traduit par la superposition de sensations ou d'images (cf. Correspondance, Mysticisme, Poésie, Poète, Symbolisme) ; — l'inconscient (cf. Surréalisme). En ce sens, le visionnaire se confond encore avec le voyant, et même avec le démiurge, dans la mesure où le poète crée, par les mots, un monde neuf, différent du réel, qui nous paraît magique.

VOLONTE

C'est la qualité par laquelle l'individu se détermine pour une chose et agit pour l'obtenir.

A. Ses caractères

1. Ses composantes : la volonté implique la conception ou le désir d'une chose, la réflexion et l'action pour la réaliser.

2. Ses conséquences :
• on n'hésite pas (synonymes : détermination, décision) ;
• on n'a pas peur (synonyme : courage) et on ose (synonyme : audace) ;
• on agit ou on résiste puissamment (cf. Energie) ;
• on demeure inébranlable (synonymes : endurance, cœur, caractère), tel qu'on est, sans renoncer ni se démentir (synonymes : persévérance, opiniâtreté).

B. Ses représentations

• chez Corneille, la volonté est en lutte contre le destin, triomphe ou succombe glorieusement, et constitue l'essence de la tragédie ; elle est au service des passions (ex. Cléopâtre, Emilie, Camille), de la raison (ex. Auguste, Polyeucte), de la gloire : vouloir pour vouloir (cf. Alidor dans *La Place Royale*).
• chez Racine, elle est aussi au cœur de la tragédie : décadence d'une volonté brisée par le destin (cf. Phèdre), ou brisée par la Providence (cf. Athalie) ;
• elle est au service des passions (cf. Roxane, Mithridate) ; elle apparaît cependant non altérée, intacte (cf. Junie , Monime, Andromaque, Burrhus) ;
• Vauvenargues exalte les qualités volontaires qui font la grandeur* d'âme ;
• chez les Romantiques, elle provoque la conscience virile (ex. Vigny), favorise le culte de l'énergie, de Napoléon (ex. Stendhal, Hugo) et mène à l'action sociale (ex. Hugo, Lamartine, Michelet) ou au travail* littéraire ;
• chez Balzac, la volonté de puissance et l'énergie ont un caractère essentiellement social ;
• chez Stendhal, la volonté sert la passion, la gloire et la dignité, joue avec le risque, veut pour vouloir ; mais elle est finalement soumise au cœur (cf. Julien Sorel, Fabrice) ;
• dans le théâtre de Montherlant, les personnages incarnent les qualités de la volonté ;
• chez Malraux, Saint-Exupéry, la volonté ou l'énergie répondent à leur conception de l'humanisme* ; mais on note aussi chez certains personnages de Malraux (cf. Garine, Perken, Ferral) le goût de la puissance, comme autre motivation de leur volonté.

C. Ses problèmes

• notre volonté est-elle libre ? (cf. Déterminisme, Liberté) ;
• quels sont ses rapports avec la sensibilité*, avec l'intelligence* ? (cf. Doute, Energie) ;
• quelle valeur morale a la volonté ? (cf. Energie, Héroïsme).

 RAI

La notion de vrai prend paradoxalement des sens différents, selon la façon dont on l'envisage : — en général, c'est ce sur quoi on est d'accord, ce qu'on ne met pas en doute (cf. Vérité) ; — plus particulièrement, c'est ce qui a lieu réellement, par opposition à ce qui est possible ou vraisemblable* ; — en art, c'est ce qui nous paraît conforme à l'objet reproduit, ce qui s'accorde avec notre sentiment de la réalité (cf. A et B et Universel, Vraisemblable).

A. Le vrai existe en art

1. Des faits vrais : tels que le « vrai » a été défini, ils se rencontrent en littérature. Ce sont :
• dans la tragédie : les faits historiques ou légendaires ;
• dans le roman, le récit : les faits historiques (cf. Roman), les faits divers ou les détails réels (cf. Naturalisme, Réalisme), ce qui est arrivé à l'auteur (cf. Autobiographie) ;
• dans la poésie lyrique : les événements réels, les sentiments éprouvés avec sincérité*, les témoignages authentiques du moi* (cf. « Le Lac », *Les Nuits,* « Pauca meae »).

2. Le vrai, le vraisemblable et le caractéristique
Dès que l'on veut représenter le vrai (c'est par exemple la vocation du roman*), il convient de faire un choix et de recréer le réel* avec un nouveau matériau (cf. Style). Ces deux contraintes imposent une falsification du vrai (cf. B).
C'est ainsi qu'ont surgi les notions de vraisemblable* pour les Classiques et de caractéristique* pour les Romantiques.
Le vrai s'accorde-t-il avec ces notions ?
• on peut reprocher au vrai : — d'être parfois extraordinaire, donc incroyable, ce qui l'oppose à la vraisemblance* (cf. Corneille, *Héraclius*) ; — d'être trop particulier, donc peu intéressant pour le grand public (cf. Moi) ; c'est une des raisons pour lesquelles les Classiques condamnent le lyrisme personnel ; — d'être trop rare (ex. les cas spéciaux, plutôt morbides, étudiés par les Goncourt, pourtant réalistes) ; — d'être incompréhensible aux hommes d'un autre temps, et donc choquant ou inintelligible (ex. la vérité de *Salammbô* nous déconcerte parfois) ; — d'être épars ou incomplet, sans aucun sens ;

• or, pour les Classiques, seule la vraisemblance* touche : Racine a eu le souci de faire coïncider le vrai avec le vraisemblable*, s'il le faut en modifiant l'histoire ; Balzac, Stendhal, Flaubert, Maupassant ont accompli la synthèse de personnages réels pour faire un personnage vraisemblable (cf. Vautrin ; cf. Roman, Théâtre). En général, le but de l'art n'est pas de raconter des faits, mais de les organiser autour d'une vérité* morale dont ils sont l'illustration (cf. Vigny, Préface de *Cinq Mars* : [il faut préférer] « l'idée au vrai ») ; c'est ce que fait le peuple en faisant le roman de l'histoire (cf. les mots historiques) ; l'artiste en concentrant et en stylisant le réel (cf. Art, Caractéristique, Style), et « la vérité dont le romancier doit se nourrir est la vérité d'observation sur la nature humaine et non de l'authenticité des faits » ;
• toutefois il y a des cas où la vraisemblance ne suffit pas à provoquer l'émotion, où il faut aller au-delà du vraisemblable pour secouer fortement les grandes passions. On peut donc contester que la peinture du vrai ait toujours pour but le vraisemblable ou le caractéristique : on peut aussi peindre le vrai pour s'évader du vraisemblable (cf. Evasion, Exotisme), pour retrouver historiquement le passé réel (cf. Histoire), ou pour aller plus loin dans le réel, dans des mondes situés au-delà de ce que l'habitude nous rend vraisemblable (cf. Mysticisme, Surréalisme, Symbolisme).

B. Comment atteindre le vrai dans l'art ?

1. Les différentes conceptions :
• serrer le plus près possible la diversité du réel (cf. Nature, Naturalisme, Réalisme, Réel) ;
• styliser le réel : — à la façon classique (cf. Classicisme, Nature, Réel, Universel) ; — à la façon romantique (cf. Caractéristique, Nature, Réel, Romantisme, Universel) ; Flaubert réunit ces deux conceptions, car sa quête du vrai le mène d'abord à se défier de la sensibilité qui corrompt le langage, donc à chercher la plus grande impersonnalité*, puis à recomposer la réalité par le travail* de l'écriture, en la mettant à distance et en l'objectivant (cf. Elisa Schlésinger « devenue » Mme Arnoux) ;
• ne considérer comme vérité que celle de la surnature ou de l'inconscient (cf. Nature, Surréalisme, Symbolisme) ;
• ne se préoccuper que de la vérité de l'univers* de l'artiste (cf. Beauté, Idéalisme, Universel).

2. « Rien n'est beau que le vrai » :
• ce précepte de Boileau (cf. *Epître IX*) pose le problème du rapport de

l'esthétique à la morale. En cherchant à justifier quelques-unes de ses audaces, et aussi sa modération à louer le roi, il affirme que seule la vérité plaît (moralement, car la sincérité est sympathique ; esthétiquement, car le naturel a des charmes). Puis il étend cette idée aux genres qu'il a traités (satire, épître, critique littéraire). Mais la remarque de Boileau peut s'appliquer à l'art classique en général, et même à tout art, si elle signifie : « pas de beauté sans vérité ». Car, pour les Classiques, l'art a pour but de rendre sensible aux hommes la vérité (cf. Boileau, *Préface de 1701*) ; seul le vrai touche (cf. Vraisemblable), mais il s'agit évidemment d'une vérité élaborée par l'art et non présentée nue.
C'est ainsi que Maupassant affirme qu'il ne faut prendre « dans cette vie encombrée de hasards et de futilités que les détails caractéristiques utiles à son sujet ». « Faire vrai consiste à donner l'illusion complète du vrai, suivant la logique ordinaire des faits, et non à les transcrire servilement dans le pêle-mêle de leur succession. » (Préface de *Pierre et Jean*) ;
• cette position trouve une justification historique (toutes les écoles littéraires ont prétendu plaire par la vérité ; cf. 1) et théorique (l'artifice, la pure beauté formelle ne suffisent pas à faire œuvre d'art) ;
• on peut cependant objecter : — le vrai n'est pas beau par lui-même, il peut être laid, sans une élaboration artistique, différente suivant les écoles ; — ne peut-il y avoir d'autres sources de beauté que le vrai (cf. Fantaisie, Imagination, Vraisemblable) ?
Quant à la réplique sous forme de parodie de Musset : « Rien n'est vrai que le beau », elle a été examinée dans l'article Beauté.

VRAISEMBLABLE (VRAISEMBLANCE)

Puisque l'art veut atteindre une certaine vérité, distincte de l'exactitude historique (cf. Vrai), c'est cette vérité artistique qu'on appelle le vraisemblable ou la vraisemblance : l'idée qu'un groupe social se fait du réel.

A. Les vraisemblances

1. Leur conception évolue :

• au XVIIe s., est vraisemblable tout ce qui est conforme à l'opinion du public. La vraisemblance est donc liée et même souvent confondue avec la bienséance* ; elle justifie les règles* ;

• au XIXe s., le vraisemblable est le modèle idéal du vrai : pour l'atteindre, il faut « faire céder parfois la réalité des faits à l'idée que chacun d'eux doit représenter aux yeux de la postérité » (Vigny). C'est ainsi que Balzac lui-même sait qu'il ne copie pas le réel, mais en dégage le sens. On distingue plus précisément deux types de vraisemblance :

2. La vraisemblance historique : elle consiste en la probabilité des événements de l'action*, des mœurs*, des caractères*, de la couleur* locale à se confondre avec la tradition historique ou littéraire reçue ;
• cette vraisemblance est relative aux connaissances de cette tradition que peut avoir l'époque ;
• comment la concevoir ? : — comme une conformité (cf. Classicisme) ? ; — comme l'exactitude historique précise (cf. Réalisme) ? — comme une stylisation par le caractéristique* (cf. Romantisme) ?

3. La vraisemblance générale : elle consiste en l'aptitude de l'action, des caractères* à se conformer à l'idée que le public se fait du possible d'après son expérience de la vie et sa conception de l'homme ;
• cette vraisemblance est relative à l'idée de l'homme* que se fait une époque (cf. Mythe) : la vraisemblance pour Corneille signifie héroïsme, duels, etc. ; pour Racine, amours, passions plus intériorisées ;
• les moyens d'obtenir cette vraisemblance sont semblables à ceux utilisés pour créer des types* et atteindre l'universel*.

B. Les problèmes des vraisemblances

1. Vraisemblance historique et vraisemblance générale :
• dès le XVIIe s., le public ne comprend le passé qu'en fonction du présent. Une vraisemblance historique poussée nuit donc à la vraisemblance générale. Dans le roman, la vraisemblance historique est en général sacrifiée à la vraisemblance générale. D'où fausseté historique des romans (cf. Boileau, *Art poétique*, III, 115) qui choque les gens cultivés, mais non le grand public ; dans la tragédie, essai de conciliation entre les deux vraisemblances, avec des entorses à l'histoire (ex. Hippolyte amoureux, Phèdre excusée par l'action d'Œnone, etc. ; cf. Tragédie) ;
• les Romantiques critiquent la vraisemblance générale des Classiques au nom de la réalité historique (cf. Caractéristique, Couleur locale). Mais ils visent aussi à l'universel* par la force du caractéristique*.

2. Il y a opposition entre le vraisemblable et le réel :
• en particulier, les Romantiques s'attaquent aux unités* de l'action classique au nom du réel (cf. Unité) ;

• l'homme diffère selon les temps et les lieux (cf. Homme, Naturalisme, Réalisme, Réel, Romantisme,Universel).
• le caractéristique* romantique, qui essaie de rendre le réel historique, présente cependant certains aspects qui nuisent à la vraisemblance psychologique des personnages : il grossit, souligne, rend surtout frappant, émouvant ; de plus, il a souvent d'autres buts que la psychologie, par exemple le symbolisme épique, les effets baroques, l'expression de vues historiques, l'idéalisation du passé, etc. (cf. *Cinq-Mars, Ruy Blas*) ;

C. Est-il vrai que seule la vraisemblance touche ?

« L'esprit n'est point ému de ce qu'il ne croit pas. » (*Art poétique,* III, 50). Cette vue s'applique surtout à la tragédie : si la raison ne croit pas possible ce qui est décrit, ses facultés critiques barrent la route à l'émotion.

1. Ce principe s'explique :
• par l'importance que le Classicisme accordait à la raison* ;
• par le goût pour une vérité moyenne (après 1660), sans rien d'extraordinaire (cf. *La Princesse de Clèves* ; Racine par opposition à Corneille).

2. Il se discute : certes l'argument se justifie psychologiquement (comment une émotion serait-elle possible si on ne croit pas à la réalité de sa cause ?), mais l'invraisemblance des romans précieux, de certains mélodrames ou drames romantiques ne provoque que l'indifférence. Notre raison garde-t-elle dans tous les cas ses facultés critiques ?
• il faut reconnaître que l'idée du possible varie selon les temps (cf. A 1), ce qui rend la vraisemblance relative : Corneille était vraisemblable en son temps, il l'était moins du temps de Racine, il peut le redevenir dans une époque mouvementée et dramatique ;
• notre sensibilité est souvent plus forte que notre raison et nous émeut sans que nous nous demandions si nous croyons : l'œuvre d'art peut donc toucher si elle suspend notre critique raisonnable, ce qui est fréquent dans des époques où la sensibilité domine (cf. Romantisme), par exemple par l'émotion lyrique (cf. *Hernani*), l'enthousiasme moral (cf. *Hernani ; Ruy Blas*), la passion* qu'elle soulève ; mais notre critique est aussi suspendue par le prestige du symbolisme épique, du merveilleux* (cf. *La Légende des Siècles* ; cf. Epopée), par l'imagination*, la fantaisie*, le fantastique*, le rêve*, la surréalité (cf. le succès du cinéma fantastique). On peut se demander enfin si l'œuvre d'art doit toujours émouvoir. Ne peut-elle ravir, provoquer l'évasion, ses symboles, son rythme (ex. le conte), ou faire penser (ex. le conte philosophique, la fable) ?

REPERTOIRE DES ŒUVRES

On trouvera ci-dessous le répertoire alphabétique des œuvres citées dans ce *Guide*, accompagnées du nom de leur auteur et de la date de leur première édition.

A

Acte sans paroles, S. Beckett, 1957
Actes des Apôtres (Les), Rivarol, 1790
Adolphe, B. Constant, 1816
Adonis, La Fontaine, 1669
Adrienne Mesurat, J. Green, 1927
Age d'homme (L'), M. Leiris, 1939
Agricola, Tacite, 98
A la Recherche du temps perdu, M. Proust, 1913-27
« L'Albatros », Ch. Baudelaire, *Les Fleurs du Mal,* 1840-1857
Alcools, G. Apollinaire, 1913
Alexis ou le Traité du vain combat, M. Yourcenar, 1929
Alice au Pays des Merveilles, L. Carroll, 1865
Ame romantique et le rêve (L'), A. Béguin, 1984
Amédée ou comment s'en débarrasser, E. Ionesco, 1954
Aminadab, M. Blanchot, 1942
Amour et l'Occident (L'), D. de Rougemont, 1938
Amour la poésie (L'), P. Eluard, 1929
Amours (Les), P. de Ronsard, 1552-53
Amphytrion 38, J. Giraudoux, 1929
« Ane (L') », V. Hugo, *Les Voix intérieures,* 1837-1880
Andromaque, J. Racine, 1667
Angélique, A. Robbe-Grillet, 1987
Anna Karénine, L. Tolstoï, 1875-77
Annonce faite à Marie (L'), P. Claudel, 1912
Anthologie de la poésie française, P. Eluard, 1951
Anthropologie structurale, Cl. Levi-Strauss, 1958
Antigone, J. Cocteau, 1922
Antigone, J. Anouilh, 1944
Antimémoires, A. Malraux, 1967
Antiquités de Rome (Les), J. du Bellay, 1558
Antitradition futuriste, G. Apollinaire, 1913
Antony, A. Dumas père, 1831
« Apologie de Raimond Sebon », M. de Montaigne, *Essais* II, 1576
Après-midi d'un faune (L'), S. Mallarmé, 1876
« A propos d'Adonis », P. Valéry, *Variété,* 1924-45
Arcana coelestia, E. Swedenborg, 1749-56
A rebours, G. Huysmans, 1884
Argent (L'), Ch. Péguy, 1913
Art poétique (L'), N. Boileau, 1674
« Art poétique », P. Verlaine, *Jadis et Naguère,* 1884
« L'Art pour tous », S. Mallarmé, *Hérésies artistiques,* 1861
Art romantique (L'), Ch. Baudelaire, 1869
Assommoir (L'), E. Zola, 1877
Astrée (L'), H. d'Urfé, 1607
Atala, F.-R. de Chateaubriand, 1801
Athalie, J. Racine, 1691
Atlantide (L'), P. Benoit, 1918
Au bonheur des dames, E. Zola, 1883
Aucassin et Nicolette, anonyme, 1ère moitié de XIIIe s.
Au cœur du fantastique, R. Caillois, 1965
« A une dame », Du Bellay, 1558
Aurélia, G. de Nerval, 1865
Autant en emporte le vent, M. Mitchell, 1936
« L'automne », A. de Lamartine, *Méditations poétiques,* 1820
Autrefois, Ch. Cros, 1878
« Aux arbres », V. Hugo, *Les Contemplations,* 1856
Avare (L'), Molière, 1668
Aventures d'Arthur Gordon Pym (Les), E.-A. Poe, 1837
« A Villequier », V. Hugo, *Les Contemplations,* 1856
« L'Azur », S. Mallarmé, *Poésies,* 1898

B

Bachelier (Le), J. Vallès, 1881
Bahia de tous les saints, J. Amado, 1935
Bajazet, J. Racine, 1672
Bal des voleurs (Le), J. Anouilh, 1932
Balzac et le mal du siècle, P. Barberis, 1970
« La Ballade de Gaspard Hauser », P. Verlaine, *Sagesse,* 1880
Ballades joyeuses à la manière de Villon, Th. de Banville, 1873
Balzac, une mythologie réaliste, P. Barberis, 1971
Barbier de Séville (Le), P.A. de Beaumarchais, 1775
Bâtarde (La), V. Leduc, 1964
Bâteau ivre (Le), A. Rimbaud, 1883
Baudelaire, J.-P. Sartre, 1947
Beaux Quartiers (Les), L. Aragon, 1936
Bel Ami, G. de Maupassant, 1886
Belle du Seigneur, A. Cohen, 1968
« Bénédiction », Ch. Baudelaire, *Les Fleurs du Mal,* 1857
Bérénice, J. Racine, 1670

Berger extravagant (Le), Ch. Sorel, 1627
Bestiaire (Le) ou Cortège d'Orphée, G. Apollinaire, 1918
Bête humaine (La), E. Zola, 1890
Bible de l'humanité (La), J. Michelet, 1864
Bibliothèque orientale, A. Galland, 1697
Bijoux indiscrets (Les), D. Diderot, 1748
Bloc-Notes (Le), F. Mauriac, (16 octobre) 1958
« Bohémiens en voyage », Ch. Baudelaire, *Les Fleurs du mal,* 1857
« Booz endormi », V. Hugo, *La Légende des siècles,* 1859-1863
Boule-de-suif, G. de Maupassant, 1880
Bourgeois gentilhomme (Le), Molière, 1670
Bouvard et Pécuchet, G. Flaubert, 1881
Britannicus, J. Racine, 1689
Brouette du vinaigrier (La), S. Mercier, 1775
Bug-Jargal, V. Hugo, 1826

C

Cahiers, P. Valéry, posth. 1973
Caligula, A. Camus, 1944
Calligrammes, G. Apollinaire, 1918
Candide ou L'optimisme, Voltaire, 1759
Cantatrice chauve (La), E. Ionesco, 1954
Capitale de la douleur, P. Eluard, 1926
Caractères (Les), La Bruyère, 1688-1696
Carmen, P. Mérimée, 1845
Cas étrange du Dr Jekyll et de Mr Hyde (Le), R.L. Stevenson, 1886
Cassandre, G. de la Calprenède, 1642-45
Causeries du lundi, Sainte-Beuve, 1851-1862
Caves du Vatican (Les), A. Gide, 1914
Cent ans de solitude, G. Garcia Marquez, 1967
« Ce que dit la bouche d'ombre », V. Hugo, *Les Contemplations,* 1856
« Ce qu'on entend sur la montagne », V. Hugo, *Les Feuilles d'Automne,* 1831
Cercle magique (Le), H. Rey-Flaud, 1973
César, M. Pagnol, 1936
César Birotteau, H. de Balzac, 1837
« Ce siècle avait deux ans », V. Hugo, *Les Feuilles d'Automne,* 1831
Chambre des Dames (La), J. Bourin, 1966
Chanson de Roland (La), fin du Xe s.
« La Chanson du mal-aimé », G. Apollinaire, *Alcools,* 1913
Chants de Maldoror (Les), Lautréamont, 1869
Charles Baudelaire par lui-même, P. Pia, 1952
Charmes, P. Valéry, 1922
Chartreuse de Parme (La), Stendhal, 1839
Château (Le), F. Kafka, posth. 1926
Château intérieur, Sainte Thérèse d'Avila, 1577
Châtiments (Les), V. Hugo, 1853
« Les Chats », Ch. Baudelaire, *Les Fleurs du mal,* 1857
Chatte (La), Colette, 1933
Chatterton, A. de Vigny, 1835
Chefs d'œuvre de la littérature fantastique (Les), L. Vax, 1979
Chemins de la Liberté (Les), J.-P. Sartre, 1943-49
Chevalier à la Charrette (Le), Chrétien de Troyes vers 1180
Chimères (Les), G. de Nerval, 1854
Choix de rêves, J.-P. Richter, 1763-1825
Choses (Les), G. Perec, 1965
Choses et autres, J. Prévert, 1972
Choses vues, V. Hugo, 1887-99
Chouans (Les), H. de Balzac, 1829
Chronique des Pasquier, G. Duhamel, 1933-45
Chroniques martiennes, R. Bradbury, 1952
Chute d'un ange (La), A. de Lamartine, 1838
Cid (Le), P. Corneille, 1636
Cinna, P. Corneille, 1640
Cinq-mars, A. de Vigny, 1826
Citadelle (La), A. de Saint-Exupéry, posth. 1948
Civilisation 1914-1917, G. Duhamel, 1918
Clarisse Harlowe, S. Richardson, 1748
Clélie, histoire romaine, M. de Scudéry, 1654-60
Cléopâtre, G. de la Calprenède, 1647-58
Cloches de Bâle (Les), L. Aragon, 1934
Cœur simple (Un), G. Flaubert, 1875
« La Colère de Samson », A. de Vigny, *Les Destinées,* posth. 1864
Comédie classique en France (La), R. Guichemerre, 1978
Comédie humaine (La), H. de Balzac, 1830-48
Commentaires, Monluc, 1592
« Complainte du progrès », B. Vian, *Textes et chansons,* 1955
Comtesse d'Escarbagnas (La), Molière, 1671
Condition humaine (La), A. Malraux, 1933
Confession d'un enfant du siècle (La), A. de Musset, 1836
Confessions (Les), J.-J. Rousseau, 1781-88
Confort intellectuel (Le), M. Aymé, 1949
Conquérants (Les), A. Malraux, 1928
Considérations sur les causes de la grandeur des Romains et de leur décadence, Montesquieu, 1734
Consolation à M. du Périer, F. de Malherbe, 1598
Conte fantastique en France de Nodier à Maupassant (Le), P.-G. Castex, 1951
Contemplations (Les), V. Hugo, 1856
Contemporains (Les), J. Lemaître, 1885-89
Contes, Ch. Perrault, 1697
Contes, Ch. Nodier, 1830

Contes cruels, Villiers de l'Isle-Adam, 1883
Contes de Perrault (Les), M. Soriano, 1977
Contes des frères Sérapion, Hoffmann, 1819-37
Contes drôlatiques, H. de Balzac, 1832-37
Contes du chat perché, M. Aymé, 1934
Contes du lundi, A. Daudet, 1873
Contes du voyage du Rhin, V. Hugo, 1842
Contes et nouvelles, G. de Maupassant, 1880-90
Contrepoint, A. Huxley, 1928
Contre Sainte-Beuve, M. Proust, posth. 1954
« Le Corbeau et le Renard », J. de La Fontaine, *Fables,* 1668-94
Corbeaux (Les), H. Becque, 1882
« Cortège », J. Prévert, *Paroles,* 1945
Cousine Bette (La), H. de Balzac, 1847
Cousin Pons (Le), H. de Balzac, 1847
Courtisan (Le), B. Castiglione, 1528
« Le Crapaud », V. Hugo, *La Légende des siècles,* 1859-63
Crime et châtiment, F. Dostoïevski, 1865
Crise de l'Esprit (La), P. Valéry, 1945
Critique (La), R. Fayolle, 1978
Critique de l'Ecole des Femmes, Molière, 1663
Critique littéraire (La), P. Brunel, D. Madelénat, J.-M. Gliksohn, D. Couty, 1977
Cromwell, V. Hugo, 1827
Culte du moi (Le), M. Barrès, 1888
Culture pour vivre (La), J. Rigaud, 1975
Curiosités esthétiques (Les), Ch. Baudelaire, 1868
« Le Cygne », Ch. Baudelaire, *Les Fleurs du Mal,* 1840-57
Cyrano de Bergerac, E. Rostand, 1897

D

Dame aux Camélias (La), A. Dumas fils, 1852
Daphné, A. de Vigny, posth. 1912
Débâcle (La), E. Zola, 1892
Débat de Folie et d'Amour (Le), L. Labé, 1555
Défense de la littérature, Cl. Roy, 1968
Défense et illustration de la langue française, Du Bellay, 1549
Degré zéro de l'écriture (Le), R. Barthes, 1953
« De la Cour », « De la Mode », La Bruyère, *Les Caractères,* 1688-1696
De la dignité de l'homme, Pic de la Mirandole, 1496
De la littérature considérée dans ses rapports avec les institutions sociales, Mme de Staël, 1800
De l'Allemagne, Mme de Staël, 1810
De l'Amour, Stendhal, 1822
De la Terre à la Lune, J. Verne, 1865
De l'autre côté du miroir, L. Carroll, 1871
De l'horrible danger de la lecture, Voltaire, 1765
Demain les chiens, Cl. Simak, 1959
Démons (Les), F. Dostoïevski, 1870
Dernier Jour d'un condamné (Le), V. Hugo, 1829
Derniers vers, P. de Ronsard. posth. 1586
« Des biens de fortune », La Bruyère, *Les Caractères,* 1688-1696
Des métaphores obsédantes au mythe personnel, Ch. Mauron, 1963
Destinées (Les), A. de Vigny, posth. 1864
Deux Amis (Les), Beaumarchais, 1770
Deuxième sexe (Le), S. de Beauvoir, 1949
Diable amoureux (Le), J. Cazotte, 1772
Diable au corps (Le), R. Radiguet, 1923
Diable et le bon dieu (Le), Sartre, 1951
Diaboliques (Les), J. Barbey d'Aurevilly, 1874
Dialogues des Carmélites, G. Bernanos, 1948
Diane française (La), L. Aragon, 1944-45
Dictionnaire de l'Académie, 1762
Dictionnaire des Précieuses, Baudeau de Somaize, 1661
Dictionnaire des idées reçues, G. Flaubert, posth. 1923
Dictionnaire philosophique, Voltaire, 1764
Dieu, V. Hugo, 1857
Dieu caché (Le), L. Goldmann, 1956
Dieux ont soif (Les), A. France, 1912
Dionysos, l'amateur de théâtre, P.-A. Touchard, 1968
Discours, P. de Ronsard, 1558-64
Discours à l'Assemblée, V. Hugo, 30 juin 1850
Discours de la Méthode pour bien conduire sa raison, Descartes, 1637
Discours de la poésie représentative, Chapelain, vers 1635
Discours de Suède, A. Camus, 1957
Discours sur les sciences et les arts, J.-J. Rousseau, 1750
Discours sur l'histoire universelle, Bossuet, 1681
Discours sur l'origine de l'inégalité parmi les hommes, J.-J. Rousseau, 1754
Disparition (La), G. Perec, 1969
Dispute (La), Marivaux, 1744
Distinction, critique sociale du jugement (La), P. Bourdieu, 1979
Divine Comédie (La), Dante, vers 1307
« Les Djinns », V. Hugo, *Les Orientales*, 1829
Docteur Jivago, B. Pasternak, 1958
Dominique, E. Fromentin, 1863
Dom Juan, Molière, 1665
Don Juan et le don juanisme, G. Maranon, 1958
Don Quichotte, Cervantes, 1605-15
Douleur (La), M. Duras, 1965
Droit à la paresse (Le), P. Lafargue, 1880
Du contrat social, J.-J. Rousseau, 1762

Du côté de chez Swann, M. Proust, *A la Recherche du temps perdu,* 1913-27
Du dandysme et de George Brummell, J. Barbey d'Aurevilly, 1844-61
Du sens I, II, A. J. Greimas, 1970-83

E

Eaux de Merlin (Les), A.-R. Lesage, 1715
Ecole des Femmes (L'), Molière, 1662
Ecole des Maris (L'), Molière, 1661
Ecriture du Désastre (L'), M. Blanchot, 1980
Ecrivains engagés (Les), J. Bessières, 1977
Ecume des jours (L'), B. Vian, 1947
Education sentimentale (L'), G. Flaubert, 1869
« El Desdichado », G. de Nerval, *Les Chimères,* 1845
Electre, J. Giraudoux, 1938
« Elevation », Ch. Baudelaire, *Les Fleurs du Mal,* 1857
Elixirs du Diable (Les), Hoffmann, 1816
« Eloa », A. de Vigny, *Poèmes antiques et modernes,* 1822-29
Emile ou De L'éducation, J.-J. Rousseau, 1762
En attendant Godot, S. Beckett, 1953
En attendant l'année dernière, Ph. K. Dick, 1971
Encyclopédie ou Dictionnaire raisonné des sciences, des arts et des métiers par une société de gens de lettres, d'Alembert, Diderot ..., 1750-72
Enéide (L'), Virgile, 27 av. J.-C.
Enfance, N. Sarraute, 1983
Enfant (L'), J. Vallès, 1879
Enfant (L'), M.-A. Monsellier, 1979
Enfants sauvages (Les), L. Malson, 1964
Enfants terribles (Les), J. Cocteau, 1929
Enlèvement de la redoute (L'), P. Mérimée, 1829
En lisant, en écrivant, J. Gracq, 1981
Entretien d'un père avec ses enfants, D. Diderot, 1773
Entretiens sur le Fils naturel, entre Dorval et moi, D. Diderot, 1757
« L'Epitaphe de Villon en forme de ballade », F. Villon, *Poésies,* publ. en 1983
Epîtres, C. Marot, 1526
Epîtres, Boileau, 1669-95
Ere du soupçon (L'), N. Sarraute, 1956
Espace du dedans (L'), H. Michaux, 1944
Espoir (L'), A. Malraux, 1937
Esprit des Lois (L'), Montesquieu, 1748
Esprit du temps (L'), E. Morin, 1961
« L'Esprit pur », A. de Vigny, *Les Destinées,* posth. 1864
Essai sur la poésie dramatique, D. Diderot, 1758 (ou *Discours sur*)
Essai sur les Fables de La Fontaine, Taine, 1858
Essai sur les mœurs, Voltaire, 1756
Essais, Montaigne, 1560-95
Essais de stylistique structurale, M. Riffaterre, 1971
Essais sur le roman, M. Butor, 1964
Esther, J. Racine, 1689
Esthétique des Lumières (L'), J. Chouillet, 1974
Esthétique sans paradoxe de Diderot (L'), Y. Belaval, 1950
Etats et l'Empire de la Lune et du Soleil (Les), Cyrano de Bergerac, 1657-62
Etourdi (L'), Molière, 1655
Etranger (L'), A. Camus, 1942
Etre et le néant (L'), J.-P. Sartre, 1943
Etudes de la Nature, Bernardin de Saint-Pierre, 1784
Etudes de style, L. Spitzer, 1970
Etudes sur le Temps humain, G. Poulet, 1950
Eugénie, Beaumarchais, 1767
Eugénie Grandet, H. de Balzac, 1833
Eupalinos ou l'architecte, P. Valéry, 1923
Europe des Lumières (L'), R. Pomeau, 1966
Eve, Ch. Péguy, 1913
« Eviradnus », V. Hugo, *La Légende des Siècles,* 1859-63
Exercices de style, R. Queneau, 1947
Extase matérielle (L'), J.-M. G. Le Clézio, 1971

F

Fables, Esope, compilées par Planude au XIVe
Fables, Phèdre, 50 ap. J.-C.
Fables, J. de La Fontaine, 1668-94
Fables, Fénelon, 1670
Fables, Florian, 1792
Fabliaux, J. Bodel d'Arras, Rutebeuf et anonymes, vers 1300
Fâcheux (Les), Molière, 1661
Fanny, M. Pagnol, 1931
Fantaisie chez Victor Hugo (La), Barrère, 1973
Fantasio, A. de Musset, 1833
Fantastic and the Realistic (The), W. Ostrowski, 1968
Farce de Maître Pathelin (La), anonyme, 1465
Farce du Cuvier (La), anonyme, XVe s.
Farenheit 451, R. Bradbury, 1953
Fausses confidences (Les), Marivaux, 1737
Faust, W. Gœthe, publ. en 1808
Faute de l'abbé Mouret (La), E. Zola, 1875
Faux-Monnayeurs (Les), A. Gide, 1925
Fée aux miettes (La), Ch. Nodier, 1832
Femme (La), J. Michelet, 1859
Femme (La), P.-L. Rey, 1972
Femmes écrivains, A.-M. Le Corguillé, L. Bacherot, 1978
Femmes savantes (Les), Molière, 1672
Fêtes galantes (Les), P. Verlaine, 1869

Feu (Le), H. Barbusse, 1916
Feuilles d'automne (Les), V. Hugo, 1831
Figures I, II et III, G. Genette, 1966-69-72
Fils naturel (Le), D. Diderot, 1757
Fin de Satan (La), V. Hugo, 1854-60
Fleurs du Mal (Les), Ch. Baudelaire, 1840-57
Folle de Chaillot (La), J. Giraudoux, 1945
« Fonction du Poète », V. Hugo, *Les Rayons et les Ombres,* 1840
Fondation, I. Asimov, 1951
Forsyte saga, J. Galsworthy, 1922
Fort comme la mort, G. de Maupassant, 1889
Fourberies de Scapin (Les), Molière, 1671
Franciade (La), P. de Ronsard, 1572
Frères Karamazov (Les), F. Dostoïevski, 1880
Fusées, Ch. Baudelaire, 1851

G

Galigaï, F. Mauriac, 1952
Gargantua, F. Rabelais, 1532-64
Gatsby le magnifique, F.-S. Fitzgerald, 1925
Géants (Les), J.-M.-G. Le Clézio, 1973
Génie du christianisme (Le), F.-R. de Chateaubriand, 1802
Gens de Dublin, J. Joyce, 1906
Germinal, E. Zola, 1885
Germinie Larcerteux, Frères Goncourt, 1865
Glorieux (Le), Destouches, 1732
Gobseck, H. de Balzac, 1830
Gommes (Les), A. Robbe-Grillet, 1953
Grand Cyrus (Le), M. de Scudéry, 1649-53
Grandes familles (Les), M. Druon, 1948
Grand Meaulnes (Le), Alain-Fournier, 1913
Grand Secret (Le), R. Barjavel, 1975
Gravitations, J. Supervielle, 1925
Guerre (La), J.-M.-G. Le Clézio, 1970
Guerre des Mondes (La), H.-G. Wells, 1897
Guerre du feu (La), J.-H. Rosny Aîné, 1911
Guerre et Paix, L. Tolstoï, 1865-69

H

Hamlet, W. Shakespeare, vers 1600
Han d'Islande, V. Hugo, 1823
Harmonies poétiques et religieuses, A. de Lamartine, 1830
Henri IV, L. Pirandello, 1922
Henriade (La), Voltaire, 1723
Heptaméron (L'), M. de Navarre, posth. 1559
Héraclius, Corneille, 1646
Herbe bleue (L'), 1972
Hernani, V. Hugo, 1830
« Heureux qui comme Ulysse », J. du Bellay, *Les Regrets,* 1557
Histoire de Charles XII, Voltaire, 1731
Histoire de France (L'), J. Michelet, 1833-67
Histoire de Gil Blas de Santillane, A.-R. Lesage, 1715-35
Histoire de la Folie, M. Foucault, 1961
Histoire de la littérature anglaise, Taine, 1864-72
Histoire de l'art, E. Faure, 1909-21
Histoire du Surréalisme, M. Nadeau, 1945
Histoire naturelle, Buffon, 1749-89
Histoires des Ducs de Bourgogne, de la maison des Valois, Barante, 1824-26
Histoires naturelles, J. Renard, 1896
Homme en procès (L'), P.-H. Simon, 1949
Homme machine (L'), J. de La Mettrie, 1748
Homme précaire et la Littérature (L'), A. Malraux, 1976
Homme qui rit (L'), V. Hugo, 1869
Homme révolté (L'), A. Camus, 1951
Hommes de bonne volonté (Les), J. Romains, 1932-47
Horace, P. Corneille, 1640
Horla (Le), G. de Maupassant, 1887
Huis clos, J.-P. Sartre, 1944
Humanisme, essai de définition (L'), F. Robert, 1946
« Hymne à la Beauté », Ch. Baudelaire, *Les Fleurs du Mal,* 1840-57
Hymnes, P. de Ronsard, 1555

I

Iambes (Les), A. de Chénier, 1819
Idée de bonheur au XVIIIe siècle (L'), R. Mauzi, 1969
Ile au trésor (L'), R.L. Stevenson, 1883
Ile des esclaves (L'), Marivaux, 1725
Ile du docteur Moreau (L'), H.-G. Wells, 1896
« Il est un air ... », G. de Nerval, *Les Chimères,* 1854
Iliade (L'), Homère, IXe s. av. J.-C.
Illuminations (Les), A. Rimbaud, 1886
Illusion comique (L'), P. Corneille, 1636
Illusions perdues, H. de Balzac, 1843
Images, Images, R. Caillois, 1966
Immoraliste (L'), A. Gide, 1902
« L'Immortalité », A. de Lamartine, *Méditations poétiques,* 1820
Impromptu de l'Alma (L'), E. Ionesco, 1958
Impromptu de Paris (L'), J. Giraudoux, 1937
Inconscient dans l'œuvre et la vie de Racine (L'), Ch. Mauron, 1957
Indiana, George Sand, 1832
Ingénu (L'), Voltaire, 1767
Insoutenable légèreté de l'être (L'), M. Kundera, 1984
Insurgé (L'), J. Vallès, 1886

Intérimaire (L'), B. Lozerech, 1982
Intermezzo, J. Giraudoux, 1933
Interprétation des rêves (L'), S. Freud, 1899-1900
Intimités (Les), F. Coppée, 1868
Introduction à la littérature fantastique, T. Todorov, 1970
Introduction à l'Histoire de la littérature anglaise, Taine, 1864
Introduction à la vie littéraire du XVIe siècle, D. Ménager, 1968
« Invitation au voyage », Ch. Baudelaire, *Les Fleurs du Mal*, 1840-57
Iphigénie, P. Racine, 1674
Isabelle, A. Gide, 1912
« Isolement », A. de Lamartine, *Méditations poétiques*, 1820
Itinéraire de Paris à Jérusalem, F.-R. de Chateaubriand, 1811

J

Jack, A. Daudet, 1876
Jacques le Fataliste et son maître, D. Diderot, 1796
Jacques Vingtras, J. Vallès, 1879-86
Jadis et Naguère, P. Verlaine, 1884
« J'ai longtemps habité ... », Ch. Baudelaire, *Les Fleurs du Mal*, 1840-57
Jalousie (La), A. Robbe-Grillet, 1957
Jalousie du Barbouillé (La), Molière, 1660
Jean Barois, R. Martin du Gard, 1913
Jean-Christophe, R. Rolland, 1904-12
Jeanne d'Arc, J. Michelet, 1841
Jérusalem délivrée (La), Le Tasse, 1580
Jeu d'Adam (Le), XIIe s.
Jeu de l'amour et du hasard (Le), Marivaux, 1730
Jeu de la patience (Le), L. Guilloux, 1949
Jeune Parque (La), P. Valéry, 1917
« La Jeune Tarentine », A. Chénier, *Les Bucoliques*, 1819
Jocelyn, A. de Lamartine, 1836
Journal, Frères Goncourt, 1851-96
Journal, J. Renard, 1887-1910
Journal, Stendhal, 1832-35
Journal, E. Delacroix, 1893-95
Journal, A. Gide, 1942-49
Journal des Faux-monnayeurs, A. Gide, 1926
Journal d'un curé de campagne, G. Bernanos, 1936
Journal d'un poète, A. de Vigny, posth. 1867
Journal métaphysique, G. Marcel, 1927
Joyeuses commères de Windsor (Les), W. Shakespeare, 1598
« Le Juge-arbitre, l'Hospitalier et le Solitaire », J. de La Fontaine, *Fables*, 1668

K

K (Le), D. Buzzati, 1966
Knock, J. Romains, 1923
Kreisleriana, E.T.A. Hoffmann, 1814

L

« Le Lac », A. de Lamartine, *Méditations poétiques*, 1820
La Guerre de Troie n'aura pas lieu, J. Giraudoux, 1935
« La Laitière et le pot au lait », J. de La Fontaine, *Fables*, 1668-94
Langage, musique et poésie, N. Ruwet, 1972
Larmes de saint Pierre, F. de Malherbe, 1587
La Rochefoucauld et les Morales substitutives, J. Starobinski, 1966
Leçon (La), E. Ionesco, 1951
Légataire universel (Le), J.-F. Regnard, 1708
Légende des siècles (La), V. Hugo, 1859-63
Les Dieux ont soif, A. France, 1912
Lettre à l'Académie, Fénelon, 1714
*Lettre à Lord*** sur la soirée du 24 octobre et sur un système dramatique*, A. de Vigny, 1839
Lettre à Louise Colet, G. Flaubert, 18 août 1846
Lettre à sa Magnificence le Baron J. Mollet ... sur les truqueurs de la guerre, B. Vian, 1962
Lettre à Sophie Volland, D. Diderot, 10 août 1759
Lettre à un premier commis, Voltaire, 1733
Lettre aux médecins-chefs des asiles de fous, Artaud, 1925
Lettre ouverte à un jeune homme, A. Maurois, 1964
Lettre ouverte aux vivants qui veulent le rester, R. Barjavel, 1978
Lettre sur la musique française, J.-J. Rousseau, 1753
Lettre sur le commerce, Voltaire, 1734
Lettre sur les aveugles à l'usage de ceux qui voient, D. Diderot, 1749
Lettres à d'Alembert sur les spectacles, J.-J. Rousseau, 1758
Lettres persanes, Montesquieu, 1721
Lettres philosophiques, Voltaire, 1734
Le Roi s'amuse, V. Hugo, 1832
Le Roi se meurt, E. Ionesco, 1962
Liaisons dangereuses (Les), Choderlos de Laclos, 1782
« Liberté », P. Eluard, *Poésie et Vérité*, 1942
Littérature de l'âge baroque en France (La), J. Rousset, 1954
Littérature à l'estomac (La), J. Gracq, 1961
Littérature et engagement, A. Beaujour, 1975
Livre de la jungle (Le), R. Kipling, 1894
Livre des Lumières (Le), Pilpay, trad. en 1644
Livre du Peuple (Le), Lamennais, 1838

M

N

O

P

Q

R

Reine morte (La), H. de Montherlant, 1942
Religieuse (La), D. Diderot, 1796
Religion de Rabelais (La), L. Febvre, 1942
Renaud et Armide, J. Cocteau, 1943
René, F.-R. de Chateaubriand, 1802
« Réponse à un acte d'accusation », V. Hugo, *Les Contemplations,* 1856
République (La), Platon, vers 360 av. J.-C.
Résistance et ses poètes (La), 1974
Retour du Tchad (Le), A. Gide, 1928
Rêve (Le), E. Zola, 1888
Rêve de d'Alembert (Le), D. Diderot, 1769
Rêve de l'escalier (Le), D. Buzzati, 1973
Rêveries du promeneur solitaire (Les), J.-J. Rousseau, 1782
Rire (Le), H. Bergson, 1900
Rivage des Syrtes (Le), J. Gracq, 1951
Robinson Crusoé, D. Defoë, 1719
Rodogune, P. Corneille, 1644
Roland furieux (Le), L'Arioste, 1532
Rolla, A. de Musset, 1833
Roman bourgeois (Le), Furetière, 1666
Roman comique (Le), Scarron, 1651-57
Roman de la Rose (Le), G. de Lorris, vers 1236
Roman depuis la Révolution (Le), M. Raimond, 1985
Roman de Renart (Le), entre 1174 et 1205
Roman des origines et Origine du Roman, M. Robert, 1972
Roman du Roman (Le), J. Laurent, 1980
Roman expérimental (Le), E. Zola, 1880
Roman inachevé (Le), L. Aragon, 1956
Roman jusqu'à la Révolution (Le), H. Coulet, 1985
Roman policier (Le), Boileau-Narcejac, 1964
Romances sans paroles, P. Verlaine, 1874
Romantisme (Le), G. Michaud, Ph. Van Tieghem, 1952
Roméo et Juliette, W. Shakespeare, 1597
Rouge et le Noir (Le), Stendhal, 1830
Rougon-Macquart (Les), E. Zola, 1871-93
Route des Flandres (La), Cl. Simon, 1961
Rue Cases-Nègres (La), J. Zobel, 1984
Rue des Boutiques obscures, P. Modiano, 1978
Rue Traversière, Y. Bonnefoy, 1977
Ruy Blas, V. Hugo, 1838

S

Sagesse, P. Verlaine, 1880
Salammbô, G. Flaubert, 1862
Salons (Les), D. Diderot, 1759-81
Salons (Les), Ch. Baudelaire, 1845-46
Satire Ménippée (La), œuvre collective, 1594
Satires, Boileau, 1660-1711
« Le Satyre », V. Hugo, *La Légende des siècles,* 1859-63
Sauvage (La), J. Anouilh, 1938
« Le savetier et le financier », J. de La Fontaine, *Fables,* 1668-94
Scènes de la vie future, G. Duhamel, 1930
Science de Dieu (La), J.-P. Brisset, 1900
Secrets de la Mer Rouge (Les), H. de Monfreid, 1932
Segou, M. Condé, 1984-85
Seigneur des Anneaux (Le), J.R.R. Tolkien, 1949
Semaine sainte (La), L. Aragon, 1958
Séquestrés d'Altona (Les), J.-P. Sartre, 1959
Séraphita, H. de Balzac, 1835
Sermons, Bossuet, 1643-1702
« Sermon sur la Mort », Bossuet, 1662
« Sermon sur le mauvais riche », Bossuet, 1662
Servitude et grandeur militaires, A. de Vigny, 1835
Seuils, G. Genette, 1987
Sganarelle ou le Cocu imaginaire, Molière, 1660
Siècle de Louis XIV (Le), Voltaire, 1739-68
Si le grain ne meurt, A. Gide, 1919
Silence de la mer (Le), Vercors, 1942
Silvanire (La), Mairet, 1630
Situations, J.-P. Sartre, 1947-72
Six personnages en quête d'auteur, L. Pirandello, 1921
Sociologie de la littérature, R. Escarpit, 1958
« Soleils couchants », V. Hugo, *Feuilles d'automne,* 1831
Solitudes (Les), Sully Prudhomme, 1869
Songe d'une nuit d'été (Le), W. Shakespeare, 1595
« Le Songe d'un habitant du Mogol », J. de La Fontaine, *Fables,* 1668-94
Sonnets pour Hélène, P. de Ronsard, 1574
Sorcière (La), J. Michelet, 1862
Soulier de satin (Le), P. Claudel, 1919
Sous le soleil de Satan, G. Bernanos, 1926
« Souvenir », A. de Musset, *Les Nuits,* 1835-37
Souvenirs d'égotisme, Stendhal, 1832
Sparkenbroke, Ch. Morgan, 1936
Splendeurs et misères des courtisanes, H. de Balzac, 1839-47
Stances à Tircis, Racan, 1617-18
Stello, A. de Vigny, 1832
Structure du langage poétique, J. Cohen, 1961
Structures anthropologiques de l'imaginaire, G. Durand, 1960
Supplément au voyage de Bougainville, D. Diderot, 1773
Sur la mort de Marie, P. de Ronsard, 1596
Sur la route, J. Kerouac, 1957
Sur l'eau, G. de Maupassant, 1888
Sur mes contemporains, Ch. Baudelaire, 1861
Surréalisme (Le), J. du Plessis, 1983
Surréalisme (Le), C. Abastado, 1975
Sylvie, G. de Nerval, 1854

REPERTOIRE DES PERSONNAGES

Les personnages, mentionnés dans le *Guide,* sont ici classés par ordre alphabétique sous leur nom ou, à défaut, sous le seul nom qui apparaît dans les œuvres où ils figurent.

A

ACHILLE, Homère, *L'Iliade,* IXe s. av. J.-C.
ADOLPHE, B. Constant, *Adolphe,* 1816
AGAMEMNON, Racine, *Iphigénie,* 1674
AGNES, Molière, *L'Ecole des femmes,* 1662
AGRIPPINE, Racine, *Britannicus,* 1689
ALBERTINE, Proust, *A la Recherche du Temps perdu,* 1913-27
ALCESTE, Molière, *Le Misanthrope,* 1666
ALCMENE, Giraudoux, *Amphitryon 38,* 1929
ALIDOR, Corneille, *La Place Royale,* 1634
ALMAVIVA (le Comte), Beaumarchais, *Le Barbier de Séville,* 1775 ; *Le Mariage de Figaro,* 1784
AMAURY, Sainte-Beuve, *Volupté,* 1834
AMPHITRYON, Giraudoux, *Amphitryon 38,* 1929
ANASTASIE, Voir RESTAUD Anastasie de
ANDROMAQUE, Racine, *Andromaque,* 1667
ANTIGONE, Anouilh, *Antigone,* 1944
ARLEQUIN, Personnage issu de la comédie Italienne
ARMANDE, Molière, *Les Femmes savantes,* 1672
ARNOLPHE, Molière, *L'Ecole des femmes,* 1662
ARNOUX Marie, Flaubert, *L'Education sentimentale,* 1869
ARSINOE, Molière, *Le Misanthrope,* 1666
ATTILA, Corneille, *Attila,* 1667 ; Mme de Staël, *De l'Allemagne,* 1810
AUGUSTE, Corneille, *Cinna,* 1640

B

BAJAZET, Racine, *Bajazet,* 1672
BANCO ou BANQUO, Shakespeare, *Macbeth,* 1606
BARAGLIOUL Julius de, Gide, *Les Caves du Vatican,* 1914
BARGETON (Madame de), Balzac, *Illusions perdues,* 1843
BARTHOLO, Beaumarchais, *Le Barbier de Séville,* 1775
BAUSEANT (Madame de), Balzac, *Le Père Goriot,* 1833
BELISE, Molière, *Les Femmes savantes,* 1672
BELL Kitty, Vigny, *Chatterton,* 1835
BERENICE, Racine, *Bérénice,* 1670
BERGOTTE, Proust, *A la Recherche du Temps perdu,* 1913-27
BIONDETTA, Cazotte, *Le Diable amoureux,* 1772
BIROTTEAU César, Balzac, *César Birotteau,* 1837
BLAZIUS (Maître), Musset, *On ne badine pas avec l'amour,* 1834
BLOCH, Proust, *A la Recherche du Temps perdu,* 1913-27
BONNARD Sylvestre, A. France, *Le Crime de Sylvestre Bonnard,* 1881
BORGIA Lucrèce, Hugo, *Lucrèce Borgia,* 1833
BOUVARD, Flaubert, *Bouvard et Pécuchet,* 1881
BOVARY Emma (ou Madame), Flaubert, *Madame Bovary,* 1857
BRICHOT, Proust, *A la Recherche du Temps perdu,* 1913-27
BRIDAINE, Musset, *On ne badine pas avec l'amour,* 1784
BRIDOISON, Beaumarchais, *Le Mariage de Figaro,* 1784
BRITANNICUS, Racine, *Britannicus,* 1689
BURRHUS, Racine, *Britannicus,* 1689

C

CALIGULA, Camus, *Caligula,* 1944
CAMILLE, Corneille, *Horace,* 1640
CANDIDE, Voltaire, *Candide,* 1759
CARMEN, Mérimée, *Carmen,* 1845
CATHOS, Molière, *Les Précieuses ridicules,* 1659
CELIMENE, Molière, *Le Misanthrope,* 1666
CHARLOTTE, Molière, *Dom Juan,* 1665 ; *Le Médecin malgré lui,* 1666
CHARLUS (Le Baron de), Proust, *A la Recherche du Temps perdu,* 1913-27
CHATTERTON, Vigny, *Chatterton,* 1835
CHIMENE, Corneille, *Le Cid,* 1636
CHOURINEUR (Le), E. Sue, *Les Mystères de Paris,* 1842
CHRYSALE, Molière, *Les Femmes savantes,* 1672
CINNA, Corneille, *Cinna,* 1640
CLAES Balthazar, Balzac, *La Recherche de l'absolu,* 1834
CLARIMONDE, Th. Gautier, *La Morte amoureuse,* 1836
CLEANTE, Molière, *L'Avare,* 1668 ; *Tartuffe,* 1664 ; *Le Malade Imaginaire,* 1673
CLEOPATRE, Corneille, *Rodogune,* 1644
CLEVES (Prince de), Mme de La Fayette, *La Princesse de Clèves,* 1678

CLEVES (Princesse de), Mme de La Fayette, *La Princesse de Clèves,* 1678
CLITANDRE, Molière, *Le Misanthrope,* 1666 ; *Georges Dandin,* 1668 ; *Les Femmes savantes,* 1672
COMMANDEUR (la statue du), Molière, *Dom Juan,* 1665
COMTE (Le), voir DON GOMES
CONTI Clélia, Stendhal, *La Chartreuse de Parme,* 1839
CORALIE, Balzac, *Illusions perdues,* 1843
COSETTE, Hugo, *Les Misérables,* 1862
COUPEAU, Zola, *L'Assommoir,* 1877
CRECY Odette de, Proust, *A la Recherche du Temps perdu,* 1913-27
CURIACE, Corneille, *Horace,* 1640
CYDIAS, La Bruyère, *Les Caractères,* 1688
CYRANO de BERGERAC, E. Rostand, *Cyrano de Bergerac,* 1897

D

DALILA, Vigny, *La Colère de Samson,* 1864
DANDIN George, Molière, *George Dandin,* 1668
DANTES Edmond, A. Dumas père, *Le Comte de Monte-Cristo,* 1844
DAVID, Voir SECHARD
DELPHINE, Voir NUCINGEN Delphine de
DEMOKOS, Giraudoux, *La Guerre de Troie n'aura pas lieu,* 1935
DES ESSEINTES, Huysmans, *A rebours,* 1884
DIMANCHE (Monsieur), Molière, *Dom Juan,* 1665
DOM JUAN, Molière, *Dom Juan,* 1665
DOM CARLOS, Hugo, *Hernani,* 1830
DON CESAR, Hugo, *Ruy Blas,* 1838
DON DIEGUE, Corneille, *Le Cid,* 1636
DONGO Fabrice del, Stendhal, *La Chartreuse de Parme,* 1839
DON GOMES, Corneille, *Le Cid,* 1636
DON GURITAN, Hugo, *Ruy Blas,* 1838
DONISSAN (l'abbé), Bernanos, *Sous le soleil de Satan,* 1926
DON QUICHOTTE, Cervantès, *Don Quichotte,* 1605-15
DON RUY GOMEZ de SILVA, Hugo, *Hernani,* 1830
DORANTE, Molière, *Le Bourgeois gentilhomme,* 1670
DORINE, Molière, *Tartuffe,* 1664

E

ELECTRE, Giraudoux, *Electre,* 1938
ELIANTE, Molière, *Le Misanthrope,* 1666
ELMIRE, Molière, *Tartuffe,* 1664
ELSTIR (le peintre), Proust, *A la Recherche du Temps perdu,* 1913-27
ELVIRE, Corneille, *Le Cid,* 1636
ELVIRE (Dona), Molière, *Dom Juan,* 1665
EMILE, Rousseau, *Emile,* 1762
EMILIE, Corneille, *Cinna,* 1640
EMMA, Voir BOVARY
ENEE, Virgile, *L'Enéide,* 27 av. J.-C.
ERIPHILE, Racine, *Iphigénie,* 1674
ETANGES Julie d', Rousseau, *La Nouvelle Héloïse,* 1761
EUPALINOS, Valéry, *Eupalinos ou l'architecte,* 1923
EUPHORBE, Corneille, *Cinna,* 1640
EVA, Vigny, *La Maison du Berger,* 1864
EVE, Péguy, *Eve,* 1913

F

FABRICE, Voir Del DONGO
FELIX, Voir VANDENESSE Félix de
FELIX, Corneille, *Polyeucte,* 1643
FENICE, Chrétien de Troyes, *Cligès,* 1170-75
FERRAL, Malraux, *La Condition humaine,* 1933
FIGARO, Beaumarchais, *Le Barbier de Séville,* 1775 ; *Le Mariage de Figaro,* 1784
FLAMBEAU, E. Rostand, *L'Aiglon,* 1900
FORTUNIO, Gautier, *Fortunio,* 1837-38
FRACASSE (Capitaine), Gautier, *Capitaine Fracasse,* 1863
FREDERIC, Voir MOREAU
FROLLO Claude, Hugo, *Notre-Dame de Paris,* 1831
FRONTIN, Type du valet dans l'ancienne comédie, ex. Lesage, *Turcaret,* 1708

G

GARGANTUA, Rabelais, *Gargantua,* 1532-64
GALAIS (Yvonne ou Mlle de), Alain-Fournier, *Le Grand Meaulnes,* 1913
GARINE, Malraux, *Les Conquérants,* 1928
GAUTIER Marguerite, A. Dumas fils, *La Dame aux Camélias,* 1852
GAVROCHE, Hugo, *Les Misérables,* 1862
GEORGE, Voir LENNIE
GERONTE, Molière, *Le Médecin malgré lui,* 1666 ; *Les Fourberies de Scapin,* 1671
GERTRUDE, Gide, *La Symphonie pastorale,* 1919
GITON, La Bruyère, *Les Caractères,* 1688-96
GORIOT (Le Père), Balzac, *Le Père Goriot,* 1833
GRANDET, Balzac, *Eugénie Grandet,* 1833
GRANDET Charles, Balzac, *Eugénie Grandet,* 1833
GRANDET Eugénie, Balzac, *Eugénie Grandet,* 1833
GRIEUX (Chevalier des), Abbé Prévost, *Manon Lescaut,* 1731

H

HARPAGON, Molière, *L'Avare,* 1668
HAUSER Gaspard, Verlaine, *Sagesse,* 1880

HECTOR, Giraudoux, *La Guerre de Troie n'aura pas lieu,* 1935
HELENE, Giraudoux, *La Guerre de Troie n'aura pas lieu,* 1935
HENRIETTE d'Angleterre, Bossuet, *Oraison funèbre,* 1670
HERMAGORAS, La Bruyère, *Les Caractères,* 1688-96
HERMIONE, Racine, *Andromaque,* 1667
HERNANI, Hugo, *Hernani,* 1830
HIPPOLYTE, Racine, *Phèdre,* 1677
HOMAIS, Flaubert, *Madame Bovary,* 1857
HORACE, Corneille, *Horace,* 1640
HORACE (le vieil), Corneille, *Horace,* 1640
HULOT (Baron), Balzac, *La Cousine Bette,* 1847
HURON (le), Voltaire, *L'Ingénu,* 1767

I

INFANTE (L'), Corneille, *Le Cid,* 1636
IPHIGENIE, Racine, *Iphigénie,* 1674
IRIS, Giraudoux, *La Guerre de Troie n'aura pas lieu,* 1935
ISABELLE, Racine, *Les Plaideurs,* 1668
ISEUT ou YSEULT, Béroul et Thomas, *Tristan et Iseut,* 2e moitié du XIIe s.
IVAN, Dostoïevski, *Les Frères Karamazov,* 1880

J

JACQUES, Diderot, *Jacques le Fataliste,* 1796
JACQUES, Martin du Gard, *Les Thibault,* 1922-40
JAVERT, Hugo, *Les Misérables,* 1862
JEANNE d'ARC, Michelet, *Jeanne d'Arc,* 1841
JOAD, Racine, *Athalie,* 1691
JODELET, Molière, *Les Précieuses ridicules,* 1659
JOURDAIN (Monsieur), Molière, *Le Bourgeois gentilhomme,* 1670
JUDITH, Giraudoux, *Judith,* 1931
JULIE, Voir ETANGES Julie d'
JULIEN, Voir SOREL
JUNIE, Racine, *Britannicus,* 1689

K

KAMA (le peintre), Malraux, *La Condition humaine,* 1933
KATOW, Malraux, *La Condition humaine,* 1933
KITTY BELL, Voir BELL

L

LAFCADIO, Gide, *Les Caves du Vatican,* 1914
LANCELOT, Chrétien de Troyes, *Le Chevalier à la Charrette,* vers 1180
LANTIER Claude, Zola, *L'Œuvre,* 1886
LANTIER Etienne, Zola, *Germinal,* 1885
LEANDRE, Racine, *Les Plaideurs,* 1668
LEGRANDIN, Proust, *A la Recherche du Temps perdu,* 1913-27
LENNIE (et GEORGE), Steinbeck, *Des souris et des hommes,* 1937
LESCAUT Manon, Abbé Prévost, *Manon Lescaut,* 1731
LEUWEN Lucien, Stendhal, *Lucien Leuwen,* 1894
LISON (la), Zola, *La Bête humaine,* 1890
LUCIEN, Voir LEUWEN et RUBEMPRE Lucien de
LUCILE, Chateaubriand, *Mémoires d'Outre-tombe,* 1848-50
LUCRECE BORGIA, Voir BORGIA

M

MAGDELON, Molière, *Les Précieuses ridicules,* 1659
MALATESTA, Montherlant, *Malatesta,* 1948
MANON, Voir LESCAUT
MARCEL (le personnage), Proust, *A la Recherche du Temps perdu,* 1913-27
MARIANNE, Musset, *Les Caprices de Marianne,* 1851 ; (figure aussi comme personnage dans *L'Avare* de Molière)
MARTINE, Molière, *Les Femmes savantes,* 1672
MASCARILLE, Molière, *Les Précieuses ridicules,* 1659
MATHIEU, Sartre, *Les Chemins de la Liberté,* 1945-49
MATHURINE, Molière, *Dom Juan,* 1665
MAXIME, Corneille, *Cinna,* 1640
MAZARIN, A. Dumas père, *Vingt ans après,* 1845
MEDEE, Corneille, *Médée,* 1635
MELISANDE, Maeterlink, *Pelléas et Mélisande,*1892
MENALQUE, La Bruyère, *Les Caractères,*1688-96
MESURAT Adrienne, J. Green, *Adrienne Mesurat,* 1927
MEURSAULT, Camus, *L'Etranger,* 1942
MITHRIDATE, Racine, *Mithridate,* 1673
MOISE, Vigny, *Moïse,* 1826
MOLE Mathilde de La (ou Mademoiselle), Stendhal, *Le Rouge et le Noir,* 1830
MOLE (Monsieur de La), Stendhal, *Le Rouge et le Noir,* 1830
MONIME, Racine, *Mithridate,* 1673
MOREAU Frédéric, Flaubert, *L'Education sentimentale,* 1869
MORTSAUF (Madame de), Balzac, *Le Lys dans la vallée,* 1835
MOSCA (comte), Stendhal, *La Chartreuse de Parme,* 1839

N

NAPOLEON, Hugo, *Les Châtiments,* 1853
NARCISSE, Racine, *Britannicus,* 1689
NEMOURS (Duc de), Mme de La Fayette, *La Princesse de Clèves,* 1678
NERON, Racine, *Britannicus,* 1689
NEVEU de RAMEAU (le), Diderot, *Le Neveu de Rameau,* 1762

NICOMEDE, Corneille, *Nicomède,* 1651
NUCINGEN Delphine de, Balzac, *Le Père Goriot,* 1833

O

OBERMAN, Senancour, *Oberman,* 1804
ODETTE, Voir CRECY Odette de
OENONE, Racine, *Phèdre,* 1677
ONUPHRE, La Bruyère, *Les Caractères,* 1688
OPHELIA, Shakespeare, *Hamlet,* vers 1600
ORESTE, Racine, *Andromaque,* 1667 ; Sartre, *Les Mouches,* 1943
ORGON, Molière, *Tartuffe,* 1664
ORONTE, Molière, *Le Misanthrope,* 1666
OSMIN, Racine, *Bajazet,* 1672
OTHELLO, Shakespeare, *Othello,* 1604

P

PANCA Sancho, Cervantès, *Don Quichotte,* 1605-15
PANGLOSS, Voltaire, *Candide,* 1759
PANTAGRUEL, Rabelais, *Pantagruel,* 1532-64 ; *Tiers Livre,* 1546 ; *Quart Livre,* 1552
PANURGE, Rabelais, *Quart Livre,* 1552
PASSAVANT, Gide, *Les Faux-Monnayeurs,* 1925
PATHELIN Maître, *La Farce de Maître Pathelin,* 1465
PAULIN, Racine, *Bérénice,* 1670
PAULINE, Corneille, *Polyeucte,* 1643
PECUCHET, voir BOUVARD
PELLEAS, Maeterlink, *Pelléas et Mélisande,* 1892
PERKEN, Malraux, *La Voie royale,* 1930
PHEDRE, Racine, *Phèdre,* 1677
PHENICE, Racine, *Bérénice,* 1670
PHILAMINTE, Molière, *Les Femmes savantes,* 1672
PHILEMON, La Bruyère, *Les Caractères,* 1688-96
PHILINTE, Molière, *Le Misanthrope,* 1666
PIERROT, Molière, *Dom Juan,* 1665
PLUME, H. Michaux, *Plume,* 1938
POIL DE CAROTTE, J. Renard, *Poil de Carotte,* 1894
POIRIER (du), Stendhal, *Lucien Leuwen,* 1894
POIRET, Balzac, *Le Père Goriot,* 1833
POLICHINELLE, Personnage de comédie
POLYEUCTE, Corneille, *Polyeucte,* 1643
POMPEE, Corneille, *La Mort de Pompée,* 1643
PRUSIAS, Corneille, *Nicomède,* 1651
PYRRHUS, Racine, *Andromaque,* 1667

Q

QUASIMODO, Hugo, *Notre-Dame de Paris,* 1831

R

RAGOTIN, Scarron, *Le Roman comique,* 1651-57
RAQUIN Thérèse, Zola, *Thérèse Raquin,* 1867
RASTIGNAC Eugène de, Balzac, *Le Père Goriot,* 1833 ; *La Comédie humaine,* 1830-48
REINE (la), Hugo, *Ruy Blas,* 1838
RENAL (Madame de), Stendhal, *Le Rouge et le Noir,* 1830
RENE, Chateaubriand, *René,* 1802
RESTAUD Anastasie de, Balzac, *Le Père Goriot,* 1833
RIEUX (le docteur), Camus, *La Peste,* 1947
RODRIGUE, Corneille, *Le Cid,* 1636
ROLAND, *La Chanson de Roland,* fin du Xe s.
ROXANE, Racine, *Bajazet,* 1672
RUBEMPRE Lucien de, Balzac, *Illusions perdues,* 1843 ; *Splendeurs et misères des courtisanes,* 1839-47
RUY BLAS, Hugo, *Ruy Blas,* 1838

S

SAINT–PREUX, Rousseau, *La Nouvelle Héloïse,* 1761
SALAMMBO, Flaubert, *Salammbô,* 1862
SANSEVERINA (la), Stendhal, *La Chartreuse de Parme,* 1839
SCAPIN, Molière, *Les Fourberies de Scapin,* 1671
SECHARD David, Balzac, *Illusions perdues,* 1843
SERTORIUS, Corneille, *Sertorius,* 1662
SEVERE, Corneille, *Polyeucte,* 1643
SGANARELLE, Personnage de diverses comédies de Molière, en particulier *Dom Juan,* 1655
SIBYLLE de PANZOUST, Rabelais, *Tiers Livre,* 1546
SIGOGNAC, Gautier, *Capitaine Fracasse,* 1863
SOLAL, A. Cohen, *Belle du Seigneur,* 1968
SOREL Julien, Stendhal, *Le Rouge et le Noir,* 1830
SOUEL (père), Chateaubriand, *René,* 1802
STATUE DU COMMANDEUR (la), Voir COMMANDEUR
SUTER, Cendrars, *L'Or,* 1925
SWANN, Proust, *A la Recherche du Temps perdu,* 1913-27

T

TAHITIEN (le), Diderot, *Supplément au voyage de Bougainville,* 1773
TARROU, Camus, *La Peste,* 1947
TARTUFFE, Molière, *Tartuffe,* 1664
THENARDIER, Hugo, *Les Misérables,* 1862
THERAMENE, Racine, *Phèdre,* 1677
THESEE, Racine, *Phèdre,* 1677
TITUS, Racine, *Bérénice,* 1670
TRIBOULET, Hugo, *Les Châtiments,* 1853 ; *Les Contemplations,* 1856
TRISSOTIN, Molière, *Les Femmes savantes,* 1672
TRISTAN, Béroul et Thomas, *Tristan et Iseut,* 2e moitié du XIIe s.
TURCARET, Lesage, *Turcaret,* 1708

REPERTOIRE DES NOTIONS

Ouvrages à consulter

• *Dictionnaire des œuvres et des thèmes de la littérature française,* Bouty, coll. Faire le point. Références, Hachette, 1985.

• *Nouveau vocabulaire de la dissertation et des études littéraires,* Bénac-Réauté, coll. Faire le point, Hachette, 1986.

En couverture : V. Kandinsky, *Rond et pointu,* 1930, Mannheim, Kunsthalle.
Photo Held/Artephot.

Imprimé en France par I.M.E. - 25-Baume-les-Dames
Dépôt légal n° 2326-03/1991
Collection n° 16 - Edition n° 05

16/5451/6